# Sicherheit – interdisziplinäre Perspektiven

**Reihe herausgegeben von**

Thomas Jäger, Universität zu Köln, Köln, Deutschland

Norbert Pohlmann, Institut für Internet-Sicherheit, Westfälische Hochschule, Gelsenkirchen, Deutschland

Sicherheit ist zu einer Signatur unserer Zeit geworden. Technische und gesellschaftliche Veränderungen transformieren dabei die Bedingungen, unter denen Sicherheit erlangt werden soll, kontinuierlich. Die Herausforderungen und Risiken liegen auf allen Gebieten der gesellschaftlichen, wirtschaftlichen und politischen Ordnung. Bedrohungen und Bedrohungswahrnehmungen haben sich in den letzten Jahren verschärft und scheinen keinen ordnungspolitischen Rahmen zu haben. Soziale, ökologische, ökonomische, innere und äußere Sicherheit, Fragen der Organisation von Sicherheitsinstitutionen, Prozesse des Normwandels und der Diskursgestaltung, unterschiedliche Ausprägungen von Kommunikation mit vielfältigen Akteuren sowie die Verzahnung verschiedenster Herausforderungen greifen ineinander über. Analysen und Darstellungen, die über einen spezifischen Fachbereich hinausreichen und verschiedene Bereiche des gesellschaftlichen Lebens einbeziehen oder unterschiedliche analytische Zugänge vereinen, finden durch die interdisziplinäre Buchreihe „Sicherheit" den Zugang zu den Lesern unterschiedlicher Fächer.

Weitere Bände in der Reihe https://link.springer.com/bookseries/13807

Christian Vogt · Patrick Hennies ·
Christian Endreß · Patrick Peters
(Hrsg.)

# Wirtschaftsschutz in der Praxis

Herausforderungen an die
Sicherheit im Zeitalter von
Digitalisierung und Krise

*Hrsg.*
Christian Vogt
CLAAS KGaA mbH
Harsewinkel, Deutschland

Patrick Hennies
Henkel AG & Co. KGaA
Düsseldorf, Deutschland

Christian Endreß
ASW West e. V.
Essen, Deutschland

Patrick Peters
Klare Botschaften
Mönchengladbach, Deutschland

ISSN 2510-0963  ISSN 2510-0955 (electronic)
Sicherheit – interdisziplinäre Perspektiven
ISBN 978-3-658-35122-9  ISBN 978-3-658-35123-6 (eBook)
https://doi.org/10.1007/978-3-658-35123-6

Die Deutsche Nationalbibliothek verzeichnet diese Publikation in der Deutschen Nationalbibliografie; detaillierte bibliografische Daten sind im Internet über http://dnb.d-nb.de abrufbar.

© Der/die Herausgeber bzw. der/die Autor(en), exklusiv lizenziert durch Springer Fachmedien Wiesbaden GmbH, ein Teil von Springer Nature 2022
Das Werk einschließlich aller seiner Teile ist urheberrechtlich geschützt. Jede Verwertung, die nicht ausdrücklich vom Urheberrechtsgesetz zugelassen ist, bedarf der vorherigen Zustimmung des Verlags. Das gilt insbesondere für Vervielfältigungen, Bearbeitungen, Übersetzungen, Mikroverfilmungen und die Einspeicherung und Verarbeitung in elektronischen Systemen.
Die Wiedergabe von allgemein beschreibenden Bezeichnungen, Marken, Unternehmensnamen etc. in diesem Werk bedeutet nicht, dass diese frei durch jedermann benutzt werden dürfen. Die Berechtigung zur Benutzung unterliegt, auch ohne gesonderten Hinweis hierzu, den Regeln des Markenrechts. Die Rechte des jeweiligen Zeicheninhabers sind zu beachten.
Der Verlag, die Autoren und die Herausgeber gehen davon aus, dass die Angaben und Informationen in diesem Werk zum Zeitpunkt der Veröffentlichung vollständig und korrekt sind. Weder der Verlag noch die Autoren oder die Herausgeber übernehmen, ausdrücklich oder implizit, Gewähr für den Inhalt des Werkes, etwaige Fehler oder Äußerungen. Der Verlag bleibt im Hinblick auf geografische Zuordnungen und Gebietsbezeichnungen in veröffentlichten Karten und Institutionsadressen neutral.

Planung/Lektorat: Jan Treibel
Springer ist ein Imprint der eingetragenen Gesellschaft Springer Fachmedien Wiesbaden GmbH und ist ein Teil von Springer Nature.
Die Anschrift der Gesellschaft ist: Abraham-Lincoln-Str. 46, 65189 Wiesbaden, Germany

# Vorwort

## Wirtschaftsschutz in der Praxis: Die Probleme wachsen

„Cyber-Risiken, Entführungen von Mitarbeitern sowie generell eine Verschärfung der Sicherheitslage in vielen Weltregionen, Ausspähversuche und Wirtschaftsspionage, globaler Terrorismus: In den vergangenen Jahren haben vielfältige Gefahren Gesellschaft und damit auch die Wirtschaft erreicht, die der weniger kundige Beobachter eher in Hollywood als in Berlin und Hamburg, London und Paris, Amsterdam und Mailand vermuten würde." So haben wir vor zwei Jahren den ersten Band Wirtschaftsschutz in der Praxis eingeleitet. Was damals richtig war, gilt heute umso mehr. Eine Verbesserung der Situation ist nicht eingetreten, ganz im Gegenteil: Die Jahrhundertkrise der COVID-19-Pandemie hat die Digitalisierung und die damit verbundenen Gefahren für Unternehmen, Privatpersonen und die öffentliche Hand nochmals erheblich gesteigert. Mittlerweile sind über 800 Mio. Varianten von Schadprogrammen im Umlauf, jeden Tagkommen rund 400.000 neue hinzu. Auch die Geschwindigkeit der Angriffswerkzeuge steigt stetig, während im Rahmen von Digitalisierung und Industrie 4.0 von Wirtschaft und Gesellschaft immer mehr Geräte und Systeme ins Internet gestellt werden.

Der Digitalverband Bitkom schätzte allein den durch Datendiebstahl, Sabotage und Spionage entstandenen jährlichen Gesamtschaden zuletzt auf 102,9 Mrd. EUR – nur in Deutschland wohlgemerkt. Die durch Cyberkriminalität verursachten Schäden werden für Unternehmen und ihre Versicherer immer teurer. Zu dem Schluss kommt eine Analyse der Allianz-Industrieversicherungstochter AGCS, die 1736 Cyber-Schadensmeldungen aus den Jahren 2015 bis 2020 ausgewertet hat. Der Gesamtschaden lag laut AGCS bei 660 Mio. EUR. Dazu heißt es beim Bundesministerium des Innern, für Bau und Heimat: Die Besonderheit der Cyberkriminalität besteht darin, dass die Täter nahezu von jedem Ort der Welt aus agieren und ihre Spuren relativ gut verschleiern können. Zudem muss der Tatort nicht zwingend mit dem Taterfolgsort identisch sein. Nicht nur die Zahl der betroffenen Computer und Smartphones steigt, sondern auch die Professionalität der Täter. Einerseits versuchen sie weiterhin mit möglichst geringem Aufwand möglichst viele Computer mit Schadsoftware zu infizieren, um beispielsweise Kontodaten und Passwörter zu stehlen. Andererseits gibt es jedoch auch immer mehr sehr gut vorbereitete Cyberangriffe auf ausgewählte Ziele, bei denen das Schadenspotenzial für die Betroffenen erheblich größer ist. Hierzu gehören zum Beispiel Angriffe auf Wirtschaftsunternehmen oder (Kritische) Infrastruktureinrichtungen. Von der gegenwärtigen Pandemie bleibt kein Bereich verschont. Krisenmanagementstrukturen wurden auf allen kommunalen-, Landes- und Bundesebenen aktiviert. Politische Differenzen zwischen Bund und Ländern dominieren das mediale Bild. Eine erste Bilanz der Krise macht jedoch deutlich, dass zahlreiche Unternehmen wie auch behördliche Stellen in ihren Krisenmanagementstrukturen auf Ereignisse dieser Art nicht oder nur unzureichend vorbereitet sind. Zudem sind die Krisenbewältigungsstrategien in den Behörden und Unternehmen in ihrer jeweiligen Methodik und Ausprägung sehr unterschiedlich. Ein Problem ergibt sich dadurch, dass die Privatwirtschaft in die Notfall- und Krisenplanung von Bund, Länder und Kommunen nicht systematisch eingebunden ist.

Die Welt hat sich durch Corona verändert. Wirtschaft, Gesellschaft und Politik müssen sich zukünftig auf Szenarien wie Pandemien aufstellen. Noch einmal so unvorbereitet in eine Krise zu gehen, kann sich Deutschland nicht leisten. Die Wirtschaft muss resilienter werden. Das funktioniert nur durch einen engen Schulterschluss zwischen Staat und Wirtschaft. Der Wirtschaftsschutz muss insgesamt gestärkt werden. Die zunehmende Digitalisierung hat viele Vorteile – auch für das Thema Sicherheit. Krisen werden zukünftig auch über den digitalen Raum gemanagt. Der Digitalisierungstrend birgt allerdings viele Risiken, auf die zahlreiche Unternehmen noch nicht ausreichend vorbereitet sind. Im Umfeld vieler kleiner und mittelständischer Unternehmen, die ausweislich der Faktenlageaus dem „Lagebild Wirtschaftsschutz NRW" das Thema Sicherheit und damit Wirtschaftsschutz noch sehr stiefmütterlich behandeln und Verantwortung auf dafür nicht geschulte und ausgerichtete Organisationsstrukturen schieben, entsteht durch die Pandemien explosiver „Cocktail" verschiedenster Risiken.

Diesen Entwicklungen müssen wir begegnen. Dafür sind alle beteiligten Akteure gefragt, und wir brauchen einen starken Schulterschluss zwischen Unternehmen, Verbänden und öffentlicher Hand. Die sicherheitsrelevanten Ereignisse der Zukunft können nicht mehr nur von staatlichen Akteuren bewältigt werden.

Die Privatwirtschaft sollte einerseits intensiver in den Informationsaustausch (zum Beispiel über das Gemeinsame Melde- und Lagezentrum von Bund und Ländern des Bundesamts für Bevölkerungsschutz und Katastrophenhilfe) eingebunden werden, andererseits sollten auch Ressourcen und Informationen der Wirtschaft den Behörden bei Schadensereignissen und Krisen nutzbar gemacht werden. In Bund, Land und Kommunen müssen neue Kooperationsformen etabliert werden, die im Bedarfsfall alle relevanten Akteure einbeziehen.

Der vorliegende Band *Wirtschaftsschutz in der Praxis – Herausforderungen an die Sicherheit im Zeitalter von Digitalisierung und Krise* befasst sich aus verschiedenen Blickwinkeln mit dem Wirtschaftsschutz. Die Publikation richtet sich vorrangig an die mittelständische Wirtschaft, aber zugleich auch an die öffentliche Hand, politische Akteure, Berater, Wissenschaftler, Studierende, Journalisten und gemeinnützige Organisationen, die – auch aus internationaler Perspektive – mit Sicherheit befasst sind. Ansatz ist es, mit Wirtschaftsschutz in der Praxis eine Grundlagensammlung zum großen Komplex „Wirtschaftsschutz" aus diversifizierten Perspektiven heraus zu erreichen. Der Band soll praxisnahe Einblicke geben, aber auch als Benchmark für die künftige Beschäftigung mit dem Thema dienen. Wirtschaftsschutz bedeutet, die Risiken bestmöglich einzuordnen und eine professionelle Risikopraxis zu leben; die Risikominimierung muss ihre Grenzen innerhalb einer solchen Risikopraxis finden, um ein effizientes Krisenmanagement und das Entscheiden und Handeln in Ungewissheit zu stärken. Das verbessert die Resilienz der Wirtschaft. Zugleich wird die Prävention in Zeiten hoher Komplexität und ungewisser Szenarien zusehends wichtiger. Resilienz ersetzt zunehmend Robustheitsmodelle im Krisenmanagement, da die Bedrohungen nicht mehr vorhersagbaren Mustern entsprechen, sondern nur noch in groben Kategorien verbleiben und nunmehr agil und Szenario basiert statt dogmatisch und linearisiert angegangen werden müssen.

Die ASW West und die übrigen Organisationen des Wirtschaftsschutzes unterstützen die öffentliche Hand und die Privatwirtschaft im Bedarfsfall selbstverständlich aktiv bei allen Aktivitäten rund um den Wirtschaftsschutz. Gerade mit Blick auf die Fähigkeit auch kommende Krisen noch mit vorhandenen Ressourcen bewältigen zu können, muss der Wirtschaftsschutz ein Kernanliegen bleiben. Dafür benötigen wir Kenntnisse über globale Entwicklungen und müssen diese antizipieren. Dazu zählt auch, das Vertrauensverhältnis von staatlichen und privaten Akteuren zu erhöhen, die Herausforderungen gemeinsam anzugehen und gemeinsame Aktivitäten der an Sicherheit Beteiligten anzustreben. Dazu zählen unter anderem professionelle Maßnahmen in der Aus- und Weiterbildung. In diese Richtung zielt dementsprechend auch der zweite Band Wirtschaftsschutz in der Praxis. Die darin gesammelten Aufsätze entsprechen den Herausforderungen von Organisationen im Alltag und stellen Ansätze und Szenarien im Wirtschaftsschutz vor, die für Unternehmen und andere Einrichtungen hohe Relevanz haben. Als Sicherheitsverband werden wir die weitere Entwicklung genau beobachten und bewerten. Wir danken allen Autorinnen und Autoren für die Mitwirkung an diesem Sammelband.

Die Herausgeber

# Inhaltsverzeichnis

**Die Zukunft der Corporate Security**

**Kriminelle Subkulturen als Risiko für die deutsche Wirtschaft –
Auswirkungen von Clankriminalität auf KMU** .................... 3
Dorothee Dienstbühl

**Sicherheitsdienstleistung im Wandel – Geschäftsprozesse
aufrechterhalten bei dynamischen Risikolagen** .................... 21
Tim Eichler

**Modernisierung der Terrorismusfinanzierung –
Herausforderungen für die Industrie** ............................. 35
Hans-Jakob Schindler

**Klimawandel und Wirtschaftsschutz** ............................. 57
Tabitha Urban und Rainer Heck

**Wirtschaftsschutz als Teil der Inneren Sicherheit: Bedeutung für
Politik und Gesellschaft** ......................................... 73
Kerstin Petretto

**Die Zukunft der Corporate Security**

**Mega-Trend, Digitalisierung, Automatisierung und Robotik in der
(Unternehmens)-Sicherheit – Chancen und Herausforderungen** ....... 93
Johannes Abresch

**Die Anfälligkeit der deutschen Wirtschaft in einer digitalisierten Welt** .................................................................... 123
Christian Endreß und Patrick Hennies

**Digitalisierung – Chancen und Risiken in der physischen Sicherheit** ... 147
Katharina Geutebrück

**Krisenmanagement neu denken** ..................................... 169
Ralf Marczoch

**Die Bedeutung organisationaler Ökosysteme für den Erfolg der Unternehmenssicherheit** ........................................... 189
André Röhl und Rico Kerstan

**Corporate Digital Responsibility. Digitalisierung im Spannungsfeld von Verantwortung und Obliegenheit** ................ 207
Ellena Werning und Ludmilla Middeke

**Wirtschaftsschutz in der Praxis**

**Krisenmanagement: Warum es auf die strategische Ebene ankommt!** ........................................................ 227
Johannes Hartl

**Sichere Bits und Atome: IoT im Spannungsfeld zwischen Cyber- und Physischer-Sicherheit** .......................................... 245
Marc Börner, Heiko Koepke und Christian Zenger

**Modulbaukasten Sicherheit: 10 Erfolgsfaktoren moderner Sicherheitsorganisationen** ........................................ 263
Julia Vincke und Kristof Riecke

**Bewertung von Risiken und Investments im strategischen Sicherheitsmanagement** ........................................... 287
Jan Steinbrenner

**Verzerrte Wahrnehmung von Risiken im Krisenmanagement** ......... 313
Christian Vogt

## Recht und Strategie

**Der Informationsaustausch von Staat und Wirtschaft zur Prävention gegen Cyberangriffe: Cyber-Threat-Plattformen unter BSI-Aufsicht als Lösung?** ........ 341
Klaus M. Brisch und Lewin Rexin

**Sicherheit als Standortvorteil – Resilienzstrategien einer Stadt** ....... 363
Uwe Gerstenberg

**Agile Führung – Situationsangepasste Reaktion in Krisen** ............ 387
Andreas Karsten

**Sicherheit für Unternehmerfamilien als Erfolgsfaktor** ............... 405
Pascal Michel und Thorsten Klinkner

**Kommunikation als Beitrag zum Wirtschaftsschutz im Rahmen der Unternehmensnachfolge** ....................... 425
Patrick Peters

# Herausgeber- und Autorenverzeichnis

## Über die Herausgeber

**Christian Vogt**  CLAAS KgaA mbH, Essen, Deutschland

**Patrick Hennies**  ASW West e.V., Essen, Deutschland

**Christian Endreß**  ASW West e.V., Essen, Deutschland

**Patrick Peters**  Klare Botschaften/Allensbach Hochschule, Mönchengladbach, Deutschland

## Autorenverzeichnis

**Johannes Abresch**  Deutsche Post DHl Group, Bonn, Deutschland

**Klaus M. Brisch**  Deloitte Legal Rechtsanwaltsgesellschaft mbH, Köln, Deutschland

**Marc Börner**  PHYSEC GmbH, Bochum, Deutschland

**Dorothee Dienstbühl**  Hochschule für Polizei und öffentliche Verwaltung NRW, Mülheim an der Ruhr, Deutschland

**Tim Eichler**  Die Schreibmentoren GmbH, Münster, Deutschland

**Christian Endreß**  ASW West e.V., Essen, Deutschland

**Uwe Gerstenberg**  consulting plus GmbH, Essen, Deutschland

**Katharina Geutebrück**  GEUTEBRÜCK GmbH, Windhagen, Deutschland

**Johannes Hartl** Deutsche Telekom Security GmbH, Bonn, Deutschland

**Rainer Heck** Control Risks GmbH, Frankfurt a. M., Deutschland

**Patrick Hennies** ASW West e.V., Essen, Deutschland

**Andreas Karsten** Hamburg, Deutschland

**Rico Kerstan** KR Krisensicher Risikoberatung GmbH, Lübben, Deutschland

**Thorsten Klinkner** UnternehmerKompositionen Rechtsberatungsgesellschaft und Steuerberatungsgesellschaft mbH, Meerbusch, Deutschland

**Heiko Koepke** PHYSEC GmbH, Bochum, Deutschland

**Ralf Marczoch** Hamburg, Deutschland

**Pascal Michel** SmartRiskSolutions GmbH, Grünwald, Deutschland

**Ludmilla Middeke** Digital Scout Stadt Bielefeld, Bielefeld, Deutschland

**Patrick Peters** Klare Botschaften/Allensbach Hochschule, Mönchengladbach, Deutschland

**Kerstin Petretto** Bundesverband der Deutschen Industrie e.V., Berlin, Deutschland

**Lewin Rexin** Wissenschaftlicher Mitarbeiter, Deloitte Legal Köln, Köln, Deutschland

**Kristof Riecke** Düsseldorf, Deutschland

**André Röhl** NBS Northern Business School Hamburg, Hamburg, Deutschland

**Hans-Jakob Schindler** Counter Extremism Project, Berlin, Deutschland

**Jan Steinbrenner** Merck KGaA, Darmstadt, Deutschland

**Tabitha Urban** Control Risks GmbH, Frankfurt a. M., Deutschland

**Julia Vincke** Volkswagen AG, Wolfsburg, Deutschland

**Christian Vogt** CLAAS KgaA mbH, Essen, Deutschland

**Ellena Werning** Fachhochschule des Mittelstands (FHM) GmbH, Bielefeld, Deutschland

**Christian Zenger** PHYSEC GmbH, Bochum, Deutschland

# Die Zukunft der Corporate Security

# Kriminelle Subkulturen als Risiko für die deutsche Wirtschaft – Auswirkungen von Clankriminalität auf KMU

## Dorothee Dienstbühl

### Zusammenfassung

Clankriminalität beschränkt sich längst nicht nur auf Gewalt und Milieudelinquenz. Unterschiedliche Formen von Betrug und Schattenwirtschaft betreffen Bürger und vor allem kleine und mittelständische Unternehmen (KMU). Entsprechend benötigen sie grundlegende Kenntnisse zum Phänomen und Schutzmechanismen.

**Auswirkung von Clankriminalität auf kleinere und mittlere Unternehmen (KMU)**

Der Eindruck, die sog. Clankriminalität beschränke sich auf Gewalt und rein illegale Märkte, verdient eine Korrektur. Betrugsmaschen können jeden betreffen. Es sind insbesondere kleine und mittlere Unternehmen (KMU) unter 250 Beschäftigte, die gerade in Gebieten sehr stark betroffen sind, in denen Clankriminalität häufig auftritt. Um die Einflüsse auf lokale Handwerks- und Handelszweige darzustellen, werden Geschäftsfelder erläutert, die Sicherheitsbehörden in Verbindung mit Clankriminalität beobachten und die Besonderheiten des Phänomen Clankriminalität dargestellt.

---

D. Dienstbühl (✉)
Hochschule für Polizei und öffentliche Verwaltung NRW, Mülheim an der Ruhr, Deutschland
E-Mail: dorothee.dienstbuehl@hspv.nrw.de

# 1 Das Phänomen Clankriminalität

Clankriminalität ist längst nicht nur ein sicherheitspolitisches Problem in Bremen, Niedersachsen, Nordrhein-Westfalen und Berlin: Das Bundeskriminalamt (BKA) schätzt selbiges als *„bedeutsam für das gesamte Bundesgebiet"* ein (2020, S. 32). Dies ergibt sich aus dem Operationsraum, der ganz Deutschland umfasst. Dabei geht es nicht lediglich um den wirtschaftlichen Schaden, der nach ersten Schätzungen durch Clankriminalität verursacht wird (BKA, 2020, S. 34). Vielmehr birgt das Phänomen eine ungeheure deliktische Bandbreite, öffentlich ausgetragene Gewalt, offene Provokationen und eine Kampfansage an das in Deutschland geltende Recht in sich, die das Sicherheitsgefühl der Menschen in Deutschland beeinträchtigen. Dies zunehmend in Stadtteilen, in denen Clans öffentlich und gewalttätig ihre Fehden austragen. Die Aktualität des Phänomens ergibt sich aus der Beschäftigung der Sicherheitsbehörden mit Clankriminalität. So hat dieses Phänomen zwar bereits Anfang der 2000er Aufmerksamkeit in der Fachliteratur erhalten, wurde aber politisch nicht behandelt. Dies änderte sich spürbar in den Jahren 2017/2018. Für Nordrhein-Westfalen und weitere Bundesländer, in denen vermehrt Clanfamilien wohnhaft sind, wurde die Bekämpfung der Clankriminalität mit speziell auf dieses Phänomen abgestimmten Konzepten verstärkt.

## 1.1 Der schwierige Begriff der Clankriminalität

Mit dem umstrittenen Begriff Clankriminalität wird die Kriminalität von besonderen ethnisch abgeschotteten Subkulturen beschrieben. Diese Betrachtung beschränkt sich in der bisherigen Lagebildbetrachtung des BKA, einiger LKA und weiten Teilen der wissenschaftlichen Auseinandersetzung auf arabische Familienverbünde. Die Gruppen, um die es geht, werden zuweilen auch als „libanesische Clans" bezeichnet. Allerdings ist dies unzutreffend, denn die ethnographische Zusammensetzung ist deutlich heterogener. Der geografische Ursprung dieser arabischen Großfamilien liegt u. a. zum einen in palästinensischen Gebieten und zum anderen in Südost-Anatolien. Eine bedeutsame migrierte Gruppe stellen die *Mhallami (-Kurden)* dar. Die Herkunft der Mhallami liegt in der Südosttürkei im geografischen Dreieck zwischen den Städten Savur, Midyat und Ömerli, in der Provinz Mardin.[1] Für den Begriff Clans existiert keine allgemein anerkannte Definition, sie werden jedoch als älteste und natürlichste Form menschlicher Organisationen aufgefasst, welche durch die gleiche Sprache, Kultur und Regeln ein Zugehörigkeitsgefühl aufweisen (Haverkamp, 2018, S. 116 f.). Ein solcher kann aus mehreren Kernfamilien bestehen, die in ihrem Zusammenschluss schließlich eine Großfamilie bilden und mehrere hundert Mitglieder umfassen können (Dienstbühl, 2018, S. 5). Die Zugehörigkeit beruht auf einer mindestens angenommenen Verwandtschaft (dies gerade bei eigener Zuordnung im Zuge der Migration durch Annahme eines Familiennamens), ohne die eine Aufnahme in einen Clan nicht möglich ist. Daher sind es vor allem Namen, die mit dem Phänomen Clan gemeinhin verbunden werden.

Nun darf es nicht so sein, dass ein Familienname zur Stigmatisierung führt. Entsprechend wichtig ist die Erläuterung des Begriffes, insbesondere im Kontext der Kriminalität. Dessen sind sich auch die Sicherheitsbehörden bewusst. Das Projekt KEEAS „Kriminalitäts- und Einsatzbrennpunkte geprägt durch ethnisch abgeschottete Subkulturen" des LKA NRW hat Kriterien für einen Clan erstellt, nach denen eine Zugehörigkeit nach Namen kategorisiert werden kann. Diese Kriterien umfassen

- Die Verwandtschaft als Bedingung der Mitgliedschaft (Familie als (teil-) kriminelle Solidargemeinde)
- Segmentäre, hierarchisch und regelmäßig patriarchale Struktur nach Abstammung
- Ablehnung der geltenden Rechtsordnung in Deutschland, sowie der Akteure aus Exekutive und Judikative
- Ideologische Legitimation des kriminellen Handelns (Abwertung der Opfer)
- Paralleljustiz durch eigene Autoritäten
- Strategische Eheschließungen mit Zwangscharakter
- Nach außen dokumentierten Macht- und Gewinnstreben, durch Besetzung des öffentlichen Raumes (LKA NRW, 2018, S. 7)

Die Sicherheitsbehörden machen dabei immer wieder deutlich, dass sie die Namen zur Orientierung nutzen. Zudem beziehen sich ihre Betrachtungen auf die kriminellen Mitglieder und ihre Umgebung, aber nicht auf sämtliche Personen als Namensträger. Die Abgrenzungsproblematik besteht dennoch weiter,

---

[1] Der Begriff *Mhallami* oder *Mhallamiye* bezieht sich auf den in der Region gesprochenen arabischen Dialekt. Heute fühlen sich viele, die man den Mhallamiys zuordnen würde, beleidigt. Sie sehen sich vielmehr als Araber und Kurden.

somit bleibt der Begriff *Clan* äußerst strittig. Gleichwohl ist er längst – und insbesondere durch die Medien – im Sprachgebrauch etabliert. Zudem benötigen Sicherheitsbehörden einen Phänomenbegriff, dem sie die erfasste Kriminalität zuordnen können. Daher wird er trotz seiner Unschärfe weiterhin durch die meisten Behörden verwendet.

### 1.1.1 Aufkommen der Kriminalität

Um die Clankriminalität systematisch zu erfassen, werden von den besonders betroffenen Bundesländern Lagebilder entwickelt. Die Landeskriminalämter der Länder Nordrhein-Westfalen und Niedersachsen haben unlängst öffentliche Lagebilder erstellt, die nicht nur die registrierten Straftaten darstellen, sondern auch Zusammenhänge und Begehungsweise erläutern, wie es durch die Polizeiliche Kriminalstatistik (PKS) nicht möglich ist. Auch wenn die öffentlichen Lagebilder nur einen kleinen Einblick gewähren und wie dargestellt nur ermittelte Tatverdächtige und registrierte Straftaten ohne Notwendigkeit einer gerichtlichen Verurteilung abbilden, zeigen sie wichtige Zusammenhänge, sowie Entwicklungen und Tendenzen auf.

Das Landeskriminalamt in Nordrhein-Westfalen hat mittlerweile zwei Lagebilder zur Clankriminalität herausgegeben. Das erste Lagebild umfasst einen dreijährigen Berichtszeitraum von 2016 bis 2018. In den drei Jahren wurden in NRW 14.225 Delikte registriert, bei denen 6449 tatverdächtige Angehörige arabisch-türkischstämmiger Großfamilien als Tatverdächtige in Erscheinung getreten sind (LKA NRW, 2019, S. 9.). Der Tatertrag, der durch illegale Aktivitäten im Berichtszeitraum erwirtschaften werden konnte, wird mit 10,7 Mio. Euro beziffert; davon konnten die Strafverfolgungsbehörden 1,5 Mio. Euro sichern (LKA NRW, 2019, S. 16).

Im zweiten Lagebild zur Clankriminalität im Berichtsjahr 2019 des LKA NRW wurde die Erfassung in Allgemeine Kriminalität (AK) und Organisierte Kriminalität (OK) unterteilt. Zusätzlich wurde die Erfassungssystematik erweitert und um schwere Verkehrsdelikte ergänzt. Wurden im ersten Lagebild noch 104 Familiennamen mit Clanbezug gewertet, sind es im zweiten Lagebild 111 (LKA NRW, 2020, S. 10). Hinsichtlich der Geschlechterverteilung zeigt die Auswertung, dass Frauen, wie bereits im ersten Lagebild, in etwa 20 % als Tatverdächtige registriert werden (LKA NRW, 2020, S. 17). Gegenüber dem ersten Lagebild aus dem Vorjahr stieg die Zahl der registrierten Straftaten von 4595 im Berichtsjahr 2018 auf 6104 und die Anzahl der erfassten Tatverdächtigen von 2832 auf 3779, davon sind 569 der Tatverdächtigen ein Resultat der methodischen Weiterentwicklungen (LKA NRW, 2020, S. 11).

In Niedersachsen wurden für das Berichtsjahr 2019 insgesamt 1646 Personen als Angehörige von Familienclans als Tatverdächtige oder Beschuldigte erfasst. Davon sind 87 % männlich und mehr als 50 % in einem Alter von unter 30 Jahren. Die Beschuldigten oder Tatverdächtigen kommen ursprünglich aus 49 verschiedenen Staaten. In Bezug auf die Staatsangehörigkeit dominiert die Bundesrepublik Deutschland mit 890 Tatverdächtigen (TV), gefolgt vom Libanon (167 TV), der Türkei (162 TV), Syrien (83 TV) und Rumänien (53 TV) (LKA Niedersachsen 2020b, S. 9 f.). Von den 1646 Tatverdächtigen traten 1.291 Personen (78,4 %) im Berichtsjahr nur einmalig in Erscheinung. In 52,4 % der 1585 Ermittlungsverfahren agierten sie als Einzeltäter. In 47,6 % der Verfahren agierten sie gemeinsam mit einem anderen oder mehreren anderen Tatverdächtigen gemeinschaftlich (LKA Niedersachsen 2020b, S. 10). Insgesamt wurden Vermögenswerte in Höhe von knapp 5,7 Mio. Euro vorläufig gesichert. Davon entfielen jeweils ca. 2600 Fälle in den Bereich der Eigentums- und Betrugsdelikte (LKA Niedersachsen 2020b, S. 17 ff.).

In den Lagebildern der Bundesländer NRW und Niedersachsen fallen vor allem sog. *Rohheitsdelikte* besonders auf. Solche bezeichnen Gewalt gegen Sachen, Brandstiftung, den gefährlichen Eingriff in den Straßenverkehr nach 315b StGB und Landfriedensbruch. Das LKA NRW registrierte im dreijährigen Berichtszeitraum insgesamt 5606 solcher Taten, davon 1755 schwere Gewaltdelikte (LKA NRW, 2019, S. 11), 2019 wurden 2316 entsprechende Taten in NRW registriert, davon 789 schwere Gewaltdelikte (LKA NRW, 2020, S. 34). Im niedersächsischen Lagebild wurden für das Berichtsjahr 2019 sieben Straftaten gegen das Leben und zwölf gegen die sexuelle Selbstbestimmung erfasst. Den größten Anteil nahmen Rohheitsdelikte, die 569-mal Gegenstand von Ermittlungsverfahren wurden (LKA Niedersachsen 2020b, S. 8).

Nicht nur die vorgestellten Lagebilder, sondern auch Presseberichte zeugen in Hinblick auf Clankriminalität von unterschiedlichsten Formen von Gewalt. Besonders häufig betrifft die Gewalt Personen innerhalb der Strukturen (sowohl bei Auseinandersetzungen zwischen einzelnen Kernfamilien oder auch innerhalb dieser) und Polizeibeamte (z. B. Widerstandshandlungen und bei ausgetragenen Auseinandersetzungen (sog. *Tumultlagen*) im öffentlichen Raum), aber auch Rettungskräfte. Seit dem Berichtsjahr 2019 erhalten die Lagebilder zur Organisierten Kriminalität (OK) des BKA ebenfalls ein eigenes Unterkapitel „Clankriminalität" unter dem Thema „Aktuelle Erscheinungsformen".

Im Berichtsjahr 2019 richteten sich 45 OK-Verfahren gegen 836 Tatverdächtige (2018, S. 654) (BKA, 2020, S. 33):

- 20 OK-Gruppierungen der Mhallamiye

- 14 OK-Gruppierungen arabischstämmiger Herkunft
- 4 OK-Gruppierungen „türkischstämmiger" Herkunft
- 2 OK-Gruppierungen mit Herkunft aus Westbalkan-Staaten
- 1 OK-Gruppierung mit Herkunft aus Maghreb-Staaten
- 4 OK-Gruppierungen anderer Herkunft

Es erfolgten über zwei Drittel der OK-Ermittlungen im Zusammenhang mit Clankriminalität in Nordrhein-Westfalen (19 OK-Verfahren), Berlin (7 OK-Verfahren), Niedersachsen (5 OK-Verfahren) und Bremen (1 OK-Verfahren) (BKA, 2020, S. 31). Dabei stellen die OK-Verfahren nur eine geringe Teilmenge der registrierten Kriminalität dar, in der die stark familiengeprägten Strukturen auffällig werden (BKA, 2020, S. 34).

### 1.1.2 Abschottung als Besonderheit und Politikum

Clans werden zuweilen auch als Parallelgesellschaften charakterisiert. Als Parallelgesellschaften werden im öffentlichen Diskurs Bevölkerungsgruppen verstanden, die sich räumlich, kulturell und sozial von der Gesellschaft abschotten (Belwe, 2006, S. 2). Der Begriff ist nicht einheitlich definiert, was bereits die (nicht nur) wissenschaftliche Diskussion erheblich erschwert. Je nachdem, wie viele Kriterien für das Vorliegen einer Parallelgesellschaft herangezogen werden, sehen Forscherteams ihre Existenz für bestätigt oder darin lediglich ein konstruiertes Angstphänomen zur politischen Meinungsmache (Dienstbühl, 2020, S. 322). Somit wird das Phänomen höchst diskursiv betrachtet.

Stattdessen ist der Aspekt der Abschottung in diesem Kontext besonders relevant: Die dargestellten Strukturen leben ein Prinzip, nach dem sie ihre Angelegenheiten untereinander klären und staatliche „Einmischung" ablehnen. Dies auch dann, wenn es sich um elementare Rechtsverletzungen und exzessive Gewalt handelt. Innerhalb der Community existieren eigene Autoritäten, die Recht im Sinne von Vertragsbesieglungen, Schlichtungen und Vollstreckungsurteile sprechen können. Diese werden zuweilen auch als (islamische) Friedensrichter bezeichnet, was jedoch irreführend ist, da der Begriff sowohl verharmlosend als auch die Position anerkennend wirkt. Die Autoritäten verdeutlichen ein Hierarchiegefüge, das sich lokal niederschlägt. Problematisch ist zudem ein territorialer Gedanke, der zum Teil sehr offen via Social Media kommuniziert wird (Dienstbühl, 2021, S. 25 und 77) und für Unbehagen in der Gesellschaft sorgt.

In den meisten Großstädten existieren Straßenzüge, die durch den Migrationshintergrund der Bewohner dominant geprägt sind. Dies allein bedeutet dabei längst noch nicht, dass Parallelgesellschaften diese Straßen tatsächlich beherrschen. Der Umstand an sich ist jedoch längst zu einem Politikum geworden, zumal Medienmeldungen über die Umtriebe krimineller Clanmitglieder nicht abreißen.

Die Delinquenzbreite krimineller Clanaktivitäten ist derweil sehr ausgeprägt und lässt darauf schließen, dass es sich bei den Strukturen um ein komplexes und äußerst heterogenes Phänomen handelt. Die Abgrenzung legaler und illegaler Geschäftsfelder ist dabei sehr schwierig zu ziehen. U. a. dieser Umstand stellt ein typisches Merkmal von Organisierter Kriminalität dar.

### 1.1.3 Tätigkeitsfelder

Im Kontext Clankriminalität treten immer wieder Schlüsseldienste aus einem Geflecht von Einzelinhabern in Erscheinung, die bundesweit aktiv sind. Dabei werden Personen, die beispielsweise einen Schlüsseldienst benötigen, weil sie sich ausgesperrt haben, völlig überhöhte Rechnungen ausgestellt (LKA NRW, 2020, S. 19), deren Bezahlung (bevorzugt in bar) mit Nachdruck eingefordert wird. Häufig werden die Opfer beruhigt, dass die Versicherung den Betrag zurückerstatte (LKA Niedersachsen, 2020a), was jedoch nicht stimmt. Das Dunkelfeldpotential ist in solchen Fällen sehr hoch: Zum einen hindert die Scham, einem „Abzocker" auf den Leim gegangen zu sein, Menschen an einer Anzeige und zum anderen die Agitation der Täter, die nicht selten mit Gewaltverhalten die Opfer bedrohen oder sie erpressen. Wenn sie sich Zugang zur Wohnung oder auch zu einem Tresor verschafft haben, sehen sie relativ schnell, was Bewohnern wichtig ist. Tierbesitzern wird gedroht, das Tier umzubringen. Oder sehen die Täter Fotos von kleinen Kindern, drohen sie entsprechend den Eltern oder Großeltern, den Kindern oder Enkeln etwas anzutun, wenn sie nicht schweigen. Mit der Betrugsmasche um Schlüsseldienste werden neben Betrug und Wucher gem. § 291 StGB meist weitere Straftatbestände erfüllt: Nötigung, Erpressung, Bedrohung, (räuberischer) Diebstahl und Körperverletzungsdelikte. Auch hier sind Callcenter involviert, zudem haben die angegebenen Firmen im Internet unverfängliche Namen. Bei Eingabe „Schlüsselnotdienst" + Name der Stadt stehen sie bei der Onlinesuche meistens sehr weit oben und locken mit konkurrenzlos niedrigen Preisen. Mit diesem Prinzip treten Clanmitglieder auch in anderen Dienstleistungen in Erscheinung, wie beispielsweise als Gewerbe für Rohreinigung oder Schädlingsbekämpfung. Somit bedienen sie Dienstleistungen, die Menschen im Notfall kontaktieren müssen (Polizeiliche Kriminalprävention der Länder und des Bundes 2020) und deswegen nicht weiter prüfen und bringen damit eine ganze Branche in Verruf.

Betrug zeigt sich ferner im Gebrauchtwagenhandel weit verbreitet: Clanangehörige fallen damit auf, dass sie Unfallwagen in eigenen Werkstätten reparieren und als „unfallfrei" zu einem völlig überhöhten Preis verkaufen. Wird der Betrug entdeckt, reagieren sie mit vermeintlichem Unwissen oder aggressivem Verhalten und Drohungen. Weitere Manipulationen wie beispielsweise am Tacho treten ebenfalls mit diesem Phänomen in Erscheinung (Westfalenblatt v. 28.12.2019). Nicht nur der Handel mit Kraftfahrzeugen, auch dessen Verleih bietet die Infrastruktur für eine Vielzahl von Delikten, wie den Transport von Betäubungsmitteln, der professionelle Verbau von Schmuggelverstecken in Fahrzeugen.

Vor allem um Gelder zu waschen, werden immer wieder neue Ladengeschäfte, Kioske, Imbisse und Restaurants eröffnet. Ein Paradebeispiel stellen Shisha-Bars dar, die zudem als Treffpunkte für die Mitglieder genutzt werden können. Ferner zählen Discotheken, Bars und Eventlocations (Hochzeitshallen, Escape-Rooms etc.) zu beliebten Betrieben von Mitgliedern. Doch auch andere Einrichtungen wie (Herren-)Friseur-Salons und Barber-Shops gehören zu Geschäftszweigen, die sehr schnell eingerichtet werden, aber genauso schnell wieder verschwinden können. Zudem sind in diesen regelmäßig keine Friseurmeister vorhanden, obwohl dies als Meisterhandwerk obligatorisch wäre. Die Preise sind dort sehr niedrig, sodass sie andere Friseursalons verdrängen. Auch Franchise-Unternehmen können Clanbezüge aufweisen: Fitnessketten sind zum einen geeignete Umschlagsplätze, um Drogen zu verkaufen, zum anderen eignen sie sich, Personendaten der Kunden zu sammeln. Dies kann beispielsweise bei Polizeibeamten, die in ihrer Freizeit dort trainieren, für die Interessen krimineller Clanmitglieder besonders interessant sein.

Solche Geschäftsmodelle besitzen nicht zwangsläufig einen kriminellen Hintergrund, in nachweisbarem Bezug von Besitzern und oder Betreibern zu anderen kriminellen Aktivitäten liegt die Annahme jedoch nahe, dass sie u. a. zu Geldwäschezwecken eingesetzt werden (LKS NRW 2020, S. 25). Zudem stellen die vielen Möglichkeiten zur Geldwäsche ein Instrument dar, mit der inkriminierte Gelder aus Betrugs- oder Drogendelikten auf den legalen Wirtschaftskreislauf übertragen werden können (Cano, 2020).

Als Geldwäsche nach § 261 StGB gelten a) der Umtausch oder Transfer von Vermögensgegenständen in Kenntnis der Tatsache, dass diese Gegenstände aus einer kriminellen Tätigkeit oder aus der Teilnahme an einer solchen Tätigkeit stammen, zum Zwecke der Verheimlichung oder Verschleierung des illegalen Ursprungs der Vermögensgegenstände oder der Unterstützung von Personen, die an einer solchen Tätigkeit beteiligt sind, damit diese den Rechtsfolgen ihrer Tat entgehen; b) die Verheimlichung oder Verschleierung der wahren Natur, Herkunft, Lage, Verfügung oder Bewegung von Vermögensgegenständen oder von Rechten oder Eigentum an Vermögensgegenständen in Kenntnis der Tatsache, dass diese Gegenstände aus einer kriminellen Tätigkeit oder aus der Teilnahme an einer solchen Tätigkeit stammen; c) der Erwerb, der Besitz oder die Verwendung von

Vermögensgegenständen, wenn dem Betreffenden bei der Übernahme dieser Vermögensgegenstände bekannt war, dass sie aus einer kriminellen Tätigkeit oder aus der Teilnahme an einer solchen Tätigkeit stammen; d) die Beteiligung an einer der unter den vorgehenden Buchstaben aufgeführten Handlungen, Zusammenschlüsse zur Ausführung einer solchen Handlung, Versuche einer solchen Handlung, Beihilfe, Anstiftung oder Beratung zur Ausführung einer solchen Handlung oder Erleichterung ihrer Ausführung (siehe Definition in Artikel 1 Absatz 3 der Richtlinie (EU) 2015/849 in der geänderten und ergänzten Fassung).

Die Einbindung von nahestehenden Personen aus der Familie/Verwandtschaft, bzw. aus der Community spielt eine herausragende Rolle: Die verborgenen Finanzierungsstrukturen erfolgen durch Investitionen in der Familie (Boberg, 2018, S. 243 f.). Dies gilt ebenso für Aktivitäten und Investitionen in Immobilien, wobei die Immobilien nicht selten über „Strohmänner" erworben werden. Sie dienen sowohl dem Investment für Mieteinnahmen als auch zur Verschleierung der Herkunft inkriminierter Gelder. Behörden registrieren seit geraumer Zeit, dass Immobilien von Mitgliedern erworben werden, ohne dass die Herkunft der Gelder für den Erwerb in Einklang mit den beim Finanzamt gemeldeten Einkommensverhältnissen erklärt werden könnte (LKA Niedersachsen, 2020a, S. 16). Somit liegt der Verdacht der Geldwäsche sehr nahe. Ferner sind sie eine lohnende Investition: Die Immobilien werden zum einen an Verwandte vermietet, die Leistungen nach dem SGB II erhalten, die Miete wird somit vom Staat bezahlt. Zum anderen werden sie auch fremd vermietet.

### 1.1.4 Die Bedeutung des öffentlichen Raumes

Ein entsprechendes Verhalten stellen zudem Polizeibeamte und Rettungskräfte fest, die sowohl in Einsatzlagen bedroht werden, aber zunehmend auch mehr oder weniger subtil außerhalb ihres Dienstes (Deutsche Polizei, 2019, S. 10). Es sind vor allem Gewalthandlungen, wie Drohen, Erpressung und Angriffe auf die körperliche Unversehrtheit, mit der kriminelle Mitglieder der Clans strafrechtlich auffällig werden. Wenn solche Taten immer wieder eingestellt werden, weil die Opfer keinen Strafantrag stellen wollen oder Aussagen zurückgezogen werden, dann liegt die Vermutung nahe, dass Zeugen gezielt und nachhaltig beeinflusst werden (Henninger, 2002, S. 714 ff.).

Migration und Historie krimineller Clanstrukturen in Deutschland zeigen eine enge Verbindung zu den Stadtteilen auf, in denen sie leben und in denen sie kriminell, insbesondere durch aggressives und gewalttätiges Verhalten, auffallen. Damit prägen sie bestimmte Stadtteile negativ, wie zuvor beschrieben. Der dadurch kommunizierte kriminalpolitische Appell ergibt sich aus der gemeinhin bekannten *Broken-Windows-Theorie*, die sinngemäß besagt, dass, wenn eine zerbrochene Fensterscheibe nicht schnell repariert wird, bald alle Scheiben in dem Haus zerbrochen sein werden (Wilson & Kelling, 1982, S. 29 ff.). Verfall, Unordnung und Verwahrlosung führen demnach in eine negative Spirale. Der Kriminologe *Henner Hess* beschreibt sie so:

> „Wenn in einer Straße oder einem Stadtviertel nichts unternommen wird gegen Verfall und Unordnung, Vandalismus, Graffiti, aggressives Betteln, herumliegenden Müll, öffentliches Urinieren, dröhnende Musik, Prostitution, Penner, die ihren Rausch ausschlafen, Junkies, die sich Spritzen setzen, trinkende und aggressiv-pöbelnde Gangs von Jugendlichen an Straßenecken, Drogenverkauf und dergleichen, wird das zum Zeichen dafür, dass sich niemand um diese Straße oder dieses Stadtviertel kümmert, dass es außer Kontrolle geraten ist. Die Menschen ziehen sich auf sich selbst und ihren engsten Kreis zurück, das Territorium, für das sie sich verantwortlich fühlen, schrumpft auf die eigene Wohnung zusammen. Der öffentliche Raum unterliegt nicht mehr einer informellen nachbarschaftlichen Überwachung von Kindern und Jugendlichen, verdächtigen Fremden usw. Wer kann, zieht weg; wechselnde Mieter, deren Miete vom Sozialamt bezahlt wird, ziehen zu; der Drogenhandel etabliert sich. Unter den Nachbarn herrscht Misstrauen und vor allem die Überzeugung, dass in einer bedrohlichen Situation niemand zu Hilfe käme. Die Irritation durch die Verlotterung wird zur Angst vor Verbrechen, weil die räumliche und soziale Verwahrlosung Symptome sind für den Zusammenbruch grundlegender Standards im zwischenmenschlichen Verhalten. Nachbarschaften gilt, gilt natürlich auch für öffentliche Räume wie die U-Bahn. Als kriminalpolitisches Fazit folgt aus dieser Analyse, dass sich die Polizei auf ihre ursprüngliche Hauptfunktion der Garantie öffentlicher Sicherheit und Ordnung besinnen und ihre zweite Funktion der Verbrechensbekämpfung mit der Bekämpfung der nicht-kriminellen Devianz, Belästigung, Unordnung beginnen muss. Zumindest dann, wenn diese ein bestimmtes, Bürgerarbeit lähmendes Ausmaß überschritten haben, ist es Aufgabe der Polizei, sie soweit zurückzudrängen, dass andere, zivilgesellschaftliche Maßnahmen wieder greifen können." (Hess, 2015, S. 144 f.)

Nicht selten wird von Stadtteilen, in denen es häufig zu Auseinandersetzungen mit Mitgliedern der Clans kommt, als *No-Go-Areas* (NGA) gesprochen. Die in der Presse als solche NGA titulierten Gebiete in Städten, in denen auch Familienclans wohnen und in der die kriminellen Anhänger den Raum für sich beanspruchen, kennzeichnen:

- Hohe Arbeitslosigkeit
- Dadurch ein hoher Anteil an Menschen, die von staatlichen Transferleistungen abhängig sind
- Verfallene Immobilien
- Soziale Verwahrlosung
- Günstiger Wohnraum durch Wegzug von Personen, die sich „etwas Besseres leisten" können

- Erhöhtes Aufkommen an Straßen- und Gewaltkriminalität
- Hoher Anteil ausländischer/auslandsstämmiger Einwohner
- Unterschiedliche Sprachen
- Bildung von Subkulturen, Parallel- oder Gegengesellschaften
- Hohe Kriminalitätsfurcht
- Meidung von Menschen, die dort nicht leben (müssen)
- Schlechter Ruf

Daher werden sie auch als „verrufene Orte" oder „Angsträume" beschrieben. Dabei ist die Kriminalitätsfurcht nicht an tatsächlichen Opfererfahrungen oder dem objektiven Kriminalitätsaufkommen gebunden. Gerade die Berichterstattung in den (sozialen) Medien nimmt Einfluss auf das persönliche Sicherheitsempfinden. Gleichwohl kann Angst vor Kriminalität zum Rückzug aus dem öffentlichen Raum führen. Das bedeutet auch, dass in diesen Orten eine soziale Ungleichheit spürbar ist. Ein Prozess, der bei der Entwicklung solcher Orte eine Rolle spielt, ist der der *Segregation*. Dieser Begriff beschreibt die räumliche Konzentration der Bevölkerung mit bestimmten Merkmalen in bestimmten Teilen der Stadt (El-Mafaalani et al., 2015, S. 9) und führt im Endeffekt zu einem Zustand der Ungleichverteilung von Bevölkerungsgruppen über das Stadtgebiet. Das Phänomen kann unterteilt werden in

- Demografische Segregation: räumliche Differenzierung der Bevölkerung nach dem Alter sowie dem Haushaltstyp oder der Lebensphase
- Ethnische Segregation: Differenzierung nach Nationalität und ethnischer Zugehörigkeit
- Soziale Segregation: Unterschiede aufgrund sozialstruktureller Merkmale wie Einkommen und Armut, Bildungsstatus oder beruflicher Stellung und Arbeitslosigkeit

Segregation ist ein städtisches Phänomen. Sie kann sowohl freiwillig (z. B. durch Zuzug auf eigenen Wunsch) oder unfreiwillig (z. B. weil kein anderer Wohnraum bezahlbar ist) erfolgen (El-Mafaalani et al., 2015, S. 9 f.). Gerade die Armutssegregation hat negative Folgen.

### 1.1.5 Auswirkungen

Durch ihr gewaltbetontes und aggressives Imponiergehabe versuchen Clanmitglieder den öffentlichen Raum zu besetzen und sich Ansehen zu verschaffen, nicht nur gegenüber Außenstehenden oder Angehörigen der Polizei, sondern vor alle auch untereinander, da sie im permanenten Wettbewerb zueinanderstehen und keiner schlechter dastehen möchte als ein anderes Mitglied. Die Gewalt entsteht dabei nicht nur spontan, mitunter ist sie geplant. Dabei werde bewusst Polizeibeamte angegriffen, beleidigt und bedroht. Doch auch Rettungskräfte und Notärzte werden mittlerweile in einigen in manchen Städten bzw. Stadtteilen routinemäßig von Einsatzfahrzeugen der Polizei begleitet, bzw. müssen aufgrund diverser Gewalterfahrungen von der Polizei eskortiert werden (Bannenberg, 2020, S. 207). Derartige Szenarien haben sich vor allem in den letzten zehn Jahren entwickelt.

Nachhaltig haben sich Presseberichte und Handyvideos, die Gewalt gegen Polizeibeamte in solchen Tumultlagen zeigen, auf die Wahrnehmung von Polizei in solchen Orten ausgewirkt. So ist bei Teilen der Bevölkerung der Eindruck entstanden, die Polizei könne sich kaum selbst schützen. Solche Berichte von Gewalt und der demonstrierten Gleichgültigkeit gegenüber dem in Deutschland geltenden Rechtssystem, führen nicht nur zu rassistischen Ressentiments, sondern auch zur Meidung bestimmter Orte. In dieser persönlichen Schutzmaßnahme sehen viele Menschen durch Berichte bestätigt, die dokumentieren, dass Rettungskräfte nur noch in polizeilicher Begleitung in bestimmte Straßen gehen. Hier ist die Diskrepanz im Allgemeinen und dem kriminalpolitischen Verständnis aufzugreifen: Der Bürger begreift No-Go-Areas als Bereiche in einer Stadt, in die er nicht mehr geht, weil er sich dort nicht (mehr) sicher fühlt. NGA bezeichnen in der ursprünglichen Bedeutung jedoch Orte, die von staatlichen Kräften gemieden werden und damit ein Sperrgebiet. Es ist sehr wichtig, diese unterschiedlichen Interpretationen zu berücksichtigen und zu kommunizieren, wenn die Polizei korrekt darauf hinweist, dass es in Deutschland keine NGA gäbe. Sicherheitsbehörden und Rettungskräfte meiden keine Stadtteile oder Straßen, sie fahren in einige jedoch mit mehr Kräfte. Kritische Stimmen sehen in der Klarstellung, dass in Deutschland keine NGA zu finden sind, dennoch als bewusste Täuschung, was das Vertrauensverhältnis der Polizei zum Bürger belasten kann.

Somit erschüttert das Phänomen Clankriminalität insbesondere durch Provokationen und Gewalt im öffentlichen Raum das Vertrauen der Menschen in den Rechtsstaat. Dieser Schaden lässt sich kaum beziffern und dennoch ist er der kriminalpolitische höchste. Kriminalitätsfurcht hat Auswirkungen auf den Ruf eines Stadtteils und beeinflusst damit auch die Gewerbebetreibenden, aber auch Dienstleister (Vertrauen in Geschäftstätigkeit, etc.).

## 1.2 Gegenmaßnahmen

So facettenreich, wie das Phänomen Clankriminalität ist, müssen auch die Maßnahmen sein, um die zugrunde liegenden und damit zusammenhängenden

Probleme in den Griff zu bekommen. Mittlerweile existieren zahlreiche Konzepte, die insbesondere Kontrollmaßnahmen, Repression und vor allem die Einziehung inkriminierter Vermögenswerte betreffen (ausführlich: Dienstbühl, 2021, S. 97 ff.). Zwei weitere Schlaglichter werden gerade in Hinblick auf kleine und mittlere Unternehmen betrachtet.

### 1.2.1 Sicherheitskooperationen

Eine institutionalisierte Zusammenarbeit stellt die in Essen die 2017 gegründete Initiative Interbehördlicher Koordinierungskreis (IBK) dar. In diesem arbeiten Polizei, Zoll, Finanzverwaltung NRW sowie die Städte Essen und Mülheim zusammen (Polizeipräsidium Essen, 2017, S. 6). Die Kooperation unterstützt polizeiliche Maßnahmen beispielsweise durch Beschlagnahme von Barmitteln aus illegalen Geschäften oder unversteuertem Tabak, bzw. die Partner werden bei einer anlassbezogenen Kontrolle von der Polizei im Zuge der Amtshilfe unterstützt. Die Zusammenarbeit zeigt bereits, dass es gerade Ordnungswidrigkeit und Steuerdelikte sind, die direkt mit Geldstrafen belegt werden können, ohne dass dafür aufwendige Strafprozesse notwendig werden. Die lokale Kooperation trägt somit dem Gedanken der angewandten Vermögensreduzierung krimineller Strukturen Rechnung (Polizeipräsidium Essen, 2017, S. 7). Die Polizei leistet dabei meist Amtshilfe, damit die Kooperationspartner ihre Kontrollen und Maßnahmen durchführen können.

Im Juni 2020 wurde in Essen der der Kooperationsvertrag für die „Sicherheitskooperation Ruhr zur Bekämpfung der Clankriminalität" (SiKo Ruhr) unterschrieben. Beteiligt sind Vertreter der Polizei und Kommunalbehörden aus dem Ruhrgebiet, sowie der Zoll und die Bundespolizei. In der neuen, behördenübergreifenden Dienststelle sollen Informationen gesammelt und gebündelt, sowie Empfehlungen und gemeinsame Strategien erarbeitet werden (Dienstbühl, 2021, S. 120). Somit arbeiten unterschiedliche Behörden gemeinsam an den mit dem Phänomen verbundenen Problem und bringen ihre jeweiligen Expertisen und Handlungsspielräume unter den Auflagen der geltenden Datenschutzbestimmungen ein.

Neben solchdn interbehördlichen Kooperationen braucht es eine engere Zusammenarbeit und einen moderierten Austausch der Behörden mit der freien Wirtschaft und mit den Betroffenen aus kleineren und mittelständischen Unternehmen. Gerade sie sind nicht nur Opfer, sondern auch Kenner der jeweiligen Wirtschaftszweige. Denkbar sind hier feste Ansprechpartner für KMU auf kommunaler Ebene durch Vertreter aus Verwaltung und Polizei. Zudem bietet sich eine Vertretung der Unternehmen vor Ort an, die beidseitig Informationen steuert und gemeinsame Sicherheitskonzepte etabliert. Der Ansatz sollte dabei sowohl ein unkompliziertes und niedrigschwelliges Kontaktangebot für Unternehmen bei Fragen und Sorgen beinhalten als auch ein regelmäßiger Austausch in einem festgelegten Rahmen. Dies ist keineswegs nur sinnvoll für die Unternehmen selbst, auch die Behörden haben davon Nutzen, denn die Unternehmen vor Ort nehmen frühzeitig negative Entwicklungen und auch Probleme wahr, sodass Behörden schneller eingreifen können.

### 1.2.2 Präventionsangebote vor Ort

Repression alleine reicht bei einem komplexen Phänomen wie Clankriminalität nicht aus. In den kriminalitätsbelasteten Familiengefügen wachsen Kinder auf, die nicht von vornerein aufgegeben werden dürfen. Im Gegenteil: Es muss das Ziel sein, gerade den Kindern Alternativen zu einer kriminellen Karriere zu bieten. Kriminalprävention ist ein vielschichtiges und komplexes Thema, das die individuelle Situation und die Gegebenheiten vor Ort berücksichtigen muss. An dieser Stelle soll der Aspekt der Örtlichkeit besondere Aufmerksamkeit erhalten.

Ein Ansatz stellt die Methode *Communities That Care* (CTC) dar, der in den USA entwickelt und beispielsweise in Niedersachsen durch den Landespräventionsrates auf Deutschland übertragen wurde. Dabei sollen individuell auf den bezogenen städtischen Raum zunächst Probleme, Handlungsbedarfe und Ressourcen ermittelt werden. Auf Basis dieser Analyse sollen Programme entwickelt werden, um die Probleme vor Ort in den Griff zu bekommen. Hierzu werden zudem unterschiedliche Akteure aus Polizei, sozialen Behörden und Trägern, Vereine, Religionsgemeinden und der freien Wirtschaft eingebunden. Gerade der Bereich Ausbildung ist hier ein wichtiger Bestandteil.

Hierfür müssen die Gegebenheiten zunächst realistisch betrachtet werden: Ein Mitglied, dass durch Kriminalität sehr viel Geld verdient, wird nur in den seltensten Fällen davon abrücken und den „rechten Weg" einschlagen, um deutlich weniger zu verdienen. Solche Fälle gibt es beispielsweise aufgrund erlebter Traumata durch Gewalt oder der Gründung einer eigenen Familie und den Wunsch, sein Kind frei von familiären Zwängen zu erziehen. Dies kann jedoch nicht eine generelle gesellschaftliche oder politische Erwartungshaltung sein. Stattdessen ist es wichtig, dass die jungen Menschen, die einen Namen tragen, der gemeinhin mit dem Phänomen Clans betrachtet wird, die jedoch keineswegs mit Gesetzesverstößen auffallen, nicht stigmatisiert und gesellschaftlich besser integriert werden. Dazu bedarf es Kooperationen zu Ansprechpartnern, die den Unternehmen etwaige Befürchtungen nehmen und sich beispielsweise um problematische Duldungsverhältnisse kümmern, damit diese nicht Ausbildungs- oder Arbeitsverhältnis gefährdend sind. Mittler und Ansprechpartner können hier die Jobcenter aber auch die Kammern sein. Solche Konzepte sind langfristig zu planen und nicht auf wenige Jahre zu projektieren. Die Kriminalitätsentwicklungen der Clan-Community sind über Jahre hin entstanden. Und als ein Grund muss die Ignoranz konstatiert werden, mit der staatliche Institutionen und die Politik nicht auf die Einwanderung der Menschen reagiert haben. Vielmehr wurden sie sich selbst überlassen. Den sich daraus ergebenden Problemen zu begegnen, kann nun daher nicht binnen weniger Monate wirkungsvoll passieren, sondern braucht ebenfalls Zeit, Willen zur Veränderung und gute Partnerschaften.

## 2 Fazit

Die Gefährdung durch Organisierte Kriminalität liegt in der Bandbreite der Verbrechen, die von Vermögensstraftaten bis hin zu Tötungsdelikten reichen. Zudem sind kriminelle Märkte stets umkämpft: Konkurrierende Gruppen und Akteure versuchen jeweils, Märkte und auch Örtlichkeiten (Reviere) zu beherrschen. Dies führt zur Gewalt zwischen den Rivalen, die im äußersten Fall zu Tötungsdelikten führt. Aber das Phänomen Schutzgelderpressung beweist, dass nicht nur Personen von Kriminalität und Gewalt betroffen sind, die selbst kriminell aktiv sind: Generell schaden kriminelle Wirtschaftszweige der regulären Wirtschaft ungemein, da sie die Gewerbestrukturen verzerren. Illegale Geschäftsfelder betreffen u. a. großflächige Produkt- und Markenpiraterie (Trimborn, 2021), sowie Umweltkriminalität, wie beispielsweise durch Handel und Entsorgung hochgiftiger Stoffe im In- und Ausland (Hecker et al., 2008, S. 6 ff.), aber vor allem auch die lokale KMU-Struktur.

Die Wirksamkeit der Bekämpfungsmaßnahmen hängt nicht zuletzt von den Kenntnissen über die Strukturen der Clans, deren Regelwerke und Flexibilität in Kooperationen und Feindschaften ab. Erst, wenn diese verstanden werden, kann man die daraus entstehenden Probleme behandeln, damit sich nicht weitere Strukturen an dem Vorbild Clankriminalität orientieren und aufbauen. Auch Ansätze zur Prävention werden nur dann Aussicht auf Erfolg haben, wenn die gelebte Rechtswirklichkeit in der Community und ihre Auswirkungen auf die Mitglieder verstanden und ihnen begegnet werden.

Die Auswirkungen von Clankriminalität offenbaren sich wie dargestellt also längst nicht nur in organisierten Betrugsmaschen und öffentlich ausgetragener Gewaltkriminalität. Sie betrifft Stadtteile und sie betrifft unterschiedliche Branchen der KMU, die verdrängt werden. Entweder durch Aufkaufen von Immobilien, Preiswucher oder dadurch, dass die Lage eines Betriebes durch Agitation der sog. Clans unattraktiv wird. Damit sinken auch die Preisniveaus für

Kauf und Miete und machen es geneigten Gruppen zusätzlich leichter, mehr Raum einzunehmen und somit das eigene „Herrschaftsgebiet" auszuweiten. Deswegen brauchen gerade die vor Ort Unternehmen eine Interessenvertretung, die diese Aspekte in den Fokus nimmt, sowie lokale Ansprechpartner in den Behörden und vor allem Vertrauen in den Staat. Dies nicht nur zum eigenen Schutz, auch die Behörden können von einer Partnerschaft nur profitieren, da die Betriebe eine Art Frühwarnsystem etablieren und in die Präventionsarbeit eingebunden werden können.

## Literatur

Bannenberg, B. (2020). Wer sucht der findet… Fehlende OK-Ermittlungen. *KriPoZ, 4*(2020), 204–209.
Belwe, K. (2006). Editorial. *Aus Politik und Zeitgeschichte, 1–2*(2006), 2.
Bundeskriminalamt (BKA) (Hrsg.) (2020). Lagebild Organisierte Kriminalität.
Boberg, M. (2018). *Geldwäsche und Organisierte Kriminalität. Eine kriminologische Untersuchung unter besonderer Berücksichtigung der polizeilichen Erledigungspraxis*. Boorberg.
Cano, M. Á. (2020). Clanes familiares en Alemania en el contexto de la delincuencia organizada. Elementos de interés para España, Global Strategy Report 4/2020. https://global-strategy.org/clanes-familiares-en-alemania-en-el-contexto-de-la-delincuencia-organizada-elementos-de-interes-para-espana/. Zugegriffen: 3. Febr. 2021.
Deutsche Polizei (Redaktion). (2019). „Der Schutz meiner Mitarbeiter hat für mich oberste Priorität". Interview mit Frank Richter. In: *Deutsche Polizei 10/2919* (S. 9–10).
Dienstbühl, D. (2021). *Clankriminalität. Phänomen – Ausmaß – Bekämpfung*. Kriminalistik/C. F. Müller.
Dienstbühl, D. (2020). Patriarchale Familienstrukturen als Wurzel von Parallelgesellschaften. Erziehung und Ehrempfinden als Problem für die Sicherheitsbehörden. In: *Kriminalistik 5/2020* (S. 322–326).
Dienstbühl, D. (2018). Kampf gegen Windmühlen? *Clankriminalität in Deutschland, Homeland Security, 3*(2018), 5–11.
El-Mafaalani, A., Kurtenbach, S., Strohmeier, K. P. (Hrsg.) (2015). *Auf die Adresse kommt es an … Segregierte Stadtteile als Problem und Möglichkeitsräume begreifen*. Beltz.
Haverkamp, R. (2018). Clan structures and crime in the context of migration. In: BKA (Hrsg.), *Research Conferences on Organised Crime Vol. IV. Preventing Organised Crime – European Approaches in Practice and Policy 2017 in London* (S. 115–137). Wiesbaden.
Hecker, B., Heine, G., Risch, H., Windolph, A., Hühner, C. (2008). *Abfallwirtschaftskriminalität im Zusammenhang mit der EU-Osterweiterung. Eine exploratorische und rechtsdogmatische Studie*. Luchterhand.
Henninger, M. (2002). Importierte Kriminalität und deren Etablierung. Am Beispiel der libanesischen, insbesondere „libanesisch-kurdischen" Kriminalitätsszene Berlins. In: *Kriminalistik 12/2002* (S. 714–729).

Hess, H. (2015). *Die Erfindung des Verbrechens.* Springer.
Landeskriminalamt (LKA) Niedersachsen (Hrsg.). (2020a). Ausgesperrt? Lass Dich nicht abzocken, 3.3.2020. https://www.lka.polizei-nds.de/praevention/aktuellewarnmeldungen/ausgesperrt-lass-dich-nicht-abzocken--113504.html. Zugegriffen: 2. Febr. 2021.
Landeskriminalamt (LKA) Niedersachsen (Nds.) (Hrsg.). (2020b). Lagebild Clankriminalität. Kriminelle Clanstrukturen in Niedersachsen 2019.
Landeskriminalamt (LKA) Nordrhein-Westfalen (NRW) (Hrsg.) Clankriminalität – Lagebild NRW 2019, 2020.
Landeskriminalamt (LKA) Nordrhein-Westfalen (NRW) (Hrsg.) Clankriminalität – Lagebild NRW 2016–2018, 2019.
Landeskriminalamt (LKA) Nordrhein-Westfalen (NRW) (Hrsg.) Kriminalitäts- und Einsatzbrennpunkte geprägt durch ethnisch abgeschottete Subkulturen (KEEAS). Abschlussbericht 2016–2018, 2018.
Neue Osnabrücker Zeitung (NOZ) (2021): Polizeiliche Kriminalprävention der Länder und des Bundes (Hrsg.). Vorsicht vor betrügerischen Schlüsseldiensten, 10.1.2020. https://www.polizei-beratung.de/startseite-und-aktionen/aktuelles/detailansicht/achtung-vor-betruegerischen-handwerkern/.
Polizeiliche Kriminalprävention der Länder und des Bundes (Hrsg.). Vorsicht vor betrügerischen Schlüsseldiensten, 10.1.2020. https://www.polizei-beratung.de/startseite-und-aktionen/aktuelles/detailansicht/achtung-vor-betruegerischen-handwerkern/
Polizeipräsidium Essen. (2017). Der Interbehördliche Koordinierungskreis –Die Strategie. IBK – Entstehung, Mitwirkende, Ziele.
Trimborn, M. (2021). Ehrenwort, verruchte Frauen und Protzkarren? Wie kriminelle Clans tatsächlich ticken. NOZ vom 17.2.2021, https://www.noz.de/deutschland-welt/politik/artikel/2232028/osnabruecker-professor-arndt-sinn-raeumt-mit-bildern-ueber-clans-auf. Zugegriffen: 17. Febr. 2021.
Wilson, J. Q., & Kelling, G. L. (1982). The Police and Neighborhood

**Dr. Dorothee Dienstbühl** ist Professorin für Kriminologie und Soziologie an der Hochschule für Polizei und öffentliche Verwaltung (HSPV) NRW. Ihr Schwerpunkt in Forschung und Fortbildungen liegt in Analysen zu Terrorismus, Extremismus und Radikalisierungsprozessen, sowie in Phänomenen von Organisierter Kriminalität und spezifischen Gewaltphänomenen wie Ehr- und Beziehungsgewalt und Stalking.

# Sicherheitsdienstleistung im Wandel – Geschäftsprozesse aufrechterhalten bei dynamischen Risikolagen

Tim Eichler

### Zusammenfassung

Sicherheit in Unternehmen wird meistens eindimensional betrachtet. Mit diesem Artikel soll gezeigt werden, wie eine Sicherheitsdienstleistung sich optimal auf das Unternehmen abstimmen lässt, um auch bei dynamischen Risikolagen die Geschäftsprozesse aufrecht zu erhalten.

## 1 Sicherheit in Unternehmen

Das Thema Sicherheit hat bei vielen Unternehmen heute nur einen untergeordneten Stellenwert. Das kann vor allem daran nachvollzogen werden, dass Vorstände und Geschäftsführungen häufig erst dann tätig werden, wenn das Sicherheitsrisiko bereits zur empirischen Erkenntnis geworden ist. Erst dann bekommt das Thema – zumindest für einen kurzen Moment – die Aufmerksamkeit, die es benötigt. Notwendige Maßnahmen oder Investitionen werden demzufolge erst im Nachgang initiiert und getätigt (Goertz, 2020).

Doch bevor das Themenfeld genauer beleuchtet wird, muss kurz herausgearbeitet werden, was Sicherheit eigentlich bedeutet. Glaeßner beschreibt den Begriff Sicherheit so beispielsweise als ein soziales Konstrukt, dessen Definition aus sozialwissenschaftlicher Sicht nur schwerlich festzulegen sei (Glaeßner, 2001, S. 339). Während Sicherheit als Integrität von Rechtsgütern interpretiert werden

T. Eichler (✉)
Die Schreibmentoren GmbH, Münster, Deutschland
E-Mail: eichler.tim@gmx.de

kann, kann sie ebenso als Statussicherheit beispielsweise in Form der Bewahrung gesellschaftlicher Verhältnisse ausgelegt werden (vgl. ebd.). Sie beruht auf intersubjektiv geteilten Werten und Normen und kann regionalen Veränderungen ausgesetzt sein. Sie ist also keine „unverrückbare soziale Gegebenheit", sondern eine unterstellte „soziale Gewissheit" (ebd.). Sicherheit schafft Vertrauen, welches wiederum bewirkt, dass sich Individuen in komplexen und unüberschaubaren Welten überhaupt bewegen können. Für den einzelnen ist Sicherheit dabei relativ.

„[J]ede Person stuft sie aufgrund ihrer psychischen Disposition, der ökonomischen Lage, der Bewertung der eigenen Vulnerabilität und Copingfähigkeit, ihres Lebensstils etc. unterschiedlich ein" (Frevel, 2015, S. 113). Sicherheit ist somit also sozial und individuell kontingent und demzufolge abhängig vom jeweiligen Kontext und der jeweiligen Zeit. Daase spricht in diesem Zusammenhang von einem erweiterten Sicherheitsbegriff, der nicht nur die verkürzte Sicherheit in Bezug auf die Abwesenheit von Kriminalität meint, sondern viel mehr alle Lebensbereiche miteinschließt (Daase, 2010).

In Bezug auf die Sicherheit in Unternehmen ist dieser Ansatz zu überkomplex und muss feiner definiert werden. Ein Blick in das Handbuch der Unternehmenssicherheit zeigt dabei zwar keine sozialwissenschaftliche Definition für den Begriff Sicherheit. Dafür zeigt es den generellen Umgang mit dem Thema. In den Fokus wird der uneingeschränkte Ablauf der Geschäftsprozesse gestellt. Dieser Aspekt wird von der Perspektive der möglichen Bedrohungen her beschrieben. Diese können ein Ausmaß von einem Stromausfall, über einen internen Diebstahl bis hin zu einem terroristischen Angriff annehmen (Müller, 2015).

Sicherheit im Kontext eines Unternehmens ist somit nichts anderes als die Abwehr von möglichen Beeinträchtigungen der Geschäftsprozesse und im eigentlichen Sinne vor allem den Zweck eines Unternehmens: der Gewinnmaximierung. Dabei müssen die einzelnen Risiken anhand einer Eintrittswahrscheinlichkeit priorisiert werden. Denn auch hier gilt, dass ein höheres Sicherheitsniveau die Freiheit vor Ort einschränkt. Eine organisierte Zutrittskontrolle verhindert so beispielsweise den unbefugten Zutritt, verursacht aber unter Umständen auch Warteschlangen, die wiederum einen Einfluss auf die Produktion haben können. Doch es sind nicht nur die Abwägungen zwischen der Freiheit und der Sicherheit, die entscheidend sind bei der Sicherheitsgewährleistung. Aus unternehmerischer Sicht ist bei dem Thema der Vorkehrungsmaßnahmen zur Erhöhung des Sicherheitsniveaus ebenfalls eine ökonomische Sichtweise einzunehmen. Folkers und Weißgerber formulieren es in ihrer Theorie von der Ökonomie der Sicherheit wie folgt: „Rationale Individuen werden aber nicht ihr gesamtes Einkommen für derartige Maßnahmen verwenden, sondern ein gewisses Risiko und einen gewissen zu erwartenden Verlust hinnehmen. Zu fragen ist daher, von welchen Größen die

Zahlungsbereitschaft für Sicherheitsmaßnahmen abhängt und in welcher Höhe sie ausgeübt wird" (Folkers & Weißgerber, 2009).

Aus normativ-präskriptiver Sicht bedeutet Sicherheit gewährleisten in einem Unternehmen demnach Risiken (er)kennen, priorisieren und mit verhältnismäßigen (effektiv und effizient) Maßnahmen eine Milderung der als wichtig-erlebten Risiken einzuleiten. Das Problem daran ist, dass Risiken kein starres Gebilde sind. Immer wenn sich die Umwelt eines Unternehmens oder das Unternehmen selbst verändert, verändern sich auch die Risiken oder die Priorisierungen der Risiken. Der Sicherheitsbegriff ist somit auch im Kontext der Unternehmenssicherheit überaus dynamisch und kontextabhängig.

Dies wird deutlich bei der Betrachtung der COVID-19-Pandemie. Diese Pandemie trug dazu bei, dass Geschäftsprozesse und Gewinnmaximierung aufgrund einer Virusinfektion vehement gefährdet waren. Das hatte einerseits mit den politischen Maßnahmen (Lockdown) zu tun, die nur schwerlich für das einzelne Unternehmen zu beeinflussen waren. Andererseits hatte das aber auch damit zu tun, dass nun Hygienemaßnahmen und das Prüfen von Krankheitssymptomen notwendig waren, um die Gesundheit der Belegschaft und somit Kontinuität der Produktion oder der Dienstleistung aufrecht zu erhalten.

Risiken verändern sich also fortwährend. Es ist für das einzelne Unternehmen durchaus aufwendig, alle Risiken im Blick zu behalten und zeitgerecht Maßnahmen einzuleiten, um die Risiken zu mildern und die Geschäftsprozesse, die notwendig für die Kontinuität und für das Überleben eines Unternehmens sind, aufrechterhalten zu können. Die folgenden Teile konzentrieren sich auf die Frage, wie man solchen dynamischen Risikolagen unter Einbindung eines Sicherheitsdienstleisters begegnen kann. Dazu wird im ersten Schritt aufgezeigt, wie Sicherheit vielfach aus der Sicht der Unternehmen – speziell aus der Sicht des Einkaufs – behandelt wird und aus welchen Gründen Sicherheit nicht lediglich als ein Kostenfaktor verstanden werden kann. Im darauffolgenden Abschnitt wird gezeigt, warum es sinnvoll ist, die Verantwortung für Sicherheitsprozesse nicht fragmentiert einzukaufen, sondern in eine Hand zu geben. Mit welchem Schritt dies gelingt wird im vierten Abschnitt anhand der systemisch-adaptiven Sicherheit dargestellt. Diese wird anhand von vier ineinandergreifenden Bausteinen beschrieben, bevor im letzten Abschnitt der Artikel resümiert wird.

## 2  Sicherheit als Kostenfaktor

Die Sicherheitsdienstleistungsbranche ist überwiegend geprägt von der sogenannten physischen Sicherheit. Dabei wird Personal von einem Dienstleister bereitgestellt, welches dann bei einem Kunden beziehungsweise einem Unternehmen vorher definierte Aufgaben und Prozesse abarbeitet. Dazu zählen beispielsweise der Objektschutz oder der Pfortendienst, aber auch, die Besetzung eines Empfangs sowie die Möglichkeit Kontroll- oder Schließtätigkeiten durch einen Revierfahrer durchführen zu lassen. Eine solche Inanspruchnahme von Sicherheitsdienstleistungen hat sich über Jahrzehnte hinweg bewährt. Viele Unternehmen haben sich auf die vorhandenen Aufgaben eingestellt und der jeweilige Einkauf hat sich seine Strategie zurechtgelegt, um den geeigneten Sicherheitsdienstleister ausfindig zu machen. Eine Anpassung der Sicherheitsdienstleistungen an die veränderten Anforderungen und Risiken erfolgt oftmals nicht oder erst nach einem Schadenereignis.

Häufig ist dabei ein recht starres Korsett zu beobachten, in dem die Vergleichbarkeit vor dem Mehrwert den Vorzug erhält. Mit Vergleichbarkeit ist gemeint, dass die Abteilung, die für den Einkauf einer Dienstleistung zuständig ist, diese versucht, anhand von genormten Voraussetzungen im Kontext einer Ausschreibung zu generalisieren. Dadurch soll die Kostenstruktur des jeweiligen Anbieters vor dem Hintergrund der identischen Leistung vergleichbar sein. Ein solches Vorgehen zentriert in erster Linie den Gedanken, dass eine Sicherheitsdienstleistung den Unternehmensgewinn negativ beeinträchtigt und somit dem Unternehmenszweck der Gewinnmaximierung entgegensteht (vgl. Freudenberg, 2014).

Allerdings ist diese Sichtweise etwas zu kurz gegriffen. Sicherheit ist kein Selbstzweck. Sicherheit ist viel mehr das Element, welches die unternehmerische Freiheit stützt und entwickelt. Udo Di Fabio setzt Sicherheit und Freiheit in ein Komplementärverhältnis, in dem sich beide Begriffe wechselseitig voraussetzen und sich gegenseitig stärken (vgl. Di Fabio, 2008). Aus dieser Sicht ist Sicherheit ein elementarer Bestandteil eines Unternehmens, mit dem Wertschöpfungsketten und Geschäftsprozesse aufrechterhalten oder generiert werden können (vgl. Freudenberg, 2014). Unstrittig dabei ist, dass dem Staat bei der Gewährleistung dieser Sicherheit eine besondere Rolle zukommt. Durch Gesetze und anderen Regelungen kann ein Markt geschaffen werden, in dem sich ein Unternehmen bewegen und Gewinne erwirtschaften kann.

Mithilfe von Sicherheitsbehörden soll zugleich ein Abweichen von diesen Normen unterbunden werden, um im Sinne von Michel Focault einen größtmöglichen Freiheitsgrad zu entwickeln (vgl. Foucault, 2006). Heinrich und Lange rekurrieren zudem auf der Ansicht, dass der Staat im heutigen Sinne mehr und mehr zu einem Präventionsstaat wird, der immer dort Schutz bieten möchte, wo sich neue Risiken durch Veränderungen im Kontext der Systemumwelt ergeben (vgl. Heinrich & Lange, 2009).

„Mit Risiko wird die berechenbare Wahrscheinlichkeit eines Schadenseintritts umschrieben, die dadurch kalkulierbar sein soll, dass Ereignisse in einer gewissen Häufigkeit in einer bestimmten Population auftreten" (Singelnstein & Stolle, 2006, S. 33). Die Risikologik wurde vorerst von den amerikanischen und später auch von den deutschen Sicherheitsbehörden insbesondere nach den Anschlägen vom 11. September 2001 durch die Szenariotechnik erweitert. Der damals eingesetzte 9/11 Commission Report erkannte den Grund für das Versagen der Geheimdienste und dem Erfolg des terroristischen Anschlags im fehlenden Vorstellungsvermögen der behördlichen Mitarbeiter (vgl. Krasmann, 2013).

Gerade „weil man sich nicht hatte vorstellen können, dass zivile Flugzeuge zu Massenvernichtungswaffen mutieren, habe man selbst die vorliegenden Geheimdienstinformation und Anzeichen der kommenden Gefahr nicht dechiffrieren können" (Krasmann, 2013). Die hier ansetzende Szenariotechnik versucht sich von den klassischen Denkweisen zu lösen und unvorstellbare Szenarien denkbar zu machen.

Dem Staat als Sicherheitsgewährleister kommt in diesem Kontext eine besondere Aufgabe zu. Er steht in der Verantwortung, „muss mit dem Möglichen rechnen, mit Gefahren und Bedrohungen, die noch nicht eingetreten sind" (Krasmann, 2013). Der so entstehende Anspruch an den Staat ist überbordend. Szenarien, die einzelnen Unternehmen betreffen, können von staatlicher Seite aufgrund der Höhe der Komplexität nicht durchgeführt werden. Es zeigt sich, dass Unternehmen selbst vorsorgen müssen, um eigene Sicherheiten zu generieren, da der Staat aufgrund der gestiegenen Anforderung dies nicht leisten könne.

Doch es ist nicht nur die Komplexität der Risikoanalyse, die die staatliche Präventionstätigkeit einschränkt. Es ist auch das Problem der Unkenntnis. Viele sicherheitsrelevante Vorgänge – wie Diebstahl von innen und von außen, Wirtschaftsspionage, Konkurrenzausspähung, Sabotage u. v. m. – werden häufig gar nicht bemerkt oder erst zu einem späteren Zeitpunkt nachgewiesen (vgl. Kilchling, 2020). Hinzu kommt die Problematik, dass bei festgestellten Sicherheitsvergehen anscheinend auch häufig keine Anzeigen bei den Sicherheitsbehörden aufgegeben werden. Begründung dazu liefern lediglich pauschale Ansatzpunkte wie beispielsweise der Furcht einen Reputationsschaden zu erlangen oder die Gefährdung der Betriebsgeheimnisse zu riskieren. Daneben herrscht darüber hinaus bei den Unternehmen überwiegend ein eingeschränktes Wissen darüber, welche staatliche Stelle im Schadensfall überhaupt zuständig ist. Kilchling spricht bei den Aspekten der nicht aufgedeckten Sicherheitsverstöße sowie der überwiegenden Nicht-Anzeige von einem doppelten Dunkelfeld, welches es dem Staat zusätzlich erschwert, notwendige Maßnahmen oder Präventionsstrategien zu entwickeln (vgl. Kilchling, 2020).

Zwei Dinge werden deutlich. Zum einen bildet Sicherheit die Voraussetzung, um wirtschaftliche Freiheit zu generieren, Schaden abzuwehren und Gewinnmaximierung zu ermöglichen. Zum anderen zeigt sich, dass die staatliche Sicherheitsgewährleistung aufgrund der Überforderung mit einer gesamtgesellschaftlichen Risikoanalyse und speziell im wirtschaftlichen Bereich mit dem doppelten Dunkelfeld nicht in der Lage ist, zielgerichtete Maßnahmen und Strategien zu entwickeln. Sicherheit sollte vor diesem Hintergrund für ein Unternehmen nicht lediglich als Kostenfaktor gesehen werden, sondern muss als genuines Element betrachtet werden, mit dem wirtschaftliche Freiheit aufrechterhalten sowie Gewinnschöpfung weiter betrieben werden kann und Geschäftsprozesse uneingeschränkt weiterlaufen.

Bei der Betrachtung der Sicherheit aus dieser Perspektive kann sie nicht nur als Kostenfaktor oder notwendiges Übel für ein Unternehmen definiert werden. Auch handelt es sich nicht nur um ein Problem von großen Konzernen, die weltweit agieren, oder Unternehmen, die zur kritischen Infrastruktur gehören, und dementsprechend anfällig für spezifische Sicherheitsaspekte wie terroristische Anschläge sind. Immer häufiger sind es mittelständische Unternehmen, die in den Fokus von organisierter oder unorganisierter Kriminalität rücken. Beispielsweise zeigt eine Studie, dass der Mittelstand mit einer Anzahl von 100 bis 500 Mitarbeiter in drei von vier Fällen bereits Opfer von Datendiebstahl beziehungsweise Cyberkriminalität geworden ist (vgl. Goertz, 2020).

Mit diesen Erkenntnissen verändert sich der Blick auf die Strategie des Einkaufs beim Beispiel der physischen Sicherheit in einem Unternehmen so wie sie oben beschrieben wurde. Die handelnden Akteure des Einkaufs determinieren sich selbst, wenn sie sich lediglich auf den Vorteil der Vergleichbarkeit berufen und viele andere Aspekte außen vor lassen. Ganz nebenbei gilt das nicht nur für die Privatwirtschaft, sondern vor allem für die öffentliche Hand. Diese rekurriert bei öffentlichen Ausschreibungen bei Sicherheitsdienstleistungen fast ausschließlich auf die Vergleichbarkeit und dem Auswahlkriterium des günstigsten Preises. Dass dadurch ein ruinöser Preiskampf entsteht, bei dem das Personal der meisten Dienstleister die größten Leidtragenden sind, ist evident.

Dass darüber hinaus die Qualität der Dienstleistung durch mangelhaft ausgebildetes Personal auf der Strecke bleibt und sich die Branche aufgrund der geringen Nachfrage nach gut ausgebildetem Personal nur schwerlich professionalisieren kann, ist ein weiterer Aspekt, der von der Vergleichstrategie des Einkaufs zumeist nicht beachtet wird. Hilfreich ist hingegen der Blick auf eine systemisch-adaptive Sicherheit, mit der die Möglichkeit besteht, den Sicherheitsdienstleister ganzheitlich einzusetzen und die Lücke zwischen Staat und Unternehmen zu schließen. Dementsprechend wird die systemisch-adaptive Sicherheit im kommenden Abschnitt genauer erläutert und anhand von vier ineinandergreifenden Bausteinen dargestellt.

## 3 Der Einkauf und die Verantwortung

Wie aufgezeigt werden konnte, wird Sicherheit in Unternehmen häufig nur parziell wahrgenommen. Zumeist existieren Aufgabenbeschreibungen für externe Dienstleister, die über Jahre hinweg nicht angepasst werden. Risikoanalysen sind in diesem Zusammenhang häufig nicht auf dem aktuellen Stand und zugleich werden Themen der Sicherheits- und der Kontinuitätsgewährleistung zu einem blinden Fleck im eigenen Hause. Ein Ausweg bietet der ganzheitliche Ansatz im Rahmen eines Risk Assessment gemäß ISO 31000 wie er von qualifizierten Sicherheitsdienstleistern bereits angeboten wird.

Das Ziel einer solchen Risikoanalyse ist es, dass der Auftraggeber dabei unterstützt wird, Risiken zu identifizieren und zu priorisieren. Darüber hinaus werden Vorschläge erarbeitet, um identifizierte Risiken zu mildern. Dieser Prozess kann kein einseitiger sein. Beide Seiten sind aufeinander angewiesen. Die Kommunikation zwischen dem Auftraggeber und dem Auftragnehmer muss dabei auf Vertrauen beruhen und eine gewisse Offenheit innehaben, um bestmögliche Ergebnisse zu erzielen (vgl. Eichler, 2019). Je mehr Informationen fließen, desto besser können die Ergebnisse der Risikoanalyse werden und desto mehr kann von einer ganzheitlichen Betrachtung gesprochen werden.

Zu den generischen Bedrohungen gehören beispielsweise der Ausfall und die Einschränkungen von Ressourcen (Brand, technische Defekte, IT-Infrastruktur etc.), Blockaden durch Sturmschäden oder bei Ausfällen des Zutrittskontrollsystems, Verlust von Ressourcen bei Diebstahl o. ä., Täuschung durch Vorspielen einer Identität oder Verlust von finanziellen Mitteln durch kriminelle Handlungen (vgl. Müller, 2015).

Doch nicht nur die Risikoanalyse und die dadurch generierte ganzheitliche Betrachtung sind mit der systemisch-adaptiven Sicherheitsdienstleistung gemeint. Dahinter steht der Grundsatz der klaren Verantwortlichkeit. Zumeist sind heute für unterschiedliche Leistungen unterschiedliche Dienstleister beauftragt. Das Videosystem wird beispielsweise von Firma A gewartet, das Zutrittssystem wird durch Firma B betrieben, Firma C ist für die Alarmanlage zuständig und Firma D für die Brandmeldeanlage. Dazu kommt die physische Sicherheit im Sinne der personellen Besetzung rund um die Uhr in der Pforte. Kommt es bei dieser Konstellation zu Zwischenfällen wie einen unerlaubten Zutritt oder einen Diebstahl, der nicht bemerkt wurde, so ist jeder Dienstleister zum Teil verantwortlich – aus der Sicht der einzelnen Dienstleister sind die anderen Dienstleister allerdings von Natur her etwas mehr verantwortlich. Das führt zu einem Zustand, welcher von dem Soziologen Ulrich Beck bereits 1988 als organisierte Unverantwortlichkeit beschrieben wurde – wenn auch in diesem Fall nur auf der Meso- und nicht auf der Makroebene (vgl. Beck, 1988). Organisierte Unverantwortlichkeit meint in diesem Fall, dass zwar viele an einem Prozess beteiligt sind, bei negativen Vorfällen jedoch nicht belangt werden können, da die Schuldfrage nicht eindeutig anrechenbar ist. Demzufolge bleibt es am Auftraggeber – also dem Unternehmen selbst – hängen.

Die organisierte Unverantwortlichkeit ist dementsprechend ein Produkt, welches entsteht, wenn lediglich fragmentiert im Sinne der Einkaufsstrategie „Vergleichbarkeit" gehandelt wird. Wo also im ersten Ansatz noch Geld eingespart werden konnte, benötigt das Unternehmen im Nachhinein eigene Mitarbeiter – oder auch interne Manager –, die einen hohen Aufwand an Koordination und Kommunikation aufbringen müssen, was dann in der Summe wieder zu erhöhten Kosten führt. Das Gesamtkonstrukt führt darüber hinaus dazu, dass das System starr bleibt. Neuauftretende Sicherheitsprobleme können durch die wenig vorhandene Innovationskraft nicht oder nur unzureichend gelöst werden.

Sicherheit partiell zu betrachten und entsprechende Dienstleistungen fragmentiert einzukaufen zeichnet sich also als ein Vorgehen ab, das sich als antiquiert erweist. Es ist sinnvoll, die Verantwortung für die Sicherheit zu bündeln. Gesamte Prozesse können auf diesem Wege in die Hand von Partnern gelegt werden, die nicht nur für die einzelnen Maßnahmen eingekauft werden, sondern für das Ergebnis oder die Abarbeitung eines Geschäftsprozesses verantwortlich sind. Im eigentlichen Sinne handelt es sich also um eine Management-by-Methode, bei der Ziele vereinbart werden und diese über den gesamten Zeitraum der Zusammenarbeit überprüft werden. Über die Festlegung von Kennzahlen (Key Performance Indicator) können Zielerreichungsgrade oder -abweichungen dargestellt und der Dienstleister zur Nachsteuerung aufgefordert werden.

Direkt oder indirekt wird dadurch auch die Expertise des Sicherheitsdienstleister gefragt sein. Wenn beispielsweise der Prozess des Zutritts auf ein Gelände vollumfänglich in den Händen des Dienstleisters liegt und das Ziel definiert wurde, dass lediglich bevollmächtige Personen das Gelände betreten dürfen, so muss sich der Dienstleister auch bei neu auftretenden Problemen mit diesen auseinandersetzen und Lösungen erarbeiten.

Tritt beispielsweise eine Pandemie auf, so muss dieser auf den neuen Umstand reagieren und neue Lösungen einbringen, um den Zutritt so zu gestalten, dass der vorher definierten Sicherheitsziele eingehalten werden. Zusammenfassend kann gesagt werden, die Erfahrung des Dienstleisters als Experten wird genutzt, um die ihm übertragenden Ziele zu erreichen – neue Sicherheitsrisiken zu erkennen und entsprechende Maßnahmen zu initiieren.

Freilich gehört dazu auch gut ausgebildetes Personal (bspw. Meister oder Fachkraft für Schutz und Sicherheit), das heute oftmals nur in Ausnahmefällen nachgefragt wird. In der Regel werden eher die Mindestanforderungen der Gewerbeordnung erfüllt, die mit einer Unterrichtung oder einer Sachkundeprüfung (vgl. §34a GewO) Inhalte und Kompetenzen von nur wenigen Tagen oder Wochen vermitteln. Bei der Übernahme von mehr Verantwortung ist es somit unabdingbar, dass im selben Atemzug auch qualifiziertes Personal eingesetzt wird. Systemische Verantwortung und qualifiziertes Personal sind dementsprechend zwei genuine Elemente der systemisch-adaptiven Sicherheitsdienstleistung. Diese Elemente gehen in einer Matrix auf, die aus vier einzelnen, aber miteinander verknüpften Bausteinen besteht, die im nächsten Abschnitt erläutert werden.

## 4  Systemisch-adaptive Sicherheit

Die systemisch-adaptive Sicherheitsdienstleistung versteht sich als Gegenstück zu der heute oftmals praktizierten Sicherheitsdienstleistung, bei der Personal für vorher definierte Aufgaben bereitgestellt wird, ohne dass Wissen aufgebaut oder Risiken weiter analysiert werden. Die systemisch-adaptive Sicherheit baut, wie der Name bereits sagt, auf eine ganzheitliche und vor allem dauerhafte Betrachtung der Risikolage auf und passt sich an dynamische Risikolagen automatisch an. Das Ganze geht damit einher, dass dem beauftragten Sicherheitsdienstleister die Verantwortung für einen Prozess gegeben wird beziehungsweise er das Ziel erhält, einzelne Geschäftsprozesse zu sichern oder Maßnahmen zu treffen, um Risiken abzumildern. Die systemisch-adaptive-Sicherheitsdienstleistung setzt sich vor diesem Hintergrund aus den einzelnen Bausteinen Consulting und Support, Personal, Betrieb und Service sowie Technik zusammen.

Unter Consulting und Support wird in erster Linie verstanden, dass der Sicherheitsdienstleister als Partner auf Augenhöhe gesehen wird. Er berät ein Unternehmen in Fragen der Sicherheitsgewährleistung beziehungsweise der Risikomilderung. Durch Risikoanalysen (wie im vorangegangenen Abschnitt beschrieben) können Empfehlungen ausgearbeitet werden, die dann gemeinsam mit dem jeweiligen Unternehmen in ein Gesamtkonzept eingearbeitet werden. Dieser Baustein ist nicht als eine vorgeschaltete Kommunikation zu verstehen. Vielmehr handelt es sich dabei um eine dauerhafte Interaktion, bei der die

Sicherheitslage immer wieder thematisiert wird und bei der die Veränderung der Lage zu einer Umsteuerung führt, mit der das jeweils auffallende Risiko gemildert werden kann. Der Dienstleister ist aus dieser Perspektive der Spezialist für die Unternehmenssicherheit und überträgt dieses Wissen auf das Unternehmen des Auftraggebers. Zwei renommierte Organisationssoziologen Berger und Luckmann schrieben dazu:

> „Während Spezialistsein bedeutet, sein Spezialgebiet zu beherrschen, muss jedermann wissen, wer Spezialist ist, für den Fall, dass Spezialwissen benötigt wird. Vom Mann auf der Straße kann nicht erwartet werden, dass er sich im Irrgarten der Fruchtbarkeitsmagie auskennt oder bösen Zauber abwenden kann. Was er jedoch wissen muss, ist, an welchen Zauberer er sich wenden kann" (Berger & Luckmann, 2004, S. 82).

Neben dem Consulting und dem anhaltenden Support eines Kunden kommt der personellen Dienstleistung, die auch einen Platz in der systemisch-adaptiven-Sicherheitsdienstleistung findet, eine besondere Bedeutung zu. Hier sollten angemessene Qualifikationen vorhanden sein und der Umgang mit Sicherheitsrisiken verinnerlicht werden. Aus- und Fortbildungen wie sie in der DIN 77200 beschrieben werden, sind unabdingbar, um zum einen die Kundenorientierung und zum anderen den Expertenstatus zu erfüllen. Selbstverständlich gehört dazu auch, dass hier der tariflich-fixierte Lohn[1] gezahlt wird, um einen ruinösen Preiskampf zu unterbinden und langfristige Partnerschaften zu ermöglichen und das Sicherheitsniveau stabil zu halten. Spezialisiertes und professionalisiertes Personal vor Ort, aber auch in der Einsatzleitung stellt einen notwendigen Teil dar, durch den die systemisch-adaptive-Sicherheitsdienstleistung ihre gesamte Strahlkraft erzeugt.

Das ausgebildete Personal wird vervollständigt durch die Einbringung von Technik. Videosysteme, Einbruchsmeldesysteme, Zufahrts- und Zugangskontrollen oder Ähnliches besitzen die Möglichkeit, Schwächen[2], die der Einsatz von Personal mit sich bringt, kategorisch auszugleichen. Das Einbringen von Technik in unterschiedlicher Art ist zumeist der Schritt in Richtung einer ganzheitlichen sowie abgestimmte Objektsicherung und somit zumeist zwingend erforderlich. Daneben gehört es zu einer modernen Sicherheitsdienstleistung, dass Berichte

---

[1] Hierbei sind auch die richtigen Eingruppierungen entscheidend und nicht die lose Anlehnung an einen Tarifvertrag.

[2] Schwächen meinen beispielsweise, dass während eines Objektschutzrundganges ein Wachmann lediglich für eine kurze Zeit an einem Ort ist, bevor er seinen Rundgang fortsetzt. Durch ein ausgeklügeltes Kamerasystem (Perimetersicherung) mit Aufschaltung auf eine Sicherheitsleitstelle (Fernüberwachung) kann in diesem Zusammenhang eine permanente Überwachung gewährleistet werden.

und Meldungen digital verfasst und automatisiert einem Empfängerkreis zur Verfügung gestellt werden. Bezogen auf mehrere Unternehmen bieten diese Daten darüber hinaus die Möglichkeit, quantitative Aussagen zu spezifischen Risiken zu generieren. Im Sinne eines vorbeugenden Schutzes können demzufolge Maßnahmen abgeleitet werden, die beispielsweise auf einen einheitlichen Modus Operandi abgestimmt sind, der sich wiederum durch eine quantitative Analyse der gesammelten Daten ableiten lässt. Mit einer solchen Datenbasis und einem einheitlichen Vorgehen verschiedener Sicherheitsdienstleister bestünde die Möglichkeit, das Konzept anschlussfähig für das Predictive-Policing zu machen, welches beispielsweise durch die Polizei in Nordrhein-Westfalen bereits als Pilotprojekt bei Wohnungseinbrüchen getestet wurde (vgl. Bode & Seidensticker, 2020).

Der Technikbaustein wird durch den Baustein Betrieb und den Service vollends in die systemisch-adaptive Sicherheit integriert. Der Sicherheitsdienstleister übernimmt die Investition in die Technik, die vor Ort im Sinne des Gesamtkonzeptes und der Zielvereinbarung eingebracht werden soll. Dazu gehört auch in einem weiteren Schritt, dass er die Installation gewährleistet und die Inbetriebnahme sowie den gesamten Betrieb inklusive der Wartungen und Instandhaltung verantwortet. Ebenso die Datenspeicherung und in diesem Zusammenhang auch der Datenschutz kann in die Hände des Sicherheitsdienstleisters übergeben werden.

Das Sicherheitskonzept wird im Sinne einer systemisch-adaptiven Sicherheitsdienstleitung als Betreibermodell verstanden, bei dem der Dienstleister vom Personal bis zur Technik die volle Verantwortung innehat und durch einen anhaltenden Support berät hinsichtlich der neu auftretenden Risikolagen. Auf diese Weise können die vereinbarten Ziele ohne eine Verschiebung der Verantwortung nachgehalten werden. Der Vorteil für das Unternehmen ist, dass am Ende eine Dienstleistung steht, die aus einer Hand kommt und somit wenig Koordinationsaufwand nach sich zieht[3]. Darüber hinaus kann der Dienstleister als Spezialist für die Analyse von Risikolagen ständig mit eingebunden werden und im Bedarfsfall beraten, aber auch seine ihm zugewiesenen Maßnahmen anpassen. Schlussendlich besitzt das Unternehmen selbst jedoch weiterhin die Hoheit über die Sicherheit, da durch regelmäßige Reportings die vorher definierten Key Performance Indicators geprüft und hinterfragt werden können. Darüber hinaus ist zu erwarten, dass der Dienstleister bei der systemisch-adaptiven-Sicherheitsdienstleistung

---

[3] Sollte ein Baustein ausfallen oder nicht zur Verfügung stehen, ist die eigenständige Kompensation durch den kurzzeitigen Ausbau anderer Bausteine bereits heute oftmals Vertragsbestandteil. Fällt ein Teil der Einbruch- oder Videoüberwachung aus, wird die personelle Überwachung (auf Kosten des Dienstleisters) hochgefahren, bis der Schaden beseitigt ist.

auch ständig versuchen wird, Technik einzubringen, um den Kostentreiber Personal zu reduzieren. Im Sinne des Wettbewerbs können Unternehmen also davon ausgehen, dass sie immer auf einem neuen Stand hinsichtlich der eingebrachten Technik sein werden.

## 5 Zukunftsfähigkeit

In den vorangegangen Abschnitten konnten die negativen Aspekte aufgezeigt werden, wenn die Sicherheit in Unternehmen fragmentiert und partiell durch den Einkauf im Sinne der Vergleichbarkeitslogik beauftragt wird. Dieses Vorgehen schafft eine diffuse Verantwortungsstruktur, bei der das Unternehmen am Ende das Leittragende ist. Darüber hinaus verharrt die Sicherheitsdienstleistung in einer Art Winterschlaf, der im schlimmsten Fall durch das Eintreten eines Schadens vorzeitig beendet wird. Die Fragen, die danach gestellt werden, sind: War dieser Schaden vermeidbar? Hätte man das Risiko kennen können? Kannte man das Risiko vielleicht sogar im Vorfeld und hat nur keine Maßnahmen eingeleitet, um das Risiko zu minimieren?

Nicht dass es falsch verstanden wird. Die systemisch-adaptive-Sicherheit ist keine Garantie, dass das Risiko eines zukünftigen Schadenseintrittes beherrschbar gemacht werden kann, noch dass alle Risiken vorher identifiziert und richtig priorisiert werden oder gar immer die richtigen Maßnahmen zur Milderung des Risikos ergriffen werden. Vielmehr handelt es sich dabei um einen Prozess des induktiven Vorgehens, bei der empirische Erkenntnisse umgelegt werden und zu theoretisch anwendbaren Modellen und Maßnahmen verdichtet werden.

Die Sicherheitsdienstleistung der Zukunft sollte also eine Dienstleistung sein, die sich ganzheitlich einem Unternehmen verschreibt und gleichzeitig die Risikologik im Auge behält, um auf neue Bedrohungen entsprechende Maßnahmen einzuleiten. Die systemisch-adaptive-Sicherheitsdienstleistung bietet sich demzufolge als Modell für die Praxis an. Schließlich werden alle problematischen Aspekte darin ausgeschlossen, die Verantwortung wird gebündelt und der Koordinationsaufwand für ein Unternehmen erheblich minimiert.

Die einzelnen Bausteine Beratung, Personal, Technik und Betrieb greifen so sehr ineinander, dass dadurch alle Vorteile für einen Auftraggeber ermöglicht werden. Ob dieses Modell zukunftsfähig ist, entscheidet aber letztlich nicht sein Vorteilsgehalt. Es wird in der Empirie bei den Unternehmen selbst entschieden. Dort wird beschlossen, ob man an den althergebrachten Vorgehensweisen festhalten möchte oder auf dynamische Risikolagen besser und schneller reagieren möchte. Vor allem für kleinere und mittelständische Unternehmen, die nicht über

**Abb. 1** Systemisch-adaptive Sicherheitsdienstleistung (eigene Darstellung)

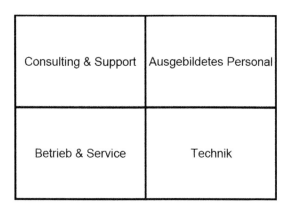

eine eigenständige Abteilung für Unternehmenssicherheit verfügen, lohnt sich mit Sicherheit ein Überdenken der alten Vorgehensweisen.

## Literatur

Beck, U. (1988). Die organisierte Unverantwortlichkeit. F. a. M.
Berger, P. L., & Luckmann, T. (2004). Die gesellschaftliche Konstruktion der Wirklichkeit: Eine Theorie der Wissenssoziologie. F. a. M.
Bode, F., & Seidensticker, K. (2020). Predictive Policing – Eine Bestandsaufnahme für den deutschsprachigen Raum. F. a. M.
Daase, C. (2010). Der erweiterte Sicherheitsbegriff. Working Paper. Frankfurt a. M..
Di Fabio, U. (2008). Sicherheit in Freiheit. *NJW, 2008*, 421–426.
Eichler, T. (2019). Der „gute" Preis auf dem Sicherheitsmarkt. Security insight. 04/2019.
Folkers, C., & Weißgerber, J. (2009). Zur Ökonomie der Inneren Sicherheit. In: H. J. Lange, P. H. Ohly, J. Reichertz (Hrsg.), *Auf der Suche nach neuer Sicherheit. Fakten, Theorie und Folgen* (S. 161–181). Wiebsbaden.
Foucault, M. (2006). Sicherheit, Territorium, Bevölkerung. Geschichte der Gouvernementalität I. F. a. M.
Freudenberg, D. (2014). Unternehmenssicherheit und Unternehmenskultur als Bestandteile einer umfassenden Sicherheitspolitik – Plädoyer für einen integrierten Gesamtansatz. In: H. J. Lange, et al. (Hrsg.), *Dimensionen der Sicherheitskultur* (S. 281–300). Wiesbaden.
Frevel, B. (2015). Sicherheitsprobleme – objektiv festgestellt oder kooperativ ausgehandelt? In: P. Zoche, S. Kaufmann, H. Arnold (Hrsg.), *Sichere Zeiten? gesellschaftliche Dimension der Sicherheitsforschung* (S. 109–125). Münster.
Glaeßner, G. -J. (2001). Sicherheit und Ordnung. Politisch-soziologische Reflexionen zu einem (wieder) aktuellen Thema. *Berliner Journal der Soziologie, 3*, 337–358.
Goertz, S. (2020). Cybersecurity – Von größter Bedeutung für die deutsche Wirtschaft. *Die Kriminalpolizei., 03*(2020), 24–27.

Heinrich, S., & Lange, H. J. (2009). Erweiterung des Sicherheitsbegriffs. In: Lange, H. -J., Ohly, P. H., Reichertz, J. (Hrsg.), *Auf der Suche nach neuer Sicherheit. Fakten, Theorie und Folgen* (S. 253–268). Wiesbaden.

Kilchling, M. (2020). Wirtschaftsspionage und Konkurrenzausspähung – Herausforderung für Staat und Wirtschaft. In GSZ – Zeitschrift für das Gesamte Sicherheitsrecht. 02/2020. S. 57–62.

Krasmann, S. (2013). Die Regierung der Sicherheit – Über das Mögliche und das Fiktive, auf. http://www.fsw.uzh.ch/foucaultblog/blog/30/die-regierung-der-sicherheit-ueber-das-moegliche-und-das-fiktive. Zugegriffen: 9. März. 2014.

Müller, K.-R. (2015). *Handbuch Unternehmenssicherheit*. Umfassendes Sicherheits-, Kontinuitäts- und Risikomanagement mit System.

Singelnstein, T., & Stolle, P. (2006). Die Sicherheitsgesellschaft. Soziale Kontrolle im 21. Jahrhundert. Wiesbaden.

**Dr. Tim Eichler** ist Geschäftsführer der Schreibmentoren GmbH. Er fokussiert das Thema Sicherheit wissenschaftlich aus unterschiedlichen Perspektiven, nimmt diesbezüglich an Symposien teil und lehrt an der Hochschule für Polizei und Verwaltung in NRW.

# Modernisierung der Terrorismusfinanzierung – Herausforderungen für die Industrie

Hans-Jakob Schindler

#### Zusammenfassung

Die Abwehr der Terrorismusfinanzierung muss sich fortwährend an neue Entwicklungen und Herausforderungen anpassen. Der Beitrag skizziert die Finanzierungsmechanismen der drei grundlegenden Kategorien von Terrorgruppen: Gruppen mit quasi-staatlichen Strukturen, Netzwerkorganisationen und Einzeltäter/Anschlagszellen. Die wachsende Bedeutung des Cyberspace zur Terror-Finanzierung durch den Missbrauch von Internetdiensten und Kryptowährungen wurde durch die CORONA-Pandemie verstärkt. Eine neuere Herausforderung stellt die Abwehr der Finanzierung des gewaltbereiten, transnationalen rechtsextremistischen und -terroristischen Netzwerks dar.

## 1 Einleitung und Kategorien von Terrorgruppen

Dieser kurze Beitrag wird sich mit den aktuellen Entwicklungen und komplexen Herausforderungen bei der Bekämpfung der Finanzierung nicht-staatlicher terroristischer Akteure befassen. Er besteht aus drei Teilen: Nach einer kurzen Übersicht über die Finanzierungsmethoden der drei grundlegenden Kategorien von terroristischen Akteuren in der Einleitung wird im zweiten Teil zunächst die wachsende Bedeutung des Cyberspace für die Finanzierung des Terrorismus beschreiben. Dieser Trend wurde durch die Corona-Pandemie verstärkt. Es wird auf den Missbrauch von Internetdiensten wie die sozialen Medien

H.-J. Schindler (✉)
Counter Extremism Project, Berlin, Deutschland
E-Mail: berlin@counterextremism.com

und Crowdfunding-Plattformen eingegangen, um dann den sich entwickelnden Missbrauch von Kryptowährungen darzustellen. Die bestehenden Schwächen der Abwehrsysteme werden dabei jeweils diskutiert. Im dritten Teil wird die Herausforderung einer effektiven Abwehr der Finanzierung des Rechtsextremismus und -terrorismus analysiert. Nach einem kurzen Überblick über die aktuelle Bedrohungslage und die grundlegenden Finanzierungsstrukturen, werden die Herausforderungen für eine effektive Abwehr und Behinderung solcher Aktivitäten diskutiert.

Bis Anfang der 2000er-Jahre konzentrierte sich die Bekämpfung der Terrorismusfinanzierung maßgeblich auf die Kontrolle von Spenden, welche entweder direkt oder durch den Missbrauch von wohltätigen Organisationen an Terrorgruppen flossen. Während diese Finanzierungsmethode weiterhin relevant ist (BMI, 2020d), hat sich dieses Lagebild jedoch in den letzten Jahren stark verändert und insbesondere seit dem Aufkommen des Islamischen Staates im Irak und der Levante (ISIL) weiter ausdifferenziert. Auf strategischer Ebene kann zwischen drei grundsätzlichen Strukturen von Terrororganisationen unterschieden werden, welche entsprechende Finanzierungsstrukturen aufweisen: Terrororganisationen mit quasi-staatlichen Strukturen, Netzwerkorganisationen und quasi-unabhängige Einzeltäter/Anschlagszellen. Während in Deutschland die maßgebliche Terrorgefahr von der dritten Kategorie ausgeht, gibt es aufgrund der differenzierten Finanzstrukturen der beiden ersten Kategorien dennoch potenziell indirekte Beziehungen aus Deutschland heraus.

Bei Terrorgruppen mit quasi-staatlichen Strukturen handelt es sich in der Regel um Gruppen, welche Kontrolle über Gebiete bzw. Teilgebiete ausüben und daher in der Lage sind, ihre Finanzierung diversifiziert auf mehrere Säulen zu verteilen. Die Finanzstruktur ist zentral organisiert und überwacht. Dabei kommt es regelmäßig zu Finanztransaktionen von und zum Zentrum der Gruppierung. Ein Beispiel in dieser Kategorie ist die mittlerweile auch in Deutschland als Terrororganisation verbotene libanesische Hisbollah (BMI, 2020e). Diese hatte lange auch in Deutschland Gelder durch Spenden und kriminelle Handlungen generiert (Bundestag, 2019).

Netzwerkorganisationen besitzen keine zentral organisierte Finanzierungsstruktur. Die Netzwerkstruktur wird nur indirekt vom Zentrum der Gruppierung aus kontrolliert. Die zentrale Struktur des Netzwerks ist hauptsächlich für den Erhalt des ideologischen Branding und für Propaganda zuständig. Die einzelnen Ableger des Netzwerks finanzieren sich lokal und passen ihre Finanzierungsstrukturen an die jeweiligen Gegebenheiten an, oft in Verbindung mit kriminellen Handlungen. Daher kommt es in der Regel zu keinen Finanztransfers zwischen dem Zentrum und den Ablegern. Die bekanntesten Beispiele für solche Netzwerkstrukturen sind al-Qaida und ISIL (seit 2019). Die Ableger können auch internationale Anschläge organisieren und lokal finanzieren. So wurde im April 2020 eine ISIL Zelle in Deutschland mit Verbindungen zum ISIL Ableger in Afghanistan verhaftet (Generalbundesanwalt 2020b). Auch bei der Finanzierung von Ablegern im Ausland gibt es immer wieder Bezüge zu Deutschland. Anfang Januar 2021 wurden Mitglieder eines internationalen Netzwerks in Deutschland verhaftet, die Gelder für den al-Qaida Ableger in Syrien, Hayat Tahrir al Sham (HTS), über das Internet gesammelt hatten (Generalbundesanwalt 2021) Die transnationale gewaltorientierte rechtsextreme und -terroristische Bewegung auf deren Finanzierung noch im Detail eingegangen wird (siehe Abschn. 3.1.) bildet hier eine Sonderform, da es sich um ein führerloses, transnationales Netzwerk handelt (Rekawek et al., 2020, S. 12).

Die Finanzierung unabhängiger Einzeltäter und Anschlagszellen stellt eine besondere Herausforderung dar. Diese erfolgt fast ausschließlich im Rahmen der Vorbereitung eines Gewaltakts und umfasst daher in der Regel kleine Summen, welche entweder aus legalen Quellen, wie z. B. Einkommen und Ersparnissen oder durch weniger auffällige kriminelle Handlungen, wie z. B. Kreditkartenbetrug erworben werden (Keatinge und Keen, 2017). Da diese Individuen oder Zellen zwar durch eine Terrorideologie beeinflusst und motiviert werden, in der Vorbereitung ihrer Gewalttat jedoch keine strukturellen Verbindungen zu einer Gruppe oder Organisation aufweisen, sind Transaktionen mit einem erkennbaren Zusammenhang zu Terrorismus eher selten. Dabei handelt es sich oft um Transaktionen im Rahmen der Beschaffung der für den Anschlag benötigten Materialien. So wurde 2015 ein Ehepaar in Deutschland verhaftet, da es durch den Kauf ungewöhnlich großer Mengen Wasserstoffperoxid aufgefallen war. Das Ehepaar nutzte die Chemikalie zum Bau von Bomben für einen geplanten Anschlag (Höll, 2015). Wie jedoch der Anschlag auf den Berliner Weihnachtsmarkt 2016 auf tragische Weise verdeutlichte, ist bei einer Anschlagsplanung, welche nicht den Kauf auffälliger Hilfsmittel erfordert, die Beobachtung etwaiger Finanztransaktionen entweder wenig ergiebig oder offen für Fehlinterpretationen (Bundestag, 2017, S. 5 und 10).

Parallel zur Diversifizierung der Terrorismusfinanzierung innerhalb der beschriebenen drei Kategorien von Terrorgruppen passen sich Terrororganisationen und Individuen auch bei ihren Finanzierungsmethoden an neue Technologien an. Dabei hat in den letzten Jahren der Cyberspace an Bedeutung deutlich gewonnen. Diese Entwicklung wurde durch die COVID-19-Pandemie noch verschärft.

## 2 Neue Entwicklungen: Cyberspace gewinnt weiter an Bedeutung

### 2.1 Auswirkungen COVID-19 Pandemie

Die COVID-19-Pandemie zwang 2020 Terrorgruppen dazu, ihre Methoden anzupassen. Einerseits kam es im Zuge der allgemeinen Bewegungsbeschränkungen sowohl global als auch in Deutschland zu einer Reduzierung sogenannte softtargets, wie Veranstaltungen und Menschenansammlungen (CTED, 2020b, S. 2). Trotzdem planten Zellen auch in Deutschland weiterhin die Durchführung von komplexeren Anschlägen, wie z.B. die Verhaftungen der oben erwähnten ISIL Zelle im April (Generalbundesanwalt 2020b), oder die Verhaftungen der Mitglieder der rechtsextremen Gruppierung "Gruppe S." im November 2020 (Generalbundesanwalt 2020a) deutlich machten. Weiterhin führten zumindest in einigen Regionen der Welt die mit der Pandemie verbundenen ökonomischen Herausforderungen wohl auch zu einem Rückgang der Spendenflüsse an Terrororganisationen. So berichteten Experten von einem signifikanten Rückgang von Spenden an ISIL-Ableger in Indonesien (Arianti & Taufiqurrohman, 2020).

Obwohl diese kurzfristigen Auswirkungen als positiv einzuschätzen sind, wurde 2020 auch deutlich, dass langfristig die Pandemie die Terrorbedrohungslage verschärfen wird. Laut einem UN-Bericht verlagerten Staaten Ressourcen von der Terrorbekämpfung, um der Pandemie besser begegnen zu können (CTED, 2020a, S. 3). Moneyval[1] erklärte in einem Bericht, dass eine Reihe von AML/CFT Ermittlungen und Gerichtsverfahren aufgrund der Pandemie-Restriktionen verlangsamt oder verschoben werden mussten (Moneyval, 2020). Weiterhin erweiterten Terrorgruppen aller ideologischen Richtungen signifikant ihre Online-Aktivitäten (CTED, 2020b, S. 1; Guhl & Gerster, 2020). Schon im Frühling 2020 warnten daher Experten in Deutschland vor einer steigenden Online-Radikalisierung als ein Resultat der Pandemie (Wolf & Röhmel, 2020).

Im Verlauf des Jahres 2020 zeigte sich, dass insbesondere die gewaltorientierte rechtsextreme Szene in Deutschland versucht, Bewegungen, welche den staatlichen COVID-19-Maßnahmen kritisch gegenüberstehen, zu unterwandern und deren Rhetorik zu beeinflussen (BReg, 2020a), um seine Reichweite zu erhöhen (Rekawek et al., 2020, S. 20 f.). Weiterhin warnen Experten davor, dass dieses weiter gewachsene radikalisierte Online-Ökosystem der verschiedenen

---

[1] Moneyval ist das permanente Expertengremium des Europarates zur Evaluierung der Abwehrmaßnahmen gegen Geldwäsche und Terrorismusfinanzierung (AML/CFT).

Terrorideologien zu einer Diversifizierung der Bedrohungslage führt, da organisatorische Zuordnungen der radikalisierten Nutzer schwächer werden und die Bedrohung sich damit dezentralisiert (Cumerford, 2020).

Obwohl diese neuen Entwicklungen bislang nach einer aktuellen Analyse der FATF noch nicht zu einer grundlegenden Änderung der Finanzierung von Terrorgruppen geführt haben (FATF, 2020b, S. 18), kam es jedoch zu interessanten Einzelfällen im Zusammenhang mit der Pandemie. So deckten US-Behörden im August 2020 einen Betrugsfall auf, bei dem ein ISIL Anhänger mittels einer Webseite und vier Facebook Seiten falsche N-95 Schutzmasken verkaufte (USD-CDC, 2020; USDoJ, 2020). Dieser Fall war Teil eines breit angelegten Schlags der US-Behörden gegen den Missbrauch neuer Technologien und Kryptowährungen durch Terroristen auf den weiter unten noch näher eingegangen wird (siehe Abschn. 2.2.2.).

Dies zeigt, dass die COVID-19-Pandemie den schon seit Jahren sich entwickelnden Trend eines wachsenden Missbrauchs neuer Technologien weiter verstärkt hat. Dieser Missbrauch umfasst auch die Nutzung neuer technischen Möglichkeiten für die Finanzierung des Terrorismus.

## 2.2 Missbrauch neuer Technologien

### 2.2.1 Missbrauch von sozialen Medien und Crowdfunding Plattformen

Der Missbrauch von Internetdiensten durch Terroristen begann fast zeitgleich mit der Verbreitung dieser Technologie. Schon vor 2001 nutzten al-Qaida-Mitglieder E-Mail-Accounts zur Kommunikation (Zanini & Edwards, 2001, S. 37). 2010 veröffentlichte der al-Qaida Ableger in Yemen, AQAP, das erste professionell produzierte Internetmagazine „INSPIRE" (SITE, 2010). Seit dem Erstarken von ISIL 2014 ist dieser Missbrauch auch der Öffentlichkeit bewusst (UNSCMT, 2014, S. 11 und 28). Obwohl die Nutzung zur Finanzierung des Terrorismus bislang weniger analysiert wurde, ist nicht überraschend, dass Terrorgruppen die Möglichkeiten des Internets auch zu diesem Zweck nutzen.

Schon 2015 analysierte die Financial Action Task Force (FATF) diesen Trend (FATF, 2015a, S. 30 ff.). 2019 sammelten die Asia Pacific Group (APG) und

MENAFATF[2] eine Reihe von Typologien, um den Missbrauch konkret darzustellen. Basierend auf Informationen aus Untersuchungen der Mitgliedsstaaten beider Organisationen macht der Bericht deutlich, dass Terrorgruppen verschiedene Plattformen der Sozialen Medien, Content Hosting Webseiten und Internet-Kommunikationsdienste nutzen, um Spendenaufrufe zu veröffentlichen und relevante Informationen zur Überweisung von Spenden zu verbreiten (Asia/Pacific Group on Money Laundering (APG/MENAFATF) 2019). Besorgniserregend ist auch, dass selbst Crowdfunding Webseiten genutzt werden, um Gelder zu sammeln (Asia/Pacific Group on Money Laundering (APG/MENAFATF) 2019).

Obwohl die FATF und ihre Partnerorganisationen 2015 und 2019 vor diesem Missbrauch warnten und zusätzlich 2019 ein Bericht von RUSI, welcher im Auftrag des Global Internet Forum to Counter Terrorism (GIFCT)[3], verfasst wurde, ebenfalls eindringlich auf dieses Risiko hinwies (Keatinge & Keen, 2019), scheinen die entsprechenden Internetfirmen kaum Gegenmaßnahmen ergriffen zu haben. Noch Anfang 2020 fand das Counter Extremism Project (CEP) eine Reihe von Accounts auf den weltweit größten Plattformen, welche unter den Namen der bekanntesten und auf der Sanktionsliste des Sicherheitsrates der Vereinten Nationen vermerkten Terrorfinanciers eingerichtet worden waren (Schindler, 2020).

Dies zeigt, dass die Abwehrmechanismen der Plattformen diesen Missbrauch nicht effektiv erkennen und verhindern und die eingerichteten Monitoring Systeme noch nicht ausreichend auf dieses Problem ausgerichtet sind. Grundlage für die Ausrichtung solcher Systeme sind die Nutzungsbedingungen der jeweiligen Plattformen. Diese schließen jedoch bislang Terrorismusfinanzierung nicht explizit aus (Schindler, 2020, S. 6). Dies ist auch bei globalen Crowdfunding-Webseiten noch nicht der Fall. Nur in einzelnen Fällen weisen die entsprechenden Nutzungsbedingungen darauf hin, dass Individuen, welche aufgrund von Terrorismusvergehen verurteilt wurden, die Webseiten nicht nutzen dürfen. Jedoch ist in diesen Fällen nicht deutlich, wie die jeweilige Crowdfunding-Webseite dies überprüft (Schindler, 2020, S. 7).

Da die Nutzungsbedingungen die Prioritäten der internen Monitoring-Systeme der Plattformen beeinflussen, kann deshalb nicht davon ausgegangen werden, dass die Betreiber von Diensten der Sozialen Medien oder Crowdfunding-Webseiten eine erste Hürde in der Abwehr der Terrorismusfinanzierung darstellen. Daher

---

[2] APG in Asien und der Pazifikregion und MENAFATF in der Nahostregion und Nordafrika sind regionale Partnerorganisationen der FATF, sogenannte FATF-Syle Regional Bodies (FSRBs).

[3] GIFCT ist der privatwirtschaftliche Zusammenschluss der weltweit größten Anbieter von Diensten der sozialen Medien.

ist weiterhin neben öffentlichem Druck auf die Betreiber von Plattformen und Crowdfunding-Webseiten ihre Nutzungsbedingungen und Monitoring Systeme entsprechend anzupassen, die regelmäßige externe Beobachtung zumindest der öffentlich zugänglichen Aktivitäten auf solchen Internetdiensten mit Hinblick auf Terrorismusfinanzierung unabdinglich.

In Bezug auf staatliche Gegenmaßnahmen ist der Zugang zu relevanten Daten bei Ermittlungen relevanter Behörden weiterhin problematisch. Zum Beispiel hatte Berichten zufolge die kanadische Financial Intelligence Unit (FIU) FIN-TRAC bei ihrer Risikoanalyse zu Crowdfunding Webseiten 2017 erhebliche Schwierigkeiten, da die entsprechenden Webseiten keine Berichte zu relevanten Finanzaktivitäten einreichten (Posadzki, 2017). In diesem Zusammenhang gibt es jedoch aktuelle Entwicklungen, welche mittelfristig Erleichterungen erzielen könnten.

Mit dem neuen Gesetzesvorhaben zur Bekämpfung des Rechtsextremismus und der Hasskriminalität im Netz, welches das sogenannte Ausleitungsgebot vorsieht, wurde 2020 ein erster Schritt unternommen, um sicherzustellen, dass relevante Daten von Nutzern von den Plattformen Ermittlungsbehörden zur Verfügung gestellt werden (BR, 2020). Die Ausfertigung des Gesetzes wurde durch eine Entscheidung des Bundesverfassungsgerichtes zur Bestandsdatenabfrage durch die Sicherheitsbehörden im Telekommunikationsgesetz im Mai 2020 (BVerfG, 2020) verzögert. Auch zielt die in dem neuen Gesetzesvorhaben vorgesehene Datenübermittlung durch die Plattformbetreiber nicht speziell auf mögliche Straftaten im Bereich der Terrorismusfinanzierung (§89c StGB) ab. Trotzdem wird mit diesem Gesetzesvorhaben ein wichtiger grundlegender Mechanismus etabliert, welcher in Zukunft u. U. auch auf Straftaten im Zusammenhang mit Terrorismusfinanzierung erweitert werden könnte.

Auf europäischer Ebene wird aktuell der neue Digital Services Act (DSA) verhandelt, welcher die eCommerce Richtlinie von 2000 ersetzen soll (Directive, 2000). Der von der Kommission im Dezember 2020 vorgelegte Vorschlag (EUCOM, 2020) enthält eine Reihe von Elementen, welche für eine bessere Bekämpfung der Finanzierung des Terrorismus hilfreich sein könnten. Diese sind z. B. die Verpflichtung der Plattformen, illegale Handlungen bei Verdacht zu melden und die relevanten Informationen an entsprechende staatliche Stellen zu übermitteln (Artikel 21). Für besonders große Plattformen (Artikel 25) sind noch weitere Maßnahmen wie z. B. ein unabhängiges Auditsystem (Artikel 28), Zugang zu Daten für geprüfte Forschungseinrichtungen (Artikel 31), die Etablierung von Compliance Verantwortlichen bei den Plattformen (Artikel 32), oder eine erweiterte Supervision (Artikel 50) vorgesehen. In der Gesamtschau haben diese neuen Elemente das Potential, Internetdienste besser gegen den Missbrauch zur Finanzierung des Terrorismus zu schützen. Weitere Verbesserungen des DSAs wären jedoch wünschenswert und wichtig (Ritzmann et al., 2020).

Daher ist davon auszugehen, dass diesem Missbrauchsrisiko mittel- bis langfristig besser und effektiver entgegengetreten wird. Ein weiterer Risikofaktor, der zum Teil auch in Verbindung mit dem Missbrauch von Internetdiensten auftaucht, stellt die Nutzung von Kryptowährungen zur Finanzierung des Terrorismus dar.

### 2.2.2 Missbrauch von Kryptowährungen

Kryptowährungen sind „kryptographisch abgesicherte digitale Zahlungsmittel, die auf der Blockchain-Technologie basieren" (Eisermann, 2020, S. 7). Diese Zahlungsmittel sind im Unterschied zu Fiat-Währungen nicht durch eine Zentralbank kontrolliert und ihr Wert und Kurs im Vergleich zu Fiat-Währungen wird ausschließlich durch den Markt, dem Netzwerk der Nutzer der jeweiligen Kryptowährung, bestimmt.

Die wichtigen beiden sich bedingenden Grundprinzipien sind, die Öffentlichkeit der Transaktionen bei gleichzeitiger Verschleierung der Identität der Nutzer. Transaktionen zwischen verschiedenen Nutzern sind öffentlich auf der sogenannten Blockchain vermerkt. Die Blockchain ist eine kryptographisch gesicherte „distributed ledger" Technologie. Diese ist auf vielen verschiedenen Servern gespeichert, verändert sich ständig und ist daher vor Manipulationen gesichert. Dass alle Transaktionen öffentlich einsehbar sind, ist die Grundlage für das Vertrauen zwischen einzelnen Nutzern, dass der jeweilige Transaktionspartner valide ist.

Da die Transaktionen quasi öffentlich geschehen, müssen die tatsächlichen Identitäten der Nutzer verschlüsselt und verschleiert werden, da sonst deren gesamtes individuelles Finanzgebaren in diesem Bereich offengelegt würde. Mittels statistisch-mathematischen Methoden, der sogenannten Blockchain-Analyse, können zwar Transaktionsmuster in Beziehung gesetzt und somit Informationen zu den potenziellen Identitäten der Nutzer gesammelt werden, die zweifelsfreie Verbindung zwischen einem Nutzer und einer tatsächlich existierenden Identität wird hierdurch jedoch nur selten erzielt. Berentsen und Schär bietet eine gute Einführung zu diesem Thema (Berentsen & Schär, 2017).

Die Verschleierung der Nutzeridentitäten sowie die Möglichkeit, ohne Involvierung eines Finanzinstitutes schnell, billig und weltweit Werte elektronisch zu versenden, zu erhalten und zu lagern machen diese Technologie anfällig für den Missbrauch durch kriminelle oder terroristische Individuen und Gruppierungen. In den letzten Jahren wurde in steigendem Masse über solche Fälle berichtet. Eine erste Zusammenstellung von bekannten Fällen bietet Stalinksy (Stalinsky, 2019). Es wurde vier grundsätzliche Missbrauchstypologien festgestellt:

### a) Nutzung von Kryptowährungen, um Spenden zu sammeln

Diese Missbrauchstypologie wurde in den letzten Jahren am häufigsten dokumentiert. Das Interesse von ISIL Mitgliedern, Kryptowährungen zu nutzen, begann schon kurz nach der Entwicklung der Organisation in 2014. Schon 2015 wurde ein amerikanischer Teenager zu einer Haftstrafe verurteilt. Er hatte über sozialen Medien Instruktionen verbreitet, wie ISIL Mitglieder Bitcoin[4] verwenden können, um Gelder zu ISIL zu transferieren (USDoJ, 2015).

Seither ist eine Reihe von weiteren Fällen bekannt geworden, bei denen Spenden an verschiedene Terrorgruppen in Kryptowährungen abgewickelt wurden. Ein Beispiel ist eine Bitcoin Spendenkampagne einer Terrorgruppe in Syrien im Juli 2019. Presseberichten zufolge lancierte die Terrorgruppe ihre Kampagne über die sozialen Medien, inklusive eines Videos, in welchem die Nutzung von Bitcoins erklärt wurde (Popper, 2019).

In den letzten Jahren wurde ebenfalls klar, dass Terrorgruppen weitere technische Innovationen einführen. So nutzen laut Berichten die al-Qassam-Brigaden bei ihren Bemühungen Spenden in Bitcoin zu erhalten eine Software, welche für jede Spende eine neue Bitcoin-wallet-Adresse[5] generiert, anscheinend um eine Beobachtung der eingehenden Transaktionen durch Dritte zu erschweren (Wilson & Williams, 2019). Die al-Qassam-Brigarden nutzten diese neue Software, nachdem publik wurde, dass das erste wallet der Kampagne von einer US basierten Firma (exchange[6]) gehalten wurde (Cuen, 2019). Damit bestand das Risiko, dass US-Behörden die Transaktionen beobachten und die Gelder möglicherweise beschlagnahmen.

### b) Nutzung als alternatives Zahlungsmittel für den Verkauf von Waren

Kryptowährungen werden auch als Zahlungsmittel von extremistischen Gruppen genutzt. Rechtsextremistische Organisationen generieren einen Teil ihrer Einnahmen durch den Online-Verkauf von Waren (Rekawek et al., 2020, S. 24 f.). Dies hat in den letzten Jahren dazu geführt, dass Kreditkartenbetreiber und Firmen, welche Onlinezahlungen abwickeln, die Kooperation mit den entsprechenden Webseiten beendeten (Berr 2017). Als Reaktion wechselten diese Webseiten zur Zahlungsabwicklung mittels Kryptowährungen (Ebner, 2018).

---

[4] Bitcoin ist die global bekannteste und größte Kryptowährung.
[5] Ein wallet ist eine Software, welche dem Nutzer erlaubt, den Zugangscodes zu seinen Kryptowährungen gesichert zu speichern.
[6] Ein exchange ist ein kommerzieller Anbieter im Internet, welche den Nutzern erlaubt, Fiat-Währungen in Kryptowährungen einzutauschen, eine Kryptowährung in eine andere umzutauschen und Transaktionen mit anderen wallets vorzunehmen.

## c) Missbrauch, um Werte zugriffssicher zu lagern

Ein signifikanter Schlag der US-Behörden gegen Kryptoaccounts von Terrororganisationen im August 2020 zeigte, dass mittlerweile größere Summen dieser Zahlungsmittel von Terrororganisationen gehalten werden. Bei dieser Aktion wurden Kryptowährungen im Gegenwert von mehreren Millionen US-Dollar beschlagnahmt (USDoJ, 2020).

## d) Gebrauch von Kryptowährungen, um Betrug zu verschleiern

Ein besonders interessanter Fall wurde 2017 von den US-Behörden angeklagt. Eine ISIL Unterstützerin erlange durch Bankbetrug Gelder und wollte diese zu ISIL Mitglieder in Syrien versenden. Um den Betrugshintergrund der Gelder zu verschleiern, transferierte sie diese in Bitcoin und leitete die Gelder über mehrere Briefkastenfirmen im Ausland an die ISIL Mitglieder (USASDNY 2017).

Aufgrund dieser Ereignisse wurde von der FATF, einzelnen Regierungen und der Europäischen Union (EU) begonnen, diesen neuen Sektor zu regulieren. Seit 2014 veröffentlichte die FATF eine Reihe wichtiger Dokumente, um eine weltweite Regulierung anzugehen (FATF, 2014, 2015b, 2019, 2020d), zuletzt im September 2020 einen Red-Flag-Indicator Bericht (FATF, 2020c). Die EU regelte zuletzt diesen Sektor über die Änderung der 4. Geldwäscherichtlinie (AMDL5), welche im Dezember 2019 in deutsches Recht übertragen wurde (Bundesgesetzblatt, 2019). Mit diesen Bemühungen wurden erste Hürden gegen einen Missbrauch dieser Technologie aufgebaut. Im Kern konzentrieren sich diese Bemühungen auf die Regulierung der Schnittstellen zwischen Fiat- und Kryptowährungen. Hier werden die Anbieter solcher Dienste in den Kreis der sogenannten Verpflichteten aufgenommen, (Bundesgesetzblatt, 2019, Artikel 2)[7], d. h. sie müssen als Kernverpflichtungen Kundenidentitäten prüfen und verdächtige Transaktionen melden. Hiermit sind erste wichtige Schritte getan. Es gibt jedoch weiterhin noch eine Reihe regulatorischer und operativer Lücken in diesem Bereich.

Die Regulierung der Fiat-Krypto-Schnittstellen stellt eine erste Hürde dar. Sie sollte jedoch durch eine ähnliche Regulierung bei Krypto-Krypto-Transaktionen, also Transaktionen von einer Kryptowährung in eine andere, ergänzt werden (Schindler et al., 2020, S. 7), um eine zweite Barriere gegen einen Missbrauch aufzubauen. Weiterhin wäre es wünschenswert, detaillierte Compliance-Anforderungen an die neuen Verpflichtenden zu formulieren, durch regelmäßige Audits zu überprüfen und weiterzuentwickeln (Eisermann, 2020, S. 47). Der Kryptosektor ist erst seit Januar 2020 in den Kreis der Verpflichteten aufgenommen worden und steht aufgrund der oben beschriebenen Besonderheiten der Technologie vor speziellen

---

[7] Änderung §1 Absatz 1 Kreditwesengesetz.

technischen Herausforderungen bei der Umsetzung der Regulierungen (Gibson, 2018). Die staatlichen Überwachungsbehörden sollten ebenfalls weitere Expertise und Ressourcen aufbauen (Eisermann, 2020, S. 45 f.) und diese transnational bündeln (Schindler et al., 2020, S. 6).

Aufgrund der ständigen Weiterentwicklung der Technologie ist davon auszugehen, dass non-custodial wallets und non-custodial exchanges in Zukunft breiter genutzt werden (Haig, 2020, Redman, 2018). Damit wäre der bisherige Ansatz, die Abwehrmechanismen bei kommerziellen Anbietern von Dienstleistungen im Kryptosektor (Verpflichteten) anzusiedeln, nicht mehr effektiv. Aus diesem Grund scheint es im Moment noch sinnvoll, die Nutzung dieser Technologie zu unterbinden, bis die entsprechenden Überwachungsbehörden adäquate Ressourcen und Expertise aufgebaut haben, um eine direkte Beobachtung solcher Transaktionsformen zu übernehmen (Schindler et al., 2020, S. 7 f.). Abschließend sollte im globalen Kontext allzu große Regulierungsunterschiede vermieden werden, um z. B. zu verhindern, dass Terroristen Kryptowährung in eine Jurisdiktion transferieren, welche einen eventuellen Zugriff auf diese rechtlich nicht vorsieht.

Neben diesen neuen technischen Entwicklungen ist in den letzten Jahren das gewaltorientierte rechtsextreme und -terroristische Milieu immer weiter in das Zentrum der Aufmerksamkeit gerückt. Bei der Vorstellung des Jahresberichtes des Bundesamtes für Verfassungsschutz (BfV) erklärte Bundesinnenminister Seehofer im Juli 2020, dass Rechtsextremismus, Antisemitismus und Rassismus „die größte Bedrohung für die Sicherheit in Deutschland" darstellen (BMI, 2020b). Damit rücken auch die Finanzierungsströme aus diesem Bereich in das Zentrum der Aufmerksamkeit (CEP, 2020). So startete die FATF unter deutscher Präsidentschaft im Juni 2020 ein spezielles Projekt zu diesem Thema und veröffentliche im Sommer 2021 einen ersten Bericht (FATF, 2021). Als Abschluss dieses Beitrages wird daher diese Herausforderung näher betrachtet.

## 3 Neue Herausforderung: Finanzierung des Rechtsextremismus/Terrorismus

### 3.1 Bedrohungslage und grundlegende Strukturen

Im Vergleich zur Finanzierung extremistisch-islamistischer Terrorgruppen sind die Finanzierungsmethoden des gewaltorientierten rechtsextremen und -terroristischen Milieus noch nicht umfassend erforscht. Obwohl Zusammenstellungen zu einzelnen Anschlägen, wie z. B. den von Andres Breivik in 2011

(Hemmingby & Bjørgo, 2018, S. 167) sowie offizielle Daten zu relevanten Themen, wie z. B. zu Musikveranstaltungen der Szene in Deutschland (BMI, 2020c, S. 63 ff.) oder der Finanzierung solcher Gruppierungen in einzelnen Ländern wie z. B. Großbritannien (Keatinge et al., 2019) erhältlich sind, fehlt es aktuell an Analysen der verschiedenen Finanzierungsmittel des übergreifenden gewaltorientierten Milieus, inklusive dessen transnationalen Verbindungen. Wie der oben bereits erwähnte Forschungsbericht des Counter Extremism Project (CEP) (siehe Abschn. 1.) darstellt (Rekawek et al., 2020), beruht die Finanzierung des sich in den letzten Jahren entwickelten führerlosen transnationalen gewaltorientierten rechtsextremen und -terroristischen Netzwerks auf drei maßgeblichen Säulen: a) Einnahmen aus Musik- und Kampfsportveranstaltungen, b) Versandhandel (sowohl online als auch offline) und c) Spenden (Rekawek et al., 2020, S. 22).

Diese drei Einnahmequellen spielen grundsätzlich sowohl in Europa als auch in den USA bei der Finanzierung dieses gewaltorientierten Milieus eine Rolle. Sie sind jedoch in einzelnen Ländern unterschiedlich ausgeprägt. So gehen Experten davon aus, dass Gruppierungen aus diesem Milieu in Schweden maßgeblich durch den online Versandhandel finanziert werden (Finnsiö, 2020, S. 117). In den USA sind neben dem Online-Versandhandel auch über das Internet eingetriebene Spenden, inklusive Spenden in Kryptowährungen, eine wichtige Einnahmequelle (Fisher-Birch, 2020, S. 151).

In Deutschland sind Daten nur zu einigen Finanzierungsquellen dieses gewaltorientierten Milieus erhältlich. Obwohl umfassende Analysen auch hier sowohl von staatlicher als auch von wissenschaftlicher Seite fehlen, deuten die vorhanden Informationen auf eine relativ ausdifferenzierte Finanzstruktur hin, welche alle der oben genannten drei Säulen sowie Einnahmen aus Immobilien und kriminellen Handlungen umfasst (Ritzmann, 2021). Trotz bislang fehlender aggregierter Daten zeigen erste Analysen, dass das Milieu in Deutschland jährlich relativ große Summen mittels Veranstaltungen und dem Versandhandel umsetzt. Zum Beispiel zeigen stichprobenartige Berechnungen von Journalisten, dass bei einem Festival des Milieus 2016 allein der Umsatz aus den Ticketeinnahmen rund 150.000 € betrug (Flade & Pauly, 2016). Da das BfV in seinem Jahresbericht 2019 64 Konzerte aus der Szene vermerkte, sind Umsätze in mehrfacher Millionenhöhe nicht auszuschließen (BMI, 2020c, S. 64). Daten zu den Erlösen aus dem Versandhandel der Szene in Deutschland liegen im Moment ebenfalls noch nicht in aggregierter Form vor. So erklärte noch Ende Juli 2020 die Bundesregierung, dass ihr keine Erkenntnisse über Umsätze aus dem entsprechenden bundesweiten Versandhandel vorliegen (BReg, 2020b, S. 8). Dennoch zeigen einzelne Beispiele, dass auch hier mit hoher Wahrscheinlichkeit beträchtliche Summen erzielt werden (Ritzmann, 2021). Leider besteht auch zu den Einnahmen von Spenden im Moment eine deutliche Datenlücke. Abschließend gibt es erste Hinweise, welche auch auf Einnahmen aus kriminellen Quellen deuten. So wurden im Dezember 2020 in Deutschland und Österreich Mitglieder eines gewaltbereiten rechtsextremen Netzwerks verhaftet, welches laut Presseberichten durch Drogen- und illegalem Waffenhandel beträchtliche Einnahmen generiert hat (Möseneder & Schmidt, 2020).

Aufgrund der lückenhaften Datenlage und fehlender Analysen steht die Bekämpfung der Finanzierung des transnationalen gewaltbereiten rechtsextremen und -terroristischen Netzwerks noch relativ am Anfang. Konzeptionelle und rechtliche Herausforderungen sind in diesem Bereich noch zu überwinden.

## 3.2 Herausforderungen bei der Abwehr

Die grundlegende Herausforderung bei der Abwehr der Finanzierung dieses gewaltorientierten Milieus besteht in der Klassifizierung sowohl der Gewaltakte als auch der mit der Gewalt verbundenen Organisationen. Diese werden oft unter dem Oberbegriff „Extremismus" und nicht dem Begriff „Terrorismus" eingeordnet. Das bisherige internationale Kontrollsystem baut jedoch darauf auf, dass Gruppen und Individuen als Terroristen eingestuft werden. Diese Einordnung ist z. B. Grundlage der FATF Empfehlung 5 und 6 zur Abwehr der Terrorismusfinanzierung (FATF, 2020a, S. 13). Dort wird der Begriff „Terrorismusfinanzierung" mit dem UN-Übereinkommen zur Bekämpfung der Finanzierung des Terrorismus (UNGA, 1999), sowie den relevanten UN-Sicherheitsratsresolutionen, insbesondere Resolution 1373 (2001) und 1267 (1999) verbunden.

Das deutsche Strafrecht zur Terrorismusfinanzierung (§89c StGB) scheint offener formuliert. Obwohl auch hier am Ende von Absatz 1, Satz 2 von §89c StGB eine De-facto-Definition des Begriffes „Terrorismus" vorgenommen wird, verbindet §89c StGB die Straftat nicht mit einer vorab getroffenen offiziellen Einordnung einer Organisation als Terrorgruppe durch staatliche Stellen. Diese Kategorisierung könnte daher in einem Verfahren durch das Gericht vorgenommen werden. Eine Bestrafung von Individuen aus dem Milieu aufgrund von Terrorismusfinanzierung wäre daher möglich, nicht jedoch die Verhängung von Finanzsanktionen gegen Gruppierungen. Hierfür wird in Deutschland das Instrument der Vereins- und Betätigungsverbote durch einzelne Bundesländer und das Bundesinnenministerium herangezogen. 2020 wurden auf Bundesebene Combat 18 und Nordadler (BMI, 2021), sowie die Vereinigung „Sturm/Wolfsbrigade 44" verboten (BMI, 2020a).[8] Eine verstärkte Nutzung dieses Instrumentes wäre daher ein erster wichtiger Schritt, um die entsprechenden Finanzströme zu stören. Solche Verbote müssen jedoch notwendigerweise hohe rechtliche Hürden überwinden und sind daher nicht dazu geeignet, flexibel auf Veränderungen zu reagieren. Daher ist aktuell zu überlegen, ob auch lokale administrative Maßnahmen zur Störung der Finanzierungsaktivitäten dieses Milieus eingesetzt werden können (Rekawek et al., 2020, S. 44). Durch den Einsatz solcher Verwaltungsinstrumente wurden in Deutschland bereits erste Erfolge erzielt. So gelang es laut Presseberichten mittels verschiedener Teilverbote in Bezug auf Alkoholausschank und den auftretenden Bands, die Besucheranzahl eines der größten Festivals des gewaltorientierten Milieus in Deutschland von mehreren Tausend Teilnehmern in den Vorjahren auf einige Hundert Teilnehmer in 2019 zu senken (Merker, 2019) und somit auch signifikant den erzielten Umsatz zu reduzieren.

Durch einen konsequenten Einsatz solcher Instrumente könnte innerhalb Deutschlands eine effektivere Störung der Finanzierungsaktivitäten des Milieus erreicht werden. Die wachsenden transnationalen Verbindungen des gewaltorientierten rechtsextremen und -terroristischen Netzwerks (Rekawek et al., 2020) machen jedoch auch Bemühungen auf multilateraler Ebene notwendig. Hier wäre ein erster Schritt, die wichtigsten Gruppierungen dieses Netzwerks auf die EU-Terrorliste zu setzen. Auf dieser sind bislang noch keine Individuen und Gruppen aus dem rechts-terroristischen Milieu gelistet (European Union (EUTER) 2021). Eine solche Listung würde ermöglichen, EU-weit Finanzierungsaktivitäten der entsprechenden Personen oder Gruppierungen zu stören.

In jedem Fall resultieren aus der Verbindung der entsprechenden Gruppierungen und Individuen nicht nur mit extremistischen und gewaltorientierten Narrativen (Rekawek et al., 2020, S. 11 ff.), sondern auch mit steigender Gewalt (Rekawek et al., 2020, S. 27 ff.) signifikante Reputationsrisiken für die Privatwirtschaft. Daher kann auch die Industrie durch entsprechende Risikoanalysen und dem Rückzug aus Geschäftsverbindungen mit Individuen und Firmen des gewaltorientierten Milieus einen wesentlichen Beitrag zur Abwehr dieser Finanzierungsaktivitäten leisten (Rekawek et al., 2020, S. 44).

---

[8] Einen guten Überblick über die verbotenen Organisationen aus diesem Bereich bietet eine Broschüre des BfV von 2018 (BfV, 2018).

## 4 Zusammenfassung

Dieser Beitrag skizzierte die neueren Entwicklungen und komplexen Herausforderungen bei der Abwehr der Terrorismusfinanzierung. Dabei wurde dargestellt, dass sich die Finanzierungsmethoden in den letzten Jahren sowohl strukturell als auch technisch diversifiziert haben. Dies erfordert eine ständige Anpassung der rechtlichen, regulatorischen und administrativen Abwehrmechanismen. Obwohl aktuell Einzeltäter und Anschlagszellen die maßgebliche Herausforderung in Deutschland darstellen, gibt es auch bei der Finanzierung von Terrorgruppen mit quasi-staatlichen Strukturen und Netzwerkorganisationen immer wieder Bezüge zu Deutschland.Die COVID-19-Pandemie wird langfristig die Bedrohungslage verschärfen, da sich Terrorgruppen angepasst und ihre Aktivitäten im Online-Bereich ausgeweitet haben. Damit gewinnt die Abwehr von Terrorismusfinanzierung im Cyberspace an Bedeutung. Leider setzen die globalen Plattformbetreiber der Sozialen Medien sowie von Crowdfunding-Webseiten aktuell einem Missbrauch ihrer Dienste zur Terrorismusfinanzierung kaum effektive Mechanismen entgegen. Neue gesetzliche Regelungen sowohl in Deutschland als auch auf Ebene der EU haben jedoch das Potenzial, hier Fortschritte zu erzielen.

Die Nutzung von Kryptowährungen durch Terroristen zur Sammlung und Transfer von Spenden, als alternatives Zahlungsmittel, zur zugriffssicheren Lagerung von Werten und um Betrug zu verschleiern hat in den letzten Jahren zugenommen. Dies hat zu ersten legislativen und regulatorischen Maßnahmen auf nationaler sowie auf Ebene der EU und der FATF geführt. Dennoch bestehen hier auch weiterhin noch einige Lücken, die geschlossen werden sollten. Aufgrund zunehmender Gewalt und wachsender transnationaler Verbindungen des gewaltorientierten rechtsextremistischen und -terroristischen Netzwerks rücken die Finanzierungsmechanismen dieses Milieus aktuell mehr ins Zentrum der Aufmerksamkeit. Bislang existieren zu diesem Thema noch keine umfassenden Datensätze und übergreifenden Analysen. Dennoch zeigen erste Untersuchungen, dass sich die Finanzierung dieses gewaltorientierten Milieus grundsätzlich auf drei Säulen stützt, welche in Deutschland zu einer relativ ausdifferenzierten Finanzstruktur des Milieus geführt haben: Einnahmen aus Festivals und MMA Events, Gelder aus dem Handel (online und offline) von Waren, sowie Spenden. Aus diesen drei Quellen werden insgesamt signifikante Umsätze in Deutschland erzielt.

Die Abwehr dieser Finanzierungsaktivitäten steht noch relativ am Anfang. Die bestehenden strafrechtlichen Möglichkeiten, Vereins- und Betätigungsverbote, lokale Verwaltungsmaßnahmen, sowie die Listung von entsprechenden Gruppen und Individuen auf der EU-Terrorliste könnten genutzt werden, um eine effektivere Störung dieser Aktivitäten zu erreichen. Da die Finanzierungsaktivitäten des gewaltorientierten Milieus auch signifikante Reputationsrisiken für die Privatwirtschaft darstellen, kann auch von dieser Seite durch entsprechend gezielte Risikoanalysen in Bezug auf Geschäftsbeziehungen zum Milieu ein Beitrag zur Bekämpfung geleistet werden.

## Literatur

Arianti, v., & Taufiqurrohman, M. (2020). The Impact of COVID-19 on Terrorist Financing in Indonesia, The Diplomat, 11. November 2020. https://thediplomat.com/2020/11/the-impact-of-COVID-19-on-terrorist-financing-in-indonesia/. Zugegriffen: 4. Jan. 2021.

Asia/Pacific Group on Money Laundering (APG/MENAFATF) (2019). Social Media and Terrorism Financing. A joint project by Asia/Pacific Group on Money Laundering & Middle East and North Africa Financial Action Task Force, January 2019. http://www.apgml.org/news/details.aspx?n=1142. Zugegriffen: 11. Okt. 2021

Berentsen, A., & Schär, F. (2017). Bitcoin, Blockchain und Kryptoassets: Eine umfassende Einführung, Books on Demand.

Berr, Jonathan (2017): PayPal cuts off payments to right-wing extremists, CBS News. Zugegriffen: 16. Aug. 2017., https://www.cbsnews.com/news/paypal-suspends-dozens-of-racist-groups-sites-altright-com/. Zugegriffen: 4. Jan. 2021.

Bundesamt für Verfassungsschutz (BfV). (2018). Rechtsextremismus: Symbole, Zeichen und verbotene Organisationen. Stand: Oktober 2018, https://www.verfassungsschutz.de/embed/broschuere-2018-10-rechtsextremismus-symbole-zeichen-und-verbotene-organisationen.pdf. Zugegriffen: 4. Jan. 2021.

Bundesgesetzblatt. (2019). Gesetz zur Umsetzung der Änderungsrichtlinie zur Vierten EU-Geldwäscherichtlinie, Jahrgang 2019 Teil I Nr. 50, 19. Dezember 2019, https://www.bundesfinanzministerium.de/Content/DE/Gesetzestexte/Gesetze_Gesetzesvorhaben/Abteilungen/Abteilung_VII/19_Legislaturperiode/2019-12-19-Gesetz-4-EU-Geldwaescherichtlinie/3-Verkuendetes-Gesetz.pdf?__blob=publicationFile&v=2. Zugegriffen: 4. Jan. 2021.

Bundesministerium des Innern, für Bau und Heimat (BMI). (2021). Vereinsverbote, https://www.bmi.bund.de/DE/themen/sicherheit/extremismus/vereinsverbote/vereinsverbote-artikel.html#doc9391486bodyText1. Zugegriffen: 4. Jan. 2021.

Bundesministerium des Innern, für Bau und Heimat (BMI). (2020a). Bundesinnenminister verbietet rechtsextremistische Vereinigung „Sturm-/Wolfsbrigade 44", https://www.bmi.bund.de/SharedDocs/pressemitteilungen/DE/2020/12/verbot-sturmbrigade.html. Zugegriffen: 4. Jan. 2021.

Bundesministerium des Innern, für Bau und Heimat (BMI). (2020b). Seehofer: Rechtsextremismus, Antisemitismus und Rassismus weiterhin größte Bedrohung für Sicherheit in Deutschland, Pressemitteilung, 9. Juli 2020, https://www.bmi.bund.de/SharedDocs/kurzmeldungen/DE/2020/07/vorstellung-verfassungsschutzbericht.html. Zugegriffen: 4. Jan. 2021.

Bundesministerium des Innern, für Bau und Heimat (BMI). (2020c). Verfassungsschutzbericht 2019, https://www.verfassungsschutz.de/embed/vsbericht-2019.pdf. Zugegriffen: 4. Jan. 2021.

Bundesministerium des Innern, für Bau und Heimat (BMI). (2020d). Sektorale Risikoanalyse. Terrorismusfinanzierung durch (den Missbrauch von) Non-Profit-Organisationen in Deutschland, https://www.bmi.bund.de/SharedDocs/downloads/DE/publikationen/themen/sicherheit/sektorale-risikoanalyse.pdf?__blob=publicationFile&v=3. Zugegriffen: 4. Jan. 2021.

Bundesministerium des Innern, für Bau und Heimat (BMI). (2020e). Bekanntmachung eines Vereinsverbots gegen die Vereinigung Hizb Allah (deutsch: „Partei Gottes"), 30. April 2020, https://www.bmi.bund.de/SharedDocs/downloads/DE/veroeffentlichungen/nachrichten/2020/verbotsverfuegung-hizb-allah.pdf?__blob=publicationFile&v=2. Zugegriffen: 4. Jan. 2021.

Bundesrat (BR). (2020). Gesetz zur Bekämpfung des Rechtsextremismus und der Hasskriminalität, Drucksache 339/20, https://www.bundesrat.de/SharedDocs/drucksachen/2020/0301-0400/339-20.pdf?__blob=publicationFile&v=1. Zugegriffen: 4. Jan. 2021.

Bundesregierung (BReg). (2020a). Antwort der Bundesregierung auf die Kleine Anfrage der Abgeordneten Ulla Jelpke, Dr. André Hahn, Gökay Akbulut, weiterer Abgeordneter und der Fraktion DIE LINKE. – Drucksache 19/24613 – Radikalisierungstendenzen bei sogenannten Corona-Rebellen, 11. Dezember 2020, http://dipbt.bundestag.de/dip21/btd/19/252/1925214.pdf. Zugegriffen: 4. Jan. 2021.

Bundesregierung (BReg). (2020b). Antwort der Bundesregierung auf die Kleine Anfrage der Abgeordneten Konstantin Kuhle, Stephan Thomae, Grigorios Aggelidis, weiterer Abgeordneter und der Fraktion der FDP – Drucksache 19/21066 – Rechtsextreme Szene in Südniedersachsen, Nordhessen und Thüringen, 28. Juli 2020, https://dip21.bundestag.de/dip21/btd/19/213/1921253.pdf. Zugegriffen: 4. Jan. 2021.

Bundestag. (2019). Antwort der Bundesregierung auf die Kleine Anfrage der Abgeordneten Benjamin Strasser, Stephan Thomae, Grigorios Aggelidis, weiterer Abgeordneter und der Fraktion der FDP. Drucksache 19/8577. Verbindungen der Hisbollah zur Organisierten Kriminalität in Deutschland, http://dipbt.bundestag.de/dip21/btd/19/091/1909163.pdf. Zugegriffen; 4. Januar 2021

Bundestag. (2017). Unterrichtung durch das Parlamentarische Kontrollgremium. Erläuternde Sachverhaltsdarstellung zur öffentlichen Bewertung des Parlamentarischen Kontrollgremiums nach § 10 Absatz 2 des Kontrollgremiumgesetzes zum Fall Anis Amri. Zugegriffen: 4. Jan. 2021.

Bundesverfassungsgericht (BVerfG). (2020). Beschluss des Ersten Senats vom 27. Mai 2020, 1 BvR 1873/13 -, Rn. 1–275, http://www.bverfg.de/e/rs20200527_1bvr187313.html. Zugegriffen: 4. Jan. 2021.

Committee of Experts on the Evaluation of Anti-Money Laundering Measures and the Financing of Terrorism (Moneyval). (2020). Money laundering and terrorism financing trends in MONEYVAL jurisdictions during the COVID-19 crisis, 2. September 2020, https://rm.coe.int/moneyval-2020-18rev-COVID19/16809f66c3. Zugegriffen: 4. Jan. 2021.

Counter Terrorism Executive Directorate (CTED). (2020a). The impact of the COVID-19 pandemic on terrorism, counter-terrorism and countering violent extremism. Update, December 2020, https://www.un.org/sc/ctc/wp-content/uploads/2020/12/CTED_P

aper_The-impact-of-the-COVID-19-pandemic-on-counter-terrorism-and-countering-violent-extremism_Dec2020.pdf. Zugegriffen: 4. Jan. 2021.

Counter Terrorism Executive Directorate (CTED). (2020b). The impact of the COVID-19 pandemic on terrorism, counter-terrorism and countering violent extremism, June 2020, https://www.un.org/sc/ctc/wp-content/uploads/2020/06/CTED-Paper—The-impact-of-the-COVID-19-pandemic-on-counter-terrorism-and-countering-violent-extremism.pdf. Zugegriffen: 4. Jan. 2021.

Counter Extremism Project. (2020). After Action Report. Virtual Side Event: The Financing of Right-wing and Ethnically or Racially Motivated Terrorism, 7th of December 2020, https://www.counterextremism.com/sites/default/files/CEP%20Virtual%20Side%20Event%2007.12.2020%20AFTER%20ACTION%20REPORT%20FINAL.pdf. Zugegriffen: 4. Jan. 2021.

Cuen, L. (2019). Blockchain Analysis Links Hamas Fundraising to Coinbase Bitcoin Account, Coindesk, 7. Februar 2019, https://www.coindesk.com/hamas-coinbase-bitcoin. Zugegriffen: 4. Jan. 2021.

Cumerford, M. (2020). How have terrorist organisations responded to COVID-19?, https://www.visionofhumanity.org/how-have-terrorist-organisations-responded-to-COVID-19/. Zugegriffen: 4. Jan. 2021.

Directive 2000/31/EC of the European Parliament and of the Council of 8 June 2000 on certain legal aspects of information society services, in particular electronic commerce, in the Internal Market (Directive on electronic commerce), https://eur-lex.europa.eu/legal-content/EN/TXT/PDF/?uri=CELEX:32000L0031&from=EN. Zugegriffen: 4. Jan. 2021.

Ebner, J. (2018). The currency of the far-right: why neo-Nazis love bitcoin, Guardian, 24. Januar 2018, https://www.theguardian.com/commentisfree/2018/jan/24/bitcoin-currency-far-right-neo-nazis-cryptocurrencies. Zugegriffen: 4. Jan. 2021.

Eisermann, D. (2020). Kryptowährungen als Risiko für die öffentliche Sicherheit und Terrorismusbekämpfung. Gefahrenanalyse und Probleme der Regulierung, Berlin Risk und Counter Extremism Project, https://www.counterextremism.com/sites/default/files/CEP-Studie_Kryptowährungen_final.pdf. Zugegriffen: 4. Jan. 2021.

European Commission (EUCOM). (2020). Proposal for a Regulation of the European Parliament and of the Council on a Single Market For Digital Services (Digital Services Act) and amending Directive 2000/31/EC, https://ec.europa.eu/digital-single-market/en/news/proposal-regulation-european-parliament-and-council-single-market-digital-services-digital. Zugegriffen: 4. Jan. 2021.

European Union. (2021). EU terrorist list, https://www.consilium.europa.eu/en/policies/fight-against-terrorism/terrorist-list/. Zugegriffen: 11. Jan. 2021.

Financial Action Task Force (FATF) .(2020a). Update: COVID-19-related Money Laundering and Terrorist Financing, December 2020, http://www.fatf-gafi.org/media/fatf/documents/Update-COVID-19-Related-Money-Laundering-and-Terrorist-Financing-Risks.pdf. Zugegriffen: 4. Jan. 2021.

Financial Action Task Force (FATF). (2020b). International Standards on Combatting Money Laundering and the Financing of Terrorism & Proliferatiion. The FATF Recommendations, October 2020, http://www.fatf-gafi.org/media/fatf/documents/recommendations/pdfs/FATF%20Recommendations%202012.pdf. Zugegriffen: 4. Jan. 2021.

Financial Action Task Force (FATF). (2020c). Virtual Assets Red Flag Indicators of Money Laundering and Terrorist Financing, FATF Report, September 2020, http://www.fatf-gafi.org/media/fatf/documents/recommendations/Virtual-Assets-Red-Flag-Indicators. pdf. Zugegriffen: 4. Jan. 2021.

Financial Action Task Force (FATF). (2020d). 12-month Review of the Revised FATF Standads on Virtual Asset and Virtual Assset Service Providers, June 2020, https://www.fatf-gafi.org/media/fatf/documents/recommendations/12-Month-Review-Revised-FATF-Standards-Virtual-Assets-VASPS.pdf. Zugegriffen: 4. Jan. 2021.

Financial Action Task Force (FATF). (2021). Ethnically or Racially Motivated Terrorism Financing, FATF Report, June 2021, https://www.fatf-gafi.org/media/fatf/documents/reports/Ethnically-or-racially-motivated-terrorism-financing.pdf. Zugegriffen: 11. Okt. 2021.

Financial Action Task Force (FATF). (2019). Guidance for a Risk-Based Approach. Virtual Assets and Virtual Asset Service Providers, https://www.fatf-gafi.org/media/fatf/documents/recommendations/RBA-VA-VASPs.pdf. Zugegriffen: 4. Jan. 2021.

Financial Action Task Force (FATF). (2015a). Emerging Terrorist Financing Risks, FATF Report, October 2015, https://www.fatf-gafi.org/media/fatf/documents/reports/Emerging-Terrorist-Financing-Risks.pdf. Zugegriffen: 4. Jan. 2021.

Financial Action Task Force (FATF). (2015b). Guidance for a Risk Based Approach. Virtual Currencies, June 2015, https://www.fatf-gafi.org/media/fatf/documents/reports/Guidance-RBA-Virtual-Currencies.pdf. Zugegriffen: 4. Jan. 2021.

Financial Action Task Force (FATF). (2014). Virtual Currencies Key Definitions and Potential AML/CFT Risks, FATF Report, https://www.fatf-gafi.org/media/fatf/documents/reports/Virtual-currency-key-definitions-and-potential-aml-cft-risks.pdf. Zugegriffen: 4. Jan. 2021.

Finnsiö, M. (2020). Sweden. In: K. Rekawek, A. Ritzmann, H. J. Schindler (2020). Gewaltorientierter Rechtsextremismus und Terrorismus – Transnationale Konnektivität, Definitionen, Vorfälle, Strukturen und Gegenmaßnahmen, Counter Extremism Project, https://www.counterextremism.com/sites/default/files/CEP-Studie_Gewaltorientierter%20Rechtsextremismus%20und%20Terrorismus_Nov%202020.pdf. Zugegriffen: 4. Jan. 2021.

Fisher-Birch, J. (2020). United States of America. In: In: K. Rekawek, A. Ritzmann, H. J. Schindler (2020). Gewaltorientierter Rechtsextremismus und Terrorismus – Transnationale Konnektivität, Definitionen, Vorfälle, Strukturen und Gegenmaßnahmen, Counter Extremism Project, https://www.counterextremism.com/sites/default/files/CEP-Studie_Gewaltorientierter%20Rechtsextremismus%20und%20Terrorismus_Nov%202020.pdf. . Zugegriffen: 4. Jan. 2021.

Flade, F., & Pauly, M. (2016). Wie sich die Neonazi-Szene ungestört selbst finanziert, Die Welt, 30. Oktober 2016, https://www.welt.de/politik/deutschland/article159101345/Wie-sich-die-Neonazi-Szene-ungestoert-selbst-finanziert.html. Zugegriffen: 4. Jan. 2021.

Generalbundesanwalt. (2021). Festnahmen und Durchsuchungsmaßnahmen gegen mutmaßliche Mitglieder eines internationalen Netzwerkes zur Terrorfinanzierung, Pressemitteilung, 7. Januar 2021, https://www.generalbundesanwalt.de/SharedDocs/Pressemitteilungen/DE/aktuelle/Pressemitteilung-vom-07-01-2021.html?nn=478184. Zugegriffen: 11. Jan. 2021.

Generalbundesanwalt. (2020a). Anklage gegen elf mutmaßliche Mitglieder sowie einen mutmaßlichen Unterstützer einer rechtsterroristischen Vereinigung („Gruppe S.") erhoben, Pressemitteilung 13. November 2020, https://www.generalbundesanwalt.de/Shared

Docs/Pressemitteilungen/DE/2020/Pressemitteilung-vom-13-11-2020.html?nn=848266. Zugegriffen: 4. Jan. 2021.
Generalbundesanwalt. (2020b). Festnahme fünf mutmaßlicher Mitglieder einer Terrorzelle der ausländischen terroristischen Vereinigung „Islamischer Staat (IS) ", Pressemitteilung 15. April 2020, https://www.generalbundesanwalt.de/SharedDocs/Pressemitteilun gen/DE/aktuelle/Pressemitteilung-vom-15-04-2020.html. Zugegriffen: 4. Jan. 2021.
Gibson, K. (2018). Cryptocurrency Challenges and Opportunities. Leveraging Compliance to Build Regulator and Customer Trust, Corporate Compliance Insights, 23. März 2018, https://www.corporatecomplianceinsights.com/cryptocurrency-challenges-opportuni ties/. Zugegriffen: 4. Jan. 2021.
Guhl, J., & Gerster, L. (2020). Krise und Kontrollverlust. Digitaler Extremismus im Kontext der Corona-Pandemie, Institute for Strategic Dialogue, https://www.isdglobal.org/wp-content/uploads/2020/11/ISD-Krise-und-Kontrollverlust-German-2.pdf. Zugegriffen: 4. Jan. 2021.
Haig, S. (2020). Experts Consider the Security and Risks of Noncustodial Exchanges, Cointelegraph, 9. Februar 2020, https://cointelegraph.com/news/experts-consider-the-sec urity-and-risks-of-noncustodial-exchanges. Zugegriffen: 4. Jan. 2021.
Hemmingby, C., & Bjørgo, T. (2018). Terrorist Target Selection: The Case of Anders Behring Breivik. *Perspectives on Terrorism, 12*(6), 164–176. https://www.universiteitleiden. nl/binaries/content/assets/customsites/perspectives-on-terrorism/2018/issue-6/a11-hem mingby-bjorgo.pdf. Zugegriffen: 4. Jan. 2021.
Höll, S. (2015). Bombenfund bei Terrorverdächtigen – Frankfurter Radrennen abgesagt, Süddeutsche Zeitung, 30. April 2015. https://www.sueddeutsche.de/politik/festna hme-in-oberursel-bombenfund-bei-ehepaar-frankfurter-radrennen-abgesagt-1.2460100. Zugegriffen: 4. Jan. 2021.
Keatinge, T., & Keen, F. (2019). Social Media and Terrorist Financing What are the Vulnerabilities and How Could Public and Private Sectors Collaborate Better? *Global Research Network on Terrorism and Technology*, Paper No. 10. https://rusi.org/sites/default/files/ 20190802_grntt_paper_10.pdf. Zugegriffen: 4. Jan. 2021.
Keatinge, T., Keen, F., & Izenmann, K. (2019). Fundraising for Right-Wing Extremist Movements. *The RUSI Journal, 164*(2), 10–23. https://rusi.org/publication/rusi-jou rnal/fundraising-right-wing-extremist-movements-how-they-raise-funds-and-how. Zugegriffen: 4. Jan. 2021.
Keatinge, T., & Keen, F. (2017). Lone-Actor and Small Cell Terrorist Attacks A New Front in Counter-Terrorist Finance? RUSI Occasional Paper, https://rusi.org/sites/default/files/201 701_op_lone-actor_and_small_cell_terrorist_attacks.1.pdf. Zugegriffen: 4. Jan. 2021.
Merker, H. (2019). Bier weg, Bands weg, Stimmung weg, Die Zeit, 07.07.2019, https:// blog.zeit.de/stoerungsmelder/2019/07/07/bier-weg-bands-weg-stimmung-weg_28690. Zugegriffen: 4. Jan. 2021.
Möseneder, M., & Schmidt, C. M. (2020). Fünf Festnahmen und spektakulärer Waffenfund in rechtsextremer Szene, Der Standard, 13. Dezember 2020, https://www.derstandard. de/story/2000122445163/fuenf-festnahmen-und-spektakulaerer-waffenfund-in-rechtsext remer-szene. Zugegriffen: 4. Jan. 2021.
Popper, N. (2019). Terrorists Turn to Bitcoin for Funding, and They're Learning Fast, New York Times, 18. August 2019, https://www.nytimes.com/2019/08/18/technology/terror ists-bitcoin.html. Zugegriffen: 4. Jan. 2021.

Posadzki, A. (2017). Detecting terrorism financing in crowdfunds poses 'significant challenge': Fintrac report, Global News, 18. Mai 2017, https://globalnews.ca/news/3460588/terrorism-financing-crowdfunding/. Zugegriffen: 4. Jan. 2021.

Redman, J. (2018). The Difference Between Custodial and Noncustodial Cryptocurrency Services, Bitcoin.com, 29. November 2018, https://news.bitcoin.com/the-difference-between-custodial-and-noncustodial-cryptocurrency-services/. Zugegriffen: 4. Jan. 2021.

Rekawek, K., Ritzmann, A., & Schindler, H. J. (2020). Gewaltorientierter Rechtsextremismus und Terrorismus – Transnationale Konnektivität, Definitionen, Vorfälle, Strukturen und Gegenmaßnahmen, Counter Extremism Project, https://www.counterextremism.com/sites/default/files/CEP-Studie_Gewaltorientierter%20Rechtsextremismus%20und%20Terrorismus_Nov%202020.pdf. Zugegriffen: 4. Jan. 2021.

Ritzmann, A., Schindler, H.-J., Hindrichs, T. & Kreter, M. (2021). Finanzierungsmuster und Netzwerke gewaltorientierter rechtsextremer Akteur:innen in Deutschland, Counter Extremism Project, September 2021, https://www.counterextremism.com/sites/default/files/CEP-Studie_Gewaltorientierter%20Rechtsextremismus%20und%20Terrorismus_Nov%202020.pdf. Zugegriffen: 11. Okt. 2021.

Ritzmann, A., Hany, F., & Schindler, H. J. (2020). The EU Digital Services Act (DSA). Recommendations For An Effective Regulation Against Terrorist Content Online, CEP Policy Paper, https://www.counterextremism.com/sites/default/files/CEP%20Policy%20Paper_EU%20DSA_Sept%202020.pdf. Zugegriffen: 4. Jan. 2021.

Schindler, H. J. (2021). Terrorismusfinanzierung. In: J. Krause, L. Rotheberger, J. Jost, & K. Frankenthal (Hrsg.), Interdisziplinäre Terrorismusforschung. Handbuch für Wissenschaft und Praxis. Baden-Baden, Nomos (Veröffentlichung geplant: Sommer 2021),

Schindler, H. J. (2020). Terrorismusfinanzierung und soziale Medien, Counter Extremism Project Policy Paper, https://www.counterextremism.com/sites/default/files/CEP%20Policy%20Paper_Terrorismusfinanzierung%20und%20soziale%20Medien_April%202020.pdf. Zugegriffen: 4. Jan. 2021.

Schindler, H. J., Hanley-Giersch, J., & Eisermann, D. (2020). Further Development of European Union Regulatory Framework for CXryptocurrencies Necessary to Mitigate Risks of Terrorism Financing, Berlin Risk und Counter Extremism Project Policy Paper., https://www.counterextremism.com/sites/default/files/CEP-Berlin%20Risk_Policy%20Paper%20EU%20Crypto%20Currency%20Final.pdf. Zugegriffen: 4. Jan. 2021.

Site Intelligence Group. (2010). Complete Version Released of AQAP's Inspire" Magazine, 11. Juli 2010, https://ent.siteintelgroup.com/Periodicals/site-intel-group-7-11-10-aqap-inspire-1-complete.html. Zugegriffen: 4. Jan. 2021.

Stalinsky, S. (Hrsg.) (2019). The Coming Storm: Terrorists Using Cryptocurrency, MEMRI, Stellar Communications.

United Nations General Assembly (UNGA). (1999). International Convention for the Suppression of the Financing of Terrorism. Adopted by the General Assembly of the United Nations in resolution 54/109 of 9 December 1999, https://www.un.org/law/cod/finterr.htm. Zugegriffen: 4. Jan. 2021.

United Nations Security Council al-Qaida, ISIL and Taliban Monitoring Team (UNSCMT). (2014). S/2014/815, https://www.undocs.org/S/2014/815. Zugegriffen: 4. Jan. 2021.

United States Autorney's Office of the Southern District of New York (USASDNY). (2017). Long Island Woman Indicted for Bank Fraud and Money Laundering to Support Terrorists. Defendant Stole and Laundered Over $85,000 Using Bitcoin and Other

Cryptocurrencies, Press Release, 14. Dezember 2017, https://www.justice.gov/usao-edny/pr/long-island-woman-indicted-bank-fraud-and-money-laundering-support-terrorists. Zugegriffen: 4. Jan. 2021.

United States Department of Justice (USDoJ). (2020). Global Disruption of Three Terror Finance Cyber-Enabled Campaigns. Largest Ever Seizure of Terrorist Organizations' Cryptocurrency Accounts. Press Release 31. August 2020, https://www.justice.gov/opa/pr/global-disruption-three-terror-finance-cyber-enabled-campaigns. Zugegriffen: 4. Jan. 2021.

United States Department of Justice (USDoJ). (2015). Virginia Man Sentenced to More Than 11 Years for Providing Material Support to ISIL, Press Release, 28. August 2015, https://www.justice.gov/opa/pr/virginia-man-sentenced-more-11-years-providing-material-support-isil. Zugegriffen: 4. Jan. 2021.

United States District Court for the District of Columbia (USDCDC). (2020). United States of America vs. Facemaskcenter.com and four Facebook Pages, 5. August 2020, https://www.justice.gov/opa/press-release/file/1304296/download. Zugegriffen: 4. Jan. 2021.

Wilson, T., & Williams, D. (2019). Hamas shifts tactics in bitcoin fundraising, highlighting crypto risks: research, Reuters, 26. April 2019, https://www.reuters.com/article/us-crypto-currencies-hamas-idUSKCN1S20FA. Zugegriffen: 4. Jan. 2021.

Wolf, S., & Röhmel, J. (2020). Verfassungsschützer: Extremisten wollen Corona-Krise ausnutzen, Bayerischer Rundfunk, 11. April 2020, https://www.br.de/nachrichten/deutschland-welt/verfassungsschuetzer-extremisten-wollen-corona-krise-ausnutzen,RvpOCk3. Zugegriffen: 4. Jan. 2021.

Zanini, M., & Edwards, S. J. A. (2001). The Networking of Terror in the Information Age. In: Arquilla, John/Rohnfledt, David (Hrsg.), Networks and Netwars: The Future of Terror, Crime, and Militancy. Santa Monica, RAND Corporation, 2001, https://www.rand.org/pubs/monograph_reports/MR1382.html. Zugegriffen: 4. Jan. 2021.

**Dr. Hans-Jakob Schindler** arbeitet als Senior Director beim Counter Extremism Project (CEP) in Berlin und New York. Weiterhin ist er Mitglied des Aufsichtsrates von Compliance and Capacity Skills International (CCSI) und Mitglied im Beirat der Organisation Justice for Kurds in New York, Ko-Vorsitzender des Beirats des Global Diplomatic Forums (GDF) in London sowie Lehrbeauftragter bei der Akademie für Sicherheit in der Wirtschaft AG. Er arbeitet zu Terrorismus- und Extremismusthemen mit den Schwerpunkten Terrorismusfinanzierung und internationale Sanktionen.

# Klimawandel und Wirtschaftsschutz

Tabitha Urban und Rainer Heck

**Zusammenfassung**

Der Zweck dieses Beitrags ist es, den Lesern Erfahrungen aus der Arbeit mit der Konzernsicherheit und verschiedenen Sicherheitsfunktionen zu diversen Klimathemen zu schildern und nahezulegen. Zudem sollen Denkanstöße für den Umgang der Konzernsicherheit mit den Folgen des Klimawandels gegeben werden. Unteranderem wird sich mit internationalen Initiativen zur Bewältigung des Klimaschutzes und der interdisziplinären Nature des Unternehmensreputationsmanagements befasst. Beleuchtet werden zudem Aktionspläne für Unternehmen für den Umgang mit Umweltaktivisten und die Auswirkungen der COVID-19-Pandemie auf den Klimawandel und die Konzernsicherheit.

## 1 Einleitung

Der Zweck dieses Beitrags ist es, den Lesern Erfahrungen aus der Arbeit mit der Konzernsicherheit und verschiedenen Sicherheitsfunktionen zu diversen Klimathemen zu schildern und nahezulegen. Zudem sollen Denkanstöße für den Umgang mit den Folgen des Klimawandels gegeben werden. Dabei muss von Anfang an eine Grundsatzfrage geklärt werden: ob der Klimawandel existiert oder nicht, ist für diesen Beitrag irrelevant. Genügend Kritiker hinterfragen die

---

T. Urban · R. Heck (✉)
Control Risks GmbH, Frankfurt a. M., Deutschland
E-Mail: rainer.heck@controlrisks.com

T. Urban
E-Mail: tabitha.urban@controlrisks.com

© Der/die Autor(en), exklusiv lizenziert durch Springer Fachmedien
Wiesbaden GmbH, ein Teil von Springer Nature 2022
C. Vogt et al. (Hrsg.), *Wirtschaftsschutz in der Praxis*, Sicherheit – interdisziplinäre Perspektiven, https://doi.org/10.1007/978-3-658-35123-6_4

Realität des Klimawandels und darüber wird hitzig diskutiert. Für den Zweck dieses Beitrags ist diese Diskussion irrelevant, denn die Folgen und Auswirkungen des Klimawandels, zum Beispiel in der Form von Extremwetterereignissen ist Realität. Realität ist auch, dass auf internationaler politischer Ebene Initiativen zur Bewältigung des Klimawandels konzipiert und umgesetzt werden, dass sich Unternehmen Klimaziele setzen, und dass Umweltaktivisten Unternehmen mit Protesten und Forderungen konfrontieren. Diese Themen werden in diesem Beitrag beleuchtet und wirken in verschiedenen Weisen auf die Konzernsicherheit oder die Sicherheitsfunktionen von Unternehmen ein. Was der Ursprung dieser Folgen ist, oder wie der Ursprung benannt wird, ist in diesem Kontext deshalb irrelevant. Was für Unternehmen in Anbetracht der genannten Folgen zählt ist vor allem eine gute Vorbereitung, die erfolgreiche Zusammenarbeit mit anderen Unternehmensbereichen und die Möglichkeit der Voraussicht dank eines innovativen Sicherheitsrisikomanagements.

## 2 Sozio-ökonomische Auswirkungen und globale Initiativen zur Bekämpfung des Klimawandels

Extremwetterereignisse nehmen aufgrund des Klimawandels und der damit verbundenen Erderwärmung weltweit stark zu. Zum einen verdunstet durch ansteigende Temperaturen vermehrt Wasser, was zur starken Zunahme von Dürren führt. Zum anderen treten häufiger heftige Niederschläge durch vermehrte Speicherung von Wasser in der Atmosphäre auf. (Welthungerhilfe, 2020). Diese Zunahme an extremen Wetterereignissen stellt Unternehmen und nicht zuletzt deren Konzernsicherheiten vor große Herausforderungen. Bedroht sind durch Überflutungen, Tsunamis und schwere Stürme nicht nur physische Assets, sondern auch Mitarbeiter und deren Angehörige sowie Kunden und Besucher.

Jedoch sind nicht alle Länder der Welt in gleichem Maße von diesen Ereignissen betroffen. Besonders anfällig sind hierbei Regionen, die sich ohnehin schon in fragilen sozio-ökonomischen Kontexten befinden. So werden gewaltsame Konflikte und Kriminalität durch die Ressourcenknappheit und wirtschaftliche Armut befeuert (Klimafakten, 2020). Um die Folgen des Klimawandels langfristig zu bewältigen, gibt es eine Vielzahl an Abkommen, Vereinbarungen und Global-Governance-Instrumente. In diesem Text werden das Pariser Klimaabkommen und die Science Based Targets Initiative (SBTi) näher beleuchtet. Dabei soll die Komplexität des Themas verdeutlicht werden und Gedankenanstöße für Aktionspläne in der Wirtschaft gegeben werden, um möglichen negativen Begleiterscheinungen des Klimawandels entgegenwirken zu können.

Zusätzlich zu den Regierungen verschiedener Länder, welche signifikanten Druck auf die in ihrem Land ansässigen Unternehmen ausüben, um die Treibhausgas (THG)-Emissionen und dabei ihren $CO_2$-Fußabdruck zu reduzieren, haben viele Unternehmen selbst die Initiative ergriffen, um sich an den Zielen des Pariser Klimaabkommens zu orientieren. So arbeiten mehr als 1000 globale Unternehmen mit der SBTi zusammen, indem sie für sich selbst entsprechende Klimaziele ableiten (UNFCC, 2018). Die Initiative definiert ihre Mission dahin gehend, als dass „Ziele als ‚wissenschaftsbasiert' gelten, wenn sie mit dem übereinstimmen, was die neueste Klimawissenschaft als notwendig erachtet, um die Ziele des Pariser Klimaabkommens zu erreichen – die Begrenzung der Erderwärmung auf deutlich unter 2 °C über dem vorindustriellen Niveau und die Fortsetzung der Bemühungen, die Erderwärmung auf 1,5 °C zu begrenzen" (Science Based Targets, 2021). Die Initiative stellt darüber hinaus Richtlinien und Kriterien zur Verfügung, um teilnehmende Unternehmen beispielsweise durch die Reduktion von THG-Emissionen zu diesen Zielen zu führen. Zum jetzigen Zeitpunkt haben sich bereits mehr als 1000 globale agierende Unternehmen dieser Initiative verpflichtet. Ein nicht unwesentlicher Grund liegt sicher auch darin, dass Kunden beim Kauf von Waren und Dienstleistungen zunehmend Wert auf den Ruf eines Unternehmens und dessen Haltung zu Nachhaltigkeit Unternehmens legen. Diese Thematik wird in dem nächsten Abschnitt des Beitrags aufgegriffen.

Denkt man jedoch an die immensen Netzwerke globaler Konzerne und deren verzweigte Lieferketten, dann erscheinen 1000 teilnehmende Unternehmen als eine sehr begrenzte Zahl. Es stellt sich die Frage, in welchem Umfang die Verpflichtungen des SBTi tatsächlich umgesetzt werden. Um diese Problematik zu verdeutlichen, das folgende Beispiel: Unternehmen X verpflichtet sich zur SBTi und befolgt die SBTi-Anleitungen zur Reduzierung seiner THG-Emissionen bis zu einem festgelegten Datum. Allerdings produziert und beliefert Unternehmen X seine Kunden durch das Nutzen einer Reihe von Zulieferern und Subunternehmern. Diese befinden sich teilweise in Ländern, die das Pariser Abkommen nicht unterzeichnet oder ratifiziert haben. Inwieweit ist Unternehmen X dafür verantwortlich, dass die Zulieferer und Subunternehmer die Ziele des Unternehmens zur Reduzierung der THG-Emissionen gemäß dem SBTi-Leitfaden einhalten? Inwieweit kann das Unternehmen in diesen Fällen überhaupt Einfluss nehmen?

Dieses Beispiel steht exemplarisch für die Komplexität, in der Unternehmen in der globalisierten Welt des 21. Jahrhunderts agieren. SBTi versucht das obige Problem zu lösen, indem es „Wertschöpfungsketten" als Scope-3-Ziele klassifiziert. Diese folgen auf die Scopes 1 und 2, auf die Unternehmen direkten Einfluss haben, nämlich ihre operative Steuerung und ihren Einkauf von Energieträgern. Die sogenannte Wertschöpfungskette ist jedoch ungleich schwieriger zu kontrollieren, da die Komponenten der Wertschöpfungskette oft mit anderen Konzernen vernetzt sind. Mittlerweile räumt SBTi ein, dass im Durchschnitt der Großteil der THG-Emissionen in der Scope-3-Wertschöpfungskette zu finden ist (Labutong, 2018). Es ist verständlich, dass SBTi den Fokus auf Bereiche legt, die Unternehmen direkt kontrollieren können. Diese sind als Ausgangspunkte für die Reduzierung an THG-Emissionen schwierig genug sein mögen. Es stellt sich jedoch die Frage, ob Unternehmen die gleichen Standards für Scope-3-Emissionen umsetzen können oder auch nur die Bereitschaft dazu haben.

Abgesehen von der Komplexität des Themas und der Schwierigkeit für Unternehmen, eine der SBTi und des Pariser Klimaabkommens entsprechenden Politik zu implementieren, gilt es dennoch, die klimaregulierenden Anforderungen und Maßstäbe entsprechend durchzusetzen. Das Fehlen von Durchsetzungsmechanismen ist hierbei ein häufig geäußerter Kritikpunkt (Rajamani, 2016, S. 339). Die Initiativen basieren auf der Grundlage, dass Länder oder Unternehmen ihre Emissionen und ihren Weg zur Erfüllung der (individuell) festgelegten Ziele selbst offenlegen. Für interne und externe Stakeholder des Unternehmens wird die Unternehmensreputation in diesem konkreten Zusammenhang entweder bestärkt oder signifikant beschädigt.

## 3 Es geht um den Ruf – Umwelt, Unternehmen und Reputationsmanagement

Das Reputationsmanagement stellt einen immer wichtiger werdenden Faktor für Unternehmen dar, nicht zuletzt im Hinblick auf die Bindung oder Neugewinnung von Kunden. Mit gutem Grund haben sich die Themen Nachhaltigkeit und faire Arbeitsbedingungen somit in vielen Konzernen bereits seit langem fest etabliert. Viele Unternehmen wollen hierdurch auch gezielt Vorreiter und Vorbild für den Wandel in Bezug auf verantwortliches und nachhaltiges unternehmerisches Handeln sein. Einige Unternehmen sind in der Vergangenheit wegen ihrer Assoziation mit umweltschädlichen Geschäften in die Kritik geraten. Die Mehrzahl der Unternehmen betont, Abstand nehmen zu wollen von umweltschädlichen Geschäftspraktiken und etabliert in zunehmendem Maße eigene Abteilungen für Nachhaltigkeit.

Das Reputationsmanagement ist nicht nur Thema in Bereichen, die häufig damit verbunden werden, beispielsweise die Unternehmenskommunikation. Doch es ist wichtig zu beleuchten, wie andere Unternehmensbereiche auch dazu beitragen, dass die Reputation gesichert wird, und dabei spielt die Konzernsicherheit eine entscheidende Rolle. Die Konzernsicherheit soll es unter anderem

Unternehmen ermöglichen, in einer schadensfreien Umgebung zu agieren, Kompetenzen zu schützen, zu expandieren und dabei kontrolliert Risiken einzugehen. Heutzutage befasst sich die Konzernsicherheit mit mehr als nur den „klassischen" Aufgaben wie die physische Sicherung der Unternehmens-Assets und der Informationssicherheit. Eine moderne und zukunftsfähige Konzernsicherheit ist in engem Austausch mit vielen anderen Unternehmensbereichen. Dies spiegelt eine Arbeitsweise wider, bei der die verschiedenen Unternehmensfunktionen nicht nur in Silos arbeiten, sondern sich überschneiden, Informationen und Fachwissen austauschen und dem Unternehmen helfen, besser zu agieren. Diese Erweiterung des Aufgabenspektrums und Interaktion in Verbindung mit einer klaren Positionierung der Konzernsicherheit – auch zur Unterstützung des Unternehmens im Erreichen der Klimaziele – hilft, Talente zu motivieren und zu binden.

Die Notwendigkeit zur Zusammenarbeit mit anderen Unternehmensfunktionen wird spätestens beim Umgang mit Ressourcen offensichtlich. In vielen Teilen der Welt wird der Klimawandel die Verfügbarkeit lebenswichtiger natürlicher Ressourcen einschränken. Ressourcenkonflikte um Land und Wasser werden verstärkt, unter anderem durch die Wasserknappheit, die Verdrängung fruchtbaren Landes, verringerte Nahrungsproduktion, beispielsweise mit verknappten Fischbeständen. Gleichzeitig wächst der Bedarf an eben diesen Ressourcen infolge des Bevölkerungs- und Wirtschaftswachstums, was die Anzahl und Schwere von Konflikten noch erhöht, wie schon eingangs erwähnt. Die Klimaveränderung, begleitet von extremen Wetterereignissen, stellt die Wirtschaft somit auf globaler Ebene vor große Herausforderungen. Hitzewellen und Trockenheit verändern die Verfügbarkeit von Kühlwasser für industrielle Prozesse und Kühlketten – Starkregen und Unwetter gefährden Anlagen und Gebäude oder unterbrechen Lieferketten, um nur ein paar wenige Beispiele zu nennen.

Politische Konflikte schwächen die Resilienz der Bevölkerung gegenüber dem Klimawandel, denn dieser verschärft lokale Ressourcenkonflikte und macht die Bevölkerung unter Umständen anfällig für die Radikalisierung durch Aufständische, Extremisten, Aktivisten oder kriminelle Banden (Klimafakten, 2020). Dies kann die Konzernsicherheit vor erhebliche Herausforderungen stellen und die Reputation des Unternehmens beschädigen. Um dieser Reputationsbeschädigung entgegenzuwirken, investieren viele Unternehmen in den Ausbau von Nachhaltigkeitsprojekten. Zum Beispiel planen Unternehmen $CO_2$-Ausgleichs- oder $CO_2$-Vergütungsprojekte um dem Klimawandel entgegenzuwirken, indem sie internationale und lokale Klimaschutzprojekte fördern. Entscheidend ist bei der Konzipierung von diesen Klimaschutzmaßnahmen die frühe Integration der Sicherheitsexperten, um ein klares Bild damit verbundener Bedrohungen zu erhalten.

Unternehmen müssen sich eindeutig der Informationsbeschaffung über Klimarisiken annehmen, um ihre Entscheidungsgrundlagen zum Umgang mit den damit verbundenen akuten und zukünftigen globalen und lokalen Bedrohungen solide aufzubauen. Dies wird zukünftig ein zentraler Wettbewerbsfaktor für Unternehmen darstellen. Damit Kausalzusammenhänge identifiziert und verstanden werden können, ist eine gute Informationsaufbereitung zwingend erforderlich. Nur so können Sicherheitsbedrohungen frühzeitig identifizieren werden und mitigierende Aktivitäten rechtzeitig geplant und ergriffen werden. Die langfristigen Folgen des Klimawandels müssen in der Bedrohungsüberwachung und Szenarienplanung berücksichtigt und Sicherheitsmaßnahmen konfliktsensibel umgesetzt werden, damit sie die bestehenden Konflikte wenigstens lokal nicht zusätzlich verschärfen und Schadensrisiken reduzieren. Da nicht alle Unternehmen aufgrund ihrer Organisationsstruktur dazu in der Lage sind, die notwendigen Informationen zu klimabezogenen, politischen oder auch sicherheitsrelevanten Risiken zu sammeln und aufzubereiten, gibt es auf dem Markt eine Vielfalt an Dienstleistern, die sich hierauf spezialisiert haben und adäquate Daten zur Verfügung stellen können.

Die Sicherheitsfunktion eines Unternehmens kann eine erfolgreiche und effiziente Plattform bieten, auf der verschiedene Geschäftsbereiche und Unternehmensfunktionen ihr Wissen zusammenführen. Das zeigt sich zum Beispiel in Krisenstäben, welche traditionell in der Konzernsicherheit oder einer ähnlichen Kompetenz verankert sind. Krisenstäbe befähigen Unternehmen, auf unvorhergesehene Ereignisse zu reagieren, diese zu bewältigen und dabei den Geschäftsbetrieb zu sichern. Erfolgreiche Krisenstäbe setzen sich heutzutage, neben dem Krisenkoordinator und -manager, aus einigen wenigen Schlüsselkompetenzen zusammen: beispielsweise Personalwesen, Kommunikation, Recht und Sicherheit. Je nach Art des Vorfalls oder der Krise können weitere Fachkompetenzen hinzukommen, wie zum Beispiel IT oder Gesundheitswesen. Am Beispiel des interdisziplinären Krisenmanagements wird erkennbar, dass die Bewältigung einer Krise krisenumfassende Kompetenzen erfordert, damit die Krise umfassend verstanden wird und die richtigen Maßnahmen definiert und getroffen werden können. Diese Art der dynamischen und interdisziplinären Zusammenarbeit ist insbesondere für Unternehmen erforderlich, die sich mit Themen wie ihrer unternehmerischen Verantwortung und den Auswirkungen des Klimawandels auseinandersetzen oder eine thematisch damit verbundene Krise bewältigen müssen – die Vergangenheit hat gezeigt, dass gerade in Krisen, die eine Umweltkomponente haben, ein eindimensionales Krisenmanagement die Situation schnell verschlimmern kann.

Klimawandel und Wirtschaftsschutz

Mit der Klimadebatte sind Proteste und aktivistische Kampagnen verbunden, welche sich mitunter auch gegen Unternehmen richten können. Mit der zunehmenden Bedeutung von Aktivismus, insbesondere in Bezug auf Umweltthemen, sind viele Unternehmen nicht nur dazu angehalten, ihre Umweltpraktiken zu überdenken, sondern auch die Konzernsicherheit sollte auf entsprechende Ereignisse vorbereitet sein.

## 4 Die Reaktion von Unternehmen auf Umweltaktivismus und der Weg nach vorne

In den letzten Jahren gab es einen merklichen Anstieg des Umwelt-Aktivismus, welcher eine weite Bandbreite von professionell organisierten Gruppen bis hin zu Graswurzelbewegungen darstellt. Laut der Umfrage „The People's Vote on Climate Change" bezeichnen 64 % der Befragten den Klimawandel als globalen Notfall (UN News, 2021). Somit ist dieser Fakt von Unternehmen durchaus als relevant wahrzunehmen.

An dieser Stelle zeigt sich die Wichtigkeit zu erkennen, dass es essenziell ist zu verstehen, was Aktivismusgruppen tun und warum sie dies tun. Aktivismus ist oft eine Debatte über Kapital, Umwelt und ethische Werte; Themen, die in der Regel Teil der Vorstandsagenda im normalen Geschäftsbetrieb sind.

Es macht nur eingeschränkt Sinn, vorrangig die Benennung der aktivistischen Gruppierungen zu definieren, vielmehr geht es um die Bestimmung der Motivation und der Ziele der jeweiligen Gruppierung. Hieraus ist die Festlegung sogenannter „roter Linien" abzuleiten, d. h. ab welcher Schwelle das Unternehmen Maßnahmen ergreifen will und muss. In diesem Zusammenhang ist eine fundamentale Kenntnis über die Motivation der Aktivisten von zentraler Bedeutung für betroffene Unternehmen. Aktivistische Kampagnen können mitunter stark in ihren Zielen und Vorgehensweisen variieren. Mit einigen Aktivismusgruppen ist eine konstruktive Interaktion möglich, während es andere Gruppen gibt, die eher konfrontative, möglicherweise gar aggressive, öffentliche Kampagnen durchführen.

In weniger häufigen Fällen werden Unternehmen von sehr kleinen Gruppen ins Visier genommen. Der sichtbarste und wirkungsvollste Aktivismus kommt jedoch in Form von kollektivem Handeln, bei denen eine große Anzahl von Individuen einen gemeinsamen Protestakt koordiniert, um eine signifikante Wirkung zu erzielen. Für Unternehmen mag es ein manches Mal verführerisch sein, aktivistische Aktionen im Voraus zu beurteilen und im ungünstigen Fall sogar zu verurteilen, und zu schnell in den Verteidigungsmodus zu verfallen. Es gibt jedoch mitunter handfeste Vorteile, dies nicht zu tun. Die Geschichte und Beweggründe von aktivistischen Bewegungen zu kennen und sich mit ihnen auseinanderzusetzen kann einen enormen Vorteil darstellen. Mitunter haben sich Aktivist als Aktionär von Unternehmen das Ziel gesetzt, das betreffende Unternehmen in dessen Grundfesten zu erschüttern. Andere wollen sich aktiv engagieren, um das Unternehmen zum Besseren zu verändern.

Es ist davon auszugehen, dass die Mehrzahl an Aktivisten, mit denen wir Unternehmen heute konfrontiert sehen, Veränderungen in der Gesellschaft zu einem vermeintlich größeren Wohl bewirken wollen. Daher können Aktivisten gesund für ein Unternehmen sein und die Unternehmensstrategie entsprechend positiv beeinflussen – vielleicht haben die Aktivisten einige Ideen, die das Unternehmen berücksichtigen könnte? Nicht zuletzt vor dem Hintergrund, dass Kunden eine ähnliche Erwartungshaltung haben könnten. Daher kann ein Aktionsplan für Unternehmen, soweit möglich, darin bestehen, mit Aktivisten ins Gespräch zu kommen. Die Rolle der Konzernsicherheit kann hier darin bestehen, dem Unternehmen sichere Handlungsoptionen aufzuzeigen, die eine offene Kommunikation und einen konstruktiven Umgang mit Aktivisten ermöglicht. Diskussionspunkte könnten sein, ob es eine Möglichkeit für einen Deal gibt – zum Beispiel, wenn das betroffene Unternehmen den Aktivist Wasser und Zugang zu sanitären Anlagen anbietet und sie im Gegenzug ihre Aktion an der definierten roten Linie einstellen.

Letztendlich müssen Unternehmen das Protestierrecht respektieren, und es ist wichtig sicherzustellen, dass alle internen Stakeholder über die Gründe für die Proteste informiert sind und wissen was die zu vermittelnde Botschaft ist, sei es in der internen und externen Kommunikation oder in der Interaktion mit den Medien. Darüber hinaus lohnt es sich darüber nachzudenken wie das Unternehmen die Stakeholder über den Aktivismus informiert und welche Auswirkungen dies auf sie hat. Wichtig für die Rolle der Konzernsicherheit ist es zudem zu betonen, dass Aktivist nicht pauschal als Kriminelle eingestuft werden sollten. Wie bereits erwähnt sind einige vielleicht Aktionäre, Stammkunden oder generell Unterstützer des Unternehmens. Manche sind denkbar auch Mitarbeiter, die ihre Meinung zum Umweltthematik und die Verbindung zum Unternehmen äußern wollen und sich somit in der Zukunftsgestaltung des Unternehmens engagieren wollen. Deshalb kann es sehr schwierig sein, radikale Aktivisten aus der Masse herauszufiltern. Jegliche pauschalen Maßnahmen der Konzernsicherheit, mit dem Ziel des Zerschlagens von Protesten, sind deshalb als fahrlässig zu beurteilen und werden auf Dauer für das Unternehmen nicht gewinnbringend sein.

Hartnäckige Kampagnen gegen Unternehmen sind Teil der Nachhaltigkeitslandschaft geworden. Viele Unternehmen waren über viele Jahre hinweg anhaltenden Aktivistenstreiks ausgesetzt und wurden wegen ihres unethischen oder ausbeuterischen Verhaltens ins Visier genommen. Anfangs erklärten Unternehmen oft, dass sie für die Bedingungen und Verhältnisse nicht alleine die Verantwortung tragen. Proteste und Medienberichte nehmen jedoch oft zu, bis die Unternehmen keine andere Möglichkeit haben als ihr Verhalten tatsächlich zu ändern und der Forderung der Aktivistenagenda zu folgen.

Um die negativen Auswirkungen von Aktivismus zu minimieren ist es für Unternehmen daher wichtig, die eigenen Schwachstellen frühzeitig zu erkennen und zu wissen welche Themen die Aufmerksamkeit von Aktivisten auf sich ziehen könnte. Die Konzernsicherheit kann daher damit beginnen, proaktiv zu antizipieren, wo Aktivisten Angriffsfelder sehen und ausnutzen könnten, um das Unternehmen zu beeinflussen und eventuell zum Einlenken zu bringen. Die aufgezeigten Schwachstellen müssen dann durch zuständige Bereiche angegangen werden. In der Zwischenzeit müssen Unternehmen und ihre Sicherheitsfunktionen erkennen, dass Aktivisten sich nicht so leicht abschrecken lassen; Aktivisten werden unerbittlich nach Schwachstellen suchen, die sie ausnutzen können, um ihre Agenda durchzusetzen.

Zur Vorbereitung gehört es für Unternehmen auch Trends zu verstehen, die die heutigen Aktivistenkampagnen prägen und die Entwicklungen auf globaler und lokaler Ebene zu verfolgen und zu analysieren. Dabei sollte der Fokus auf unternehmensspezifischen Vermögenswerten liegen. Unternehmen müssen sich im Vorfeld auch damit beschäftigen welche Einstellung sie zu bestimmten Themen nehmen wollen, falls diese von Aktivisten angesprochen werden. Wenn ein Unternehmen beispielsweise in einer Branche tätig ist, welche traditionell das Ziel von Umweltaktivisten ist dann kann ausgegangen werden, dass bereits fest steht auf welcher Seite des Umweltproblems das Unternehmen sich befindet. Diese Risiken frühzeitig zu erkennen, ist Aufgabe einer zukunftsfähigen Konzernsicherheit.

Zudem ist der Faktor, den Mitarbeitern in Bezug auf Aktivismus spielen, nicht zu unterschätzen. Die Mitarbeiter gerade globaler Konzerne sind meist ein Querschnitt der Gesellschaft. Bei Umweltthemen werden viele Mitarbeiter deshalb zumindest eine gewisse Sympathie für den Aktivismus in dieser Hinsicht haben. Aufgrund bestimmter Sympathien können Mitarbeiter sogar versuchen aktivistisches Handeln zu erleichtern. Beispiele dafür könnten sein, dass Mitarbeiter den Aktivisten die Firmentüren öffnen oder interne Dokumente an die Presse weitergeben, die die aktuellen Probleme und Schwachstellen ihres Unternehmens offenlegen.

Zuweilen leben Menschen in einer „Social-Media-Blase" und können deshalb schlechter zwischen Mythen und der Wahrheit unterscheiden – sie sind einfach zu vertieft in einen gewissen Standpunkt. Dies kann in Zeiten, in denen Menschen aufgrund von COVID-19 mehr Zeit zu Hause und online verbringen, besonders beunruhigend sein und man kann leicht in diese „Social-Media-Blasen" hineingesogen werden. Hier muss die Konzernsicherheit bei Überlegungen zur Überwachung eine feine Balance zwischen dem Schutz von Mitarbeiterrechten und legitimen Unternehmensinteressen und -werten finden. Dies gilt besonders in Zeiten wie dieser, in denen COVID-19 die Grenze zwischen der Arbeit und dem Privaten ohnehin schon verwischt. Die Rolle der Konzernsicherheit sollte hier darin bestehen die Bedrohungen zu identifizieren und die besten Gegenmaßnahmen zu verstehen und umzusetzen. Dabei sollte die Macht des Internet-Aktivismus nicht unterschätzt werden, da dieses Medium zu einer Schlüsselressource für Aktivisten geworden ist. Aktivisten nutzen elektronische Kommunikationstechnologien wie die sozialen Medien, private Nachrichten-Applikationen und Podcasts für verschiedene Formen des Aktivismus, um eine schnellere Kommunikation an ein großes und spezifisches Publikum zu erlangen und dadurch eine Koordination der Beteiligten zu ermöglichen. Dies bietet eine Chance für Unternehmen, da sie ebenfalls Taktiken des Internet-Aktivismus nutzen können, um die Unterstützung für ihre Anliegen und Aktionen zu erhöhen. Zum Beispiel können Unternehmen ihren Standpunkt aktiv über soziale Medien kommunizieren, um aktivistischen Narrativen nicht allein das Feld zu überlassen.

Unternehmensinterne Kooperationen, die helfen negative Auswirkungen durch den Aktivismus abzuwenden können verschiedene Unternehmensfunktionen zusammenbringen. Zum Beispiel kann die Personalabteilung der Treiber für Mitarbeiterschulungen zu Insider-Risiken sein und wie Verschwörungstheorien, die für das Unternehmen gefährlich sein könnten, entkräftet werden können. Die Rolle der Konzernsicherheit könnte dabei sein, Informationen über aktuelle Aktivismuskampagnen und geplante Aktionen gegen das Unternehmen zu sammeln und auszuwerten. Währenddessen kann die Unternehmenskommunikation tätig werden, indem sie richtige und klare Botschaften durch die effektivsten Kanäle und Medien verbreitet. Die Einbindung der Unternehmenskommunikation ist hier von entscheidender Bedeutung, denn es wird Konflikte geben, die Aktivisten sofort und schnell aufgreifen werden. Wenn ein Unternehmen sich zum Beispiel als klimaneutrales Unternehmen präsentiert, aber Gerüchte aufkommen, dass es in bestimmten Ländern außerhalb von Vorschriften oder ethischen Standards produziert, dann wird das Gerücht ausreichen, um die Aufmerksamkeit von Aktivisten auf sich zu ziehen.

Die Auswahl von geeigneten Dienstleistern, die ein Unternehmen aktivieren kann, wenn es konkreten Angriffen von Aktivisten ausgesetzt ist und die Bereitschaft mit Behörden zu interagieren, sollten weitere Prioritäten sein. Unternehmen die erkennen, dass sie in naher Zukunft ein Ziel von aktivistischen Kampagnen werden könnten, sollten idealerweise über starke Beziehungen zu einer Vielzahl an externen Stellen verfügen, zum Beispiel zur örtlichen Polizeibehörde. Hierbei kann helfen, dass nicht wenige Sicherheitsfachleute über einen behördlichen Hintergrund verfügen.

Es sollte hierbei Wert daraufgelegt werden, dass alle internen und externen Stakeholder die Kommunikationsstrategie des Unternehmens verstehen, bevor man gemeinsam tätig wird. Ebenso sollten alle unternehmensinternen und vom Unternehmen beauftragten Sicherheitsmitarbeiter den vorhandenen Handlungsrahmen und dessen Grenzen beim Tätigwerden in Bezug auf aktivistische Kampagnen kennen. Auch ist frühzeitig zu definieren, welches Gut vorrangig geschützt werden soll. Das können zum Beispiel die Reputation, das Geschäftsmodell, die Mitarbeiter, das Management oder die Kunden sein. Die Konzernsicherheit kann bei der Klärung solcher Fragen ausschlaggebend sein und es ist wichtig, dass dies im Voraus festgelegt ist; denn wenn das Unternehmen sich in der Position befinden sollte, dass hier eine Priorität gesetzt werden muss, dann ist Eile geboten.

## 5 COVID-19, neue Arbeitsweisen und die Auswirkung dessen auf den Klimawandel und die Konzernsicherheit

Nach den vorangegangenen Abschnitten darüber, wie sich der globale Klimawandel und Initiativen auf Unternehmen auswirken, der interdisziplinären Natur des Reputationsmanagements und einem Fokus auf die Rolle der Konzernsicherheit bezüglich des Themas Aktivismus, wird sich der letzte Abschnitt dieses Beitrags auf aktuelle Trends in der Wirtschaft fokussieren. Die Auswirkungen auf die Konzernsicherheit von Unternehmen im Zusammenhang mit dem Klimawandel sollen im Folgenden näher beleuchtet werden.

Ein sehr aktuelles Beispiel hierfür ist die COVID-19-Pandemie, welche Wirtschaft und Gesellschaft im Jahr 2020 und in den Folgejahren nachhaltig prägen wird. 2020 sollte das Jahr des Klimaschutzes werden, aber die notwendigen Maßnahmen zur Pandemiebekämpfung haben die Klimadiskussion unvorhergesehen in den Schatten gestellt (Quevedo et al., 2020, S. 2). Was wir in der Anfangsphase der Pandemie und während der gesamten pandemischen Krise sehen konnten ist, dass nahezu alle Unternehmen mit unerwartet schweren und einschneidenden Entscheidungen konfrontiert wurden.

Im Falle von schwerwiegenden Ereignissen werden Entscheidungen nicht zuletzt oft im Rahmen eines Krisenstabs getroffen. Dieser ist per se sehr eng mit der Sicherheitsfunktion des Unternehmens und den zugeordneten Fachexperten verbunden, um das Unternehmen bestmöglich durch die jeweilige Krise zu führen. Obwohl Umweltfragen von vielen Unternehmen und Regierungen zwischenzeitlich als oberste Priorität abgelöst wurden, kann und konnte die Umwelt von den restriktiven COVID-19-Maßnahmen und der dadurch resultierende Umstellung der Arbeitsweisen profitieren. Plötzlich reisten die Menschen weniger und blieben zwangsweise mehr zu Hause, was zu einer drastischen Reduzierung der THG-Emissionen führte. In der EU sanken die $CO_2$-Emissionen im Jahr 2020 um 11 Prozent und der weltweite Rückgang der $CO_2$-Emissionen war der drastischste, der je verzeichnet wurde (McSweeney & Tandon, 2020). Ironischerweise hat Deutschland seine gesetzten Klimaziele, z. B. in Bezug auf die THG-Emissionen, im Jahr 2020 nur aufgrund der COVID-19-Pandemie und dem daraus resultierenden Rückgang des Flug- und Automobilverkehrs erreicht (Lozan, 2021). Die globale COVID-Krise bietet somit auch Chancen, die für das Gegensteuern der globalen Veränderung des Klimas, genutzt werden können. Denn die Veränderung des Klimas hat eine ebenso globale Auswirkung wie COVID-19 auf die Sicherheits-/Bedrohungslage durch Veränderung der sozialen, politischen und ökonomischen Gegebenheiten.

Nicht zuletzt war eine der schwierigen Entscheidungen, die viele Unternehmen in der ersten Hälfte des Jahres 2020 treffen mussten, die Mitarbeiter so weit wie möglich und wo es möglich war, ins mobile Arbeiten/Homeoffice zu schicken, um die Ansteckungs- und Übertragungsrisiken am, und auf dem Weg zum, Arbeitsplatz zu minimieren. Dies führte zu einer drastischen Reduzierung der Emissionen durch zum Beispiel Auto- oder Busfahrten zur Arbeit. Ebenso wurden im Zuge der COVID-19-Krise Geschäftsreisen stark eingeschränkt. Mitarbeitern, die früher mehrere Tage pro Woche für Meetings quer durchs Land oder um die Welt reisten, führen diese Meetings jetzt virtuell durch.

Da die Pandemie den Unternehmen vor Augen führt, dass die meisten Mitarbeiter die Flexibilität schätzen, die mit dem mobilen Arbeiten einhergeht, und dass viele Besprechungen virtuell stattfinden können, scheint diese Veränderung des Arbeitsstils zumindest zu einem gewissen Grad nachhaltig zu sein. So waren in Deutschland vor der Pandemie lediglich 8 % der Beschäftigten damit vertraut, im Homeoffice zu arbeiten, währenddessen im Verlauf der COVID-19-Pandemie dieser Wert deutlich anstieg, auf 35 %. Auch haben 70 % der deutschen Unternehmen haben angegeben, dass sie langfristige Pläne für das Homeoffice bereitstellen wollen (The Local, 2021).

Es gibt an dieser Stelle einige weitere Faktoren, die berücksichtigt werden müssen, wenn es darum geht, wie die Zunahme des mobilen Arbeitens die Emissionen und den persönlichen $CO_2$-Fußabdruck reduziert werden. So macht es einen großen Unterschied, mit welchen Verkehrsmitteln die Mitarbeiter zur Arbeit gelangen und welche Entfernungen sie hierbei zurücklegen. Ebenso spielt eine Rolle, welche Energiequellen zu Hause oder an einem anderen Ort des mobilen Arbeitens genutzt werden. Diese Faktoren sind sicherlich auch länderabhängig, jedoch zeigt der allgemeine Rückgang der Emissionen, dass der Trend zum mobilen Arbeiten, insbesondere dem Homeoffice, positive Auswirkungen auf die Umwelt haben kann. Dabei muss jedoch bemerkt werden, dass der Fokus hier auf Aufgaben und Funktionen innerhalb eines Unternehmens liegt, welche aus der Ferne erledigt werden können, also z. B. nicht auf der Handarbeit, dem Einzelhandel und der Bedienung von Maschinen.

Für Unternehmen und ihre Sicherheitsfunktionen ergeben sich daraus ungeahnte Bedrohungen und Risiken, die es zu erkennen und bewältigen gilt. Da ist zum Beispiel die Frage der Informationssicherheit. Wenn Mitarbeiter von zu Hause arbeiten, wirft dies Fragen über den Umgang mit vertraulichen Informationen auf. Viele Mitarbeiter leben mit ihren Familien zusammen und viele, vor allem jüngere Mitarbeiter, leben in Wohngemeinschaften. Dies birgt das Risiko, dass Mitbewohner, versehentlich oder absichtlich, Zugang zu vertraulichen Informationen eines Unternehmens erhalten können, wenn Laptops zu Hause unbeaufsichtigt sind. Diese Art von Risiko wird mit der Zunahme des mobilen Arbeitens/Homeoffice immer wahrscheinlicher.

Um solche Risiken zu minimieren, bieten viele Unternehmen Informationssicherheits-Schulungen für ihre Mitarbeiter an. Diese sind jedoch traditionell auf die Informationssicherheit am Arbeitsplatz und auf Geschäftsreisen ausgerichtet. Hinzu kommt, dass viele Mitarbeiter in Bezug auf die Informationssicherheit zu Hause fahrlässiger im Umgang mit Informationssicherheit werden könnten, wie es auch am Arbeitsplatz der Fall sein kann, wenn sie nicht regelmäßig die Bedeutung der Thematik vor Augen geführt wird. Die Konzernsicherheit muss daher genau prüfen welche Risiken das Homeoffice birgt.

Erkenntnisse können durch Mitarbeiterbefragungen gewonnen werden, die sich auf die individuelle Arbeitsbedingung zu Hause konzentrieren. Die Erkenntnisse aus den Umfragen können Aufschluss über gezielte Gegenmaßnahmen geben und für speziell konzipierte Mitarbeiterschulungen genutzt werden. Diese

Schulungen sollten allen Mitarbeitern, die von zu Hause arbeiten, angeboten werden und die Schulungsinhalte sollten in regelmäßigen Abständen in „Refresher-Kursen" vermittelt werden, damit die Bedeutung der Informationen im Bewusstsein der Mitarbeiter präsent bleibt. Das Beispiel zu den möglichen Zusammenhängen mit Blick in die Zukunft zwischen der COVID-19-Pandemie, Arbeitsstil, des Klimawandels und der Konzernsicherheit zeigt wie schnell sich Umstände bezüglich des Klimawandels ändern können, wenn der Zwang oder der Wille zu Veränderung da ist. Die Konzernsicherheit muss sich deshalb auf unvorhergesehene Krise einstellen und in ihren Ansätzen flexibel bleiben.

## 6  Fazit

Der Klimawandel und dessen Folgen haben eindeutige Auswirkungen auf Gesellschaft und Wirtschaft. Nur einige davon wurden in diesem Beitrag ausgeführt. Daraus resultierende Lessons Learned und Lösungsansätze sollten Lesern Denkanstöße für ihre eigene Tätigkeit geben, um besser auf die Folgen des Klimawandels vorbereitet zu sein. Der Kernpunkt ist die Vorbereitung und die Voraussicht, was in der Konzernsicherheit viel mit der interdisziplinären Zusammenarbeit mit anderen Unternehmensbereichen zu tun hat. Dadurch werden die von der Konzernsicherheit beaufsichtigten Bereiche, wie die Sicherheitsprüfung und -planung, Erstellung von Konzepten zur physischen Sicherheit und Kommunikationskampagnen, Schulungen, das Krisen- und Notfallmanagement, aber auch Bedrohungsanalysen, Szenarienplanung, Lagebeobachtungen und Red Teaming deutlich zielgetriebener.

Die Erkenntnis, dass die negativen Folgen des Klimawandels auch negative Auswirkungen auf ein Unternehmen haben können, ist von wichtiger Bedeutung. Doch Unternehmen können und sollten den Klimawandel auch als Chance sehen, denn es besteht hier die Möglichkeit sich neuzugestalten und neu im Markt zu positionieren. Die Konzernsicherheit muss dabei auch erkennen, dass ein Wandel im Unternehmen schlussendlich auch ein Wandel in der Sicherheitsfunktion bedeuten muss. Dadurch, dass Unternehmen die Risiken verstehen, die der Klimawandel birgt, können sie selbstbewusst ihre Risiken als Chancen nutzen, um sich von Mitbewerben zu unterscheiden und so attraktiver für ihre Stakeholder zu werden.

# Literatur

Klimafakten. (2020). Klimawandel – was er für die Sicherheit bedeutet. https://www.klimaf akten.de/branchenbericht/was-der-klimawandel-fuer-die-sicherheit-bedeutet#:~:text=1% 20Der%20Klimawandel%20stellt%20eine,f%C3%BCr%20ihre%20B%C3%BCrger% 20zu%20gew%C3%A4hrleisten. Zugegriffen: 02. Febr. 2021.

Labutong, N. (2018). Change the chain: Setting science-based targets for your value chain. Science Based Targets. https://sciencebasedtargets.org/blog/change-the-chain-setting-sci ence-based-targets-for-your-value-chain. Zugegriffen: 15. Jan. 2021.

The Local. (2021). Majority of German companies plan to ‚focus more on remote working'. https://www.thelocal.de/20201118/majority-of-german-companies-plan-to-focus-more-on-remote-working. Zugegriffen: 8. Febr. 2021.

Lozan, J. (2021). Dank COVID-19 erreicht Deutschland sein Klimaziel 2020. Klima Warnsignale – Uni Hamburg. https://www.klima-warnsignale.uni-hamburg.de/verfehlt-deutsc hland-sein-klimaziel-2020/. Zugegriffen: 8. Febr. 2021.

McSweeney, R., & Tandon, A. (2020). Global Carbon Project: Coronavirus causes 'record fall' in fossil-fuel emissions in 2020. Carbon Brief. https://www.carbonbrief.org/glo bal-carbon-project-coronavirus-causes-record-fall-in-fossil-fuel-emissions-in-2020. Zugegriffen: 8. Febr. 2021.

Quevedo, A., Peters, K., & Cao, Y. (2020). The impact of COVID-19 on climate change and disaster resilience funding. ODI. https://www.odi.org/sites/odi.org.uk/files/resource-doc uments/COVID_and_resilience_funding_briefing_note_web_0.pdf. Zugegriffen: 7. Febr. 2021.

Rajamani, L. (2016). The 2015 Paris Agreement: Interplay Between Hard, Soft and Non-Obligations. *Journal of Environmental Law.* doi: https://doi.org/10.1093/jel/eqw015.

Science Based Targets. (2021). How it Works – Lead the Way to a Low Carbon Future. https://sciencebasedtargets.org/how-it-works. Zugegriffen: 15. Jan. 2021.

United Nations Climate Change (UNFCC). (2018). 100+ Global Corporations Commit To Science-Based Targets Aligned With Paris Agreement https://unfccc.int/news/100-global-corporations-commit-to-science-based-targets-aligned-with-paris-agreement. Zugegriffen: 25. Jan. 2021.

UN News. (2021). Climate change is a ‚global emergency', people say in biggest ever climate poll. https://news.un.org/en/story/2021/01/1083062. Zugegriffen: 5. Febr. 2021.

Welthungerhilfe. (2020). Klimawandel, Wetterextreme und Hunger. https://www.welthu ngerhilfe.de/informieren/themen/klimawandel/wetterextreme-klimawandel-folgen/#:~: text=Studien%20belegen%2C%20dass%20der%20Klimawandel,Anf%C3%A4ngen% 20der%201990er%20Jahre%20verdoppelt. Zugegriffen: 02. Febr. 2021.

**Tabitha Urban** ist Unternehmensberaterin bei der Beratungsfirma Control Risks GmbH. Zusammen mit ihrem Team berät sie Unternehmen in Europa, Afrika und im Nahen Osten zu den Themen Krisen-, Sicherheit, Business Continuity- und Risikomanagement. Sie hat einen Hintergrund in Internationalen Beziehungen, mit akademischen Abschlüssen vom King's College London, dem Graduate Institute of International and Development Studies

(IHEID) in Genf und der Hertie School of Governance in Berlin. Geschrieben hat sie unter anderem für das St Antony's International Review der Universität Oxford.

**Rainer Heck** leitet als Partner Control Risks' Sicherheits- und Krisenmanagementberatung in Kontinentaleuropa und Russland. Er hat sich dabei insbesondere auf Beratungsleistungen spezialisiert, bei denen er Behörden und Unternehmen im Umgang mit komplexen Risiko-, Sicherheits- und Krisensituationen unterstützt. Mit seinem Team befähigt er seine Kunden deren Organisationen sowie Prozesse zu optimieren und zu digitalisieren.

# Wirtschaftsschutz als Teil der Inneren Sicherheit: Bedeutung für Politik und Gesellschaft

Kerstin Petretto

**Zusammenfassung**

Wirtschaftsschutz betrifft unsere moderne Gesellschaft in ihrer Gesamtheit. Denn diese basiert auf der reibungslosen Entwicklung und Produktion, dem Transport und der Bereitstellung von kritischen Versorgungsgütern, Technologien und Waren des täglichen Bedarfs. Ein Schutz der Wirtschaft ist daher nötig, auch wenn dies weder der Bevölkerung noch vielen politischen Akteuren immer bewusst ist. Der Beitrag skizziert die Herausforderung Wirtschaftsschutz aus einer ganzheitlichen Perspektive. Im Fokus steht die Bedeutung von Wirtschaftsschutz nicht nur für die Industrie, „die Wirtschaft", sondern für Gesellschaft und Politik.

## 1 Einleitung: Warum „Wirtschaftsschutz"?

Die Bereitstellung öffentlicher Sicherheit innerhalb Deutschlands ist eine der Kernaufgaben unseres Staates:

> „Sie umfasst den Schutz der Bürgerinnen und Bürger vor Gewalt, Verbrechen und Terror sowie den Schutz unserer verfassungsmäßigen Ordnung. Nur in einer Gesellschaft ohne Bedrohungen können Menschen frei leben. Der Staat ist verfassungsrechtlich verpflichtet, die Bevölkerung zu schützen." (BMI, 2020a, b).

---

K. Petretto (✉)
Bundesverband der Deutschen Industrie e.V., Berlin, Deutschland
E-Mail: k.petretto@bdi.eu

Die Risiken, denen die Bevölkerung ausgesetzt ist, sind sehr vielfältig. Obwohl Deutschland zu den sichersten Staaten weltweit gehört, können Kriminelle, Extremisten und Terroristen für jeden zu einer Gefahr werden. Dies gilt im privaten Bereich genauso wie im Arbeitsumfeld. Der Schutz von Unternehmen und ihren Mitarbeitern stellt dabei eine besondere Herausforderung für die innere Sicherheit dar. Globalisierung und technischer Fortschritt haben der Industrie- und Exportnation Deutschland zwar weitreichende Chancen eröffnet. Gleichzeitig bergen sie aber neue und komplexe Sicherheitsrisiken: Moderne Wertschöpfungsketten – also alle Arbeitsschritte, die von der Entwicklung einer Idee bis hin zur Auslieferung des Produkts an den Kunden nötig sind – sind in der Regel weit verzweigt, sowohl physisch, personell, prozessual, informationstechnisch als auch organisatorisch (vgl. BfV et al., 2016).

Diese zunehmende Vernetzung industrieller Produktionsprozesse und Infrastrukturen hat deren Angriffsfläche deutlich erhöht. Spionage, Kriminalität und Sabotage gefährden den wichtigsten Wettbewerbsvorteil Deutschlands: Die Innovationskraft und das Know-how von Unternehmen. Regionale Konflikte, Extremismus und Terrorismus stellen zudem weltweit eine Bedrohung für die Unversehrtheit von Mitarbeitern, Unternehmensstätten sowie von Handels- und Logistikketten dar. Diese Risiken präventiv zu minimieren oder akuten Gefährdungslagen entgegenzutreten, ist das, was gemeinhin unter „Wirtschaftsschutz" verstanden wird: Wirtschaftsschutz ist die Summe aller Maßnahmen von Staat und Wirtschaft zur Stärkung der Widerstandsfähigkeit von Wertschöpfungsketten gegenüber Sicherheitsrisiken. Wirtschaftsschutz ist außerhalb von Expertenkreisen und abseits direkt Betroffener jedoch kaum ein Thema öffentlicher Debatten in Deutschland. Denn: „die Wirtschaft" läuft schließlich, „die Wirtschaft" muss sich selbst schützen, denn „die Wirtschaft" macht schließlich genug Gewinn, dafür muss kein anderer einstehen.

Aber ist dem wirklich so? Wer ist eigentlich „die Wirtschaft" – was muss vor wem oder was geschützt werden, und vor allem: aus welchen Gründen wird Wirtschaftsschutz in Deutschland als keine prioritäre Herausforderung debattiert und angegangen? Diesen Fragen geht dieser Beitrag nach. Er nimmt dabei keine einzelne Branche oder einen Teil der Wertschöpfungskette in den Blick, sondern skizziert die Herausforderung Wirtschaftsschutz aus einer ganzheitlichen Perspektive. Im Fokus steht die Bedeutung von Wirtschaftsschutz nicht nur für die Industrie, „die Wirtschaft", sondern für Gesellschaft und Politik.

## 2 Globale Wertschöpfung – Wirtschaft für uns alle und von uns allen

Die deutsche Industrie ist national und global tief in globale Wertschöpfungsketten integriert: Ideen und Forschungen zu neuen Produkten und Dienstleistungen, ob im Hochtechnologiebereich oder für den Privatkunden daheim, werden in verzweigten Teams, oft über Ländergrenzen hinweg, entwickelt. Auch die Produktion von Gütern ist meist verteilt auf mehrere Standorte, innerhalb und außerhalb Deutschlands. Gleiches gilt für Rohstoffe, Materialien und Vorprodukte, die durch unterschiedliche Anbieter zugeliefert werden. Forschung und Entwicklung, Management- und Logistik sind dabei zum großen Teil digitalisiert, während der Transport über unterschiedliche Verkehrsmittel zu Luft, See oder Land erfolgt.

Diese global und digital vernetzten Prozesse der Wertschöpfung sind die Grundlage unserer modernen Gesellschaft. Sie sind die Basis für unsere Versorgung mit alltäglichen Notwendigkeiten, egal ob Arzneimittel, Impfstoffe, Nahrungsmittel, Energie, Autos, Computer, Handys, Kühlschränke, Unterhaltungselektronik oder Spielwaren. Sie ermöglichen die rasche Erfüllung unserer Wünsche, ob im Laden nebenan oder über das Internet, genauso wie unsere digitale Vernetzung mit Freunden und Familie weltweit und das Arbeiten am PC und das Smart Home.

Gleichzeitig sind sie elementar für Deutschlands geopolitische Stellung. Das politische Gewicht Deutschlands beruht in weiten Teilen auf der Wirtschaftskraft unseres Landes, der Arbeit unserer Unternehmen, der Arbeit der Mitarbeiter. Rund ein Viertel des deutschen Bruttoinlandsprodukts (BIP) wird von der deutschen Industrie erwirtschaftet. Zählt man die industrienahen Dienstleistungen hinzu, ist es sogar ein Drittel des BIP. Dies schlägt sich auch in Arbeitsplätzen nieder: etwa acht Millionen Menschen arbeiten in der Industrie und dem verarbeitenden Gewerbe.

Die wirtschaftliche Stärke Deutschlands ist Voraussetzung für deutsches Engagement, egal ob im Klimaschutz, in der Entwicklungspolitik oder im Rahmen politischer Auseinandersetzungen. Im sich verschärfenden geopolitischen Wettbewerb werden zudem ökonomische Macht und Mittel immer mehr für politische Zwecke eingesetzt. Dazu gehört auch die Fähigkeit zu technologischer Innovation sowie das Know-how und die Kontrolle über den Schutz von Schlüsseltechnologien und kritischer Infrastruktur (vgl. Mair, 2018). Sie sind Voraussetzung für den Ausbau technologischer Souveränität und strategischer Autonomie – Kernanliegen der Europäischen Union (EU), unter deren Mitgliedsstaaten Deutschland die stärkste Volkswirtschaft ist.

## 3 Treiber von Sicherheitsrisiken

Stabile Wertschöpfungsketten sind die Voraussetzung für eine florierende Wirtschaft. Trotzdem werden Risiken von vielen Unternehmen und der Politik immer noch unterschätzt. Und dies, obwohl die Risiken in den vergangenen Jahren stetig gestiegen sind. Der zwischen 2018 und 2020 errechnete Gesamtschaden von analogen und digitalen Risiken beläuft sich laut einer Studie des Bundesverbandes Informationswirtschaft, Telekommunikation und neue Medien e. V. Bitkom auf rund 205,7 Mrd. Euro, also über 100 Mrd. Euro Schaden pro Jahr (Bitkom, 2020).

Die Wertschöpfungskette ist umso verwundbarer, je länger, international verzweigter, und arbeitsteiliger sie ist. Durch die zunehmende globale Arbeitsteilung und die Auslagerung von Produktionsprozessen sehen sich Unternehmen mit immer mehr Risiken und Störfaktoren konfrontiert, die sich ihrer Kontrolle entziehen (vgl. Braw, 2019; Kiebler et al., 2020; Essig et al., 2013). Von der Forschung und Entwicklung neuer Produkte angefangen, über die Sicherung und den Abbau von Rohstoffen bis hin zu Produktions-, Weiterverarbeitungs- und Verpackungsprozessen entlang der Lieferwege in all ihren Dimensionen, ob zur See, zur Luft, Schiene, Straße oder über Rohrleitungen, ob national oder international, ob vor Ort oder digital: Es bieten sich zahlreiche Möglichkeiten, um Produkte zu entwenden, Produktionsketten physisch zu stören oder zu unterbrechen. Hinzu kommt, dass ein Großteil der Abläufe in Entwicklung, Produktion, Vertrieb und in der Logistik bereits teilweise oder komplett mit IT-Lösungen vernetzt und gesteuert wird. Gerade diese für Externe oft schwer einsehbare Verschränkung des analogen und des Cyberraums als weitere Dimension der Wertschöpfungskette, erhöht die Angriffsfläche enorm. Denn sie schafft vielfältige Möglichkeiten für den Abfluss von sensiblen Daten, Know-how und geistigem Eigentum.

Globale Krisen wie die COVID-19-Pandemie bergen weitere Herausforderungen durch Grenzschließungen, Kontaktbeschränkungen, Krankheit von Mitarbeitern, durchbrochene Lieferketten, Rohstoff- und Materialmangel (vgl. BDI, 2020). Angesichts der beispiellosen Störungen internationaler Wertschöpfungsketten, die durch den Ausbruch des Coronavirus verursacht wurden, ist es keine Überraschung, dass Betriebsunterbrechungen und der Ausbruch der Pandemie als größte Risikofaktoren im Allianz Risikobarometer 2021 angeführt werden (vgl. Allianz, 2021).

Die durch die Pandemie erforderliche Verlagerung der täglichen Arbeit ins Home-Office, von Kommunikation und täglicher Zusammenarbeit auf digitale und telefonische Netze, eröffneten zudem neuen Spielraum für Spionage, Ausspähung, Wirtschaftskriminalität und Sabotage durch Cyberangriffe oder das

Abhören vertraulicher Telefonate. Darüber hinaus fand der Wettlauf um Impfstoffe und Medikamente gegen das Coronavirus seinen Niederschlag in tätlichen Anschlägen und Spionageangriffen auf deutsche Pharmaunternehmen und Forschungseinrichtungen sowie die Europäische Arzneimittelagentur (EMA) (vgl. Allianz, 2021, vgl. BfV, 2020a, b).

Dies macht deutlich, warum Wirtschaftsschutz nicht allein eine Angelegenheit von Unternehmen ist, sondern dass auch Behörden und politische Institutionen, die im Austausch mit Unternehmen stehen, sich gemeinsam absichern und abstimmen müssen. In zahlreichen Ländern hat die pandemisch verursachte Krise obendrein zu massiven volkwirtschaftlichen Verlusten geführt, sei es durch stark rückläufige Rohstoffpreise, sinkende Exporte, den Abzug von Kapital sowie zusätzlich belastete Staatshaushalte. Dadurch steigt das Potenzial für sozioökonomische und politische Instabilität. Diese erhöhen das Risiko für Unternehmen und deren Mitarbeiter weltweit, genauso wie zunehmende politische und geopolitische Unsicherheiten, Systemkonkurrenz und Handelskonflikte.

Mit Blick auf die Zukunft zeigt die COVID-19-Pandemie, dass Unternehmen und Politik sich auf ein breiteres Spektrum von Risiken als bisher vorbereiten müssen. Der Aufbau einer größeren Widerstands- und Anpassungsfähigkeit der Wertschöpfungsketten und globaler Konnektivität wird für die Bewältigung zukünftiger Krisen entscheidend sein.

## 4 Fehlende öffentliche Wahrnehmung von Wirtschaftsschutz

Doch um welche Risiken geht es konkret? Wirtschaftsschutz klingt in den Ohren einer breiten Öffentlichkeit immer noch sehr vage. Insbesondere angesichts der im europäischen und internationalen Vergleich hohen Wirtschaftskraft Deutschlands erschließt sich vielen Menschen oft nicht, was genau die Risiken sind, vor denen Schutz benötigt wird – und warum dies auch ein Anliegen der Politik und damit auch der Gesellschaft sein sollte. Dies liegt erstens an der schwierigen Datenlage: Obwohl sie einen erheblichen Schaden anrichten können, gibt es nur wenige empirische Erhebungen zu Risiken und Bedrohungen entlang der Wertschöpfungskette (vgl. Bitkom, 2020; vgl. KPMG, 2020; vgl. Deloitte, 2020). Und auch diese bilden meist nur ein begrenztes Abbild der Realität: Sie basieren oft auf Einschätzungen und persönlichen Wahrnehmungen, nur in wenigen Fällen auf tatsächlichen dokumentierten Berichten von Angriffen und Störungen von Wertschöpfungsprozessen. Die Dunkelziffer gilt als sehr hoch (vgl. Bollhöfer et al., 2019, vgl. BKA, 2020).

Grund ist ein spezifisches Merkmal von Wirtschaftsschutz: Eine öffentliche Bekanntmachung von Angriffen und akuten Sicherheitsproblemen, insbesondere hinsichtlich Datendiebstahl und Spionage, erscheint aus unternehmerischer Sicht nicht immer sinnvoll. Denn selbst wenn der finanzielle Schaden eines Angriffs oftmals ausgeglichen bzw. aufgefangen werden kann: der psychologische Schaden, der Reputationsverlust insbesondere aus Perspektive des Verbrauchers, der schon durch die Bekanntmachung eines Störfalls egal welcher Ursache erzeugt wird, kann immens sein. Die Sorge vor einem Imageschaden schreckt daher auch viele Unternehmen ab, Vorfälle an Sicherheitsbehörden zu melden. Zudem erschwert der hohe Wettbewerb in der globalisierten Wirtschaft die Informationsteilung über bestehende Risiken und akute Bedrohungslagen: Die Meldung von sicherheitsrelevanten Vorkommnissen könnte von der Konkurrenz genutzt werden. Oft werden Vorfälle zwar gemeinsam mit den Behörden bearbeitet, aber beispielsweise nicht in polizeilichen Statistiken erfasst (vgl. BKA, 2020, S. 4). Auch sind Angriffe oftmals nur schwer nachzuvollziehen; nicht immer wird herausgefunden, wem die Täterschaft zuzuordnen ist und auf welchem Wege, geschweige denn mit welcher Motivation ein Angriff erfolgte. Polizeiliche oder weitere behördliche Ermittlungen führen daher nicht immer zu einem Ergebnis, können aber einen erheblichen Ressourceneinsatz mit sich bringen und unternehmerische Prozesse behindern.

Zum anderen ist der Zusammenhang zwischen Risiken, denen sich Unternehmen gegenübersehen, und dem Endkunden, der Gesellschaft oder der Politik, nur selten direkt ersichtlich: Wenn eine Ware nicht rechtzeitig in den Regalen des Supermarkts oder des Fachgeschäfts landet, die Auslieferung eines neuen Autos sich verzögert oder ein Infrastrukturprojekt im Rahmen der Entwicklungspolitischen Zusammenarbeit der Bundesregierung nicht umgesetzt wird, kann das viele Gründe haben. Die wenigsten Menschen ziehen als mögliche Ursache für eine Beeinträchtigung oder Unterbrechung der Wertschöpfungskette aber einen Cyberangriff, Spionagetätigkeiten ausländischer Geheimdienste oder die Entführung eines Containerschiffes in Betracht.

## 5 Sicherheitsrisiken: Höhere Gewalt und Motivationsgetrieben

Die Risiken entlang der Wertschöpfungskette sind sehr vielfältig. Hier sind erstens Risiken der höheren Gewalt zu nennen. Dies sind Risiken, die keinen direkten unternehmerischen oder betrieblichen Zusammenhang aufweisen und auch nicht durch sorgfältige präventive Maßnahmen abgewendet werden können (vgl. BGH, 2017). Dennoch können sie Wertschöpfungsketten erheblich behindern oder unterbrechen. Zwar gibt es keine allgemeingültige Definition von Risiken höherer Gewalt. Gemeinhin werden aber Naturkatastrophen wie Erdbeben, Vulkanausbrüche, Tsunamis darunter eingeordnet. Gleiches gilt für die zunehmend extremen Wetterverhältnisse, die sich immer deutlicher in Schadensstatistiken und in der Wahrnehmung durch Unternehmen selbst niederschlagen. Darüber hinaus können politische oder gesellschaftliche Unruhen, Kriege, Konflikte sowohl Produktionsprozesse als auch Transportketten empfindlich stören und Mitarbeiter gefährden. Auch die globale COVIDOVID-19-Pandemie zählt dazu und kann durchaus als höhere Gewalt aufgefasst werden (vgl. Allianz, 2021; vgl. Spenner, 2020).

Zweitens gibt es Risiken, die bewusst aus einer gezielten Motivation heraus initiiert werden: Die Angriffe erfolgen hier entweder durch unternehmensfremde Akteure, beispielsweise Mitarbeiter ausländischer Geheim- und Nachrichtendienste, Mitarbeiter anderer Unternehmen, kriminelle Organisationen, Banden, Einzeltäter oder durch interne Mitarbeiter. Gerade letztere, die sogenannten Innentäter, bergen ein hohes und immer noch weit unterschätztes Risikopotenzial für Unternehmen. Denn sie haben zum einen volle physische und virtuelle Zugangsmöglichkeiten zu Netzwerken, Datenbanken und Büros. Mit eingeschlossen ist dabei häufig der Zugang zu sensiblen Daten, den elementaren Unternehmenswerten (den sog. „Kronjuwelen"), die für den Erfolg und Bestand des Unternehmens unabdingbar sind. Gleichzeitig kennen sie die internen Abläufe und Sicherheitsvorkehrungen. Als Innentäter infrage kommen Manager genauso wie Hausmeister, langjährige (auch ehemalige) Mitarbeiter, befristete Angestellte oder Leihpersonal (vgl. Bitkom, 2020; BKA, Kriminalistisches Institut 2020; GDV, 2019).

Die Motivationen sind vielfältig. Mal handeln Innentäter aus eigenem Antrieb heraus (Enttäuschung, Frustration, Neid, finanzielle Absichten) oder sie werden durch ausländische Dienste oder die Konkurrenz angeheuert, entweder freiwillig oder erzwungen (vgl. Bollhöfer et al., 2019). Darüber hinaus gibt es Mitarbeiter, die sich unwissentlich zum ausführenden Akteur eines Angriffs machen: Sie öffnen eine E-Mail, die – ohne ihr Wissen – eine Spionagesoftware auf dem Rechner und im Unternehmenssystem installiert. Sie geben aus Unwissenheit, Leichtfertigkeit oder mangelnder Achtsamkeit vertrauliche und sensible Informationen an Dritte weiter. Unternehmensfremde Akteure wiederum handeln im Auftrag ausländischer Behörden, aus kommerziellen oder aber aus privaten Gründen, ob auf Basis einer ideologischen, einer politischen oder einer rein finanziellen Motivation.

Aus diesen Einblicken ergibt sich eine grobe Kategorisierung von motivationsgetriebenen Sicherheitsrisiken, denen sich Unternehmen und ihre Partner, auch in der Politik, gegenübersehen und gegen die sie sich schützen müssen. Die Einordnungen sind allerdings nicht immer klar eindeutig voneinander zu trennen, bieten aber eine generelle Orientierung:

**Spionage**
Durch den zunehmenden Systemwettbewerb zwischen liberalen Demokratien und autokratisch geführten Staaten, die fortschreitende Globalisierung und steigenden Wettbewerbsdruck hat Wirtschaftsspionage in den letzten Jahren deutlich zugenommen. Dabei werden wissenschaftliche Einrichtungen, Unternehmen und deren Zulieferer gezielt durch ausländische Geheim- und Nachrichtendienste oder deren Mittelspersonen ausgeforscht. Ziel ist es, das Know-how von Unternehmen abzuschöpfen, um Informationen zu Schlüsseltechnologien (bspw. im Rüstungsbereich, im Energiesektor, der Automobil- oder der Raumfahrtbranche) zu sammeln oder einen Wettbewerbsvorteil der eigenen Industrie zu erreichen. Große und kleine Unternehmen sind betroffen, Produktionsbetriebe genauso wie Zuliefererfirmen. Gerade letztere sind oft im Fokus, da sie nicht immer über finanzielle, technische und personelle Ressourcen verfügen, um ganzheitliche Sicherheitsvorkehrungen zu treffen.

Gleiches gilt für Industrie- oder Konkurrenzspionage, an der staatliche Stellen nicht beteiligt sind. Hier ist es das Ziel von Konkurrenten, sich durch Ausspähung einen Marktvorteil zu verschaffen, oder auf in Planung befindliche Produkte oder Dienstleistungen der Konkurrenz frühzeitig reagieren zu können. Der volkswirtschaftliche Schaden, der in Deutschland jährlich durch Wirtschaftsspionage und Konkurrenzausspähung entsteht, wird auf rund 100 Mrd. Euro geschätzt (BMBF, 2019). In manchen Fällen bedroht die Entwendung oder die illegale Nutzung des Know-hows ein Unternehmen in seiner Existenz.

Eine genaue Zuordnung in die eine oder andere Kategorie ist nicht immer möglich, die Täterschaft oft nicht eindeutig feststellbar. Spionage betrifft dabei oftmals nicht nur die Unternehmen selbst, sondern auch ihre Partner aus Politik oder Zivilgesellschaft, da die Kommunikationswege zwischen ihnen im Fokus der Ausspähung stehen. Der Abfluss von Know-how durch Spionagetätigkeiten anderer Unternehmen, Staaten und ihrer Mittelsmänner kann dadurch auch wirtschafts- oder gesellschaftspolitische Zielsetzungen unterminieren. Die Spionageangriffe auf Pharmaunternehmen, Forschungseinrichtungen und die Europäische Arzneimittelagentur (EMA) im Zusammenhang mit der Entwicklung von Impfstoffen und Medizin gegen COVID-19 sind ein Beispiel dafür, dass Wirtschaftsschutz nicht nur Unternehmen, sondern ebenso politische Behörden und darüber hinaus auch die Gesellschaft betrifft.

**Sabotage**
Ein weiteres Risiko stellt Sabotage dar. Sabotage beschreibt die Beeinträchtigung, Beschädigung oder Zerstörung von Unternehmenseinrichtungen oder kritischer staatlicher Infrastruktur (z. B. Kraftwerke, Wasseraufbereitungsanlagen, Verkehrsverbindungen, terrestrische oder raumfahrtbasierte Kommunikationssysteme). Sie kann auf die physische Präsenz eines Unternehmens abzielen, auf Logistikprozesse oder das Informations- und Produktionssystem. Ein Beispiel, das auch die Bedeutung von Wirtschaftsschutz über den Schutz von bloßen Unternehmenswerten hinaus deutlich macht, ist der Angriff auf die Trinkwasserversorgung einer Kleinstadt in Florida/USA. Kriminelle hatten die Chemikalienzufuhr der Wasseraufbereitungsanlage aus der Ferne manipuliert. Wäre der Angriff nicht einem Mitarbeiter rechtzeitig aufgefallen, hätten unzählige Menschen vergiftet werden können (vgl. Sokolov, 2021).

Die absichtliche Störung von Betriebsabläufen und Wertschöpfungsketten zielt dabei entweder auf die Erreichung eines politischen Anliegens ab (politisch motivierte Sabotage durch Extremisten oder Terroristen), hat kriminell-monetären Hintergrund oder sie möchte Abläufe eines Konkurrenten empfindlich stören. In zahlreichen Fällen wird Sabotage durch Mitarbeiter oder Insider verursacht (vgl. KPMG, 2020, S. 18).

**Diebstahl, Raub, Entführung, Betrug und Erpressung**
Entführung, Geiselnahme, Diebstahl, Raub, Betrug und Erpressung werden meist im Rahmen organisierter Kriminalität oder durch Einzeltäter verübt. Manche Vorfälle basieren auf politischem oder ideologischem Hintergrund, manche sind hingegen auf finanziellen Gewinn ausgerichtet. Gerade letztere (Betrug, Erpressung, auch Geldwäsche, Bestechung etc.) werden teilweise dem Phänomenologiebereich der Wirtschaftskriminalität zugeordnet, obwohl hier, genau wie in anderen Bereichen des Wirtschaftsschutzes, keine Legaldefinition gebräuchlich ist. Wirtschaftskriminalität bezieht sich im Allgemeinen auf Straftaten, die „mehr oder weniger bewusst die Vorteile der Globalisierung, die Potentiale zunehmender Internationalisierung der Waren- und Finanzströme für die Begehung von Straftaten ausnutzen" (Berthel, 2019, S. 4). Ein Charakteristikum von Wirtschaftskriminalität ist, „dass wenige Beschuldigte viele Opfer schädigen und – im Vergleich zur „klassischen" Vermögenskriminalität – relativ hohe Schäden verursachen". Dazu zählen neben finanziellen Einbußen auch immaterielle Schäden, wie der Verlust von Vertrauen in

die Funktionsfähigkeit der geltenden Wirtschafts- und Gesellschaftsordnung (vgl. BMI, BMJ, 2006, S. 218).

Das BKA weist den Erscheinungsformen von Wirtschaftskriminalität eine große Heterogenität zu. In den periodischen Sicherheitsberichten von 2001 und 2006 werden als Beispiele unter anderem angeführt: Buchhaltungs- und Bilanzdelikte, Schutzgelderpressungen und Korruption, Steuerhinterziehung, Bankrottdelikte, Wucher und Bestechung, Nahrungs- und Genussmittelverfälschungen oder auch Wirtschaftsspionage und Insidergeschäfte. Auch Computerkriminalität, illegale Arbeitnehmerüberlassung, Produktpiraterie, Geldwäsche und Waffenhandel werden als mitunter grenzüberschreitende und organisierte Wirtschaftskriminalität bezeichnet (BMI, BMJ, 2006, S. 220, 2001, S. 133).

Maritime Piraterie, wie sie z. B. am Horn vor Afrika, im Golf von Guinea oder in südostasiatischen Gewässern praktiziert wird, hat in der Regel das Ziel, geladene Güter oder Wertsachen zu entwenden oder aber Lösegeld im Austausch für die Mannschaft, das Schiff und/oder die Ladung zu erpressen. Sehr oft stellt Piraterie damit eine Mischform diverser Straftaten (Raub, Entführung, Geiselnahme, Erpressung) dar. Die Motive sind auch hier sehr divers und reichen von kriminellen und politischen Motivationen, über strukturelle bis hin zu Notsituationen, aus denen heraus eine Beteiligung an kriminellen Aktionen erwächst (vgl. Bueger, 2013; Petretto, 2012). Häufen sich Piratenangriffe in einer Region, so können sie einen erheblichen Schaden verursachen – sowohl menschlich, in Hinblick auf die betroffenen Seeleute, als auch finanziell (OBP, 2018). Zudem führen sie mitunter, wie die Piraterie am Horn von Afrika, zu Beeinträchtigungen der deutschen und globalen Wertschöpfungs- und Lieferketten (vgl. Ehrhart et al., 2013; Petretto, 2012, 2013).

Einbrüche in Büros und Werksgelände, der Diebstahl von Dokumenten und Geräten treffen Unternehmen empfindlich. Laut einer umfragebasierten Studie von Bitkom berichtet ein Drittel der befragten Unternehmen (32 %), dass ihnen IT oder Telekommunikationsgeräte entwendet wurden. Darüber hinaus wurden sensible physische Dokumente, Maschinen oder Bauteile bei jedem sechsten Unternehmen gestohlen (vgl. Bitkom, 2020). Oft stehen sie auch in direktem Zusammenhang mit Spionagetätigkeiten.

**Hybride Bedrohungen**
Zugenommen haben in den letzten Jahren sogenannte hybride Bedrohungen: Diese können aus einer Mischung von Cyberangriffen, diplomatischem oder wirtschaftlichem Druck, kriminellen Angriffen, Propaganda und Desinformation in den Medien und sozialen Netzwerken bis hin zu militärischen Aktionen bestehen. Ziel ist nicht immer, einen unmittelbaren Schaden anzurichten, sondern eine Destabilisierung von

Gesellschaften und politischen Systemen hervorzurufen und die öffentliche Meinung zu beeinflussen. Eine entsprechende Einflussnahme erfolgt unter Ausnutzung von allen möglichen Schwachstellen und Verwundbarkeiten, sei es auf politischer, wirtschaftlicher, gesellschaftlicher oder technologischer Ebene. Die Angriffe erfolgen dabei durch staatliche oder nichtstaatliche Akteure (BMVg, 2021; BSI, 2020, S. 32; BMI, 2020; Tamminga, 2015; Wolter et al., 2019).

## 6 Angriffsvektoren: digital, physisch – und gemischt

Egal welche Motivation den Angriffen auf Unternehmen zugrunde liegt: hybride Angriffe, Einbrüche, Erpressung, Diebstahl oder Spionage und Ausspähung erfolgen über unterschiedliche Angriffswege- und techniken. Sie können physisch (bspw. durch einen illegalen Zutritt in ein Werksgebäude, durch einen Angriff auf ein Transportmittel, Lastwagen, Flugzeug oder Schiff) oder rein digital, über das IT-Netzwerk einer Firma stattfinden. Zur Prävention oder auch Nachverfolgung der meisten Risiken müssen die reale und die digitale Welt oft gleichzeitig betrachtet werden. Denn in der Regel versuchen die Täter auf sehr vielfältigen Wegen, an ihr Ziel zu gelangen: Dies gilt vor allem bei Wirtschaftsspionage und Konkurrenzausspähung. Die Angriffswege sind hier so divers, dass sie nicht immer gänzlich nachvollzogen werden können – vor allem, weil sie oft über mehrere, eng miteinander verflochtene Einfallstore erfolgen. Manche Zugriffe bleiben für lange Zeit gänzlich unbemerkt:

Einbrüche zum Beispiel können auf das Entwenden von Geräten (Computer, externe Datenträger oder Drucker) abzielen – um an die auf diesen gespeicherten Daten zu gelangen. Sie können aber auch einen künftigen Abfluss von Know-how und sensiblen Daten zum Ziel haben. Dafür ist es dann Zweck des Einbruchs, in einem ersten Schritt die dafür notwendige Abhör- oder Ausspähungstechnik vor Ort zu installieren, um dann die eigentliche Absicht, den Abfluss von Daten und sensiblen Informationen, durchführen zu können.

Ein anderer Weg ist es, E-Mails mit geheimen Informationen vom Firmenrechner zu versenden, beispielsweise wenn Mitarbeiter ihre Computer in der Mittagspause nicht sperren. Auch das Kopieren von Dokumenten, Fotos von Neuentwicklungen mit Handykameras oder Drohnen ist eine weitere Option der Spionage und Konkurrenzausspähung (vgl. Bollhöfer et al., 2019). In Hotels (z. B. auf Dienstreisen) oder Büros können Überwachungsgeräte installiert sein oder die zu einem Termin mitgebrachten Dokumente werden fotografiert, wenn der

Mitarbeiter abgelenkt ist. Eine Erpressung kann digital lanciert werden, beispielsweise durch das zeitweilige Entwenden bzw. Sperren von Daten, oder aber durch die Androhung davon oder einer Drohung mit Gewalt und Zerstörung analoger und digitaler Infrastrukturen. Hinzu kommen in diesem Vektor Straftaten wie Wettbewerbsverstöße (Produktpiraterie, Betrug, Untreue), Unterschlagung oder Korruption.

Eine zunehmende Verbreitung findet das sogenannte Social Engineering, das eine klassische Mischform zwischen analogen und digitalem Angriffsweg darstellt: Dabei werden Mitarbeiter durch psychologische Tricks manipuliert, um an sensible Informationen zu kommen. Seien es Dokumente, die ausgehändigt werden, oder aber Schadsoftware, die über geöffnete E-Mails oder ein geschenktes oder auf dem Werkgelände platziertes Speichermedium auf den Firmenrechnern installiert werden kann. Mehr als jedes fünfte Unternehmen (22 %) war davon laut Bitkom auf analogem Wege betroffen, 15 % digital (vgl. Bitkom, 2020).

## 7 Fazit

Die Vielfalt der Risiken und ihrer Einfallstore zeigen: Wirtschaftsschutz betrifft die moderne Gesellschaft in ihrer Gesamtheit. Denn diese basiert auf der reibungslosen industriellen Entwicklung und Produktion sowie dem effizienten Transport und der Bereitstellung von kritischen Versorgungsgütern, Technologien und Waren des täglichen Bedarfs. Ein Schutz der Wirtschaft ist nötig, auch wenn dies weder der Bevölkerung noch den politischen Akteuren immer bewusst ist. Denn es finden sich mehr Verflechtungen zwischen der Bevölkerung und der Politik und den Risiken, denen sich Unternehmen täglich gegenübersehen, als man meinen mag:

- Werden Schiffe oder Laster entführt, sind Menschenleben in Gefahr, geladene Güter und Transportmittel werden unbrauchbar, gehen verloren oder können in falschen Händen zu einer Gefahr werden.
- Werden Falschinformationen lanciert, sind nicht nur Unternehmen direkt betroffen, sondern das Vertrauen in die Demokratie und unser Wirtschaftssystem kann empfindlich gestört werden.
- Fließt Know-how eines Unternehmens im Rahmen eines entwicklungspolitischen Projektes an die ausländische Konkurrenz, können Ziele der deutschen Entwicklungszusammenarbeit torpediert werden.
- Steht die Produktion still durch Sabotage, Cyberangriffe oder Umweltkatastrophen, entstehen Lieferengpässe, Kunden erhalten ihre Ware nicht.

- Wird Kommunikation abgehört, mitgelesen oder abgefangen, fallen sensible Daten und Neuentwicklungen in die Hände der Konkurrenz oder anderer Staaten.
- Wird ein Logistikzentrum gehackt, haben Schmuggler und Diebe leichtes Spiel: Waren, Ressourcen und Zulieferungen werden umgeleitet, gehen verloren.
- Sind Gebäude nicht gesichert, werden wertvolle Pläne, Daten und Technik entwendet.
- Werden Datensysteme blockiert, müssen Millionen an Lösegeldern gezahlt werden.
- Wird die digitale Infrastruktur durch Sabotage, ob digital oder physisch, angegriffen, ist die Kommunikation von Unternehmen, Politik und breiter Gesellschaft gestört.
- Fallen kritische IT-Infrastrukturen wie in Krankhäusern oder bei Energieversorgern aus, stehen Menschenleben auf dem Spiel.

Die Bedeutung von Wirtschaftsschutz geht weit über den Schutz reiner „Unternehmenswerte" hinaus. Denn Wirtschaftsschutz zielt darauf ab, genau diese oben angeführten Effekte von Risiken und Bedrohungen zu minimieren. Es geht darum, die Widerstandsfähigkeit von Unternehmen und ihrer Wertschöpfungsketten zu stärken, damit dem Unternehmen selbst, seinen Mitarbeitern, seinen Partnern in Politik und Wirtschaft, den Kunden und der Gesellschaft kein direkter oder indirekter Schaden zugefügt wird.

Ein Schutz der Wirtschaft muss daher Priorität auf allen Ebenen genießen – er ist kein Selbstzweck, sondern inhärenter Teil unserer Wertschöpfungskette und unserer inneren Sicherheit. Eine enge Zusammenarbeit zwischen Unternehmen und den zuständigen Sicherheitsbehörden wie Bundes- und Landespolizeien, dem Bundesamt für Verfassungsschutz (BfV), dem Bundesamt für Sicherheit in der Informationstechnik (BSI) und dem Bundesnachrichtendienst (BND) ist dafür ein entscheidender Schlüssel. Wichtig dabei ist es, die unterschiedlichen Perspektiven auf die Bedeutung „Schutz" zu beachten: Für die meisten Unternehmen hat es nicht immer die höchste Priorität herauszufinden, woher ein Angriff stammt bzw. welche Motivation dahintersteckt. Ihnen geht es in erster Linie darum, wie sie und ihre Partner sich am besten davor schützen können.

Neben dem Präventionsaspekt steht für Sicherheitsbehörden zudem die Frage im Zentrum: Wer ist der Angreifer, wie kann er zur Rechenschaft gezogen werden, aus welchem Grund finden Sabotageakte, Spionage- und Ausspähungsversuche statt, was sind die politischen oder ideologischen Hintergründe. Beide

Perspektiven sind elementar, um die Wirtschaft und die eng mit ihr verknüpfte Gesellschaft zu schützen.

Es liegt im Interesse des Staates, Unternehmen, ihre Mitarbeiter, Know-how und Produkte vor organisierter Kriminalität, Konkurrenzausspähung, Spionage, Sabotage, Diebstahl und vor physischen Angriffen zu schützen. Und es liegt im Interesse der Bundesregierung, der einzelnen Ressorts und der ihnen nachgeordneten Sicherheitsbehörden, nicht nur die Wirtschaft zu schützen, sondern auch die darüber hinaus gehenden indirekten Schäden für die Gesellschaft zu minimieren. Ein Angriff auf einen Teil der Kette darf nicht den Ausfall des gesamten Systems zur Folge haben, ob innerhalb eines Unternehmens, einer Branche oder Branchenübergreifend. Wertschöpfungsketten müssen so gestaltet sein, dass sie flexibel an Risiken und Bedrohungen, an veränderte Rahmenbedingungen angepasst werden können.

Um dies zu erreichen, müssen staatliche Stellen auf nationaler und föderaler Ebene mit Unternehmen und wissenschaftlichen Einrichtungen enger als je zuvor zusammenarbeiten: Wirtschaftsschutz ist die Summe aller Maßnahmen von Politik, Behörden und Wirtschaft zur Minimierung von Sicherheitsrisiken für die Wirtschaft, unabhängig von Akteuren und Angriffswegen. Gemeinsam müssen Risiken identifiziert, bewertet und soweit wie möglich minimiert werden.

Dafür muss eine ganzheitliche Wirtschaftsschutzstrategie entwickelt werden, die mit den notwendigen personellen, technischen und finanziellen Mitteln ausgestattet ist, um die Kooperation von Staat und Wirtschaft auszubauen. All diese Maßnahmen werden jedoch nur greifen, wenn die Bemühungen zur Stärkung der Cybersicherheit und des Wirtschaftsschutzes, eng miteinander verzahnt werden. Ziel aller muss es sein, Risiken – wo immer möglich – frühzeitig zu erkennen, zu bewerten und, soweit möglich, zu eliminieren oder zu reduzieren. Ziel muss es sein, die Resilienz des Wirtschaftsstandorts Deutschland ganzheitlich zu stärken.

## Literatur

Allianz. (2021). Allianz Risk Barometer. Identifying the Major Business Risks for 2021. https://www.allianz.com/content/dam/onemarketing/azcom/Allianz_com/economic-research/publications/specials/en/2021/january/Allianz-Risk-Barometer-2021.pdf. Zugegriffen: 27. Febr. 2021.

Berthel, R. (2019). Wirtschaftskriminalität – Lage und Herausforderungen. Die Kriminalpolizei. Spezial: S. 4–8.

Bitkom. (2020). Spionage, Sabotage und Datendiebstahl – Wirtschaftsschutz in der vernetzten Welt. https://www.bitkom.org/Bitkom/Publikationen/Spionage-Sabotage-und-Datendiebstahl-Wirtschaftsschutz-in-der-vernetzten-Welt. Zugegriffen: 5. März 2021.

Bollhöfer, E., Knickmeier, S., & Wallwaey, E. (2019). Wirtschaftsspionage und Konkurrenzausspähung in Deutschland und Europa. Verbundprojekt WISKOS. Abschlussbericht. https://wiskos.de/files/pdf5/Abschlussbericht_Projekt_WISKOS1.pdf. Zugegriffen: 27. Febr. 2021.

Braw, E. (2019). The Manufacturer's Dilemma. *Foreign Policy Spring 2019*, 28–31.

Bueger, C. (2013). Practice, Pirates and Coastguards: The Grand Narrative of Somali Piracy. *Third World Quarterly 34*(10), 1811–1827. doi: https://doi.org/10.1080/01436597.2013.851896.

Bundesamt für Sicherheit in der Informationstechnik (BSI). (2020). Die Lage der IT-Sicherheit in Deutschland 2020. https://www.bsi.bund.de/SharedDocs/Downloads/DE/BSI/Publikationen/Lageberichte/Lagebericht2020.pdf?__blob=publicationFile&v=2. Zugegriffen: 27. Febr. 2021.

Bundesamt für Verfassungsschutz (BfV). (2020a). Corona-Pandemie: Wirtschaftsschutz warnt Pharmaunternehmen und Forschungseinrichtungen vor Spionage. https://www.verfassungsschutz.de/de/oeffentlichkeitsarbeit/newsletter/newsletter-archiv/bfv-newsletter-archiv/bfv-newsletter-2020-01-archiv/bfv-newsletter-2020-01-thema-16. Zugegriffen: 9. März 2021.

Bundesamt für Verfassungsschutz (BfV). (2020b). Multiple Risiken für deutsche Unternehmen, Forschungseinrichtungen und Behörden im Kontext der Coronapandemie. BfV-Newsletter Nr. 4/2020 – Thema 7, https://www.verfassungsschutz.de/de/oeffentlichkeitsarbeit/newsletter/newsletter-archiv/bfv-newsletter-archiv/bfv-newsletter-2020-04-archiv/bfv-newsletter-2020-04-thema-07. Zugegriffen: 27. Febr. 2021.

Bundesamt für Verfassungsschutz (BfV), Bundesamt für Sicherheit in der Informationstechnik (BSI), Allianz für Sicherheit in der Wirtschaft (ASW) (Hrsg.). (2016). Einführung in den Wirtschaftsgrundschutz. Berlin, https://www.wirtschaftsschutz.info/DE/Veroeffentlichungen/Wirtschaftsgrundschutz/einfuehrung/Einfuehrung.pdf?__blob=publicationFile&v=5. Zugegriffen: 9. März 2021.

Bundesgerichtshof (BGH). (2017). BGH, Urteil vom 16.05.2017, Az. X ZR 142/15. http://juris.bundesgerichtshof.de/cgi-bin/rechtsprechung/document.py?Gericht=bgh&Art=en&nr=78951&pos=0&anz=1. Zugegriffen: 27. Febr. 2021.

Bundeskriminalamt (BKA), Kriminalistisches Institut. (2020a). KKF-aktuell 2020/2: Innentäter in Unternehmen 2 – Aktuelle inländische Forschungsbeiträge, wesentliche Ergebnisse und Handlungsempfehlungen, https://www.bka.de/SharedDocs/Downloads/DE/Publikationen/Publikationsreihen/Forschungsergebnisse/2020KKFAktuell_InnentaeterinUnternehmen.pdf?__blob=publicationFile&v=2. Zugegriffen: 27. Febr. 2021.

Bundeskriminalamt (BKA). (2020b). Bundeslagebild Wirtschaftskriminalität 2019. Wiesbaden, https://www.bka.de/SharedDocs/Downloads/DE/Publikationen/JahresberichteUndLagebilder/Wirtschaftskriminalitaet/wirtschaftskriminalitaetBundeslagebild2019.html;jsessionid=E334C237794C1B2171C0CA9E0A7E738D.live0612?nn=28030. Zugegriffen: 27. Febr. 2021.

Bundesministerium der Verteidigung (BMVg). (2021). Hybride Bedrohungen, https://www.bmvg.de/de/themen/sicherheitspolitik/hybride-bedrohungen. Zugegriffen: 9. März 2021.

Bundesministerium des Innern (BMI), Bundesministerium der Justiz (BMJ). (2006). Zweiter Periodischer Sicherheitsbericht. Berlin. 2006.

Bundesministerium des Innern, für Bau und Heimat (BMI), Bundesministerium der Justiz (BMJ). (2001). Erster Periodischer Sicherheitsbericht. Berlin. 2001.

Bundesministerium des Innern, für Bau und Heimat (BMI). (2020). EU2020: Europa im Wettbewerb der Systeme – für mehr Resilienz gegenüber hybriden Bedrohungen, https://www.bmi.bund.de/SharedDocs/pressemitteilungen/DE/2020/12/hybride-bedrohungen.html.
Bundesministerium des Innern, für Bau und Heimat (BMI). (2020). Sicherheit, https://www.bmi.bund.de/DE/themen/sicherheit/sicherheit-node.html. Zugegriffen: 27. Febr. 2021.
Bundesministerium für Bildung und Forschung (BMBF). (2019). WISKOS: Wirtschaftsspionage und Konkurrenzausspähung in Deutschland und Europa, https://www.sifo.de/de/wiskos-wirtschaftsspionage-und-konkurrenzausspaehung-in-deutschland-und-europa-2359.html. Zugegriffen: 27. Febr. 2021.
Bundesverband der Deutschen Industrie (BDI). (2020). COVID-19 in Transport und Logistik. Empfehlungen zur Sicherung der Versorgung der Industrie in Deutschland, https://bdi.eu/publikation/news/COVID-19-in-transport-und-logistik/. Zugegriffen: 27. Febr. 2021.
Deloitte Private. (2020). Cyber Security im Mittelstand. Aus der Studie „Erfolgsfaktoren im Mittelstand", https://www2.deloitte.com/content/dam/Deloitte/de/Documents/Mittelstand/DP_Erfolgsfaktorenstudie_Cyber_Security_im_Mittelstand.pdf. Zugegriffen: 9. März 2021.
Ehrhart, H.-G., Petretto, K., Schneider, P., Blecker, T., Engerer, H., & König, D. (Hrsg.). (2013). *Piraterie und maritimer Terrorismus als Herausforderungen für die Seehandelssicherheit Deutschlands: Politik, Recht, Wirtschaft, Technologie*. Nomos Verlag.
Essig, M., Hülsmann, M., Kern, E.-M., & Klein-Schmeink, S. (Hrsg.). (2013). *Supply Chain Safety Management. Security and Robustness in Logistics*. Springer Verlag.
Gesamtverband der Deutschen Versicherungswirtschaft (GDV). (2019). Versicherer warnen vor hohen Schäden durch kriminelle Mitarbeiter. Medieninformation vom 04.09.2019, https://www.gdv.de/de/medien/aktuell/versicherer-warnen-vor-hohen-schaeden-durch--kriminelle-mitarbeiter-50522. Zugegriffen: 27. Febr. 2021.
Kiebler, L., Ebel, D., Klink, P., & Sardesai, S. (2020). Risikomanagement disruptiver Ereignisse in Supply Chains. Whitepaper. Dortmund: Fraunhofer IML, https://www.iml.fraunhofer.de/content/dam/iml/de/documents/OE%20220/Risikomanagement_disruptiver_Ereignisse_in_Supply_Chains.pdf. Zugegriffen: 27. Febr. 2021.
KPMG. (2020). Im Spannungsfeld – Wirtschaftskriminalität in Deutschland 2020, https://hub.kpmg.de/wirtschaftskriminalitaet-in-deutschland-2020-im-spannungsfeld. Zugegriffen: 5. März 2021.
Mair, S. (2018). Von der Geopolitik zur Geoökonomie. In S. Mair, D. Messner, & L. Meyer (Hrsg.), *Deutschland und die Welt 2030* (S. 83–91). Econ Verlag.
Oceans Beyond Piracy (OBP). (2018). State of Maritime Piracy Report. Assessing the Economic and Human Cost, http://oceansbeyondpiracy.org/publications/state-maritime-piracy-2017. Zugegriffen: 27. Febr. 2021.
Petretto, K. (2012). Diebstahl, Raub und erpresserische Geiselnahme im maritimen Raum – Eine Analyse zeitgenössischer Piraterie. Hamburger Beiträge zur Friedensforschung und Sicherheitspolitik 158, http://www.ifsh.de/file-IFSH/IFSH/pdf/Publikationen/Hamburger Beitraege_Petretto_Jan2012.pdf. Zugegriffen: 27. Febr. 2021.
Petretto, K. (2013). Der Maritime Raum und maritime Sicherheit: Deutschlands Zwiespältige Dimension. In: S. Bruns, D. Petrovic, D. K. Petretto (Hrsg.), Maritime Sicherheit (S. 147–164). Springer.

Sokolov, D. A. J. (2021). Florida: Hacker wollte Trinkwasser aus der Ferne vergiften, 19.2.2021, https://www.heise.de/news/Hackerangriff-auf-das-Trinkwasser-5049266.html. Zugegriffen: 9. März 2021.

Spenner, K. (2020). Lieferausfälle durch Corona (K)ein Fall von Force Majeure? Legal Tribune Online, 18. März 2020, https://www.lto.de/recht/kanzleien-unternehmen/k/corona virus-lieferketten-force-majeure-hoehere-gewalt-lieferunterbrechung/. Zugegriffen: 27. Febr. 2021.

Tamminga, O. (2015). Zum Umgang mit hybriden Bedrohungen. Auf dem Weg zu einer nationalen Resilienzstrategie. SWP-Aktuell 2015/A 92, https://www.swp-berlin.org/pub likation/resilienzstrategie-gegen-hybride-bedrohungen/. Zugegriffen: 27. Febr. 2021.

Wolter, J., Grothe, M., & U. Heim. (2019). #Desinformationslage, Prognose und Abwehr. Sicherheitsstudie zu Desinformationsangriffen auf Unternehmen. Berlin: ASW Bundesverband, https://www.asw-bundesverband.de/fileadmin/user_upload/dokumente/Stu dien_etc/studie_desinformation.pdf. Zugegriffen: 27. Febr. 2021.

**Kerstin Petretto** arbeitet seit 2018 im Bundesverband der Deutschen Industrie e.V. (BDI), seit Juli 2020 ist sie Referentin für Sicherheit, Verteidigung und Wirtschaftsschutz in der Abteilung Internationale Zusammenarbeit, Sicherheit, Rohstoffe und Raumfahrt. Nach ihrem Studium der Politikwissenschaft, des Völkerrechts und der Ethnologie in München arbeitete sie bei der Stiftung Wissenschaft und Politik (SWP) in Berlin und beim Institut für Friedensforschung und Sicherheitspolitik an der Universität Hamburg (IFSH) in den Bereichen internationale Sicherheitspolitik, maritime Sicherheit, fragile Staatlichkeit und Krisen- und Konfliktmanagement.

# Die Zukunft der Corporate Security

# Mega-Trend, Digitalisierung, Automatisierung und Robotik in der (Unternehmens)-Sicherheit – Chancen und Herausforderungen

## Johannes Abresch

> **Zusammenfassung**
>
> Für Unternehmen und deren Sicherheitsorganisationen stellt sich nicht wirklich die Frage, ob sie sich mit dem Thema „Digitalisierung" beschäftigen sollen. Es wird für die meisten Unternehmen eine existentielle Frage werden. Sie werden diese Herausforderung annehmen müssen, um langfristig wettbewerbsfähig und erfolgreich zu bleiben.

Digitale Transformation bedeutet im Kern, dass einfach gelagerte Routineaufgaben und -Tätigkeiten mehr und mehr durch intelligente Plattformen (KI-unterstützte Software, Systeme, Maschinen) ersetzt werden. Neue intelligente Technologien werden zukünftig dort eingesetzt werden, wo sie mit ihren spezifischen Fähigkeiten den Menschen entlasten können. So könnten beispielsweise KI-Plattformen und Smart-Data Analysesysteme bei der Auswertung umfassender Datenpools in Sicherheitslagezentren und -leitstellen unterstützen. Sicherheitsverantwortliche, die diese Entwicklung ignorieren oder darauf hoffen, dass die Digitalisierung für die eigene Sicherheitsorganisation keine große Bedeutung hat, werden von der digitalen Transformation überrollt werden.

Wie also dem digitalen Wandel begegnen? Wie seine Chancen nutzen? Der Erneuerungsprozess erfordert vor allem den Mut, eingeübte Strukturen, Denk- und Arbeitsweisen innerhalb der Sicherheitsorganisation stetig zu überdenken, Prozesse in Frage zu stellen, um neue Wege gehen zu können. Die Digitalisierung

---

J. Abresch (✉)
Deutsche Post DHl Group, Bonn, Deutschland
E-Mail: johannes.abresch@dpdhl.com

bietet jedoch auch vielfältige Chancen und Möglichkeiten, um die Sicherheitsorganisation im Unternehmen neu aufzustellen und durch innovative Lösungen Mehrwert und Wertbeiträge für das Unternehmen zu generieren. Hier können zukunftsorientierte Sicherheitsverantwortliche und -manager demonstrieren, dass sie auf Augenhöhe mit anderen strategischen Unternehmensfunktionen agieren.

Der technologische Wandel ermöglicht es, die Sicherheitsorganisation als Innovationstreiber zu positionieren. Weg vom „Werkschutz-Image", das Sicherheitsabteilungen häufig immer noch anhängt, hin zu einer gestaltenden, strategischen Organisation, die aufgrund ihrer (digitalen) Kompetenz und Zukunftsorientiertheit als echter „business-enabler" im Unternehmen wahrgenommen und als wichtiger Partner in die Entscheidungsprozesse einbezogen wird. Für Sicherheitsorganisationen relevante digitale Technologien sind bereits in vielfältiger Form verfügbar – Sicherheitsverantwortliche sollten die wichtigsten Trends kennen, z. B.:

- Sicherheitsrobotik
- Verbesserte Sicherheitslagebilder durch BIG Data-Analyse und strategische Vorausschau (Forecasting)
- Einsatz von KI-Plattformen
- Innovative Video-Kamerasysteme
- Sicherheitsdrohnen

Die Entwicklung einer Digitalisierungsstrategie ist die unentbehrliche Grundlage für den digitalen Transformationsprozesses der Sicherheitsorganisation. Agilität und Flexibilität im Denken und Handeln werden im Zuge des digitalen Veränderungsprozesses für Sicherheitsverantwortliche und Mitarbeitern an Bedeutung zunehmen. Nur wenn Führungskräfte und insbesondere der Leiter der Sicherheitsorganisation überzeugend sind, sie glaubwürdig und authentisch die Notwendigkeit dieses Wandels vermitteln können, werden sie erfolgreich die digitale Transformation in der Sicherheitsorganisation umsetzen können.

Innovationsfreudige Führungskräfte, „digital leader" und „digital champions" sind unabdingbar, um Digitalisierungsthemen in der Sicherheitsorganisation zügig voranzutreiben. „Digital champions" können helfen den Digitalisierungsprozess der Sicherheitsorganisation zu gestalten. Bei diesen handelt es sich um Mitarbeiter, die eine besondere Affinität zu Digitalisierungsthemen haben und möglicherweise bereits gezeigt haben, dass sie in der Lage sind durch den Einsatz digitaler Technologien Innovation und Prozessoptimierung nach vorn zu bringen. Dieses häufig vorhandene Mitarbeiterpotenzial der „digital champions" und ihre Fähigkeiten sollten Sicherheitsverantwortliche nutzen und beim digitalen Wandel einbinden. Nur 15 % aller Unternehmen haben diese Chance bisher erkannt und gehen sie in strukturierter Weise an. Die Digitale Transformation bietet viele Herausforderungen aber auch viele Chancen und Möglichkeiten, um Sicherheitsorganisationen auf eine neue qualitative Ebene zu heben. Leiter von Sicherheitsorganisationen müssen sich konkret mit der Digitalisierung, der digitalen Transformation und den Folgen dieser Entwicklung auf Ihr Unternehmen und insbesondere Ihr Aufgabengebiet auseinandersetzen. Je eher desto besser!

# 1 Basics – Digitale Transformation

## 1.1 Digital SAM ante portas

SAM, der neue Kollege im Sicherheitsdienst, trat seinen Dienst im Spätsommer 2019 an. Im Bewerbungsprozess hatte er sich ein hartes Kopf-an-Kopf-Rennen mit LISA geliefert und dieses Rennen für sich entschieden. Das war umso erstaunlicher, als SAM keine der sonst üblichen Voraussetzungen für den Job erfüllte: Er hatte keine Sachkundeprüfung für das Bewachungsgewerbe (§ 34a GewO) vorweisen können. Er hatte auch keinen Bachelor oder Master in z. B. Sicherheitsmanagement abgelegt, nicht einmal ein Praktikum bei einer international anerkannten Sicherheitsinstitution. Auch seine Sprachkenntnisse waren schlecht und sein Sozialverhalten erst recht. SAM, ca. 70 cm hoch, vollgepackt mit Hightech, diversen 4 K-Kameras und weiteren Sensoren, wirkte mit seinen kleinen Gummirädern und der blinkenden Rundumleuchte nicht wirklich wie ein vollwertiger Ersatz für die Kollegen im Sicherheitsdienst. Trotzdem war deren Verunsicherung sofort spürbar. Schließlich fasste sich einer von ihnen ein Herz und fragte, ob denn ihre Tage jetzt hier im Sicherheitsdienst gezählt seien. Würden etwa demnächst weitere SAMs und LISAs ihre Aufgaben übernehmen? Ja oder nein?

Die Frage des Kollegen ist durchaus berechtigt. Sicher ist: Die Welt wird digitaler und dies wird umfassende Veränderungen mit sich bringen. Es verbessern sich nicht nur Geschäftsprozesse mithilfe von neuen Informations-, Kommunikationstechniken und anderen innovativen Technologien. Die digitale Transformation hat das Potenzial, bisherige Geschäftsmodelle und ganze Branchen auf den Prüfstand zu stellen und sie ggf. zu verdrängen (digitale Disruption).

Für Unternehmen und deren Sicherheitsorganisationen stellt sich also nicht wirklich die Frage, ob sie sich mit dem Thema „Digitalisierung" beschäftigen sollen. Es wird für die meisten Unternehmen eine existenzielle Frage werden. Sie werden diese Herausforderung annehmen müssen, um langfristig wettbewerbsfähig zu bleiben. Sicherheitsverantwortliche, die diese Entwicklung ignorieren oder darauf hoffen, dass die Digitalisierung für die eigene Sicherheitsorganisation keine große Bedeutung hat, werden von der digitalen Transformation überrollt werden. Ihre Aufgaben werden dann tatsächlich eines Tages SAM oder LISA übernehmen. Soweit sollte es nicht kommen.

Wie also dem digitalen Wandel begegnen? Wie seine Chancen nutzen? Der Erneuerungsprozess erfordert vor allem den Mut, eingeübte Strukturen, Denk- und Arbeitsweisen innerhalb der Sicherheitsorganisation stetig zu überdenken, Prozesse infrage zu stellen, um neue Wege gehen zu können. Die Digitalisierung bietet vielfältige Chancen und Möglichkeiten, um die Sicherheitsorganisation im Unternehmen neu aufzustellen und durch innovative Lösungen Mehrwert und Wertbeiträge für das Unternehmen zu generieren. Hier können zukunftsorientierte Sicherheitsverantwortliche und -manager demonstrieren, dass sie auf Augenhöhe mit anderen strategischen Unternehmensfunktionen agieren. Der technologische Wandel ermöglicht es, die Sicherheitsorganisation als Innovationstreiber zu positionieren. Weg vom „Werkschutzimage", das Sicherheitsabteilungen häufig immer noch anhängt, hin zu einer gestaltenden, strategischen Organisation, die aufgrund ihrer (digitalen) Kompetenz und Zukunftsorientiertheit als echter „businessenabler" im Unternehmen wahrgenommen und als wichtiger Partner in die Entscheidungsprozesse einbezogen wird. Die Chancen sind vielfältig. Durch die neuen digitalen Lösungen sind, auch im Sicherheitsbereich, Produkte, Services und Dienstleistungen möglich, die vor 20 Jahren noch undenkbar schienen. Gestalten wir diese Transformation im Sicherheitsbereich aktiv mit.

## 1.2 Digitale Transformation – worum geht es?

Der Begriff der Digitalisierung beruht auf der Idee, Analoges, also physisch Vorhandenes, in ein digitales Format zu überführen (Bendel, 2020). Dieser Grundgedanke ist nicht neu, wenn wir beispielsweise an die Entwicklung von der Schallplatte zur MP3 oder vom Buch zum E-Reader denken. Die Idee hat eine Dynamik entwickelt, die mittlerweile fast alle Bereiche unserer Lebens- und Arbeitswelt erfasst hat und deren Endpunkt noch nicht erreicht ist (Eurofound 2020). Dabei steht die derzeitige Vernetzung von digitaler und analoger Welt (IoT) vielleicht erst noch am Anfang. Dieser Prozess wird für tiefgreifende Veränderungen sorgen – auch im Sicherheitsbereich, wie das Beispiel SAM und LISA zeigen sollen. Vermutlich wird die permanente und rasche Veränderung sogar ein Kennzeichen dieses digitalen Zeitalters werden. Der permanente Wechsel und stetige Veränderungsprozesse werden das „new normal". Geschäftsmodelle, denen man bisher eine quasi unbefristete Daseinsberechtigung zugeschrieben hatte, können heute binnen kürzester Zeit vom Markt verschwinden (z. B. „Phänomen UBER" substituiert die Taxi-Branche ohne eigene Fahrzeuge). Allerding ist auch festzustellen, dass Organisationen und Unternehmen, die sich intensiv mit den Herausforderungen der Digitalisierung, ihren Trends und Möglichkeiten auseinandersetzen, durchaus einen Vorteil am Markt und ggü. dem Wettbewerb generieren können (BMWI, 2020). Wer beispielsweise als Sicherheitsverantwortlicher sehr frühzeitig Trends und sicherheitsrelevante Entwicklungen durch digitale Hilfsmittel sichtbar machen kann, ist in der Lage, schneller Gegenmaßnahmen einzuleiten und damit Schaden vom Unternehmen abzuwenden.

Sicherheitsverantwortliche müssen sich deshalb umfassend und intensiv mit den digitalen Fähigkeiten der eigenen Organisation auseinandersetzen. Es gilt Stärken und Schwächen zu analysieren, die zukünftigen Anforderungen an die Sicherheitsorganisation in einem digitalisierten Umfeld zu definieren, diese dann auch zu implementieren und fortlaufend weiterzuentwickeln. In gleicher Weise werden sich aber auch neue hochqualifizierte Berufsbilder entwickeln, die sicherstellen, dass die Interaktion zwischen Menschen und digitalen, zunehmend intelligenten Plattformen gelingt. Insgesamt geht man davon aus, dass bis zum Jahr 2025 etwa 2,1 Mio. neue Jobs entstehen werden. Bis 2035 wird ein Zuwachs von 3,3 Mio. Arbeitsplätzen erwartet (Deloitte, 2020).

Digitale Transformation bedeutet im Kern, dass einfach gelagerte Routineaufgaben und -tätigkeiten mehr und mehr durch intelligente Plattformen (KI-unterstützte Software, Systeme, Maschinen) ersetzt werden. Neue intelligente Technologien werden zukünftig dort eingesetzt werden, wo sie mit ihren spezifischen Fähigkeiten den Menschen entlasten können (Gates, 2020). So könnten beispielsweise KI-Plattformen und Smart-Data-Analysesysteme bei der Auswertung umfassender Datenpools in Sicherheitslagezentren und -leitstellen unterstützen. Auf diese Weise können derart entlastete Mitarbeiter mit höherwertigen Aufgaben betraut werden. Modulare Plattformtechnologien, die flexibel miteinander verknüpfbar sind, sowie Cloud-Lösungen, 5G und KI bieten neue Möglichkeiten zur Optimierung der Sicherheitsarchitektur in Unternehmen (Khot, 2020; BMWI Leitfaden 5G, 2020). Zunehmend werden die vorhandenen digitalen Sicherheitssysteme (Kameranetzwerke, Zugangskontrollsysteme, Lage-Monitoring etc.) miteinander vernetzt und in integrierte Sicherheitsmanagement-Plattformen zusammengeführt. Bereits kurz- bis mittelfristig stehen uns also erhebliche strukturelle Veränderungen bevor, die umfassende Auswirkungen auf unsere wirtschaftlichen, beruflichen und nicht zuletzt auch privaten Lebenswelten haben dürften. Diesen Wandel auch sozialverträglich zu gestalten, wird eine nicht zu unterschätzende Herausforderung für die Gesellschaft, für Politik und Wirtschaft.

### 1.3 Digital Global Player – wo steht Deutschland?

Sicherlich müssen Risiken und Chancen dieser innovativen Technologien sorgfältig geprüft und abgewogen werden. Wir werden uns jedoch als Gesellschaft diesem Veränderungsprozess nicht entziehen können, insbesondere, wenn wir mit unserem Gesellschafts- und Wirtschaftsmodell im internationalen Wettbewerb bestehen und dabei unsere globale wirtschaftliche Führungsrolle weiterhin behaupten wollen. Tatsächlich hinkt Deutschland im internationalen Vergleich bei der digitalen Transformation hinterher (Siems & Doll, 2019; Voithenberg, 2020). Die „BIG FIVE" – Google, Amazon, Facebook, Apple, Microsoft – der digitalen Transformation dominieren aus den USA heraus die digitalen Märkte mit ihren Produkten und Dienstleistungen (Bertschek, 2019; Matthes, 2020). In Asien versuchen insbesondere chinesische digitale Tech Giganten wie Alibaba, Baidu und Tencent eine „digitale Seidenstrasse" zu etablieren und darüber strategischen Einfluss auf die digitalen Veränderungsprozesse zu nehmen. Über günstige digitale Bildungsangebote für die asiatische Tech- und Start-up-Szene wird versucht ein möglichst enges, digitales Netzwerk zu knüpfen. Nicht selten sind chinesische Hardware- und Software-Ausrüster in der Lage ihre Produkte zu Marktpreisen anzubieten, bei denen andere Wettbewerber nicht mithalten können (Abele, 2020). Dies macht sich auch bei den Ausrüstern und Dienstleistern von digitaler Sicherheitstechnologie bemerkbar, die seit einiger seit intensiv versuchen größere Marktanteile in diesem Segment zu erobern.

Durch üppige staatliche Subventionen gestützt, sollen chinesische Unternehmen bis 2025 die globale Technologieführerschaft übernehmen. Dies wird dadurch begünstigt, dass digitale Technologien in Asien (China) eine sehr viel höhere Akzeptanz haben als in Deutschland und der EU (Jungwirth, 2018). Datenschutz wird als nicht so wichtig erachtet. Die Umsetzungsgeschwindigkeit von der Entwicklung bis zur Marktreife neuer digitaler Produkte ist dadurch einfach schneller. Es ist für Deutschland und Europa noch nicht zu spät. Es gibt hierzulande eine Vielzahl innovativer und zukunftsorientierter Unternehmen – „hidden champions" – die im Bereich der digitalen Sicherheitstechnologie durchaus als Weltmarktführer in ihrem Segment gelten. Wir sollten als Sicherheitsverantwortliche nicht zögern, die Chancen, die sich aus den neuen

Möglichkeiten und Technologien ergeben, zu nutzen und diese dort einsetzen, wo sie rechtlich, ethisch vertretbar sind. So schaffen wir ein effizientes und ressourcen-schonendes Sicherheitsmanagement in unserem Unternehmen.

Nicht alle Innovationen im Sicherheitsbereich werden langfristig halten, was man sich zu Beginn von ihnen verspricht. So zeigte sich beispielsweise bei Kollege SAM, dass seine Software nicht immer reibungslos funktionierte und ihn zu der einen oder anderen „Irrfahrt" verleitete. Auch erkannten seine Sensoren nicht immer zuverlässig Glaswände, was zu einigen Beulen und „Kopfschmerzen" bei SAM und seinen Technikern führte. Den Überblick zu behalten und sinnvolle und effiziente Möglichkeiten für den Einsatz der neuen Technologien für die Belange der Unternehmenssicherheit zu identifizieren, fällt nicht immer leicht. Die folgenden Hinweise sollen Hilfestellung und Überblick für Sicherheitsverantwortliche geben, die sich näher mit dem Themenkomplex auseinandersetzen wollen, um die Möglichkeiten und Grenzen innovativer Sicherheitstechnologien für ihren Verantwortungsbereich zu ermitteln.

## 2 Grundlagenwissen für die digitale Transformation der Sicherheitsorganisation

### 2.1 Digitaler Reifegrad und Transformationsfaktoren

Sicherheitsverantwortliche sind es gewohnt, ihre Aufgabenbereiche strukturiert und prozessorientiert zu betrachten, insbesondere wenn es um Themen aus dem Bereich der Sicherheitstechnologie geht. Geht es aber um die Absicht einer zukünftigen umfassenden digitalen Durchdringung der Sicherheitsorganisation, eben eines nachhaltigen, digitalen Transformationsprozesses, so ist es ratsam, diesen Prozess besonders sorgfältig zu planen und umzusetzen. Eine „rip-and-replace"-Strategie wird bei diesem sensiblen Thema meist nicht den gewünschten Erfolg herbeiführen (Garber, 2019; Zetlin, 2017).

Die digitale Transformation einer Sicherheitsorganisation sollte immer mehrdimensional betrachtet werden. Dabei werden häufig verschiedene Phasen der Umgestaltung durchlaufen (Fasel und Meier, 2016). Dem digitalen Reifegrad kann man sich anhand des Umfangs und der Tiefe der digitalen Durchdringung einer Organisation annähern. Je nach Intensität stehen Organisationen dabei ganz am Anfang der digitalen Transformation, haben sich schon einmal mit der Thematik auseinandergesetzt, haben bereits erste Prozesse digitalisiert oder sind schon weit fortgeschritten mit der Digitalisierung der Organisation.

Zu Beginn des digitalen Transformationsprozesses ist es hilfreich, den bestehenden Reifegrad der Sicherheitsorganisation mithilfe eines Matrix-Schemas zu bewerten (Berghaus et al., 2016; Mittelstand, 2017). Je detailreicher die einzelnen Dimensionen und die dazugehörigen Prozesse analysiert werden, desto umfassender lässt sich der Reifegrad der Digitalisierung der Sicherheitsorganisation feststellen. Gleichzeitig lassen sich dadurch bereits Potentiale für den digitalen Transformationsprozess identifizieren (GAP-Analyse). Ergänzend ist es sinnvoll, auch das Unternehmensumfeld in den Bewertungsprozess einfließen zu lassen und sich mit den grundlegenden Fragen für einen erfolgreichen digitalen Wandel der Sicherheitsorganisation näher zu beschäftigen. Hierzu gehören u.a. folgende Fragestellungen:

- Welche Trends gewinnen an Bedeutung, insbesondere
  - Welche Entwicklungen laufen im „Ökosystem" meines Unternehmens ab? Welchen Einfluss könnten diese auf die Sicherheitsorganisation haben?
  - Welche Veränderungen sind in der Sicherheitsbranche erkennbar?
  - Was tut sich im Bereich digitaler Technologien (IoT, Big Data, Advanced Analytics, Artificial Intelligence, …)? Welche dieser neuen Technologien könnten auf welche Weise für unsere Sicherheitsorganisation relevant werden?
- Welche Fähigkeiten, Prozesse und Methoden haben sich im Rahmen der digitalenTransformation bereits bewährt?
- Wie können die digitalen Themen nachhaltig organisatorisch verankert werden?

Eine Vielzahl wissenschaftlicher Studien hat sich damit beschäftigt, welche Bedeutung einzelne Transformationsfaktoren haben und welche besondere Funktion diese dabei im Rahmen der digitalen Transformation spielen (Egili, 2016). Im Kern scheinen folgende Faktoren für einen erfolgreichen digitalen Transformationsprozess relevant zu sein:

- Digitalisierungs-Strategie
- Führung/Leadership
- Mitarbeiter
- Kultur/digital mindset
- Prozesse/Technologie/Infrastruktur

Daher sollten Sicherheitsverantwortliche folgende Fragestellungen im Vorfeld des angestrebten digitalen Transformationsprozesses berücksichtigen:

- Inwieweit sind Aspekte der Digitalisierung bereits in die verschiedenen Führungsthemen (Führung, Kommunikation, Partizipation, Kooperation etc.) integriert?
- Wie digital versiert, engagiert und interessiert sind die Mitarbeiter der Sicherheitsorganisation bereits?
- Welche IT-Tools, Software-Unterstützung, IT-Infrastruktur stehen der Sicherheitsorganisation bereits zur Verfügung?

Sicherheitsorganisationen haben, je nach Branche/Sektor und entsprechender Risikoanalyse, unterschiedliche Schwerpunkte für Ihren Aufgabenbereich definiert (z. B. Standortsicherheit/Bewachung, Reisesicherheit, Counter-Fraud). Daher kann die digitale Durchdringung dieser Aufgabenbereiche, selbst innerhalb der Sicherheitsorganisation, durchaus variieren. So kann es z. B. sein, dass hochkritische/-sensible Liegenschaften oder Standorte eines Unternehmens bereits mit der neuesten digitalen Sicherheitstechnologie geschützt werden, weniger sensible Standorte hingegen ggf. nur durch gelegentliche Streifengänge überwacht werden. Gegebenenfalls hat sich auch in einzelnen Bereichen der Sicherheitsorganisation der Einsatz digitaler Technologien bereits seit längerer Zeit etabliert (z. B. Sicherheitsleitzentralen, Video-/Überwachungstechnologie). Aber auch andere Prozesse innerhalb der Sicherheitsorganisation können ggf. bereits einen gewissen Digitalisierungsgrad erreicht haben, z. B. möglicherweise, weil das Unternehmen insgesamt bereits bestimmte Bereiche digitalisiert hat und die Sicherheitsorganisation hier eingebunden wurde (z. B. digitale Einkaufs- oder Reisekostenabrechnungsprozesse).

## 2.2 Strategy wins – Digitalisierungsstrategie entwickeln

„Strategy wins" – diese Erkenntnis hat sich von Sun Tzu über Clausewitz (Wikipedia et al., 2020) u. a. bis heute immer wieder bewahrheitet. Nur mit einer klar definierten Zielvorstellung wird man den digitalen Wandel erfolgreich gestalten können. Daher ist die Entwicklung einer Digitalisierungsstrategie die unentbehrliche Grundlage für den digitalen Transformationsprozesses der Sicherheitsorganisation. Sie ist allen anderen o.a. Transformationsfaktoren übergeordnet. Im Kern sollte die Digitalisierungsstrategie der Sicherheitsorganisation durch deren Leiter bzw. das Leitungs-Team entwickelt werden.

Führungskräfte sind gut beraten, von Anfang an offen und ehrlich Strategie und Ziele ihrer digitalen Agenda innerhalb der Sicherheitsorganisation zu kommunizieren. Dabei geht es nicht allein um die Veranschaulichung der anstehenden technologischen Veränderungen und der Optimierung der entsprechenden Prozesse durch den Einsatz digitaler Hilfsmittel. Genauso wichtig ist es, den Mitarbeitern durch die Digitalisierungsstrategie Leitlinien und Unterstützung anzubieten hinsichtlich z. B.:

- des Umgangs mit (Unternehmens-) Werten und der Kultur in einer digitalisierten Arbeitswelt
- der möglicherweise erforderlichen Veränderung im Verhalten der Mitarbeiter
- der Entwicklung neuer Kompetenzen
- des Umgangs mit Veränderung durch Digitalisierungsprozesse
- neuer Formen der Zusammenarbeit innerhalb der Sicherheitsorganisation und des Wissensmanagements und -transfers innerhalb der Organisation
- der Identifizierung und Kommunikation von Schwerpunkten der digitalen Transformation in der Sicherheitsorganisation
- von Meilensteinen bzw. eines zeitlichen Rahmens des angestrebten Digitalisierungsprozesses

Dabei ist es durchaus legitim, wenn noch nicht unmittelbar alle Rahmenbedingungen und Auswirkungen der „digitalen Zukunft" detailliert beschrieben bzw. kommuniziert werden können. Denn digitale Transformation bedeutet eben auch, dass wir erst am Beginn dieses Prozesses stehen und in vielen Bereichen immer wieder „Neuland" beschreiten. Für diesen Wandlungsprozess ist daher ein hohes Maß an Agilität und Flexibilität erforderlich. Wichtig ist, dass den Mitarbeitern der Sicherheitsorganisation vermittelt wird, dass sie Teil des Prozesses sind und durch geeignete Formate (Workshops, Fachkonferenzen etc.) die digitale Transformation der Sicherheitsorganisation mitgestalten können.

## 2.3 Führung, Management und Leadership im digitalen Transformationsprozess

### 2.3.1 Management

Die digitalen Veränderungsprozesse laufen in schnelleren Zyklen ab als wir es bisher in der häufig immer noch analog-dominierten Arbeitswelt gewohnt sind. Mitarbeiter in einer Sicherheitsorganisation werden zukünftig Herausforderungen, Technologien und Aufgaben bewältigen müssen, die wir uns heute noch nicht vorstellen können und von denen wir heute nicht mal wissen, dass es sie geben wird (Fraunhofer, 2016; IWS, 2017). Die Mitarbeiter so zu befähigen, dass sie diesen hochkomplexen Anforderungen und permanenten Veränderungsprozessen gewachsen sind und auch dauerhaft standhalten können, ist eine Herausforderung für Führungskräfte. Hier liegt ihre eigentliche und wesentliche Managementaufgabe, die für den Erfolg und die Wettbewerbfähigkeit der Sicherheitsorganisation im Unternehmen entscheidend sein wird. Agilität und Flexibilität im Denken und Handeln werden daher für Sicherheitsverantwortliche an Bedeutung zunehmen. Die höhere Prozessgeschwindigkeit digitalisierter Abläufe benötigt schnellere Entscheidungsstrukturen. Eine Konsequenz daraus kann die Glättung vorhandener Hierarchien und mehr Entscheidungskompetenz auf den unteren Ebenen der Sicherheitsorganisation sein.

### 2.3.2 Erfolgsfaktor – Digital Leadership

Das Projekt Digitalisierung in der Sicherheitsorganisation ist kein Selbstläufer. Wie aber kann es gelingen, dass die Mitarbeiter den Weg der Digitalisierung mitgehen und diesen aktiv gestalten? Es geht um sehr viel mehr als um ein reines „Management" des digitalen Transformationsprozesses. Zwar werden die klassischen Managementfähigkeiten auch weiterhin ihre Berechtigung behalten, um Strukturen und Prozesse innerhalb einer Organisation nachhaltig zu festigen. Jedoch wird es in Zeiten eines (permanenten) digitalen Transformationsprozesses mehr denn je darauf ankommen, dass Führungskräfte diesen Wandel durch Inspiration und Leadership gestalten und ihre Mitarbeiter während dieser Veränderungsprozesse eng begleiten. Der grundlegende Wandel, der durch den digitalen Transformationsprozess hervorgerufen wird, erfordert besondere Entschlossenheit, zugleich mitreißende Begeisterung bei den Führungskräften der Sicherheitsorganisation diesen Prozess durchzusetzen. Nur wenn Führungskräfte und insbesondere der Leiter/die Leiterin der Sicherheitsorganisation überzeugend sind, sie glaubwürdig und authentisch die Notwendigkeit dieses Wandels vermitteln können, werden sie erfolgreich die digitale Transformation in der Sicherheitsorganisation umsetzen können (vgl. Ernst-Siebert, 2008). Ohne den intrinsischen Willen neue Wege zu gehen, Unwägbarkeiten und Risiken in bestimmten Bereichen bewusst in Kauf zu nehmen, wird der Sprung ins digitale Zeitalter nicht gelingen.

## 2.4 Unternehmenskultur und „digital attitude"

Für Führungskräfte ist es von besonderer Bedeutung die weichen Faktoren („soft factors") des digitalen Transformationsprozesses im Auge zu behalten. Die jeweilige Unternehmenskultur prägt in besonderer Weise die Haltung gegenüber Veränderungsprozessen. Sicherheitsorganisationen haben hier einen gewissen

Vorteil. Als Querschnitts- bzw. Stabsfunktionen sind sie häufig bereits darin geübt in sich selbst koordinierenden, agilen Teams und bereichsübergreifenden Netzwerken zu arbeiten. Das Arbeiten im Team sowie häufig wechselnde neue Herausforderungen sind ein besonderes Kennzeichen der Aufgabenvielfalt und Arbeitsweise von Sicherheitsmanagern.

Ein wichtiger Aspekt ist ebenfalls die Frage in welcher Form die digitale Transformation der Sicherheitsorganisation kommunikativ begleitet wird. Die Strategie, einzelne Schritte, die großen Fortschritte des digitalen Wandelns, aber auch Rückschläge, müssen fortlaufend und regelmäßig kommuniziert werden.

- Welche Projekte laufen, Wie laufen sie?
- Was klappt gut, was funktioniert noch nicht?
- Was konnte man bereits aus einzelnen Projekten lernen, gibt es schon einzelne „quickwins"?

Idealerweise kommuniziert man die Ergebnisse auf Share-Plattformen, die jedem Mitarbeiter und jeder Mitarbeiterin der Sicherheitsorganisation leicht zugänglich sind und/oder in regelmäßigen Treffen der Sicherheitsorganisation. „Trial & Error", also Fehler akzeptieren, um daraus zu lernen (vgl. Kort, 2017) gehört zweifellos zur „digital-attitude" und sollte Teil der Kultur im digitalen Transformationsprozess sein. Wenn Scheitern nicht zugelassen wird, läuft man Gefahr, dass sich niemand traut, etwas Neues auszuprobieren und neue digitalisierte Prozessentwicklungen oder Tools anzustoßen.

## 2.5 Mitarbeiter und „digital champions"

Für den digitalen Transformationsprozess ist es von herausragender Bedeutung, ob und in welchem Umfang digitale Kompetenzen verfügbar sind und wie offen die Belegschaft mit Fragen des digitalen Wandels umgehen. Entsprechend kommt es bei dem Transformationsfaktor „Mitarbeiter" sowohl auf den Grad des potenziellen Engagements als auch auf die fachliche Kompetenz an. Sofern keine ausreichenden digitalen Kompetenzen verfügbar sind, sind entsprechende Trainings und Weiterbildungskonzepte unverzichtbar.

Die Identifizierung des digitalen Kompetenzgrades und der entsprechenden vorhandenen Fähigkeiten der Mitarbeiter sind Grundvoraussetzungen, um die Sicherheitsorganisation weiterzuentwickeln. Die Frage der digitalen Kompetenz einer Organisation ist oft ein Reizthema. Digitale Veränderungsprozesse werden oft begleitet von Ängsten, und Unsicherheiten der betroffenen Mitarbeiter. Sie stellen sich durchaus selbst die Frage, ob sie die Fähigkeiten und Kompetenzen besitzen, um in einer „durchdigitalisierten" Arbeitswelt zu bestehen oder ob sie ggf. zu den Verlierern dieser Entwicklung gehören könnten. Darauf gilt es frühzeitig Rücksicht zu nehmen. Der Reifegrad der Digitalkompetenz der Mitarbeiter einer (Sicherheits-) Organisation bemisst sich im Wesentlichen an den individuellen digitalen Fähigkeiten der einzelnen Mitarbeiter, an der Art und Weise wie Gruppen und Teams miteinander agieren und der Fähigkeit eines Unternehmens digitale Prozesse sehr schnell und flexibel an neue Entwicklungen anzupassen.

Die individuellen digitalen Fähigkeiten der einzelnen Mitarbeiter sollten den Führungskräften innerhalb der Sicherheitsorganisation durchaus bekannt sein. Häufig existieren umfassende Weiterbildungskonzepte und entsprechende Dokumentationen. Dadurch ist der individuelle Kompetenzgrad der Mitarbeiter leicht zu ermitteln. Auch Mitarbeiter mit besonderen digitalen Kompetenzen (z. B. Excell-Fähigkeiten, JAVA, Python- und weitere KI-Kenntnisse, digitale Sicherheitstechnologien, Opensource-Ermittlungen) bzw. einer besonderen Affinität zu digitalen Themen lassen sich so identifizieren.

Unabhängig von den vorhandenen digitalen Kompetenzen, deren Halbwertzeit aufgrund der rasanten Entwicklung in diesem Bereich ohnehin begrenzt ist, kommt es auf weitere Kompetenzfelder an, die mittel- bis langfristige Wirkung entfalten. Im Wesentlichen sollten wir unser Augenmerk auf folgende Bereiche konzentrieren und Mitarbeiterkompetenzen gezielt in Kernbereichen stärken, um sie für die digitalen Herausforderungen und fit zu machen (AON, 2020, S. 13):

- Zielorientierung und die Fähigkeit sich auf das Wesentliche, die Kernaufgabe, zu konzentrieren
- Neugierde, Lernbereitschaft und die Fähigkeit Veränderungen als Chance zu sehen und diese aktiv mitgestalten zu wollen
- Mentale Stärke, Agilität und Flexibilität, insbesondere bei Veränderungsprozessen
- Teamorientierung und kooperative Denk- und Handlungsorientierung
- Fähigkeit zur effizienten digitalen Kommunikation und virtuellen Zusammenarbeit
- Befähigung software-unterstützt strukturierte und unstrukturierte Datenpools auszuwerten (z. B. Python, Statista)

Neben der Fähigkeit zum virtuellen Arbeiten wird es zukünftig auch für Sicherheitsorganisationen erforderlich werden, Teams und Karrierepfade der Mitarbeiter flexibel zu gestalten. Ebenso wird es sich positiv auswirken, wenn durch diese Flexibilisierung teamübergreifend der Wissens- und Fähigkeitstransfer intensiviert wird. Ergänzt man dies durch Schulungs- und Personalentwicklungsprogramme, die dieses agilere und flexiblere Arbeitsumfeld unterstützen und gleichzeitig Karriere-Perspektiven abseits der klassischen „bottom-up" Karrierewege aufzeigen, wird dies auch dazu führen, dass man die erforderlichen „digital champions" bzw. „high potentials" und Treiber der digitalen Transformation im Unternehmen halten kann.

Innovationsfreudige Führungskräfte, „digital leader" und „digital champions" sind unabdingbar, um Digitalisierungsthemen in der Sicherheitsorganisation zügig voranzutreiben. „Digital champions" sind Mitarbeiter, die eine besondere Affinität zu Digitalisierungsthemen haben und möglicherweise bereits gezeigt haben, dass sie in der Lage sind durch den Einsatz digitaler Technologien Innovation und Prozessoptimierung nach vorn zu bringen. „Digitale Champions" haben keine Scheu vor den mit der digitalen Transformation verbundenen möglichen Herausforderungen. Sie sehen die Möglichkeiten der digitalen Transformation eher als Bereicherung ihres Arbeitsumfeldes denn als Gefährdung an. Gerade die jüngeren Generationen (Gen Z), die derzeit auf den Arbeitsmarkt drängen, dürften sich häufiger als „digitale Champions" sehen. Sie sind mit digitaler Technologie und insbesondere deren Möglichleiten im Bereich der Kommunikation (Facebook, Instagram, WhatsApp etc.) aufgewachsen und gut vertraut. Daher fällt es Ihnen leichter, sich mit Neuentwicklungen innerhalb der „digitalen Welten" anzufreunden. Vielfach wird dies innerhalb dieser Generation als Selbstverständlichkeit und Teil ihrer Lebenswirklichkeit vorausgesetzt. Nur 15 % aller Unternehmen haben diese Chance bisher erkannt und gehen sie in strukturierter Weise an (AON, 2020, S. 26). Dieses häufig vorhandene Mitarbeiterpotenzial der „digital champions" und ihre Fähigkeiten sollten Sicherheitsverantwortliche nutzen und beim digitalen Wandel einbinden.

## 2.6 Technologieeinsatz und digitale Infrastruktur

Ein bedeutsamer Transformationsfaktor ist der Einsatz innovativer digitaler Technologien. Dabei geht es vor allem um die Frage der Kompetenzen und Infrastrukturen, die es ermöglichen neue Technologien professionell zu etablieren und Prozessabläufe zu digitalisieren. Neben den eigenen vorhandenen Fachexperten für Sicherheitstechnologie und den „digital champions" ist es ratsam sich eng mit den IT-Experten des eigenen Unternehmens auszutauschen. Sie sind häufig in der Lage Denkanstöße und Impulse für den Einsatz neuer digitaler Technologien zu geben. Möglicherweise gibt es im Unternehmen auch bereits eine „digitale Toolbox" durch die Software, Hardware und vielleicht sogar Beratungsdienstleistungen zur Verfügung gestellt werden.

## 3 Strukturen und Prozesse in den Fachfunktionen prüfen – Digitalisierungspotentiale operationalisieren

Nachdem die Rahmenbedingungen für den digitalen Wandlungsprozess beleuchtet sind, geht es im nächsten Schritt darum, Strukturen und insbesondere Prozesse innerhalb der Sicherheitsorganisation hinsichtlich möglicher Digitalisierungspotentiale zu überprüfen. Im besten Fall gelingt es hierbei bereits einzelne, einfache Digitalisierungsmaßnahmen umzusetzen („quick-wins"). Dabei ist es hilfreich, sich zunächst auf standardisierte und sich regelmäßig wiederholende Prozesse innerhalb der Sicherheitsorganisation zu konzentrieren. Diese eignen sich häufig besser für Digitalisierungsmaßnahmen, als Vorgänge, die eher selten vorkommen und häufig individuell betreut werden müssen (z. B. Zusammenarbeit mit Sicherheitsbehörden). Daher ist es grundsätzlich ratsam, im Unternehmen Sicherheitsprozesse und Sicherheitstechnologien so umfassend wie möglich zu standardisieren. Dazu müssen Sicherheitsstandards für die einzelnen Bereiche definiert und implementiert werden. (z. B. Vorgabe nur Rahmenverträge mit bestimmten Sicherheitsdienstleistern nutzen, nur Zugangskontrollsysteme definierter Anbieter einzusetzen). Nur wenn derartige Sicherheitsstandards weitestgehend über die gesamte Sicherheitsorganisation vereinheitlicht wurden, werden mittelfristig Effizienzgewinne und eine Anhebung der Qualität messbar sein.

### 3.1 Digitalisierungsprojekt starten

Sinnvollerweise erfolgt die Identifizierung konkreter Digitalisierungspotentiale im Rahmen einer schlanken Projektorganisation. Projektleiter und Projektmitarbeiter sollten sich möglichst aus dem Personalpool der „digital champions" rekrutieren, gleichzeitig aber auch über ein solides Grundwissen über die Abläufe und Prozesse (formell/informell) innerhalb der Sicherheitsorganisation verfügen.

#### 3.1.1 Projektziele definieren
Die Projektziele für die Identifizierung möglicher Digitalisierungspotentiale einer Sicherheitsorganisation sollten drei wesentliche Aspekte umfassen:

- Analyse der wesentlichen Prozesse einer Sicherheitsorganisation hinsichtlich möglicher Digitalisierungspotentiale
- Analyse der identifizierten Digitalisierungspotentiale
- Erstellung einer Digitalisierungsagenda, sowie eines Vorschlags für die Implementierung von Digitalisierungsmaßnahmen („Roadmap")

Diese drei Aspekte definieren oftmals auch in gleicher Weise die drei Projektphasen.

### 3.1.2 Rahmenbedingungen

Es ist entscheidend, sich zu Beginn des Projekts die erforderliche Zeit zu nehmen, um die Rahmenbedingungen mit allen Beteiligten abzustimmen. Das heißt nicht, dass nicht auf neue Entwicklungen oder Erkenntnisse im Verlaufe des Projekts flexibel reagiert und der Projektansatz nachjustiert werden kann. Dies ist sogar, im Sinne eines agilen Projektverlaufs, ausdrücklich erwünscht, wenn dadurch das Projektergebnis nachweislich verbessert werden kann. Ein erfahrener Projektkoordinator kann das Projektteam unterstützen und entlasten, sodass das Team sich auf seine Kernaufgaben konzentrieren kann.

### 3.1.3 „Digital champions" vernetzen – „digital-toolboxes" nutzen

In der Vorbereitungsphase des Digitalisierungsprojekts, aber auch während der eigentlichen Projektarbeit, hat es sich als positiv erwiesen, wenn Projektleiter und -Mitarbeiter sich intensiv mit anderen Digitalisierungsinitiativen oder -Projekten im Unternehmen austauschen, um davon zu lernen. Vielleicht gibt es im Unternehmen bereits Digitalisierungs-Manager oder andere „digital champions", die bereichsübergreifend die digitale Transformation koordinieren (s. o.) und den bereichsübergreifenden Austausch unterstützen. Mitunter ergeben sich auch Anknüpfungspunkte für Kooperationen zwischen der Sicherheitsorganisation und anderen Bereichen. Denn im Rahmen des digitalen Transformationsprozesses stehen viele Unternehmensbereiche vor ähnlichen Herausforderungen und nutzen häufig ähnliche Software-Tools und Technologien. Hier können Kräfte und Ressourcen gebündelt werden, um das Projektergebnis später gemeinsam nutzen zu können.

Unternehmen stellen mittlerweile häufig „digital-toolboxes" zentral zur Verfügung, die dann von den verschiedenen Unternehmensbereichen für ihre Digitalisierungszwecke genutzt werden können. Dabei handelt es sich um flexible Software-Pakete durch deren Anwendung Prozesse und Arbeitsschritte automatisiert und digitalisiert werden können. Hier intensiv zu prüfen, welche Möglichkeiten für die Sicherheitsorganisation in Betracht kommen könnten, ist ein essenzieller Bestandteil der vorbereitenden Projektarbeit. Ergänzend kann es auch erforderlich sein, durch

Schulung der „digital champions" vorab Fachwissen aufzubauen, sofern dies für die Nutzung derartiger „toolboxes" oder Software-Pakete erforderlich ist.

## 3.2 Die drei Projektphasen

### 3.2.1 Prozessanalyse

Im Rahmen der Prozessanalyse geht es in einem ersten Schritt darum, dass das Projekt-Team sämtliche Prozesse der Sicherheitsorganisation analysiert und prüft, inwieweit diese bereits digitalisiert wurden bzw. sich grundsätzlich für eine Digitalisierung eignen. Am einfachsten ist dies möglich, wenn die Prozesse der Sicherheitsorganisation (z. B. Security Governance, Travel Security Management, Ermittlungen, Sicherheitslage, Veranstaltungssicherheit, Qualitätsmanagement) bereits detailliert beschrieben und visualisiert wurden. Ist dies nicht der Fall, ist es durchaus sinnvoll dies vor Beginn der eigentlichen Projektarbeit durchzuführen.

Diese erste Phase kann häufig zunächst im Rahmen einer Desktop-Analyse erfolgen. Soweit es eindeutig erkennbar ist, werden die einzelnen Sicherheitsprozesse hinsichtlich ihrer grundsätzlichen Eignung durch das Projekt-Team bewertet („digital scoring"). Sollten weitere Informationen erforderlich sein (dies ist nahezu immer der Fall), werden mit den Prozessverantwortlichen ergänzende Experteninterviews geführt. Diese Interviews sollten auch bereits genutzt werden, um mit den Fachexperten mögliche Digitalisierungspotenziale innerhalb ihres Aufgabenbereichs zu identifizieren. Häufig ergeben sich aus diesen Gesprächen vielversprechende Ansätze für eine weitere Digitalisierung von Prozessen und Tätigkeiten, an die bisher noch nicht gedacht wurde.

### 3.2.2 Analyse identifizierter Digitalisierungspotentiale

In einem zweiten Schritt geht es um die Analyse der identifizierten Digitalisierungspotentiale. Basierend auf den Erkenntnissen der Prozessanalyse prüft das Projektteam, welche Prozesse unter Berücksichtigung einer betriebswirtschaftlichen Kosten-Nutzen-Analyse besonders vielversprechend für eine weitere Digitalisierung sein könnten. Dabei geht es im Wesentlichen darum festzustellen, mit welchem Aufwand (z. B. Einsatz digitaler Hilfsmittel, Hardware, Schulung, Einkauf von Software, Lizenzkosten) Prozesse optimiert, beschleunigt oder eingespart werden können.

Oft ergeben sich auch durch den Einsatz digitaler Technologien Einsatzbereiche, Prozesse oder Auswertungsmöglichkeiten, die bisher so nicht möglich waren. Dies trifft insbesondere auf Themenbereiche zu, bei denen durch die digitalisierte Auswertung umfangreicher Datenmengen („Big Data"), gerade im

Sicherheitsbereich umfangreiche Potentiale bestehen dürften. Arbeitsbereiche wie Sicherheitslage, Security-Forecasting und Krisenfrüherkennung oder auch der Bereich „Ermittlungen" dürften überproportional von diesen neuen digitalen Möglichkeiten profitieren. Aber auch im Videokamera-Bereich ergeben sich durchaus innovative, Nutzungsmöglichkeiten. Neue digitale Share- und Kooperations-Plattformen bieten darüber hinaus die Möglichkeit einfache Standardprozesse zu automatisieren, um beispielsweise das Kennzahlen-Reporting oder das Vorschriftenwesen der Sicherheitsorganisation kostengünstig zu optimieren.

### 3.2.3 Digitalisierungsagenda erstellen und umsetzen

Am Ende eines in dieser Form durchgeführten Projektes dürfte für die Sicherheitsorganisation klar sein in welchen Aufgabenbereichen Prozesse in sinnvoller Weise digitalisiert werden können. Möglicherweise konnten auch bereits einfache Digitalisierungsmaßnahmen umgesetzt werden („quick wins"). Um diese Digitalisierungspotenziale zu operationalisieren, werden sie in einer Digitalisierungsagenda zusammengefasst. Hier wird auch vermerkt bis wann eine Umsetzung zu erfolgen hat und wer dafür verantwortlich ist.

### 3.2.4 Mehrwert der Digitalisierungsmaßnahmen messbar machen

Sofern Digitalisierungsmaßnahmen in der Sicherheitsorganisation umgesetzt wurden, ist es unerlässlich deren Effizienz zu dokumentieren bzw. entsprechende Kennzahlen zu erheben. Auf diese Weise können der Mehrwert und die Effizienz von Digitalisierungsmaßnahmen transparent gemacht werden. Unter quantitativen Gesichtspunkten geht es darum, dass digitalisierte Prozesse häufig in nicht unerheblichem Maße dazu beitragen, Arbeitszeit einzusparen. Diese eingesparten Stundensätze sind recht einfach in entsprechende FTE-Anteile umzurechnen (Wikipedia & Vollzeitäquivalent, 2020). Daraus ergibt sich das direkte, durch die Digitalisierungsmaßnahme erzielte, Einsparpotential. Die so wieder verfügbar gemachten Mitarbeiter-Ressourcen können dann in andere (häufig höherwertige) Tätigkeitsbereiche investiert werden.

In qualitativer Hinsicht sind zwei Aspekte zu berücksichtigen. Zum einen ist davon auszugehen, dass digitalisierte Prozesse stabiler und weniger störanfällig ablaufen als bisher. Hier dürfte durch die Automatisierung der Prozesse eine nahezu 24/7 Verfügbarkeit anzunehmen sein. Ein weiterer qualitativer Aspekt besteht darin, dass mitunter völlig neue Möglichkeiten und Fähigkeiten entstehen können, die in dem Maße vorher nicht verfügbar waren (s. Abschn. 3.2.2). Die

Kombination aus qualitativen und quantitativen Effizienzgewinnen wird die Leistungsfähigkeit der Sicherheitsorganisation im Zuge der weiteren Digitalisierung der internen Prozesse deutlich erhöhen. Wenn das neue Fähigkeitsspektrum und die damit einhergehenden positiven Auswirkungen geschickt im Unternehmen kommuniziert werden, dürfte sich dies auch auf die Reputation der Sicherheitsorganisation auswirken. Mit einem derart zukunftsorientierten Ansatz, den durch die Digitalisierung neu hinzugewonnen Fähigkeiten im Sicherheitsbereich und einem deutlich messbaren Wertbeitrag für das Unternehmen, sollte es der Sicherheitsorganisation leichter fallen als wichtiger „business enabler" und strategischer Partner im Unternehmen wahrgenommen zu werden.

## 4 Nutzung digitaler Technologien im Sicherheitsbereich, Trends und Beispiele

Für Sicherheitsorganisationen relevante digitale Technologien sind bereits in vielfältiger Form verfügbar – Sicherheitsverantwortliche sollten die wichtigsten Trends kennen.

### 4.1 KI – Künstliche Intelligenz – Einsatz im Sicherheitsbereich

Der Einsatz von Softwaresystemen, die „künstliche Intelligenz" (KI) nutzen, nimmt mehr und mehr zu. Zukünftig wird es vermutlich kaum einen Lebensbereich geben, der von KI unberührt bleiben wird.

Eine anerkannte einheitliche Definition dessen, was unter KI zu verstehen ist, existiert derzeit noch nicht. Allerdings sind es im Wesentlichen drei Kernelemente.

- Nutzung von Software/Informatik
- Automatisierung von intelligentem Verhalten und
- Einsatz von Maschinen (reale und virtuelle – z. B. Kameras/Roboter und Softwareapplikationen)

Ziel des Einsatzes von KI-Technologien ist es, ein System zu nutzen, dass komplexe Aufgaben gleich gut oder sogar besser durchführen können als ein Mensch. Die Möglichkeiten sind vielfältig, so können KI-unterstützte Softwareprogramme und Maschinen z. B. eigenständig

- Objekte erkennen,
- Sprache und Geräusche detektieren und analysieren,
- Aus bekannten Mustern einen eigenständig neuen, optimierten Prozess entwickeln (selbstlernende Systeme),
- Trends erkennen, Prognosen erstellen (basierend auf Daten/Entwicklungen der Vergangenheit),
- Gesichtern, Verhalten und Emotionen erkennen und bewerten.

Auch im Sicherheitsbereich scheinen die Möglichkeiten für den Einsatz von KI-Technologien breit gefächert zu sein. Allerdings stehen wir auch hier noch am Beginn der Entwicklung.

### 4.1.1 Sicherheitslage neu denken – Einsatz von BIG DATA Analysetools und Plattformen

Wenn von Sicherheitslage in Unternehmen die Rede ist, geht es häufig tatsächlich eher um das Thema „Travel Security/Reisesicherheit". Natürlich ist die Reisesicherheit und die damit einhergehende „duty of care", also der Schutz der Geschäftsreisenden, eine besondere Verpflichtung für Unternehmen. Im Laufe der letzten Jahre haben viele Unternehmen Prozesse zum Thema Reisesicherheit neu strukturiert und standardisiert. Externe Dienstleister bieten umfassende Dienstleistungen für den Bereich Reisesicherheit an. Neben der direkten Hilfe bei einem Sicherheitsvorfall haben sie mittlerweile auch den Reisesicherheitsprozess in großen Teilen digitalisiert (u. a. Visualisierung von gebuchten Geschäftsreisen, Länderrisikobewertung, automatisierte Information der Reisenden und Sicherheitsmanager über Sicherheitslageentwicklungen im Reiseland und im Ereignisfall). In vielen Unternehmen gehört dies mittlerweile zum Standard im Bereich Reisesicherheit.

Strategisches Lagemonitoring ist aber viel mehr als nur „Travel Security". Die geopolitische Lage hat sich in den letzten Jahren zunehmend volatil entwickelt (VUCA-World; Gläser, 2020). Für wichtige strategische Unternehmensentscheidungen (Standortinvestitionen, M&A, Markteintritt etc.) berücksichtigen Unternehmenslenker immer öfter auch Sicherheitsaspekte in ihren Entscheidungsprozessen. Der Stellenwert des Themas „Sicherheitslage" bzw. „security intelligence" wächst. Hier biete sich für Sicherheitsabteilungen die Möglichkeit sich als strategischer Partner und „Security Info HUB" innerhalb des Unternehmens zu profilieren und einen sicht- und messbaren Mehrwert zum Unternehmenserfolg beizutragen.

Soweit Sicherheitsabteilungen bereits ein derartiges Lage-Monitoring betreiben, geschieht dies bisher i. d. R. durch Sicherheitsanalysten. Diese tragen die für das Unternehmen relevanten Daten und Informationen aus verschiedenen internen und externen Quellen zusammen, sichten und bewerten diese und machen sie in Lageberichten für das Unternehmen verfügbar. Aufgrund der Masse, der durch das Internet mittlerweile verfügbaren Daten, ist dies ein sehr zeitintensiver Prozess. Nur wenige Unternehmen können sich die dafür notwendigen Personalressourcen leisten. Tatsächlich ist es für Analysten auch nahezu unmöglich die verfügbare Datenflut (BIG DATA) nur annähernd vollständig auszuwerten. Hier können Analysten nur priorisieren und aufgrund ihrer Erfahrung entscheiden mit welchen Informationen sie sich näher auseinandersetzen wollen. Wie wäre es aber, wenn Analysten einen Großteil ihrer Zeit nicht mehr auf das Sichten und Priorisieren der eingehenden Daten und Informationen verwenden müssten, sondern sich sehr zielgerichtet nur noch mit den wirklich für das Unternehmen relevanten Daten befassen könnten? Der Einsatz digitaler Hilfsmittel bietet Lageanalysten die Möglichkeit sie bei ihrer Tätigkeit erheblich zu entlasten.

Für das Sicherheitslage-Monitoring sind bereits Plattformen am Markt verfügbar, die in der Lage sind Sicherheitsdaten vorzufiltern und zu priorisieren (z. B. Social-Media Monitoring, Cybersecurity-Situation-, Darknet-Monitoring). Es sind ebenso bereits Modelle in der Erprobung, die noch flexiblere Auswertungsmöglichkeiten bieten werden. Diese Plattformen werden nicht nur Informationen priorisieren. Aufgrund spezieller KI-Algorythmen sind diese Plattformen lernfähig und in der Lage aufgrund historischer Daten und von Verhaltens-/Verlaufsmustern Prognosen für zukünftige Entwicklungen („Forecasting") zu erstellen (vgl. Hobley, 2020). In ähnlicher Weise können diese Plattformen Anomalien frühzeitig erkennen und Analysten automatisiert auf mögliche für das Unternehmen relevante Entwicklungen hinweisen („red flags").

So werden derartige KI-gestützte Auswertungssysteme durch Massendatenanalyse in der Lage sein überraschend genau beispielsweise die Wahrscheinlichkeit von politischen Unruhen in bestimmten Regionen der Welt vorherzusagen (strategische Vorausschau, Forecasting) und die damit einhergehenden vermuteten Einschränkungen für Wirtschaftsunternehmen wie die

- Dauer von Ausgangssperren und Grenzschließungen
- Verfügbarkeit von Kommunikationsnetzen
- Einschränkungen des See-, Land und Luftverkehrs

BIG DATA-Analysen mit KI-Unterstützung erleichtern Analysten also nicht nur die Fokussierung auf ihre Kerntätigkeit. Diese neuen digitalen Fähigkeiten eröffnen Auswertungs- und Vorhersagemöglichkeiten, die in diesem Umfang in der Vergangenheit nicht möglich waren.

## 4.1.2 Innovative Kamera-Systeme (CCTV)

Die Weiterentwicklung digitaler Technologien zeigt sich in der raschen Entwicklung von Hochleistungs-Kameras zur Überwachung von Innen- und Außenbereichen. Waren hier vor nicht allzu langer Zeit noch analoge Systeme im Einsatz, hat sich hier flächendeckend der Sprung ins digitale Zeitalter vollzogen. Einfache digitale Kamera-Systeme sind kostengünstig verfügbar. Insbesondere Hersteller und Dienstleister aus Fernost drängen mit preiswerten, durchaus auch hochwertigen, Angeboten auf den Markt. Doch hier lohnt es sich, sorgfältig die Details solcher Angebote zu prüfen. Neben der Leistungsfähigkeit der Kamera-Systeme sollte darauf geachtet werden, dass diese sorgfältig gegen Cyber-Angriffe und unbefugte Zugriffe (auch herstellerseitig) abgeschirmt werden. Dies ist umso wichtiger, da digitale Kamera-Systeme und andere Sicherheitssysteme in zunehmendem Maße über offene Schnittstellen (Application Programming Interfaces, API) miteinander vernetzt sind und über „Integrierte Sicherheitsmanagement Plattformen" kontrolliert und gesteuert werden. Ist eines dieser so miteinander vernetzten digitalen Systeme nicht ausreichend gegen Hackerangriffe gehärtet, ist nicht auszuschließen, dass Angreifer sich über IT-Schnittstellen (API) Zugriff auf die verschiedenen angeschlossenen Sicherheitssysteme verschaffen können, um diese zu sabotieren.

Neben der Qualität und der Sicherheit der Kamera-Systeme ist ebenfalls zu berücksichtigen, dass nicht jeder Anbieter digitaler Kamera-Systeme in der Lage ist Installation und nachfolgende Servicedienstleistungen umfassend und qualitativ hochwertig sicherzustellen. Diese Frage spielt eine besondere Rolle, wenn die Absicht besteht, durch Standardisierung an mehreren Standorten, ggf. sogar in einem internationalen Kontext, eine möglichst einheitliche digitale Systemlandschaft für das Unternehmen zu schaffen, um Einsparpotentiale zu generieren bzw. einheitliche Qualitätsstandards zu etablieren. Hierzu wird nicht jeder Dienstleister in der Lage sein. Das günstigste Angebot ist daher nicht immer auch das Beste und Nachhaltigste.

Ein interessanter Ansatz ist der Einsatz von hochauflösenden Verbundkamera-Systemen (multifocal), die auch in der Lage sind KI-gestützt Anomalien zu detektieren. Multifocal-Kamerasysteme bündeln durch die virtuelle Kombination mehrerer Megapixel-Kameras in einem Gerät, Fähigkeiten, die sonst nur durch den Einsatz von verschiedenen Kameras/Kamerasystemen erzielt werden können (Zoom, weite/nahe Distanz, Weitwinkel etc.). Solche Systeme werden bereits häufig in Sportstätten/Fußballstadien zur Überwachung kritischer Fan-Gruppen, eingesetzt. Hierbei ist es möglich, das Gesamtgeschehen zu überwachen und gleichzeitig sicherheitskritische Ereignisse sehr detailliert und, falls erforderlich, gerichtsfest und beweissicher zu dokumentieren. Derartige Systeme eignen sich in besonderer Weise zur Überwachung von Liegenschaften, sensiblen Anlagen und kritischen Infrastrukturen. Durch ihre hohe Bildauflösung und die Multifocal-Sensorik können diese Systeme große

Flächen kontrollieren sowie weit entfernte und nahe Objekte in gleichbleibend hoher Bildqualität aufnehmen. Ein weiterer Vorteil derartiger innovativer Kamerasysteme besteht darin, dass die Anzahl der benötigten Einzelkameras, bei erheblich verbesserter Bildqualität, stark reduziert werden kann. Bei einer reduzierten Anzahl benötigter Kameras reduziert sich auch die erforderliche Kamerainfrastruktur. Daraus ergibt sich, dass der Einspareffekt, bei gleichzeitiger Qualitätssteigerung, beim Einsatz derartiger innovativer Kamera-Technologien erheblich sein kann. Hersteller von Sicherheitskamera-Systemen haben ebenso damit begonnen KI-Fähigkeiten in ihre Systeme zu integrieren. So sind hochauflösende Videokamera-Systeme in der Lage Anomalien und außergewöhnliche Ereignisse eigenständig zu erkennen, zu analysieren und lagespezifische Folgemaßnahmen (Alarmierung/Alarmverfolgung, zusätzliche Kameraaufschaltung etc.) auszulösen. Je nach Reife- bzw. Trainingsgrad der in den Kamera-Systemen genutzten KI-Software, kann diese unterschiedlich eingesetzt werden. So ist es möglich, dass die Sicherheitsverantwortlichen und Leitstellen-Mitarbeiter in Ereignisfällen, aufgrund der durch die KI-Software detektierten und analysierten Vorgänge (Anomalien), Handlungsoptionen durch die KI-Software vorgeschlagen bekommen. Die Sicherheitsverantwortlichen müssen dann entscheiden, welche Folgemaßnahme sie auslösen wollen. Es ist durchaus denkbar, dass eine KI-Software nach bestimmten Indikatoren für definierte Ereignisse vollkommen autonom Entscheidungen trifft, die dann zur Auslösung vordefinierter Sicherheitsmaßnahmen führen. Inwieweit man einer Software eine so weitgehende Autonomie zugestehen will, sollte intensiv abgewogen werden. Sie kann möglicherweise in einem eng begrenzten Rahmen und für Sicherheitsereignisse sinnvoll sein, bei denen es auf schnelle und standardisierte Interventionsmaßnahmen ankommt (z. B. Einbruch, Eindringversuch).

Ein wachsender Trend bei Kamera-Systemen ist die Kombination verschiedener Fähigkeiten in einem System. So werden Sicherheitskameras neben ihrer eigentlichen Aufgabe in der Lage sein, weitere Aufgaben wahrzunehmen. So kann etwa eine derartige Kamera zusätzlich KI-unterstützt die Einhaltung von Arbeitsschutzvorschriften, z. B. das Tragen der vorgeschriebenen Sicherheitskleidung überwachen und bei Verstößen entsprechende Maßnahmen einleiten oder verlorengegangene Produkte/Waren in ihrem Detektionsbereich wiederfinden oder deren Volumen und Größe bestimmen („dimensioning"). Die Möglichkeiten für die Nutzung solcher Multi-Role-Kamera-Systeme sind äußerst vielfältig. Durch die fortschreitende digitale Transformation werden sich vollkommen neue Fähigkeitsprofile im Bereich der Kameraüberwachung/-unterstützung ergeben, die nicht nur den Bereich Sicherheit betreffen.

## 4.2 Sprach- und Geräuscherkennung, Körperschallmessung

Zum Schutz von Unternehmensstandorten kommen bereits heute in einigen Bereichen Mikrofon-Sensoriken zum Einsatz. Durchaus bekannt ist der Einsatz von Schussknall-detektoren in den USA zur raschen Intervention bei Vorfällen mit Schusswaffen. Aber auch unterhalb dieser Schwelle kann Geräuscherkennung für die Überwachung von Gebäuden und Freiflächen in Betracht kommen. Hier geht es im Wesentlichen darum KI-gestützt über Messmikrofone Geräuschanomalien zu detektieren, die möglicherweise aus Sicherheitsperspektive relevant sein könnten. Algorithmus-basiert sind solche Systeme in der Lage aus einer Vielzahl von Geräuschquellen sicherheitsrelevante Normabweichungen zu detektieren. Beim Einsatz mehrerer Mikrofonsensoren ist eine sehr genaue Lokalisierung der Geräuschanomalie möglich. Werden ergänzend noch Körperschallmesssensoren eingesetzt, kann z. B. die Genauigkeit der Lokalisierung von (unbefugten) Personen noch deutlich erhöht werden. Diese Informationen können, nahezu in Echtzeit, den Sicherheitsverantwortlichen in der Leitstelle auf digitalen Lageplänen für evtl. erforderliche Interventionsmaßnahmen zur Verfügung gestellt werden.

## 4.3 Robotik

Robotik-Systeme sind immer weiter auf dem Vormarsch. Bereits heute übernehmen sie Unterstützungsaufgaben in Privathaushalten. Voraussichtlich werden sie zukünftig auch vermehrt als Sicherheitsroboter einen Beitrag beim Schutz von Unternehmensstandorten leisten können. Sicherheitsroboter werden dabei im Wesentlichen als mobile Plattform für verschiedene Sicherheitstechnologien eingesetzt werden. Robotersysteme können je nach Einsatzweck mit einer Vielzahl unterschiedlicher Sicherheitssensoren ausgestattet werden. Die Bandbreite möglicher Sensorsysteme, die Informationen in Echtzeit an Leitstellen übermitteln können, ist bereits vielfältig und wird weiterwachsen. Sie umfasst derzeit z. B.

- Videoüberwachungssysteme,
- Brandmelde-, Strahlungs- und Gasdetektionssensoren („sniff-bots"; Härter, 2020),
- Mikrofone und Lautsprechersysteme zur direkten Kommunikation über die angebundene Leitstelle,
- ID-Card-Erkennungssysteme.

Sicherheitsroboter werden zukünftig vermutlich als „Multi-Role-Systeme" eingesetzt werden, die sowohl Sicherheits- („Security") als auch Arbeitsschutzaufgaben („Safety") wahrnehmen.

Die Erprobung des Einsatzes von Robotersystemen für zivile Sicherheitsanwendungen steht allerdings noch am Anfang (VDI, 2015). Erste Tests zeigen, dass der sinnvolle Einsatz von Sicherheitsrobotern derzeit auf ausgewählte Anwendungsfälle begrenzt ist. Da Kamera-Systeme zur Videoüberwachung, Brandmelde- und andere Sensorsysteme häufig fest zur Überwachung bestimmter Bereiche installiert werden, ist der Bedarf für zusätzliche roboter-gestützte mobile Überwachungssysteme meist nicht erforderlich. Hinzu kommt, dass die Integration dieser Systeme in die Sicherheitsinfrastruktur, aber insbesondere auch in die Systemlandschaft des Unternehmens nicht unerhebliche Investitionen erforderlich macht. Berücksichtigen sollte man ebenfalls, dass Robotiksysteme sich derzeit noch häufig in der Erprobungsphase befinden. Was unter Laborbedingungen problemlos funktioniert, stößt schnell an seine Grenzen, wenn ein Sicherheitsroboter z. B. in der Lage sein muss in einer Lagerhausumgebung mit vielen weiteren autonom agierenden Systemen zu kommunizieren oder die Entwickler nicht berücksichtigt haben, dass in modernen Bürogebäuden häufig Glaswände oder andere mögliche Hindernisse verbaut wurden, die Sensorik des Sicherheitsroboters dies aber nicht als solche erkennt.

Der Einsatz von Sicherheitsrobotern kann durchaus sinnvoll sein, wenn in bestimmten Bereichen keine fest installierten Sensorsysteme vorhanden sind oder es im Ereignisfall erforderlich ist, sich schnell einen Überblick über die Lage zu verschaffen, Sicherheitskräfte nicht verfügbar sind oder aus Eigenschutz der Einsatz von Sicherheitspersonal zunächst nicht opportun ist. Hierbei handelt es sich allerdings um eng begrenzte Einsatzszenarien. Zu berücksichtigen sind ebenfalls die nicht unerheblichen Kostenfaktoren beim Einsatz von Sicherheitsrobotern (Einrichtung der Infrastruktur, Wartung etc.). Darüber hinaus darf die Abstimmung mit dem Betriebspartner, den Verantwortlichen für Arbeitsschutz und eine gut vorbereitete Kommunikation des Einsatzes von Sicherheitsrobotern im Unternehmen nicht unterschätzt werden. Breite Einsatzmöglichkeiten für Sicherheitsroboter scheinen derzeit im Bereich der Privatwirtschaft noch eher unwahrscheinlich zu sein. Dennoch sollte man die technologische Entwicklung im Bereich der Sicherheitsrobotik weiter im Blick behalten, auch diese schreitet rasant voran.

## 4.4 Sicherheitsdrohnen

Drohnen bieten eine flexible Lösung, um Infrastrukturen und Geländeflächen zu überwachen oder abzusichern. Einige Unternehmen, wie z. B. Deutsche Bahn, Deutsche Post DHL Group, Deutsche Telekom, Volkswagen nutzen bzw. testen bereits diese Technologie für Sicherheits-, Überwachungs- bzw. Arbeitsschutzzwecke (BMWI, 2019). Wie bei den Robotiksystemen fungiert die Drohne hier im Wesentlichen als Trägersystem, das mit verschiedenen digitalen Sensoriken ausgestattet werden kann.

Vielfach bestehen umfassende gesetzliche Einschränkungen für den Betrieb von Drohnen. Seit dem 1. Januar 2021 gelten in der Europäischen Union neue einheitliche Regelungen für die zivile (private und gewerbliche) Drohnennutzung (EU-Verordnung 2019/947). Inwieweit diese Regelung die gewerbliche Nutzung von Drohnen erleichtert, bleibt abzuwarten.

Die Nutzung von Drohnen im Sicherheitsbereich bietet einige Vorteile. Sie sind mittlerweile vergleichsweise kostengünstig am Markt zu haben und bieten bereits im unteren Preissegment qualitativ hochwertige Leistungsparameter (z. B. Videoqualität, Flugstabilität, Flugdauer, Handhabung etc.). Neben der Live-Übertragung von Bild- und Videomaterial können durch die Nutzung von KI-gestützten Sensoriken vordefinierte Anomalien oder Auffälligkeiten durch Drohnen detektiert und an die angeschlossene Leitstelle bzw. den Drohnenpiloten weitergegeben werden. Sicherheitsdrohnen können im Ereignisfall schnell eingesetzt werden, um große Flächen effizient und kostengünstig überwachen. Insoweit können Sie Streifengänge bzw. Sicherheitspersonal gut ergänzen und im Einzelfall ggf. sogar ersetzen. Mittlerweile können Sicherheitsdrohnen nicht nur im Außenbereich eingesetzt werden. Es wurden bereits erste kommerzielle Indoor-Systeme entwickelt, die in der Lage sind nach einem bestimmten Raster autonome Streifenflüge in Gebäuden durchzuführen.

Aufgrund der flexiblen Einsatzmöglichkeiten und des potenziellen Einsparpotenzials dürfte der Einsatz von Drohnen im (zivilen-/privaten) Sicherheitsbereich in der Zukunft durchaus vielversprechend sein und daher zunehmen. Nicht vergessen werden sollte, dass natürlich auch mögliche Täter erkannt haben, dass sie durch den Einsatz von Drohnen Informationen über lohnenswerte Ziele bekommen können, die in dieser Form bisher nicht so einfach zu erlangen waren (Stichwort „Ausspähung"). Insoweit haben Sicherheitsabteilungen bereits begonnen Drohnendetektionssysteme zu testen, um Ausspähungsversuche mittels verschiedener Sensortechnologien möglichst frühzeitig zu entdecken. Erste Ergebnisse hierzu sind vielversprechend.

## 5 Schlussbemerkung und Handlungsempfehlungen

Die Digitale Transformation bietet viele Herausforderungen aber auch viele Chancen und Möglichkeiten, um Sicherheitsorganisationen auf eine neue qualitative Ebene zu heben. Es führt kein Weg daran vorbei. Leiter von Sicherheitsorganisationen müssen sich konkret mit der Digitalisierung, der digitalen Transformation und den Folgen dieser Entwicklung auf ihr Unternehmen und insbesondere Ihr Aufgabengebiet auseinandersetzen. Fasst man die dargestellten Themenkomplexe, die für das Gelingen eines digitalen Transformationsprozesses von Bedeutung sind, zusammen, so ergeben sich folgende Handlungsempfehlungen für den Leiter der Sicherheitsorganisation bzw. für seine „digitalen Champions":

- Machen Sie sich regelmäßig vertraut mit innovativen Sicherheitstechnologien und Digitalisierungstrends, die sie ggf. in Ihrer Sicherheitsorganisation einsetzen können.
- Definieren Sie eine Digitalisierungsstrategie für Ihre Sicherheitsorganisation mit klar festgelegten Rahmenbedingungen zur Erreichung Ihrer Ziele. Berücksichtigen Sie dabei auch neue, disruptive Einflüsse und Technologien, die für Ihre Sicherheitsorganisation relevant werden könnten.
- Prüfen Sie die digitale Leistungsfähigkeit Ihrer Sicherheitsorganisation, identifizieren Sie „digitale Champions". Binden Sie diese Mitarbeiter als Treiber für digitale Innovationen aktiv in die strategische Planung und Umsetzung von Digitalisierungsprojekten ein.
- Entwickeln und implementieren Sie ein entsprechendes Weiterbildungs-Konzept für Ihre Mitarbeiter und werben Sie aktiv für Ihre Digitalisierungsstrategie.
- Definieren Sie klare Verantwortlichkeiten und Ziele für die Umsetzung des digitalen Wandels und schaffen sie für die Akteure ein entsprechendes Arbeitsumfeld (z. B. „agiles Arbeiten und digital attitude").
- Als Leiter der Sicherheitsorganisation bzw. als „digital champion" positionieren Sie sich ausdrücklich als Treiber des digitalen Transformationsprozesses. Geben sie gezielte Impulse an die Führungskräfte und Mitarbeiter innerhalb der Sicherheitsorganisation. Richten Sie diese immer konsequent an Ihrer Digitalisierungsstrategie aus.

## Literatur

Abele, C. (2020). Chinas Tech-Giganten marschieren entlang der Seidenstraße, Germany Trade & Invest. https://www.gtai.de/gtai-de/trade/specials/special/china/chinas-tech-giganten-marschieren-entlang-der-seidenstrasse-589360. Zugegriffen: 12. Dez. 2020.

AON. (2020). Scaling the digital-ready workforce, Aon´s 2020 digital readiness report. https://insights.humancapital.aon.com/assessing-digital-readiness/scaling-the-digitally-ready-workforce-report (S. 12). Zugegriffen: 17. Nov. 2020.

Bendel, O. (2020). Definition Digitalisierung, Gabler Wirtschaftslexikon. Springer Gabler. https://wirtschaftslexikon.gabler.de/definition/digitalisierung-54195/version-277247. Zugegriffen: 09. Nov. 2020.

Berghaus, S., Back, A., & Kaltenrieder, B. (2016). Digital Maturity & Transformation Report. https://www.researchgate.net/publication/336587920_Entwicklung_eines_Reifegradmodells_der_Digitalisierung_fur_Bildungsorganisationen. Zugegriffen: 17. Okt. 2020.

Bertschek, I. (2019). Global und Hidden Champions – Unternehmen verändern die Welt. IFO Institut. https://www.ifo.de/DocDL/sd-2019-15-bertschek-etal-unternehmen-veraendern-welt-2019-08-08.pdf. Zugegriffen: 18. Nov. 2020.

BMWI. (2019). Bundesministerium für Wirtschaft und Energie; …mit Drohnen – Unbemanntes Fliegen im Dienst von Mensch, Natur und Gesellschaft. https://www.bmwi.de/Redaktion/DE/Publikationen/Technologie/drohnen-unbemanntes-fliegen.pdf?__blob=publicationFile&v=14. Zugegriffen: 23. Okt. 2020.

BMWI. (2020). Bundesministerium für Wirtschaft und Energie; Leitfaden 5G (2020), https://www.bmwi.de/Redaktion/DE/Publikationen/Digitale-Welt/leitfaden-5G-campusnetze-orientierungshilfe-fuer-kleine-und-mittelstaendische-unternehmen.pdf?__blob=publicationFile&v=10. Zugegriffen: 30. Aug. 2020.

Deloitte, Jobs der Zukunft (2020). https://www2.deloitte.com/de/de/pages/presse/contents/datenland-deutschland.html. Zugegriffen: 5. Dez. 2020.

Egili, M. (2016). Erfolgsfaktoren von Mobile Business. Ein Reifegradmodell zur digitalen Transformation von Unternehmen durch Mobile IT (S. 30 ff.). Wiesbaden: Springer.

Ernst-Siebert, R. (2008). KMU im globalen Innovationswettbewerb (S. 36). München: Rainer Hampp.

Europäische Union. (2020). Eurofound, Game-changing technologies: transforming production and technologies in Europe, S. 3 u. 23.

Europäische Union. (2020). Durchführungsverordnung EU 2019/947 vom 24.05.2019 über die Vorschriften und Verfahren für den Betrieb unbemannter Luftfahrzeuge; https://eur-lex.europa.eu/legal-content/DE/TXT/HTML/?uri=CELEX:32019R0947#d1e758-45-1. Zugegriffen 14. Dez. 2020.

Fasel, D., Meier, A. (2016). Big Data. Grundlagen, System und Nutzungspotentiale (S. 323 ff.). Wiesbaden: Springer.

Fraunhofer IML. (2016). Logistik und Mobilität 2035. https://www.iml.fraunhofer.de/content/dam/iml/de/documents/OE200/20160905_Zukunftsstudie-ES_klein.pdf, Zugegriffen: 20. Oktober 2020.

Garber, J. (2019). Digital Transformation via Modernization: Avoid Rip-and-Riplace Disruption. Enterprise AI. https://www.enterpriseai.news/2019/04/01/digital-transformation-via-modernization-avoid-rip-and-replace-disruption/. Zugegriffen: 26. Okt. 2020.

Gates, M. (2020). Automated alerts on the rise, in Security Technology (Sept 2020, S. 9).

Gläser, W. (2020). Woher kommt der Begriff „VUCA"? VUCA Blog (2020), https://www.vuca-welt.de/woher-kommt-vuca-2/. Zugegriffen: 30. Sept. 2020.

Härter, H. (2020). Sniff-Bots: Roboter können giftige Gase riechen (2020), Elektronikpraxis, https://www.elektronikpraxis.vogel.de/sniff-bots-roboter-koennen-giftige-gase-riechen-a-934986/. Zugegriffen: 13. Nov. 2020.

Hobley, E. (2020). Kriminalitätsvorhersage mit KI, in Moderne Polizei (2/3/2020), S. 25.

Institut der deutschen Wirtschaft (IWS). Perspektive 2035 (2017), https://www.iwkoeln.de/fileadmin/publikationen/2017/348207/IW_Studie_Perspektive_2035_Web.pdf. Zugegriffen: 22. Sept. 2020.

Jungwirth, J. (2018). Wie sich Chinas Tech-Giganten zu digitalen Vorreitern entwickeln (2018), Handelsblatt, https://www.handelsblatt.com/meinung/kolumnen/expertenrat/jungwirth/expertenrat-johann-jungwirth-wie-sich-chinas-tech-giganten-zu-digitalen-vorreitern-entwickeln/21260836.html?ticket=ST-9428273-CFD1eiCAtVLgtQmX1tZX-ap3. Zugegriffen: 24. Nov. 2020.

Khot, D. (2020). 5G and Edge Computing: Piloting Smart Factory and Real-time Traffic Video Analytics. TATA Consultancy Services, https://www.tcs.com/blogs/5g-smart-factory-multi-access-edge-computing. Zugegriffen: 9. Sept. 2020.

Kort, K. (2017). Digital heißt auch „Trial and Error". https://www.handelsblatt.com/unternehmen/it-medien/experimentieren-als-strategie-digital-heisst-auch-trial-and-error/20074370.html?ticket=ST-9647434-h0kgueqPgtawa7ESUkiV-ap4. Zugegriffen: 24. Nov. 2020.

Matthes, S. (2020). Die großen US-Techkonzerne betreiben digitalen Kolonialismus (2020), Handelsblatt, https://www.handelsblatt.com/technik/digitale-revolution/digitale-revolution-die-grossen-us-techkonzerne-betreiben-digitalen-kolonialismus/25880544.html?ticket=ST-11262691-NNweY6qcUqjWWOZbgS3O-ap4. Zugegriffen: 24. Nov. 2020.

Mittelstand-Digital. (2017). Leitfaden für den digitalen Wandel, BSP Business School Berlin (2017), https://kommunikation-mittelstand.digital/content/uploads/2017/08/Leitfaden-Rezeptbuch-fuer-den-digitalen-Wandel.pdf. Zugegriffen: 09. Sept. 2020.

Onpulson Wirtschaftslexikon. (2020). https://www.onpulson.de/lexikon/forecasting/. Zugegriffen: 9. Nov. 2020.

Siems/Doll. (2019). Wie Deutschland seinen digitalen Rückstand aufholen soll, Die Welt (2019), Springer, https://www.welt.de/wirtschaft/article186831556/Welt-Wirtschaftsgipfel-Deutschland-hinkt-bei-Digitalisierung-hinterher.html. Zugegriffen: 22. Nov. 2020.

VDI; Forschungs- und Technologieperspektiven 2030 (2015), Ergebnis Band II, VDI Technologiezentrum, S. 202.

Voithenberg von, Stephan; BITKOM-Studie – Deutsche Wirtschaft hinkt bei der Digitalisierung hinterher (2020), COM-Magazin, https://www.com-magazin.de/news/digitalisierung/deutsche-wirtschaft-hinkt-digitalisierung-hinterher-2423180.html. Zugegriffen: 1. Dez. 2020.

Wikipedia, Digitalisierung. (2020). https://de.wikipedia.org/wiki/Digitalisierung. Zugegriffen: 10. Dez. 2020.

Wikipedia, Sun Tzu. (2020). https://en.wikipedia.org/wiki/Sun_Tzu#cite_note-2. Zugegriffen: 13. Dez. 2020.
Wikipedia, Carl von Clausewitz. (2020). https://en.wikipedia.org/wiki/Carl_von_Clausewitz. Zugegriffen: 13. Dez. 2020.
Wikipedia, Vollzeitäquivalent. (2020). https://de.wikipedia.org/wiki/Vollzeit%C3%A4quivalent. Zugegriffen: 5. Dez. 2020.
Zetlin, M. (2017). Think carefully before taking a „rip and replace" approach to legacy technology, The Enterprise Project, https://enterprisersproject.com/article/2017/1/think-carefully-taking-rip-and-replace-approach-legacy-technology. Zugegriffen: 14. Nov. 2020.

**Johannes Abresch** ist stellv. Leiter der Konzernsicherheit von Deutsche Post DHL Group, verantwortlich u.a. für den Bereich Security Intelligence & Liaison, die Koordination der strategischen cross-divisionalen Sicherheitsthemen bei Deutsche Post DHL Group sowie die Abstimmung mit nationalen und internationalen Sicherheitsbehörden und Verbänden. Das Themenfeld „Digitalisierung, Automatisierung und Robotics in Security (DARS)" hat er für den Konzern maßgeblich mitentwickelt. Johannes Abresch ist im Vorstand des Arbeitskreises Wirtschaftsschutz und Cybersicherheit des BDI tätig, er berät unter anderem BMI und BMVI zu Themen des Wirtschaftsschutzes sowie die NATO/BMVg als ziviler Sicherheitsexperte.

# Die Anfälligkeit der deutschen Wirtschaft in einer digitalisierten Welt

## Christian Endreß und Patrick Hennies

### Zusammenfassung

Die Sicherheitslage der deutschen Wirtschaft hat sich in den vergangenen Jahren rasant geändert. Divergente Kräfte forcieren eine Fragmentierung der Sicherheitsstrategien der beteiligten Akteure, obwohl gerade jetzt Zusammenarbeit mehr denn je gefordert ist. Dieser veränderten Risikolage ist daher mit nachhaltigen Führungsmodellen, strategischer Personalentwicklung sowie einem systematischen Stakeholderansatz zu begegnen.

## 1 Einleitung

Sicherheit ist seit jeher eine der wesentlichen Voraussetzungen aller Bereiche des öffentlichen Lebens und Grundbedarf aller natürlichen sowie sozialen Systeme. Als konstitutiver Bestandteil des demokratischen Staatsauftrages ist Sicherheit die Basis für Handeln und Planen und eine enorme Herausforderung nicht nur bei der Abwehr extremer Gefahrenpotenziale in Staat, Wirtschaft und Gesellschaft. Obwohl sich viele Forschungsbereiche mit dem Themenfeld „Sicherheit" auseinandersetzen und sie Bestandteil verschiedener Diskurse ist, bleibt sie begrifflich eine unklare Größe, die einem permanenten Wandel unterlegen ist (Endreß und Petersen, 2012). Gerade die sich verändernde Weltordnung, die Zunahme von

---

C. Endreß (✉) · P. Hennies
ASW West e.V., Essen, Deutschland
E-Mail: christian.endress@aswwest.de

P. Hennies
E-Mail: hennies@hyperlane.org

© Der/die Autor(en), exklusiv lizenziert durch Springer Fachmedien Wiesbaden GmbH, ein Teil von Springer Nature 2022
C. Vogt et al. (Hrsg.), *Wirtschaftsschutz in der Praxis,* Sicherheit – interdisziplinäre Perspektiven, https://doi.org/10.1007/978-3-658-35123-6_7

Natur- und Klimakatastrophen, extreme Agitationen und der internationale Terrorismus führen zu einem Umdenken bei den Sicherheitsstrategien in den nationalen wie internationalen Sicherheitsdebatten. Um den zahlreichen Risiken innerhalb von hoch entwickelten Gesellschaften entgegenzutreten, bedarf es einer permanenten Neujustierung der Sicherheitssysteme. Auch wenn Risiko und Sicherheit auf den ersten Blick gegensätzliche Dispositionen ausdrücken, finden sie einen gemeinsamen Ursprung: die Vermeidung von Gefahr oder die Begrenzung von Bedrohung, bei der sie auch konkurrierende, möglicherweise auch komplementäre Wege einschreiten (Münkler, 2010). Mensch, Umwelt, Politik, Technologie – viele Faktoren haben einen Einfluss auf das globalisierte Wirtschaftsleben, auf die menschliche Entwicklung und demnach auch auf die Sicherheit in der Wirtschaft. Nur wer die Risiken in der heutigen Welt kennt, kann sich und seine Unternehmung darauf vorbereiten und die globale Entwicklung für die wirtschaftliche Proparität nutzen. Doch welche Implikationen ergeben sich durch eine sich verändernde Welt von morgen für die Sicherheit von heute in der deutschen Wirtschaft? Ist der politische Rahmen für die Abwehr denkbarer Szenarien noch zeitgemäß und wie anfällig sind die Wirtschaftsunternehmen auf die unterschiedlichsten Faktoren, die von innen und außen auf sie einwirken? Diesen Fragen wollen sich die Autoren in dem vorliegenden Beitrag stellen.

## 2 Ein neuer globaler Kontext

Die Rahmenbedingungen für Staaten, Unternehmen und damit auch die Sicherheitswirtschaft und Sicherheitsabteilungen in Unternehmen haben sich in den vergangenen Jahren fundamental verändert. Dieser rapide Änderungsprozess ist nicht abgeschlossen, sondern nimmt sogar noch an Geschwindigkeit zu. Der relevante Kontext aus wirtschaftlicher, politischer, technologischer und regulatorischer Sicht ist Gegenstand dieses Abschnitts.

### 2.1 Welthandel und die Grenzen der Globalisierung

Internationale wirtschaftliche Integration hat sich offensichtlich zu einem wesentlichen Merkmal der Globalisierung entwickelt. Die Grundlage dieser Annahme haben bereits die Werke von Adam Smith (1776) und David Ricardo (1817) entwickelt, die die moderne Außenhandelstheorie vertreten haben. Insgesamt lässt sich seit dem Ende des Zweiten Weltkrieges feststellen, dass der Welthandel deutlich schneller steigt als die weltweite Warenproduktion. Noch schneller als der weltweite Warenexport, steigt der weltweite Dienstleistungsexport. Während bei dem Warenexport zwischen 1980 und 2013 eine durchschnittliche Steigerungsrate von 7,0 % p. a. verzeichnet wurde, wuchs der weltweite durchschnittliche Dienstleistungsexport im gleichen Zeitraum jährlich um durchschnittlich 7,8 % (Gundel, 2020).

Die Globalisierung hat insgesamt zu einem ungeahnten Anstieg des Wohlstands geführt – sowohl in reichen Ländern als auch in den armen. Die internationale Arbeitsteilung ist eines der erfolgreichsten Instrumente, um Armut zu bekämpfen. Allerdings hat die Globalisierung nicht nur Gewinner, sondern auch Verlierer hervorgebracht. Diese Erkenntnis hat vor allem in den Vereinigten Staaten 2016 mit der Wahl von Donald Trump zum Präsidenten für politische Eruptionen gesorgt. Mittlerweile ist der Rückhalt für die Globalisierung in der Bevölkerung vieler Industrieländer geschwunden. Zusätzlich haben die Vereinigten Staaten vor allem mit China, aber auch mit anderen Staaten, Handelskonflikte initiiert, die insgesamt negative Implikationen auf die Weltwirtschaft haben. Der globale Handel lässt nicht erst seit kurzem eine Schwächung erkennen. Bereits seit der Finanz- und Schuldenkrise vor mehr als einem Jahrzehnt lässt sich zwar keine Abkehr von der Globalisierung beobachten, aber insgesamt eine Verlangsamung. Die Vorteile der Offenheit und der internationalen Kooperation werden immer mehr infrage gestellt (NZZ, 2019).

Fakt ist auch, dass zu den positiven Errungenschaften der Globalisierung weitere Antagonisten hinzugekommen sind, die auch für den Wirtschaftsschutz eine bedeutende Rolle spielen. Länderübergreifende Gruppierungen der organisierten Kriminalität haben in zahlreichen wirtschaftskriminellen Deliktfeldern Fuß gefasst, unterwandern Unternehmen sowie staatliche Strukturen, fälschen Markenprodukte, die über hochprofessionelle Vertriebswege auf den Markt gebracht werden oder verlangen Schutzgelder.

Jenseits von den Entwicklungen im Bereich des Terrorismus und der organisierten Kriminalität begrenzen folgende Trends die Globalisierung (Gundel, 2020):

- Die erwähnten weltweiten Umweltveränderungen machen sich verstärkt in meteorologischen Extremereignissen bemerkbar, die zudem häufig in Schwellen- und Entwicklungsländern mit zumeist mangelnder Katastrophenvorsorge eintreten.
- Verschiedene Staaten führen in der multilateralen Welt zum Teil erbitterte Auseinandersetzungen um strategisch bedeutsame Regionen, Märkte, Rohstoffe und Einflusssphären. Nationales Recht und/oder internationale Vereinbarungen scheinen zunehmend keine Wirkung mehr zu entfalten.

- Die Anzahl an sogenannten „*failed states*" sowie innerstaatlichen Konflikten hat im letzten Jahrzehnt stark zugenommen. Diese Erscheinungsformen treten häufig in Verbindung mit organisierter Kriminalität und dem internationalen Terrorismus in Erscheinung. Derartige Entwicklungen stellen hohe Herausforderungen für international tätige Unternehmen sowie Institutionen dar.
- Die Informationstechnologien haben sich zu einem wesentlichen Treiber der Globalisierung entwickelt. Sie führen allerdings auch zu neuen Vulnerabilitäten und neuen Formen der Kriminalität. Da der technologische Fortschritt in zahlreichen Märkten immer bedeutsamer wird, nehmen auch die Wirtschafts- und Industriespionage im internationalen Umfeld erheblich zu.
- Durch die Partizipation vieler Schwellen- und Entwicklungsländer im globalen Marktumfeld steigt der wirtschaftliche Druck auf westliche Unternehmen. Dies betrifft speziell die ausgelagerten Tätigkeiten in den entsprechenden Ländern. Hierdurch werden beispielsweise Sicherheitsstandards teilweise vernachlässigt und es besteht die Gefahr eines „*race to the bottom*" internationaler Sozial- und Sicherheitsstandards. Als Folge können Reputationsverluste und sicherheitskritische Ereignisse in den westlichen Märkten entstehen.
- Bedingt durch internationale Vernetzung und globale Mobilität sowie in Verbindung stehenden mangelhaften hygienischen Bedingungen, wenig ausgeprägte medizinische Infrastruktur und die Zunahme an Naturkatastrophen (zum Teil geprägt durch massive Umweltveränderungen) in zahlreichen Ländern, werden Krankheiten und Gesundheitsrisiken („Health Security") im internationalen Kontext eine immer stärkere Rolle spielen. Seit Anfang 2020 verdeutlicht die Corona-Pandemie diese Gefahr sehr eindrücklich.

Den nahezu grenzenlosen Möglichkeiten in der globalisierten Welt stehen auch erhebliche Risiken gegenüber. Gerade Unternehmen und Organisationen aus den wohlhabenden und internationalisierten Ländern stehen vor besonderen Herausforderungen, um auch zukünftig am globalen Wettbewerb bestehen zu können.

## 2.2 Das Ende der Global Governance

Handelskriege und geopolitische Konflikte charakterisieren die Gegenwart deutlich stärker als in den Jahrzenten zuvor. Der Weltmachtstatus Russlands ist Vergangenheit und das Land stellt nur noch in der Selbstwahrnehmung mehr als eine Regionalmacht dar (Pradetto, 2017). Stattdessen dominiert die immer stärker ausgeprägte Rivalität zwischen China und den USA das aktuelle Zeitgeschehen. Diese verlässt zunehmend eine territoriale, ressourcen-orientierte Sicht und bewegt sich zu einer systemischen Dualität, welche Fragen der Technologieentwicklung und -dominanz in den Mittelpunkt stellt (Lippert und Perthes, 2020). Diese neue bipolare Machtstruktur erinnert in vielen Facetten an den kalten Krieg und den resultierenden Protektionismus. Sie ist aber gepaart mit einer stärkeren Nationalorientierung einzelner Staaten und zugleich charakterisiert durch eine komplexe technologische Verzahnung. Diese enge technologische Verknüpfung droht ein Hauptspannungspunkt der nächsten Jahre zu werden. Dies zeigt die Grenzen der Globalisierung über die wirtschaftliche Sicht hinaus. Anders als in der Vergangenheit sind die politischen Positionen weniger eindeutig und Europa, insbesondere der Exportweltmeister Deutschland, sieht sich einer unklaren, passiven Statistenrolle gegenüber (Petri et al. 2020). Die Europäische Union selbst verliert ihren Leitgedanken und ist durch innere und externe Spannungen sowie einen tief greifenden Zerfallsprozess gekennzeichnet (Kratochvíl & Zdeněk, 2019).

Pan-nationale Organisationen und Strukturgeber werden durch diese Veränderungen zunehmend gefordert. Sie erleben eine vergleichbare interne Desintegration und einen Verlust an Durchsetzungskraft. Die Vereinten Nationen (Bondarenko et al., 2017), die Weltbank (Heldt, 2018), NATO (Sperling & Webber, 2020) sowie die WHO (Berger & Brandi, 2018), um nur einige Beispiele zu nennen, bilden die veränderte Realsituation strukturell nur unzureichend ab und stehen an einem Punkt kritischer Instabilität. Neue Entitäten, wie die Asian Infrastructure Investment Bank (AIIB) oder die Belt and Road Initiative (BRI), erreichen überregionale oder sogar globale Reichweite, ohne dabei auch nur die Illusion eines paritätischen oder ethischen Interessengerüsts in den Mittelpunkt zu stellen (Hameiri & Jones 2018; Flint & Zhu, 2019.) Selbst wenn es den globalen Strukturgebern gelingt sich in dieser veränderten Realität neu zu erfinden, und die Aufsteiger in das globale Machtgefüge zu integrieren, eine vergleichbare Dominanz werden sie nicht behalten.

Obgleich die Welt, und alle auf ihr befindlichen Staaten und Organisationen, eine nie dagewesene Vernetzung und Verbindung erlebt, hat der Neoliberalismus, und sein Produkt der Global Governance, seinen Zenit erreicht und kann den neuen Herausforderungen in seiner jetzigen Form nicht begegnen (Jang et al., 2016; Zürn 2018). Dieses undurchsichtige und volatile Machtgefüge forciert fundamentale Änderungen, auch in der privatwirtschaftlichen Sicherheitslage. Etablierte Regeln des internationalen Verhaltens verlieren an Gültigkeit und vormals komplizierte, aber berechenbare, Änderungsprozesse werden zu komplexen, schwer prognostizierbaren Gemengelagen. Der Vorhersagefähigkeit und agilen Anpassungsfähigkeit kommt damit eine vielfach gesteigerte Bedeutung zu. Ebenso findet sich die technologische Veränderung in einer Schlüsselrolle. Die privatwirtschaftlichen und staatlichen Machtzentren befeuern die technische Entwicklung mit dem Ziel einer Vormachtstellung, unter Inkaufnahme massiver Eingriffe in etablierte Werte, ethische Fundamente und rechtliche Grenzen. Den Schwerpunkt bildet dabei die Schaffung neuer digitaler Geschäftsprozesse.

## 2.3 Digitalisierung von Geschäftsfeldern

Oberflächlich wird Digitalisierung oft gleichgesetzt mit Daten und der Erzeugung, Auswertung, und Anreicherung gewaltiger Informationsmengen – Big Data (Gray & Bernard, 2015). Diese Ideologie wird oft auch in der Digitalisierung von Sicherheit verfolgt. Digitalisierte Sicherheit verleibt damit aber instrumentell und reduziert sich auf den Wechsel von analog zu digital, in Form von verbesserter Bewegungsverfolgung oder Ermittlungsfähigkeit, Echtzeitkontrolle oder Zutrittsüberwachung auf der Basis von komplexen Datenmodellen (Komenda et al., 2019). Tatsächlich geht diese Sicht zu kurz, hat die Digitalisierung doch darüber hinaus eine enorme Bedeutung für alle Einflussprozesse der Sicherheit. Sie beschleunigt die Konvergenz von physischer und Cybersicherheit, verändert Vektoren etablierter Bedrohungen oder erzeugt grundlegend neue kulturelle Rahmenbedingungen und damit einhergehend neue Gefahren (Kashyap & Piersson, 2018).

Die Digitalisierung löst die Industrialisierung als Treiber des globalen Wachstums ab. Als Teil dieser neuen Ära wird die traditionelle Fertigungsindustrie als Kernmotor der Wirtschaft zunehmend marginalisiert (Yoshino, 2020). Hochintegrierte Strukturen auf der einen Seite werden durch verteilte und fragmentierte Systeme komplementiert oder disruptiert. Unternehmen erreichen in nie dagewesener Geschwindigkeit globale Dominanz, oder verlieren diese wieder. Informationen und der Schutz selbiger werden zum integralen Wettbewerbsvorteil und bewegen sich vom Rand zum Kern der Geschäftstätigkeit (Abolhassan, 2017).

Aus Sicherheitssicht bedingt die Digitalisierung also nicht nur den Umgang mit neuen Bedrohungen oder eine Effektivitätssteigerung mittels neuer Technologien, sondern auch einen kulturellen Umbruch. Sicherheit folgt nun nicht mehr geographischen, physischen oder sektoralen Grenzen. Die Kurzlebigkeit von etablierten Regeln im Geschäftsprozess führt zudem zu rasanten Veränderungen und Wechselwirkungen. Staaten tragen Konflikte zunehmend auf virtuellen Kriegsschauplätzen aus und die Privatwirtschaft wird Kollateralschaden dieser regionalen Konflikte und geopolitischen Vormachtkonkurrenz.

## 2.4 Fehlende Strukturen und Regelwerke in der Sicherheit

Das Fehlen globaler Strukturgeber in Gleichzeitigkeit mit einer hochgradig instrumentalisierten Innovationskonkurrenz führt auch rechtlich zu Veränderungen. Gerade für die technischen Herausforderungen der Gegenwart, sei es im Feld der künstlichen Intelligenz oder Autonomie, böte ein nachhaltiger staatlicher Rechtsrahmen viele Vorteile (Park, 2018). Die erlebte Realität ist aber eine zunehmende Entkopplung von technologischer Entwicklung und Rechtsprechung, was dann eine ruckartige Nachregulierung nach sich zieht, oft mit absurden Konsequenzen und großen Risiken (Edwards, 2019). Strejcek und Theil (2003) sprachen in diesem Kontext schon früh vom *Technology Push und Legislation Pull*. Zugleich führt diese Regelungslücke, auch durch fehlende überregionale Strukturgeber, zum Risiko staatlichen Machtmissbrauchs. Demagogische und populistische Zweckentfremdung von Gesetzgebung dient als Instrument im Handels- und Technologiekonflikt oder als Mittel des kurzfristigen Machterhalts (Cozzolino, 2019). Seiner Schutzfunktion der Bürger kommt der Staat, sowohl wahrgenommen als auch faktisch, nicht mehr nach.

Die Bevölkerung verliert zudem immer stärker das Vertrauen in Staat und Unternehmen, was in direkter Konsequenz auch für Sicherheitsbeteiligte gilt. Da diese aufgezeigten Veränderungsprozesse keine sichtbare, revolutionäre Unterbrechung darstellen, sondern verborgen und schleichend ablaufen, ist die Allgemeinheit nur begrenzt in der Lage mit kultureller Assimilation zu reagieren. Eine Identifikation mit den staatlichen oder wirtschaftlichen Akteuren findet immer weniger statt und der Wunsch nach Zugehörigkeit wird durch transiente, digitale Identitäten abgelöst (Hogg & Rinella, 2018), was ein Risiko der Radikalisierung von Meinungen verstärkt. Die kausalen Wirkungszusammenhänge sind dabei zu komplex und zu wenig an der Oberfläche, als das ein logischer Diskurs und eine offene Kontroverse diese systematische Unsicherheit adressieren könnte (Sorokin, 2017). Eine langanhaltende paradigmatische Unsicherheit in den aufgezeigten Kontextfeldern ist die Folge.

Die Akteure der Sicherheit in der Wirtschaft sind diesen Rahmenbedingungen unterworfen und leiden unterschiedlich stark unter den Auswirkungen. Der Notwendigkeit des Informationsaustauschs und der Datenakkumulation stehen dabei anachronistische oder zweckentfremdete, oft national weit unterschiedliche, rechtliche Rahmen gegenüber. Zugleich missbrauchen multinationale Konzerne, insbesondere Big Tech, die Regelungslücken oder volatilen staatlichen Machtverhältnisse und Horten gewaltige Mengen an personenbezogenen und privaten Informationen. Das opportunistische, kurzfristige Handeln der Unternehmen wirkt dabei wie ein Brandbeschleuniger für die ablaufenden Entfremdungsprozesse

(Foroohar, 2019). Dies sorgt nicht nur für immer neue oder komplexere Sicherheitsprobleme, es macht einen vollständig präventiven Schutzansatz auch nahezu unmöglich.

In Konsequenz bedeutet dies, dass ein Handeln in der Sicherheit ohne eindeutige und strukturgebende Rahmenbedingungen ablaufen muss. Motivationen und Rollen der beteiligten Akteure sind konstant zu hinterfragen. Positive Strukturgebung und Identifikation muss zudem verstärkt innerhalb der staatlichen und privatwirtschaftlichen Sicherheitsorgane kompensiert werden, da dies nicht durch die umgebenden Entitäten bedient wird. Sicherheitsmanager werden daher noch stärker als zuvor zu Grenzgängern zwischen Staat und Wirtschaft (Petersen, 2013) und können sich nicht verlässlich auf bestehende soziale ethische Konstrukte oder rechtliche Klarheit berufen. Im folgenden Abschnitt werden einige Auswirkungen dieser Situation konkretisiert, welche dann im dritten Abschnitt mit Handlungsoptionen und Gegenmaßnahmen reflektiert werden.

## 3 Risiken für die Sicherheit in der Wirtschaft

Unternehmen sind durch zahlreiche interne und externe Faktoren zahlreichen Risiken ausgesetzt. Teilweise sind diese Risiken nicht beherrschbar. Die Gefährdungslage wird zunehmend umfassender. Speziell wenn es um Naturkatastrophen oder Infrastrukturausfälle – also externe Faktoren – geht, bleibt der Handlungsspielraum für die Unternehmen bzw. deren Sicherheitsverantwortliche in einem überschaubaren Rahmen. Anders sieht es bei kriminellen Handlungen in Unternehmen und sog. Innentätern aus – hier können sich Unternehmen durch geeignete Maßnahmen vorbereiten und schützen.

### 3.1 Kriminelle Handlungen in Unternehmen

Kriminelle Handlungen in Unternehmen führen zwischenzeitlich zu einem erheblichen Schaden für die Unternehmen sowie die gesamte Volkswirtschaft. Die kriminellen Bedrohungen in den Unternehmen umfassen insgesamt ein breites Spektrum. Dazu zählen Betrug und Untreue, Diebstahl, Unterschlagung, die Verletzung von Geschäfts- und Betriebsgeheimnissen, Produkt- und Markenpiraterie, Geldwäsche, Korruption und Datenmissbrauch. Die zunehmende globale Vernetzung und Technisierung erhöht für Unternehmen die Gefahr, selbst zum Opfer wirtschaftskriminellen Handelns zu werden. Aus deliktischer Sicht handelt es bei dem Thema Wirtschaftskriminalität um ein weites Feld. Die Wirtschaftsprüfungsgesellschaft KPMG kommt in ihrer Studie (2020) zu dem Ergebnis, dass nahezu jedes dritte Unternehmen in den letzten zwei Jahren von wirtschaftskriminellen Handlungen betroffen war. Große Unternehmen sind dabei fast doppelt so häufig betroffen wie kleine Unternehmen.

Mit der steigenden Nachfrage nach wettbewerbsrelevanten Informationen wächst die Gefahr, dass vertrauliche Informationen mit Spionagemethoden beschafft werden. Wettbewerber im Markt aber auch Staaten haben es häufig auf geschäftsentscheidende Informationen abgesehen und sind bestrebt, an Patente, Innovationen, Kundendaten und Ausschreibungsverfahren zu gelangen. Dabei handelt es sich dabei um Geschäftsgeheimnisse, deren Wahrung über den Geschäftserfolg und mitunter über die Zukunft eines Unternehmens entscheidend sein kann. Die Geschäftsgeheimnisse sowie für Wettbewerber relevante Informationen werden in der Regel über illegale Methoden beschafft. Zwischenzeitlich steigt der Grad der Professionalisierung der Täter und geht mit einer arbeitsteiligen Vorgehensweise einher. Das Internet hat sich branchenunabhängig zu einem wesentlichen Tatwerkzeug entwickelt. Allerdings sind auch klassische Themen wie Bestechung, Betrug, Diebstahl weiterhin auf der Tagesordnung. Die Wirtschaftskriminalität existiert ebenso lange, wie die Menschheit Handel betreibt (Wagner, 2019).

Insgesamt lassen sich im Wesentlichen drei Risikobereiche identifizieren (Fedder et al., 2013):

I. Das Unternehmen

Das Unternehmen selbst ist zunächst Ziel sowie der Ausgangspunkt wirtschaftskrimineller Handlungen. Hierbei spielt auch die Unternehmenskultur eine wesentliche Bedeutung. Eine Unternehmenskultur, die durch Transparenz und Vertrauen geprägt ist, kann ein Umfeld schaffen, das Anreize zur Begehung von wirtschaftskriminellen Handlungen durch Mitarbeitende reduziert. Weitere Instrumente wie bspw. ein Hinweisgeber-System, eine Compliance, Revision sowie die Unternehmenssicherheit können zu einer Reduktion des Risikos beitragen.

II. Informationen

Informationen sind ein wesentliches Element für den Erfolg eines Unternehmens. Der technologische Fortschritt bezieht sich nicht ausschließlich auf die Innovation eines Unternehmens, sondern auch um die Herausforderung, die sich durch die Informationsverarbeitung, speziell im Bereich der Datenverarbeitung und somit auch der Technologie in unternehmensinternen Prozessen ergeben. Allerdings basiert der Unternehmenserfolg zudem von dem Know-how der Mitarbeitenden. Der Faktor Mensch stellt trotz technologischen Fortschritts ein wesentliches Risiko für Informationsabflüsse dar. Gerade durch „Social Engineering" gelingt es kriminellen Akteuren häufig, die gewünschten Informationen abzugreifen.

III. Konkurrenz

Abflüsse von Know-how bedrohen Unternehmen nicht nur im globalen Kontext, sondern auch „zu Hause". Dabei agieren einerseits wirtschaftliche Konkurrenten, andererseits Nachrichtendienste fremder Staaten, die die gewonnenen Informationen zu Gunsten der heimischen Wirtschaft oder strategischen/militärischen Vorteilen verwerten. Neben reinen Wettbewerbsnachteilen kann Wirtschafts- und Industriespionage auch massive wirtschaftliche Schäden verursachen, wenn man die Tatsache berücksichtigt, dass sich enorme Forschungs- und Entwicklungskosten nicht amortisieren können, weil der Wettbewerb sich den Aufwand durch den Einsatz von Spionage gespart hat und im Ergebnis deutlich günstiger produzieren und am Markt anbieten kann. Auch die Produktpiraterie bringt in diesem Kontext ein massives Gefährdungsrisiko mit sich. Dies geht weit über die in zahlreichen Urlaubsländern angebotenen gefälschten Uhren und T-Shirts hinaus. Zunehmend werden auch komplexe Anlagen und Maschinen haargenau kopiert, dass die Unterscheidung zwischen echt und falsch selbst den Herstellern schwerfällt. Hieraus ergeben sich Umsatzeinbußen, durch Kunden, die gefälschte Ware anstatt des Originals erwerben, Reputationsschäden durch Vertrauensverlust in renommierte Marken sowie Haftungsrisiken aufgrund der mangelnden Unterscheidungsmöglichkeiten zwischen Original und Fälschung.

## 3.2 Risikofaktor Mensch

Der Mensch als Schwachstelle im Unternehmen fokussiert sich im Wesentlichen auf zwei Merkmale: der Mitarbeitende als Täter oder als Zugangspunkt für Angreifer. Zumeist wird über wirtschaftskriminelles Verhalten in den Medien nur dann berichtet, wenn es sich um hohe Summen handelt und/oder Personen des öffentlichen Lebens involviert sind. Das Phänomen der Wirtschaftskriminalität zeichnet sich dadurch aus, dass es einem Täter gelingt, einen eigenen wirtschaftlichen Vorteil zum Nachteil eines Unternehmens zu generieren (Fleischer, 2019). Das Bundeskriminalamt verzeichnet in seinem Lagebild Wirtschaftskriminalität (2019) einen Rückgang der Fallzahlen. So wurden laut dem Bundeslagebild im

Berichtsjahr 40.484 Fälle mit einer Schadenssumme in Höhe von 2,973 Mrd. Euro registriert (BKA 2020). Es ist jedoch davon auszugehen, dass rund 80 % im Bereich der Wirtschaftskriminalität dem Dunkelfeld unterliegen. Gerade vor dem Hintergrund möglicher Reputationsschäden zeigen Unternehmen Straftaten, die der Wirtschaftskriminalität zuzuordnen sind, häufig nicht an.

Laut KPMG-Studie (2020) lag die Beteiligung von kriminellen Handlungen im Unternehmen durch externe Täter bei 47 %. Bei 10 % der Fälle haben externe und interne Täter die Taten gemeinschaftlich begangen. D. h. in zahlreichen Fällen werden die wirtschaftskriminellen Handlungen durch Innentäter begangen, wobei auch Unachtsamkeit und Nachlässigkeit eine hohe Relevanz haben. Allerdings werden auch häufig Mitarbeiter durch „Social Engineering" und „Social Hacking" instrumentalisiert. Auch bei hervorragenden IT-Sicherheitssystemen und internen Kontrollen bleibt der Mensch eine wesentliche Schwachstelle. Im Kontext von „Social Engineering" wird in zahlreichen Fällen das Umfeld des Opfers ausgespäht, falsche Identitäten eingesetzt sowie konkrete Verhaltensweisen (z. B. Autoritätshörigkeit) ausgenutzt, um an die gewünschten Informationen zu gelangen. Die Täter bedienen sich gängiger Plattformen wie beispielsweise XING, Facebook, LinkedIn, um an die erforderlichen Daten des Opfers zu kommen (Fedder et al., 2013).

## 4 Neue Führungsparadigmen für resiliente Unternehmen

Nachdem nun sowohl die operationalen Herausforderungen als auch der umgebende Kontext etabliert sind, widmet sich dieser finale Abschnitt den Reaktionsmöglichkeiten der Sicherheitsabteilungen. Der Fokus liegt dabei insbesondere auf den Konzernsicherheiten in großen und mittelständischen Unternehmen. Die Prinzipien lassen sich aber in vielen Fällen auch auf kleinere Unternehmungen oder Sicherheitsdienstleister übertragen.

### 4.1 Resilienz versus Robustheit

In einer Lage, die von etablierten Prozessen abweicht und durch Disruption gekennzeichnet ist, bieten robustheitsbasierte Strategien keinen nachhaltigen Schutz. Man unterscheidet in diesem Zusammenhang zwischen iterativem, berechenbarem Fortschritt, und disruptiver, nicht-abschätzbarer Entwicklung (Christensen, 2016). Disruptive Technologien sind dabei etablierten Techniken, auch durch fehlende Skaleneffekte, anfangs oft unterlegen, haben jedoch nachhaltig überlegenes Potential oder erzeugen komplett neue Märkte, die schlussendlich etablierte Marktstrukturen ersetzen. Typische Beispiele sind die Elektromobilität oder der digitale Softwarevertrieb.

Ein auf Robustheit orientiertes Schutzmodell ist immer dann angemessen, wenn die Lage nicht durch disruptive Technologieentwicklung charakterisiert ist. Robustheitsbasierte Modelle sind somit kurzfristig vergleichsweise günstig, reagieren auf Bedrohungen aber linear, wie mit dem Bau einer Mauer. Solange die technische Entwicklung der Bedrohung ebenfalls linear verläuft, kann mit einer höheren, dickeren oder festeren Mauer reagiert werden. Für mehrere tausend Jahre blieben Befestigungsanlagen so das Primat der militärischen Verteidigungsstrategie und wurden über Jahrhunderte optimiert. Durch rapiden technischen Fortschritt, kombiniert mit fundamentalen wirtschaftlichen und sozialen Veränderungen, wurden diese Mauern obsolet und ein Festhalten an dieser Strategie wurde für viele ein Auslaufmodell mit fatalen Konsequenzen.

Ein resilienzbasiertes Modell, wie beispielsweise das körpereigene Immunsystem, stellt bei unberechenbaren und sich rasant entwickelnden Bedrohungen die überlege Alternative dar. So wie das Immunsystem die ideale Verteidigung gegen Viren und andere unbekannte Bedrohungen darstellt, spielt bei der Resilienz die Detektion und situations-optimale Anpassung die entscheidende Rolle und nicht die vollständige Verhinderung. Wo eine Stadtmauer also durch konstanten Beschuss immer schwächer wird, gewinnt das resilienzbasierte Immunsystem durch jede überwundene Bedrohung an Fähigkeit. Nassim Taleb (2012) spricht in diesem Kontext von der Reaktion auf Black Swan Ereignisse und dem Konzept der Antifragilität.

In der aktuellen Entwicklung müssen Sicherheitsabteilungen daher verstärkt auf solche Resilienzmodelle setzen und dabei Containment über vollständiger Prävention priorisieren. Dies bedeutet beispielsweise die Verbesserung von Monitoring und Bewertung, statt der kontinuierlichen Verstärkung von physischen Sicherheitsanlagen. Zwei Faktoren sind dabei von besonderer Bedeutung. Zum einen bedeutet eine resilienzbasierte Strategie, dass tatsächlich mehr Vorfälle eine wahrnehmbare Auswirkung haben. Allerdings sind die Auswirkungen in der Regel deutlich geringer und von kürzerer Dauer als bei robustheitsbasierten Ansätzen. Zum anderen führt ein resilienzbasiertes Modell auch zu mehr „false-positives", also einer Reaktion auf Ereignisse, die sich nie zu materiellen Bedrohungen entwickeln. Dies führt zu einer Reihe von Konsequenzen in der Sicherheitsstrategie.

Eine wichtige Konsequenz ist die Veränderung in der Wahrnehmung, sowohl bei den eigenen Mitarbeitern als auch relevanten Stakeholdern. Bisherige Leistungsmodelle setzen Effektivität von Sicherheit mit der Verhinderung von Ereignissen und der Schaffung von Regeln gleich oder fokussieren auf der Zufriedenheit von wenigen Stakeholdern (Cabric, 2017; Ohlhausen et al., 2018). Analog sehen Sicherheitsmitarbeiter ihre Eigenleistung somit in der Lösung von offensichtlichen Problemstellungen und dem Feedback der direkten Kunden, oft dem Executive Management. Es dominieren also bürokratische oder eindimensionale Modelle der Performancemessung (Cameron, 2015). Dies führt dazu, dass alle Beteiligten althergebrachte Methoden favorisieren und zu lange an iterativer Verbesserung festhalten. Auf disruptive Bedrohungen wird zu spät reagiert. Performancemodelle müssen daher durch integrative Ziel- und Prozessmodelle komplementiert werden (Sharma & Singh, 2019). Bei allen Stakeholdern ist das Bewusstsein für diese neue Situation zu schärfen und die Akzeptanz für eine andere Art der Leistungserbringung zu schaffen, um die neuen Zieldimensionen angemessen zu priorisieren.

Eine weitere Auswirkung ist der Faktor der Ressourcenkonkurrenz. Im Sinne der Ressourcenökonomie sind Kapazitäten endlich und dem strategischen Management fällt die Aufgabe der zielgerechten Verteilung zu (Freiling, 2013). Insbesondere sind dabei auch Wissen und Fertigkeiten Gegenstand dieser Kapazitätsgrenzen (Barney & Hesterly, 2010). Eine resilienzbasierte Strategie erfordert aber ein breiteres Spektrum an Fähigkeiten und Mentalitäten bei den Mitarbeitern und ein konstantes Fordern der Verteidigungsstrukturen. Zugleich sind skaleneffekt-orientierte Ansätze, wie beispielsweise das Schaffen von weltweit einheitlichen Standards zu physischer Sicherheit, oft nicht mehr ressourceneffizient und zum Abschluss ihrer Implementierung bereits veraltet. Konzern- und IT-Sicherheiten müssen sich stattdessen darauf einstellen, eine deutlich höher aggregierte Regelungstiefe als bisher zu akzeptieren und mit regional stark diversifizierter Implementierung zu leben. Zudem ist eine stärkere Integration von interner und externer Leistungserbringung erforderlich. Diese Anforderungen benötigen daher eine langfristige Perspektive und eine darauf ausgerichtete, strategische Personalplanung.

## 4.2 Strategische Personalentwicklung als langfristiges Schutzmodell

Auf die Vielseitigkeit des Umfeldes und der entstehenden Anforderungen muss mit einer strategischen Personalakquisitions- und Entwicklungsstrategie reagiert werden. Harari (2018) spricht in diesem Zusammenhang von der Notwendigkeit lebenslanger persönlicher Innovationsfähigkeit und stellt die Nachhaltigkeit der zu Karrierebeginn erworbenen Fertigkeiten in Frage. Sind diese Argumente korrekt, bedeutet dies einen Wechsel von gewohnter, nischenbasierter Optimierung zu generalistischer, schneller Anpassung und lebenslangem Lernen. Dies erfordert in Konsequenz eine kontinuierliche und zunehmend breite Anforderung in vielseitigen fachlichen Themen, kombiniert mit einer starken sozialen und interdisziplinären Komponente. Kahnemann (2017) zeigt auf der anderen Seite die Grenzen einer solchen Erwartung auf und betont, wie stark ein dauerhafter Lernprozess der physischen und psychischen Veranlagung des Menschen widerspricht und welche Energien dies erfordert. Es ist somit notwendig, diese Anforderung als integralen Teil der Berufstätigkeit und täglichen Aufgaben zu definieren, gezielt zu steuern und permanent zu überwachen.

Gegenwärtige generische Unternehmensprozesse in den Feldern Weiterbildung, Personalentwicklung und Zielsteuerung sind für diese agilen Anforderungen aber oft unzureichend aufgestellt (Annosi et al., 2020). Zugleich haben viele Vorgesetzte die Situation verkannt und sehen Netzwerkaktivitäten und Weiterbildungen bestenfalls als Mitarbeiterincentive, schlimmer noch als Zeitverschwendung (Li, 2020). Der erste Schritt ist somit die Aufweichung von starren, traditionellen Rollenmodellen und Spezialisierungskonzeptionen. Es gibt nicht mehr den Archetypus des Sicherheitsmitarbeiters oder der Sicherheitsmitarbeiterin auf Basis einer ausschließlich fachlichen Definition. Stattdessen ist Vielfalt an Hintergründen und Qualifikationen die erfolgreichste Methode für die notwendige Agilität zu sorgen. Personalakquise muss sich von Gleichförmigkeit und checklistenbasierten oder zertifikatsgetriebenen Einstellungshürden lösen. Stattdessen sind unternehmerisches Denken, Anpassungsfähigkeit und Resilienz stärker zu priorisieren, was beispielsweise in Form von spieltheoriebasierten Auswahlmethoden im Recruiting Einzug gehalten hat (Bhatia & Ryan, 2018).

Nach Einstellung ist dies durch gezielte und kontinuierliche Aktivitäten des Beobachtungslernens zu komplettieren und mittelfristig in ein erfahrungsorientiertes Lernmodell zu transformieren (Aranda et al., 2017). Mentoren-Programme, Job-Rotationen oder Peer-Coaching sind leicht umsetzbare Optionen mit schnellen Erfolgen. Dem netzwerkorientierten Lernen, als dritter Komponente der Lerntheorie, kommt dabei eine besondere Bedeutung zu, da dieser Ansatz nicht nur die soziale Orientierung fördert, sondern auch kompetitive wie komplementäre Fertigkeiten und Motivationen entwickelt und zugleich den Risiken komplexer Stakeholderbeziehungen entgegenwirkt (Gibb et al., 2017). Konzernsicherheiten und staatliche Sicherheitsakteure sollten Austausch- und Kooperationsprogramme etablieren, welche Organisationsgrenzen überschreiten und darauf ausgelegt sind, den Horizont und das Verständnis der Mitarbeiter systematisch zu erweitern. Iterative, kurzfristige Zielmodelle der Personalsteuerung sind nicht mehr angemessen, sondern Zielvorgaben müssen den Netzwerkgedanken ebenso betonen wie die Nachhaltigkeit der Leistungserbringung.

Ein weiteres Zeichen der neuen Realität sind die sich ständig verändernden Spielregeln. Auch wenn die übergeordneten Ziele der Sicherheit im weitesten Sinne stabil bleiben, wechseln die Wirkungskreisläufe oft innerhalb kurzer Zeit. Schach zu Go, dann zu Mahjong, um zuletzt doch wieder zum Spiel der Könige zurückzukehren. Ein permanentes Reflektieren und Innehalten ist daher eine wichtige Komponente der strategischen Personalentwicklung und ein Kern der Resilienz. Achtsamkeit und Ethik komplettieren dabei fachlich-diversifizierte und sozial-integrative Schwerpunkte in der Weiterbildung und Leistungssteuerung und werden über Identitäts- und Identifikationsprozesse inkludiert (Hogg et al., 2012).

## 4.3 Führungsmethodik und Unternehmenskultur als Leitlinien

In Zeiten fehlender nationaler Identität und einer sich abschwächenden Identifikation mit dem Unternehmen kommt der Personalführung und Identitätsstiftung eine gesteigerte Bedeutung zu (Dutton et al., 2010). Die paradigmatische Unsicherheit als Charakteristikum der Gegenwart bewirkt dabei ein Suchen nach Struktur und Möglichkeiten der ideellen Identifikation und verleitet zur Akzeptanz radikaleren Gedankenguts oder dem Glauben an vergleichbare Theorien und Ideologien (Hogg & Wagoner, 2017). Die Struktur der menschlichen Wahrnehmung bedingt dabei, dass die schnelle, leichte Falschinformation den korrekten, aber komplexen Fakt schlägt. Mitarbeiter der Sicherheitsunternehmen erleben dabei eine doppelte Belastung. Sie sind nicht nur selbst diesen Prozessen unterworfen, sondern müssen sich als Teil ihrer Arbeit mit der Prävention oder dem Containment der Auswirkungen von Identitätskrisen, Falschinformationen und radikalisierten Konflikten auseinandersetzen. Der Führungskraft im Sicherheitsbereich fällt somit die Aufgabe zu, die Resilienz ihrer Teams und Mitarbeiter durch entsprechende Führungsstile und -methoden zu unterstützen. Dies erfordert die Abkehr von althergebrachten Führungsmodellen, wie beispielsweise transaktionaler Führung, welche auf reaktiven Incentivierungs- und Pönalisierungsmethoden basieren (Zhu et al., 2011). Stattdessen zeigen sich kulturbasierte Modelle, wie beispielsweise verantwortliche Führung, als überlege Ansätze (Maak & Pless, 2006). Diese fokussieren, neben der gerade diskutierten Personalentwicklung, zusätzlich auf einer Balance zwischen ethischen Grundsätzen, stakeholderbasierter Leistungserbringung und der Betonung von Mitarbeiterzufriedenheit.

Eine solche Balance ist von großer Bedeutung, denn Sicherheitsabteilungen befinden sich oft auf der Gratwanderung zwischen dem Dienstleistungsgedanken und Ihrer neutralen Überwachungsfunktion als Teil der Corporate Governance. Ethische Grundsätze sind dabei ein bedeutsamer Orientierungsfaktor. Diese stellen sicher, dass Sicherheitsmitarbeiter klare Leitlinien des Verhaltens aufgezeigt bekommen, was ein ethisches Selbstverständnis wesentlich prägt (Hertz & Krettenauer, 2016). Führungskräfte sollten daher auf eine Kombination aus eigener Vorbildfunktion sowie einer ethischen Abteilungskultur setzen (Hoch et al., 2018). Schaffung von Transparenz ist ein effektiver Mechanismus, beispielsweise über das eigene Verhalten in Bezug auf andere Stakeholder, das Aufrechthalten professioneller Distanz oder durch offenen Diskurs kontroverser Positionen anstatt einer Geheimniskultur. Dieser ethische Grundkontext hat auch Bedeutung für die stark angestiegene Verarbeitung und Bewegung von Daten. Ein strukturiertes Überwachen eines angemessenen Umgangs mit persönlichen Informationen, welche im Rahmen der breit aufgestellten Zugriffsmöglichkeiten der Sicherheitsmitarbeiter oder durch anvertraute Aufgaben im privaten Umfeld überproportional häufig anfallen, ist dabei Teil dieser ethischen Wertestruktur. Eine zusätzlich vermittelte kritische Grundposition gegenüber präsentierten ‚Fakten' ist dabei ein wichtiger positiver Nebeneffekt der ethischen Transparenz.

Das Vermitteln dieser ethischen Grundsätze hat eine enge Relation zu Maßnahmen der Mitarbeiterfürsorge, welche wiederrum einen wesentlichen Treiber der Mitarbeiterzufriedenheit und langfristigen Personalbindung darstellt (Voegtlin et al., 2012). Mitarbeiterorientierung auf persönlicher Ebene sowie die zuvor diskutierte Personalentwicklung stellen dabei nicht nur eine notwendige Reaktion auf das volatile Umfeld dar. Sie bieten auch zusätzlichen Schutz gegen die aufgezeigten persönlichen Risiken durch Förderung eines klaren Zugehörigkeitsgefühls und Schaffung einer stabilen professionellen Identität (Cruess et al. 2019). Diese professionelle Identität bereits bei Einstellung als gegeben vorauszusetzen oder als statisches Konstrukt im Verlauf der Karriere zu ignorieren, ist Gegenstand berechtigter Kritik an einem ausschließlich vertrauensbasierten oder mitarbeiterorientierten Führungsansatz (Schillemans et al., 2019). Ebenso birgt ein einseitig überpriorisiertes Bindungsmodell ebenfalls die Gefahr eines, oft wohlmeinenden, fehlgeleiteten Loyalitätsverständnisses (Deitelhoff & Wolf, 2010). Dies unterstreicht, warum eine solche Führungsorientierung durch konstant neu-verstärke ethische Prinzipien und konsequente Strukturtransparenz komplementiert werden muss und den Leistungsgedanken dabei nicht zurückstellen darf. Inhalt einer holistischen verantwortlichen Führung ist daher zusätzlich die Verfolgung eines systematischen Stakeholder-Managements.

## 4.4 Stakeholdermodelle im Umgang mit Staaten und Organisationen

Die Stakeholderlandschaft der Konzernsicherheiten ist in den vergangenen Jahren deutlich komplexer und vielschichtiger geworden. Unternehmensintern haben sich mit Compliance und IT-Security zwei neue starke Komplementärbereiche etabliert. Ebenso hat die globale Fragmentierung zu einer Vielzahl an neuen externen Partnern, Regierungsorganisationen oder Regelungsgebern geführt. Unternehmen verfolgen zunehmend verteilte Architekturmodelle oder temporäre, lose-verknüpfte Assoziationen an Stelle der vertikalen oder horizontalen Integrationsansätze der Vergangenheit (Dolgui et al. 2020). Vereinfacht bedeutet dies, dass sich überregionale oder aggregierte Modelle und Ansätze nur in den seltensten Fällen aufrechthalten lassen oder einen stark reduzierten Grenzwertertrag aufweisen. Zugleich entstehen durch diese neuen Rahmenbedingungen übergreifende Kaskadeneffekte bei Unternehmen und anderen Akteuren, die in Ihrer Breite oder Intensität isolierte Ereignisse überschreiten. Regionale Ansätze, die auf lokalen Kooperations- und Integrationsmodellen basieren, sind dabei globalen Standards in Agilität und Effektivität überlegen. Dies erfordert den Aufbau lokaler Netzwerkstrukturen und Stakeholderverbindungen.

Externe Netzwerkmodelle der Sicherheit beruhen allerdings überwiegend auf persönlichen Kontaktnetzwerken an der Organisationsspitze, oft auf Basis einer gemeinsamen militärischen oder polizeilichen Vergangenheit (Smith & Brooks, 2012). Diese „Old Boys Clubs" bieten viele Vorteile, haben aber oft den Nachteil aus sehr homogenen Gruppen zu bestehen und existierende Eigenschaften eher zu verfestigen, denn zu verfeinern. Ebenso erzeugt diese Gruppenkonstellation möglicherweise problematische Interessenskonflikte zwischen staatlicher und privatwirtschaftlicher Position oder bewirkt, dass sich Loyalitätsgefüge enger zwischen externen Stakeholdern ausprägen als innerhalb von Organisationen oder Abteilungen. Dies beschränkt dann Personalauswahlentscheidungen, reduziert Vielfalt innerhalb der Teams und hemmt die Entwicklungs- und Diversifizierungsmöglichkeiten der Sicherheitsbranche.

Zugleich haben Netzwerke aber eine enorme Bedeutung für die Sicherheit und überschreiten in ihrer Relevanz andere Bereiche der Governance (Whelan, 2017). Berechtigterweise argumentieren viele Forscher daher, dass diese Netzbildung ein integraler Aufgabenbestandteil der Sicherheit ist (Vgl. Walby & Lippert, 2018 sowie Cavelty & Balzacq, 2016). Durch Aufbau und Pflege dieser organisationsübergreifenden Verbindungen lässt sich nicht nur die Reaktion auf kaskadierende Krisen koordinieren, sondern auch die fehlende Leitstruktur der staatlichen

Akteure kompensieren. Zugleich fördern diese Kooperationen die gesamtwirtschaftliche Resilienz durch Etablierung eines gemeinsamen Verständnisses und Mindeststandards der Absicherung. Die notwendige Vorhersagefähigkeit und Agilität lässt sich mittels dieser Netzwerke nicht nur kosteneffizient umsetzen, sondern schafft zugleich auch nachhaltig Vertrauen. Externe Netzwerke haben damit direkte Auswirkung auf die Leistungsfähigkeit einer Konzernsicherheit, erfordern aber ein systematisches Management der Beziehungsgeflechte und einhergehenden Risiken.

Obwohl zumindest die höheren Leitungsebenen der Sicherheit zumeist über umfangreiche Netzwerke zu diversen externen Stakeholdern verfügen, sind Sicherheitsabteilungen unternehmensintern oft vergleichsweise isoliert. In vielen Fällen dominiert ein Selbstverständnis einer internen Sonderstellung, welches oft mit einer eindimensionalen Ausrichtung auf das Top Management korreliert (vgl. Halibozek & Kovacich, 2017). Die Notwendigkeit horizontaler interner Verbindungen wird unterschätzt und es wird ausschließlich auf den Unternehmensvorstand oder die Inhabergemeinschaft geblickt, oft eine Folge der öffentlichen Sicherheitsdenke in privaten Sicherheitsabteilungen (Cabric, 2017) oder der Dominanz der limitierten Agency-Theorie als Verständnis von Governance und der eigenen Rolle (Heath, 2009). Konsequenz ist eine Verstärkung der beziehungsinhärenten Interessenkonflikte sowie eine Priorisierung kurzfristigen und reaktiven Verhaltens über nachhaltigen und personenunabhängig replizierbaren Strukturen.

Der Lösungsansatz liegt im Aufbau eines systematischen Stakeholdermanagements über alle internen und externen Kontakte. Freeman, der Begründer der Stakeholdertheorie, definiert authentische Stakeholderorientierung dabei in der gleichzeitigen Wertsteigerung für alle beteiligten Akteure und widerspricht einem konkurrierenden Interessendenken (Freeman, 2010). Sein Modell verbleibt allerdings theoretisch und negiert die in der Realität unterschiedlich gewichteten und alternierenden Stakeholderinteressen (Doh & Quigley, 2014). Dennoch reflektiert der Grundgedanke gegenseitigen Mehrwerts gut die Vorteile der externen und internen Stakeholderorientierung im Aufgabenspektrum der Sicherheiten. Stakeholdermodelle gewinnen dabei insbesondere dann an Mehrwert, wenn diese breit aufgestellt sind und ihre negativen Nebeneffekte selbst austarieren.

Eine wichtige Komponente eines systematischen Stakeholdermanagements in der Sicherheit liegt somit in der Verteilung der Tätigkeiten. Es ist zu vermeiden alle (Netzwerk-)Aktivitäten über eine Person zu bündeln oder alle wichtigen Verbindungen über einen Partner auf der anderen Seite abzuwickeln. Patricia Linville (1987) spricht in diesem Kontext von der Selbstkomplexität als Modell persönlicher Resilienz und dieser Gedanke lässt sich direkt auf Sicherheitsorganisationen übertragen. Beziehungen sollten daher immer über mehrere Kanäle etabliert werden und auf mehreren personellen wie inhaltlichen Fundamenten aufsetzen. Da dies einem rein effizienzorientierten Grundmodell, wie beispielsweise einem Key Account Ansatz, widerspricht, ist es wichtig, eine regelmäßige Reflektion und Adjustierung der Prioritäten zu definieren und Kontaktwege zu alternieren. Da die Ressourcentheorie berechtigterweise die Limitierungen kapazitativer und kognitiver Verfügbarkeit betont (Freiling, 2013), ist dabei zielgerichtet zu gewichten. Eine transparente Definition und Kommunikation klarer Rollen und ethischer Regeln hilft den Beteiligten die persönlichen Risiken einer eindimensionalen Stakeholderorientierung zu erkennen.

Führungsansätze in diesem neuen globalen Kontext sollten daher eine Balance aus fachlicher Qualifizierung, der Förderung von Netzwerken und Beziehungen sowie einer authentisch- motivierten und ethisch-ausgerichteten Mitarbeiterorientierung darstellen. Führungsziel ist dabei ein Gleichgewicht aus Transparenz, persönlicher Wertentwicklung und paritätischer Leistungserbringung für alle Stakeholder. Nur so lässt sich die wichtige Schutzfunktion der Sicherheitsabteilungen langfristig sicherstellen und kann gegen unberechenbare Krisenereignisse und nicht-prognostizierbare neue Gefahren in strukturierter und zielgerichteter Art und Weise bestehen.

## 5 Zusammenfassung und Ausblick

Dieser kurze Exkurs des neuen globalen Kontexts, daraus resultierender Gefahren und möglicher Handlungsalternativen kann keine abschließende Reflektion dieses komplexen Themas darstellen. Zu vielschichtig sind die Wirkungszusammenhänge und zu schnelllebig die resultierenden Konsequenzen. Dennoch lassen sich einige wesentliche Punkte herausarbeiten, die für eine strategische Ausrichtung der Sicherheit in der Wirtschaft von Bedeutung sind.

Die paradigmatische Unsicherheit, als ein Amalgam der ablaufenden geopolitischen Entwicklungen und des technologischen Wandels, ist unabhängig von der tatsächlichen Ausprägung der einzelnen Entwicklungen ein allgegenwärtiger und andauernder Faktor. Diese Unsicherheit muss dabei nicht unwiderruflich in den aufgezeigten Konsequenzen resultieren, erfordert aber eine zielgerichtete Gegenreaktion. So lassen sich die ablaufenden Veränderungsprozesse zwar nicht aufhalten, bzw. aber zumindest gesteuert begleiten und aktiv gestalten.

Ebenso sind die aufgezeigten Risiken für die Wirtschaft nicht per se eine Verschlechterung der tatsächlich erlebten Lage oder unvermeidbar in ihrer Auswirkung. Vielmehr geht es darum Anpassungsfähigkeit zu erhalten und bestimmte

Grenzen und Strukturen zu bestimmen, die einen erforderlichen Kulturwandel unterstützen. Die Dimensionen reichen dabei von einem resilienzbasierten Umgang mit Krisen und Katastrophen bis hin zu einer identitätsbasierten und ethisch-orientierten Reaktion auf Wirtschaftsspionage und personenbezogene Risikofaktoren. Gerade die privatwirtschaftliche Sicherheit muss dafür allerdings viele etablierte Prinzipien grundlegend hinterfragen.

Die Welt befindet sich in einem nachhaltigen und tief greifenden Umbruchsprozess. Selten zuvor war die Bedeutung der Sicherheitsorgane so hoch wie heute. Zugleich standen die beteiligten Akteure aber noch nie in einem vergleichbaren Rückstand zu den gegenwärtigen Herausforderungen. Es ist unwahrscheinlich, dass eine Fortsetzung des Status Quo oder kurzfristige Durchhaltestrategie dieses Problem überwinden kann. Möglicherweise gewinnt die weltweite Governance wieder an Klarheit und es kehren eindeutige Strukturen und Regeln zurück. Wahrscheinlicher ist jedoch, dass ein solcher Idealzustand nicht ohne eine aktive Intervention und langfristige Sicherheitsstrategie erreicht werden kann. Es liegt an allen staatlichen und privatwirtschaftlichen Leistungsträgern der Sicherheit gemeinsam diesen Weg zu gestalten.

## Literatur

Abolhassan, F. (2017). Security: The real challenge for digitalization. In: *Cyber security. Simply. make it happen* (S. 1–11). Springer.

Annosi, M. C., Martini, A., Brunetta, F., & Marchegiani, L. (2020). Learning in an agile setting: A multilevel research study on the evolution of organizational routines. *Journal of Business Research, 110*, 554–566.

Aranda, C., Arellano, J., & Davila, A. (2017). Organizational learning in target setting. *Academy of Management Journal, 60*(3), 1189–1211.

Barney, J. B., & Hesterly, W. S. (2010). Strategic management and competitive advantage: Concepts. Prentice hall.

Berger, A., & Brandi, C. (2018). The G20 summit and the future of the world trade organization. Deutsches Institut für Entwicklungspolitik (DIE).

Bhatia, S., & Ryan, A. M. (2018). Hiring for the win: Game-based assessment in employee selection.

Bondarenko, V. M., Ilyin, I. V., & Korotayev, A. V. (2017). Transition to a new global paradigm of development and the role of the United Nations in this process. *World Futures, 73*(8), 511–538.

Bundeskriminalamt. Wirtschaftskriminalität. Bundeslagebild 2019. Wiesbaden.

Cabric, M. (2017). From corporate security to commercial force: A business leader's guide to security economics. Butterworth-Heinemann.

Cameron, K. (2015). Organizational effectiveness. *Organizational Behaviour, 11*, 1–4.

Cavelty, M. D., & Balzacq, T. (2016). Routledge handbook of security studies. Routledge.

Christensen, C. M., McDonald, R., Altman, E. J., & Palmer, J. (2016). Disruptive innovation: Intellectual history and future paths. Harvard Business School Cambridge.

Cozzolino, A. (2019). Reconfiguring the state: Executive powers, emergency legislation, and neoliberalization in Italy. *Globalizations, 16*(3), 336–352.

Cruess, S. R., Cruess, R. L., & Steinert, Y. (2019). Supporting the development of a professional identity: General principles. *Medical teacher, 41*(6), 641–649.

Deitelhoff, N., & Wolf, K. D. (2010). Corporate security responsibility? Springer.

Doh, J. P., & Quigley, N. R. (2014). Responsible leadership and stakeholder management: Influence pathways and organizational outcomes. *Academy of Management Perspectives, 28*(3), 255–274.

Dolgui, A., Ivanov, D., & Sokolov, B. (2020). Reconfigurable supply chain: The X-network. *International Journal of Production Research, 58*(13), 4138–4163.

Dutton, J. E., Roberts, L. M., & Bednar, J. (2010). Pathways for positive identity construction at work: Four types of positive identity and the building of social resources. *Academy of Management Review, 35*(2), 265–293.

Edwards, C. (2019). Legislation new laws: Is technology running away from the law? *Engineering & Technology, 14*(2), 26–31.

Endreß, C., & Petersen, N. (2012). Die Dimensionen des Sicherheitsbegriffs. Bundeszentrale für politische Bildung.

Fedder, F. O. et al. (2013). Wirtschaftskriminalität. In: *Globale Herausforderungen. Chancen und Risiken für unsere Zukunft. Security Explorer* (S. 263–306).

Fleischer, D. (2019). Wirtschaftskriminelles Verhalten von Innentätern. In: *Wirtschaftsschutz in der Praxis* (S. 257–281). Springer.

Flint, C., & Zhu, C. (2019). The geopolitics of connectivity, cooperation, and hegemonic competition: The belt and road initiative. *Geoforum, 99*, 95–101.

Foroohar, R. (2019). *Don't be evil: The case against big tech.* Penguin UK.

Freeman, R. E. (2010). *Strategic management: A stakeholder approach.* Cambridge university press.

Freiling, J. (2013). Resource-based View Und Ökonomische Theorie: Grundlagen Und Positionierung des Ressourcenansatzes. Springer.

Gibb, J., Sune, A., & Albers, S. (2017). Network learning: Episodes of interorganizational learning towards a collective performance goal. *European Management Journal, 35*(1), 15–25.

Gray, J., & Rumpe, B. (2015). *Models for digitalization.* Springer.

Gundel, S. (2020). *Global Security. Sicherheit bei Auslands- und Reisetätigkeiten.* Boorberg.

Halibozek, E., & Kovacich, G. L. (2017). *The manager's handbook for corporate security: Establishing and managing a successful assets protection program.* Butterworth-Heinemann.

Hameiri, S., & Jones, L. (2018). China Challenges Global Governance? Chinese International Development Finance and the AIIB. *International Affairs, 94*(3), 573–593.

Harari, Y. N. (2018). *21 lessons for the 21st century.* Random House.

Heath, J. (2009). The uses and abuses of agency theory. *Business Ethics Quarterly, 19*(4), 497–528.

Heldt, E. C. (2018). Lost in internal evaluation? Accountability and insulation at the world bank. *Contemporary Politics, 24*(5), 568–587.

Hertz, S. G., & Krettenauer, T. (2016). Does moral identity effectively predict moral behavior?: A meta-analysis. *Review of General Psychology, 20*(2), 129–140.

Hoch, J. E., Bommer, W. H., Dulebohn, J. H., Wu., & Dongyuan. (2018). Do ethical, authentic, and servant leadership explain variance above and beyond transformational leadership? A meta-analysis. *Journal of Management, 44*(2), 501–529.

Hogg, M. A., Knippenberg, D. V., & Rast, D. E. (2012). The social identity theory of leadership: theoretical origins, research findings, and conceptual developments. *European Review of Social Psychology 23*(1), 258–304.

Hogg, M. A., & Rinella, M. J. (2018). Social identities and shared realities. *Current opinion in psychology, 23*, 6–10.

Hogg, M. A., & Wagoner, J. A. (2017). Uncertainty–identity Theory. *The International Encyclopedia of Intercultural Communication*, 1–9.

Jang, J., McSparren, J., & Rashchupkina, Y. (2016). Global governance: Present and future. *Palgrave Communications, 2*(1), 1–5.

Kahnemann, D. (2017). *Thinking*. Macmillan.

Kashyap, R., & Piersson, A. D. (2018). Impact of big data on security. *In Handbook of Research on Network Forensics and Analysis Techniques. IGI Global* (S. 283–299).

Komenda, T., Reisinger, G., & Sihn, W. (2019). A practical approach of teaching digitalization and safety strategies in cyber-physical production systems. *Procedia manufacturing, 31*, 296–301.

KPMG. (2020). Wirtschaftskriminalität in Deutschland: Im Spannungsfeld. 2020

Kratochvíl, P., & Sychra, Z. (2019). The end of democracy in the EU? the Eurozone crisis and the EU's democratic deficit. *Journal of European Integration, 41*(2), 169–185.

Li, Y. (2020). Non-monetary incentives in organizations. Ph.D. diss., Wellesley College.

Linville, P. W. (1987). Self-complexity as a cognitive buffer against stress-related illness and depression. *Journal of personality and social psychology, 52*(4), 663.

Lippert, B., & Perthes, V. (2020). Strategische Rivalität zwischen USA Und China: Worum Es Geht, was Es Für Europa (Und Andere) Bedeutet.

Maak, T., & Pless, N. M. (2006). Responsible leadership in a stakeholder society – A relational perspective. *Journal of Business Ethics, 66*(1), 99–115.

Münkler, H. et al. (Hrsg.) Sicherheit und Risiko. Über den Umgang mit Gefahr im 21. Jahrhundert (S. 11–34). Bielefeld.

Neue Zürcher Zeitung. (2019). Handelskriege, Protektionismus, Globalisierung: Wie es im Welthandel weitergeht. https://www.nzz.ch/wirtschaft/handelskriege-protektionismus-globalisierung-wie-es-im-welthandel-weitergeht-ld.1512630. Zugegriffen: 2. März 2021.

Ohlhausen, P. E., Mcgarvey, D., & Ohlhausen, P. E. (2018). The use of metrics to manage enterprise security risks: Understanding, evaluation and persuasion. *Journal of business continuity & emergency planning, 12*(1), 6–16.

Park, S. (2018). The role of government in science and technology legislation to prepare for the era of artificial intelligence. International Institute of Social and Economic Sciences.

Petersen, K. L. (2013). The corporate security professional: A hybrid agent between corporate and national security. *Security Journal, 26*(3), 222–235.

Petri, F., Sassenrath, C., Rieck, C., Jung L., Ulrich, L-M., Tüngler, P. (2020). Strategische Außenpolitik. Die Geopolitische Rolle Deutschlands in Zeiten Globaler Großmachtrivalitäten. Konrad Adenauer Stiftung

Pradetto, A. (2017). Die Ukraine, Russland Und Der Westen: Die Inszenierung Einer Krise Als Geopolitischer Konflikt. In: M. Staack (Hrsg.), *Der Ukraine Konflikt, Russland und die europäische Sicherheitsordnung* (S. 21). Opladen–Berlin–Toronto.

Schillemans, T., & Bjurstrøm, K. H. (2019). Trust and verification: Balancing agency and stewardship theory in the governance of agencies. *International Public Management Journal, 23*(5), 1–35.

Sharma, N., & Singh, R. K. (2019). AA unified model of organizational effectiveness. *Journal of Organizational Effectiveness: People and Performance, 6*(2), 114–128.

Smith, C., & Brooks, D. J. (2012). *Security science: The theory and practice of security*. Butterworth-Heinemann.

Sorokin, P. (2017). *Social and cultural dynamics: A study of change in major systems of art, truth, ethics*. Routledge.

Sperling, J., & Webber, M. (2020). North Atlantic Treaty Organization (NATO) and the European Union. In Oxford Research Encyclopedia of Politics.

Strejcek, G., & Theil, M. (2003). Technology push, legislation pull? E-government in the European Union. *Decision Support Systems, 34*(3), 305–313.

Taleb, N. N. (2012). *Antifragile: Things that gain from disorder*. Random House Incorporated.

Voegtlin, C., Patzer, M., & Scherer, A. G. (2012). Responsible leadership in global business: A new approach to leadership and its multi-level outcomes. *Journal of Business Ethics, 105*(1), 1–16.

Walby, K., & Lippert, R. K. (2015). Municipal corporate security in international perspective. In: *Municipal Corporate Security in International Context* (S. 125–142). Routledge.

Wagner, V. (2019). Sicherheit ist das Fundament für Vertrauen in die Digitalisierung von Wirtschaft und Gesellschaft. In: Wirtschaftsschutz in der Praxis – Positionen zur Unternehmenssicherheit und Kriminalprävention in der Wirtschaft (S. 41–63). Springer.

Whelan, C. (2017). Managing dynamic security networks: Towards the strategic managing of cooperation, coordination and collaboration. *Security Journal, 30*(1), 310–327.

Yoshino, F. (2020). Transformation of Asian business: From industrialization to digitalization. In: *Management for sustainable and inclusive development in a transforming Asia* (S. 1–23). Springer.

Zhu, W., Riggio, R. E., Avolio, B. J., & Sosik, J. J. (2011). The effect of leadership on follower moral identity: Does transformational/transactional style make a difference? *Journal of Leadership & Organizational Studies, 18*(2), 150–163.

Zürn, M. (2018). Contested global governance. *Global Policy, 9*(1), 138–145.

**Dr. Christian Endreß** (Politikwissenschaftler) begann seine berufliche Laufbahn bei einer Bundesbehörde. Anschließend arbeitete er als wissenschaftlicher Mitarbeiter am Lehrstuhl für Sicherheitsforschung an der Universität Witten/Herdecke und wechselte dann in die Privatwirtschaft. Heute ist er Geschäftsführer der Allianz für Sicherheit in der Wirtschaft West e.V., Vorstand der ASW Akademie für Sicherheit in der Wirtschaft AG und seit Januar 2019 kommissarischer Geschäftsführer des ASW-Bundesverbands. Christian Endreß ist Herausgeber und Autor zahlreicher Fachpublikationen sowie Mitglied im Gesprächskreis Innere Sicherheit NRW und des Programmbeirats der Cyberakademie.

**Dr. Patrick Hennies** leitet neben seiner Aufgabe als Chief Security Officer die Bereiche Arbeitssicherheit, Umweltschutz und Gesundheitsmanagement in einem Dax Konzern. Nach seinem Studium der Informatik und Wirtschaftsinformatik promovierte Herr Hennies im Bereich Betriebswirtschaft. Er ist Mitglied des Vorstandes der Allianz für Sicherheit in der Wirtschaft West und Aufsichtsratsvorsitzender der ASW Akademie AG. Herr Hennies ist Experte zum Thema China und war mehrere Jahre in Shanghai tätig, mit Sicherheits-Verantwortung für die Region Asien-Pazifik. Er ist nebenberuflich Mitgründer und Geschäftsführer eines Softwarespezialisten im Bereich IT-Sicherheit.

# Digitalisierung – Chancen und Risiken in der physischen Sicherheit

Katharina Geutebrück

**Zusammenfassung**

Die Digitalisierung hält auch in der physischen Sicherheitstechnik Einzug. Dies eröffnet Chancen für Kosteneinsparungen sowie für die Generierung von zusätzlichem Mehrwert. Durch Integration und Vernetzung können neben den angestrebten Schutzzielen auch Prozessverbesserungen in den operativen Prozessen einer Organisation unterstützt werden. Doch Digitalisierung birgt auch Risiken, speziell im Bereich der IT-Security, ein Thema, das für viele Akteure im Feld der physischen Sicherheit eher neu ist. Daher ist es notwendig, alle Beteiligten zu sensibilisieren und die bestehenden Verfahren zu Planung, Auswahl, Realisierung und Betrieb physischer Sicherheitstechnik an die veränderten Risiken anzupassen.

## 1 Einleitung

### 1.1 Bedeutung der physischen Sicherheit für Organisationen

Die physische Sicherheit von Gebäuden, Geländen und Objekten ist grundlegend für die Sicherheit einer Organisation. Auch wenn sich heute vieles in der virtuellen Welt abspielt, bleiben Waren, Menschen wie auch die Infrastrukturen für die virtuelle Welt selbst (z. B. Rechenzentren) physisch angreifbar

---

K. Geutebrück (✉)
GEUTEBRÜCK GmbH, Windhagen, Deutschland
E-Mail: katharina.geutebrueck@geutebrueck.com

und müssen daher auch physisch geschützt werden. Dabei kommen mechanische Sicherungsmaßnahmen wie Mauern, Zäune oder Tore zum Einsatz, die durch elektronische Sicherungssysteme ergänzt werden sollten, denn mechanische Einrichtungen können einen Angriff von außen nicht grundsätzlich abwehren, sondern nur verlangsamen. Daher ist es wichtig, solche Angriffe zu erkennen und schnell entsprechende Maßnahmen einleiten zu können. Perimeterdetektion, Videosicherheit, Zutritts- und Zufahrtssteuerung für die Außenhaut, der Einbruch- und Brandschutz für die Gebäude, idealerweise integriert in einem übergeordneten Sicherheitsmanagementsystem, sind daher ebenso notwendige Bausteine für ein Gesamtkonzept.

## 1.2 Entwicklung der Gewerke durch Digitalisierung

Elektronische Sicherheitstechnik existiert schon lange. Früher waren diese Systeme als proprietäre, analog basierte Silos aufgebaut. Kommunikation zwischen Gewerken wie z. B. der Einbruchmeldetechnik mit dem Videoüberwachungssystem fand basierend auf Kontakten oder seriellen Schnittstellen statt. Die Interaktion der Systeme war auf den Informationsaustausch beschränkt, Bediener und Administratoren mussten jedes System beherrschen und unabhängig voneinander managen und steuern. Die Aggregation der benötigten Informationen aller Systeme fand üblicherweise beim Menschen statt. Dank Digitalisierung sind viele dieser Systeme heute auf IT-Infrastrukturen aufgebaut, die eine Vereinheitlichung der Werkzeuge zu Administration und Bedienung ermöglichen. Kommunikationsprotokolle (wie TCP/IP) sind standardisiert und vereinfachen die Integration der Gewerke in der Sicherheitsleitstelle. Aufgrund der vielfältigen baurechtlichen Vorschriften ist diese Entwicklung jedoch noch nicht in allen Gewerken einheitlich realisiert. Vor allem der Brandschutz ist weitgehend noch auf klassische Konzepte begrenzt. Systeme des Perimeterschutzes, der Zutritts- und Zufahrtssteuerung und der Videosicherheit sind dagegen heute überwiegend IT-basiert. Daher fokussiert sich dieser Beitrag auf diese Bereiche.

## 2 Chancen durch die Digitalisierung

Insbesondere die vereinfachte Integration der Gewerke sowie die einheitlich nutzbare IT-basierende Infrastruktur bieten vielfältige Chancen für einen höheren Nutzen der Sicherheitssysteme, angefangen von Kosteneinsparungen bei Aufbau, Wartung und Ausbau über ein deutlich verbessertes Benutzererlebnis

# Digitalisierung – Chancen und Risiken in der physischen Sicherheit

bis hin zu zusätzlichen Anwendungsbereichen im Arbeitsschutz oder in der Prozessdokumentation.

## 2.1 Vereinfachte Integration der Gewerke

Auf Basis der einheitlichen Infrastruktur wird die Integration der unterschiedliche Gewerke massiv vereinfacht. Schnittstellen, die noch nicht existieren, werden von den Herstellern bei Bedarf entwickelt. Die Aggregation der Informationen ermöglicht einheitliche Bedienplattformen für den Bediener. So lassen sich alle relevanten Informationen in einer kritischen Situation übersichtlich und im Kontext leicht verständlich darstellen (Abb. 1).

Lageplanbasierte Bedienoberflächen sorgen für eine schnelle Orientierung; auf Basis der visuellen Verifizierung einer Situation durch die automatisch aufgeschalteten, passenden Bilder können zielgenaue Maßnahmen schnell eingeleitet und begleitet werden. Automatisierte Workflows entlasten die Bediener und helfen bei der Bewältigung kritischer Situationen. Das spart Zeit und erhöht die Sicherheit.

**Abb. 1** Lageplanbasierte Bedienoberfläche mit Live-Bildern und Alarminformationen. (Quelle: Geutebrück GmbH)

Aber auch die Administration der Systeme wird durch eine verbesserte Integration deutlich optimiert. So ist beispielsweise die Benutzerverwaltung durch die Integration der Gewerke in die Domäne der Anwenderinfrastruktur massiv vereinfacht. Autorisierte User werden mit ihren Rechten an einer zentralen Stelle angelegt. Die Rechtekaskadierung in die jeweiligen Systeme erfolgt automatisiert. So lassen sich Mitarbeiterwechsel schnell und einfach abarbeiten. Das Risiko, dass ein Zugriff auf ein spezielles System auch nach einem Wechsel „vergessen" wird, minimiert sich. Zusätzlich ist die Aufzeichnung aller Benutzerzugriffe auf sämtliche Systeme zentralisierbar. Audits und die Nachvollziehbarkeit auch im Sinne der Compliance werden vereinfacht.

## 2.2 Flexibilität und Kostenreduktion durch einheitliche IT-Infrastruktur

Der Aufbau der Systeme auf standardisierter IT-Infrastruktur erhöht die Flexibilität zur Anpassung an sich ändernde Gegebenheiten gewaltig. So können Kamerastandorte ohne zusätzliche proprietäre Verkabelung verändert werden. Die Erweiterung des Gesamtsystems um zusätzliche Komponenten ist deutlich vereinfacht. Die Wartung der Systeme erfolgt überwiegend im Rechenzentrum oder Serverraum. Durch die Nutzung einer einheitlichen Infrastruktur sinken die Kosten, da eine dedizierte Verkabelung für jedes Einzelsystem wegfällt. Neben kabelgebundenen Netzen sorgen WLAN-basierte Infrastrukturen für zusätzliche Flexibilität, wobei diese nur im Innenbereich zu empfehlen sind, um das Risiko von Angriffen und Störungen der Systeme von außen zu minimieren. Moderne IT-Infrastrukturen bieten außerdem eine Vielzahl von standardisierten Optionen zur Erhöhung der Verfügbarkeit und Resilienz der Systeme. So können On-premise-Installationen durch Cloud-basierte Dienste ergänzt werden. Failover und andere Redundanz-Konzepte lassen sich einfach realisieren und bieten so eine hohe Ausfallsicherheit.

Zu erwarten ist auch, dass der kommende Mobilstandard 5G weitere Möglichkeiten für eine höhere Flexibilität bei gleichzeitiger Kostenreduktion bietet. In kleineren, verteilten Standorten kann zukünftig durch die Anbindung von Komponenten über 5G an eine öffentliche oder private Cloud-Plattform auf dedizierte Rechner-Hardware vor Ort verzichtet werden. Es werden lediglich die dedizierten Endgeräte wie Kameras oder Zutrittsleser benötigt, die dann über eine Bridge oder einen Router an das Mobilnetz angebunden werden. Private 5G-Netze (sogenannte Campus-Netze) bieten aber auch an zentralisierten Standorten weitere Optionen. So kann perspektivisch auf eine dedizierte LAN-Verkabelung z. B.

von Kameras verzichtet werden. Die Kamerastandorte wären noch flexibler und schneller adaptierbar – wo Strom ist, könnte eine Kamera hängen – und dennoch wäre eine sichere und latenzarme Bildübertragung gewährleistet.

## 2.3 Digitalisierung als Grundlage für mobile und Remote-Nutzung

Der Aufbau der Systeme auf modernen IT-Infrastrukturen erhöht nicht nur die Flexibilität vor Ort, sondern vereinfacht auch den standortübergreifenden Informationsaustausch. Zentralisierte Leitstellen können so weltweit agieren und verteilte Standorte managen. Sicherheit rund um die Uhr ist so auch ohne Nachtschichten einfach realisierbar. Wenige geschulte Bediener können eine Vielzahl von Objekten verantworten. Ebenso kann die Administration der Systeme von jedem Standort aus – auch aus dem Home-Office – erfolgen. So können Personal- und Reisekosten optimiert werden. In kritischen Situationen können relevante Informationen zusammen mit aussagekräftigen Alarmbildern oder Livestreams mit mobilen Einsatzkräfte vor Ort geteilt werden, indem sie einfach auf deren Smartphone gesendet werden. (Abb. 2).

Umgekehrt können die Eingreifenden vor Ort ihre individuelle Wahrnehmung über ihre Smartphones mit der Einsatzleitstelle teilen. So kann das Vorgehen

**Abb. 2** Live- und Speicherbilder können auf mobilen Geräten zugänglich gemacht werden. (Quelle: Geutebrück GmbH)

vor Ort gezielter erfolgen und besser gesteuert werden bei gleichzeitig erhöhter Sicherheit für die Handelnden.

## 2.4 Verbesserte Datenauswertung und Zusatznutzen

Die Integration der Daten aller Gewerke ermöglicht erstmals einfache Analysen zur Verbesserung der Prävention, aber auch zur intelligenteren Erkennung von Gefahren und Risiken. Dies betrifft vor allem die Zutrittssteuerung und die Videosicherheit. So können beispielsweise Zutrittsdaten mit Gesichtserkennungsalgorithmen kombiniert werden, um einerseits die Identität eines Nutzers zu verifizieren, aber auch Manipulation zu erkennen. Algorithmen im Hintergrund können alle Daten automatisch auf Plausibilität prüfen und so beispielsweise erkennen, wenn ein Nutzer gleichzeitig an einem entfernten Standort an seinem Rechner eingeloggt ist und vor Ort an der Zutrittskontrolle registriert wird. Ein solches kritisches Szenario ist durch die Auswertung der integrierten Daten aller Systeme einfach und schnell erkennbar. Ein manueller Abgleich dieser Datenmengen könnte immer nur repressiv im Rahmen von Ermittlungen nach konkreten Hinweisen erfolgen, ist aber präventiv viel zu aufwendig und daher nicht sinnvoll.

Speziell im Bereich der Videoanalyse bietet die Digitalisierung und mit ihr die Möglichkeiten des Deep Learnings auf Basis künstlicher Intelligenz weiteres Optimierungspotenzial durch die verbesserte Erkennung ungewöhnlicher Situationen. Das ist vor allem dann relevant, wenn standortbedingt klassische Videoanalyse-Verfahren an ihre Grenzen stoßen und so hohe (Fehl-)Alarmraten (False Positives) generieren, dass die Bediener dem System nicht mehr vertrauen. Ursachen dafür sind meist Einflüsse durch Vegetation und Tiere, Verkehr oder Wetter. In solchen Fällen besteht das Risiko, dass Alarme nicht mehr wahrgenommen und quasi „automatisch" als „Fehler des Systems" quittiert werden. Die tatsächliche Alarmsituation aus einer Masse von „falschen" Alarmen herauszufiltern ist dem Bediener kaum zumutbar. Bessere Verfahren werden gebraucht, um „falsche" Alarme zu unterdrücken. Mit Hilfe von Deep Learning können Algorithmen deutlich gezielter auf Situationen trainiert werden. So ist zum Beispiel die Unterscheidung von Mensch und Tier bei der Sicherung der Außenhaut mit Hilfe KI-basierter Algorithmen deutlich verlässlicher. Auch Autoscheinwerferkegel, die von klassischen Algorithmen regelmäßig als relevante „Bewegung" wahrgenommen werden, lassen sich mit solchen Verfahren herausfiltern. Dabei ist allerdings viel Erfahrung beim Trainieren der neuronalen Netze zur Videoanalyse erforderlich. Außerdem ist jedes Netz für einen bestimmten Anwendungszweck

Digitalisierung – Chancen und Risiken in der physischen Sicherheit   153

Links erkennt die KI einen Seelöwen, rechts einen Gullideckel (Bild: ImageNetA-Dataset)

**Abb. 3** Durch künstliche Intelligenz falsch erkannte Objekte. (Schulz, 2019)

zu trainieren, um die Ergebnisse zu optimieren. Teilweise auch recht unterhaltsame Beispiele für fehlerhafte Erkennungen von Objekten durch neuronale Netze finden sich vielfach im Internet (Abb. 3).

Neben den optimierten Anwendungsmöglichkeiten im Bereich der klassischen Sicherheit bieten sich erweiterte Einsatzfelder, insbesondere für Videosysteme. So können diese beispielsweise vorgeschriebene Schutzkleidung in bestimmten Bereichen automatisch überprüfen und in Verbindung mit der Zutrittskontrolle nur Einlass gewähren, wenn die korrekte Kleidung getragen wird. Das erhöht den Arbeitsschutz und vereinfacht den Nachweis bei Audits durch die visuelle Dokumentation. Aber auch Prozesse wie im Bereich der Warenlogistik können durch die visuelle Dokumentation sicherer und effizienter gestaltet werden. So lassen sich zu den Bilddaten die über Schnittstellen empfangenen Prozessdaten (z. B. Barcodes, Sendungs- oder Bestelldaten oder ähnliche) speichern und als Suchkriterien nutzen. Eine lückenlose visuelle Nachverfolgung der Waren im Gebäude wie auch die beweiskräftige Dokumentation der Haftungsübergänge helfen, Kosten durch Prozessfehler zu minimieren oder aufwendige Nachweise zum Beispiel bei Sendungsschäden zu vermeiden. Aber auch andere Gewerke können zusätzlichen Nutzen generieren: Die Daten der Zutrittssteuerung lassen sich beispielsweise zur automatisierten Zeiterfassung für Personal und Dienstleister nutzen. Abrechnungen können automatisiert werden. Die Verweildauer von Lieferfahrzeugen im eigenen Gelände kann über eine mit der Zufahrtssteuerung kombinierte Kennzeichenerkennung automatisch erfasst und gemanagt werden.

## 3 Risiken

Natürlich birgt die Digitalisierung der sicherheitstechnischen Gewerke auch Risiken, allen voran das Risiko jedes IT-Systems für Cyber-Attacken. Doch auch mangelnde Verfügbarkeit der Systeme, Inkompatibilitäten zwischen den Systemen, die z. B. erst später durch Updates auftreten, und mangelnde Kompetenz der beteiligten Personen und Parteien können zu Risiken führen.

### 3.1 Cyber-Security

Viele Hersteller von Sicherheitstechnik wie auch Sicherheitsfacherrichter sind bereits seit Jahrzehnten im Markt aktiv. Sie kommen aus der „analogen Zeit" und nutzen bei manchen Themen wie dem Brandschutz auch immer noch klassische Konzepte und Technologien, auch geschuldet der extrem langsamen technologischen Entwicklung durch hohe baurechtliche Hürden. Das erklärt, warum die IT-Sicherheit sowohl bei Herstellern als auch Errichtern lange nach der Einführung von netzwerkbasierten Komponenten wie beispielsweise Kameras nur geringe Beachtung fand. Dies gilt sowohl für die Entwicklung von Firmware oder Software, aber vor allem auch für die Installation und Wartung der Systeme.

Der kanadische Hersteller für Video Management Software Genetec stellt in einer 2019 durchgeführten Studie fest, dass nahezu 70 % der bei ihren Anwendern installierten Kameras veraltete Firmwarestände hatten, bei knapp 54 % der Kameras fehlten sicherheitsrelevante Updates, so dass bekannte Sicherheitslücken nicht behoben waren (Genetec., 2019). Hier fehlte es offensichtlich an der regelmäßigen Wartung der Systeme. Ebenso kritisch ist die Erkenntnis der Studie, dass fast ein Viertel aller untersuchten Kameras noch mit dem Hersteller-Default-Passwort betrieben wurden. Das führt nicht nur dazu, dass die Infrastruktur, an der die jeweilige Komponente angebunden ist, angreifbar ist – und somit ein Systemausfall mindestens der Sicherheitstechnik nach sich führen würde – sondern auch zu hohen datenschutzrechtlichen Risiken. Das geht so weit, dass privat installierte Kameras oder ganze Kamerasysteme frei im Internet zugänglich sind, wie Berichte über eine russische Website zeigen, die seit 2014 regelmäßig in den

Medien veröffentlicht werden, z. B. bei Global News (Russel, 2017). Hier finden sich sowohl Streams von Kameras mit Standard-Passwörtern wie auch von gehackten Kameras.

Besonders Lücken in der IT-Sicherheit bergen also vielfältige Risiken, sowohl in Bezug auf die Verfügbarkeit der Sicherheitssysteme selbst als auch für die Verfügbarkeit weiterer angebundener IT-Infrastrukturen, wie nicht zuletzt Haftungsrisiken speziell im Bereich des Datenschutzes. Letzteres gilt insbesondere für Videotechnik und Zutrittssteuerungssysteme, in denen personenbezogene und personenbeziehbare Daten gespeichert und verarbeitet werden.

## 3.2 Integration der Gewerke

Auch bei regelmäßiger Wartung der Systeme durch Updates und durchdachte Passwort-Policies sind weitere Risiken gegeben. Durch die tiefe Integration der Gewerke über teilweise eigens implementierte Schnittstellen können gerade durch die Installation regelmäßiger Updates Risiken entstehen. Sind bei einem der Hersteller im Rahmen eines Updates Änderungen an einer relevanten Schnittstelle implementiert und diese in einem angebundenen System noch nicht, so kann ein Update zu Inkompatibilität und damit im günstigsten Fall zu einem Ausfall der Kommunikation zwischen den Systemen, im schlimmsten Fall zu einem Ausfall der Systeme selbst führen.

Fehler in der Integration sowohl bei der Entwicklung von Schnittstellen als auch bei der Konfiguration dieser können prinzipiell zu einem Risiko für die Systemverfügbarkeit werden. Aber natürlich kann auch ein bereits bei Installation vorhandener Systemfehler, der erst später sichtbar wird, andere angebundene Systeme in ihrer Funktion beeinträchtigen. Die tiefe Integration der Gewerke führt zu einer verstärkten, wechselseitigen Abhängigkeit der Systeme untereinander und so zu einem erhöhten Verfügbarkeitsrisiko.

Weiterhin ist zu beachten, dass die Menge an Daten, die aus den aggregierten Systemen bereitgestellt werden, sinnvoll zu strukturieren sind, bevor sie dem Bediener präsentiert werden. Überfrachtete Bedienoberflächen mit einer Fülle an Informationen aus unterschiedlichen Systemen können zu Verwirrung und Überforderung führen und den gegenteiligen Effekt auslösen, der durch die Integration der Systeme intendiert war.

## 3.3 Kompatibilität

Wie bereits bei Schnittstellen von verschiedenen Gewerken erwähnt, kann mangelnde Kompatibilität zu Einschränkungen oder sogar zur Instabilität des Systems führen. Daneben ist die begrenzte Kompatibilität von Komponenten zu zentralen Systemen aber auch an anderen Stellen zu berücksichtigen. Der IT-Standard TCP/IP allein ist für eine garantierte Kompatibilität nicht ausreichend. Aufgrund fehlender Standards auf der übergeordneten Kommunikationsschicht kann es dazu kommen, dass Anwender auf Komponenten eines einzelnen Herstellers beschränkt sind oder Komponenten anderer Hersteller nur mit eingeschränkter Funktionalität an ihrer Management-Software betreiben können. So sind beispielsweise Videoanalyse-Funktionen von Kameras des Hersteller A nicht mit dem Management-System des Herstellers B nutzbar, obwohl die Kameras von A an sich am System von B betrieben werden können, Videostreams der Kameras aufgezeichnet werden können und möglicherweise auch einzelnen Funktionen wir Bildrate und Bildqualität gesteuert werden können. Das ist insbesondere bei der schnellen technologischen Weiterentwicklung nicht ungewöhnlich und auch nicht vermeidbar. Standards existieren zwar, aber sie halten mit den technischen Möglichkeiten der Plattformen nicht schnell genug Schritt.

## 4   Handlungsempfehlungen

Wie lassen sich nun die zuvor beschriebenen Chancen optimal nutzen bei gleichzeitiger Minimierung der erwähnten Risiken? Der folgende Teil befasst sich mit konkreten Vorschlägen dazu. Beginnend mit der Planung über die Auswahl von Komponenten und Dienstleistern, die anschließende Installation und Inbetriebnahme bis zum laufenden Betrieb werden alle Phasen des Investitions-Lebenszyklus diskutiert und beleuchtet.

### 4.1 Planung

Der Planungsphase kommt – wie so oft – eine entscheidende Bedeutung zu, denn hier werden die Grundsteine für eine optimale Investition und Nutzung dieser gelegt. Beginnen sollte der Anwender mit einer klassischen Risikoanalyse in Bezug auf das physische Sicherheits-System. Diese Aufgabe erfährt aufgrund der Digitalisierung eine Erweiterung, sowohl in Bezug auf die zu betrachtenden

Risiken als auch die Personengruppen, die in dieser Phase mitwirken sollten. Die konkreten Teilschritte sind:

**Schutzziele definieren: Was konkret soll geschützt werden?**
Es muss festgelegt werden, was in der Organisation gefährdet ist und geschützt werden muss. Dazu gehören sowohl Personen, Güter im Allgemeinen wie Gelände, Gebäude, Infrastrukturen oder Inventar, aber auch Prozesse und Informationen. Es empfiehlt sich, eine Hierarchie innerhalb der einzelnen Gruppen vorzunehmen.

**Risiken identifizieren: Wovor soll geschützt werden?**
In diesem Schritt ist Fantasie gefragt. Es geht nicht nur um gezielte Angriffe von außen oder innen, sondern ebenso um mögliche Risiken durch Unfälle oder Naturereignisse. Genauso können Risiken auch durch Fehler, von Menschen oder durch Technik verursacht, entstehen. Durch den Einsatz der Digitalisierung ist mit zusätzlichen Risiken zu rechnen, wie sie bereits oben geschildert wurden.

**Risiken bewerten: Wie kritisch sind die identifizierten Risiken?**
Die Risiken pro Schutzziel sollten nach ihrer Eintrittswahrscheinlichkeit und dem zu erwartenden Schadensausmaß bewertet, und gruppiert werden. Dazu eignet sich besonders eine an die Eisenhower-Matrix angelehnte Darstellung (Abb. 4).

**Status Quo erfassen: Welche Schutzmaßnahmen existieren bereits?**
In diesem Schritt wird beschrieben, welche Schutzmaßnahmen in der Organisation für jedes Risiko, insbesondere für die A-Risiken, bereits getroffen wurden. So werden Lücken deutlich und Prioritäten erkennbar.

**Handlungsoptionen ausarbeiten: Welche Maßnahmen können ergriffen werden?**
Mögliche Handlungsoptionen lassen sich gut auch durch einen Benchmark mit anderen Organisationen erarbeiten. Welche Schutzmaßnahmen werden von anderen vergleichbaren Organisationen verwendet? Was wird am Markt angeboten? Eine umfassende Beratung oder Information von Externen, z. B. über Netzwerke von Sicherheits-Experten hilft in diesem Schritt. Ebenso können in diesem Schritt auch gut Chancen zur Generierung von Zusatznutzen durch die Systeme identifiziert werden. Diskussionen mit anderen Anwendern, Planern und Herstellern können hier wertvollen Input liefern.

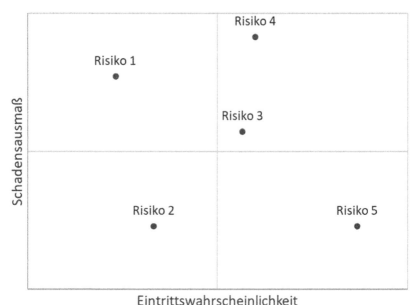

**Abb. 4** Eisenhower-Matrix zur Risikobewertung. (Quelle: eigene Abbildung)

**Abschließende Bewertung der Maßnahmen**

Als Entscheidungsgrundlage für das weitere Vorgehen sollten alle Optionen auf ihre Wirkung zur Risikoreduzierung und den entstehenden Kosten und Zusatznutzen untersucht werden. Nicht nur direkte Kosten und Nutzen sind relevant, ebenso sollten indirekte Kosten und Nutzen, z. B. für Betrieb, Administration, Wartung und Prozesse mit einbezogen werden. Auch sollte der zeitliche Aufwand zur Umsetzung jeder Maßnahme erfasst werden. Mehrere kleine Maßnahmen mit weniger hohem Nutzen, aber geringen Umsetzungsaufwänden sind als erster Schritt möglicherweise sinnvoller als der große „Rundum-Schlag". Die Identifikation dieser „Low-hanging-fruits" bietet Potenzial für erste schnelle Umsetzungserfolge.

Bei der klassischen Vorgehensweise im Rahmen physischer Sicherheitsmaßnahmen waren zumeist neben der Sicherheitsabteilung oder dem Werkschutz die Facility Manager, der Einkauf und gegebenenfalls noch die Personalabteilung eines Unternehmens involviert. Die Nutzung digitaler Lösungen erfordert es, weitere Beteiligte der Organisation mit einzubeziehen, um Potenzial für Zusatznutzen zu erkennen, aber auch die neu entstehenden Risiken zu berücksichtigen. Die Risikoanalyse sollte daher idealerweise ergänzt werden mit einer Chancenanalyse zur Identifikation möglicher Zusatznutzen durch die Mehrfachnutzung der physischen Sicherheitssysteme.

Insgesamt empfiehlt es sich daher, die folgenden Gruppen zu involvieren:

**Sicherheitsverantwortliche**
Die für die Sicherheit verantwortlichen Personen im Unternehmen, ob Werkschutz, Corporate Security, Sicherheitsbeauftragte oder Risikomanager, waren und sind auch immer noch die wesentlich Betroffenen und Treiber aller Maßnahmen.

**Facility Management**
Physische Sicherheitsmaßnahmen betreffen naturbedingt immer die Liegenschaften einer Organisation und damit, falls vorhanden, die für den Betrieb der Liegenschaften Verantwortlichen. Neben der notwendigen Integration dieser Organisationseinheit in die Sicherheitsprozesse lassen sich hier oft Prozesse wie die Zufahrtskontrolle identifizieren, in denen smarte Systeme Zusatznutzen generieren können.

**IT-Abteilung**
Es ist davon auszugehen, dass fast alle Maßnahmen, die ergriffen werden, durch dedizierte Software und/oder IT-Hardware unterstützt werden. Wahrscheinlich werden nicht unerhebliche Teile einer Lösung auf der vorhandenen IT-Infrastruktur aufsetzen oder mindestens Schnittstellen in diese benötigen. Die IT ist daher wichtiger Partner für die Optimierung der physischen Sicherheit. Ebenso kommt der IT eine besondere Rolle im laufenden Betrieb zu. Die beschriebenen Risiken durch die Digitalisierung im Bereich der IT-Sicherheit müssen gemeinsam mit der IT-Abteilung bewertet und entsprechende Anforderungen an die Technik zur Risikominimierung im Betrieb definiert werden. Auch wird die IT selbst Bedarfe für die physische Sicherheit von Serverräumen oder Rechenzentren anmelden.

**Personalvertretung, Datenschutzbeauftragte**
Da Schutzmaßnahmen meist sowohl mit Einschränkungen der persönlichen Freiheiten der Mitarbeiter als auch einer erhöhten Kontrolle der Tätigkeiten mindestens ausgewählter Mitarbeiter und externer Personen einhergehen, müssen alle Maßnahme auf ihren Einfluss in den Themenbereichen Datenschutz und Mitbestimmungspflicht überprüft werden. Durch digitalisierte Systeme können sich hier neue Risiken ergeben und damit einhergehende Anforderungen an die ausgewählten Lösungen ändern.

**Prozesseigner von betroffenen Prozessen**
Die intensive Beleuchtung der beschriebenen Möglichkeiten zur Mehrfachnutzung der Systeme in den Wertschöpfungsprozessen sollte in engem Austausch mit den Prozessverantwortlichen erfolgen. Insbesondere sind hier Warenlogistikprozesse, aber auch Produktionsprozesse zu beleuchten. Daneben können Prozesse wie die Zeiterfassung (für eigene Mitarbeiter oder Dienstleister) durch eine smarte Zutrittskontrolle automatisiert und optimiert werden. Es empfiehlt sich, sich vor allem auf die Wertschöpfungsprozesse zu konzentrieren, die Schnittstellen zu anderen Organisationseinheiten oder zu Externen enthalten. Häufig entstehen an diesen Schnittstellen Reibungsverluste, die mithilfe von technischen Lösungen reduziert werden können.

## 4.2 Realisierung

In der Realisierungsphase werden die Maßnahmen konkretisiert, Anbieter, Komponenten und Systeme ausgewählt und beauftragt. Hier sind insbesondere die speziellen Anforderungen, die sich durch den Einsatz digitaler Systeme zusätzlich ergeben, zu berücksichtigen. Im Folgenden sind einige Punkte hierzu aufgeführt:

**IT-Sicherheit**
Da die Systeme auf IT-Infrastruktur aufsetzen und zur optimalen Nutzung aller Vorteile direkte Schnittstellen in organisationsinterne Netzwerke, aber meist auch nach außen haben, kommen den IT-Risiken und den notwendigen Maßnahmen zum sicheren Betrieb der Systeme besondere Bedeutung zu. Werden diese nicht ausreichend berücksichtigt, können im schlimmsten Falle die eingesetzten Komponenten oder mangelnde Wartung dieser selbst zu einer Sicherheitslücke werden und Cyber-Angriffe in die Organisation ermöglichen. Es kursieren unzählige Schadprogramme im Netz und es werden täglich mehr, nach Angaben des Bundesamts für Sicherheit in der Informationstechnik (BSI) im Herbst 2020 bis zu 470.000 Schadsoftware-Varianten täglich (Bundesamt für Sicherheit in der Informationstechnik, 2020). Der Fokus lag vor allem auf Ransome-Ware-Attacken, also Schadprogrammen, die den Datenbestand einer Organisation verschlüsseln. Nach Zahlung eines Lösegeldes liefern die Täter den Code zur Wiederherstellung der Daten. Ein lukratives Geschäftsmodell für die Angreifer und auf quasi alle Organisationen anwendbar. Deshalb ist die IT-Sicherheit von IT-basierten physischen Sicherheitssystemen so kritisch wie notwendig.

Bei der Auswahl der einzusetzenden Komponenten ist daher dieser Faktor besonders zu berücksichtigen. Wie gehen die Hersteller (ob Zutrittskontroll-Leser, Videokameras oder Perimeterdetektions-Komponenten) mit dem Thema um? Verantwortungsbewusste Hersteller verfolgen eine Selbstverpflichtung zu „Security-by-Design", d. h. sie berücksichtigen bereits bei der Entwicklung von Soft- und Hardware IT-sicherheitsrelevante Vorgaben. Ebenso sind ein schneller Support und das umgehende Schließen bekannter Sicherheitslücken durch Firmware-Updates grundlegend, wie auch die verlässliche Kommunikation des Herstellers zu kritischen Sicherheitslücken. Gibt der Hersteller Hinweise zu benötigten Sicherheits-Patches inklusive Kompatibilitätstests zwischen Software und Betriebssystem-Patches oder bietet sogar ein proaktives Patchmanagement an?

Vielen Anwendern ist auch die grundsätzliche Vertrauenswürdigkeit von Herstellern wichtig. In vielen Ländern (wie den USA, Australien und Frankreich) sind beispielsweise chinesische Hersteller von Aufträgen durch die öffentliche Hand im Bereich Videoüberwachung gesetzlich ausgeschlossen, da berechtigte Bedenken gegen Spionage oder Sabotage bestehen. Als nächsten Punkt ist auf benötigte Funktionen des Gesamtsystems zu achten. Wie erfolgt die Nutzerverwaltung und wie detailliert lassen sich Zugriffsrechte regeln? Die Nutzerauthentifizierung sollte gemäß aktuelle Standards (z. B. über eine Zwei-Faktor-Authentifizierung) erfolgen oder durch eine Anbindung an die zentrale Nutzeradministration sichergestellt werden (z. B. durch die Integration von Active Directory). Die Zugriffsberechtigungen sollten ausreichend granular definierbar sein, z. B. so, dass der externe Wachdienst nur nachts und an Wochenenden ganztags auf Live-Bilder der Außenkameras zugreifen kann. Lassen sich solche benötigten Einschränkungen auch für aufgezeichnete Bilder einstellen?

Die Systemarchitektur selbst beeinflusst ebenso die Sicherheit. Dies sollte bei der Netzwerkeinrichtung berücksichtigt werden. So sollte eine verschlüsselte Kommunikation zwischen Komponenten, Servern und Clients forciert werden können und die Zertifikate-Verwaltung den Einsatz eigener Zertifikate ermöglichen. Die Trennung des Sicherheitstechnik-Netzwerks vom Produktivnetzwerk der Organisation mittels Firewall und virtuellem privaten Netzwerk (VPN) reduziert die Risiken zusätzlich. Auch sollten die Sicherheitseinstellungen der verwendeten Netzwerkkomponenten überprüft und angepasst werden. Nicht benötigte Netzwerk-Ports sollten gesperrt und die Anbindung per Mac-Adressen-Identifikation auf die autorisierten Netzwerkkomponenten begrenzt werden.

Eine kontinuierliche Aufgabe dagegen ist das Update- und Patch-Management der Software und der eingesetzten Betriebssysteme. Hilfreich ist die Möglichkeit der zentralen Verteilung benötigter Updates und Sicherheits-Patches. Diese Punkte sind nicht nur sicherheitskritisch bei der Auswahl der Komponenten und Systeme, sondern wirken sich direkt auf die administrativen Prozesse während des Betriebs und somit auch auf die Betriebskosten aus. Zuletzt ist auf genau diese administrativen Prozesse im Betrieb zu achten. Sind die Passwörter aller Komponenten zur Kommunikation untereinander bei Inbetriebnahme auf die Organisation individualisiert worden? Benötigte Sicherheitsmaßnahmen (z. B. verschlüsselte Kommunikation und Nutzung eigener Zertifikate hierzu) sollten umgesetzt werden.

Die Pflege der Nutzerberechtigungen, z. B. bei Ausscheiden eines Mitarbeiters sowohl in der eigenen Organisation als auch bei einem beauftragten Dienstleister (wie dem Sicherheitsfacherrichter) ist zu organisieren. Wenn das System verändert oder erweitert wird, sollte die Kompatibilität gewährleistet werden. Dazu muss im Vorfeld geprüft werden, ob bei Updates eines Systems die Schnittstellen zu einem angebundenen System weiterhin kompatibel bleiben und funktionieren.

**Datenschutz**

Ebenso wie die IT-Sicherheit ist der Datenschutz ein Themenfeld, das immer mehr an Bedeutung gewinnt. Durch die EU-weite Einführung der Datenschutz-Grundverordnung (DSGVO) wurden zwar die Bestimmungen zum Schutz der Daten, die in physischen Sicherheitssystemen verarbeitet werden (insbesondere von Zutrittskontroll- und Videosicherheitssystemen), nicht wesentlich verschärft, allerdings sind mögliche Sanktionen bei Verstößen deutlich härter und kostenintensiver geworden. Neben Geldstrafen in erheblicher Höhe kann die Stilllegung der Systeme verlangt werden, wenn der Datenschutz nicht ausreichend berücksichtigt ist. Dies wiederum führt zu Lücken in der physischen Sicherheit. Daher macht es Sinn, die datenschutzrechtlichen Anforderungen von Beginn an zu berücksichtigen. Ebenso sollten Mitbestimmungsrechte von Personalvertretungen und Betriebsräten ernst genommen werden, da auch diese Gruppen bei Verletzung ihrer Rechte die Außerbetriebnahme von Systemen einfordern können. Daher ist auf entsprechende Funktionen und Prozesse der eingesetzten Systeme zu achten.

Neben oben bereits erwähnten Punkten wie der Benutzerauthentifizierung, um sicherzustellen, dass nur autorisierte Personen Zugriff auf die zu schützenden Daten haben, bieten vor allem Videosysteme weitere Funktionen, die helfen, die Interessen von Datenschützern und Personalvertretungen zu wahren. Folgende Fragen sollten Sie klären: Lassen sich definierte Bildbereiche schwärzen oder alternativ verpixeln? Lassen sich Bewegungen oder Gesichter im gesamten Bild oder in ausgewählten Bildbereichen verpixeln? (Abb. 5).

Wie lassen sich diese verpixelten Bereiche bei Bedarf, z. B. nach einem Vorfall, wieder sichtbar machen? Gibt es die Möglichkeit, einen echten 4-Augen-Zugriff zu realisieren, sodass nur zwei getrennte Nutzer (z. B. Sicherheitspersonal und

Digitalisierung – Chancen und Risiken in der physischen Sicherheit

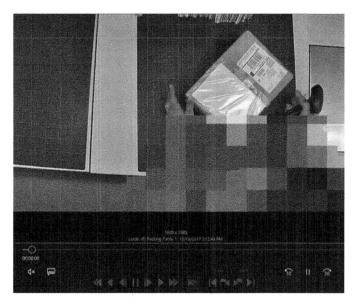

**Abb. 5** Verpixelung von Bewegung im unteren Bildbereich (Mitarbeiter), Bewegung im oberen Bildbereich (Frachtgut) ist dagegen unverpixelt (Quelle: Geutebrück GmbH)

Betriebsrat) mit ihren persönlichen Benutzernamen und individuellen Passwörtern definierte Zugriffe auf besonders kritische Bilddaten oder z. B. auf die Entpixelung haben? (Abb. 6).

**Abb. 6** Beispiel für eine Login-Aufforderung mit 4-Augen-Passwort. (Quelle: Geutebrück GmbH)

Wie erfolgt die Löschung nicht mehr benötigter Daten nach der in der Betriebsvereinbarung oder in der Datenschutzerklärung definierten Frist?

**Weitere Punkte**

Neben den oben geschilderten Themenbereichen sollten je nach Bedarf weitere Themen berücksichtigt werden. Sollen die Daten, z. B. aufgezeichnete Bilder, zur Klärung von Haftungsfragen oder als Beweismittel genutzt werden, ist auf die Möglichkeit zur Datensicherung in manipulationsgeschützten Formaten zu achten. Manche Hersteller bieten Backup-Formate für Datensicherungen, die z. B. in den USA oder in Großbritannien zur Verwendung als Beweismittel vor Gericht zertifiziert sind.

Die Vernetzung der verschiedenen Systeme kann wie oben geschildert erhebliche Vorteile, aber auch Risiken bringen. Welche Schnittstellen zwischen den Systemen sollen genutzt werden? Welches System soll mit welchem anderen kommunizieren? Dabei sollte definiert werden, welches System gegebenenfalls den Lead übernimmt. Vordefinierte und automatisierte Workflows helfen den Bedienern in kritischen Situationen.

Zu beachten sind auch die unterschiedlichen Anforderungen an die Bedienoberflächen und -konzepte pro Benutzerrolle. Wer muss mit welchem System wann zu welchem Zweck interagieren? Hier sollten die Aufgabenstellungen Administration, Prävention, Intervention, Forensik und Repression betrachtet werden. Möglicherweise macht es Sinn, dass unterschiedliche Aufgaben in unterschiedlichen Systemen realisiert werden und dann für die jeweilige Aufgabe ein anderes System das Führende ist. Die Möglichkeiten für die Nutzung von Daten auf mobilen Endgeräten sollte hier ebenso beleuchtet werden. Macht es Sinn, z. B. im Rahmen eines Einsatzes Bilddaten von Vorgängen auf mobilen Endgeräten vor Ort zur Verfügung stellen zu können? Dann wiederum sind auch hier wieder weitere Risiken im Rahmen der IT-Sicherheit und des Datenschutzes zu beleuchten und entsprechende Maßnahmen zur Minimierung vorzusehen.

Für eine reibungslose Realisierung und Inbetriebnahme ist dem Thema Benutzerschulung besondere Aufmerksamkeit zu schenken. Viele Prozesse müssen angepasst und Bedienroutinen neu erlernt werden, um die Chancen neuer Systeme optimal nutzen zu können bei gleichzeitiger Minimierung der Risiken.

## 4.3 Betriebsphase

Wie aus den vorangehenden Ausführungen deutlich wird, kommt der Betriebsphase eine besonders kritische Bedeutung zu. Ehemals in sich geschlossene Sicherheitssysteme sind durch die Digitalisierung offen für Zugriffe von außen. Ob kabelgebunden, innerhalb der eigenen Organisation oder für Prozess-, Einsatz- oder Wartungszwecke mit externen Stellen, alle diese Kommunikationspfade müssen kontinuierlich überprüft und abgesichert werden. Alle aus der IT-Sicherheit bekannten Maßnahmen sollten auch für digitale physische Sicherheitssysteme umgesetzt werden. Dazu gehören insbesondere die Folgenden:

**Operative Anwendung**
Für jeden Benutzer muss ein eigener individualisierter Account vorhanden sein. Nur so sind sowohl Datenschutz- als auch IT-Sicherheitsanforderungen sauber umsetzbar. Eine lückenlose automatisierte Dokumentation aller Bedienhandlungen zur Nachvollziehbarkeit und für entsprechende Audits setzt voraus, dass ein Bedienerwechsel an zentralisierten Bedienplätzen z. B. in Leitstellen forciert wird. Dies ist sowohl in der Administration als auch in den Betriebsprozessen sicherzustellen. Dieses Vorgehen sollte in Standard Operating Procedures festgelegt und entsprechend geschult werden.

**Administration**
Das Onboarding bei Mitarbeiter- oder Dienstleisterwechseln ist zu definieren und kontinuierlich zu berücksichtigen. User-Accounts ausgeschiedener Mitarbeiter, ob eigene oder externer Organisationen, sind umgehend zu löschen. Die Zugriffsrechte für neue Nutzer sind auf ihre Aufgabenbereiche zu beschränken.

**Wartung und Service**
Zusätzlich zu den zyklisch geplanten Wartungen klassischer Sicherheitstechnik wie die jährliche Funktionsprüfung der Brandmeldetechnik oder die regelmäßige Reinigung der Kameragehäuse müssen kontinuierliche, anlassbezogene Prozesse zur Wartung von Firmware, Betriebssystemen und Software eingeführt werden. Denn IT-Sicherheitslücken in den Sicherheitssystemen stellen ein hohes Risiko nicht nur für die Systeme selbst sondern auch für die angebundene Infrastruktur und somit oft für die gesamte IT der Organisation dar. Ein strukturierter, systematischer Prozess von der Information neuer sicherheitsrelevanter Software-Updates über die Prüfung der Kompatibilität dieser Updates mit dem Gesamtsystem inklusive vorhandener Schnittstellen zwischen einzelnen Komponenten und Systemen bis zum Roll-out auf die gesamte Infrastruktur ist daher zu definieren und umzusetzen.

Eine weitere besondere Herausforderung ergibt sich bei Service und bei Reparaturen von Systemkomponenten, sofern sie Speichermedien betreffen. Sind z. B. Festplatten zur Speicherung von Videodaten im Einsatz und müssen diese wegen technischen Defekts getauscht werden, so ist die Vernichtung des Mediums aus Datenschutzgründen nachzuweisen bzw. zu dokumentieren. Dienstleister, die mit Reparaturen beauftragt werden, sind ebenso an die Datenschutzanforderungen zu binden, z. B. durch eine Auftragsdatenverarbeitungs-Vereinbarung.

## 5 Fazit

Durch den Einsatz digitaler Techniken in der physischen Sicherheit eröffnen sich viele Chancen, Sicherheitsprozesse einfacher, effizienter und effektiver zu gestalten. Gleichzeitig bieten die digitalen Systeme eine ganze Reihe von zusätzlichen Anwendungspotenzialen, um bei der Optimierung von Wertschöpfungs- und anderen Prozessen zu unterstützen. Dadurch ergibt sich erstmals die Chance, dass Sicherheitstechnik nicht nur Kostenfaktor für Organisationen ist, sondern einen Return on Investment generieren kann.

Gleichzeitig werden aber auch neue Anforderungen an alle Beteiligten gestellt, um die Risiken, die sich durch die Digitalisierung zusätzlich ergeben, zu beherrschen. Diese Risiken müssen intensiv beleuchtet und bei allen Entscheidungen und in allen Prozessen im Vorfeld proaktiv berücksichtigt werden. Geschieht dies nicht in ausreichendem Maße, können IT-basierte, physische Sicherheitssysteme selbst zu einem Sicherheitsrisiko für die gesamte Organisation werden. Dieser Beitrag kann lediglich einen Teilaspekt der Thematik beleuchten. Der Austausch mit anderen Anwendern, Experten und Beratern ist daher dringend zu empfehlen.

Grundsätzlich gilt auch bei der Digitalisierung physischer Sicherheitssysteme, dass sich ein wirklicher Mehrwert in der Regel nur aus einer frühzeitigen Durchleuchtung und Einbeziehung aller anhängigen Prozesse und Systeme ermitteln lässt. Lediglich Papier gegen digitale Daten auszutauschen, greift auch hier zu kurz. Denn wenn ein schlechter analoger Prozess digitalisiert wird, erhält man eben einen schlechten digitalen Prozess. Ebenso sollte davon Abstand genommen werden, Prozesse direkt komplett umzugestalten. Die Möglichkeiten, die sich durch Digitalisierung ergeben, sind so vielfältig, dass gleichsam die Komplexität steigt. Komplexität an sich ist nicht schlecht, sie sollte aber einfach handhabbar sein, damit „komplex" nicht für Anwender, Administratoren und andere Benutzer zu „kompliziert" wird. Darunter leiden die Akzeptanz und damit der gesamte Erfolg eines Vorhabens.

## Literatur

Bundesamt für Sicherheit in der Informationstechnik. (2020). Die Lage der IT-Sicherheit in Deutschland. https://www.bsi.bund.de/DE/Publikationen/Lageberichte/lageberichte_node.html. Zugegriffen: 28. Dez. 2020.

Genetec Inc. (2019). New Genetec research shows almost 4 in 10 security cameras can be at risk of cyber-attack due to outdated firmware. https://www.genetec.com/about-us/news/press-center/press-releases/new-genetec-research-shows-almost-4-in-10-security-cameras-can-be-at-risk-of-cyber-attack-due-to-outdated-firmware. Zugegriffen: 28. Dez. 2020.

Geutebrück GmbH. (2020). Verschiedene Unterseiten. https://www.geutebrueck.com/de/index.html. Zugegriffen: 28. Dez. 2020.

Russel, A. (2017). Russian website streaming hundreds of cameras in Canada, experts warn your connected devices could be at risk. https://globalnews.ca/news/3900530/canada-uns ecured-surveillance-cameras-what-you-need-to-know/. Zugegriffen: 28. Dez. 2020.

Schulz, M. (2019). An diesen Bildern scheitert künstliche Intelligenz. https://www.gamestar.de/artikel/ki-fehler-bilder-erkennung-kuenstliche-intelligenz,3346964.html. Zugegriffen: 28. Dez. 2020.

**Katharina Geutebrück** absolvierte 1993 ihr Studium als Diplom-Wirtschaftsingenieur Elektrotechnik mit dem Schwerpunkt Marketing an der TH Darmstadt. Anschließend leitete sie ein Projekt zur Tourenoptimierung in der norditalienischen Tochtergesellschaft des Textil-Service-Unternehmens MEWA und arbeitete von 1994-1996 als internationale Produktmanagerin für technische Leuchten bei der SLI AG in Saint Etienne, Frankreich. In der von ihren Eltern gegründeten Geutebrück GmbH, Spezialist für videobasierte Softwarelösungen für Sicherheitsanwendungen und Logistik-Prozessoptimierung, begann Katharina ihre Laufbahn 1997, zunächst als Marketingleiterin und ab 1999 als Mitgeschäftsführerin. Seit 2012 leitet sie das Unternehmen als geschäftsführende Gesellschafterin gemeinsam mit ihrem Ehemann Christoph Hoffmann. Katharina Geutebrück ist Mitglied beim internationalen Berufsverband der Sicherheitsbranche ASIS International und im Club of Logistics. Sie ist Vorstandsmitglied in der Allianz für Sicherheit in der Wirtschaft ASW West e.V. sowie Kuratoriums-Mitglied der Trappen-Stiftung Bad Honnef.

# Krisenmanagement neu denken

Ralf Marczoch

### Zusammenfassung

Der Beitrag vermittelt neue Aspekte und Sichtweisen rund um das Krisenmanagement. Dabei geht es nicht um richtig oder falsch. Vielmehr wird der Fokus daraufgelegt, dass Unternehmen ihr Krisenmanagement regelmäßig überdenken und dementsprechend neu ausrichten sollten. Grundsätzlich ist dabei kein komplexes formales Gebilde anzustreben, sondern eine Struktur, welche durch Flexibilität und Kreativität auf (un)-erwartete Krisen sowohl adäquat als auch zielführend reagieren kann.

## 1    Einleitung

*„Was wir wissen ist ein Tropfen – was wir nicht wissen ein Ozean."* Was Isaac Newton (1643–1727) vor etwa 300 Jahren schon feststellte, hat bis heute im Umgang mit Krisen nicht an Brisanz verloren. Jede Krise ist einzigartig und verläuft ohne Drehbuch, auf das sich ein Unternehmen Punkt für Punkt verlassen kann. Unmöglich zu meistern sind Krisen aber keinesfalls – vielmehr muss in ein flexibles Krisenmanagement investiert werden, welches es Unternehmen ermöglicht, auf jede noch so unwahrscheinliche Krise vorbereitet zu sein.

Im Krisenmanagement sollte außerdem nicht versucht werden, den Lauf der Geschichte auf scheinbare Gesetzmäßigkeiten zurückzuführen, da unabhängig von akribischster Vorbereitung unerwartete Ereignisse immer wieder eintreten

R. Marczoch (✉)
Hamburg, Deutschland
E-Mail: r.marczoch@mata-solutions.de

© Der/die Autor(en), exklusiv lizenziert durch Springer Fachmedien
Wiesbaden GmbH, ein Teil von Springer Nature 2022
C. Vogt et al. (Hrsg.), *Wirtschaftsschutz in der Praxis*, Sicherheit – interdisziplinäre Perspektiven, https://doi.org/10.1007/978-3-658-35123-6_9

werden. Die Ansatzpunkte für das Krisenmanagement im heutigen Unternehmensumfeld sind vielseitig. Diese Erkenntnis spiegelt sich in der Bereithaltung zahlreicher Krisenreaktionspläne für alle möglichen bekannten Szenarien durch die Unternehmen selbst wider. Dazu kommen teilweise Krisenstabsräume mit modernster Ausstattung sowie eine finanziell und personell gut ausgestattete Organisation mit zahlreichen Experten für die verschiedensten Vorfälle.

Die Krisenreaktionspläne haben aufgrund ihrer Vielzahl an Handlungsempfehlungen, Checklisten und Prozessen für spezielle Szenarien eine große Relevanz. In ihrer Anwendbarkeit bringen diese allerdings die Schwierigkeit mit sich, dass die darin beschriebenen Szenarien im Ernstfall mit großer Wahrscheinlichkeit nicht so eintreten würden. Daher sollte an dieser Stelle der Fokus verstärkt darauf gerichtet werden, klare Zuständigkeiten im Krisenfall zu etablieren. Dabei muss vor allem elaboriert werden, wer für die Planungen verantwortlich ist, wer das Problem löst und wer die Auswirkungen bearbeitet. Trotz des hier gesetzten Fokus wird nicht die Notwendigkeit von guten Notfallplänen infrage gestellt.

Aufgrund dieser das Krisenmanagement häufig begleitenden Problematiken unterbreitet dieser Artikel einen alternativen flexibleren Ansatz. Er beschäftigt sich daher mit der Frage, inwiefern Krisenmanagement neu gedacht werden muss, um auch auf nicht vorhergesagte, nicht planbare oder für unmöglich gehaltene Ereignisse reagieren zu können. Die Geschwindigkeit von Veränderungen in unserer globalisierten Welt nimmt kontinuierlich zu und Anpassungen werden in immer kürzeren Abschnitten erforderlich. Gerade die Corona-Pandemie hat hier einige Handlungsfelder verdeutlicht und im Positiven aufgezeigt, dass notwendige Anpassungen trotz langanhaltender Widerstände auch kurzfristig umgesetzt werden konnten. Gleichzeitig hat diese Pandemie das Krisenmanagement in nahezu allen Unternehmen sehr gefordert und zusätzlich gezeigt, dass eine weltweite Katastrophe zu jeweils einzigartigen Unternehmenskrisen führen kann. Alle Unternehmen waren betroffen, die Auswirkungen waren in unterschiedlichen Intensitäten für jeden spürbar und es mussten nicht nur im Krisenmanagement schnell neue Methoden etabliert werden.

Unabhängig von den Ereignissen der Corona-Pandemie, sollte jedes Unternehmen sein Krisenmanagement von Zeit zu Zeit überdenken. Hierzu sind unter anderen folgende Themengebiete zu betrachten:

- Wie ist das Krisenmanagement in das Risikomanagement eingebunden?
- Welche Organisationsebene ist für das Krisenmanagement zuständig?
- Welchen Budgetrahmen benötigt die Regelorganisation?
- Wie bereitet sich eine Organisation auf Schwarze Schwäne vor?
- Wie ist ein flexibles und kreatives Krisenmanagement aufgebaut?

Krisenmanagement neu denken

- Wie entstehen gute Lösungen?

Es geht in diesem Artikel nicht um richtiges oder falsches Krisenmanagement, vielmehr werden Ansatzpunkte, die bezüglich bestehender Strukturen zu hinterfragen wären, aufgezeigt.

## 2 Einheitliches Verständnis des Begriffs „Krise"

Es existieren zahlreiche Definitionen und Merkmale einer Krise. Beschreibungen zu den Auswirkungen, der Planbarkeit und dem Verlauf sind dabei mehr oder weniger detailliert definiert. Das Bundesamt für Sicherheit in der Informationstechnik (BSI) definiert eine Krise als ein *„im Wesentlichen auf die Institution begrenzter verschärfter Notfall, der die Existenz der Institution bedroht oder die Gesundheit oder das Leben von Personen beeinträchtigt"* (BSI, 2008). Zur Behandlung wird folgende Strategie formuliert: *„Da Krisen nicht breitflächig die Umgebung oder das öffentliche Leben beeinträchtigen, können sie, zumindest größtenteils, innerhalb der Institution selbst behoben werden"* (BSI, 2008).

Hier werden Krisen basierend auf folgender Definition auf einer etwas abstrakteren Ebene betrachtet: *„Eine Krise ist ein Vorfall, der potentiell oder real negativen Einfluss auf die strategischen Ziele einer Organisation hat."*

Es wird dabei bewusst der Begriff der Organisation verwendet, um dieser Definition die benötigte weitreichende Geltung zu übertragen. Zur Verdeutlichung sei hier beispielhaft der längerfristige Ausfall des Hauptverdieners einer Familie gegeben. Ein solches Ereignis beeinflusst die Organisation „Familie" in ihrer strategischen Ausrichtung und führt somit zu einer „Familienkrise". Bei dieser Definition sollte es darüber hinaus nicht nur um „greifbare" Krisen gehen, da zum Beispiel IT-Szenarien oft eine abstrakte Gefahr darstellen, die die strategischen Ziele eines Unternehmens nicht zwingend bereits zu Beginn der Krise beeinflussen. Da sich eine Krise durch einen Vorfall und die Auswirkungen desselben definieren lässt, ist zu beachten, dass die Möglichkeit des Eintretens unterschiedlicher Auswirkungen bei einem gleichen Vorfall dazu führt, dass dieser nicht bei jedem Eintreten zwingend zu einer Krise führen muss.

Daher muss jeder Vorfall unter Berücksichtigung der externen Faktoren betrachtet werden, die ausschlaggebend für die Auswirkungen sind, die der spezielle Vorfall auf eine Organisation hat. Aus Sicht des Krisenmanagements ist also nicht das Ereignis entscheidend, sondern die Auswirkungen eines solchen. Das klingt erst einmal sehr abstrakt, soll aber am folgenden Beispiel näher erläutert werden: Es sei eine Gasmangellage gegeben. Ereignet sich dieser Vorfall im Sommer bei angenommenen 25 Grad, stellt er per se keine Krise dar, da die externen Faktoren (Wetter, Nachfrage, etc.) die potenziellen Auswirkungen geringhalten. Die Auswirkung des gleichen Vorfalls unter anderen externen Faktoren, wie im Winter bei Minusgraden, ist dagegen deutlich größer. Unter diesen Bedingungen würde sich der gleiche Vorfall, anders als im Sommer, als Krise darstellen und bedürfte zur erfolgreichen Bewältigung eines erhöhten Koordinationsaufwand.

## 2.1 Krisenmanagement in Unternehmen – Abgrenzung

Eine berechtigte Frage ist die nach der Einordnung und Positionierung des Krisenmanagements in Unternehmen. Grundsätzlich wird zwischen den Ebenen *strategisch – taktisch – operativ* unterschieden. Dabei betrifft das Krisenmanagement jede dieser Ebenen. Für eine gelungene Krisenstabsarbeit bilden die strategische Ausrichtung und die strategischen Ziele einer Organisation die Grundlage. Für die strategischen Entscheidungen obliegt die Gesamtverantwortung immer der Geschäftsführung einer GmbH oder dem Vorstand einer AG (im Weiteren zusammen als Geschäftsführung bezeichnet). Wird klar, dass die gesetzten Ziele durch einen Vorfall (potenziell) beeinträchtigt werden, so kann der Vorstand die Bearbeitung des Ereignisses an ein spezielles Team (bei einer feindlichen Übernahme wäre z. B. ein Expertenteam aus M&A, Finanzen und Recht ideal), wie den Krisenstab delegieren, damit dieser Maßnahmen ergreift, um sicherzustellen, dass die strategischen Ziele des Unternehmens weiterhin bestmöglich erreicht werden können. Der Krisenstab agiert folglich auf der taktischen Ebene.

Zusätzlich erhält die Geschäftsführung dadurch eine Art „Distanzpuffer" zwischen ihr und den Entscheidungen des Krisenstabes. Der Krisenstab bildet die taktische Ebene, trifft Entscheidungen und beschließt Maßnahmen im Sinne der strategischen Ausrichtung. Ein häufiger Fehler besteht darin, diese Ebenen zu vermischen, denn der oben genannte „Distanzpuffer" ist im Krisenfall für die Geschäftsführung von enormem Vorteil. Er erlaubt der Geschäftsführung, Zuständigkeiten abzugeben. Sobald ein Ereignis zur Krise wird, muss sich die Geschäftsführung somit nicht sofort selbst damit beschäftigen, sondern kann die Zuständigkeit dem kompetenten Krisenstab übergeben.

Der Krisenstab soll die Geschäftsführung entlasten und schützen. Mithilfe dieses Gremiums kann die Geschäftsführung die Zuständigkeit delegieren, sich auf die wichtigen Themen fokussieren und sich erst einmal nur so weit wie nötig einbinden lassen („last man standing"; Dies bedeutet, dass die oberste Führungsperson so lange wie möglich nicht in das Krisenmanagement eingebunden ist.). Sind Entscheidungen von strategischer Tragweite notwendig, so bereitet der Krisenstab entsprechende Entscheidungsvorlagen vor und unterbreitet diese der Geschäftsführung.

Weiterhin müssen in Krisen Entscheidung auf Basis von wenigen oder sogar unbestätigten Informationen getroffen werden. Dieses Risiko sollte möglichst nicht direkt von der Geschäftsführung getragen werden. Haben Entscheidungen und Maßnahmen des Krisenstabes nicht den gewünschten Effekt oder müssen Konsequenzen gezogen werden, besteht die Möglichkeit, nach oben zu eskalieren. Dann könnte ein Mitglied der Geschäftsführung die Krisenstabsleitung übernehmen.

Diese Zuständigkeitsseparierung wird seit Jahren vorbildlich auf behördlicher Seite gelebt. So bilden hier Staatssekretäre und nicht Minister oder sogar Ministerpräsidenten die Krisenstabsleitung. Bei staatlichen Institutionen oder auch privatwirtschaftlichen Organisationen, die in einem Verbund stehen, der in der Struktur eine zusätzliche Eskalation ermöglicht, kann in einem Tochterunternehmen auch ein Mitglied der Geschäftsführung im Krisenstab vertreten sein.

Bei sehr extremen Auswirkungen, kann auch die Geschäftsführungsebene in den Krisenstab eingebunden werden, wobei das in diesem Fall nicht den Vorsitzenden der Geschäftsführung betreffen sollte. Hier sei erneut auf den Aspekt des „last man standing" verwiesen. Als behördliches Beispiel sei hier die Corona-Pandemie mit den Krisenstabsleitern Spahn und Seehofer genannt. Die Bundeskanzlerin Frau Merkel tritt nur vereinzelt bei sehr strategischen Entscheidungen vor die Kamera.

Neben der strategischen und taktischen Ebene spielt aber auch die operative Ebene im Krisenmanagement eine große Rolle: Die Entscheidungen und Maßnahmen werden aus dem Krisenstab an die operative Ebene zur Umsetzung weitergeleitet. Die Verantwortung gibt der Krisenstab dabei aber nicht ab, sondern kontrolliert kontinuierlich die Maßnahmen.

## 3 Krisenmanagement neu denken

Bei den Planungen von Krisenreaktionen sind stets sehr viele konkrete Annahmen getroffen worden, die in der Realität nicht in dieser Weise eintreten müssen. An dieser Stelle sei kurz auf Pandemievorbereitungen in Unternehmen hinsichtlich der Corona-Pandemie eingegangen. Denn dort wurde oft von einem Anteil von

10 % oder mehr der Bevölkerung ausgegangen, der innerhalb eines relativ kurzen Zeitraumes mit dem Virus infiziert sein würde. Nach über achtzehn Monaten der Pandemie sind in Deutschland, auch bei Annahme einer hohen Dunkelziffer, allerdings erst bis zu 10 % der Bevölkerung infiziert oder infiziert gewesen.

Bei der Betrachtung der Risiken stützen wir uns häufig auf die Informationen der Vergangenheit und versuchen daraus die Eintrittswahrscheinlichkeit ähnlicher Vorfälle in der Zukunft abzuleiten. Daraus ergeben sich Szenarien, die bezüglich ihrer Krisenrelevanz bewertet und dann in Plänen detailliert vorgedacht werden. Die Benutzung solcher gefestigten Reaktionspläne bergen bei ihrer Anwendung im Krisenfall allerdings folgende Risiken:

1. Das eingetretene Szenario wurde in dieser Art oder Form nicht ausgearbeitet,
2. die Wahrscheinlichkeit des Eintretens einer solchen Situation wurde als zu gering eingeschätzt und deshalb außer acht gelassen oder.
3. eine solche Situation war nicht bekannt und wurde dadurch für unmöglich gehalten.

Das Krisenmanagement kann zehn Pläne vorhalten, wobei ein elfter Fall eintreten kann und das Unternehmen unvorbereitet treffen wird. Vielleicht tritt auch der vierte Fall, unter gänzlich anderen Rahmenbedingungen, und somit nicht bedachten Folgen, ein. Die Thematik der Wahrscheinlichkeiten und die Schwierigkeit der Erfassung derselben wird in Abschn. 3.5 „Richtig entscheiden" detaillierter betrachtet.

Folglich sollte damit begonnen werden, das Thema Krisenmanagement neu zu denken und sich zu überlegen, wie auf Situationen reagiert werden kann, die nicht vorbereitet oder in ihrer Ausprägung nicht berücksichtig wurden. Der hier skizzierte Lösungsansatz beschreibt ein flexibles Krisenmanagement, welches mithilfe von Methodenkompetenz besser auf die verschiedensten Arten von Krisen reagieren kann. Dabei muss vor allem elaboriert werden, wer für die Planungen verantwortlich ist, wer Probleme löst und wer die Auswirkungen bearbeitet. Dieses Werkzeug zum erfolgreichen Bewältigen einer Krise hilft im Realfall mehr als die Vorbereitung auf ein bestimmtes Szenario. Gegebenenfalls schränken die vorgedachten Szenarien den Krisenstab in seinem Handeln zusätzlich ein oder führen dazu, dass er andere Lösungsoptionen übersieht, die bei der Erstellung der Pläne nicht vorhanden waren.

Empfohlene Kompetenzen sind Flexibilität und Kreativität: Ein nicht deterministischer Umgang mit regulären und irregulären Gefahren, ermöglicht eine Reaktion auf eine breite Anzahl von Krisen. Dabei sollten vor allem die folgenden

Themen, die dieser Artikel aufarbeiten wird, in einem Unternehmen hinterfragt werden.

## 3.1 Die Verzahnung von Risikomanagement und Krisenmanagement

Historisch betrachtet lag und liegt die Zuständigkeit für das Krisenmanagement und damit auch die Leitung des Krisentabes in den Unternehmen oft im Bereich der Unternehmenssicherheit. Die Begründung dafür liegt darin, dass viele Krisen, z. B. Evakuierungen aus Regionen, schwere Sabotagen oder Aktionen gegen ein Unternehmen, mit klassischen Sicherheitsmaßnahmen reduzier- bzw. lösbar sind. Im Folgenden wird ein anderer Ansatz vorgestellt. Wichtig bei der Betrachtung ist, zu unterscheiden, wer in der Krise zuständig ist und wer das Krisenmanagement im Tagesgeschäft betreibt. Der zweite Teil kann in unterschiedlichen Unternehmensbereichen angeordnet werden. Hierbei bietet sich vor allem die Unternehmenssicherheit an. Die generelle Zuständigkeit sollte auf jeden Fall sehr eng mit dem ständigen Risikomanagement zusammenarbeiten. Auch wenn bei den hier betrachteten Fällen zum Großteil das Risikomanagement mit seinen Methoden im Vorfeld von Krisen nicht greift, stellen diese Ereignisse Risiken dar.

Um ein Risiko zu identifizieren, werden, zumindest in einem groben Rahmen, das Ausmaß (der Schaden) und die Eintrittswahrscheinlichkeit benötigt. Es werde an dieser Stelle beispielhaft ein Angriff auf eine IT-Infrastruktur betrachtet, der zu einem Ausfall führt. Wir nehmen an, dass dieser Ausfall zwischen einem und zehn Tagen betragen kann, was das Risiko im Ergebnis bereits um den Faktor 10 schwanken ließe. Bei Betrachtung der Eintrittswahrscheinlichkeit zeigt sich, dass dort die Schwankungsbreite noch größer als Faktor 10 ausfallen kann. Folglich haben wir bei dem Produkt dieser Werte einen Faktor von bis zu 100. Auch hier könnte das Risiko durch die klassische Maßnahme der Reduktion unter Kontrolle gebracht werden, wodurch die Bewertung allerdings nicht an Komplexität verlieren würde. Neben diesen schwer zu erfassenden Risiken sollten wir auch berücksichtigen, dass es Ereignisse geben kann, die wir bisher nicht erfasst haben oder für die wir die Eintrittswahrscheinlichkeit weitestgehend ignorieren. Solche Phänomene werden standardmäßig als Schwarzer Schwan bezeichnet. Um zu verdeutlichen, dass Unternehmen sehr hart getroffen werden können, obwohl die Wahrscheinlichkeit rechnerisch sehr gering ist, sei hier kurz auf Malaysia Airlines verwiesen. Nicht nur, dass ein bis zu diesem Zeitpunkt nicht betrachtetes Ereignis, wie das Verschwinden eines Flugzeuges die Fluggesellschaft getroffen hat, es folgte nur wenige Monate darauf der Verlust eines weiteren Flugzeuges durch Abschuss über der Ukraine.

Aufgrund der zunehmenden Vernetzungen und Abhängigkeiten z. B. durch externe Faktoren wie Outsourcing-Partner, Lieferanten oder auch dem Energiebezug, treffen die Auswirkungen einer Krise Unternehmen immer häufiger in ihrer Gesamtheit. Somit müssen neben den reinen Finanzrisiken auch die operativen Krisen betrachtet werden. Da diese Bereiche präventiv nur schwer zu erfassen sind und somit auch nur eingeschränkt vorgedacht werden können, benötigen Unternehmen ein reaktives Instrument, das mit guter Methodenkompetenz ausgestattet ist. Ein Beispiel, welches die Grenzen des Risikomanagements verdeutlicht, ist die Katastrophe von Fukushima im Jahre 2011. Welches deutsche Unternehmen würde Ereignisse in dieser Entfernung in seiner Risikobetrachtung erfassen? Dennoch waren die finanziellen Auswirkungen – selbst bei Betrachtung kurzfristiger Folgen – für die deutschen Kernkraftbetreiber immens.

## 3.2 Krisenmanagement als eine Art „Versicherung"

Da ein Risikomanagement nicht immer als Garant zur vollständigen Erfassung jeglicher Krise gelten kann, stellt sich für das Krisenmanagement, im Sinne einer Art „Versicherung", die Frage, wie hoch es budgetiert werden sollte und wie eine solche Budgetierung begründet sein kann. Das Risikomanagement sieht als eine Option vor, ein Risiko zu versichern. Aber wie bereits aufgeführt wurde, geht es bei den Krisen oft um schwer bewertbare oder gar unbekannte Risiken, die nicht direkt versichert werden können. Also sollte betrachtet werden, welchen Schaden ein Unternehmen z. B. durch einen größeren Kurssturz nach einem Vorfall erleiden kann. Es wird dabei nur auf potenzielle Auswirkungen Bezug genommen, ein Ereignis ist dafür nicht notwendig.

Ein Krisenmanagement kann negative Folgen für ein Unternehmen nicht verhindern, aber die Annahme, dass man die Auswirkungen durch ein effektives Krisenmanagement um einen bestimmten Prozentwert reduzieren kann, führt zu einem Betrag, der die Grundlage für eine grobe Berechnung liefert. Zusätzlich kann unter Berücksichtigung anderer Versicherungsleistungen und den entsprechenden Beträgen, etwa auf Basis einer Entführungs- und Lösegeldversicherung oder einer Cyber-Versicherung, ein Budgetrahmen für das jährliche Krisenmanagement abgeleitet werden.

## 3.3 Sich auf Schwarze Schwäne vorbereiten

Viele Unternehmen planen die verschiedensten Szenarien bis in das kleinste Detail. Dabei wird oft in der Geschichte zurückgeschaut, um zu rekonstruieren, welche Krisen bei dem eigenen oder anderen Unternehmen bisher eingetreten sind. Darauf basierend wird die Eintrittswahrscheinlichkeit eines solchen Falles auf das eigene Unternehmen übertragen und entsprechende Planungen vorgenommen.

Im Krisenmanagement sollte aber nicht versucht werden, den Lauf der Geschichte auf scheinbare Gesetzmäßigkeiten zu überprüfen, da das Unerwartete erfahrungsgemäß trotz akribischer Vorbereitung immer wieder eintreten wird. Mathematisch werden die meiten Ereignisse als stochastisch unabhängig betrachtet und somit ist ein Rückschluss nicht möglich. Ein beliebtes Bild dafür ist der Schwarze Schwan: Das lange Zeit geltende Naturgesetz, dass Schwäne weiß seien, wurde im 17. Jahrhundert durch einen holländischen Seefahrer widerlegt, der in Australien einen Schwarzen Schwan beobachtete. Und auch wenn die Entdeckung aus heutiger Sicht unbedeutend erscheint, steht sie doch sinnbildlich für die Auswirkungen eines nicht vorhanden geglaubten Elementes – sei es in der Tierwelt oder eben im Umfeld einer Krise. Aus heutiger Sicht wird das Bild des Schwarzens Schwans als Symbol dafür genutzt, dass das Undenkbare doch möglich ist.

Nassim Taleb ist der federführende Forscher in diesem Bereich und Autor des Buches *„Der Schwarze Schwan – Die Macht höchst unwahrscheinlicher Ereignisse"* und hat sich umfassend mit den Ereignissen beschäftigt, die außerhalb unserer Vorstellungskraft liegen.

Damit ein Ereignis als Schwarzer Schwan gilt, müssen seiner Meinung nach drei Kriterien erfüllt sein:

1. Das Ereignis muss außerhalb der Vorstellungskraft liegen.
2. Das Ereignis muss extreme Auswirkungen haben.
3. Das Ereignis lässt sich rückblickend erklären (Taleb, 2010).

Dass ein Ereignis außerhalb unserer Vorstellungkraft liegt, klingt erst einmal abstrakt, wird aber durch die folgende Gruppierung greifbarer:

- **Unkown unknowns:** Ereignisse, die im wissenschaftlichen Umfeld als unmöglich galten oder nicht bekannt waren (Bspw.: Contergan)

- **Unknown knows:** Ereignisse, die im Auge des Betroffenen als unmöglich galten, den Planenden allerdings bewusst war, dass sie eintreten könnten (z. B. 9/11)
- **Events not believed to occur:** Bekannte Ereignisse, deren Eintrittswahrscheinlichkeit als so gering eingestuft wurde, dass sie nicht betrachtet oder notwendige Maßnahmen für nicht hilfreich erachtet wurden (z. B. Fukushima 2011) (Aven und Krohn, 2014).

Beispiele für Ereignisse, die für unmöglich gehalten wurden, lassen sich in der Geschichte der Menschheit zu Genüge finden. Heute wissen wir um ihre Existenz und sichern uns dagegen ab oder bereiten uns darauf vor, weshalb solche Ereignisse nicht mehr als Schwarze Schwäne eingeordnet werden. Allerdings gibt es noch immer undenkbar viele weitere Schwarze Schwäne, deren Auswirkungen bei ihrem Eintreten, Organisationen und Unternehmen treffen und beeinträchtigen können. Es stellt sich demzufolge die Frage, wie man sich auf Ereignisse vorbereiten kann, von deren Existenz man nichts weiß.

Genau an dieser Stelle stößt das klassische Krisenmanagement an seine Grenzen. Erstellte Krisenpläne verlieren dann ihre Wirksamkeit, wenn ein eintretendes Szenario weder bedacht noch beübt wurde. Einen wirksameren Lösungsansatz bietet auch hier das flexible und kreative Krisenmanagement mit generischen Checklisten, methodisch geschultem Personal und schlanken erweiterbaren Strukturen.

## 3.4 Ein möglicher Aufbau des Krisenmanagements: Die Säulentheorie

Für ein widerstandsfähiges Krisenmanagement können grundsätzlich fünf Säulen betrachtet werden. Die Säulen sind, wie in Abb. 1 erkennbar, voneinander abhängig. So müssen alle fünf Themenbereiche auf einem ähnlichen Niveau ausgebaut

**Abb. 1** Die 5 Säulen des Krisenmanagements, Quelle: R. Marczoch

werden, da das Fehlen oder eine ungenügende Ausprägung nur einer Säule das gesamte System schwächen oder im schlimmsten Falle außer Kraft setzen würde.

### 3.4.1 Personen: Die Zusammensetzung des Krisenstabes

Die Zusammensetzung des Krisenstabes spielt eine wichtige Rolle bei der Bewältigung einer Krise und muss daher sorgfältig geplant werden. Wie dabei die richtigen Personen den jeweils passenden Aufgaben zugeordnet werden, stellt eine Herausforderung dar, die es für Unternehmen zu bewältigen gilt. Um ein produktives Krisenmanagement gewährleisten zu können, muss der Krisenstab darüber hinaus mit weitreichenden Kompetenzen ausgestattet sein. Bisher wurden die Vorzüge eines flexiblen und kreativen Krisenmanagements weitreichend erläutert. Wie diese Anforderungen in die Praxis umzusetzen sind, wird im Folgenden erklärt: Ein flexibler Krisenstab kann auf die verschiedensten Krisenszenarien reagieren. Dafür bedarf es keiner großen Krisenreaktionspläne, sondern nur der richtigen Kompetenzen. Der Kernkrisenstab, wie er in jeder Krise tagen könnte, setzt sich aus sechs Funktionen zusammen:

- Leitung des Krisenstabs
- Recht
- Kommunikation
- Krisenmanagementkoordination
- Lage/Visualisierung
- Administration/Protokoll

Je nach Krise werden zusätzliche Experten (erweiterter Krisenstab) hinzugezogen. Durch eine Fokussierung auf nur einen Kernkrisenstab kann die Anzahl der Mitglieder geringgehalten werden, woraus auch geringere Schulungs- und Ausstattungskosten folgen. Aber auch die Auswahl von Personen oder Schnittstellen, die im Rahmen von Supportteams dem Krisenstab zuarbeiten, sollten den Anforderungen des Krisenmanagements genügen und nicht nur aus fachlicher Sicht eingebunden werden. Der Kernkrisenstab ist im besten Fall sehr schlank zusammengesetzt. Hier sollten innovative und kreative Köpfe sitzen, die in der Lage sind, auch neue unkonventionelle Wege zu gehen. Es sollte also nicht die IT-Leitung die IT-Krisen oder die Leitung des Umweltschutzes den Umweltvorfall leiten, sondern Fachfremde, die in keiner Routine agieren, und damit offener für neue Lösungen sind. Das bedeutet nicht, dass diese fachlichen Kompetenzen den Kernkrisenstab nicht ergänzen sollten, aber letztlich muss sich der Krisenstab um die Eindämmung der Auswirkungen kümmern und die jeweilige Fachleitung die Ursachen bekämpfen.

Die Leitung des Krisenstabs nimmt eine koordinierende und moderierende Rolle ein. Es sollte vermieden werden, dass die personelle Besetzung der Leitung je nach Lage wechselt. Ziel sollte es sein, der Leitung die entsprechenden Methodenkompetenzen an die Hand zu geben, um ein Team unabhängig von der Situation zu führen. Leiter sollten Generalisten sein, Personen die Situationen schnell erfassen, Optionen entwickeln, Entscheidungen treffen und dabei die Auswirkungen bewerten können. Die Hierarchie und Abteilungszugehörigkeit sollten dabei zweitrangig sein.

Die Funktionen Recht und Kommunikation sind für jede Krise unabdingbar. Kommunikation muss in jeder Krise stattfinden, um die betroffenen Stakeholder, Mitarbeiter und/oder die Öffentlichkeit zu informieren. Aber auch Unterstützungsfunktionen wie Lage/Visualisierung und Administration sollten in Ihrer Relevanz nicht unterschätzt werden. Besonders die Visualisierung der Lage sollte durch kompetentes und bestenfalls speziell ausgebildetes Personal durchgeführt werden.

Eine besondere Bedeutung wird im Kernkrisenstab der Krisenmanagement-Koordination zugeschrieben. Diese hat eine Funktion, welche für ein erfolgreiches Krisenmanagement entscheidend sein kann. Die Krisenmanagement-Koordination ist in der Regelorganisation für das Krisenmanagement zuständig. Sie kennt die Richtlinie, das Handbuch und alle Checklisten, außerdem pflegt sie das interne und externe Netzwerk und ist damit für den Krisenstab unerlässlich. Als Know-how-Träger unterstützt sie die Leitung bezüglich aller formalen Vorgaben an das Krisenmanagement und kann das benötigte Netzwerk aktivieren.

Die Flexibilität erreicht der Krisenstab durch den erweiterten Krisenstab, welcher nach der ersten Lageerfassung, je nach Situation, mit Experten besetzt werden kann. Durch die weitreichenden Methodenkompetenzen des Kernkrisenstabes wird eine gute und zielführende Zusammenarbeit gewährleistet. Letztlich steht das Team als Ganzes im Fokus, denn nur so können gute Ideen gefunden und in die Umsetzung überführt werden.

### 3.4.2 Richtlinien und Handbücher: Dokumentation

Durch die Unvorhersehbarkeit des Eintretens und des Verlaufs einer Krise ist diese nur schwer prognostizierbar und planbar. Trotzdem wird die richtige Menge an Dokumentation für die Zeit vor, während und nach der Krise benötigt, um die Erfahrungen aus einer Krise gewinnbringend nutzen zu können.

Die Krisenmanagement-Dokumentation sollte nicht überfrachtet werden. Orientierung bieten dabei die Leitmotive: *kurz, prägnant* und *überschaubar*. Starre Krisenpläne können in der Situation verwirren und bei Abweichungen von den Vorgaben für Unsicherheit sorgen. Ziel sollte nicht sein, die richtige Lösung vorzugeben, sondern den Ablauf organisatorisch und operativ zu unterstützen. Ebenso relevant ist es, sich auf die Kompetenzen der Krisenstabsmitglieder zu verlassen und sie nicht in Ihrer Handlungsfreiheit und Kreativität zu beschränken.

Die Dokumente sollten immer auf das entsprechende Unternehmen zugeschnitten und mit den Krisenstabsmitgliedern abgestimmt sein. Dieses Vorgehen erhöht die Akzeptanz und die Bereitschaft zur Umsetzung. Friedrich Dürrenmatt sagte dazu sehr passend: *„Je planmäßiger Menschen vorgehen, desto wirksamer trifft sie der Zufall"* (Dürrenmatt, 1998, S. 91).

### 3.4.3 Infrastruktur und Technik

Auch die physischen Aspekte eines Krisenstabsraumes sind für den Ausgang einer Krise sehr bedeutend und müssen gut durchdacht sein, wobei es bestimmte Grundvoraussetzungen für die Ausstattung solcher Räumlichkeiten gibt. Allerdings hat gerade die Corona-Pandemie gezeigt, dass die teuren und gut ausgestatteten Krisenstabsräume nicht der alleinige Erfolgsfaktor der Krisenstabsarbeit sind. Wichtig ist, dass die Krisenstabsmitglieder mit der Technik im physischen oder im virtuellen Raum umgehen können und diese sie nicht vor noch größere Herausforderungen stellt. Deshalb bietet es sich an, den speziell ausgestatteten Krisenstabsraum den Krisenstabsmitgliedern auch im Tagesgeschäft als Besprechungsraum zur Verfügung zu stellen. Diese Herangehensweise garantiert die Funktionsweise der Infrastruktur im Ernstfall. Wichtig ist dabei eine angemessene Größe, der Schutz vor Gefahren, Sichtschutz, Darstellungsmöglichkeiten sowie eine Zugangsregelung.

Für den Fall, dass der Krisenstabsraum beim Eintreten einer Krise nicht nutzbar ist, muss auf jeden Fall eine Rückfalloption, welche im Vorfeld definiert wurde, bestehen. Muss der Krisenstab als virtuelles Team agieren, sollten allen Mitgliedern die entsprechenden Tools zur Verfügung stehen, die im Vorfeld bereits entsprechend zu dem Zweck Anwendung gefunden haben, dass die Beteiligten mit der Software vertraut sind.

### 3.4.4 Alarmierung

Auch diese Säule zeigt sofort, dass alle Themen auf einem vergleichbaren Niveau umgesetzt sein müssen. Gibt es keine oder nur eine schlechte Alarmierung, geht bereits beim Eintreten einer Krise wertvolle Zeit verloren. Es gibt unterschiedlichste Optionen, Alarmierungsprozesse umzusetzen. Diese hängen davon ab, ob ein Unternehmen über eine 24-h besetzte Leitstelle oder vergleichbare Infrastruktur verfügt. Der einfachste Prozess ist die telefonische Alarmierung, gefolgt von einer automatischen Benachrichtigung zum Beispiel per SMS, bis hin zu Systemen, die über unterschiedlichste Kanäle die Mitglieder des Krisenstabs informieren. Mithilfe von Rückmeldungen bezüglich der Verfügbarkeiten und möglichen Eintreffzeiten im Krisenstabsraum kann so eine schnelle Alarmierung erfolgen. Durch ein Tracking der Rückmeldungen kann zusätzlich über geschultes Personal noch die Zusammensetzung des Krisenstabs oder, bei Problemen bei der Anfahrt, der Alarmierungsprozess optimiert werden. Für die Wahl der Alarmierung ist wesentlich, wie Bereitschaften und Verfügbarkeiten von Krisenstabsmitgliedern geregelt sind. Somit hängt das Vorgehen hier sehr stark von der Branche und dem jeweiligen Unternehmen ab.

### 3.4.5 Schulung und Simulation

Auch wenn vergangene Krisen sich nicht im Ganzen wiederholen, kann aus ihnen viel Wissenswertes gezogen werden, das eine Bewältigung von kommenden Krisen erleichtert. Ein flexibler Umgang mit Krisen wird durch effiziente Schulungen und wiederkehrende Simulationen geschaffen, die den Krisenstabsmitgliedern ermöglichen, Krisenbewältigung in einem sicheren Umfeld zu erlernen. Sie stellen das zentrale Instrument zur Vorbereitung auf Krisen dar. Dabei sollen nicht stumpf vorgegebene Szenarien und die passenden Abläufe dafür geübt und gefestigt werden, sondern das „Handwerkszeug" zur Bewältigung einer Krise vermittelt werden (Methodenkompetenz). Die Krisenstabsmitglieder haben gerade in abstrakten Szenarien wie Cyber-Vorfällen durch Schulungen und Simulationen die Möglichkeit, sich auf unbekannte oder unerwartete Krisen vorzubereiten. Speziell derartige Fälle sind zumindest bei Eintreten der Krise kaum zu erfassen und die konkrete Lage ist häufig für einen längeren Zeitraum nicht gut erkennbar.

## 3.5 Richtig entscheiden

Entscheidungen werden normalerweise auf Basis von Fakten getroffen. Teilweise muss dazu allerdings auch auf Annahmen zurückgegriffen werden, wobei grundsätzlich die beschlossenen Maßnahmen eine Erwartung auf Veränderung implizieren. Dabei werden für komplexe Entscheidungen intuitiv Eintrittswahrscheinlichkeiten angenommen, für die es keine oder nur eine rudimentäre Basis gibt. Der Mensch ist es nicht gewohnt in Wahrscheinlichkeiten zu denken. Schon beim einfachen Würfeln tun wir uns schwer, wenn dreimal hintereinander die gleiche Zahl fällt und nehmen dann eventuell sogar an, dass diese Zahl beim nächsten Mal nicht wiederkommen sollte.

Noch komplexer zu erfassen sind bedingte Wahrscheinlichkeiten. Ein oft herangezogenes und auch interessantes Beispiel ist das „Ziegenproblem" (englisch:

Monty Hall Problem), welches gut und umfangreich im gleichnamigen Buch von Gero von Randow beschrieben ist. Auch wenn dieses Problem ein Fesselndes ist, soll in diesem Beitrag nicht darauf eingegangen werden. Stattdessen wird ein einfaches Problem betrachtet, welches sich hinsichtlich der richtigen Lösung doch als schwierig herausstellt.

**Das Dreiecksproblem:**
Ein Stab von einem Meter Länge wird zufällig an zwei Stellen durchtrennt. Dabei gehen wir von einer Gleichverteilung aus, sodass wir drei Teilstäbe erhalten. Jetzt wäre die Frage, ob aus den drei Teilstäben ein Dreieck geformt werden kann oder nicht. Was ist die Erwartung? Der erste Gedanke, dass das doch immer geht, relativiert sich schnell. Sind nämlich die zwei kürzeren Stücke in Summe kleiner oder gleich dem Längsten, so geht das nicht auf. Gefühlt besteht aber Optimismus, der letztlich dadurch enttäuscht wird, dass die Wahrscheinlichkeit der Möglichkeit einer Formung des Dreiecks gerade einmal 25 % beträgt. Die Corona-Pandemie hat gezeigt, dass ein exponentielles Wachstum für viele nur schwer vorstellbar ist. Letztlich ist dies aber wiederum nur eine wiederkehrende prozentuale Veränderung. Die Anzahl der Infizierten nimmt nach X Tagen um 100 % zu und das wiederholt sich alle X Tage. Entscheidungen in Krisen haben mit hoher Wahrscheinlichkeit eine höhere Komplexität als das „Dreiecksproblem" und zusätzlich kommt an der einen oder anderen Stelle noch der Faktor Mensch, der im Gegensatz zu einem Stab noch weniger vorhersehbar ist, hinzu.

In IT-Projekten kommt es oft zu zeitlichen Verzögerungen, woraufhin zusätzliche Ressourcen beschafft werden. Angenommen die Zahl der Entwickler würde verdoppelt werden, so könnte erwartet werden, dass die verbleibenden Aufgaben in der halben Zeit erledigt werden. Dieser Ansatz von „linearem Denken" geht meist nicht auf. Eher passiert das Gegenteil, da die bereits im Projekt arbeitenden Entwickler erst einmal die neuen einarbeiten müssen, wodurch das Projekt in noch mehr Verzug geraten würde.

**Wie können wir also Lösungen zu komplexen Fragestellungen finden?**
Es gibt Fälle, bei denen die optimale Lösung darin besteht, erst einmal nichts zu tun (vgl. „das Triell"; Dies ist eine mathematische Erweiterung des Duells.). Statt sich in Aktionismus zu verlieren, sollte zum Beispiel geprüft werden, was es bedeutet, eine Maßnahme nicht umzusetzen oder was das Gegenteil der angedachten Maßnahme bewirken würde. In der Mathematik ist dieses Vorgehen schon formalisiert worden. Ist eine kausale Kette nicht möglich, so wird einfach zu Beginn das Gegenteil dessen angenommen, was zu beweisen wäre. Dieses Vorgehen wird als „Beweis durch Widerspruch" bezeichnet.

Hat man das Ziel, im Sport eine Person schneller zu machen, könnte ein erster Gedanke sein, sie ein wenig anzuschieben. Der Gleichgewichtssinn führt aber dazu, dass die Person sich gegen die Unterstützung wehrt. Besser wäre die Gegenmaßnahme, nämlich den Widerstand zu erhöhen, also die Person zu bremsen. Es wurde beispielhaft gezeigt, wie schwer es sein kann, die richtige Entscheidung rational zu treffen. Von daher sollte auch immer eine rein intuitive Entscheidung – aus dem Bauch heraus – optional in Betracht gezogen werden.

## 4    Was Corona uns gelehrt hat und wie die Pandemie vielleicht noch Neues offenbart

Bezogen auf die Erläuterung des BSI zum Thema Krisenbewältigungsstrategie, wird, wie eingangs erläutert, richtigerweise geschrieben: *„Da Krisen nicht breitflächig die Umgebung oder das öffentliche Leben beeinträchtigen, können sie, zumindest größtenteils, innerhalb der Institution selbst behoben werden."* (BSI, 2008).

Hier wird sofort deutlich, dass es sich zumindest per Definition des BSI bei der Corona-Krise um keine Krise, sondern um eine Katastrophe handelt. Die vorher genannten Aspekte verdeutlichen dies. Somit sind und waren Unternehmen auch gefordert, anders mit diesem Ereignis umzugehen. Es gab Unternehmen, die für sich nicht die klassische Krise ausgerufen haben und ihren Krisenstab daher in eine Koordinations-Gruppe mit einer der Situation angepassten Besetzung umfunktioniert haben.

Oft wird im Zusammenhang der Corona-Pandemie von einem Schwarzen Schwan gesprochen, da diese Krise von enormem Ausmaß ist. Dabei handelt es sich allerdings um einen Fehlschluss. Dass eine Pandemie ausbricht, war spätestens nach der rasanten Verbreitung des Virus im asiatischen Raum abzusehen, wir wussten darüber hinaus um die Existenz und Entwicklung anderer Pandemien und die meisten Unternehmen haben dementsprechend auch Pandemiepläne vorgehalten. Auch dass durch die Globalisierung unserer Welt die Ausbreitungsgeschwindigkeit einer solchen Pandemie drastisch zunimmt, war bekannt. Trotzdem haben die wenigsten Pandemiepläne helfen können, effektiv mit der Krise umzugehen, denn mit der Langfristigkeit, dem Einbruch der Wirtschaft, den Aufständen und den beängstigenden Infektionszahlen weltweit wurde nicht gerechnet. Dabei zeigt sich erneut: Die beste und detaillierteste Vorbereitung hilft nichts, da am Ende immer alles anders eintritt als gedacht.

Die etablierten Krisenmanagementmechanismen für Unternehmen griffen nicht mehr, da die Corona-Krise sich anders verhielt als die „klassischen Krisen" auf die sich umfangreich vorbereitet wurde. Corona brachte fünf Besonderheiten mit sich, die diese Unternehmenskrise einzigartig gemacht hat:

**1. Reaktion statt Aktion**
In „klassischen Krisen" wird von Unternehmen ein aktives Vorgehen erwartet: Schnelles durchdachtes Agieren in komplexen Situationen, das Abwägen von Maßnahmen und das Treffen von Entscheidungen. Diese Handlungsfreiheiten hat Corona den Krisenstäben entzogen. Wichtig in dieser Zeit war Geduld: Denn die Unternehmen mussten auf die Entscheidungen und Maßnahmen der Regierungen warten, um entsprechend zu reagieren. Nicht nur international, sondern auch national, gab es sehr unterschiedliche Vorgaben, die einzuhalten oder umzusetzen waren. Der Handlungsspielraum war dabei eher gering. Eigene Entscheidungen waren nur im Rahmen der übergeordneten Vorgaben möglich.

**2. Deutlich geringerer zeitlicher Druck**
Wird ein Unternehmen von einer Krise getroffen, sind oft schnell erste Maßnahmen erforderlich. Eine direkte Reaktion ist notwendig, um weitere Auswirkungen einzudämmen. Auch wenn neue Informationen eintreffen, ist schnelles Handeln gefragt. Der zeitliche Druck kann dabei enorm sein und sich vehement auf die weitere Entwicklung der Lage auswirken. Betrachten wir Corona, entfällt der zeitliche Druck. Die Lage verändert sich langsam und die Organisationen können die Entwicklung der Situation nur marginal beeinflussen.

**3. Klare Informationslage**
Krisen zeichnen sich oft durch eine unklare Informationslage aus, woraufhin Entscheidungen auf der Grundlage unsicherer Informationen getroffen werden müssen. Auch das hat es sich in den letzten Monaten anders dargestellt: Es gibt ausreichend Informationen zur Lage, „aktuelle" Zahlen, Forschungsergebnisse, Prognosen. Auf der Basis dieser Informationen, können Unternehmen handeln.

**4. Kommunikation**
In unserer schnellen, vernetzten Welt hat die Krisenkommunikation in den letzten Jahren immer mehr an Bedeutung gewonnen. Besonders die externe Kommunikation stand im Fokus. Auch dabei ist die Corona-Pandemie anders: Im Gegensatz zu einer „klassischen Krise" steht nicht nur ein Unternehmen im Fokus der Medien. Alle Unternehmen und Organisation sind gleichermaßen von den Auswirkungen der Pandemie betroffen, was das Interesse der Medien für ein spezielles Unternehmen

mindert. Vorrangig ist während der Corona-Pandemie die interne Kommunikation. Die Krisenorganisation muss hierbei besonders auf die Fragen und Ängste der Beschäftigten eingehen, um das Vertrauen dieser in das Unternehmen aufrecht zu halten. Folglich verschiebt sich der Kommunikationsaufwand von außen nach innen.

**5. Immer hinter der Lage sein**
Eine beliebte Redewendung im Krisenmanagement ist „vor die Lage zu kommen". Diese betont die Notwendigkeit der schnellen Erfassung der eingetretenen Lage, um eine zeitnahe Bewältigung der Krise zu ermöglichen. Das ist bei Corona unmöglich, da sich die Informationen zur Anzahl der Infizierten dauerhaft zwei Wochen hinter der Fakten-Lage befinden. Auch hängen die Werte stark von Rahmenfaktoren (z. B. Anzahl der Tests) ab. Hinzu kommt, dass der Dunkelbereich nicht bekannt ist und damit auch kaum Entwicklungen prognostiziert werden können. Wie bereits beschrieben, ist es bei Krisen allerdings fast immer unmöglich, auf der Basis von alten Erfahrungen, Entwicklungen vorherzusagen. Ferner zeigen alle Maßnahmen ihre Wirkung erst deutlich verzögert und parallel ändern sich die Rahmenbedingungen so, dass die Auswirkungen stark variieren, was sehr deutlich beim Auftreten einer Mutation in England zum Jahreswechsel 2020/2021 zu erkennen war.

Zusammenfassend lässt sich sagen, dass die Corona-Pandemie keine Krise im klassischen Sinne ist – aber welche Krise ist das schon? Wir stehen im Krisenmanagement immer vor neuen Herausforderungen mit unterschiedlichen Rahmenbedingungen. Dazu ist flexibles und kreatives Handeln der Schlüssel. Auch während Corona.

## 5 Fazit: Krisenmanagement sollte gelegentlich neu gedacht werden

Krisen sind immer anders und verändern sich mit der Zeit, denn die Welt, in der wir leben, entwickelt sich ständig und immer schneller weiter. Deshalb darf auch das Krisenmanagement nicht stillstehen, sondern muss kontinuierlich neu gedacht werden. Dabei soll es nicht darum gehen, alles immer wieder über den Haufen zu werfen, sondern innovative Ideen und neue Herangehensweisen in Betracht zu ziehen und zu diskutieren. Besonders die Corona-Pandemie zeigt uns, dass wir mit den Methoden von gestern nicht die Probleme von morgen lösen können, sondern, dass wir aus aktuellen und vergangenen Krisen lernen und Herangehensweisen für morgen entwickeln müssen. Dieser Artikel soll dazu anregen, bestehende Strukturen zu hinterfragen. Dabei wird kein Richtig oder Falsch dargestellt, sondern vielmehr eine Grundlage für eine offene Diskussion und neue Denkanstöße geschaffen. Im Fokus stehen dabei einerseits Flexibilität, welche die Bewältigung verschiedenster Krisen ermöglicht und andererseits Kreativität, eine Eigenschaft, der wir mehr Beachtung schenken sollten, um den Fortschritt voranzutreiben. Nur weil etwas jahrelang funktioniert hat, heißt es nicht, dass wir damit zukünftig bestehen können. Eines ist klar: Krisenmanagement hat in den letzten Monaten massiv an Bedeutung gewonnen und erlebt durch die Herausforderungen während der Corona-Pandemie eine harte Probe in vielen Unternehmen, die es zu bewältigen gilt.

## Literatur

Aven, T., & Krohn, B. S. (2014). A new perspective on how to understand, assess and manage risk and the unforeseen. *Reliability Engineering & System Safety, 121,* 1–10.
Bundesamt für Sicherheit in der Informationstechnik (BSI). (2008). IT-Grundschutz Schulung, 1.5 Definitionen: Störungen, Notfälle, Krisen und Katastrophen. https://www.bsi.bund.de/DE/Themen/ITGrundschutz/ITGrundschutzSchulung/Webkurs1004/1_Einfuehrung/4_Definitionen/Definitionen_node.html. Zugegriffen: 11. Jan. 2021.
Dürrenmatt, F. (1998). 21 Punkte zu den Physikern, Punkt 8 (S. 91). Diogenes.
Newton, I. (1643–1727). zugeordnet
Taleb, N. (2010). Der Schwarze Schwan: Die Macht höchst unwahrscheinlicher Ereignisse, dt. Taschenbuch-Verlag

**Ralf Marczoch** ist geschäftsführender Gesellschafter der mata solutions GmbH, welche sich auf die Themen Informationssicherheit und Krisenmanagement fokussiert. Des Weiteren ist er Geschäftsführer der Allianz für Sicherheit in der Wirtschaft Norddeutschland e.V. Der Diplom-Mathematiker berät seit 2008 schwerpunktmäßig Unternehmen der Kritischen Infrastrukturen bezüglich aller Fragestellungen rund um das Krisenmanagement. Mit dem Ziel, seine Erfahrungen weiterzugeben, ist er seit 2017 als Dozent für Krisen- und Notfallmanagement im Studiengang Risiko- und Sicherheitsmanagement an der Hochschule für Öffentliche Verwaltung in Bremen tätig.

# Die Bedeutung organisationaler Ökosysteme für den Erfolg der Unternehmenssicherheit

André Röhl und Rico Kerstan

### Zusammenfassung

Die Erfahrung einer gesamtgesellschaftlichen Krise wie der Corona-Pandemie hat Folgen für die Diskussion um die zukünftige Ausgestaltung des Wirtschaftsschutzes in Sinne der Unternehmenssicherheit. Diese sollte sich einem übergreifenden Ziel der Resilienz verpflichtet fühlen und stärker an strategischen Entscheidungen im Unternehmen beteiligt werden. Zugleich zeigt die Corona-Pandemie, dass in hocharbeitsteiligen Gesellschaften eindimensionale Resilienzkonzepte nicht ausreichen. Notwendig sind Konzepte, die sich an den Wechselbeziehungen der organisationalen Ökosysteme orientieren. Der Beitrag stellt ein Resilienzmodell für die Unternehmenssicherheit vor.

## 1 Wirtschaftsschutz im Wandel

Sicherheit kostet in den Augen vieler Stakeholder Geld und produziert keine greifbaren Ergebnisse. Allein durch Unternehmenssicherheit wurde noch kein Euro verdient. Eine von PwC im Jahr 2018 durchgeführte Befragung stellte fest: (IT-) Sicherheit ist kein Thema für das Top-Management. In nur wenigen Fällen wurde in DAX- und MDAX-Unternehmen einem Vorstandsmitglied

---

A. Röhl (✉)
NBS Northern Business School Hamburg, Hamburg, Deutschland
E-Mail: roehl@nbs.de

R. Kerstan
KR Krisensicher Risikoberatung GmbH, Lübben, Deutschland
E-Mail: kerstan@krisensicher-werden.de

© Der/die Autor(en), exklusiv lizenziert durch Springer Fachmedien Wiesbaden GmbH, ein Teil von Springer Nature 2022
C. Vogt et al. (Hrsg.), *Wirtschaftsschutz in der Praxis,* Sicherheit – interdisziplinäre Perspektiven, https://doi.org/10.1007/978-3-658-35123-6_10

die Verantwortlichkeit für den Aufgabenbereich Sicherheit (oder im Speziellen Cyber Security) zugeordnet (PwC, 2018a, S. 14 ff.; PwC, 2018b). Die Folge: Sicherheit findet bei Entscheidungen nicht statt. Dies deckt sich auch mit den eigenen Beobachtungen der Autoren in der betrieblichen Praxis. Sicherheit ist ein Thema, das bei Entscheidungsgremien nur dann thematisiert wird, wenn die Sicherheitsverantwortlichen dort an die Tür klopfen. Diese Tatsache hat – ohne Bewertung der Ursachen – konkrete Folgen für das Tagesgeschäft der Sicherheitsverantwortlichen. Sie lösen ihre Probleme auf der operativen Ebene und haben wenig strategischen Einfluss.

Die Corona-Pandemie könnte die Unternehmenssicherheit nun stärker in den Fokus rücken. Die Pandemie mit ihren spezifischen Eigenschaften zeigt das Dilemma der Unternehmenssicherheit. Sie ist bislang eine Nischendisziplin und zugleich einer der Grundpfeiler für die Widerstandsfähigkeit von Unternehmen. Die Unternehmenssicherheit stellt die Immunabwehr eines Unternehmens sicher. Dies gilt aber nicht nur für die aktuelle Pandemie, weshalb eine grundsätzliche Betrachtung der Entwicklungsperspektiven der Unternehmenssicherheit notwendig ist.

Eine Herausforderung bei der Betrachtung von Themenfeldern des Sicherheitsmanagements ist die klare Abgrenzung von Begrifflichkeiten. Dies ist nicht weiter verwunderlich, da die Entwicklung als eigenständige Profession in Verbindung mit begriffsstiftender akademischer Forschung und Lehre noch vergleichsweise neu ist (Hirschmann, 2016, S. 82.). Dabei ist die Frage nach Begriffen keine ausschließlich theoretische Angelegenheit, sondern wirkt sich über das Verständnis von Aufgaben auch auf organisatorische Entscheidungen in Unternehmen aus.

Unternehmenssicherheit ist aus organisatorischer Sicht der übergeordnete Begriff für eine Reihe spezifischen Maßnahmen (baulich, technisch, organisatorisch, logistisch, personell). Sie muss auf Geplantes und auf Ungewisses oder Unplanbares vorbereiten. Ausgangspunkt für die klassischen Aufgaben der Unternehmenssicherheit ist dabei der Schutz vor spezifischen Gefahren. Einem umfassenden Verständnis von Sicherheit folgend ging die 2019 gefundene Beschreibung des Wirtschaftsschutzes aber bereits darüber hinaus. Demnach seien neben dem Schutz von Mitarbeitern und Vermögenswerten auch die Ermöglichung des Business Cases und aller damit verbundenen Aspekte Aufgaben der Unternehmenssicherheit. (Vogt et al., 2019, S. VIIf).

Diese Erweiterung ist von enormer Bedeutung, da sie sich von der Fokussierung auf einzelne Gefahren und deren Abwehr löst und sowohl eine Koordinierungsaufgabe als auch eine Abwägungsaufgabe im Sinne eines ganzheitlichen Risikomanagements beinhaltet. Heute bleibt festzustellen, dass die Realität in Unternehmen und Organisationen diesem Verständnis häufig noch nicht entspricht. Zwar hat insbesondere die Diskussion um Cyberrisiken zu einer verstärkten Befassung mit Sicherheitsthemen geführt. Häufig findet sich aber weiterhin ein Silodenken in bestimmten Sicherheits- und Gefahrendimensionen anstelle eines übergreifenden Ansatzes. Exemplarisch ist hier die KRITIS-Gesetzgebung zu nennen, die sich lediglich auf die „informationstechnischen Systeme, Komponenten oder Prozesse" bezieht (§8a BSIG).

Gleichzeitig befindet sich die Unternehmenssicherheit naturgemäß in einem ständigen Wandlungsprozess. Art und Stellenwert möglicher Risiken verändern sich. Die Unternehmenssicherheit wird aber vor allem durch die Vielzahl technologischer Entwicklungen vorangetrieben, die mittelbar als Teil der allgemeinen Geschäftsprozesse antizipiert werden müssen oder sich positiv wie negativ unmittelbar auf die Aufgabenwahrnehmung im Sicherheitskontext auswirken können. Neben diesem Veränderungsprozess auf operativer Ebene sollte es auch einen, nicht minder wichtigen, strategischen Veränderungsprozess geben. Hierunter fallen zum Beispiel die Anpassung an veränderte rechtliche Rahmenbedingungen aber auch ein verändertes Bewusstsein für Themen des Wirtschaftsschutzes. Diese strategischen Veränderungen müssen sich unmittelbar auf die organisatorische Ausgestaltung der Unternehmenssicherheit, ihrer Aufgaben, Kompetenzen und Verantwortlichkeiten, auswirken.

Bislang gibt es keine abschließende Blaupause, wie Unternehmenssicherheit organisiert sein sollte. Unabhängig davon nimmt die Anzahl der Aufgabenfelder zu, mit denen sich deutsche Unternehmen im Rahmen der Unternehmenssicherheit befassen. Zugleich steigt der Bedarf, diese Aufgabenfelder als ganzheitliche Managementaufgabe zu verstehen. Gründe dafür liegen auch in Nachholeffekten. Es kann zum Beispiel auf Grundlage unterschiedlicher Untersuchungen davon ausgegangen werden, dass rund ein Viertel aller deutschen Unternehmen über keine etablierten Krisenmanagementstrukturen und -prozesse verfügen (ASW, 2021). Allerdings stellt sich an dieser Stelle die Frage, ob der rein quantitativen aufgabenbezogenen Bedeutungszunahme des Wirtschaftsschutzes nicht auch eine qualitativ neue Verortung im Managementgefüge von Unternehmen zukommen sollte. Statt einer bloßen Zuarbeit zu Entscheidungsprozessen und Ermöglichung von Gestaltungsoptionen geht es um die Beteiligung an Entscheidungsprozessen und die Integration von Sicherheitsaspekten in alle Prozesse (Briggs & Edwards, 2006, S. 15).

Im Folgenden wird der Begriff Resilienz im Sinne einer Erweiterung der Unternehmenssicherheit verwendet. Die Autoren sehen diese als organisatorische Umsetzung der damit verbundenen Inhalte. Anhand der Erfahrungen aus der Corona-Pandemie wird ein Konzept vorgestellt, wie Resilienz über das bestehende Silodenken in Unternehmen aber auch über Unternehmensgrenzen hinaus neu gedacht und umgesetzt werden kann.

## 2 Resilienz als Aufgabe der Unternehmenssicherheit

Resilienz erfährt in der Literatur zum Wirtschaftsschutz aktuell einen Boom. Beispielhaft kann der Community Entwurf des BSI-Standards 200–4 genannt werden. In der Vorläuferversion, dem BSI-Standard 100–4, war der Begriff Resilienz nicht zu finden. Mit der Überarbeitung hat das Bundesamt für Sicherheit in der Informationstechnik (BSI) das Konzept der organisatorischen Resilienz aufgenommen (BSI, 2021). Das Trendforschungsinstitut Gartner klassifiziert „resilient delivery" sogar als eines der Top-Technologie-Themen für das Jahr 2021 (Panetta, 2020). Resilienz wird in diesem Zusammenhang insbesondere auf (Informations-)Technologie und IT-Prozesse bezogen. Dies mag aus der Risikowahrnehmung der Allgemeinheit resultieren, ist die Abhängigkeit von Gesellschaft und Unternehmen von IT in den vergangenen Jahren doch drastisch gestiegen (BSI, 2021, S. 6).

Folgt man der Kausalkette des BSI für die Aufnahme des Begriffs Resilienz in den Standard 200–4, bedingt Resilienz jedoch eine ganzheitliche Betrachtung. Diese Betrachtung kann allein aus dem Begriff „Business Continuity" (Betriebskontinuität), dem Ziel des neuen BSI-Standards, nicht allein auf die Widerstandsfähigkeit von IT bezogen sein. Betriebskontinuität muss sich auf den Business Case eines Unternehmens beziehen und damit auf dessen Wertschöpfung. IT ist zwar ein wichtiger Unterstützungsprozess für die Wertschöpfung des Unternehmens. Doch selbst Digitalunternehmen schöpfen ihren Wert nicht allein mit und durch Technologien. Resilienz bedarf eines weitreichenderen Verständnisses.

Der Begriff Resilienz leitet sich aus dem lateinischen Wort „resilire" (dt.: zurückspringen/ zurückprallen) ab (Brinkmann et al., 2017). Das Konzept der Resilienz wurde bereits im 19. Jahrhundert in der Werkstofftechnik eingeführt, um das Festigkeits- und Formänderungsverhalten von Stoffen zu beschreiben. In diesem Zusammenhang bezieht sich Resilienz auf das Vermögen eines Körpers Dehnungsenergie zu speichern und elastisch abzufedern, ohne zu brechen. Andere wissenschaftliche Disziplinen, wie Psychologie und Ökologie, haben das Konzept übernommen. Die Definition von Resilienz ist aber über die verschiedenen wissenschaftlichen Disziplinen hinweg nicht homogen. Sie ist sowohl auf den Betrachtungsgegenstand (z. B. Körper, Personen, Organisationen, Ökosysteme) als auch auf das zugrunde liegende Konzept unterschiedlich (Höhler, 2014, S. 428; Norf, 2020, S. 235 f.).

Als Gemeinsamkeit lässt sich ableiten, dass Resilienz keinen Zustand, sondern vielmehr Eigenschaften und Merkmale eines Systems beschreibt (Höhler, 2014, S. 438). Resilienz kann daher nicht als spezifische Teildisziplin der Unternehmenssicherheit verstanden werden. Sie ist das Ergebnis (Output) unterschiedlicher Prozesse eines (Sicherheits-)Managementsystems. Anders als beim ursprünglichen Verständnis aus der Werkstofftechnik ist Resilienz mehr, als die Fähigkeit zerstörungsfrei in einen Ursprungszustand zurückzukehren. Die Rückkehr des Systems in diesen Zustand stellt nur eine von zahlreichen Alternativen dar. Resilienz ist folglich untrennbar mit der Fähigkeit zur Adaption, mit Agilität und Improvisation verknüpft (Amann & Ciesielski, 2015). In der ISO 22316 wird Resilienz dementsprechend als Fähigkeit einer Organisation definiert, Änderungen im Ökosystem zu absorbieren oder adaptieren, um die Ziele der Organisation weiter zu erreichen, zu überleben und voranzukommen (ISO, 2017).

Das Resilienz-Konzept in der Psychologie, aber auch in der Organisationsforschung basiert auf der Erforschung traumatischer und extremer Situationen und deren Auswirkungen (Höhler, 2014, S. 434). Insofern wird Resilienz im Kontext der Reaktion auf außergewöhnliche Situationen bezogen. Als eine derartige außergewöhnliche Situation kann für Unternehmen eine Krise verstanden werden (BBK, 2018). In der Theorie ist eine Krise eine vom Normalzustand abweichende Situation, die aufgrund von Komplexität, Schadenspotential oder Umfang von den betroffenen Unternehmen Anpassungen in der Aufbau- und Ablauforganisation verlangt. Sofern die notwendigen Maßnahmen bereits in der Alltagsorganisation entschieden und umgesetzt werden können, liegt keine Krise vor und das Unternehmen hat sich bezüglich dieser spezifischen Herausforderungen als resilient erwiesen. Krise ist damit zunächst nicht nur Ausdruck exogener Faktoren, sondern auch der inneren Verfasstheit. Resilienz ist zugleich Erfolgsmaßstab der Maßnahmen und kann sowohl der Vermeidung der Krise als auch der erfolgreichen Bewältigung einer Krise folgen.

Die Autoren beschreiben Resilienz darauf aufbauend im Kontext der Unternehmenssicherheit folgendermaßen: Resilienz ist das Vermögen einer Organisation und ihrer Bestandteile, geplante, unerwartete und neue Ereignisse zu überstehen. Diese Kompetenz folgt sowohl einer besonderen Widerstandsfähigkeit der Alltagsprozesse, die den Eintritt einer Krise verhindern oder verzögern, als auch der Fähigkeit mit Krisen umzugehen (Bewältigungsfähigkeit), die in ihrer Auswirkung die Widerstandsfähigkeit übersteigen oder deren Eintritt nicht geplant wurde.

Widerstands- und Bewältigungsfähigkeit sollten das Ergebnis eines zielgerichteten Risikomanagementprozesses sein. Die Definition von Sicherheitsmaßnahmen als Ergebnis von Risikoanalysen, die Überwachung dieser Maßnahmen hinsichtlich ihrer Umsetzung und Wirksamkeit sowie die Prävention von Krisen fällt üblicherweise in den Aufgabenbereich der Unternehmenssicherheit (Mwakibete, 2019). Sie ist somit unmittelbar mit Aspekten der Resilienz befasst. Eine Herausforderung in Bezug auf das Risikomanagement stellt die Tatsache dar, dass der Begriff „Risiko" in unterschiedlichen Disziplinen unterschiedlich definiert ist (Power, 2007). Während in finanzorientierten Disziplinen der Quantifizierung von Risiken eine besondere Bedeutung zukommt, liegt der Fokus des Sicherheitsmanagements auf „low probability and high impact risks", also Risiken mit geringer Eintrittswahrscheinlichkeit und hohen Auswirkungen. Was in der Praxis durch Entscheider oftmals als unklare Zukunftsprojektion abgetan wird, ist für die Resilienz eines Unternehmens von großer Wichtigkeit. Das gemeinsame Verständnis dieser Risiken und das gemeinsame Verständnis, dass solche Risiken eintreten können, sind wichtige Grundlagen für resiliente Risiko- und Krisenplanung (Köhler & Schulze, 2016).

Risiken können innerhalb der Unternehmenssicherheit als Maßeinheit für die Priorität von Maßnahmen verstanden werden. In Bezug auf die Widerstandsfähigkeit eines Unternehmens zeigt das Risikomanagement auf, welche Risikominimierungsmaßnahmen mit welcher Wichtigkeit und Dringlichkeit bearbeitet werden müssen. Es entsteht ein anhand der jeweiligen Risikomanagementmethodik und den zugrunde liegenden Kriterien definiertes Widerstandsniveau. Abhängig vom Risikoappetit eines Unternehmens und aus Gründen der Wirtschaftlichkeit werden Risiken mit besonders geringer Wahrscheinlichkeit im Regelfall nicht mittels Sicherheitsmaßnahmen minimiert. Für solche Risiken wird in den meisten Management-Disziplinen der Risikotransfer auf eine dritte Partei empfohlen (Rosu & George, 2012, S. 134). In der Unternehmenssicherheit ist Risikotransfer zur Steigerung der Resilienz anders zu verstehen, da eine Versicherung oftmals den Business Case eines Unternehmens nicht schützen kann. Risikotransfer bedeutet in diesem Zusammenhang vielmehr die Übergabe in Krisenmanagementpläne. Durch das Verständnis von transferierten Risiken entsteht neben dem Widerstandsniveau ein Bewältigungsniveau. Die Zielniveaus müssen von jeder Organisation selbst definiert werden. Für die Resilienz eines Unternehmens ist es dabei irrelevant, wie hoch das Widerstandsniveau ist, solange das Bewältigungsniveau in ausreichendem Abstand geplant ist. Eine Organisation, die ihr Widerstands- oder Bewältigungsniveau nicht kennt, kann nicht resilient sein.

Abb. 1 verdeutlicht den Zusammenhang zwischen Risikomanagement und daraus abgeleiteter Widerstands- und Bewältigungsfähigkeit. Die Höhe des

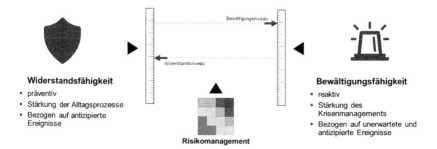

**Abb. 1** Risikomanagement als Grundlage für Widerstands- und Bewältigungsfähigkeit eines Unternehmens. (© Rico Kerstan)

Widerstandsniveaus ist ausschlaggebend dafür, wann die Bewältigungsfähigkeit eintritt. Die Summe aus Widerstands- und Bewältigungsniveau gibt an, welche Schadensereignisse insgesamt kompensiert werden können und ist damit ein Maß für die Resilienz.

## 3 Corona-Pandemie als Beleg für Handlungsbedarf

Die Corona-Pandemie ist nicht Auslöser oder Ursache für die vorgestellten Veränderungsbedarfe, die sich für Unternehmen im Hinblick auf ihre Resilienz ergeben. Sie zeigt aber beispielhaft die Auswirkungen vergleichbarer Ereignisse in einem auf Basis in sich komplexer Infrastrukturen mit hohen Effizienz- und Qualitätsanforderungen verbundenen Wirtschafts- und Gesellschaftssystem.

Wissenschaftlich kann die Corona-Pandemie als „creeping crisis" (kriechende Krise) (Boin et al., 2020) eingeordnet werden. Solche Krisen sind dadurch gekennzeichnet, dass Entwicklungen zunächst schwer erkennbar sind und in ihren Auswirkungen zunächst unterschätzt werden. Sie können weder hinsichtlich ihres Beginns noch ihres Endes klar abgegrenzt werden. Dies steht in Verbindung mit einem weiteren Merkmal, dem der „transboundary crisis", welche regional nicht eingrenzbar ist und für die demzufolge eine klare Informationslage nur schwer umsetzbar ist (Boin, 2018).

Die Entscheidung, ob und wann ein Krisenzustand im Sinne einer notwendigen Abkehr von Alltagsprozessen für ein Unternehmen zu treffen ist, wird dadurch umso schwieriger. Ein verzögertes oder ausbleibendes Krisenmanagement kann aber zugleich bedeuten, dass die dem Krisenmanagement innewohnenden Problemlösungspotenziale nicht genutzt werden. In diesem Zusammenhang könnte das Verständnis der eigenen Widerstandsfähigkeit ein wesentlicher Erfolgsfaktor für die Bewältigung von kriechenden Krisen sein. Zugleich würde dies die Notwendigkeit der Bewältigungsfähigkeit verdeutlichen. Ein Unternehmen, bei dem die Bewältigungsfähigkeit nicht auf solche Ereignisse ausgelegt ist, die die Widerstandsfähigkeit übersteigen, würde von den Folgen einer kriechenden Krise überwältigt.

Dieses Bild hat sich in den Monaten der ersten Pandemiewelle anscheinend bestätigt. Unternehmen waren je nach Branche nicht nur sehr unterschiedlich von den unterschiedlichen Auswirkungen betroffen, sondern haben auch sehr unterschiedlich reagiert. Dabei spielte die Widerstandsfähigkeit der Alltagsprozesse – die eingeübte Nutzung von mobilen Geräten erleichtert beispielsweise einen frühzeitigen und erfolgreichen Übergang ins Homeoffice – erkennbar eine Rolle. Aber auch Widerstandsfähigkeit in Form einer Kompetenz – im Sinne von Wollen und Können – zu einer eigenverantwortlichen Entschlussfassung weit vor behördlichen Anweisungen waren scheinbar von Bedeutung (z. B. Hartkopf, 2020, Wilken, 2020, Deutsche Bank, 2020). Es ist davon auszugehen, dass solche Unternehmen, die besonders schnell Entschlüsse im Rahmen der Pandemie fassten, über ein ausgeprägtes Verständnis der eigenen Widerstandsfähigkeit verfügen. Diese Vermutung muss allerdings durch die weitere Forschung noch überprüft werden.

Gleichzeitig bleibt rückblickend aber auch festzuhalten, dass ein hoher Reifegrad von Widerstandsfähigkeit und Bewältigungsfähigkeit letztendlich keine Garantie für den Schutz des Business Case der Unternehmen darstellten. Zu groß und vielfältig waren die durch die Pandemie ausgelösten Probleme aber auch die Abhängigkeit von politischen Entscheidungen und behördlichen Maßnahmen. Letztere stellen einen maßgeblichen Einflussfaktor auf den Verlauf der Pandemie dar. Dies kann als gemeinsames Merkmal jeder Situation gelten, in der überregional der Eintritt von Schäden droht, und muss daher in die Betrachtungen zur Resilienz von Unternehmen einbezogen werden. Dabei ist sowohl die Einflussnahme an sich als auch der dieser Einflussnahme zugrunde liegende Entscheidungsprozess in den Blick zu nehmen.

Tatsächlich ist es überraschend, dass sich die Diskussion im bisherigen Verlauf der Pandemie vorrangig auf politische Einzelentscheidungen bezog und grundsätzliche Fragen der Entscheidungssystematik in der Verwaltung erst spät betrachtet wurden. Die Verwaltung stellt nicht nur unmittelbar Informationen und Entscheidungsvorlagen für die politischen Entscheidungsträger zur Verfügung, sie setzt zugleich die prozeduralen Anforderungen des Entscheidungsprozesses aber auch die daraus resultierenden Maßnahmen um. Aus dieser in den Politikwissenschaften als Bureaucratic Politics-Ansatz (Krylova, 2019) beschriebenen Perspektive ergibt sich für die Verwaltung ein hoher Grad an Einfluss auf den tatsächlichen Erfolg eines Entscheidungsprozesses.

Dabei stellen Krisen Verwaltungen generell vor schwierige Herausforderungen. In der deutschen Verwaltungstradition ergibt sich die Qualität der Verwaltung maßgeblich aus der Regelgebundenheit des Handelns und der klaren Verantwortungszuschreibung der Entscheider. Fehlen aufgrund einer „creeping crisis" aber die formalen Voraussetzungen zum Abweichen von den Standardregelprozessen, weil die Voraussetzungen für einen dafür zu erklärenden "Katastrophenzustand" rechtlich nicht vorliegen, sind die Handlungsspielräume für die Bewältigungsfähigkeit begrenzt. Gleichzeitig kann die schwierige Verantwortungszuordnung im Falle einer „transboundary crisis" und das Fehlen von nicht gebundenen Ressourcen infolge der Haushaltsgrundsätze auch die diesbezügliche Widerstandsfähigkeit einschränken. Je komplexer eine Krise und je größer die damit verbundene Unsicherheit, umso schwerer können öffentliche Verwaltungssysteme darauf reagieren. Hinzu kommt, dass Verwaltungsstrukturen keine in sich geschlossenen Systeme, sondern stark fragmentierte Strukturen darstellen. Dies kann sich in einer Vielzahl von Schnittstellen und den daraus folgenden Schwierigkeiten der Informationsweiterleitung niederschlagen. Entsprechende Feststellungen wurden u. a. im Zuge der Flüchtlingskrise 2015/2016 gemacht (Zinell, 2017; Hahlen & Kühn, 2016; Nationaler Normenkontrollrat, 2017).

Der bisherige Verlauf der Corona-Pandemie zeigt im behördlichen Kontext vor allem Schwierigkeiten im Umgang und in der Nutzung von Daten sowie im beim Einsatz und in der Steuerung von Ressourcen. Dies umfasst sowohl die schnittstellenübergreifende Erhebung von Daten auf Grundlage einheitlicher Datenformate, den Einsatz geeigneter Informationssysteme und die zielgerichtete Auswertung vorhandener Daten. Im Falle des Einsatzes von Ressourcen ist ein Unvermögen zu konstatieren, Alternativplanungen vorzubereiten und Entscheidungen zeitnah umsetzen. Darauf deuten zumindest die fehlenden Vorbereitungen im Bildungs- und Sozialbereich vor Beginn der zweiten Welle im Herbst 2020, der Verlauf der Impfplanung oder der Unternehmenshilfen hin.

Die Corona-Pandemie hat die deutsche Verwaltung an die Grenzen ihrer Leistungsfähigkeit gebracht. Die daraus resultierende Frage muss lauten, ob in einer modernen hochvernetzten Gesellschaft Formen hierarchischer Krisenbewältigung nicht von vornherein zum Scheitern verurteilt sind und es stattdessen nicht Ansätze einer stärker kooperativ ausgerichteten Krisenbewältigung geben müsse.

Dieser Ansatz würde einen Paradigmenwechsel darstellen, da die Einbindung nicht-fachlicher Aspekte im Sinne von nicht verwaltungsspezifischen Akteuren bislang als ein möglicher Grund für das Versagen von Verwaltungen gesehen wurde (Seibel, 2017). Allerdings wurden hier nur begrenzte Schadensereignisse betrachtet. Im Falle von gesamtgesellschaftlichen Krisen läuft dagegen eine Schlussfolgerung, dass allein durch die Stärkung der Verwaltung eine höhere Resilienz der Gesellschaft erreicht werden könne, jedoch infolge fehlender vorhandener Regelungen und fehlender Ressourcen ins Leere. Erforderlich ist stattdessen ein Zusammenwirken aller Akteure.

Auch aus Sicht der Unternehmen ist der Ansatz der Kooperation von besonderer Bedeutung. Der bisherige Verlauf der Corona-Pandemie hat die Abhängigkeit der Unternehmen von anderen Akteuren in einer Krisensituation verdeutlicht. Dies betrifft nicht nur unmittelbare Abhängigkeiten, wie sie in Business Continuity-Konzepten etwa im Falle von Lieferantenbeziehungen berücksichtigt werden, sondern auch mittelbare Abhängigkeiten. Die Aufrechterhaltung des eigenen Business Case ist betroffen, wenn Schulen geschlossen sind und Mitarbeiter aufgrund der Kinderbetreuung nicht arbeiten können, notwendige behördliche Maßnahmen wie Antragsbearbeitungen nur verzögert erfolgen oder branchenspezifische Verordnungen den weiteren Betrieb vorübergehend aussetzen. Aus Sicht des Unternehmens reicht es daher nicht, ein organisationsinternes Resilienz-Management durchzuführen, da dieses ebenso ins Leere laufen kann. Stattdessen bietet ein kooperatives Krisenmanagement Unternehmen die Chance, eigene Vulnerabilitäten auszugleichen und durch einen wirkungsvollen Beitrag für das Netzwerk insgesamt eine wirkungsvollere Bewältigung der Situation zu erreichen.

## 4 Innere und äußere Ökosysteme

Der Begriff Ökosystem beschreibt in der Biologie die spezifischen Wechselwirkungen zwischen Organismen untereinander und im Verhältnis zu den nicht-lebenden Bestandteilen ihrer Umgebung. Die Reichweite eines Ökosystems ist dabei räumlich begrenzt und wird durch die Intensität der Wechselbeziehungen bzw. die Notwendigkeit, von außen Input zu erhalten, gekennzeichnet (Toepfer, 2016).

Überträgt man dieses Modell auf die gesellschaftlichen und wirtschaftlichen Akteure und die aktuellen Pandemieerfahrungen, lassen sich anschaulich die vielfältigen regionalen und organisationalen Verknüpfungen sowie Abhängigkeiten in einer modernen pluralistischen Gesellschaft deutlich machen. Gleichzeitig fällt auf, dass das Muster der Krisenbewältigung diese Wechselbeziehungen nicht berücksichtigt und insbesondere nicht gezielt auf sie zurückgreift. Die

Resilienz des Gesamtsystems ist stattdessen bisher mit zunehmender Dauer des Krisenereignisses von der Leistungsfähigkeit einer hierarchischen Steuerung abhängig.

Erfolgsversprechender erscheint eine bewusste Nutzung der Ressourcen und der Selbststeuerungsfähigkeiten des Ökosystems gerade in einer Krise. Anschaulich kann dies am Beispiel des Einsatzes der Bundeswehr im Rahmen der Corona-Pandemie dargelegt werden. Auf den ersten Blick sind die damit verbundenen Unterstützungen im Rahmen der Amtshilfe Ausdruck einer funktionierenden hierarchischen Krisenbewältigung. Tatsächlich ist ein Einsatz der Streitkräfte im Inneren stets eine verfassungsrechtliche Ausnahme und im Normalfall an eine Kostenerstattung gebunden. Damit ist die Bundeswehr eben gerade nicht die typische Verwaltungsunterstützung, zumal sie je nach Art der Krise eigene Aufgaben zu bewältigen hat. Insofern ergibt sich die Frage, wo im Bedarfsfall freie Ressourcen herkommen sollten. Für die Verwaltung bietet es sich dabei an, stärker auf Leistungspotentiale von Unternehmen zurückzugreifen, was sowohl eine koordinierende Funktion als auch eine rechtliche Vorbereitung erfordert.

Auch aus Sicht der Unternehmen kann der Ansatz eines resilienten Ökosystems den Erfolg eigener Resilienz-Anstrengungen unterstützen. Die Corona-Pandemie bot entsprechende Beispiele, etwa im Bereich des Personaleinsatzes, wenn Mitarbeiter, die in einem Unternehmen vorübergehend nicht beschäftigt werden konnten, in anderen Unternehmen mit Personalbedarf Aufgaben übernahmen. (Aldi-Süd, 2020).

Auf komplexe Probleme im Sinne eines kooperativen Krisenmanagements innerhalb eines Ökosystems mit komplexen Lösungsansätzen zu reagieren, setzt ein hohes Maß an Prozesswissen und Koordinierungskompetenz voraus. Das Modell des Resilienz-Ökosystems geht daher weit über klassische Ansätze des einseitigen Stakeholdermanagements oder einer losen, interessengebundenen Vernetzung hinaus. Es muss die Voraussetzungen dafür schaffen, dass im Bedarfsfall schnellstmöglich eine wechselseitig kooperative Bewältigung von drohenden oder eingetretenen Schadensereignissen erfolgen kann. Dazu sind auch hier rechtliche Grundlagen zu schaffen, Informationsformate und Ressourcenkategorien abzustimmen, Priorisierungsmaßstäbe entlang tolerierbarer Ausfallzeiten zu entwickeln und ein wechselseitiges Unterstützungspotential sicherzustellen. Um dies zu ermöglichen sind entsprechend auch im Unternehmen die bestehenden Verknüpfungen zu analysieren und zu steuern. Anders formuliert kann das externe Ökosystem nur erfolgreich umgesetzt werden, wenn das interne Ökosystem sicher funktioniert. Hierbei kommt der Unternehmenssicherheit eine entscheidende Rolle zu.

## 5 Modell zur organisationalen Resilienz im Kontext der Unternehmenssicherheit

Die vorstehenden Ausführungen zeigen, dass die Widerstands- und Bewältigungsfähigkeit eines Unternehmens sowie das Verständnis des internen und externen Ökosystems wesentliche Erfolgsfaktoren für organisationale Resilienz darstellen. In Abb. 2 ist der Zusammenhang modellhaft dargestellt.

Die Betrachtung der unterschiedlichen Resilienz-Perspektiven ermöglicht eine differenzierte Planung der Resilienzförderung in und für Unternehmen. Es ergeben sich vier Reifegrade der Resilienz:

Die Fähigkeit zu agilem Handeln und zur Adaption neuer Prozessschritte innerhalb der Organisation oder in Teilen bezeichnen die Autoren als *Nano-Resilienz*. Sie umfasst die Fähigkeit, innerhalb standardisierter Prozesse flexibel und zugleich vorgabenkonform zu handeln. Dies beinhaltet verlässliche und effektive Kommunikationsnetzwerke: Wen können Mitarbeiter in ungewöhnlichen Situationen fragen? Wer kann eine Entscheidung bestätigen? Die Grenze der Widerstandsfähigkeit eines Unternehmens wird hierbei nicht überschritten. Ein wirksam und umfassend gesteuertes Qualitätsmanagementsystem, z. B. auf Basis ISO 9001, kann Nano-Resilienz erzeugen (DIN, 2015). In einem solchen System werden Risiken und Chancen auf der Ebene von Prozessen gesteuert. Klar definierte Rollen, Verantwortlichkeiten und Befugnissen sowie Kommunikationswege sind Bestandteil eines Qualitätsmanagementsystems. Diese Aspekte fördern

**Abb. 2** Zusammenhang zwischen Widerstands- und Bewältigungsfähigkeit sowie dem Verständnis des inneren und äußeren Ökosystems © Rico Kerstan

eine operative Widerstandfähigkeit, da Mitarbeiter die notwendigen Befugnisse, Kompetenzen und Informationen haben, kleinere Probleme sofort zu lösen.

Ein Unternehmen, bei dem Mitarbeiter aller Führungsebenen ihre Aufgaben unter schwierigen Umständen gemeinsam bewältigen können, besitzt eine *Mikro-Resilienz*. Die Bewältigungsfähigkeit der Organisation ist ausgeprägt, da das innere Ökosystem auch in außergewöhnlichen Situationen funktionsfähig bleibt. Mikro-Resilienz wird beispielweise durch Notfallmanagementstrukturen gefördert, die sich mit der Bewältigung von definierten Ereignissen befassen. Durch die Definition von Rollen, Verantwortlichkeiten und Befugnissen sowie von Abläufen für außergewöhnliche Situationen wird die Organisation befähigt, auch außerhalb der Alltagsstrukturen handlungsfähig zu bleiben. Beispielhaft können Informationssicherheits-Managementsysteme auf Basis ISO 27001 mit den geforderten Ereignis- und Notfallmanagementprozessen zur Mikro-Resilienz beitragen.

Eine stärkere Fokussierung des Unternehmens auf das äußere Ökosystem, z. B. im Rahmen von Betriebskontinuitätsplanungen und der Etablierung leistungsfähiger Krisenmanagementstrukturen, schafft eine *Meso-Resilienz*. Das Unternehmen bezieht das äußere Ökosystem (z. B. Lieferanten, Dienstleister, Kunden) in die Planungen ein. Ein Business Continuity Management (BCM) auf Basis der ISO 22301 oder BSI-Standards 200-4 fördern Meso-Resilienz, da sie das Risikoverständnis des Unternehmens in Bezug auf außergewöhnliche Ereignisse und das Verständnis des eigenen Widerstandsniveaus fördern (ISO, 2017, BSI, 2021).

Die *Makro-Resilienz* fokussiert schließlich die aktive Kooperation zwischen Organisationen. Makroresiliente Organisationen können sich wechselseitig unterstützen. Beispielhaft ist folgendes (leider fiktives) Szenario: Schulen und Kindergärten gewährleisten, dass Eltern weiterhin arbeiten können, Unternehmen unterstützen Schulen mit ihrer Digitalkompetenz (von IT-Hardware bis Datenschutz), damit diese arbeiten können. Pragmatischer Austausch zwischen den Akteuren ist hierbei ein essenzieller Erfolgsfaktor. Zudem bedingt Makro-Resilienz, dass Organisationen unterschiedlicher Art miteinander und füreinander arbeiten können. Sie verstehen die Bedarfe und können diese mit dem Verständnis der eigenen Widerstandsfähigkeit abgleichen.

Abb. 3 stellt den Zusammenhang der Resilienz-Zustände dar, indem sie das Modell aus Abb. 2 erweitert.

Nach dem Verständnis der Autoren folgt Resilienz einer Entwicklung im Sinne von Reifegeraden. Die unterschiedlichen Resilienz-Stufen (Nano, Mikro, Meso und Makro) bauen vermutlich aufeinander auf. Eine Makro-Resilienz könnte es aus rein logischer Überlegung heraus nicht ohne ihre Vorstufen geben. Abb. 4 stellt die Reifegradentwicklung der Resilienz dar.

**Abb. 3** Resilienz-Zustände im Kontext von Ökosystemen © Rico Kerstan

**Abb. 4** Vierstufiges Resilienzmodell © Rico Kerstan

## 6 Schlussfolgerungen

Das beschriebene Resilienz-Modell bedeutet in seiner Umsetzung vor allem eines: eine Unmenge an Koordination, welche die Realisierbarkeit zunächst infrage stellen mag. Dies beginnt beim inneren Ökosystem durch Aufhebung des Silodenkens und Gewährleistung einer fortlaufenden Transparenz von Geschäftsprozessen. Verbunden werden muss dies mit einer zielgerichteten Entwicklung der Kompetenzen der Belegschaft und Führungskräfte aber auch der den tatsächlichen Handlungsspielräumen zugrunde liegenden Regelsysteme.

Ungleich komplizierter wird es aber beim äußeren Ökosystem. Unterschiedlichste Akteure eines Ökosystems wie Behörden, Unternehmen oder zivilgesellschaftliche Akteure müssen ihre Wechselbeziehungen definieren und die rechtlichen und technologischen Voraussetzungen für eine Zusammenarbeit im

Krisenfall schaffen. Denkbar wäre eine zielgerichtete Intensivierung eines vorhandenen Stakeholdermanagements oder der im Rahmen von BCM-Planungen stattfindenden Lieferantenvereinbarungen. Perspektivisch sollten hier jedoch algorithmenbasierte Expertensysteme zum Einsatz kommen, die auf Grundlage von durch die Akteure bereitgestellten verschlüsselten Informationen das Ökosystem modellieren. Neben der Intensität der Vernetzungen könnte dabei insbesondere auch die Frage der tolerierbaren Ausfallzeiten betrachtet und für Entscheidungen herangezogen werden. Die technologischen Voraussetzungen für ein derartiges „äußeres Ökosystem-ERP" sind bereits vorhanden (Tributech, 2021). Sowohl für das innere als auch für das äußere Ökosystem könnten Expertensysteme einen Großteil des Koordinationsaufwandes verringern.

Diese Aufwandsverringerung ist nicht unwesentlich, wenn es um die Frage der Verantwortlichkeit innerhalb eines Unternehmens für die Umsetzung des Resilienzmodells geht. Nach unserer Auffassung muss und kann die Unternehmenssicherheit in Bezug auf den spezifischen Resilienz-Begriff eine steuernde Funktion übernehmen. Aufgabe der Unternehmenssicherheit ist es, die „Grenzwerte" der eigenen Organisation zu bewerten (Widerstands- und Bewältigungsniveau). Sie muss gewährleisten, dass Risiken erkannt, analysiert und innerhalb der Organisation verstanden werden, die Widerstandsfähigkeit der Sicherheitsmaßnahmen für den Fortbestand der Prozesse ausgewertet und die Reaktion auf Störungen beschrieben sowie erprobt sind.

Für das Aufgabenverständnis der Unternehmenssicherheit lässt sich ableiten, dass sie sich nicht nur als Business Enabler verstehen muss. Aufgrund ihrer neutralen Position in Bezug auf die Geschäftstätigkeit eines Unternehmens muss sie insbesondere auch zur Vernetzung zwischen unterschiedlichen Akteuren beitragen. Sie muss den Schutz des Business Case durch die Vernetzung innerhalb der Ökosysteme moderieren.

Notwendig sind dafür allerdings zwei Voraussetzungen: Zum einem muss das Thema Resilienz und damit die Unternehmenssicherheit stärker in der Unternehmensspitze abgebildet werden. Zum anderen müssen Führungskräfte der Unternehmenssicherheit in der Lage sein, die Auswirkungen sicherheits- wie resilienzgefährdender Ereignisse auf die Geschäftsprozesse zu verstehen und angemessene Optionen zur Reaktion entwickeln zu können. Für die Ausbildung künftiger Führungskräfte würden entsprechend Themen wie Projekt- und Prozessmanagement, Digitalisierung und Entscheidungskompetenz an Bedeutung zunehmen.

## Literatur

Aldi-Süd. (2020). Personalpartnerschaft von McDonald's Deutschland und ALDI. https://unternehmen.aldi-sued.de/de/presse/pressemitteilungen/unternehmen/2020/personalpartnerschaft-von-mcdonalds-deutschland-und-aldi/. Zugegriffen: 25. Jan. 2021.

Allianz für Sicherheit in der Wirtschaft. (2021). Umfrage Krisenmanagement

Amann, G., & Ciesielski, M. (2015). Wenn das die Lösung ist, will ich mein Problem zurück. In: W. Starck, D. Vossbrecher, C. Dell, & H. Schmidthuber (Hrsg.), *Angewandte Improvisation als Werkzeug für resiliente Führung. Improvisation und Organisation: Muster zur Innovation sozialer Systeme* (S. 341–353). transcript.

Bundesamt für Bevölkerungsschutz und Katastrophenhilfe. (2018). Praxis im Bevölkerungsschutz. Bd. 8, Bundesamt für Bevölkerungsschutz und Katastrophenhilfe. https://www.bbk.bund.de/SharedDocs/Downloads/BBK/DE/Publikationen/Praxis_Bevoelkerungsschutz/Glossar_2018.pdf?__blob=publicationFile. Zugegriffen: 25. Jan. 2021.

Boin, A., Ekengren, M., & Rhinard, M. (2020). Hiding in plain sight: Conceptualizing the creeping crisis. *Risks, Hazards & Crisis in Public Policy*. doi: https://doi.org/10.1002/rhc3.12193. Zugegriffen: 29. Jan. 2021.

Boin, A. (2018). The transboundary crisis: Why we are unprepared and the road ahead. *Journal of Contingencies and Crisis Management*. https://doi.org/10.1111/1468-5973.12241. Zugegriffen: 29. Jan.

DIN. (2015). Qualitätsmanagementsysteme – Anforderungen (ISO 9001:2015–11); Deutsche Fassung EN ISO 9001:2015–11. Deutsches Institut für Normung e. V. Berlin: Beuth Verlag GmbH.

Briggs, R., & Edwards, C. (2006). The business of resilience corporate security for the 21st century. Demos. http://www.demos.co.uk/files/thebusinessofresilience.pdf. Zugegriffen: 25. Jan. 2021.

Brinkmann, H., Harendt, C., Heinemann, F., & Nover, J. (2017). Ökonomische Resilienz: Schlüsselbegriff für ein neues wirtschaftspolitisches Leitbild? Bertelsmann Stiftung. https://www.wirtschaftsdienst.eu/inhalt/jahr/2017/heft/9/beitrag/oekonomische-resilienz-schluesselbegriff-fuer-ein-neues-wirtschaftspolitisches-leitbild.html. Zugegriffen: 25. Jan. 2021.

Bundesamt für Sicherheit in der Informationstechnik. (2021). BSI-Standard 200-4 – Business Continuity Management (-Community Draft-). Bundesamt für Sicherheit in der Informationstechnik. https://www.bsi.bund.de/SharedDocs/Downloads/DE/BSI/Grundschutz/Kompendium/standard_200_4.pdf?__blob=publicationFile&v=2. Zugegriffen: 26. Jan. 2021.

Deutsche Bank. (2020). Deutsche Bank donates 375,000 protective masks. https://www.db.com/newsroom_news/2020/deutsche-bank-spendet-375-000-schutzmasken-en-11515.htm. Zugegriffen: 25. Jan. 2021.

Hahlen, J., & Kühn, H. (2016). Die Flüchtlingskrise als Verwaltungskrise – Beobachtungen zur Agilität des deutschen Verwaltungssystems. *Verwaltung und Management, 3*, 157–168.

Hartkopf, L. (2020). Do closed offices open up your organization to risk? https://www.ey.com/en_us/risk/do-closed-offices-open-up-your-organization-to-risk. Zugegriffen: 25. Jan. 2021.

Hirschmann, N. (2016). *Sicherheit als professionelle Dienstleistung und Mythos.* Springer VS.

Höhler, S. (2014). Resilienz: Mensch – Umwelt – System. Eine Geschichte der Stressbewältigung von der Erholung zur Selbstoptimierung. In: F. Bösch, K. H. Jarausch, & M. Sabrow (Hrsg.), Zeithistorische Forschungen – Studies in Contemporary History (S. 425–443). Vandenhoeck & Ruprecht GmbH & Co. KG.

International Organization for Standardization. (2017). Security and resilience — Organizational resilience — Principles and attributes, ISO 22316:2017. International Organization for Standardization. https://www.iso.org/standard/50053.html. Zugegriffen: 26. Januar 2021.

Köhler, I., & Schulze, B. W. (2016). Resilienz. In: D. Ziegler (Hrsg.), *Jahrbuch für Wirtschaftsgeschichte / Economic History Yearbook, 57*(2), 455–491. Walter de Gruyter GmbH. doi: https://doi.org/10.1515/jbwg-2016-0019. Zugegriffen: 26. Jan. 2021.

Krylova, Y. (2019). Bureaucratic politics. In: A. Farazmand (Hrsg.) *Global encyclopedia of public administration, public policy, and governance.* Springer. doi:https://doi.org/10.1007/978-3-319-31816-5_681-1. Zugegriffen: 25. Jan. 2021.

Mwakibete, A. (2019). *The corporate security: Critical issues on enforcement of internal corporate security.* Open University of Tanzania.

Norf, C. (2020). Vulnerabilität und Resilienz als Trends der Risikoforschung. (Dissertation, Universität Stuttgart), https://elib.uni-stuttgart.de/bitstream/11682/11074/5/Dissertation_Celia%20Norf_2020_Vulnerabilit%C3%A4t%20und%20Resilienz%20als%20Trends%20der%20Risikoforschung.pdf. Zugegriffen: 25. Jan. 2021.

Power, M. (2007). *Organized uncertainty: Designing a world of risk management.* Oxford University Press.

Nationaler Kontrollrat. (2017). Anmerkungen zur Rechts- und Verwaltungsvereinfachung: Schlussfolgerungen aus der Flüchtlingskrise für die Handlungs- und Zukunftsfähigkeit von Staat und Verwaltung. Normenkontrollrat. https://www.normenkontrollrat.bund.de/resource/blob/300864/846172/a3bbc8cc31c0b27c2ac4c4f2fd0c1bfb/2017-11-xx-download-nkr-schlussfolgerungen-flluechtlingskrise-2018-data.pdf?download=1. Zugegriffen: 26. Jan. 2021.

Panetta, K (2020). *Gartner top strategic technology trends for 2021.* Gartner, Inc. https://www.gartner.com/smarterwithgartner/gartner-top-strategic-technology-trends-for-2021/. Zugegriffen: 26. Jan. 2021.

PwC (2018a). *21. PwC global CEO survey – The anxious optimist in the corner office.* PricewaterhouseCoopers GmbH Wirtschaftsprüfungsgesellschaft. https://www.pwc.de/de/ceo survey/pwc-global-ceo-survey-2018.pdf. Zugegriffen: 16. Jan. 2021.

PwC (2018b). PwC-Untersuchung: Nur drei von 80 DAX/MDAX-Unternehmen machen Sicherheit öffentlich zum CEO-Thema. PricewaterhouseCoopers GmbH Wirtschaftsprüfungsgesellschaft. https://www.pwc.de/de/pressemitteilungen/2018/pwc-untersuchung-nur-drei-von-80-dax-mdax-unternehmen-machen-sicherheit-oeffentlich-zum-ceo-thema.html. Zugegriffen: 14. Febr. 2021.

Rosu, S., & Dragoi, G. (2012). A knowledge management framework as knowledge bases development support to professional risk assessment. *IntechOpen., 2021.* https://doi.org/10.5772/34062. Zugegriffen: 25. Jan. 2021.

Seibel, W. (2017). Ein vorläufiges Resümee- Verhandelbare Sicherheit und Prävention. In W. Seibel, K. Klamann, & H. Treis (Hrsg.), *Verwaltungsdesaster* (S. 275–302). Campus-Verlag.

Toepfer, G. (2016). *Historisches Wörterbuch der Biologie* (Bd. 2). J.B. Metzler.

Tributech. (2021). Data Asset Management für IoT-, AI / ML- und Geschäftsanwendungen. https://www.tributech.io/de/. Zugegriffen: 25. Jan. 2021.

Vogt, C., Endreß, C., & Peters, P. (2019). *Wirtschaftsschutz in der Praxis: Eine Einführung, In Wirtschaftsschutz in der Praxis: Positionen zur Unternehmenssicherheit und Kriminalprävention in der Wirtschaft* (V-VIII). Springer.

Wilken, D. (2020). Die Frau, die sich traute, Axel Springer zu räumen. https://www.axelspringer.com/de/inside/die-frau-die-sich-traute-axel-springer-zu-raeumen. Zugegriffen: 25. Jan. 2021.

Zinell, H. (2017). Braucht das Land neue Verwaltungsformate? Lageorientiertes Führen in komplexen und krisenhaften Situationen, PUBLICUS. https://publicus.boorberg.de/braucht-das-land-neue-verwaltungsformate/. Zugegriffen: 6. Jan. 2021.

**Prof. Dr. André Röhl** ist Studiengangleiter des Studienganges Sicherheitsmanagement an der NBS Northern Business School Hamburg, zuvor Marinesicherungsoffizier und Referent für Sicherheitsthemen in einer obersten Landesbehörde sowie Unternehmensberater für das Thema Organisationsentwicklung im öffentlichen Sektor.

**Rico Kerstan, MBA**, berät als Geschäftsführer und Gesellschafter der KR Krisensicher Risikoberatung GmbH Unternehmen und Organisationen beim Aufbau und beim Betrieb risikobasierter Managementsysteme. Er verfügt über langjährige Erfahrung im Sicherheitsmanagement der Bundesdruckerei GmbH in Berlin. Rico Kerstan ist zudem als Lehrbeauftragter für Sicherheitsmanagement an der NBS Northern Business School Hamburg tätig.

# Corporate Digital Responsibility. Digitalisierung im Spannungsfeld von Verantwortung und Obliegenheit

Ellena Werning und Ludmilla Middeke

### Zusammenfassung

Digitalisierung und Unternehmensschutz gehen Hand in Hand. Je weiter die Digitalisierung voranschreitet, desto höher wird die Bedeutung von Maßnahmen zum Schutz von Unternehmen, auch für die Aufrechterhaltung unseres gesamten Wirtschaftssystems. Die Dynamik der technologischen Entwicklungen sowie globale Vernetzungen von Wertschöpfungsketten bringen die nationalstaatliche Regulation jedoch an ihre Grenzen. Eigenverantwortliches Handeln von Wirtschaftsakteuren im Sinne von Corporate Digital Responsibility wird somit zur Obliegenheit für jedes Unternehmen.

## 1 Abstract

Die zunehmende globale Vernetzung von Unternehmen durch digitale Technologien und die damit verbundenen Herausforderungen für eine Regulierung erfordert von Unternehmen eine neue Auseinandersetzung mit dem Thema Verantwortung in der Digitalisierung. Die Sicherheit der IT-Infrastruktur eines jeden Unternehmens erhält eine steigende Bedeutung, da die Digitalisierung zunehmend Einfluss auf das Leben von Individuen, die Gesellschaft als Ganzes und auch die

E. Werning (✉)
Fachhochschule des Mittelstands (FHM) GmbH, Bielefeld, Deutschland
E-Mail: werning@fh-mittelstand.de

L. Middeke
Digital Scout Stadt Bielefeld, Bielefeld, Deutschland
E-Mail: Ludmilla.Middeke@bielefeld.de

Umwelt hat. Ein Angriff auf ein Unternehmen, die Entwendung personenbezogener oder sensibler Daten oder auch die Beeinträchtigung der Betriebsfähigkeit einzelner Unternehmen können gravierende Auswirkungen haben. Unternehmensschutz ist demnach mehr als ein Eigeninteresse. Im Sinne der Corporate Digital Responsibility ist es wesentlich, dass Unternehmen freiwillig Eigenverantwortung für ihr Handeln in der digitalen und vernetzten Welt übernehmen, nicht nur um sich selbst zu schützen, sondern auch die Gesellschaft und Umwelt sowie um zur Resilienz des Staates beizutragen.

## 2 Zur Notwendigkeit der Auseinandersetzung mit Corporate Digital Responsibility (CDR)

Seit Beginn der vierten industriellen Revolution befindet sich unsere Wirtschaft und Gesellschaft in einem hochdynamischen Transformationsprozess. Das Internet of Things in Verbindung mit der Nutzbarmachung von BIG Data sowie der Einsatz von künstlicher Intelligenz für die Automatisierung oder Autonomisierung von Prozessen führen zu tiefgreifen Veränderungen in Wertschöpfungsketten in Unternehmen und auch in der Interkation und Verbindung zwischen Unternehmen und externen Akteuren. Die zunehmende Digitalisierung geht mit einer steigenden Bedeutung von Informationstechnologien einher und produziert exponentiell steigendende Datenvolumina. Daten selbst, werden immer mehr zum „Machtfaktor". (vgl. Weber, 2017) Die gesamte Wertschöpfung der Wirtschaftsunternehmen hängt damit in zunehmendem Maße von IT ab. Der Schutz vor Cyberangriffen ist damit von strategischer Bedeutung und sollte entsprechend Bestandteil des Risikomanagements in Unternehmen sein. (vgl. Pfeifer & Wulf, 2019, S. 89 f.)

Die aktuelle Corona-Pandemie macht eindringlicher denn je die Zusammenhänge zwischen global auftretenden Ereignissen, Digitalisierung und Folgewirkungen für Gesellschaft und Wirtschaft deutlich. Zum einen zwingt die Pandemie Unternehmen zur Entwicklung digitaler Lösungen, sei es zur Umsetzung von Homeoffice, zum Online-Verkauf von Produkten oder auch Dienstleistungen und Services, für Paymentlösungen oder anderes mehr. Zum anderen stellt insbesondere der Übergang ins Home-Office auch aus Sicherheitsperspektive eine erhöhte Gefährdung dar. Laut einer G-Data-Analyse stieg die Zahl der Cyberangriffe um mehr als 30 % (G Data CyberDefense). Es scheint sich zu bestätigen, dass die Digitalisierung eine Notwendigkeit für den Erhalt der Wettbewerbsfähigkeit von Unternehmen darstellt, gleichzeitig jedoch erhöhte Anforderungen an den allgemeinen Unternehmensschutz und insbesondere den Schutz vor Cyberangriffen stellt. Zudem bedingen die zunehmende Technisierung und dadurch veränderte Transaktionsformen und soziokulturelle Transformationen in einem dynamischen Wechselspiel gegenseitig. Digitalisierung hat damit Auswirkungen auf wirtschaftlicher, gesellschaftlicher und auch ökologischer Ebene. Dies macht ein unternehmensseitiges verantwortungsvolles Handeln unumgänglich (Werning, 2019).

Die Pandemie offenbart jedoch noch eine weitere Seite der Digitalisierung. Es kann die Frage gestellt werden, ob die eigenverantwortliche Digitalisierung von Unternehmen nicht schon allein deshalb eine Notwendigkeit darstellt, da deutlich wird, dass auf ihr auch der Schutz des gesamten gesellschaftlichen und wirtschaftlichen Ökosystems eines Landes fußt. Digitalisierung ist damit von wesentlicher Bedeutung für die Resilienz eines Staates und eine notwendige Bedingung für einen „bounce forward"-Effekt, im Sinne der langfristigen Sicherung der Überlebensfähigkeit und Prosperität eines Staates und damit auch dessen Nachhaltigkeit (Roth, 2020). Digitale Nachhaltigkeit kann deshalb nicht allein durch staatliche Regulation gesteuert werden. Durch die globale digitale Vernetzung unterschiedlicher Akteure und Systeme ist das nationalstaatliche Reglungsmonopol eingeschränkt. Nachhaltigkeit von und durch Digitalisierung ist auf damit auf die freiwillige Selbstverpflichtung von Unternehmen angewiesen (Charta der digitalen Vernetzung, 2019). Die Verbindung dieser einzelnen Aspekte findet sich im Konzept der Corporate Digital Responsibility (CDR) wieder. Unternehmen sind gefragt, die Nachhaltigkeit und Resilienz Deutschlands durch ihre eigene Digitalisierung mitzutragen, zu fördern und zu gestalten. Diese Überlegung eröffnet eine neue Perspektive für die Analyse eines verantwortungsvollen Umganges mit Digitalisierung und der Abschätzung der wirtschaftlichen, gesellschaftlichen und ökologischen Folgewirkungen durch die Corona-Pandemie. Einige Unternehmen etablieren diesbezüglich bereits klare CDR-Richtlinien. Der Beitrag soll die digitale Verantwortung von Unternehmen vor dem Hintergrund ausgewählter Aspekte der gesellschaftlichen und wirtschaftlichen Folgen von Digitalisierung darstellen.

## 3 Definition und Einordnung von CDR

### 3.1 Definition CDR

Digitalisierung hält in sämtliche Bereiche unserer Gesellschaft und Lebenswelt Einzug. Sie umfasst nicht nur die Technisierung und Automatisierung von Unternehmen, sondern beeinflusst ebenso die Gesellschaft und die Umwelt. Teilhabe an Bildung ist heute ohne einen Zugang zum Internet kaum noch möglich, wie insbesondere in der Corona-Pandemie und dem damit einhergehenden Distance-Learning deutlich wurde. Der Verbraucher als Konsument gibt immer mehr Daten von sich frei, um seinen Gesundheitszustand zu kontrollieren, online einkaufen zu können, diverse kostenlose Apps sowie digitale Assistenten in Smart Home Produkten, Fahrzeugen oder vieles anderes mehr nutzen zu können. In Bezug auf die Gefahren der Digitalisierung wird daher zunehmend vom „gläsernen Menschen" und vom „Bubble-Effekt" gesprochen. Dies bedeutet, dass die Personalisierung von Informationen zu einer einseitigen Informationsselektion der Anbieter führt, ohne dass dem Verbraucher deutlich würde, wo er in seiner Informationsfreiheit eingeschränkt wird. In Verbindung mit der Geschwindigkeit von neuen Informationen, die über Social-Media-Kanäle verbreitet werden, besteht zudem die Problematik, dass Meinung und Fakten verschwimmen oder zielgerichtet „Fake News" verbreitet werden. Die Digitalisierung umfasst somit nicht nur die Technisierung und Automatisierung von Unternehmen, sondern reicht ebenso hinein in die Veränderung kultureller Verhaltenskodizes und von Handlungsspielräumen entlang aller Gruppen einer Gesellschaft (Reckwitz, 2012).

Zunehmend gewinnt damit auch die Sensibilisierung für die Eigenverantwortung eines jeden Menschen im Umgang mit Technologien an Bedeutung. Die Digitalisierung ist somit immer im Zwiespalt zwischen Nutzen und gleichzeitig daraus resultierenden Gefahren zu betrachten. Die Betrachtung des Nutzens wirtschaftlichen Handelns unter Berücksichtigung der dadurch entstehenden Folgen findet bereits seit Beginn der Industrialisierung in Deutschland statt. Unternehmen übernahmen damals die Verantwortung für den Bau von Wohnungen, Schulen oder auch Kultureinrichtungen im Umfeld der Betriebsstätte. Erste wissenschaftliche Debatten zum Thema des verantwortungsvollen unternehmerischen Handelns im Sinne der heutigen „Corporate Social Responsibility" (CSR) gehen auf Bowen (1953) zurück, welcher zum Ausdruck brachte, dass Unternehmen, die gesellschaftliche Rechte in Anspruch nehmen, ihrerseits auch gesellschaftliche Pflichten übernehmen müssen, welche sich wiederum an Erwartungen und Werten der Gesellschaft zu orientieren haben. Bowen bezog seine Gedanken damals auf die

Verantwortung, die dadurch für den einzelnen Manager entsteht. Davis erweitere 1967 diese Auffassung indem er nicht nur die Auswirkungen des Handelns von Managern auf die Gesellschaft in den Mittelpunkt der Betrachtung stellte, sondern die Auswirkungen des gesamten Unternehmens (vgl. Carroll, 1999).

Die Verantwortung von Unternehmen gegenüber der Gesellschaft wird als Corporate Social Responsibility bezeichnet und beinhaltet gemäß der Definition der EU-Kommission von 2011: „*the responsibility of enterprises für their impact on societies.*" (EU-Kommission, 2020) Dieser Gedanke umfasst das freiwillige, nachhaltige und stakeholderorientierte Handeln von Unternehmen (vgl. Kreipl, 2020, S. 237). Verantwortungsvolles und nachhaltiges Handeln in Zeiten der vierten industriellen Revolution bedeutet also, die Auswirkungen der Digitalisierung mitzudenken. Das bisherige Drei-Säulen-Modell der CSR welche die Bereiche Ökonomie, Ökologie und Soziales umfassen muss deshalb um eine vierte Perspektive erweitert werden: die der Digitalisierung (vgl. Knaut, 2017, S. 53 ff.). Diese kann als Corporate Digital Responsibility (CDR) bezeichnet werden und kann als verbindendes Element der drei bestehenden Säulen der CSR verstanden werden.

Der Begriff Corporate Digital Responsibility „bezeichnet freiwillige unternehmerische Aktivitäten, die über das heute gesetzlich Vorgeschriebene hinausgehen und die digitale Welt aktiv zum Vorteil der Gesellschaft mitgestalten. CDR kann demnach als ein Teilbereich einer umfassenden Unternehmensverantwortung im Sinne der Corporate Responsibility (CR) verstanden werden." (Bundesministerium der Justiz und für Verbraucherschutz (BMJV, 2018). Diese umfasst demnach digitale Nachhaltigkeit in Bezug auf Algorithmen und Daten (Stuermer et al., 2017) genauso wie die Auswirkungen einer digitalisierten Wertschöpfung auf die Ökonomie, Ökologie und Gesellschaft (vgl. Dörr, 2020, 38 ff.). Die nachfolgende Grafik zeigt demnach die Einordnung von Corporate Digital Responsibility in das Konzept der Corporate Social Responsibility. Die Freiwilligkeit und damit die Verantwortung der Unternehmen fangen dort an, wo das Regelungsmonopol der Nationalstaaten endet (Abb. 1).

## 3.2 Der Zwiespalt von Verantwortung und Regulation

Nachhaltiges Handeln ist ein wesentlicher Teil unserer Gesellschaftsordnung. Dies wird nicht zuletzt in der Nachhaltigkeitsstrategie Deutschlands deutlich, die auf den 17 Sustainablity Goals beruht (Die Bundesregierung, 2018; Dörr, 2020). Bereits die Coporate Social Responsibility Bewegung basiert auf dem Verständnis, dass das Handeln und die Akzeptanz von Unternehmen von deren

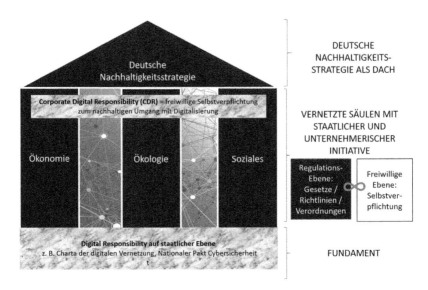

**Abb. 1** Einordnung von CDR. (Quelle: Eigene Darstellung)

Übernahme ökonomischer, ökologischer und sozialer Verantwortung abhängen (vgl. Kilian, 2020, S. 51). Jede Innovation birgt von vornherein das Risiko nicht intendierter Nebenwirkungen. Gerade im Rahmen der Digitalisierung wird dies umso deutlicher. Jedes digitale Produkt kann dem Menschen dienen, birgt aber andererseits auch Gefahren. Zuletzt wurde dies vor allem bei der Debatte zu der „Corona-App" deutlich. Einerseits soll sie entstehende Infektionsherde frühzeitig aufzeigen und Verbraucher warnen, die einen engen Kontakt zu einer infizierten Person hatten. Andererseits wurde hier in der Gesellschaft die Angst vor staatlicher Kontrolle und der Einschränkung von individueller Freiheit deutlich. Unternehmen stehen vor allem in Zeiten digitaler Transformation unweigerlich in der Verantwortung in Bezug auf die Konsequenzen der Nutzung digitaler Möglichkeiten.

„Verantwortung kann man sich nicht selbst zuschreiben." (Suchanek, 2020, S. 17) Die Gesellschaft stellt Anforderungen oder Erwartungen an Unternehmen, die diese, sofern möglich, erfüllen. Übersteigen die Erwartungen aber die Leistungsfähigkeit eines Unternehmens, dann bedeutet Verantwortung in Unternehmen, dass sie kommunikativ deutlich machen, wo ihre Grenzen der Übernahme von Verantwortung sind. (vgl. Suchanek, 2020, S. 17) Das Thema

Digitalisierung stellt Unternehmen vor neue Herausforderungen. Die digitale Transformation in Unternehmen vollzieht sich in einer sogenannten VUCA-Welt. Das Akronym VUCA, welches für Volatility, Uncertainty, Complexity und Ambiguity steht, beinhaltet, dass kein Unternehmen genau vorhersagen kann, welche Erwartungen es erfüllen muss und welche Verantwortung zukünftig übernommen werden muss. Ebenso trifft dies auf den Staat und dessen Regulationsmöglichkeiten zu. Digitale Verantwortung wird damit zur Obliegenheit von Unternehmen: Einer Norm, die zu beachten ist, auch wenn sie nicht eingeklagt werden kann. Eine freiwillige Selbstverpflichtung im Sinne der Corporate Digital Responsibility eben. Dies entbindet das Individuum natürlich nicht von seiner individuellen Verantwortung, aber auch diese endet eben am Rand des eigenen Einflussraums.

Es gehört also zu den systemimmanenten Aufgaben von Unternehmen, Verantwortung im Rahmen der Digitalisierung zu übernehmen, und zwar immer so weit, wie sich Risiken der Digitalisierung überblicken lassen und welche Verantwortung hier insbesondere im Kontext ethischen Handelns auf die Unternehmen zukommen. So geht es nicht nur um die Nutzung und Verwendung von Daten oder auch Sicherheitsstandards bei der Nutzung von Plattformen und anderer digitaler Systeme, sondern beispielsweise auch um die Legitimität einer ständigen Erreichbarkeit bei Mitarbeitern (vgl. Suchanek, 2020, S. 18 ff.). Je mehr ein Wirtschaftssystem auf digitale Geschäftsmodelle baut, desto mehr Angriffspotential entsteht, wenn diese digitalen Systeme nicht gesichert sind. Durch die Vernetzung der Systeme auch mit externen Akteuren können Angriffe auf Systeme innerhalb eines Unternehmens weitreichende Folgen für andere Partner oder gar ein Netz von Partnern haben. Im schlimmsten Fall sind dadurch größere Teile der Wirtschaft oder auch die Gesellschaft eines Landes betroffen. Immer mehr Technologie wird in jegliche Art von Produkten integriert. Dies wird an Beispielen wie der Fitnessuhr, Smart-Home-Anwendungen, Assistenzsystemen in Fahrzeugen und vielem anderen mehr deutlich. Somit stellt sich im Rahmen der digitalen Verantwortung vor allem die Frage nach einem sicheren Umgang mit Daten. Der Umgang mit Daten und die Verarbeitung durch Algorithmen sind derzeit bis auf die DSGVO nur wenig staatlicherseits reguliert.

Immer mehr Unternehmen verpflichten sich daher zu einer freiwilligen Selbstregulation, auch im Sinne einer antizipatorischen Vorbereitung auf einen möglichen zukünftigen Ordnungsrahmen (vgl. Becker et al., 2020, S. 30). Auf europäischer Ebene finden sich bereits viele ethische Leitlinien zum Umgang mit Künstlicher Intelligenz, Algorithmen sowie Datensouveränität und -schutz (vgl. EU-Kommission, 2019). Allerdings ist die Frage, wie sich diese Leitlinien in Unternehmen praktisch umsetzen lassen. Allein für den Umgang mit Künstlicher Intelligenz werden mittlerweile 84 Richtlinien gezählt (vgl. Jobin et al.,

2019). Dies ist allein von der Menge her inoperabel für Unternehmen. Zudem sind diese Richtlinien häufig zu allgemein gehalten und bieten zu viel Raum für unterschiedliche Interpretationen. Darüber hinaus ist immer die Frage, was genau zu regulieren ist. Darf ein autonom fahrendes Auto bspw. die zugelassene Höchstgeschwindigkeit um 5 km/h überschreiten oder nicht? Ist es nicht auch richtig, der Überlegung Gründingers zu folgen, der anführt: „Es gehört auch zur Freiheit des Menschen, unvernünftig zu handeln – oder zumindest die bloße Möglichkeit dazu zu haben."? (Gründinger, 2020, S. 23). Somit spielt auch hier die Mündigkeit zur informierten Entscheidung eine zentrale Rolle für die Ausgestaltung von Handlungen.

Ferner stellt sich die Frage, inwieweit Unternehmen im erforderlichen Maße in der Lage sind, Verantwortung im Rahmen der Digitalisierung zu übernehmen. Obwohl die Grenzen des eigenen Einflussbereichs bewusst sind, sind Unternehmen aufgrund der hohen Dynamik der Entwicklungen und der Komplexität von Wirkbeziehungen in der hybriden Welt nicht in der Lage, eine vollständige Folgenabschätzung durchzuführen. Oftmals zeigen sich die Mehrwerte oder Konsequenzen von neuen Technologien erst im Anwendungsprozess. Berücksichtigt man des Weiteren, dass maschinellem Lernen durch KI eine stetige Veränderung und Anpassung inhärent ist, so ist kein Ende einer technologischen Entwicklung abzusehen und damit verständlicherweise auch keine abschließende Folgenbewertung möglich. Dies hat zur Folge, dass Unternehmen stetig neu abwägen und reflektieren müssen, welche Verantwortung sie wofür übernehmen wollen und müssen (vgl. Andersen, 2020, S. 97). Daher kann auch eine Selbstverpflichtung nur auf derzeit bekanntem Wissen aufbauen und ist daher per se lückenhaft und unzureichend. Dies gilt ebenso für staatliche Regulationen, die sich umso schwieriger gestalten, je mehr sich eigene staatliche Interessen mit denen anderer Staaten vermischen.

Da die Resilienz unseres gesamten Staates jedoch auf einem verantwortungsvollen Umgang mit Digitalisierung basiert, ist es wichtig, dass CDR mehr ist als Greenwashing im Rahmen der ökologischen Nachhaltigkeitsbewegung. CDR steht also vor ähnlichen Herausforderungen wie CSR, nur mit dem Unterschied, dass in einer digitalen Welt, Veränderungen in viel höherer Dynamik stattfinden (vgl. Uwer, 2018). Jede staatliche Regulation zur Steuerung eines verantwortlichen Umgangs mit Digitalisierung stößt schon allein durch die globale Verflechtung von Wirtschaftsakteuren und damit auch deren digitalen Systeme an Grenzen. Eine globale Regulation dürfte allein durch kulturell unterschiedlich geprägte Wertvorstellungen und Normen schwierig werden (vgl. Böhm, 2020, S. 225 ff.; vgl. Jarolimek, 2018, S. 272 ff.).

Zudem befindet sich jede staatliche Regulation in der Problematik der Dilemmastrukturen. Obwohl jeder nach seinem Vorteil strebt, kann kollektiv gesehen kein Vorteil für alle entstehen, weil die Unwissenheit über die Motive anderer zu einem suboptimalen Verhalten führt. Moralische Appelle an die Vernunft von Akteuren stoßen hier deshalb an Grenzen oder führen gar noch zu einer Verschlechterung der Situation. (vgl. Uhl, 2020, S. 66) Vielmehr ergibt sich allein durch die Situation des Wettbewerbs das Problem, dass dieses unmoralische Verhalten begünstigt. Selbst wenn sich national gesehen alle Unternehmen einig wären, bestimmten ethischen Leitlinien zu folgen, würde sich der Markt dadurch begrenzen, dass andere Wettbewerber diese Spielregeln nicht einhalten und damit Leistungen anbieten oder weiterentwickeln, die dann von unseren Marktteilnehmern wieder genutzt werden müssen (Trittbrettfahrerproblematik).

Es bleibt also festzuhalten, dass die Übernahme von digitaler Verantwortung in Unternehmen eine wesentliche Voraussetzung für eine zunehmend digital vernetzten Gesellschaft und Wirtschaft ist, in der Umsetzung jedoch viele Herausforderungen deutlich werden, die teilweise durch gesetzliche Rahmenbedingungen geregelt, aber vor allem auf der Eigenverantwortung der Unternehmen in Bezug auf die Möglichkeiten und Grenzen der digitalen Transformation aufbauen müssen. Das Handeln der Wirtschaftsakteure gestaltet in einem nicht zu unterschätzenden Ausmaß die aktuellen und zukünftigen Rahmenbedingungen, in denen sich die Gesellschaft bewegt.

## 4 Digitale Verantwortung und Sicherheit

### 4.1 Ganzheitlicher Unternehmensschutz und CDR

„Cybersicherheit stellt eine gesamtgesellschaftliche Herausforderung dar, da sowohl der Staat als auch die Wirtschaft, die Wissenschaft und die Zivilgesellschaft von Cybergefahren bedroht sind." (BMI, 2020) Im Rahmen des Nationalen Pakts Cybersicherheit nimmt sich die Bundesregierung der zunehmenden Bedeutung von Sicherheit an und gibt sich selbst den Auftrag, gemeinsam mit Interessenvertretern von Staat, Wirtschaft, Wissenschaft und Zivilgesellschaft Maßnahmen zu erarbeiten. Die Initiative reiht sich damit in die bestehende internationale Initiative „Paris Call for Trust & Security in Cyberspace" ein, die vor allem von zahlreichen EU-Staaten, aber auch Großbritannien, Australien und Japan unterzeichnet wurde.

Durch die zunehmende Digitalisierung bekommt das Thema der Sicherheit von technischen Systemen eine immer größere Bedeutung. Der Staat allein kann hier keine allumfassende Sicherheit mehr gewährleisten. Die Sicherheit des Landes und all seiner Institutionen und Menschen kann demnach nur in einem Modell der verteilten Sicherheit erfolgen. Mit in der Verantwortung stehen neben dem Staat und Infrastrukturbetreibern also auch Unternehmen selbst. (vgl. Wichum, 2019, S. 4 ff.) Cybersecurity ist demnach ein wesentlicher Baustein von Corporate Digital Responsibility auch auf Unternehmensseite.

Die Hauptrisiken der zunehmenden Digitalisierung in Unternehmen liegen vor allem in Cyberattacken, daraus resultierender möglicher Betriebsunterbrechungen und Datenschutzverletzungen. Gerade Cyberattacken und Betriebsunterbrechungen gehören laut Allianz Risk Barometer zu den am häufigsten unterschätzen Geschäftsrisiken (vgl. Pfeifer & Wulf, 2019, S. 88 ff.). Dabei ist das Thema Cybersicherheit kein rein technisches Thema. Zwar beinhaltet Cybersecurity auch die Nutzung technischer Lösungen wie zum Beispiel Back-ups, Zugriffssteuerungen, Verschlüsselungen, Antivirensoftware, Firewalls, Vulnerabilitytest und vieles mehr. Technische Lösungen allein reichen jedoch in Bezug auf die Übernahme von Verantwortung im Rahmen der Cybersecurity nicht aus.

Ein ganzheitlicher Schutz eines Unternehmens fußt, wie Abb. 2 zeigt, auf vier Säulen. Neben Maßnahmen zum Schutz vor Cyberangriffen müssen organisatorische und personelle Schutzmaßnahmen ergriffen werden und auch das Gebäude selbst innen wie außen vor unbefugtem Zugang zu sensiblen Bereichen geschützt werden. Die erste Säule organisatorischer Schutzmaßnahmen umfasst Richtlinien und Anweisungen, Notfall- und Krisenkonzepte, das Vorhandensein eines ganzheitlichen Sicherheitskonzepts und auch eine externe Absicherung des

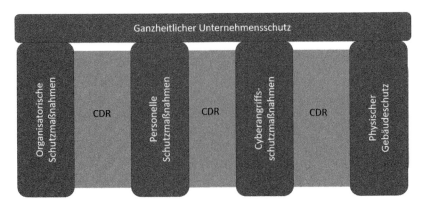

**Abb. 2** Die vier Säulen des ganzheitlichen Unternehmensschutzes

Unternehmens im Falle eines Angriffs (z. B. durch eine Cyber-Versicherung). Organisatorische Schutzmaßnahmen sind wichtig, um allen Mitarbeitern Klarheit im Umgang mit Betriebsgeheimnissen, der Handhabung technischer Systeme und notwendiger Sicherheitsmaßnahmen zu geben und im Krisenfall schnell reagieren zu können. Auch wenn vor der Cyberangriff selbst im Fokus vieler Berichterstattungen steht, ist das Haupteinfalltor für Angreifer häufig der Mensch selbst. So ist mehreren Studien zu entnehmen, dass vor allem der Mensch selbst eine wesentliche Gefahrenquelle in Bezug auf Sicherheit in Unternehmen darstellt. Deshalb ist es ebenso wichtig personelle Schutzmaßnahmen zu ergreifen. Mitarbeiter im Unternehmen müssen geschult werden und über Angriffstechniken wie Fraud-Mails etc. informiert werden und sie müssen auf entsprechende organisatorische Schutzmaßnahmen wie klare Richtlinien und Anweisungen, ein umfassendes Notfall- und Krisenmanagement sowie ein umfassendes Sicherheitskonzept zurückgreifen können, um Angriffe entweder zu verhindern oder im Falle eines Angriffs einen schlimmeren Schaden vom Unternehmen abzuwenden. Letztlich muss auch das Gebäude selbst geschützt werden. Auch das am besten geschützte System kommt an seine Grenzen, wenn es durch Sabotageakte durch unbefugten Zugang zu Systemen beschädigt werden kann. Die Sicherheit eines technischen Systems muss also neben dem Cyberangriffsschutz durch weitere Maßnahmen flankiert werden. Ein ganzheitlicher Unternehmensschutz ist zunehmend wichtig, um Unternehmen vor existenzbedrohenden Angriffen zu schützen.

Das Lagebild Wirtschaftsschutz NRW zeigt jedoch deutlich, dass ein ganzheitlicher Unternehmensschutz jedoch bei vielen Unternehmen und insbesondere bei mittelständischen Unternehmen nicht vorhanden ist. 99,7 % aller Unternehmen in Deutschland sind mittelständische Unternehmen mit einer Größe von 0 bis zu 500 Mitarbeitern. Sie bilden das „Rückgrat der deutschen Wirtschaft" (Belz, 2005). Darum ist mit ihnen gleichzeitig die deutsche Wirtschaft bedroht. Das Lagebild Wirtschaftsschutz NRW 2019 zeigt deutlich: Je kleiner das Unternehmen, desto weniger Schutzmaßnahmen sind vorhanden. Insgesamt kommen mittelständische Unternehmen in NRW auf einen Indexwert von 4,8 von maximal 10 möglichen Punkten. 7,1 % der Befragten sind als schutzlos zu bezeichnen, weitere 28,4 % der Unternehmen befinden sich auf einem Einsteigerniveau. Gerade der Bereich der organisatorischen Schutzmaßnahmen durch Richtlinien und Anweisungen, Notfall-, Krisen und Sicherheitskonzepte oder auch die externe Absicherung bei möglichen Angriffen ist mit einem Gesamtindexwert von 3,8 eher wenig vorhanden (vgl. Werning & Mascheck, 2019). Das Gefährdungspotenzial von Unternehmen hat sich gerade im Zuge der Corona-Pandemie erweitert. Der Zwang zur Arbeit im Homeoffice während des Lockdowns zu Beginn der

Pandemie hat von den Unternehmen vor allem eins gefordert: die schnelle Bereitstellung digitaler Systeme zur Zusammenarbeit. Sicherheitsaspekte wurden hier von vielen Unternehmen vernachlässigt. Die Studie Folgewirkungen von Corona für die Digitalisierung von KMU zeigt deutlich, dass 61 % aller Unternehmen „gar keine" Anpassung ihrer Sicherheitssysteme bei der Umstellung auf Homeoffice umgesetzt haben, knapp 20 % haben nur „teilweise" eine Anpassung vorgenommen (vgl. Werning & Middeke, 2020, S. 103).

Mit zunehmender Digitalisierung wächst also gerade im Mittelstand die Bedeutung des Bewusstwerdens von Sicherheitsrisiken. Corporate Digital Responsibility kann im übertragenden Sinne als verbindendes Element zwischen den vier Säulen des ganzheitlichen Unternehmensschutzes gesehen werden. Mit Blick auf das Thema Sicherheit in Unternehmen beinhaltet Corporate Digital Responsibility die Kommunikation des Umgangs mit IT-Sicherheit und Unternehmensschutz. Dabei kann es keinen pauschal gültigen Ansatz geben. Jede Branche und jedes Unternehmen hat individuelle Herausforderungen, die es zu analysieren gilt, um verantwortungsvoll zu handeln. Wichtig ist vor allem der erste Schritt: Die Eigenverantwortung im Rahmen der Digitalisierung anzuerkennen und CDR als daraus folgende Obliegenheit zu begreifen.

## 4.2 Inhalte von CDR im Rahmen des Unternehmensschutzes

Die freiwillige Selbstverpflichtung zum verantwortungsvollen Umgang mit der Digitalisierung und vor allem der Sicherheit in Unternehmen sollte also durch jedes Unternehmen als Obliegenheit verstanden werden, um der Verantwortung sich selbst, den Mitarbeitern, den Kunden und auch dem Staat bzw. der Gesamtgesellschaft gegenüber verstanden werden. Erfolgreiche Angriffe auf ein Unternehmen haben nicht nur Konsequenzen für das Unternehmen selbst, sondern eben auch für Menschen, die mit oder in dem Unternehmen arbeiten. Die Bewusstmachung solch individueller und gesellschaftlicher Folgen eines Cyberangriffs auf Unternehmen ist demnach ein wesentlicher Anker innerhalb einer CDR-Richtlinie im Unternehmen. Folgende Handlungsfelder können im Rahmen der Integration der Unternehmenssicherheit in CDR-Richtlinien berücksichtigt werden.

- Beachtung von Gesetzen, Richtlinien und Verordnungen im Rahmen der IT-Sicherheit
- Umgang mit Datenschutz und Datensicherheit
- Richtlinien und Anweisungen zu Sicherheitsmaßnahmen

- Sicherheitskonzept, Notfall- und Krisenpläne im Unternehmen zur Minimierung der Folgen eines Angriffs
- Kommunikation sicherheitsrelevanter Themen und Maßnahmen an alle relevanten Stakeholder sowie deren Einbezug bei der Entwicklung von Maßnahmen
- Folgenabschätzung eines Angriffs auf das Unternehmen, die Mitarbeiter, die Kunden oder Geschäftspartner, die Umwelt sowie die Gesellschaft als Ganzes
- Konsequente Weiterbildung von Mitarbeitern zur Verringerung des Angriffsrisikos
- Externe Absicherung des Unternehmens zur Vermeidung einer existenzbedrohlichen Situation

Insbesondere Unternehmen, die nicht unter die sogenannten kritischen Infrastrukturen fallen, aber dennoch durch zunehmend digitale Geschäftsmodelle immer mehr Verantwortung auch für persönliche Daten von Menschen haben, können durch eine Kommunikation ihrer Corporate Digital Responsibility Vertrauen bei Stakeholdern wecken. Die Kommunikation des Umgangs mit CDR kann entweder durch eine Berichterstattung des Unternehmens oder durch Integration der Regelungen in die Corporate Governance geschehen. Welche konkreten Maßnahmen insbesondere ergriffen werden sollten, hängt von der individuellen Analyse des Unternehmens ab. Folgende Leitfragen können sich Unternehmen stellen:

- Welche Personen oder Personengruppen wären im Falle eines Cyberangriffs auf mein Unternehmen wie betroffen?
- Welche gesellschaftlichen Folgen hätte ein Angriff auf mein Unternehmen?
- Welche ökologischen Folgen hätte ein Angriff auf mein Unternehmen?
- Welche sensiblen Daten oder Betriebsgeheimnisse könnten durch einen Angriff auf mein Unternehmen in die Hände Unbefugter gelangen?
- Was tut mein Unternehmen über die gesetzlichen Vorschriften hinaus, um die Sicherheit bestmöglich zu gewährleisten?
- Wie verhindere ich, dass ein möglicher Angriff die Existenz meines Unternehmens gefährdet?
- Welche Bedeutung besitzt mein Unternehmen für den Wirtschaftsstandort meiner Region?
- Welche Art von Angriffen könnte mein Unternehmen erfahren? Wie bin ich darauf vorbereitet?
- Welches Verständnis habe ich von digitaler Verantwortung?

Hieraus ergeben sich verschiedene Ansatzpunkte, wie Unternehmen ihre digitale Verantwortung im Feld der Unternehmenssicherheit kommunizieren können und so zu mehr Vertrauen bei internen wie externen Stakeholdern beitragen können.

## 5 Fazit

Die Auseinandersetzung mit dem Thema Corporate Digital Responsibility wird vor dem Hintergrund der steigenden Bedeutung von Informationstechnologien für die Aufrechterhaltung unseres wirtschaftlichen und gesellschaftlichen Lebens sowie für den Schutz der Umwelt immer wichtiger. Unternehmen und insbesondere KMU kommt hier eine Schlüsselfunktion zu, weil ihr Handeln und ihre Eigeninitiative direkten Einfluss auf die ökonomischen, ökologischen und gesellschaftlichen Folgen der Ausgestaltung der digitalen Transformation und damit der Zukunftsfähigkeit Deutschlands haben. Mit zunehmender Digitalisierung wird die IT-Sicherheit zu einem strategischen Erfolgsfaktor für Unternehmen. Diese müssen für den Schutz von Daten genauso sorgen wie für die Sicherung von Betriebsgeheimnissen durch die Vermeidung von beispielsweise Cyberangriffen sorgen, die mitunter schwerwiegenden bis existentielle Folgen für das Unternehmen haben können. Das Risiko von Cyberangriffen, die zur Entwendung von Daten, zu Fremdeingriffen in Produktionsabläufe und damit zur Gefahr von Mensch und Umwelt führen können, steigt je mehr Wertschöpfungsketten digitalisiert sind. Da das Regulierungsmonopol auf staatlicher Ebene durch eine zunehmende globale Vernetzung der Wirtschaft und der IT-Systeme eingeschränkt ist, sind Unternehmen mehr denn je gefragt, freiwillig nicht nur Verantwortung für die Unternehmenssicherheit zu übernehmen, sondern diese aktiv als Teil eines gesamtstaatlichen Resilienz-Ökosystems auszugestalten. Corporate Digital Responsibility sollte deshalb nicht nur als politisch auferlegte Verantwortung, sondern als gesellschaftliche Obliegenheit verstanden werden.

Unternehmen werden durch Übernahme von Verantwortung zum Vorbild für notwendige Entwicklungen auf gesamtgesellschaftlicher Ebene. Ein mündiger Umgang mit digitalen Technologien ist in allen Gesellschaftsbereichen die Grundlage für die Gewährleistung einer größtmöglichen Sicherheit des Einzelnen und der Gemeinschaft zu sehen. Vor diesem Hintergrund erhält das eigenverantwortliche Handeln im Rahmen der Digitalisierung von Unternehmen eine neue wichtige Funktion, welche in ihrer soziokulturellen Bedeutung nicht überschätzt werden kann. Die Verankerung des Verständnisses von Corporate Digital Responsibility als Obliegenheit von Unternehmen ist deshalb von zunehmender Bedeutung.

## Literatur

Andersen, N. et al. (2020). „Warum wir eine Technikbrille brauchen, um Corporate Digital Responsibility umzusetzen." In: Bertelsmann Stiftung und Wittenberg-Zentrum für Globale Ethik (Hrsg.), *Unternehmensverantwortung im digitalen Wandel. Ein Debattenbeitrag zu Corporate Digital Responsibility* (S. 96–104). Verlag Bertelsmann Stiftung.

Becker, S. et al. (2020). Der Ruf nach operationalisierbarer Ethik – Unternehmensverantwortung in der digitalen Welt. In: *Unternehmensverantwortung im digitalen Wandel. Ein Debattenbeitrag zu Corporate Digital Responsibility.* Hrsg. Bertelsmann Stiftung und Wittenberg-Zentrum für Globale Ethik (S. 28–34). Verlag Bertelsmann Stiftung.

Belz, J. (2005). *Das Rückgrat der deutschen Wirtschaft. Motivieren, bewegen, stärken; Zwischenbilanz eines Arbeitsjahres.* Fraunhofer-IRB-Verl. (Ideen erfolgreich machen, 2).

BMI. (2020). *Nationaler Pakt Cybersicherheit. Cybersicherheit als gesamtgesellschaftliche Herausforderung erfordert gemeinsame Lösungsansätze.* https://www.bmi.bund.de/DE/themen/it-und-digitalpolitik/it-und-cybersicherheit/nationaler-pakt-cybersicherheit/nationaler-pakt-cybersicherheit-node.html. Zugegriffen: 17. Nov. 2020.

Böhm, C. (2020). „Globalisierungskonflikte: Ist Digitalisierung Teil der Lösung oder Teil eines neuen Problems." In: Bertelsmann Stiftung und Wittenberg-Zentrum für Globale Ethik (Hrsg.), *Unternehmensverantwortung im digitalen Wandel. Ein Debattenbeitrag zu Corporate Digital Responsibility* (S. 222–230). Verlag Bertelsmann Stiftung.

Bundesministerium der Justiz und für Verbraucherschutz (BMJV). (2018). *Corporate Digital Responsibility-Initiative: Digitalisierung verantwortungsvoll gestalten. Eine gemeinsame Plattform.* https://www.bmjv.de/DE/Themen/FokusThemen/CDR_Initiative/_downloads/cdr_plattform.html;jsessionid=6B89A3EEB252D3F3BAD01613ADD2C036.1_cid334?nn=12323716. Zugegriffen: 17. Nov. 2020.

Carroll, A. B. (1999). Corporate social responsibility – evolution of a definitional construct. In: *Business & Society, 38*(3), 268–295.

Charta der digitalen Vernetzung. (2019). *Die Charta im Wortlaut.* https://charta-digitale-vernetzung.de/die-charta-im-wortlaut/. Zugegriffen: 15. Juni 2020.

Die Bundesregierung. (2018). *Deutsche Nachhaltigkeitsstrategie. Aktualisierung 2018.* https://www.bundesregierung.de/breg-de/themen/nachhaltigkeitspolitik/eine-strategie-begleitet-uns/die-deutsche-nachhaltigkeitsstrategie. Zugegriffen: 17. Nov. 2020.

Dörr, S. (2020). *Praxisleitfaden Corporate Digital Responsibility. Unternehmerische Verantwortung und Nachhaltigkeitsmanagement im Digitalzeitalter.* Springer Fachmedien.

EU-Kommission. (2019). *Ethic guidelines for trustworthy KI.* https://ec.europa.eu/digital-single-market/en/news/ethics-guidelines-trustworthy-ai, zuletzt aktualisiert am 8. April 2019. Zugegriffen: 17. Nov. 2020.

EU-Kommission. (2020). *Corporate social responsibility & Responsible business conduct.* https://ec.europa.eu/growth/industry/sustainability/corporate-social-responsibility_en. Zugegriffen: 24. Nov. 2020.

G Data CyberDefense. *Corona-Krise: Zahl der Cyberattacken steigt um 30 Prozent.* https://www.gdata.de/news/2020/04/36073-corona-krise-zahl-der-cyberattacken-steigt-um-30-prozent. Zugegriffen: 13. Aug. 2020.

Gründinger, W. (2020). Digitale Ethik und unternehmerische Verantwortung am Beispiel der Automobilbranche. In: Bertelsmann Stiftung und Wittenberg-Zentrum für Globale

Ethik (Hrsg.), *Unternehmensverantwortung im digitalen Wandel. Ein Debattenbeitrag zu Corporate Digital Responsibility* (S. 23–27). Verlag Bertelsmann Stiftung.
Jarolimek, S. (2018). „Ethik-Bemühungen und Verantwortung von PR in einzelnen Organisationen." In: Hofmann, O. & Seidenglanz, R., *Allmächtige PR, ohnmächtige PR*, (S. 267–286). Springer Fachmedien.
Jobin, A. et al. (2019). The global landscape of AI ethics guidelines. *Nature Machine Intelligence, 1*(9), 389–399.
Kilian, M. et al. (2020). Spannungsfelder der Unternehmensverantwortung in einer digitalen Welt. In: Bertelsmann Stiftung und Wittenberg-Zentrum für Globale Ethik (Hrsg.), *Unternehmensverantwortung im digitalen Wandel. Ein Debattenbeitrag zu Corporate Digital Responsibility* (S. 51–56). Verlag Bertelsmann Stiftung.
Knaut, A. (2017). Corporate social Responsibility verpasst die Digitalisierung. In: Hildebrandt, A., & Landhäußer, W. (Hrsg.), *CSR und Digitalisierung* (Management-Reihe Corporate Social Responsibility) (S. 51–59). Springer.
Kreipl, C. (2020). *Verantwortungsvolle Unternehmensführung. Corporate Governance, Compliance Management und Corporate Social Responsibility*. SpringerGabler.
Pfeifer, G., & Wulf, I. (2019). Corporate Responsibility in der digitalen Arbeitswelt 4.0. In: T. Kümpel, K. Schlenkrich, & T. Heupel (Hrsg.), *Controlling & Innovation 2019* (Bd. 2, S. 83–110). Springer Fachmedien Wiesbaden (FOM-Edition).
Reckwitz, A. (2012). *Die Transformation der Kulturtheorien. Zur Entwicklung eines Theorieprogramms* (Zugl.: Hamburg, Univ., Diss., 1999. Studienausg., Nachdr. der Erstausg. 2000, 3. Aufl). Velbrück Wiss.
Roth, F. (2020). *Bouncing forward – Wie Erkenntnisse aus der Resilienzforschung in der Corona-Krise helfen können*. https://www.isi.fraunhofer.de/de/blog/2020/resilienz-corona-krise.html, zuletzt aktualisiert am 23. April 2020. Zugegriffen: 12. Aug. 2020.
Stuermer, M., Abu-Tayeh, G., & Myrach, T. (2017). Digital sustainability: basic conditions for sustainable digital artifacts and their ecosystems. *Sustainability science, 12*(2), 247–262. doi:https://doi.org/10.1007/s11625-016-0412-2.
Suchanek, A. (2020). CDR: primum non nocere. In: Bertelsmann Stiftung und Wittenberg-Zentrum für Globale Ethik (Hrsg.), *Unternehmensverantwortung im digitalen Wandel. Ein Debattenbeitrag zu Corporate Digital Responsibility* (S. 17–22). Verlag Bertelsmann Stiftung.
Uhl, M. (2020). Ordnungsethik für die digitale Gesellschaft. In: Bertelsmann Stiftung und Wittenberg-Zentrum für Globale Ethik (Hrsg.), *Unternehmensverantwortung im digitalen Wandel. Ein Debattenbeitrag zu Corporate Digital Responsibility* (S. 65–71). Verlag Bertelsmann Stiftung.
Uwer, D. (2018). „Digitalisierung und Nachhaltigkeit: Herausforderungen an die Rechtsetzung im Mehrebenensystem und die Compliance von Unternehmen." In: Gadatsch, A.; Ihne, H.; Monhemius, J. & Schreiber, D. (Hrsg.) *Nachhaltiges Wirtschaften im digitalen Zeitalter* (S. 187–196). Springer Fachmedien.
Weber, A. (Hrsg.). (2017). *Digitalisierung – Machen! Machen! Machen!* Springer Fachmedien Wiesbaden.
Werning, E. (2019). Corporate Digital Responsibility –Freiwillige Selbstverpflichtung als Chance und Notwendigkeit in einer digitalen Welt. *Industrie 4.0 Management, 6*, 59–61.
Werning, E., & Mascheck. L. et al. (2019). *Lagebild Wirtschaftsschutz NRW 2019*. https://www.im.nrw/lagebild-wirtschaftsschutz-nrw-2019-1. Zugegriffen: 17. Nov. 2019.

Werning, E., & Middeke, L. et al. (2020). *Digitalisierungsindex NRW 2020.* https://www.svwl.eu/de/mediathek/digitalisierungsindex/. Zugegriffen: 8. Dez. 2020.

Wichum, R. (2019). Cybersecurity. In D. Kasprowicz & S. Rieger (Hrsg.), *Handbuch Virtualität* (Bd. 43, S. 1–13). Springer Fachmedien Wiesbaden.

**Prof. Dr. Ellena Werning** arbeitet seit 2014 als Wirtschaftsprofessorin an der Fachhochschule des Mittelstands (FHM) Bielefeld und beschäftigt sie sich seitdem intensiv mit der Digitalisierung und Sicherheit im Mittelstand. Der von ihr entwickelte Studiengang „Digital Business Management" war einer der ersten Studiengänge dieser Ausrichtung in Deutschland. Seit Oktober 2018 verantwortet sie als Forschungsdirektorin für Digitalisierung und Sicherheit mehrere Forschungsprojekte an der Fachhochschule des Mittelstands. Im Auftrag des Ministeriums des Innern in NRW und in Zusammenarbeit mit der Sicherheitspartnerschaft in NRW entwickelte Sie als wissenschaftliche Projektleiterin das „Lagebild Wirtschaftsschutz NRW 2019". Gemeinsam mit dem Wirtschaftsministerium in NRW entwickelte sie den „Digitalisierungsindex von KMU in NRW", der bis jetzt 2017, 2018 und 2020 erschienen ist und ein Monitoring des Status Quo der Digitalisierung im Mittelstand darstellt. Das Digitalisierung und Sicherheit eine Einheit darstellen, thematisiert Frau Prof. Dr. Werning in ihren Veröffentlichungen zu Corporate Digital Responsibility. Freiberuflich ist Prof. Dr. Werning zudem als Transformations-Coach und VR-Trainerin aktiv.

**Ludmilla Middeke M.A.** ist Kulturwissenschaftlerin und arbeitet als Digital Scout/Projektmanagerin im Digitalisierungsbüro der Stadt Bielefeld. Zu ihren Aufgaben gehört das internationale Screenen, Analysieren und Bewerten von digitalen Instrumenten und innovativen Ideen für eine humanzentrierte Gestaltung der digitalen Transformation auf Stadtebene. Zudem wirkt sie federführend bei der inhaltlichen Konzeptentwicklung neuer Projekte und Förderanträge in Richtung Smart City, partizipative Stadtentwicklung, digitale Bildung und verantwortungsvoller Umgang mit Daten mit. Ihr Fokus liegt dabei darauf, Stadtentwicklung, Krisenresilienz und Digitalisierung im urbanen Datenraum miteinander zu verzahnen, indem Datenschutz und Datensouveränität im Einklang fungieren, kollaborative Zusammenarbeit im Ökosystem gefördert und der Aufenthalt in der Stadt lebenswert und nachhaltig gestaltet wird.

# Wirtschaftsschutz in der Praxis

# Krisenmanagement: Warum es auf die strategische Ebene ankommt!

Johannes Hartl

### Zusammenfassung

Für eine erfolgreiche Krisenbewältigung in Unternehmen ist es notwendig, ein funktionierendes Krisenmanagement zu etablieren. Der Fokus auf die strategische Entscheidungsebene ist hierbei essenziell. Entscheidungen sowie Maßnahmen müssen auf den richtigen Ebenen des Notfall-/Krisenmanagementsystems getroffen bzw. umgesetzt werden. Dies ist herausfordernd, kann jedoch durch Schulungen und Übungen erreicht werden.

## 1 Einleitung

*Wir können den Wind nicht ändern, aber die Segel richtig setzen. (Aristoteles).*
Die COVID-19-Pandemie zeigt, wie wichtig ein Krisenmanagement in Unternehmen ist. Es sind strategische Entscheidungen notwendig, um die Auswirkungen der Pandemie für Unternehmen zu minimieren und die Krisensituation erfolgreich zu bewältigen. In der Krisenbewältigung zeigt sich aber auch, wo bei etablierten Krisenmanagementsystemen Handlungs- und Verbesserungsbedarf besteht. Die Krisen – insbesondere die sogenannten „schwarzen Schwäne" (vgl. Taleb, 2008) – sind selten, dementsprechend wenig praxiserprobt ist oftmals das Krisenmanagement. Reale Erfahrungen gibt es in den meisten Institutionen eher auf operativ-taktischer Ebene (Vorfall-/Störungs-/Notfallmanagement) und weniger auf der strategischen Krisenmanagementebene.

---

J. Hartl (✉)
Deutsche Telekom Security GmbH, Bonn, Deutschland
E-Mail: johannes.hartl@t-systems.com

Es wird im Folgenden dargestellt, wie Notfall-/Krisenmanagementstrukturen aufgebaut werden und warum im Krisenmanagement der Fokus auf die strategische Ebene essenziell ist und dies zum Erfolg in der Krisenbewältigung führt. Es werden dazu Herausforderungen im Zusammenspiel der verschiedenen Ebenen im Notfall-/Krisenmanagement herausgearbeitet und aufgezeigt, wie diesen Herausforderungen und notwendigen Anforderungen begegnet werden kann.

## 2 Aufbau eines Notfall-/Krisenmanagements

Für ein Unternehmen ist es wichtig, dass es auf besondere Ereignisse, welche vom regulären Normalbetrieb abweichen, adäquat reagiert. Dies ist notwendig, um beispielsweise wichtige Produktions- oder Serviceprozesse aufrechtzuerhalten bzw. bei Beeinträchtigungen dieser schnell und effektiv die Störungen zu beseitigen. Da diese störenden Vorkommnisse von unterschiedlicher Art, Schwere und Schadensausmaß sein können, müssen im Unternehmen Reaktionsmechanismen für verschiedenartige Ereignisse etabliert werden. Gängige Praxis ist es, ein Reaktionssystem mit mehreren Ebenen (siehe Abb. 1) aufzubauen. Abhängig vom Ereignis werden die unterschiedlichen Ebenen des Systems aktiviert.

Normale Vorfälle/Störungen werden hierbei auf der untersten Ebene, dem sogenannten Vorfall- oder Störungsmanagement bearbeitet. Es handelt sich hierbei um eine etablierte Regelorganisation, welche grundsätzlich für die Störungsbearbeitung aufrechterhalten wird und die Abweichungen vom Normalbetrieb

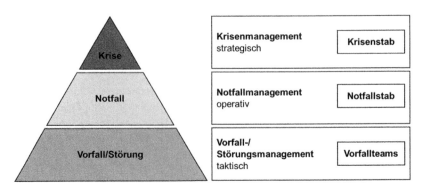

**Abb. 1** Reaktionssystem im Notfall-/Krisenmanagement (vgl. ASW, 2016, S. 6; Freudenberg, 2015, S. 15 ff.)

behandelt. Ein Beispiel hierfür ist das IT-Störungsmanagement in einem Unternehmen, welches bei Störungen der Informationstechnik (z. B. kurzzeitiger Ausfall des E-Mail-Systems) die Lösungsfindung und Behebung des bestehenden Problems sowie in der Regel auch die abschließende Ursachenanalyse durchführt.

Für Störungen, bei denen diese Regelorganisation die Ereignisse nicht mehr adäquat behandeln kann, wird ein Notfallmanagement vorgehalten. Dieses ist die zweite Ebene im Reaktionssystem und behandelt Vorfälle, welche den Geschäftsbetrieb unterbrechen oder gefährden. Diese Notfälle können im Rahmen des Vorfall-/Störungsmanagement nicht erfolgreich innerhalb tolerierbarer Zeiten behandelt werden, was eine Aktivierung des Notfallmanagements als nächsthöhere Ebene des Reaktionssystems zur Folge hat. Der Notfallstab ist eine Sonderorganisationsform (besondere Aufbauorganisation), welche in Notfallsituationen aktiviert und eingesetzt wird. Es werden hierzu vorab Notfallpläne, u. a. im Kontext des Business Continuity Managements, entwickelt, die durch das Notfallmanagement aktiviert werden können. In der Regel handelt es sich bei Notfällen daher um weitestgehend planbare Vorfälle, wie bspw. der längere Totalausfall des Kundenmanagementsystems, der Brand eines Gebäudes oder ein Überfall im Einzelhandel (vgl. ASW, 2016, S. 3; BSI, 2008, S. 5).

Das Krisenmanagement wird für Ereignisse, welche nicht planbar sind und gegebenenfalls auch Teile des Unternehmens oder das Unternehmen im Ganzen gefährden, vorgehalten und bei Bedarf aktiviert. Es stellt die dritte und oberste Ebene im Reaktionssystem dar. Im Gegensatz zum Notfall- und Vorfallmanagement, in welchem Entscheidungen auf operativer sowie taktischer Ebene getroffen bzw. Maßnahmen auf diesen Ebenen umgesetzt werden, behandelt der aktivierte Krisenstab die Krisensituation auf strategischer Ebene. Auf dieser Ebene werden die unternehmensweiten, strategischen Ziele der Krisenbewältigung definiert, welche Grundlage für die Entscheidungen auf den Ebenen des Reaktionssystems sind (vgl. ASW, 2016, S. 3; BSI, 2008, S. 5). Maßnahmen aufgrund strategischer Entscheidungen des Krisenmanagements werden in die operativ-taktischen Ebenen (Notfall- bzw. Vorfallmanagement) zur Umsetzung delegiert. Beispiele für Krisen sind weitreichende Cyberangriffe (z. B. durch Ransomware: Verschlüsselung der Kundenstammdatenbank mit anschließendem Erpressungsversuch) oder Pandemien.

Die Ebenen werden abhängig vom eingetroffenen Ereignis aktiviert: Bei normalen Vorfällen/Störungen die erste Ebene, das Vorfall-/Störungsmanagement, bei Notfällen zusätzlich das Notfallmanagement als zweite Ebene und bei Krisen das Krisenmanagement. Die Aktivierung der Ebenen kann, abhängig vom zeitlichen Verlauf des Ereignisses, auch zeitlich aufeinanderfolgend geschehen. Die Reihenfolge der Aktivierung von unten nach oben muss, abhängig von der

Art des Ereignisses, nicht zwingend eingehalten werden. Damit die Aktivierung der nächsthöheren Ebene möglichst ohne Zeitverzug geschieht, ist die nächsthöhere Ebene frühestmöglich über die potenziell notwendige Aktivierung zur Bewältigung des Notfalls oder der Krise zu informieren. So sollte bei Notfällen grundsätzlich das Krisenmanagement über das Vorliegen eines Notfalls informiert werden, sodass die Krisenmanagementaktivierung bei Bedarf schon vorbereitet werden kann.

Wird das Notfall- und/oder Krisenmanagement aktiviert, übernehmen diese Ebenen die jeweilig festgelegte Verantwortung für die Entscheidungsfindung und Maßnahmenumsetzung. Die darunterliegenden Ebenen, z. B. das Vorfallmanagement, müssen in jedem Fall aktiviert bleiben, da sie eigenverantwortlich und selbstständig die zugewiesenen Maßnahmen umsetzen.

Bei sehr großen Unternehmen können die Strukturen noch erweitert werden, indem ein zentrales Krisenmanagement etabliert und in den Tochterunternehmen dezentrale Notfall-/Krisenmanagementorganisationen installiert werden (siehe Abb. 2). Das zentrale Krisenmanagement hat in diesem Fall die strategische Entscheidungskompetenz für das gesamte Unternehmen, die dezentralen/regionalen Notfall-/Krisenstäbe entscheiden im Rahmen ihrer Handlungskompetenz für die dezentralen Geschäftseinheiten. Dieses Modell ist insbesondere dann sinnvoll,

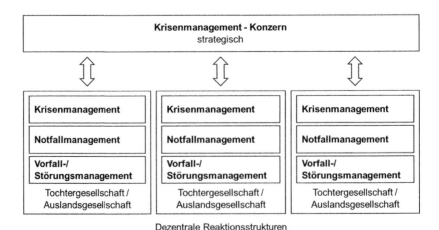

**Abb. 2** Reaktionssystem im Notfall-/Krisenmanagement (vgl. ASW, 2016, S. 23 f.)

wenn ein Unternehmen international tätig ist, um in diesem Fall auf lokale Krisen (z. B. für Unternehmen verheerende Naturkatastrophen) mit den notwendigen regionalen Kenntnissen entscheiden und reagieren zu können.

In kleineren Unternehmen sind hingegen oftmals die Ressourcen limitiert. Eine Implementierung eines Notfall-/Krisenmanagements mit mehreren Ebenen ist weder möglich noch sinnvoll. In diesem Fall können Aufgaben sowie Rollen zusammengefasst werden und es entsteht eine schlanke Notfall-/Krisenmanagementorganisation. Jedoch besteht auch hier die Notwendigkeit, für das Unternehmen strategische Krisenbewältigungsziele zu definieren und mittels strategischer Handlungen und Entscheidungen zu verfolgen. Bei der Etablierung schlanker Notfall-/Krisenmanagementstrukturen sind daher die im Folgenden aufgeführten Herausforderungen entsprechend adaptiert zu berücksichtigen.

Die detaillierten Prozesse zur Aktivierung der Ebenen werden in Unternehmen in der Dokumentation zum Notfall-/Krisenmanagement festgelegt. In der Regel geschieht dies im Notfall- bzw. Krisenmanagementhandbuch. Diese Dokumentation enthält u. a. die detaillierte Organisationsform des Notfall-/Krisenmanagements inklusive relevanter Schnittstellen zwischen den Reaktionsebenen, die Besetzung des Notfall- und Krisenstabs, Rollen- und Aufgabenbeschreibungen der Stabsmitglieder sowie die Hilfsmittel für die Ereignisbewältigung. Insbesondere ist festgelegt, wie die einzelnen Reaktionsebenen aktiviert werden und welche Handlungsbefugnisse sie besitzen. Dies ist vor allem für das Krisenmanagement wichtig, da dieses im Krisenfall unternehmensweit agiert und entscheidet. Daher muss vorab die für den Krisenfall entsprechend notwendige Handlungsvollmacht inkl. Entscheidungskompetenzen und Verantwortlichkeiten festgelegt werden. Dies geschieht durch die Unternehmensleitung, da das Krisenmanagement in deren Auftrag handelt. Abhängig von der spezifischen Festlegung im jeweiligen Unternehmen agiert der Krisenstab eigenständig oder bezieht bei Bedarf die Unternehmensleitung als Entscheidungsinstanz mit ein.

Der Aufbau eines Notfall-/Krisenmanagements mit den notwendigen Reaktionsebenen sollte unter der Berücksichtigung etablierter Standards erfolgen. Diese beinhalten Vorgaben für die Organisationsform innerhalb der Ebenen, Schnittstellen, Prozesse sowie viele weitere sinnvolle Umsetzungsvorschläge und Hilfsmittel. Bei der Umsetzung müssen jedoch unternehmensspezifische Aspekte stets berücksichtigt werden. Als etablierte Standards zur Umsetzung eines Notfall-/Krisenmanagements in Unternehmen sind unter anderem zu nennen:

- Wirtschaftsgrundschutz: Standard 2000–3: Aufbau und Betrieb eines Notfall-/Krisenmanagementsystem (ASW, 2016)
- Wirtschaftsgrundschutz: Baustein ÜA4 Krisenmanagement (ASW, 2017a)

- Wirtschaftsgrundschutz: Baustein ÜA2 Notfallmanagement (ASW, 2017b)
- BSI-Standard 100–4: Notfallmanagement (BSI, 2008)

## 3 Herausforderungen in der praktischen Anwendung des Reaktionssystems bei Krisen

Der Aufbau eines Notfall-/Krisenmanagements in einem Unternehmen kann gemäß der im vorherigen Kapitel dargestellten Strukturen und mithilfe der aufgeführten Standards erfolgen. Grundlegend relevant sind hierfür ausreichende, von der Unternehmensleitung zur Verfügung gestellte Ressourcen inkl. verantwortlicher Rollen zur Umsetzung. Ist das Notfall-/Krisenmanagement mit den entsprechenden Reaktionsebenen implementiert, zeigen sich in der Praxis dennoch Herausforderungen bei der Aktivierung und Anwendung der Notfall-/Krisenmanagementstrukturen und bei dem Zusammenspiel der verschiedenen Ebenen. Dies gilt insbesondere für den Krisenfall, in welchem die oberste Ebene des Reaktionssystems zu aktivieren ist und der Krisenstab die Bewältigung auf strategischer Ebene übernimmt.

Im Folgenden werden drei Herausforderungen dargestellt, analysiert und Lösungsansätze aufgezeigt:

- Herausforderungen im Zusammenspiel und Aktivierung der Reaktionsebenen
- Herausforderungen bei der Verteilung von Entscheidungen und der Delegation von Maßnahmen
- Herausforderungen bei der Fokussierung auf die strategische Ebene im Krisenmanagement

Die Herausforderungen werden anschließend am Beispiel einer Pandemie aufgezeigt.

### 3.1 Herausforderungen im Zusammenspiel und Aktivierung der Reaktionsebenen

In Unternehmen gibt es im Arbeitsalltag praktische Erfahrungen mit der Bewältigung von Vorfällen/Störungen im Rahmen der Regelorganisation (Vorfall-/Störungsmanagement). Die entsprechenden Prozesse funktionieren und die Reaktion auf Störungen, wie beispielsweise ein kurzer Ausfall des E-Mail-Systems, erfolgt so wie geplant und erforderlich. Eine Eskalation in die nächsthöhere Ebene des Reaktionssystems ist nicht notwendig. Steigt jedoch beispielsweise das Schadensausmaß oder die Komplexität eines Vorfalls, sodass die Mittel des Vorfall-/Störungsmanagements für die Bewältigung nicht mehr ausreichend sind und es sich um einen Notfall handeln könnte, ist die nächsthöhere Ebene, das Notfallmanagement, zu informieren und gegebenenfalls zu aktivieren. Dieser Schritt setzt voraus, dass in der Regelorganisation das Wissen und die Erkenntnis existieren, dass die nächsthöhere Ebene des Reaktionssystems eine adäquate Methode zur Bewältigung des potenziellen Notfallereignisses ist. Dazu müssen entsprechende Schnittstellen bekannt und etabliert sein. Idealerweise bestehen auch bereits praktische Erfahrungen in der Zusammenarbeit mit dem Notfallmanagement. Fehlt dieses Wissen und Erfahrung, erfolgt häufig der Versuch, das Ereignis mit den Mitteln der Regelorganisation zu bearbeiten. Das Notfallmanagement wird weder informiert noch involviert. Da die Mittel des Vorfall-/Störungsmanagements jedoch nicht für die Bewältigung von Notfallsituationen ausgelegt sind, gefährdet die fehlende Aktivierung des Notfallmanagements die erfolgreiche und zeitnahe Bewältigung des Notfallereignisses.

Sofern jedoch in Unternehmen der Einsatz des Notfallmanagements, abhängig von der Häufigkeit der Notfallsituationen, regelmäßig praktisch und real angewendet wird, sind in diesem Fall die Reaktionsmechanismen auf den unteren beiden operativ-taktischen Ebenen des Reaktionssystems bekannt und eingeübt, ebenso die relevanten Schnittstellen. Die Regelorganisation kennt die Methodenkompetenz des Notfallmanagements und informiert dieses bei einem Verdacht auf eine Notfallsituation unverzüglich, sodass der Notfallstab ohne Verzögerung aktiviert werden kann. Die Mitglieder des Notfallmanagements besitzen in diesem Fall Kompetenzen und Erfahrungen in der praktischen Anwendung der Notfallmanagementmethoden. Operative Entscheidungsfindung und Stabsarbeit sind ihnen bekannt, ebenso die Delegation von Maßnahmen an Vorfall-/Störungsmanagementteams zur eigenverantwortlichen Umsetzung.

Das grundlegend notwendige Wissen über die Reaktionsmethoden, Schnittstellen und die Methodenkompetenz der Ebenen kann durch Schulungen erlangt werden. Da Notfallsituationen gegebenenfalls selten vorkommen, können und sollten die praktischen Erfahrungen in der Zusammenarbeit zwischen Vorfall- und Notfallmanagement durch Übungen erlangt und gefestigt werden. Werden Schulungen und Übungen gemeinsam durchgeführt, entsteht Vertrauen zwischen den Ebenen, wodurch bei realen Ereignissen die Schwelle zur Zusammenarbeit mit der nächsthöheren Ebene des Reaktionssystems und Aktivierung dieser sinkt.

Aufgrund der Tatsache, dass Krisen in Unternehmen seltener auftreten als Notfallsituationen, sind die zuvor genannten Herausforderungen beim Zusammenspiel der unteren beiden Ebenen des Reaktionssystems auf den oberen Ebenen des Notfall- und Krisenmanagements ebenso gegeben, allenfalls sind sie sogar noch größer. Ein Grund hierfür ist möglicherweise, dass die Krisenmanagementstrukturen zwar etabliert, aber nicht bekannt sind. Bedingt wird dies in der Regel durch fehlende Praxis oder vielleicht sogar fehlende Übungen. Folglich wird bei einer möglichen Krise die Notwendigkeit der Informierung, Involvierung und Aktivierung des Krisenmanagements, beispielwiese auf der darunterliegenden und bereits aktivierten Ebene des Notfallmanagements, nicht erkannt. Da Krisen für ein Unternehmen existenzgefährdend sein können und für eine erfolgreiche Bewältigung strategische Entscheidungen notwendig sind, ist der Erfolg der Krisenbewältigung ohne die speziell darauf ausgerichteten Methoden des Krisenmanagements jedoch gefährdet (vgl. ASW, 2016, S. 3).

Unter der Annahme, dass reale Krisensituationen selten auftreten und praktische Krisenerfahrungen somit fehlen, ist gerade in diesem Kontext die Durchführung von Schulungen und Übungen umso wichtiger. In praxisnahen Trainings kann das im Krisenfall notwendige Zusammenspiel über die Schnittstellen zwischen den operativ-taktischen Ebenen des Reaktionssystems (Notfall- bzw. Vorfall-/Störungsmanagement) und der strategischen Krisenmanagementebene geübt und Erfahrungen gesammelt werden. Auch in diesem Fall bedingt das gemeinsame Üben, dass gegenseitig die Methodenkompetenz auf der jeweiligen Reaktionsebene anerkannt wird und damit ein Vertrauen in der Zusammenarbeit einhergeht. Dies ist Voraussetzung für eine zeitnahe Information und Aktivierung des Krisenmanagements bei realen Krisen sowie der funktionierenden Zusammenarbeit der verschiedenen Ebenen zu erfolgreichen Krisenbewältigung. Die Krisenstabsmitglieder erlangen durch Übungen Erfahrungen in den entsprechenden Methoden sowie der Stabsarbeit. Dazu entsteht die notwendige Kompetenz, sich auf die strategische Ebene zu fokusieren sowie auf dieser Basis Entscheidungen zu treffen. Die aufgrund von Entscheidungen resultierenden Maßnahmen werden in die operativ-taktischen Ebenen zur eigenverantwortlichen Umsetzung delegiert.

## 3.2 Herausforderungen bei der Verteilung von Entscheidungen und der Delegation von Maßnahmen

Das Reaktionssystem im Notfall-/Krisenmanagement ist so aufgebaut, dass auf jeder Ebene Entscheidungen getroffen sowie Maßnahmen eigenverantwortlich umgesetzt werden. Abhängig von der Ebene im Reaktionssystem gliedern sich die Entscheidungen und Maßnahmen in strategische, operative und taktische. Die Verteilung von Entscheidungen bzw. die Delegation der Maßnahmenumsetzung auf die entsprechend dafür vorgesehenen Reaktionsebenen hat grundsätzlich zum Ziel, dass die Entscheidungen auf der Ebene getroffen bzw. die Maßnahmen umgesetzt werden, auf welcher die dafür notwendigen Expertisen und Kompetenzen vorhanden sind. Entsprechend der Struktur des Reaktionssystems entscheidet der Krisenstab auf strategischer Ebene. Die daraus resultierenden Maßnahmen werden, sofern es sich um strategische Maßnahmen handelt, auf der Ebene des Krisenmanagements umgesetzt.

Strategische Entscheidungen bedingen jedoch in der Regel Maßnahmen, welche auf der operativen oder taktischen Ebene umzusetzen sind. Dazu werden die Maßnahmen in die unter dem Krisenmanagement liegende Ebene, dem Notfallmanagement, delegiert. Das Notfallmanagement bekommt die Maßnahme als Auftrag mit einem definierten Ziel. Für die Art und Weise der Maßnahmendurchführung zum Erreichen des Ziels gibt es in der Regel keine detaillierten Vorgaben, außer etwa Rahmenbedingungen wie zeitliche Vorgaben der Auftragserfüllung. Das Notfallmanagement kann somit eigenständig Entscheidungen zur Durchführung der Maßnahme treffen. Bei der Bearbeitung des Auftrags entsteht so ein Handlungsspielraum, der z. B. auch aktuelle Informationen zur Lage bzw. Krisensituation berücksichtigen kann, ohne vom Ziel des Auftrags abzuweichen.

Die Entscheidungen, welche nun im Rahmen der Maßnahmenumsetzung auf Ebene des Notfallmanagements getroffen werden, können neue Maßnahmen hervorrufen, die in die nächste Ebene, dem Vorfall-/Störungsmanagement, zur Umsetzung delegiert werden. Dies geschieht in den Fällen, in welchen diese Ebene für die Bearbeitung der Maßnahmen die geeignete ist und die entsprechende Kompetenz dazu dort liegt. Das Vorfall-/Störungsmanagement bekommt ebenfalls die Maßnahme als Auftrag mit einem definierten Ziel, ist aber in der Umsetzung und den Entscheidungen diesbezüglich frei und besitzt einen Handlungsspielraum zur Erfüllung des Ziels. Ausnahmen bzgl. der Einschränkung der Umsetzungsverantwortung gibt es nur, sofern die delegierende Ebene dies explizit mit der Maßnahme als Rahmenbedingungen vorgibt.

Diese Art der Maßnahmendelegation über Aufträge mit klarem Ziel, ohne detaillierte Umsetzungsvorgaben sowie die eigenverantwortliche Umsetzung durch die darunterliegende Ebene, orientiert sich an der Führungsmethode „Führen mit Auftrag". Es wird hierbei das „was ist zu tun?" in der Maßnahme formuliert, jedoch nicht das „wie ist es zu tun?". Diese Methode wird, teilweise adaptiert, im Notfall-/Krisenmanagement von Behörden, Hilfsorganisationen oder Unternehmen angewendet (vgl. DV 100).

Die Anwendung der Methode in den verschiedenen Reaktionsebenen und in der Zusammenarbeit zwischen diesen (siehe Abb. 3) hat für die Bewältigung einer Krise enorme Vorteile. Es ist jedoch erforderlich, dass die übergeordnete Ebene der darunterliegenden Ebene vertraut und Handlungsspielräume zulässt, ohne in ein Mikromanagement zu verfallen. Wird berücksichtigt, welche Ebene für strategische, operative und taktische Entscheidungen und Maßnahmenumsetzungen verantwortlich und kompetent ist, werden folgend die Entscheidungen und Maßnahmen von denjenigen getroffen bzw. umgesetzt, welche das notwendige Know-how dazu besitzen. Dies steigert die Qualität bei Entscheidungen und Maßnahmenumsetzung gleichermaßen. Durch die Methode werden Entscheidungen und Umsetzungen auf die verschiedenen Ebenen verteilt. Bei korrekter Anwendung werden die einzelnen Ebenen durch die Reduzierung der Anzahl der notwendigen Entscheidungen pro Ebene entlastet. Folglich kann sich der Krisenstab auf strategische Entscheidungen und Maßnahmenumsetzung fokussieren und muss sich als übergeordnete Ebene nicht mit den operativ-taktischen Details der Maßnahmenumsetzung beschäftigen. Im Zusammenspiel zwischen Notfallmanagement und Vorfall-/Störungsmanagement gilt diese Folge analog.

In der praktischen Anwendung der Verteilung der Entscheidungsfindungen und Maßnahmenumsetzungen auf die dafür vorgesehenen Ebenen muss allerdings beachtet werden, dass jegliches Handeln auf einer Ebene Auswirkungen auf die anderen Ebenen hat. Diese Wechselwirkungen sind zu beachten und über entsprechende Rückkanäle bzw. Kommunikationsschnittstellen zu adressieren. Vor allem bei in den unteren Ebenen des Reaktionssystems erkannten Lageänderungen ist sicherzustellen, dass diese in die höheren Ebenen kommuniziert und mögliche Auswirkungen auf die Maßnahmenumsetzungen dargestellt werden. Um dies zu gewährleisten, ist das Wissen über die Interdependenzen zwischen den Reaktionsebenen notwendig, insbesondere darüber, dass operativ-taktische Maßnahmen dem Erreichen strategischer Ziele dienen und die Erreichung dieser beeinflusst (vgl. Freudenberg, 2015, S. 17 f.). Je größer und komplexer ein Unternehmen ist, desto schwieriger ist es, diese Zusammenhänge und das Verständnis dafür auf allen Ebenen des Reaktionssystems zu etablieren.

Die erfolgreiche Anwendung der Methode in der Praxis kann gewährleistet werden, wenn sie bekannt und eingeübt ist. Die Kompetenz bei den Mitgliedern des Notfall- oder Krisenmanagements wird durch Schulungen und regelmäßige Übungen erreicht.

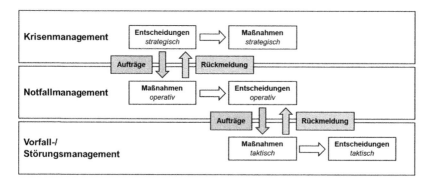

**Abb. 3** Schematische Darstellung der Entscheidungs-/Maßnahmenverteilung im Reaktionssystem

## 3.3 Herausforderungen bei der Fokussierung auf die strategische Ebene im Krisenmanagement

Strategische Entscheidungen werden durch das Krisenmanagement getroffen. Aus den Entscheidungen resultieren Maßnahmen, die in der Regel auf den operativ-taktischen Ebenen umzusetzen sind. Dazu werden sie als Aufträge an diese Ebenen im Reaktionssystem delegiert. Die strategische Ebene selbst setzt nur dann Maßnahmen um, wenn diese auch strategischer Art sind. In der Praxis besteht jedoch die Gefahr, dass der Fokus auf die strategische Ebene im Krisenmanagement verloren geht. Dies betrifft sowohl die Entscheidungsfindung als auch die Maßnahmenumsetzung.

Die Entscheidungen auf strategischer Ebene fokussieren sich auf das Erreichen strategischer Ziele. Dies ist notwendig, um in der Krisenbewältigung zielorientiert mit Blick auf das gesamte Unternehmen zu agieren und dadurch die Auswirkungen der Krise zu minimieren. Hierbei wird auch der langfristige Zeithorizont berücksichtigt, im Gegensatz zu den operativen oder taktischen Zielen, die einen kurz- bzw. mittelfristigen Fokus haben. Strategische Ziele müssen auf der höchsten Ebene des Unternehmens definiert, regelmäßig überprüft und bei Bedarf an die aktuelle Lage angepasst werden. Sie sind Grundlage für einen erfolgreichen Entscheidungsfindungsprozess, da sich dieser an den strategischen Zielen der Krisenbewältigung orientiert. Für diesen Entscheidungsfindungsprozess wird ein methodisch strukturiertes Vorgehen empfohlen, das die folgenden Teilprozessschritte beinhaltet (siehe Abb. 4):

1. **Lageanalyse und -beurteilung:**
   Sammlung von Informationen zur Lage (intern/extern), möglichen Risiken, Problemen etc. sowie systematische Analyse und Aufbereitung dieser inkl. Überprüfung ob bereits delegierte Maßnahmen/Aufträge umgesetzt sind.
2. **Handlungsoptionen erarbeiten:**
   Mögliche Handlungsoptionen unter Berücksichtigung der strategischen Ziele und der Lage erarbeiten, analysieren und bewerten. Die Bewertung umfasst eine Analyse der Vor- und Nachteile aller Optionen sowie dem ggf. notwendigen Einsatz von Ressourcen.
3. **Entscheidungsfindung:**
   Auswahl der zum Zeitpunkt der Entscheidung bestmöglichen Handlungsoption(-en) zur Erreichung der strategischen Ziele unter Berücksichtigung der zuvor stattgefundenen Bewertung.
4. **Maßnahmenumsetzung/-delegation:**
   Definition notwendiger Maßnahmen zur Umsetzung der ausgewählten Handlungsoption(-en), Delegation der Maßnahme(-n) in die entsprechend dafür vorgesehen Ebene des Reaktionssystems, Umsetzung der Maßnahmen.

Die vier Schritte finden sich in gängigen Entscheidungssystemen bzw. -methoden grundsätzlich wieder, wie beispielsweise dargestellt in der Dienstvorschrift 100 der Polizei und Hilfsorganisationen, der DIN CEN/TS 17091 oder dem Wirtschaftsgrundschutz Standard 2000–3. Die Darstellung in den Publikationen

**Abb. 4** Schematische Darstellung Entscheidungsfindungsprozess (vgl. DIN CEN/TS 17091, S. 27 f.; DV 100, S. 25 f.; ASW, 2016, S. 28 f.)

unterscheidet sich in der Detaillierung, teilweise auch der Fokussierung bzw. Priorisierung auf bestimmte Teilprozesse, abhängig von der betrachteten Ebene. Sie stellen alle einen wiederkehrenden, in sich geschlossenen Handlungsablauf der Entscheidung dar, sodass zyklisch nach dem letzten Prozessschritt der Kreislauf von vorne begonnen wird (vgl. DIN CEN/TS 17091, S. 27 f.; DV 100, S. 25 ff.; ASW, 2016, S. 28 f.).

In der Anwendung der Methode auf der strategischen Ebene des Krisenmanagements ist insbesondere der Fokus auf die umfassende Analyse der Handlungsoptionen zu legen. Da Krisen unvorhersehbar sind und dadurch gegebenenfalls die Informationslage aus Sicht der Entscheider nicht vollständig oder ausreichend ist, können Unsicherheiten entstehen. Daher müssen die Handlungsoptionen sorgfältig erarbeitet und bewertet werden, um den unsicheren Bedingungen entgegenzuwirken. Dies ist aufwendig, kostet Zeit und erlaubt in der Regel keine spontanen ad hoc Entscheidungen. Ausnahme sind Gefahren von Leib und Leben, wenn z. B. eine Entscheidung für ad hoc Evakuierungsmaßnahmen notwendig wird. In allen anderen Fällen ist der Prozess der Handlungsoptionenanalyse als eher langsam zu beschreiben, was unter Umständen einem herrschenden Tatendrang der Krisenstabsmitglieder entgegensteht. Jedoch ist dieses präzise und eher besonnen wirkende Vorgehen einzuhalten, da nur dadurch alle sinnvoll möglichen Handlungsoptionen im Sinne einer echten Auswahl an Optionen erarbeitet werden können. Die Analyse enthält auch eine Ausarbeitung aller Vor- und Nachteile sowie der Bewertung bzgl. notwendigem Ressourceneinsatz (z. B. Finanzierung der einzelnen Optionen). Zudem bedingen komplexe Krisen oftmals komplexe Handlungsoptionen, die nicht trivial sind mit Blick auf die Folgenabschätzung bei einer Umsetzung, die ebenso Bestandteil der Bewertung sein muss.

Sind die Handlungsoptionen erarbeitet und bewertet, erfolgt die Entscheidungsfindung. Diese ist notwendig, auch wenn Unsicherheiten aufgrund des Charakters der spezifischen Krise bestehen können. Dennoch müssen in dieser unsicheren und komplexen Situation Entscheidungen getroffen werden. Dies ist herausfordernd, da im Alltag außerhalb von Krisen in der Regel umfassendere und sicherere Informationen vor einer Entscheidung vorliegen. Eine ausführliche Aufbereitung der Handlungsoptionen inklusive detaillierter Bewertung hilft dem Krisenstab, die zu diesem Zeitpunkt beste Handlungsoption unter Berücksichtigung der aktuell bekannten Lage auszuwählen. Die Komplexität der Entscheidungsfindung in Krisensituationen, in welchen rationales Handeln durch bspw. fehlende Informationen begrenzt sein kann, sollte den Krisenstabsmitgliedern bekannt sein (*Bounded Rationality,* vgl. Simon, 1981).

Das Krisenmanagement muss sich diesen Besonderheiten bewusst sein und idealerweise Erfahrungen mit der strategischen Entscheidungsfindungsmethode und der Fokussierung auf diese haben. Dies ist auch durch Übungen und Simulationen erreichbar. Ist diese methodische Erfahrung nicht gegeben, droht die Gefahr, dass der Krisenstab die strategische Arbeitsebene vernachlässigt und verlässt. Es werden in der Folge operative oder sogar taktische Handlungsoptionen erarbeitet und Entscheidungen darüber getroffen, obwohl die Expertise dazu auf den anderen Ebenen des Reaktionssystems liegt. Dies wird verstärkt, sofern durch die Kritikalität der Krise zusätzlicher Druck bei den Entscheidern für schnelles Handeln mit schnell sichtbaren Ergebnissen und Erfolgen entsteht. Schnelle Ergebnisse sind jedoch in der Regel nicht kurzfristig bei strategischen Entscheidungen oder Maßnahmen zu finden, sondern bei der Entscheidungsfindung oder Maßnahmenumsetzung auf operativer oder taktischer Ebene. Dieser falsche Fokus auf die operative oder taktische Ebene führt dazu, dass die Verfolgung strategischer Ziele der Krisenbewältigung verloren geht. Eine möglicherweise persönliche Betroffenheit der Krisenstabsmitglieder verstärkt unter Umständen dieses Phänomen der Vernachlässigung der strategischen Ebene. Diese Betroffenheit inkl. dadurch bedingtem Tatendrang ist beispielsweise bei Krisen zu finden, die allgemein die Bevölkerung und nicht nur das Unternehmen selbst betreffen.

## 3.4 Darstellung der Herausforderungen am Beispiel der Pandemie

Exemplarisch wird an dieser Stelle die Pandemie aufgeführt, um die zuvor genannten möglichen Fallstricke in der strategischen Krisenstabsarbeit aufzuzeigen. Eine Pandemie ist eine komplexe und dynamische Krise die selten eintritt, jedoch massive Auswirkungen haben kann. Dies wurde 2020 mit Auftreten des Coronavirus SARS-CoV-2 deutlich. Pandemien können das gesamte Unternehmen betreffen, sowohl möglicherweise alle Geschäftsfelder als auch alle Unternehmensteile mit Blick auf die geographische Ansiedlung. Daher müssen in diesem Fall mehrere Ebenen des Reaktionssystems aktiviert werden. Dies geschieht erfolgreich, wenn das Zusammenspiel zwischen den Ebenen etabliert ist, Vertrauen in die Kompetenz der Reaktionsmechanismen/-organisationen auf den anderen Ebenen besteht und so gemeinsam die Krisenbewältigung vonstattengeht.

Für eine effektive Ereignisbewältigung im Pandemiefall ist zudem notwendig, dass Entscheidungen auf den dafür vorgesehenen Ebenen getroffen werden. Die daraus resultierenden Maßnahmen sind auf der Reaktionsebene umzusetzen, welche dafür die erforderliche Expertise besitzt. Grundlage dafür ist, dass sich die jeweiligen Ebenen auf ihren vorgesehen Arbeitsbereich (strategisch, operativ, taktisch) fokussieren und die Maßnahmenumsetzung außerhalb ihrer Ebene entsprechend delegieren. Alle Fäden laufen schließlich auf der strategischen Ebene des Krisenmanagements zusammen, welches die strategischen Ziele der Pandemiebewältigung für das Unternehmen definiert und in ihren Entscheidungen und Handlungen berücksichtigt. Nur so wird gewährleistet, dass für das gesamte Unternehmen die Auswirkungen der Pandemie minimiert werden.

Aufgrund des komplexen Charakters der Pandemie ist insbesondere der Fokus auf die strategische Ebene im Krisenmanagement herausfordernd. Pandemien erscheinen zunächst als schwer greifbar und schwierig zu verstehen. In Unternehmen und bei den Entscheidern im Krisenstab ist in der Regel wenig Fachwissen zu Pandemien vorhanden. Eventuell vorhandene Pandemiepläne sind, aufgrund der Unvorhersehbarkeit der tatsächlichen Charakteristika des Krankheitserregers, oftmals sehr generisch und enthalten wenig Praxisbezug. Dazu kommt ergänzend, dass die Auswirkungen sowie dadurch bedingte Einschränkungen sehr umfassend sein können und alle Menschen, d. h. auch die Krisenstabsmitglieder, persönlich betroffen sind. Folglich besteht die Gefahr, dass die persönliche Betroffenheit sowie der Einfluss der Pandemie im Privaten auf die Krisenstabsarbeit im Unternehmen Einfluss nimmt und die Ermittlung der Handlungsoptionen sowie die Entscheidungsfindung beeinträchtigt. Verstärkt wird dies, wenn der Krisenstab, bedingt durch Tatendrang und gewollt schnelles Handeln zum Erreichen von kurzfristigen Erfolgen, seine Arbeit auf die operativ-taktische Entscheidungsebene fokussiert.

Beispielhaft wird hier die mögliche falsche Fokussierung des Krisenmanagements auf das operative Handlungsfeld von nicht-pharmazeutischen Maßnahmen genannt, wie z. B. die Auswahl von Desinfektionsmitteln und Desinfektionsgeräten oder die Bestellung von Mund-Nasen-Schutz-Artikeln durch den Krisenstab. Diese Tätigkeiten zählen jedoch nicht zu den Aufgaben des strategischen Krisenmanagements. Der Krisenstab hat vielmehr die Aufgabe zu entscheiden, welche Strategie beim Einsatz von nicht-pharmazeutischen Maßnahmen verfolgt wird, d. h. ob und welche Maßnahmen grundsätzlich umgesetzt werden. In der Praxis kann dies geschehen, indem der Krisenstab die Ausarbeitung eines Hygienekonzepts beschließt. Die Ausarbeitung des Konzepts inklusive konkreter operativ-taktischer Maßnahmenplanung wird delegiert (z. B. Regeln zum Tragen von Mund-Nasen-Schutz inkl. Bedarfs- und Einkaufsplanung für einen ausreichenden Bestand an Mund-Nasen-Schutz-Artikeln). Das fertiggestellte Hygienekonzept inkl. notwendiger Freigabe von Ressourcen zur Beschaffung wird anschließend vom Krisenstab freigegeben (Entscheidung). Die Umsetzung der aus dem Hygienekonzept resultierenden Maßnahmen, wie die Beschaffung von Desinfektionsmitteln, Desinfektionsgeräten und Mund-Nasen-Schutz-Artikeln, wird an die operativ-taktischen Ebenen übergeben. Diese setzen die Maßnahmen eigenverantwortlich, jedoch unter Berücksichtigung der gegebenen Rahmenbedingungen, wie z. B. festgelegtem finanziellen Spielraum, um.

Das Beispiel der Beschaffung von nicht-pharmazeutischen Maßnahmen im Kontext der Pandemie zeigt auf, wie der Fokus auf die strategische Ebene verloren gehen kann. Es ist daher wichtig, dass sich die Krisenstabsmitglieder dieser Gefahr bewusst sind und in ihrer Arbeit stets reflektierend sicherstellen, ihre Entscheidungen und die Maßnahmenumsetzung auf die strategische Ebene zu fokussieren. Werden Entscheidungen bzw. Maßnahmen identifiziert die operativer oder taktischer Art sind, ist dies ein Indiz dafür diese an die entsprechend dafür vorgesehenen Ebenen des Reaktionssystems zu delegieren. Nur so kann sichergestellt werden, dass die Maßnahmen von den Experten mit dem notwendigen Know-how umgesetzt werden und die strategischen Ziele der Krisenbewältigung nicht vernachlässigt und idealerweise erfolgreich sowie effektiv umgesetzt werden.

## 4 Handlungsfelder für die Etablierung eines strategischen Krisenmanagements

Die aufgeführten Herausforderungen zeigen, dass für ein erfolgreiches Krisenmanagement nicht nur das Vorhandensein eines Reaktionssystems mit den erforderlichen Ebenen notwendig ist. Das System muss insoweit vorbereitet sein, dass es auch im realen Krisenfall funktionsfähig ist. Die Etablierung der strategischen Ebene des Krisenmanagements ist hierbei wichtig, da auf dieser Ebene einerseits die strategischen Ziele der Krisenbewältigung definiert werden. Andererseits werden auch die strategischen Entscheidungen getroffen und alle Maßnahmen zur Erreichung der Ziele auf dieser Ebene initiiert. Ohne eine funktionierende strategische Entscheidungsebene ist eine erfolgreiche Krisenbewältigung nur schwer möglich. Für eine Krisenbewältigung sind demnach die dargestellten Herausforderungen zu beachten und die resultierenden Anforderungen umzusetzen. Sie lassen sich wie folgt zusammenfassen:

1. **Etablierung eines Reaktionssystems:**
   Für eine Krisenbewältigung ist die Etablierung eine Reaktionssystems mit mehreren Ebenen notwendig. Neben der strategischen Krisenmanagementebene bedarf es auch operativer und taktischer Ebenen, um eine Krise,

abhängig von ihrer Art, im Zusammenspiel der verschiedenen Ebenen ganzheitlich zu bewältigen. Alle Ebenen müssen definiert, die Verantwortlichkeiten sowie Kompetenzen als auch die Schnittstellen festgelegt werden.
2. **Sicherstellung der Zusammenarbeit zwischen den Ebenen des Reaktionssystems:**
Die Beteiligten auf den einzelnen Ebenen müssen das gesamte Reaktionssystem und -methoden kennen, inklusive der Schnittstellen. Durch Übungen und praktische Erfahrungen besteht Vertrauen in die Handlungskompetenz der anderen Ebenen, die Zusammenarbeit zwischen den Ebenen erfolgt konstruktiv und am gemeinsamen Ziel der Ereignisbewältigung orientiert.
3. **Entscheidungen auf der richtigen Ebene treffen, Maßnahmen delegieren:**
Die Entscheidungsfindung muss auf der für die Art der Entscheidung (strategisch, operativ, taktisch) vorgesehenen Ebene getroffen werden. Maßnahmen, die aufgrund von Entscheidungen umgesetzt werden sollen, sind per Auftrag an die dafür vorgesehene Reaktionsebene zu delegieren. Die ausführende Ebene hat einen Handlungsspielraum bzgl. Art und Weise der Maßnahmenumsetzung. Die Verteilung von Entscheidungen und Aufträgen dient zur Entlastung des Systems und Reduzierung der Anzahl der notwendigen Entscheidungen auf den einzelnen Ebenen. Wechselwirkungen müssen erkannt werden und Rückmeldungen bei Lageänderungen gegeben werden.
4. **Krisenmanagement fokussiert sich auf die strategische Ebene:**
In der Krisenbewältigung ist es relevant, dass sich die strategische Reaktionsebene des Krisenmanagements auf diese fokussiert und nicht Aufgaben der anderen Ebenen wahrnimmt. Tritt dies ein, können die strategischen Ziele im Krisenmanagement nicht mehr verfolgt werden und die erfolgreiche Krisenbewältigung ist gefährdet.

Diesen Anforderungen bzw. Herausforderungen kann begegnet werden, indem die dafür notwendigen Methoden im Notfall-/Krisenmanagement regelmäßig geschult und trainiert werden. Dadurch erreichen die Mitglieder Kompetenzen und Erfahrungen. Bedingt durch die Tatsache, dass Krisen sehr selten auftreten, sind vor allem regelmäßige Krisenstabsübungen essenziell für ein gut vorbereitetes Krisenmanagement. An dieser Stelle ist zu ergänzen, dass nicht ausschließlich fachliche Wissensaneignung und Anwendung des Wissens im Rahmen von Übungen für den Erfolg sorgen. Charakter und Persönlichkeiten der Mitglieder im Krisenstab haben, neben vorhandenem Methoden- und Fachwissen, ebenso einen Einfluss auf die Krisenstabsarbeit. Daher ist es sinnvoll, dass sich die Mitarbeiter im Krisenmanagement auch in Krisenführungsfähigkeiten aus- und fortbilden, um eine persönliche Handlungskompetenz zu erlangen (vgl. DIN CEN/TS 17091,

S. 24 f.; Mitschke, 2020). Werden die Herausforderungen in der Umsetzung und Anwendung des Krisenmanagements beachtet, erhöht dies den Erfolg bei der Bewältigung einer Krise und minimiert die Auswirkungen für das Unternehmen.

## Literatur

ASW. (2016). Bundesamt für Verfassungsschutz, Bundesamt für Sicherheit in der Informationstechnik, Allianz für Sicherheit in der Wirtschaft e. V. (Hrsg.), *Wirtschaftsgrundschutz: Standard 2000–3: Aufbau und Betrieb eines Notfall-/Krisenmanagementsystem*. Köln.
ASW. (2017a). Bundesamt für Verfassungsschutz, Bundesamt für Sicherheit in der Informationstechnik, Allianz für Sicherheit in der Wirtschaft e. V. (Hrsg.), *Wirtschaftsgrundschutz: Baustein ÜA4 Krisenmanagement*. Köln.
ASW. (2017b). Bundesamt für Verfassungsschutz, Bundesamt für Sicherheit in der Informationstechnik, Allianz für Sicherheit in der Wirtschaft e. V. (Hrsg.), *Wirtschaftsgrundschutz: Baustein ÜA2 Notfallmanagement*. Köln.
BSI. (2008). Bundesamt für Sicherheit in der Informationstechnik (Hrsg.). 2008. *BSI-Standard 100-4: Notfallmanagement*. Bonn
DIN CEN/TS 17091 DIN e. V. (Hrsg.). (2019). *Krisenmanagement – Strategische Grundsätze; Deutsche Fassung CEN/TS 17091:2018*. Beuth Verlag.
DV 100 Ständige Konferenz für Katastrophenvorsorge und Katastrophenschutz (Hrsg.). (2000). *Führung und Leitung im Einsatz. Führungssystem. Vorschlag einer Dienstvorschrift DV 100*. Köln
Freudenberg, D. (2015). Anmerkungen zum Strategiebegriff und seiner grundsätzlichen Bedeutung im Kontext des Bevölkerungsschutzes. *Notfallvorsorge: Die Zeitschrift für Bevölkerungsschutz und Katastrophenhilfe, 1*, 15–20. Walhalla Fachverlag.
Mitschke, T. (2020). Bevölkerungsschutzmagazin: Bildung im Bevölkerungsschutz, 4.
Simon, H. A. (1981). *Entscheidungsverhalten in Organisationen: eine Untersuchung von Entscheidungsprozessen in Management und Verwaltung*. Verlag Moderne Industrie.
Taleb, N. N. (2008). *Der Schwarze Schwan: Die Macht höchst unwahrscheinlicher Ereignisse*. Hanser.

**Johannes Hartl** ist Senior Sicherheitsexperte und Leiter des Business Continuity, Notfall- und Krisenmanagements der Deutschen Telekom. Nach dem Informatikstudium an der Hochschule Darmstadt arbeitete er als Anforderungsmanager, Softwarearchitekt und Projektleiter in der IT-Abteilung der Telekom. Inspiriert durch sein ehrenamtliches Engagement im Deutschen Roten Kreuz absolvierte er den berufsbegleitenden Masterstudiengang Katastrophenvorsorge und -management (KaVoMa) an der Universität Bonn. Anschließend wechselte er in die Sicherheitsabteilung der Telekom und ist u. a. für die Weiterentwicklung des weltweiten Notfall-/Krisenmanagements des Konzerns verantwortlich. Neben seiner hauptberuflichen Tätigkeit ist er Dozent an der Universität Bonn im Studiengang KaVoMa (Lehrmodul Schutz kritischer Infrastrukturen), Dozent an der Steinbeis Hochschule Berlin (Studiengang Notfall-/Krisenmanagement) und Ausbilder für Krisenmanager und Führungskräfte beim Deutschen Roten Kreuz.

# Sichere Bits und Atome: IoT im Spannungsfeld zwischen Cyber- und Physischer-Sicherheit

Marc Börner, Heiko Koepke und Christian Zenger

### Zusammenfassung

Die Erfahrung einer gesamtgesellschaftlichen Krise wie der Corona-Pandemie hat Folgen für die Diskussion um die zukünftige Ausgestaltung des Wirtschaftsschutzes in Sinne der Unternehmenssicherheit. Diese sollte sich einem übergreifenden Ziel der Resilienz verpflichtet fühlen und stärker an strategischen Entscheidungen im Unternehmen beteiligt werden. Zugleich zeigt die Corona-Pandemie, dass in hocharbeitsteiligen Gesellschaften eindimensionale Resilienzkonzepte nicht ausreichen. Notwendig sind Konzepte, die sich an den Wechselbeziehungen der organisationalen Ökosysteme orientieren. Der Beitrag stellt ein Resilienzmodell für die Unternehmenssicherheit vor.

## 1 Einleitung

Durch die zunehmende Digitalisierung befinden wir uns in einem tief greifenden technologischen und gesellschaftlichen Umbruch, welcher durch evolutionäre Entwicklungen wie dem Internet der Dinge (engl.: Internet of Things, IoT) und

M. Börner · H. Koepke · C. Zenger (✉)
PHYSEC GmbH, Bochum, Deutschland
E-Mail: christian.zenger@physec.de

M. Börner
E-Mail: marc.boerner@physec.de

H. Koepke
E-Mail: heiko.koepke@physec.de

anderen digitalen Innovationen getrieben wird. Die zugrunde liegende Informationstechnik durchdringt daher schon jetzt – und in Zukunft immer stärker – alle Lebensbereiche. In allen Bereichen der Wirtschaft werden zukünftige Produkte und Services, sofern möglich, digital erbracht. Das Marktsegment der industriellen Anwendungen im Internet der Dinge, firmiert als „Industrie 4.0", „Industrial IoT" (IIoT) oder „Operational Technologie" (OT), umfasst die Digitalisierung von (Produktions-) Prozessen sowie neuen Geschäftsmodellen auf der Grundlage von Daten (bspw. „pay per use", „predictive maintenance") für die eine Vernetzung notwendig ist. Auf Grund dieser technologischen und wirtschaftlichen Veränderungen sowie der grundlegenden Entwicklung zur Wissensgesellschaft wird der Schutz der zugrundeliegenden IT-Systeme für Privatpersonen, Unternehmen, Regierungen und NGOs zu einer der Schlüsselaufgaben unserer Zeit.

Durch die kontinuierliche Entwicklung von Lösungen zur Cybersicherheit in den letzten zwei Jahrzehnten konnten bereits beachtliche Fortschritte erzielt werden, wodurch viele Angriffe, die in den 1990er-Jahren noch möglich waren, heutzutage unterbunden werden. Die Sicherheitsforschung und -industrie beschäftigt sich allerdings fast ausschließlich mit den digitalen Aspekten der Sicherheit, zum Beispiel mit kryptografischen Algorithmen, Protokollen oder sicherer Software. Jedoch existiert weiterhin eine Vielzahl an Schwachstellen, wie man an den nahezu wöchentlich bekanntwerdenden, zum Teil spektakulären, Hackerangriffen erkennen kann. Ein wesentlicher Grund hierfür ist, dass mit bestehenden digitalen Lösungen nicht alle Unterkomponenten eines Systems abgesichert werden können.

In der Praxis besteht mithin eine große Herausforderung Anwendungen nicht ausschließlich digital abzusichern (die Unversehrtheit und Echtheit abstrakter digitaler Daten bspw. durch kryptographische Algorithmen zu garantieren), sondern auch deren physikalische Unversehrtheit (anforderungsgemäßen Abläufe der physikalischen Prozesse) garantieren zu können. Wie werden Anwendungen, die sowohl aus digitalen als auch physikalischen Komponenten bestehen, welche im Rahmen des IoT zunehmend wichtiger werden, abgesichert? Die Beantwortung unserer Leitfrage ist insbesondere dann nicht trivial, sobald ein unbefugter Zugriff auf Systemkomponenten, aus Gründen kostensensitiver Lieferketten (unbewachte Transporte) oder geteilten, öffentlichen oder allgemein nicht-vertrauenswürdigen Einsatzumgebungen, nicht ausgeschlossen werden kann. Beispiele digitaler Systeme, bei denen die physikalische Integrität Kernbestandteil des Sicherheitskonzepts ist, sind Bezahl- und Auszahlterminals im Finanzwesen, Steuergeräte in immer autonomer werdenden Autos, Maschinensteuerung für hyperautomatisierte Anlagen, dezentrale Energieinfrastrukturkomponenten für die E-Mobilität und erneuerbare Energien, Telekommunikationskomponenten und Edge-Server für ein immer dichteres und leistungsfähigeres Mobilfunknetz oder Verteidigungssystem. Bei den genannten Beispielen können invasive Angreifer an eine Vielzahl sensibler Daten gelangen oder diese manipulieren. Hierzu gehören personenbezogene Daten, kryptographische Schlüssel, Zugangsdaten und Passwörter, Daten und Software mit geistigem Eigentum, sowie Infrastrukturdaten, welche für die nationale Sicherheit von größter Bedeutung sind.

Der Fakt, dass digitale Systeme den physikalischen Schutz bislang nicht zur Verfügung stellen können, stellt eine immanente Diskrepanz zwischen den Anforderungen und der Verfügbarkeit von Sicherheitslösungen für Anwendungen im IoT dar. Es muss davon ausgegangen werden, dass aktuelle technische Entwicklungen wie das IoT oder die im Kontext von Krypto-Währungen und Blockchains viel diskutierten Smart Contracts einen besonders hohen physikalischen Schutzbedarf aufweisen werden. In vielen zukünftigen Anwendungen liegt eine enge Kopplung der digitalen Welt mit der physikalischen Umgebung vor, so auch bei vollautomatisierten digitalen Verträgen welche Informationen direkt aus der physikalischen Welt benötigen.

## 2 Konvergenz von IT und OT im IoT

Der Wandel von Objekten jeder Art zu digitalen Dingen bringt verschiedene Chancen und Risiken mit sich. Ohne Anspruch auf Vollständigkeit erläutern wir in diesem Abschnitt drei aus unserer Sicht wichtigen Schlüsselaspekte und Herausforderungen der IT-Landschaft der Zukunft.

### 2.1 Marktransformation durch das Internet der Dinge

Insbesondere für den Industriestandort Deutschland ist eine erfolgreiche Digitalisierung von hoher volkswirtschaftlicher Relevanz. Die technischen Entwicklungen der letzten Dekaden und der damit verbundene Anstieg der Rechenleistung von IT-Systemen (Mooresches Gesetz) begründeten die rasanten, technologischen Veränderungen von Privat- und Berufsleben. Innovationspotentiale in den Bereichen der Vernetzung, der Datenanalysen und der künstlichen Intelligenz bieten dafür die Basisfunktionen zur Entwicklung neuer Geschäftsmodelle. Fleischer et al. (2014) beschreiben die wirtschaftlichen Auswirkungen des IoT wie folgt:

> „Das IoT wirkt auf die Betriebswirtschaftslehre ähnlich wie das Ultraschallgerät auf die Medizin oder das Rasterelektronenmikroskop (REM) auf die Physik. Mit den

Technologien des IoT lassen sich Dinge vermessen und erkennen, die vorher nicht (wirtschaftlich) erkennbar waren. Ultraschall und REM trieben jeweils ihre gesamte Disziplin voran."

Durch die kontinuierliche Steigerung der Rechenleistung, insbesondere von eingebetteten Systemen und Sensoren in den vergangenen Jahrzehnten, haben sich in der Informationstechnologie vielfältige Möglichkeiten ergeben, Geschäftsmodelle und Produktionsprozesse neu zu entwickeln bzw. zu verändern. Die in diesem Kontext bemühten Begriffe sind die Innovation und die Disruption. Innovation beschreibt in dem hier betrachteten Kontext eine geplante und kontrollierte Veränderung, wohingegen die Disruption die Erfolgsserie einer existierenden Technologie, Dienstleistung oder eines Produktes ersetzt und diese somit vollständig vom Markt verdrängt. Der Zielkonflikt für etablierte Unternehmen besteht darin, das Bestandsgeschäfts zu pflegen und gleichzeitig Innovationen voranzutreiben, die dieses Geschäft zukünftig ersetzen können (Christensen, 1997). Digitale Disruptionen können aber auch von Wettbewerbern ausgehen, die entweder bereits am Markt agieren oder neu hinzukommen. Die Entwicklung der Informationstechnologie und die rasante Verbreitung des Internets haben die Geschwindigkeit, in der Innovationen vom Markt nachgefragt werden, deutlich beschleunigt. Diese Beschleunigung der Diffusion von Innovationen im Markt kommt in kürzeren Produktlebenszyklen zu Ausdruck und begründet den Wandel von geschlossenen zu offenen Innovationen (Chesbrough, 2003). Offene Innovationen sind demnach dadurch gekennzeichnet, dass Innovationen für externe Parteien zugänglich gemacht werden und sich so eine Bündelung von Ressourcen verschiedenster Parteien den Innovationsprozess schneller und mit geringerem Risiko realisieren lässt (Gassmann & Enkel, 2006). Mit dem Internet der Dinge sind vielfältige neue Herausforderungen bei der Entwicklung von Produkten, Dienstleistungen und Geschäftsmodellen entstanden, die den Trend zu offenen Innovationen aufgrund der Diversität der Anforderungen weiter verstärken.

Mit dem Internet der Dinge, also der intelligenten Vernetzung von physikalischen Geräten und digitalen Anwendungen, werden mannigfaltige Möglichkeiten der Wertgenerierung postuliert. Die grundsätzliche Architektur dieser Anwendungen kann verallgemeinert werden und hat folgende Struktur: Die physikalische Ebene wird durch ein Gerät abgebildet, welches mindestens über die Möglichkeit zu kommunizieren, sowie über Sensor- bzw. Aktoreigenschaften verfügt. Die Konnektivität stellt die Verbindung der physikalischen Ebene mit der digitalen Welt dar und ermöglicht somit den bidirektionalen Austausch von Informationen.

## 2.2 IoT – Dezentralisation der Informationstechnologie

Hyperautomation in Industrie 4.0 oder die Überwachung und Steuerung von kritischen Infrastrukturen ist ein exemplarischer Bereich, in dem die IT-Security bei der Markttransformation eine Schlüsselrolle einnimmt. Klassische Datensicherheit bietet jedoch keinen ausreichenden Schutz für OT und IoT, da sich, in diesem Kontext, die Angriffsvektoren insbesondere auf Hardwaremanipulationen ausdehnen. Derartige Kompromittierungen bei der Herstellung (Robertson & Riley, 2018), beim Transport (Greis, 2014) oder im Wirkbetrieb (dpa, 2017) werden mit der Digitalisierung weiter zunehmen. Die entstehenden Chancen der Markttransformation rechtfertigen jedoch die Aufwendungen der Transformation der IT-Landschaft, hin zum dezentralen Betrieb von sicheren und vernetzten IT-Systemen. In der Telekommunikation erreicht so der „Edge-Betrieb" die benötigten geringen Latenzzeiten und höhere Verbindungsgeschwindigkeiten. In der Energiewirtschaft können, durch das Nachrüsten von Netzbetriebsmitteln, die bisherigen Bestandnetze besser ausgelastet, Kapazitätsreserven erkannt und Energienetze optimal gesteuert werden. Neue, realisierbare Geschäftsmodelle und -Prozesse lassen sich in nahezu allen Sektoren der Industrie finden. IT-Sicherheitslösungen basieren jedoch überwiegend auf Technologien, die für Endgeräte in sicheren Umgebungen konzipiert wurden. Es wäre jedoch nicht sachgemäß die Annahme der sicheren Umgebung auf den Betrieb von IoT-/OT-Geräten zu transferieren, da diese auch in nicht vertrauenswürdiger bzw. öffentlicher Umgebungen installiert werden. Stellen Sie sich vor, ein Angreifer oder Konkurrent hätte Zugriff auf die IT-Komponenten, welche aktuell in Ihren Systemen verbaut sind. Hardwareimplantate zur Manipulation von Systemkomponenten sind spätestens seit Snowden bekannt und stellen eine schwerwiegende Gefährdung für das Gesamtsystem da. Während physikalische Angriffsvektoren in der gegenwärtigen Infrastruktur durch ihre architekturellen Eigenschaften beschränkt werden (Konzentration im perimetergeschützten Rechenzentrum), muss in einer dezentralisierten Infrastruktur das Risiko zusätzlich behandelt werden. Ein naiver Transfer klassischer Perimeterüberwachung, wie diese zum Beispiel durch Wachpersonal und andere Maßnahmen erreicht wird, auf mehrere IoT-Betriebsstandorte ist potenziell unzureichend, technisch nicht realisierbar und/oder wirtschaftlich nicht abbildbar. Eine Akzeptanz des Risikos, induziert durch die operative Umgebung, ist jedoch im IoT nicht tragbar, sodass eine Einzelfallbetrachtung des Anwendungsfalls in den Prozessen des Risikomanagements realisiert werden muss.

Die Behandlung durch ein Risikomanagement ist dann erfolgreich, wenn alle relevanten Assets durch die Installation, bspw. in nicht-öffentlichen Umgebungen, geschützt sind. Das kann die Hosentasche, das Büro oder aber auch der Tresorschaltschrank sein. Dieses Mindset in Kombination mit den klassischen Zielen Verfügbarkeit, Integrität und Vertraulichkeit von Daten bilden daher die Basis der IT-Sicherheit des herkömmlichen Gesamtsystems und der Einhaltung der anforderungsgemäßen Abläufe physikalischen Prozesse. Der Trend dezentrale Automatisierungstechnik digital an eine Plattform anzubinden, um bspw. Digitale Zwillinge zu schaffen, ist stark. Durch Anwendungen wie Pay-per-Use Maschinen in fremden Umgebungen, Verlagerung von Prozessen aus den Datenzentren in die „Edge", und dem wachsende IoT-Ökosystem, kann der Zugriff auf die Systeme jedoch immer weniger kontrolliert werden. Diese oft nicht ausreichend geschützten und vernetzten Endpunkte stellen eine neue und kritische Gefahr für Automatisierungssysteme dar. Da Angriffe auf Netzwerke immer qualitativer und technisch versierter werden, ist es keine Frage ob, sondern nur wann die eigenen Endpunkte attackiert werden, Stichwort „Adversarial Examples". Denn das bisher dominierende Sicherheitsparadigma „Prevention" ist diesen Angriffen nicht mehr gewappnet. Zur besseren Visualisierung kann die Analogie eines Einbrechers genutzt werden, welcher sich unautorisierten Zugriff zu illegitimen Zwecken verschaffen möchte. Auch in dieser Analogie existieren präventive Maßnahmen, z. B. Türen zu verschließen. Im Falle eines anhaltenden Einbruchversuches und ohne diesen detektieren zu können ist es jedoch nur eine Frage der Zeit, bis der Einbrecher sich den Zutritt verschaffen kann. Dies beruht auf seinem taktischen Vorteil: Während der Einbrecher nur eine einzige Schwachstelle finden muss, muss der Verteidiger alle möglichen Einfallstüren sichern. Es ist somit keine Frage ob, sondern vielmehr wann der Einbrecher eine unverschlossene Tür findet oder selbst in der Lage sein wird ein Schloss zu knacken (Analog zur steigenden Qualität von Cyberangriffen). Der einzige Weg diese Art von Angriffen zu verhindern ist einen stattfindenden Angriff zu detektieren und zu reagieren bevor der Erfolg eintritt.

Der Übergang zu einer reaktiven IT-Sicherheitslandschaft und der damit verbundene Paradigmenwechsel zur „Detection & Prevention" erfordert demnach den Einbezug von detektiven Maßnahmen, dies beinhaltet auch die Besonderheiten der physikalischen Absicherung auf allen Systemebenen. Nur durch die Integration in die Systeme, Prozesse und die Umgebung kann eine reaktive IoT-Sicherheitslandschaft geschaffen werden. Die Umsetzung dieses Paradigma erlaubt es Unternehmen den neuen Risiken mit wirksamen Risikobehandlungsmaßnahmen zu begegnen.

## 2.3 Die Anomalie der günstigen Komplexität

Die Leistungsfähigkeit von komplexen multi-funktionalen IT- und IoT-Geräte-Plattformen („Systems on Chip" (SoCs), „Single Board Computer" (SBC), etc.) nimmt stetig zu, wobei die Kosten kontinuierlich sinken. Laut ARM wächst die Anzahl an Prozessoren (insb. SoCs) um drei Stück pro Person pro Jahr. Mit wachsendem Wettbewerb sinkt zudem die Einführungszeit („time to market") digitaler Produkte (oder ihr Marktanteil). Um dem gerecht zu werden hat sich eine Anomalie in der IoT-Geräteentwicklung entwickelt, die eine fundamentale Auswirkung auf die Security des Gesamtsystems hat.

In der Vergangenheit war die Erarbeitung komplexere Geräte teurer als die Entwicklung einfacher Geräte. Diese hat sich im Zeitalter moderner Computerverfahren jedoch verändert. Mittlerweile ist es oft kostengünstiger eine komplexe, aber verfügbare Hardwareplattform zu nutzen und auf diesen Systemen einfache Funktionen auszuführen (oder zu simulieren), als eine neue, aber einfache Hardware zu entwickeln. Die Zeit und der Entwicklungsaufwand um eine universell einsetzbare Hardware, die prinzipiell alles kann, für eine dedizierte Aufgabe abzustellen ist um Magnituden kürzer und geringer. Software und Software-Anpassungen sind zudem in der Regel sehr günstig und können standardisiert für die jeweilige Hardware kompiliert werden.

Aus der beschriebenen Anomalie (Mooresches Gesetz + universelle IoT-Geräte Hardware + nahezu gratis Software = günstige Komplexität) ergeben sich exponentielle Kostenreduktionen. Gleichzeitig entsteht jedoch auch ein immenses Security-Problem: Chiphersteller, die getrieben sind, die Moore-Prophezeiung zu erfüllen, bewegen sich oft Haarscharf an der Grenze was noch Zuverlässigkeit bedeutet. Sie werden finanziell dazu angereizt, die unzuverlässigsten CPUs, die nicht als unzuverlässige CPUs erkannt werden können, zu verkaufen. Erst seitdem Angriffe wie „Meltdown" oder „Raw hammer" publik wurden scheinen Chiphersteller unter dem Begriff der „Zuverlässigkeit" auch Security-Aspekte für künftige Prozessoren stärker zu berücksichtigen.

Aktuelle Security-Ansätze für die Firmware/Software beruhen auf Code-Signatur Verfahren, also dem Ansatz „keiner kommt rein". Jedoch kann ein lokales Fehlverhalten sehr einfach induziert werden, um entsprechende Gegenmaßnahmen zu umgehen. Ziel derartiger Angriffe ist es in der Regel Schlüsselmaterial aus dem Gerät zu extrahieren. Klassische Schutzmaßnahmen besitzen somit keinerlei Möglichkeit den Zustand des Gerätes (der Firmware, der Transistoren oder der Peripherie) zu erfassen oder einen Wissenszustand abzugleichen, insbesondere dann nicht, wenn die Hardware in der Kontrolle eines physischen

Angreifers war. Kleinste Fehler (ob vom Angreifer induziert oder durch fehlerhaften Input) können große Auswirkungen haben, da noch nicht erforscht wurde, wie Programme geschrieben werden, die auf nicht-vertrauenswürdiger Hardware zuverlässig laufen. Die Sicherheitsverfahren werden kontinuierlich weitererforscht und -entwickelt, jedoch nicht in dem gleichen Tempo wie die Skaleneffekte der Universalhardware. Die allgegenwärtige Unsicherheit von modernen IT-Infrastrukturen wird somit von denselben Kräften getrieben, die die IT auch allgemein zu Erfolg verschafft hat. Im Kontext des IoT und der fehlenden Sicherheit der operativen Umgebung verschärft sich diese Unsicherheit jedoch noch weiter. Dem interessierten Leser empfehlen wir die Keynote der „CYCON" – Konferenz 2018 (Dullien, 2018).

## 3 Sicherheit im Internet der Dinge

In diesem Abschnitt fokussieren wir einzelne Aspekte der IT-Security für IoT-Systeme. Der Abschnitt unterteilt sich in Cyber-Sicherheit, Cyber-physische Sicherheit, sowie regulatorische Aspekte des IoT-Ökosystems.

### 3.1 Kernaspekte der Cyber-Sicherheit für das IoT-Gerät

Um die Kommunikation von IoT-Geräten (z. B. elektronischen Türschließsystemen oder mit einem Smart Contract verbundene Sensoren) abzusichern, muss das schwierige Problem der Schlüsselverteilung und des Schlüsselmanagements gelöst werden. Vor der Darstellung des Schlüsselmanagementverfahrens werden zunächst die Herausforderungen bei IoT-Anwendungen beschrieben:

**Kosten- und Ressourcenbeschränkungen:** Eine zentrale Charakteristik von IoT-Geräten ist deren enorme Kostensensitivität. Um batteriebetriebene Lösungen langlebig und somit akzeptabel für den Endverbraucher zu machen, werden Systemkomponenten mit stark eingeschränkten Rechenkapazitäten verwendet. Durch den stetig ansteigenden Bedarf an kabellosen Anwendungen werden energieeffiziente Lösungen dringend erforderlich.

**Usable Security:** Zum einen muss die Integration einer Sicherheitslösung in Endgeräte für die breite Vielfalt von Herstellern, Hardware-Plattformen, Gehäusen etc. einfach und verständlich sein. Dies ist besonders herausfordernd, da historisch betrachtet IoT-Herstellern (bspw. aus der Automobil- oder Heimautomatisierungsindustrie) die Expertise in (eingebetteter) Sicherheit fehlt. Zum anderen erwarten Endbenutzer ein intuitiv zu handhabendes Produkt. Ähnlich wie beim Auto gehören „Safety"-Lösungen wie Airbag, ABS und ESP zur Standardausstattung ohne Kompromisse einzugehen, komplizierte Mechanismen anzuwenden oder ständigen Fehlalarmen ausgesetzt zu sein. Analog sollten IoT-Anwendungen über „transparente" Security-Eigenschaften aufweisen.

Für die Realisierung der Schlüsselverteilung und des Schlüsselmanagement entsprechen zwei Ansätze dem Stand der Technik:

**Symmetrisches Schlüsselmanagement:** Der Begriff der Symmetrie steht für das gleiche Geheimnis das erforderlich ist, um beispielsweise vertrauliche Daten zu verschlüsseln und wieder zu entschlüsseln. Dieser Ansatz ist unter anderem weit verbreitet in Wi-Fi-Netzwerken, wo ein Passwort in alle Geräte (Router, Endgeräte) eingegeben werden muss. Ein dynamisches Schlüsselmanagement (bspw. das Entziehen von Zugriffsrechten einzelner Geräte) ist nicht möglich. Hersteller von kleinen eingebetteten Systemen verwenden hauptsächlich diesen Ansatz. Hier wird bereits im Herstellungsprozess Schlüsselmaterial, das zur Authentifizierung und Verschlüsselung dient, in das Produkt (bspw. in Alarmanlagensensoren) integriert. Dieser Schlüssel wird gemeinsam mit der individuellen Seriennummer an einem möglichst vertrauenswürdigen Ort (bspw. der Firmen-Cloud) gespeichert oder einmalig auf Papier gedruckt und mit dem Produkt ausgeliefert. Das Problem, das hier entsteht, manifestiert sich durch den enormen Schlüsselmanagementaufwand. Um dies zu umgehen, verwenden Hersteller oft sog. Master-Keys, d. h. es wird in eine Großzahl der Produkte (manchmal sogar in alle) der gleichen Schlüssel integriert (Paar & Pelzl, 2009). Dies wird in der Regel nicht durch die Hersteller offengelegt, sondern durch „Hacker" und akademische Forschung ausgenutzt bzw. publiziert. Dieses Konzept hält solange, bis ein einziges dieser Produkte kompromittiert wurde („Single-Point-of-Failure").

**Asymmetrisches Schlüsselmanagement:** Beim asymmetrischen Ansatz werden rechenintensivere Algorithmen eingesetzt, als sie bei symmetrischen Verfahren notwendig sind. Jeder Teilnehmer verfügt über ein eigenes Schlüsselpaar. Dabei handelt es sich um einen geheim zu haltenden und um einen öffentlichen Schlüssel. Man kann sich das Verfahren wie einen Briefkasten vorstellen: Jeder kann einen Brief einwerfen (d. h. mit dem öffentlichen Schlüssel verschlüsseln), aber nur derjenige, der im Besitz des Schlüssels ist, kann den Brief entnehmen und lesen (d. h. mit dem privaten Schlüssel entschlüsseln). Die Authentifikation der öffentlichen Schlüssel (bzw. der Briefkästen) stellt allerdings ein weiteres Problem dar, dass mit einer sogenannten Public Key Infrastructure (PKI) gelöst werden kann. Hierbei handelt es sich um eine virtuelle Dachkonstruktion, die das Vertrauen zu einer zentralen Instanz an alle Endsysteme vererbt. Der beschriebene Ansatz ist ein seit über 30 Jahren etabliertes Verfahren, das unter anderem im Internet (TLS/SSL) verwendet wird (Paar & Pelzl, 2009).

Diese Technologie wird zunehmend auch in mobilen Kleinsystemen eingesetzt, da Crypto-Hardwarebeschleuniger in vielen Mikrokontrollern zum Standard geworden sind. Etablierte Systeme befinden sich entsprechend in einer der beiden Welten. In der symmetrischen Welt muss ein enormes Schlüsselmanagement realisiert werden, um die Skalierung von erfolgreichen Angriffen auf einzelne Systeme zu begrenzen. In der asymmetrischen Welt werden eine Reihe sehr komplizierter mathematischer Probleme ausgenutzt, deren Implementierung nicht trivial ist und sich unter anderem drastisch auf den Energieverbrauch auswirken kann, bzw. ohne eine PKI keine ausreichende Authentifizierung ermöglicht.

Neuere wissenschaftliche Arbeiten, mit Fokus auf alternative Ansätze (Stajano & Anderson, 1999), schlagen einen zusätzlichen Kommunikationskanal zur initialen Authentifizierung vor. Ein zusätzlicher Kommunikationskanal (beispielsweise basierend auf optischen Technologien) zwingt einen potenziellen Angreifer dazu beide Kanäle auszuspionieren, was in der Praxis als sehr schwer zu erachten ist und daher einen sinnvollen Ansatz darstellt.

## 3.2 Cyber-physikalische Sicherheit für das IoT

Eine historische, aber weiterhin als Stand der Technik bezeichnete Lösung für ein manipulationssicheres System, welches konform zu dem US-Standard FIPS 140–2 Level 4 (Caddy, 2005) ist, besteht aus einem Überwachungssystem, welches den Zustand des Systems aktiv und ununterbrochen prüft. Sobald ein gemessener Parameter, wie die Temperatur, Impedanz oder Kapazität, einen kritischen Schwellwert über- oder unterschritten hat, stellt das System seinen Betrieb ein und löscht jegliche geheimen Daten. Es existiert eine Vielzahl von Vorschlägen zur Detektion von unautorisierten Manipulationsversuchen an Computersystemen. Beispielsweise die Detektion von Bohrungen in das Gehäuse durch ein dichtes Netz von Leiterbahnen an Gehäusewänden. Weiterhin sind bereits Siegel, Plaketten oder Schalter am Gehäuse vorgeschlagen worden, welche während Transport und Betrieb leicht manipulierbar sind. Neben der nur sehr eingeschränkten Schutzfunktion scheitern alle bisherigen Ansätze an der Gebrauchstauglichkeit. So wird in der Regel eine manuelle Verifikation oder eine integrierte Batterie benötigt, um eine unterbrechungsfreie Überwachung zu gewährleisten. Der Entwurf und die Herstellung eines solchen Gehäuses ist eine herausfordernde und kostenintensive Aufgabe. Auch sind Wartungsaufgaben, wie der Wechsel der enthaltenen Batterien, oft nicht durchführbar, was zu einer beschränkten Lebenszeit und höheren Kosten führt. Bezeichnender Weise wurde in der wissenschaftlichen Literatur die Absicherung (größerer) physikalischer Strukturen bislang nur sehr unzureichend untersucht. Die wenig bekannten kommerziellen Lösungen sind i. d. R. nicht öffentlich dokumentiert und es kann vermutet werden, dass sie einer intensiven Sicherheitsanalyse nicht standhalten werden.

Die Absicherung von Systemen auf dem IC-Level ist gut untersucht. Am relevantesten für die hier definierten Anforderungen sind „Physical Unclonable Functions" (PUF) (Rührmair & Holcomb, 2014). Eine PUF besitzt ein Eingabe-Ausgabe Verhalten, dass an ein physikalisches Objekt gebunden ist und auf dessen zufälliger physikalischer Struktur basiert. PUF-Realisierungen waren bis vor kurzem auf Hardwarestrukturen in einem Integrierten Schaltkreis (als innerhalb eines Chips) beschränkt, welche aber durch die vorliegende Innovation erstmals auf die Systemebene ausgeweitet werden. Die Quelle der Zufälligkeit liegt in unvermeidbaren Variationen, die während der Herstellung auftreten und selbst vom Hersteller nicht reproduzierbar sind. Die Eingabe-Ausgabe-Charakteristik ist dadurch für jedes hergestellte Gerät einzigartig und kann daher zur Identifikation oder Authentifizierung verwendet werden. Coating-PUFs wurden als PUFs vorgestellt (Tuyls et al., 2006), die in Form einer Schutzschicht eine Halbleiterstruktur bedecken. Die Nutzung der Eigenschaften des Funkkanals ist bereits in vielen unterschiedlichen Sicherheitsanwendungen erforscht worden. DeJean und Kirovski (2007) haben ein System namens RF-DNA eingeführt, welches RF-Fingerabdrücke von Hardware-Tags, idealerweise mit PUF Eigenschaften, nutzt. Es wurde ein Angriffsszenario untersucht, in welchem als Ziel das Klonen eines solchen Hardware-Tags verfolgt wurde. Dies stellt jedoch ein fundamentales Problem dar, da bereits die korrekte Simulation des RF-Fingerabdrucks eines gegebenen 3D-Modells rechnerisch unmöglich ist, was auf eine nicht realisierbare Herstellung schließen lässt.

Eine Art von PUF kann als unklonbarer Schlüssel genutzt werden, wodurch dieser besonders sicher ist und gleichzeitig den Zustand der PUF widerspiegelt und folglich auch den Zustand vom System, welches die PUF beinhaltet. Hennig et al. (US Patent No. 10,592,665, 2020) stellen einen Ansatz vor, der einen Manipulationsschutz sowohl auf dem IC als auch dem PCB verspricht, ohne dabei auf zusätzliche Batterien angewiesen zu sein. Nachdem der Hersteller mit einer ersten Messung einer umhüllenden Folie Daten verschlüsselt, kann dieser mit weiteren Messungen nur entschlüsselt werden und so den Betrieb fortsetzen, sofern sich die Eigenschaften der Folie nicht verändert haben, wobei Abweichungen bereits bei leichten Deformationen auftreten (Schimmel & Hennig, 2014). Tobisch et al. (2020) erweiterten den Ansatz von der PCB-Ebene auf die Systemebene (Enclosure-PUF) durch die Verwendung einer Mini-Radaranlage, statistischer Signalverarbeitung und einer Fernattestierung.

**Tab. 1** Vergleich von Lösungen, die Manipulationsschutz gewährleisten

| | Schutz vor physikalischen Manipulationen | | | Keine Batterie notwendig (Offline-fähig) |
|---|---|---|---|---|
| | Chip-Level | Platinen-Level | System-Level | |
| Hardware Security Modul (bspw. nach FIPS 140–2 Level 4) | ✔ | ✔ | – | – |
| Coating PUF | ✔ | – | – | ✔ |
| Folienlösung | ✔ | ✔ | – | ✔ |
| Enclosure PUF | ✔ | ✔ | ✔ | ✔ |

Wir vergleichen die erwähnten Lösungen in Tab. 1. Die Enclosure-PUF füllt dabei die Lücke zum Schutz des gesamten Systems und bietet dabei einen Zusatz zu klassischen manipulationssicheren Systemen. Einbau- oder Modelabweichungen sind darüber hinaus per Software anpassbar durch kostengünstige Hardware (es werden je nach Formfaktor mehrere Radarchips benötigt) realisierbar und kann auch in bestehende Systeme sehr einfach nachgerüstet werden.

## 3.3 Die Relevanz der Detektion – maschinelles Lernen im IoT-Ökosystem

Wie bereits in Kap. 2.2. beschrieben, ist die Integrität/Unversehrtheit von Geräten für die Mobilität der Technologie und für die meisten Implementierungen des Internet der Dinge (IoT) (ENISA, 2020) entscheidend. Durch den Einsatz von Maschinellem Lernen (ML) spitzt sich das Problem weiter zu. Die meisten Machine Leraning-Verfahren sind sehr anfällig gegen sogenannten „Adversarial Examples" (Goodfellow, et al., 2014). Ein „Adversarial Example" (AE) ist eine Stichprobe von Eingabedaten, die geringfügig geändert wurden, um bspw. eine Fehlklassifizierung zu bewirken. In vielen Fällen können diese Änderungen so subtil sein, dass ein menschlicher Beobachter die Änderung nicht bemerkt, das ML-Verfahren jedoch dennoch einen Fehler macht. 2019 demonstrierte Adi Shamir das winzige Änderungen in der Eingabe selbst gut trainierte neuronale Netze täuschen können, selbst wenn der Gegner keinen Zugriff auf das zugrunde liegende Modell hat (Shamir, 2019). AE sind noch ein junges Thema und erst seit 2014 im Fokus der Forschung. Dies macht es schwierig, solchen Ergebnissen zu vertrauen, wenn die Eingabe prinzipiell von einem Angreifer manipuliert werden kann. Neben akademischen Analysen existiert bereits eine große Anzahl an real-world Angriffen (Kurakin, Goodfellow, & Bengio, 2016). Besonders kritisch sind AEs insbesondere für Infrastrukturen, so könnte ein Angriff durch einen einzelnen Sensor ein lokales Stromnetz zum Blackout führen. Auch moderne Geschäftsmodelle wie Pay-per-Use (Leasing von Maschinenservices) oder Functions-on-Demand (Freischaltung von Softwarefeatures in Autos), sowie klassische Abrechnungsanwendungen mit digitalen Zählern sind betroffen, da durch schwer nachweisbare Manipulationen bösartige Kunden so Kosten umgehen können. Hier ist der Angreifer der Kunde selbst oder aber der erfolgreiche Angriff interessiert den Kunden nicht, da dieser keinen direkten Schaden erleidet. Insbesondere bei digitalen Zählern sind keine digitalen Integritätsprüfungen (des Gehäuses oder der Plomben) vorgesehen.

## 3.4 IoT im Fokus regulatorischer Anforderungen und selbstverpflichtender Compliance

Besonders bei kritischen Infrastrukturen haben Ausfälle, Störungen und Angriffe dramatische Folgen für die öffentliche Sicherheit, Wirtschaft, Staat und Individuen. Aus diesem Grund ist es nicht kontraintuitiv, dass von Seiten des Gesetzgebers aus Anforderungen an die Informationssicherheit gestellt werden. So sind nach §8a BSIG-Betreiber kritischer Infrastrukturen verpflichtet angemessene organisatorische und technische Vorkehrungen zur Vermeidung von Störungen der Verfügbarkeit, Integrität, Authentizität und Vertraulichkeit ihrer informationstechnischen Systeme, Komponenten oder Prozesse zu treffen. Eingebettete Systeme zur Ablösung manueller Geschäftsprozesse sind für die Funktionsfähigkeit kritischer Infrastrukturen maßgeblich, sodass ein Schutz dieser erforderlich ist. Nachweis- und Dokumentationspflichten getroffener Anforderungen hat in der Praxis die Implementation eines Informations-Sicherheits-Management-Systems (ISMS) zur Folge. Um ein ISMS in eine Organisation einzuführen und aufrechtzuerhalten kann wahlweise die Normenfamilie der ISO-27001 oder alternativ der BSI-Grundschutz genutzt werden. Beide Herangehensweisen (ISO/Grundschutz) verfolgen dasselbe Ziel, jedoch verfolgt die ISO-27001 einen Top-Down-Ansatz, währenddessen der IT-Grundschutz einen Bottom-Up-Ansatz verfolgt und aus diesem Grund konkrete Vorgehensweisen mit detaillierten Anforderungen vorgibt. Für das allgemeine IoT-Ökosystem gibt es den Baustein mit dem Namen

"Sys. 4.4: allgemeines IoT-Gerät" (Bundesamt für Sicherheit in der Informationstechnik, 2021). Dieser enthält Anforderungen, um den aus Sichtweise des Bundesamtes für Informationssicherheit (BSI) definierten, Stand der Technik umzusetzen, welche aus Cyber-physikalischer Sicht jedoch nicht ausreichend sind. Lediglich bei einem erhöhtem Schutzbedarf, also bei Maßnahmen, die über den Stand der Technik hinausgehen, ist die allgemeine Einsatzumgebung der IoT-Geräte zu beachten (Sys. 4.4: Allgemeines IoT-Gerät).

Die Normenreihe der ISO-27001 verfolgt einen generischen Ansatz macht jedoch eine Risikoanalyse auf jeden Fall notwendig, wohingegen der Grundschutz zum Erreichen der Standard-Absicherung diese nicht fordert. Entwicklung der ISO27K Norm mit IoT spezifischer Bedrohungen finden jedoch statt, so ist aktuell ein Standard der ISO-27000 Normenfamilie, die ISO-27400 „Cybersecurity – IoT security and privacy – Guidelines" in Bearbeitung (International Organization for Standardization, 2021). Fraglich ist, ob eventuelle Hintertüren durch unsichere Hardware, Manipulationen in der Lieferkette und/oder Probleme aufgrund der Operation in unsicheren Umgebungen (Operational Environment) zukünftig in einem ISMS adäquat abgedeckt werden. Expertise und eine unvoreingenommene Analyse des IoT-Anwendungsfalles im Bottom-Up-Ansatz inklusive der Implikationen des Operational Environment ist unserer Meinung nach unerlässlich, unabhängig des gewählten ISMS-Umsetzungsschemas. Es ist ratsam zusätzliche Ansätze zur Betrachtung von Cyber-physikalischen Gefahren einzubeziehen. Dies kann beispielsweise durch Compliance zu den Standards der Agentur der Europäischen Union für Cybersicherheit (ENISA) (Guidelines for securing the Internet of Things) und zur DIN SPEC 27072 (Deutsches Institut für Normung, 2019) auf freiwilliger Basis geschehen.

Auch bei der Nutzung produktzentrischer Zertifizierungsschemata wie der „Common Criteria for Information Technology Security Evaluation" (ISO 15408), kann keine Garantie einer adäquaten Abdeckung Cyber-physikalischer Bedrohungen gegeben werden. Grund hierfür ist die häufige Behandlung der Cyber-physischen Bedrohungen als Annahme, sodass die Umgebung physikalische Bedrohungen im Vornherein verhindert – es werden keine cyber-physikalischen Bedrohungsvektoren auf das Produkt definiert. Konkret bedeutet das, dass gewisse Angriffe aufgrund von vordefinierten Einsatzumgebungen ausgeschlossen werden und folglich auch nicht evaluiert werden (Certification Report, 2018, S. 10). Probleme dieses Vorgehens entstehen, sobald die Einsatzumgebung nachträglich geändert wird, wie es bei der Markttransformation gegenwärtig geschieht. So ist zum Beispiel das Smart-Meter-Gateway ist nur für nicht-öffentliche Umgebungen vorgesehen (Protection Profile for the Gateway of a Smart Metering System (Smart Meter Gateway PP, 2014)), aufgrund der Energiewende ist jedoch auch ein Einsatz in öffentlichen Ladesäulen gewünscht. Ähnliche Herausforderungen sind zu erwarten sollte zertifizierte Hardware, ursprünglich für das Rechenzentrum geplant, nun zu dem Edge-Betrieb übergehen. In diesem Fall haben Betreiber sorge dafür zu tragen, dass die Umgebungen vergleichbare Eigenschaften besitzen, dies kann unter anderem durch die Inklusion von Maßnahmen zur Detektion und anderen Eigenschaften der ursprünglichen nicht-öffentlichen Umgebung entstehen.

Auf europäischer und globaler Ebene ist man in der IoT-Regulierung etwas weiter. So sind in den USA mit Erlass des „Internet of Things Cybersecurity Improvement Act" (Internet of Things Cybersecurity Improvement Act of, 2019) die Prinzipien für Ministerien für die Nutzung und Management von IoT-Geräten definiert. Dies beinhaltet unter anderem eine verpflichtende Abschätzung der Umgebungsvariablen. Die Öffentlichkeit der Umgebung muss in den risikobasierten Annahmen beachtet werden (National Institute of Standards & Technology, 2020).

## 4  Zusammenfassung

Die mit der Markttransformation einhergehenden Cyber-Security Anforderungen stellen bereits technisch-ökonomische Herausforderungen dar. Es muss jedoch davon ausgegangen werden, dass aktuelle technische Entwicklungen wie das Internet der Dinge (IoT) zudem einen besonders hohen physikalischen Schutzbedarf aufweisen wird. In vielen zukünftigen Anwendungen liegt eine enge Kopplung der digitalen Welt mit der physikalischen vor, bspw. bei autonomen Fahrzeugen, Industrie 4.0 oder vollautomatisierten digitalen Verträgen die Informationen direkt aus der physikalischen Welt benötigen. Das damit eingehende Risiko ist zudem stark Anwendungs- und weniger Geräteabhängig. Die Operation in den unterschiedlichsten Anwendungen führt dazu, dass eine Perimeterbetrachtung aus der klassischen IT-Sicht nicht ausreichend oder überhaupt nicht anwendbar ist. Anwendungsbeispiele hierfür sind Pay-per-Use Maschinen (Industrie 4.0) in Umgebungen Dritter, 5G-Egde-Server in abgelegenen Micro Data Centern oder Smart Grid Sensoren an öffentlichen Plätzen.

Diese Architekturtransformation, der erleichtere Zugriff auf dezentralisierte Assets und die damit verbundenen Auswirkungen auf Produktpiraterie, Hardwaremanipulationen, Möglichkeiten des (Hardware-) Reverse Engineering, und das Abgreifen von lokal gespeicherten Daten, weist tiefgehende Auswirkungen auf das Risiko, welches sich Unternehmen aussetzen aus. Klassische Produktzertifizierungen wie die Common Criteria (ISO-15.408) und andere produktzentrischen

Evaluierungsschemata decken invasive Angriffe meist nicht ausreichend ab. So fallen invasive Angriffe, durch hohe benötigte Angriffsexpertise, teure Hardware, und Zeitaufwände, nicht selten bereits vor der Evaluierung in die Kategorie Restrisiko und werden demzufolge nicht betrachtet (Happich, 2017; Thomas, 2019). Dies ignoriert jedoch die stetig steigende Zahl von APT-Gruppen (Bundesamt für Sicherheit in der Informationstechnik, 2020). Im Bereich der organisatoriellen Unternehmenssicherheit, durch Implementierung eines ISMS, sehen wir enormen Nachholbedarf was die Abdeckung und Einbeziehung cyber-physikalischer Bedrohungen angeht. Es muss von den jeweiligen IT-Sicherheitsbeauftragten erfasst werden, dass die alleinige Erfüllung normativer Anforderungen und Einhaltung von Management-Systemen kein Garant für die adäquate Abdeckung von IoT-Spezifika bietet. Neue, wirksame Risikobehandlungsmaßnahmen, um die besonders hohen Anforderungen der smarten und stets mit dem Internet verbundenen Assets zu adressieren, sind in subsequenter Konsequenz notwendig.

## Literatur

Bundesamt für Sicherheit in der Informationstechnik. (2014). Protection Profile for the Gateway of a Smart Metering System (Smart Meter Gateway PP). Retrieved from https://www.commoncriteriaportal.org/files/ppfiles/pp0073b_pdf.pdf.

Bundesamt für Sicherheit in der Informationstechnik. (2020). Die Lage der IT-Sicherheit in Deutschland 2020. Retrieved from https://www.bsi.bund.de/SharedDocs/Downloads/DE/BSI/Publikationen/Lageberichte/Lagebericht2020.pdf?__blob=publicationFile&v=2.

Bundesamt für Sicherheit in der Informationstechnik. (2021, Februar). Sys.4.4: Allgemeines IoT-Gerät. Retrieved from https://www.bsi.bund.de/SharedDocs/Downloads/DE/BSI/Grundschutz/Kompendium_Einzel_PDFs_2021/07_SYS_IT_Systeme/SYS_4_4_Allgemeines_IoT_Geraet_Edition_2021.pdf?__blob=publicationFile&v=2.

Caddy, T. (2005). FIPS 140–2. In *Encyclopedia of Cryptography and Security* (S. 227–230). Springer. doi:https://doi.org/10.1007/0-387-23483-7_168.

Chesbrough, H. W. (2003). Open innovation: The new imperative for creating and profiting from technology. Harvard Business Press.

Christensen, C. (1997). *The innovator's dilemma: When new technologies cause great firms to fail*. Harvard Business School Press.

DeJean, G., & Kirovski, D. (2007, September). RF-DNA: Radio-frequency certificates of authenticity. In: *International Workshop on Cryptographic Hardware and Embedded Systems* (S. 346–363). Springer.

Deutsches Institut für Normung. (2019). DIN SPEC 27072 „Informationstechnik – IoT-fähige Geräte – Mindestanforderungen zur Informationssicherheit".

dpa. (18. Dezember 2017). CCC: Schwarzladen mit simplem Ladekarten-Hack. Abgerufen am 2021. Februar 2021 von heise online: https://www.heise.de/autos/artikel/CCC-Schwarzladen-mit-simplem-Ladekarten-Hack-3920312.html.

Dullien, T. (2018). Security, Moore's law, and the anomaly of cheap complexity. CCDCOE: CYCON. Retrieved from https://www.err.ee/836236/video-google-0-projekti-tar kvarainseneri-ettekanne-cyconil.

ENISA. (2020, November). Guidelines for securing the Internet of Things. Retrieved from Secure supply chain for IoT: https://www.enisa.europa.eu/publications/guidelines-for-sec uring-the-internet-of-things/at_download/fullReport.

ENISA. (2020). Physical manipulation/damage/theft/loss. Retrieved from ENISA Threat Landscape: https://www.enisa.europa.eu/publications/physical-manipulation-damagetheft-loss/at_download/fullReport.

Gassmann, O., & Enkel, E. (2006). Open innovation: Externe Hebeleffekte in der Innovation erzielen. *Zeitschrift für Führung und Organisation, 3*, 132–138.

Goodfellow, I. J., Shlens, J., & Szegedy, C. (2014). Explaining and harnessing adversarial examples. arXiv preprint arXiv:1412.6572.

Greis, F. (2014, Mai 15). Cisco empört über Spähattacken der NSA. Retrieved Februar 11, 2021, from golem: https://www.golem.de/news/router-manipulation-cisco-empoertueber-spaehattacken-der-nsa-1405-106493.html.

Happich, J. (2017, May 5). Hacking secure chips for the common good. Retrieved from eeNews Embedded: https://www.eenewsembedded.com/news/hacking-secure-chips-com mon-good/page/0/1.

Hennig, M., Schimmel, O., Zieris, P., & Filipovic, B. (2020). US Patent No. 10,592,665.

International Organization for Standardization. (2021). ISO/IEC CD 27400.3 Cybersecurity – IoT security and privacy – Guidelines. Retrieved from https://www.iso.org/sta ndard/44373.html.

Internet of Things Cybersecurity Improvement Act of 2019. (2019). S.734. 116th Congress (2019–2020). Retrieved from https://www.congress.gov/116/bills/s734/BILLS-116 s734rs.pdf.

Kurakin, A., Goodfellow, I., & Bengio, S. (2016). Adversarial examples in the physical world.

National Institute of Standards and Technology. (2020, May). Foundational Cybersecurity Activitiesfor IoT Device Manufacturers. doi:https://doi.org/10.6028/NIST.IR.8259.

Paar, C., & Pelzl, J. (2009). Understanding cryptography: a textbook for students and practitioners. Springer Science & Business Media.

Robertson, J., & Riley, M. (2018, Oktober 4). The Big Hack: How China Used a Tiny Chip to Infiltrate U.S. Companies. Retrieved Februar 11, 2021, from Bloomberg Businessweek: https://www.bloomberg.com/news/features/2018-10-04/the-big-hack-how-chinaused-a-tiny-chip-to-infiltrate-america-s-top-companies.

Rührmair, U., & Holcomb, D. E. (2014). PUFs at a glance. In 2014 Design, Automation & Test in Europe Conference Exhibition (DATE) (S. 1–6). IEEE. doi:https://doi.org/10. 7873/DATE.2014.360.

Schimmel, O., & Hennig, M. (2014). Kopier-und Manipulationsschutz für eingebettete Systeme. *Datenschutz und Datensicherheit-DuD, 38*(11), 742–746.

Shamir, A. (2019). Keynote – The Insecurity of Machine Learning: Problems and Solutions. The European Symposium on Research in Computer Security.

Stajano, F., & Anderson, R. (1999). The Resurrecting Duckling: Security Issues for Ad-hoc Wireless Networks. In: B. Christianson, B. Crispo, J. A. Malcolm, & M. Roe, *Security Protocols* (S. 172–173). Lecture Notes in Computer Science, vol 1796: Springer. doi:https://doi.org/10.1007/10720107_24.

Thomas, O. (2019). Integrated Circuit Offensive Security. Hardwear.io.

Tobisch, J., Zenger, C., & Paar, C. (2020). Electromagnetic Enclosure PUF for Tamper Proofing Commodity Hardware and other Applications. TRUDEVICE 2020: 9th Workshop on Trustworthy Manufacturing and Utilization of Secure Devices, Grenoble, France.

TÜV Rheinland Nederland B. V. (2018). Certification Report. Retrieved from https://www.commoncriteriaportal.org/files/epfiles/NSCIB-CC-119032-CR.pdf.

Tuyls, P., Schrijen, G.-J., Škorić, B., Van Geloven, J., Verhaegh, N., & Wolters, R. (2006, October). Read-proof hardware from protective coatings. In International Workshop on Cryptographic Hardware and Embedded Systems (S. 169–383). Springer.

**Marc Börner** hat an der Ruhr-Universität Bochum das Studium der IT-Sicherheit erfolgreich abgeschlossen und arbeitet bei der PHYSEC GmbH im Bereich der IT-Sicherheitsstrategie, Regulatorik und Compliance. Zudem ist er Vertreter (ständiges Mitglied) in verschiedenen Task Forces des BSI.

**Dr. Heiko Koepke** promovierte nach dem Studium der Wirtschaftswissenschaft zu „Unternehmenswertorientierten Steuerungssystemen" am Lehrstuhl für Controlling der Ruhr-Universität Bochum. Seit 2015 ist Dr. Koepke Gründer und CFO der PHYSEC GmbH. Zudem ist er im Vorstand des eurobits e.V. und bei dem IT-Sicherheitsinkubator Cube 5 als Mentor tätig.

**Dr. Christian Zenger** besitzt neben seiner Rolle als Gründer und CEO der PHYSEC GmbH auch Expertenwissen im Bereich der IoT-Security, welches er als Dozent der Ruhr Universität Bochum an Studierende vermittelt. Dr. Zenger wurde 2018 zum Innovator unter 35 ausgezeichnet, eine der weltweit renommiertesten Auszeichnungen des MIT Technology Review.

# Modulbaukasten Sicherheit: 10 Erfolgsfaktoren moderner Sicherheitsorganisationen

Julia Vincke und Kristof Riecke

**Zusammenfassung**

Die weitreichenden Veränderungen der nationalen und internationalen Sicherheitslage sowie Sicherheitspolitik stellen signifikante Anforderungen an Führung, Weiterentwicklung oder in besonderem Maße an die Etablierung von Sicherheitsorganisationen in Staat und Wirtschaft. Um der Intensität und Mehrdimensionalität veränderter Risikolandschaften als Sicherheitsorganisation gerecht zu werden, bedarf es einer umfassenden, innovationsgeleiteten und zukunftsorientierten Strategie; der Modulbaukasten Sicherheit beschreibt 10 konkrete Erfolgsfaktoren moderner Sicherheitsorganisationen und stellt einen pragmatischen und wirksamen Umsetzungsleitfaden zur Verfügung.

## 1 Einleitung

„Security is always too much until the day it is not enough" (William H. Webster, ehemaliger FBI-Direktor).

---

J. Vincke (✉)
Volkswagen AG, Wolfsburg, Deutschland
E-Mail: julia.vincke@volkswagen.de

K. Riecke
Düsseldorf, Deutschland
E-Mail: kr@althammer-kill.de

© Der/die Autor(en), exklusiv lizenziert durch Springer Fachmedien Wiesbaden GmbH, ein Teil von Springer Nature 2022
C. Vogt et al. (Hrsg.), *Wirtschaftsschutz in der Praxis,* Sicherheit – interdisziplinäre Perspektiven, https://doi.org/10.1007/978-3-658-35123-6_14

Fundamentale Veränderungen der globalen Sicherheitslandschaft durch digitale Transformation, demographischen Wandel, tektonische Verschiebung der weltweiten Machtverhältnisse, globale Dominanzstrategien, Desinformation sowie hybride Bedrohungs- und Krisenszenarien stellen auf allen Ebenen divergierende Anforderungen an Sicherheitsorganisationen in Staat und Wirtschaft. Die Intensität und Mehrdimensionalität dieser neuen Risikobilder werden sich in Zukunft potenzieren. Folglich gilt es, die Resilienz des öffentlichen und privaten Sektors zu stärken. Sicherheit stellt in der heutigen VUKA-Welt (Volatilität, Unsicherheit, Komplexität und Ambivalenz) einmal mehr ein interdisziplinäres Gemeingut dar, welches aufrechterhalten und verteidigt werden muss. Diesem Anspruch folgend, kommen insbesondere Sicherheitsorganisationen in Staat und Wirtschaft eine elementare Bedeutung und Rolle zu, denn sie bewegen sich in einem komplexen Spannungsfeld physischer und digitaler Gefährdungen und bilden das Gegengewicht zu Sicherheits-und Stabilitätsbedrohungen, die zunehmend korrelierende Auswirkungen haben. Die aktuelle Risikolandschaft wurde von den Autoren zum Anlass genommen, gemeinsame Erfolgsfaktoren von sowohl national als auch international agierenden Sicherheitsorganisationen zu evaluieren. Zusätzlich wurden aktuelle Megatrends als ‚Tiefenströmungen des Wandels' und mit erheblichem Einfluss auf die strategische Ausrichtung von Sicherheitsorganisationen einbezogen (Zukunftsinstitut, 2021). Resultierend aus dieser Betrachtungsweise haben die Autoren einen Modulbaukasten aus 10 Basismodulen für die Architektur leistungsfähiger und wirksamer Sicherheitsorganisationen entwickelt. Der Autorenbeitrag beinhaltet und beleuchtet die Module:

*Mission & Strategie, Traktion & Operative Exzellenz, Messbarkeit & Key Performance Indicators, Tone from the Top, Organisationskultur, Integrität, Vernetzung & Interdisziplinarität, Marketing von Sicherheitsorganisationen, Recruiting & Personalentwicklung sowie Innovation.*

Der Modulbaukasten richtet sich bewusst an Entscheider und Verantwortliche in staatlichen sowie privatwirtschaftlichen Sicherheitsorganisationen und somit an z. B. Konzernsicherheit, Beratungsunternehmen mit Schwerpunkt Informationssicherheit und IT-Sicherheit, private Sicherheitsdienstleister, sowie an Sicherheitsbehörden und BOS-Organisationen auf kommunaler-, Kreis-, Landes- oder Bundesebene. Warum ist das so? Zum einen erfordert das heutige Sicherheitsumfeld einen multisektoralen Ansatz zur Minderung potenzieller Bedrohungs- und Krisenszenarien. Zum anderen wandelt sich Sicherheit zunehmend von einer staatlichen zu einer unternehmerischen und individuellen Aufgabe. Diese Verschiebung der alleinigen Verantwortung für Sicherheit fordert maßgeblich kompetenzorientierte Neuausrichtungen von Sicherheitsorganisationen. Darüber hinaus stehen insbesondere Organisationen mit dem Mandat Sicherheit, sowohl in öffentlicher Verwaltung als auch in der Wirtschaft und mit unterschiedlichen Ausprägungen, vor komparablen Herausforderungen. Zu diesen gehören die Abhängigkeit von Akzeptanz seitens Entscheidern außerhalb des Sicherheitsbereichs, Wirkungsfaktoren wie Industrie, Arbeit und Bildung 4.0, Ressourcenmangel sowie die Kontroverse um Sicherheits und Serviceorientierung. Hinzu kommt die traditionell signifikante Verantwortung von Sicherheitsorganisationen, welche sich durch die steigende öffentliche Wahrnehmung in einer globalisierten und digitalisierten Welt multipliziert.

Vor diesem Hintergrund soll der Modulbaukasten als Leitfaden, Checkliste oder Inspiration dienen. Jede Sicherheitsorganisation ist individuell, in einem unterschiedlichen wirtschaftlichen, sozialen und politischen Kontext eingebettet und fußt auf unterschiedlichen Strukturen. Gerade in größeren und tradierten Organisationen sind Transformationsprozesse in der Regel nur über einen längeren Zeitraum und mit kontinuierlichem Engagement umzusetzen. Die beschriebenen Module müssen deshalb nicht zwangsläufig vollumfänglich adressiert sein; vielmehr können sie inkrementell, partiell aber auch übergangslos umgesetzt werden, es bestehen jedoch Interdependenzen zwischen den Modulen, deren Mehrwert in Betracht gezogen werden sollte. Der entwickelte Modulbaukasten bezieht sich ausdrücklich auf die strategische Ausrichtung sowie kompetenzorientierte Architektur moderner und leistungsfähiger Sicherheitsorganisationen und soll einen Beitrag zur Etablierung von „Best in Class-Organisationen" liefern. Aus diesem Grund ist der Modulbaukasten als Wegweiser zu verstehen und von regulatorischen Anforderungen, Normen und Standards zur Umsetzung von Sicherheitsmanagementsystemen, Sicherheitsstandards sowie Sicherheitsmaßnahmen zu unterscheiden. Die Module erheben zudem keinen Anspruch auf Vollständigkeit.

## 2 Die 10 Module

### 2.1 Mission & Strategie

Staatliche und privatwirtschaftliche Sicherheitsorganisationen müssen vor dem Hintergrund sich global veränderter Rahmenbedingungen komplexe Anforderungen bewältigen. Gleichzeitig besteht ein erhebliches öffentliches Interesse am Agieren dieser Organisationen, nichtzuletzt aufgrund der jüngsten Krisenentwicklungen. Um diesen aktuellen Realitäten gerecht zu werden, benötigen Sicherheitsorganisationen, neben einem klar definierten Auftrag, Strategie-sowie

Planungsfähigkeit. Beide ergeben sich nicht nur aus bereits bestehenden nationalen sowie internationalen Sicherheitsstrategien und Regierungsprogrammen, sondern gleichermaßen aus dem jeweiligen organisatorischen Innenverhältnis (Republik Österreich, Bundesministerium für Inneres, 2015).

Sicherheitsorganisationen definieren Missionen, um strategische und operative Ziele zu benennen sowie einen Mehrwert der eigenen Organisation nach Innen und insbesondere nach Außen zu generieren. Eine Mission beschreibt einen langfristigen Organisationszweck. Sie legitimiert die Existenz der Organisation und definiert den nutzbringenden Beitrag, den die Organisation leistet. Eine Mission bildet Leitsätze, ist langfristig und wird selten geändert. Sie umreißt die fortwährende Verhaltens- und Vorgehensweise einer Organisation. Die Strategie spezifiziert diese Mission; sie ist konkreter, dynamischer und kann an ein sich wandelndes Umgebungsumfeld angepasst werden. Kurzfristige Entwicklungen sowie langfristige Trends, wie sich verändernde regulatorische, gesellschaftliche, wirtschaftliche, geografische oder politische Rahmenbedingungen, sind bei der Formulierung der jeweiligen Strategie zu berücksichtigen.

Jede staatliche oder privatwirtschaftliche Sicherheitsorganisation existiert und arbeitet aus einem bestimmten Grund, einem definierten Mandat oder Zielvorgabe, die immer wieder aufs Neue konkret benannt, adaptiert und in Mission und Strategie integriert werden müssen. Organisationsgrund, auch dem „Organisations-Why", „raison d'etre" oder „purpose", also warum Organisationsmitglieder sowie interne und externe Stakeholder, unabhängig von Funktion und Hierarchiestufe, sich mit der Organisation identifizieren, ihrer Arbeit nachkommen, sich fokussieren und priorisieren, ist essentiell für Erfolg und Fortbestand von Organisationen. Dieser kollektive Antrieb ist die Schnittmenge zwischen der individuellen Person und der Organisation und seit jeher ein Katalysator für Motivation, Antrieb, Risikobereitschaft, Leidensfähigkeit sowie in der Regel auch für persönliche Integrität. Das Organisations-Why bildet eine zuverlässige Richtlinie für Entscheidungen und Verhalten. Es bietet internen und externen Stakeholdern Orientierung zur Beurteilung des richtigen Handelns. Leistungsstarke Sicherheitsorganisationen im Bereich der Sicherheit in Staat und Wirtschaft sind weltweit überaus häufig „Mission-Driven Organisationen". Organisationen mit einem ausgeprägten Organisations-Why und hoher Mitarbeiteridentifikation gelten nicht nur als wirksamer, sondern auch als vertrauenswürdiger und innovativer. Jede Organisation ist langfristig nur dann erfolgreich, wenn sich zumindest der Großteil ihrer Angehörigen in hohem Maße mit ihrer Tätigkeit identifiziert (Fleig, 2018). Dieser Umstand ist gerade für Sicherheitsorganisationen von Relevanz, da ihr Mandat immer den Schutz eines höheren Gemeingutes wie der Unversehrtheit von Leib und Leben, der Verteidigung des Rechtsstaates, dem Schutz der Öffentlichkeit oder von Prozessen, Werten und Informationen der eigenen Organisation umfasst. Erfolgreiche und international anerkannte Sicherheitsorganisationen entwickeln und nutzen dieses „Why" ganz bewusst in erheblichem Umfang zur verstärkten intrinsischen Motivation von Mitarbeitenden, zum Beispiel durch sogenannte „Mission-Statements".

> **Empfehlungen für Verantwortliche & Entscheider**
>
> - Etablieren und kommunizieren Sie mittels Durchbruchzielen eine Mission / Strategie.
> - Entwickeln Sie ihre Organisation zu einer „Mission-Driven Organisation".
> - Entwickeln und kommunizieren Sie ein Mission Statement, in dem Sie Ziel, Wirkungsbereich, Produkt/Service (z. B. Sicherheit) sowie den übergreifenden sowie gewinnbringenden Beitrag zum Ausdruck bringen.
> - Entwickeln Sie die langfristige Mission und die daraus abgeleitete Strategie Ihrer Organisation regelmäßig weiter und adaptieren Sie diese an interne & externe Wirkungsfaktoren.
> - Identifizieren und benennen Sie in Ihrer Organisation Multiplikatoren, die Mission und Strategie vorantreiben, schulen und bewerben, um eine größtmögliche Identifikation mit Ihrer Organisation zu erreichen.

## 2.2 Traktion & Operative Exzellenz

Operative Exzellenz bezeichnet die konsequente Umsetzung der Organisations-Strategie und kontinuierliche Optimierung der Leistungserbringung sowie Wirksamkeit von Organisationsprozessen. Sie ist gleichermaßen wichtiger Erfolgs- und Wettbewerbsfaktor und entsteht immer dann, wenn Organisationsprozesse und -strukturen marktkonform auf Stakeholderbedürfnisse, Qualität und Effizienz ausgerichtet sind. Auch wenn die Begrifflichkeit der operativen Exzellenz vornehmlich im wirtschaftlichen Kontext Anwendung findet, so sollte es auch das Ziel jeder Sicherheitsorganisation sein, die bestmögliche Prozessqualität und kontinuierliche Verbesserung der Leistungserbringung im Innen- und Außenverhältnis zu generieren.

Die beste Mission, das beste Organisations-Why und die beste Strategie liefern keinerlei Mehrwert, wenn der eigentliche Auftrag einer Sicherheitsorganisation sowie die operative Leistungserbringung nicht wirksam erfüllt werden können, weil, ähnlich wie bei einem Fahrzeug, die Traktion fehlt. Wirksam sind immer nur organisationsweit umgesetzte, standardisierte, regelmäßig überprüfte und kontinuierlich verbesserte Prozesse und Maßnahmen. Dies kann z. B. in Organisationen mit hoher Mitarbeiterzahl, internationalen Standorten, unterschiedlichen Betriebssystemen sowie Ressourcenknappheit eine wesentliche Herausforderung für eine privatwirtschaftliche Sicherheitsorganisationen darstellen. Holistische Sicherheit kann nur mittels Integration in die Organisationsstrategie und der Verankerung von wirksamen und qualitätsgetriebenen Sicherheitsprozessen in allen Bereichen entlang der Wertschöpfungsstrategie sowie des Wertschöpfungsnetzwerkes hergestellt werden. Im behördlichen Kontext bestehen ähnliche Herausforderungen, z. B. bei der Umsetzung von Managemententscheidungen, organisationsweiten Change-Prozessen in großen und dezentralen Organisationen, der Zusammenführung und Auswertung von Daten sowie aufgrund der hohen Komplexität der öffentlichen föderalen Sicherheitsarchitektur der Bundesrepublik Deutschland. Im Fall fehlender Traktion und fehlender Leistungs-/Prozessqualität kann die Mission einer Organisation gar gefährdet werden.

Vor diesem Hintergrund muss es das oberste und gemeinsame erklärte Ziel sein, operative Exzellenz und Traktion, also die organisationsweite Umsetzung der strategischen Anforderungen und damit die Fähigkeit, Strukturen und Prozesse der privaten oder öffentlichen Leistungserbringung im Hinblick auf Wirksamkeit und Effizienz kontinuierlich zu verbessern. Zur erfolgreichen Umsetzung dieses Ziels kann die Nutzung von einem oder mehreren geeigneten Prozessmodellen evaluiert werden. Hierzu bieten sich beispielsweise Modelle wie Six Sigma (Konzept zur Qualitätssteigerung durch Prozessoptimierung), ITIL (Information Technology Infrastructure Library; Systematik teils auch außerhalb des IT-Service Managements anwendbar), Process Performance Management (Messung der Zeit der Leistungserbringung und Vergleich mit Ressourcenbindung) oder der 5 A/5 S-Methode (Konzept zur Arbeitsorganisation aus Japan) an (Lüerßen, 2019).

> **Empfehlungen für Verantwortliche & Entscheider**
>
> - Identifizieren Sie, welche Prozessmodelle für Ihre Organisation elementar und kundenzentriert sind.

- Ermitteln Sie den aktuellen Status Quo Ihrer Organisation sowie Optimierungsbedarfe.
- Ermitteln Sie, mit welchen Instrumenten die Leistungserbringung der Organisation kontinuierlich im Hinblick Wirksamkeit und Effizienz verbessert werden kann.
- Streben Sie schlanke und agile Prozesse durch digitale Transformation an und standardisieren Sie diese Prozesse.
- Fördern Sie Wissenstransfer und implementieren Sie Austausch-sowie Trainingsplattformen, Workshops, Zertifizierungen sowie methodisches Coaching für Prozess-Exzellenz.
- Etablieren Sie organisationsweite Key Perfomance Indicators (KPIs)

## 2.3 Tone from the Top

Regulatorische Vorgaben wie das Gesetz zur Kontrolle und Transparenz im Unternehmensbereich (KonTraG) sowie eine Reihe internationaler sowie deutscher Standards und Best Practices zur verantwortlichen Unternehmensführung und wirksamen internen Kontroll- und Überwachungsprozessen benennen die elementare Bedeutung des sogenannten „Tone from the Top". Die organisationsweite Verankerung ethischer Anforderungen sowie strategische und werteorientierte Regelkonformität können in einer Organisation nur dann erreicht werden, wenn sie durch das Top-Management sichtbar vorgelebt, gefördert und kommuniziert werden. Der Ton von oben dient also immer als Unterstützungsfaktor zur Förderung einer ethischen Organisationskultur sowie der Demonstration von Engagement und Rückhalt für die Verantwortlichen in internen Kontroll- und Überwachungsfunktionen. Auch aus diesem Grund wird das Thema Sicherheit, sowohl auf staatlicher als auch auf privatwirtschaftlicher Ebene, regelmäßig bei der Ausformulierung von Leitbildern inkludiert.

Darüber hinaus ist der Aspekt der sichtbaren Managementunterstützung sowohl für öffentliche als auch für privatwirtschaftliche Sicherheitsorganisationen von besonderer Bedeutung, denn sie bewegen sich zunehmend in einem dynamischen und volatilen Gefährdungsumfeld, welches ein hohes Belastungsniveau impliziert. In diesem Kontext unterstützt der richtige Ton von oben auch die Akzeptanz der jeweiligen Sicherheitsorganisation bei allen relevanten Stakeholdern in ihrem Zuständigkeits-/Verantwortungsbereich. Gemeint ist in diesem

Zusammenhang nicht nur das verbale Bekenntnis von Entscheidern zu Orientierungen in Form von Leitbildern und Verhaltenskodizes, sondern vor allem das Vorleben dieser Inhalte durch die Führungsspitze (Roboff, 2016). Entscheidend ist also, dass der Ton von oben durch Führungskräfte glaubwürdig verkörpert, transportiert und gelebt und als verlässliche Quelle erwünschter Verhaltensweisen betrachtet wird. Organisationen, die Sicherheitsprozesse erfolgreich in ihre strategischen Planungen einbeziehen oder, wie auf behördlicher Ebene, Sicherheit als Mandat nach dem Prinzip einer serviceorientierten Verwaltung nach außen tragen und bewerben, verfügen über einen eindeutigen Wettbewerbsvorteil gegenüber anderen Organisationen. Insbesondere interne Kontrollfunktionen wie Security/IT-Security, Compliance/Integrität, Audit/Revision, Datenschutz sowie Safety/Arbeitssicherheit werden zuweilen als Kostentreiber ohne wirksamen Beitrag zum Unternehmenserfolg wahrgenommen. Insbesondere hier ist es zielführend, wenn das Top-Management regelmäßig seine Unterstützung signalisiert und diese, z. B. im Informationssicherheits-Standard ISO 27001 gefordert, in den jeweiligen Regelwerken dokumentiert ist. Die oberste Organisationsleitung muss regelmäßig öffentlich Unterstützung für Kontrollfunktionen zeigen. Wirksame Verankerung von Risiko- und Kontrollprozessen in der Organisation erfordert immer gelebte, dokumentierte und kommunizierte Unterstützung von oben.

> **Empfehlungen für Verantwortliche & Entscheider**
>
> - Verbessern Sie zielgerichtet und kontinuierlich die Unterstützung des Top-Managements für Ihren Aufgabenbereich und daraus resultierende Belange.
> - Machen Sie die Unterstützung durch das Top-Management nach innen und außen sichtbar, z. B. in Veröffentlichungen, Leit- und Richtlinien, digitalen Medien, Veranstaltungen, E-Mail-Verteilern und Sensibilisierungskampagnen.
> - Dokumentieren Sie die Top-Management-Unterstützung in den jeweiligen Richtlinien, Regelwerken und Leitbildern.
> - Fördern Sie nicht nur die Top-Management-Unterstützung selbst, sondern auch damit verbundene Verpflichtungen wie Zuweisung ausreichender Ressourcen sowie sichtbares Engagement und Teilnahme an sicherheitsrelevanten Veranstaltungen oder Marketingkampagnen.

## 2.4 Messbarkeit & Key Performance Indicators

Bei Key-Performance-Indicators (KPI's) handelt es sich um organisationsinterne Leistungskennzahlen, die z. B. bestimmte Richtzahlen, Vorkommnisse sowie einen Zielerreichungs- oder Erfüllungsgrad bemessen (Hassler, 2018). Kennzahlenprozesse werden in vielerlei Form sowohl in Sicherheitsorganisationen der Wirtschaft (z. B. Anzahl von Sicherheitsvorfällen oder Betriebsunterbrechungen, Inventurdifferenz, Anzahl von internen Beratungsleistungen, Trainings, Ermittlungen und Sicherheitsvorfälle, Anzahl implementierter Richtlinien und Audits) als auch in staatlichen Sicherheitsorganisationen (z. B. Anzahl behördlicher Einsätze, Interventions-/Reaktionszeiten, Strafanzeigen/Ordnungswidrigkeiten, Kriminalstatistiken und Lagebildern, Maßnahmenkonzepte, Projekte und Ressourcenauslastung) durchgeführt. KPI's zielen also darauf ab, die Leistungsfähigkeit respektive Wirksamkeit von Organisationen zu bemessen sowie gleichermaßen standardisiert zu optimieren. Darüber hinaus sollten KPI's immer kritische Erfolgsfaktoren reflektieren sowie mit den Organisationszielen verankert sein (Perois, 2019). Verantwortliche und Entscheider in Sicherheitsorganisationen müssen zu jedem Zeitpunkt einen holistischen Blick über ihre Organisation haben. Sie müssen prüfen ob Strategien funktionieren, Leistungen wirksam und effizient erbracht werden, interne und externe Stakeholder zufrieden sind und die Organisation gemäß ihrer Wirtschaftlichkeitsanforderungen effektiv und effizient arbeitet.

Darüber hinaus stehen verantwortliche Entscheider von Sicherheitsorganisationen gegenüber dem jeweiligen Top-Management immer auch im Wettbewerb mit anderen Organisationen oder Bereichen/Ressorts der eigenen Organisation. Sowohl privatwirtschaftliche als auch staatliche Sicherheitsorganisationen werden anhand von Kennzahlen durch ihre Führung gemessen. Dieser Aspekt ist in jeder Sicherheitsorganisation, insbesondere im Hinblick auf das Management-Berichtswesen im Sinne von KPI's und Zielerreichung, von erheblicher Bedeutung. Unabhängig davon ob Sicherheitsorganisationen einer staatlichen oder privatwirtschaftlichen Führung unterliegen, in jedem Fall müssen Aufwände legitimiert, Lagebilder kommuniziert und Entscheidungsbedarfe fundiert und präzise dargestellt werden. Hierzu benötigt der jeweilige Entscheider belastbare Metriken und KPI's, die die Leistung der Gesamtorganisation reflektieren. KPI's sind somit wesentliches Instrument zur regelmäßigen Erhebung und Sichtbarmachung der organisatorischen Wirksamkeit und helfen Sicherheitsorganisationen bei der Nutzung ungehobener Potentiale, der Korrektur von Fehlentwicklungen, der Erkennung von Chancen und Risiken, der Identifikation und Implementierung konkreter Maßnahmen sowie der Legitimation von Ressourcen. Darüber hinaus stellen KPI's insbesondere deshalb einen Unterstützungsfaktor für Sicherheitsorganisationen dar, weil naturgemäß die Entwicklung kriminologischer Phänomene, Hell-und Dunkelfeldanalysen sowie Korrelationen zwischen präventiven Maßnahmenkonzepten und Eintrittswahrscheinlichkeit von Schäden und deren Ausmaß nicht adäquat bemessen werden kann.

> **Empfehlungen für Verantwortliche & Entscheider**
>
> - Definieren und etablieren Sie spezifische, verständliche und zuverlässige Kennzahlenprozesse für ausgewiesene Verantwortungsbereiche, um Wirksamkeit und Erfüllungsgrad ihrer Tätigkeit zu dokumentieren und demonstrieren.
> - Legen Sie Zielkennzahlen fest und hinterlegen Sie diese mit einer Deadline
> - Definieren Sie die Messung sowie die Frequenz der Messung Ihrer Zielkennzahlen.
> - Evaluieren Sie die erhobenen KPIs.
> - Legen Sie Verbesserungsbedarfe fest und adaptieren Sie Ihre Zielkennzahlen an neue Realitäten.
> - Prüfen Sie Ihre Kennzahlen regelmäßig auf Aktualität.

## 2.5 Organisationskultur

Die Kultur von Organisationen bildet einen komplexen Aspekt, der sich zunehmend auch zu einem zentralen Wettbewerbsfaktor sowie seismographischen Gradmesser für den Erfolg von Organisationen etabliert hat. Dieser Umstand fand in Vergangenheit wissenschaftliche Untermauerung, indem eindeutige Korrelationen zwischen Kultur und Progress von Organisationen festgestellt wurden. Organisationskultur und die damit einhergehenden Wertegerüste bilden gleichermaßen die Basis für Vision, Mission und Traktion. Organisationkultur ist gleichermaßen für staatliche und wirtschaftliche Organisationen von Relevanz, denn sie definiert das System gemeinsam geteilter Werte, Rituale, Symbole, Strukturen und strategischer Ziele (Initio Organisationsberatung, 2019).

Jegliche Interaktion innerhalb einer Organisation geschieht vor dem Hintergrund einer kulturellen Rahmung. Somit beeinflusst die Organisationskultur sämtliche Aktivitäten innerhalb der Organisation sowie ihrer Angehörigen und wirkt sich in erheblichem Umfang auf Aspekte von Führung, Steuerung, Entscheidungsfindung oder Etablierung und Aufrechterhaltung von Beziehungen zu internen und externen Stakeholdern aus. In der Unterscheidung zwischen starken und schwachen Organisationskulturen wird häufig auf die Prägnanz, den Verbreitungsgrad sowie die Verankerungstiefe der jeweiligen Kultur verwiesen (Herde, 2000). Neben der Binnenkultur unterliegen Organisationen jedoch auch wirtschaftlichen, sozialen und politischen Einflüssen, welche eine Auseinandersetzung mit diesen externen Faktoren erforderlich macht. Organisationskultur ist neben der Fähigkeit zur flexiblen Adaption zu einem elementaren Transformationsmotor geworden, denn nur Organisationen, die es schaffen, neben der Implementierung von Strukturen, Prozessen, Technologien auch Innovationfähigkeit, Diversität, Kollaboration und Integrität zu potenzieren, werden langfristig im VUKA-Umfeld erfolgreich sein.

Zu unterscheiden ist der Begriff der Organisationskultur an dieser Stelle von dem der Sicherheitskultur, also Einstellung und Fähigkeit im Umgang mit sowie der Akzeptanz von Sicherheitsaspekten innerhalb einer Organisation. Die Sicherheitskultur ist nicht minder elementar, da sie Verankerung und Akzeptanz von Sicherheitszielen in der Organisation schafft. In „antifragilen" (Taleb, 2013) Organisationen wird aus dem Risikofaktor Mensch der Sicherheitsfaktor Mensch. Alle Mitglieder einer jeden Organisation sollten eine proaktive Rolle bei der Umsetzung sicherheitsrelevanter Themen spielen. Viele Organisationen vernachlässigen jedoch die wesentlichen Multiplikationseffekte, die durch die Schaffung einer robusten Sicherheitskultur erzielt werden können. Eine nachhaltige Sicherheitskultur einer Organisation erfordert, dass jeder an ihr mitwirkt. Sicherheit als Gemeingut muss entsprechend als interdisziplinäre Gemeinschaftaufgabe verstanden werden, zu der jeder seinen Beitrag leistet. Eine Sicherheitskultur wächst traditionell nicht organisch, sie lässt sich grundsätzlich auch nicht verordnen, sondern muss stets den individuellen Rahmenbedingungen und dem Organisationskontext angepasst werden. Grundsätzlich sollte eine nachhaltige Sicherheitskultur gezielt, disruptiv, inkludierend und effizient sein, um in die DNA einer jeden Organisation übergehen zu können.

> **Empfehlungen für Verantwortliche & Entscheider**
>
> - Entwickeln Sie eine in die Zukunft gerichtete Organisationskultur, machen sie diese zum regelmäßigen Agendapunkt in Managementkreisen und bewerben Sie diese entsprechend dem Motto „Tue Gutes und rede darüber".
> - Synchronisieren Sie Sich regelmäßig mit Fachbereichen wie Personal, Recht & Compliance, Risikomanagement, IT etc. und identifizieren Sie kulturelle Prioritäten, Stärken und Herausforderungen.
> - Fordern Sie bei der Besetzung von Managementfunktionen Führungskultur als Schlüsselkompetenz.
> - Etablieren Sie Leitbilder und Verhaltenskodizes und damit einhergehende Mitarbeiterschulungen.
> - Stellen Sie sicher, dass Ihre Organisationskultur offen, fair, widerstandsfähig, agil, divers und innovativ ist.

## 2.6 Integrität

Im Verlauf der letzten Jahrzehnte hat sich der Aspekt der Integrität, nicht erst durch die Etablierung des United Nations Global Compact, des Public Corporate Governance Kodex, der bevorstehenden Einführung des Verbandssanktions- sowie Lieferkettengesetzes sowie der Ernennung von Integritätsbeauftragten auf polizeibehördlicher Ebene, zu einem Zukunftsleitbild entwickelt. Dieses Leitbild ist für Staat und Wirtschaft schon lange keine Kür mehr und basiert nicht nur auf gesetzlicher oder quasi-gesetzliche Regulierung. Vielmehr ist Integrität Teil des universalen Wertekanons, Wettbewerbsfaktor, Innovationsmotor sowie zentrales Element von Organisationskulturen geworden. Integres Handeln, geprägt von Moralität, Glaubwürdigkeit, Standhaftig- und Nachhaltigkeit ist Gradmesser in der heutigen unsicheren Zeit. Dies gilt insbesondere auch für Sicherheitsorganisationen auf staatlicher und privatwirtschaftlicher Ebene, welche traditionell mit Aufgaben betraut sind, die ein hohes Maß an Integrität erfordern. Erschwerend kommt hinzu, dass Sicherheitsorganisationen sich zunehmend in Spannungsfeldern bewegen, die von globalen, gesamtgesellschaftlichen, politischen sowie kriminologischen Dynamiken bestimmt werden und somit das Belastungsniveau exponentiell anheben.

Leistungsfähige Sicherheitsorganisationen leben vom Vertrauen ihrer Stakeholder. Dieses Vertrauen ist keineswegs selbstverständlich oder gar hereditär und muss regelmäßig neu erarbeitet, gestaltet und aufrechterhalten werden. Das erweist sich nicht nur deshalb als besonders herausfordernd, weil Sicherheitsorganisationen traditionell nach Außen eine eher defensiv ausgerichtete Marketingstrategie verfolgt haben, sondern insbesondere auch, weil mangelnde Integrität innerhalb des Sicherheitssektors hohe Aufmerksamkeit in der Öffentlichkeit erfährt. Regelmäßige Skandale, sowohl auf sicherheitsbehördlicher als auch auf privatwirtschaftlicher Ebene untergraben das Vertrauen in Sicherheitsorganisationen. Daraus resultierend wird mangelnde Integrität aus der Binnenschicht von Sicherheitsorganisationen häufig nicht als Einzelfall, sondern vielmehr als strukturelles Problem bewertet, aus welchem sich ein Generalverdacht manifestiert. Konsequenz ist Vertrauens- und Reputationsverlust sowie erodierende Akzeptanz von Öffentlichkeit und relevanten Stakeholdern, zuweilen mit gravierenden Folgen (Will o. J.). Umso wesentlicher ist es, eigene Leistungen und damit verbundene Werte im Innen- und Außenverhältnis transparent zu machen. Gleichermaßen gilt es, Wertegrundsätze durchgehend in der Organisationskultur zu verankern. Die Adaption der Wertegrundsätze kann dann im Kontext des normativen Rahmens einer Organisation unter dem Begriff der Integrität subsumiert werden. Integrität darf nicht mehr intuitiv, sondern muss systematisch sein und als stabilisierender Faktor betrachtet werden.

Im Sinne von präzise und verständlich formulierten Richtlinien für integres Handeln lassen sich Organisationswerte bis zu einem gewissen Grad verschriftlichen, wichtiger ist es jedoch, diese Werte zu leben und als Führungsinstrument zu nutzen, um Mitarbeitern einen Orientierungsrahmen zu bieten. Auf der anderen Seite brauchen Organisationen im Sicherheitssektor wirksame Kontroll- und Sanktionssysteme im Sinne einer funktionierenden Governance. Sobald Zugehörigkeit zur Organisation erfolgt, entsteht hierachieübergreifend die Verpflichtung, organisationsinterne Werte und Regeln zu befolgen und zu adaptieren.

**Empfehlungen für Verantwortliche & Entscheider**

- Etablieren Sie inkrementell, aber systematisch eine Ethikstrategie und damit einhergehende Leitplanken /normative Richtwerte, welche Verhaltensanker für integres Verhalten im Innen- und Außenverhältnis sind.
- Kommunizieren Sie.

- Leben Sie die eigenen Organisationswerte und zeigen Sie Kongruenz durch gemeinsame Weichenstellung (Walk the Talk).
- Fördern Sie eine starke Governance und implementieren Sie Management-Kontroll-und Sanktionssysteme (Compliance-Management-Systeme).
- Sensibilisieren Sie in Bezug auf Grauzonen.
- Inkludieren Sie das Thema Integrität in Ihre Personalgewinnungs-sowie Entwicklungsstrategie (on-und off-boarding-Prozesse)

## 2.7 Vernetzung & Interdisziplinarität

Die weitreichenden Veränderungen der nationalen und internationalen Sicherheitslandschaft durch Globalisierung, Cyberkriminalität, Klimawandel, Migration, Organisierte Kriminalität sowie hybride Bedrohungsszenarien stellen Sicherheitsorganisationen in Staat und Wirtschaft vor besondere Herausforderungen. Das in diesem Zusammenhang zuweilen entstehende Sicherheitsvakuum macht eine holistische sowie interdisziplinäre Betrachtung dieser neuen Risikofelder erforderlich. Nicht zuletzt haben die weltweite COVID-19-Pandemie oder jüngste Flutkatastrophen erkennen lassen, dass die Bedeutung ganzheitlicher und harmonisierter Ansätze, bei deren Ausgestaltung diverse Akteure sektorenübergreifend eine Rolle spielen müssen, unabdingbar ist. Das gilt insbesondere für die Verzahnung von Staat, Wirtschaft, Forschung, Nichtregierungsorganisationen und Gesellschaft. Was geboten ist, sind sogenannte ‚whole-government'- oder ‚whole-nation'-Ansätze (Republik Österreich, Bundesinnenministerium Für Inneres 2015). Ohne gemeinsame strategische, operative und taktische Herangehensweisen an neuartige Bedrohungsszenarien besteht die Gefahr, dass sich sicherheitsrelevante Bestrebungen selektiv auf bestimmte Bedrohungsformen konzentrieren, während andere vernachlässigt werden und sich entfalten bis sich Fokus und Kapazitäten viel zu spät in die richtige Richtung verschieben. Sicherheitsorganisationen, sowohl im Innen-als auch im Außenverhältnis, brauchen Verbündete statt Verantwortungshohlräume. Im Innenverhältnis gilt es, entsprechende Schnittstellenkoordination mit Fachbereichen (z. B. IT, Datenschutz, Compliance, Arbeitssicherheit, Personalwesen, Rechtsabteilung etc.) zu fördern. Im Außenverhältnis spielt die Bildung von und Vernetzung mit Public–Private-Partnerships, in denen die Expertise von Staat und Wirtschaft konsolidiert wird, eine zunehmend unverzichtbare Rolle. In diesem Zusammenhang wurden im Verlauf der letzten zwei Dekaden bereits, sowohl auf Bundes-sowie Landesebene, wichtige Meilensteine durch die Etablierung von Sicherheitspartnerschaften gesetzt. Initiativen wie die „Global Player Initiative", die „Initiative Wirtschaftsschutz" oder auf Verbandsebene die „Allianz für Sicherheit in der Wirtschaft", die „Allianz für Cybersicherheit" oder das „DAX 30 Forum" sind zu Taktgebern im Bereich Wirtschaftsschutz und sicherheitsrelevanten Fragestellungen geworden.

Vernetze Sicherheit ist nicht nur zum Schlüsselfaktor bei der Schaffung einer Sicherheitsarchitektur, die den Herausforderungen des 21. Jahrhunderts gewachsen ist, geworden. Vielmehr ist vernetzte Sicherheit ein offizielles Konzept der Sicherheitspolitik geworden (Meierjohann & Wittkowsky, 2011). Hierbei stellt das Aufbrechen traditionell entstandener Silos eine besondere Herausforderung dar, denn trotz aller erfolgreichen Bestrebungen, Sicherheitsorgane in einem synergetischen Ansatz zu vereinen und Allianzen zu bilden, so ist die Partizipation in Sicherheitspartnerschaften häufig noch einem definierten Kreis vorbehalten. Dieser Kreis inkludiert staatliche Sicherheitsorgane, Sicherheitsorganisationen multinationaler Unternehmen sowie nationale und internationale Sicherheitsverbände. Kleine und mittelständische Unternehmen, sogenannte „Hidden Champions" sowie Nichtregierungsorganisationen sind in diesem Konglomerat noch fragmentär vertreten. Letzteres resultiert aus mangelnden Budgets, personellen Ressourcen oder institutioneller Reichweite. Dies kann zu einer nicht vorhandenen oder sehr vulnerablen Sicherheitskultur in eben diesen Organisationen führen. In diesem Zusammenhang müssen in die Zukunft gerichtete Bemühungen Inklusion vorantreiben, Expertenwissen zur Verfügung stellen und strategische Partnerschaften um genau diese Unternehmen/Organisationen erweitern. Das gilt nicht nur vor dem Hintergrund einer harmonisierten und übergreifenden Befähigung, sondern birgt auch einen präventiven Ansatz, da die Existenz von kleinen und mittelständischen Unternehmen, mit ihren Interdependenzen zu multinationalen Konzernen, das Fundament der deutschen Wirtschaft bilden. Die COVID-19-Pandemie hat Sicherheitsorganisationen in Staat und Wirtschaft elementare Lektionen über Resilienz, ganzheitliche Ansätze und die Komplexität der Konstituierung und Wahrung von Sicherheit in der heutigen Welt erteilt. Die daraus resultierende neue Normalität ist unausweichlich. Jetzt gilt es, einen gemeinsamen Weg zur nächsten Normalität zu finden und ihr einen Schritt voraus zu sein. Was benötigt wird ist die Akzeptanz und Umsetzung harmonisierter Sicherheitsstrategien. Da es keinen Königsweg für eine rasche Wiederherstellung des globalen Immunsystems gibt, muss die Steigerung der Widerstandsfähigkeit von Staat, Wirtschaft und Zivilgesellschaft das Rezept der Wahl sein. Vernetzte

Sicherheit ist somit der Grundstein einer zukunftsorientierten und antifragilen Sicherheitslandschaft.

> **Empfehlungen für Verantwortliche & Entscheider**
>
> - Fördern Sie die Gewinnung von Netzwerkpartnern durch Bereitstellung eigener Kapazitäten.
> - Nutzen Sie den interdisziplinären Diskurs zum Wissenstransfer/Erfahrungstransfer, zur synergetischen Ressourcenmobilisierung sowie zur Initiierung gemeinsamer Projekte und Strategien.
> - Partizipieren Sie an Ausbildungs-und Schulungskonzepten der jeweiligen Netzwerkpartner.
> - Nutzen Sie bereits etablierte Netzwerke zur Harmonisierung übergreifender Problemstellungen, Maßnahmenkonzepte sowie Einflussnahme auf politische Entscheidungen.
> - Tragen Sie durch Netzwerkarbeit und Einflussnahme zur Stabilisierung Ihres Standortes bei.

## 2.8 Marketing von Sicherheitsorganisationen

Betrachtet man Marketing als eine Reihe von Strategien und Aktivitäten, welche zum Ziel haben, eine Marke, ein Produkt oder eine Dienstleistung attraktiv zu bewerben, den Aufbau nachhaltiger Beziehungen zu internen und externen Stakeholdern sowie die Erweiterung der Reichweite durch ständige Präsenz und Transparenz zu erhöhen, so lässt sich auf den ersten Blick kein Widerspruch zu Interessen von Sicherheitsorganisationen erkennen. In der Vergangenheit schienen Marketing und Sicherheit jedoch zwei gegensätzliche Pole zu sein. Gründe für diesen zurückhaltenden Ansatz waren zum einen obligate und berechtigte Vertraulichkeits- oder Geheimhaltungsbedarfe in Bezug auf einige Tätigkeitsbereiche von Sicherheitsorganisationen. Zum anderen bestand oftmals die Befürchtung, dass Kommunikation und Vermarktung von sicherheitsrelevanten Themen, intern sowie extern, irritiert, eine Angstkultur erzeugt oder Schwachstellen suggeriert. Diese Annahme könnte falscher nicht sein, denn die Förderung von Sicherheit durch gezieltes Marketing entwickelt sich inkrementell zu einem Organisationswert, der nicht nur positives Distinktionsmerkmal von Sicherheitsorganisationen sein kann, sondern vielmehr auch Gegengewicht zur digitalen

Kriminalitätsphänomenen sowie Desinformation. Wesentlicher Lösungsansatz ist hier die Umsetzung ganzheitlicher sowie professioneller Marketingstrategien. Proaktives Marketing, größtmögliche Transparenz und Reichweite durch robuste physische und digitale Präsenz bieten die Plattform für zielgruppenorientierte Vermittlung sicherheitsrelevanter Inhalte.

In der Gesamtwahrnehmung von Sicherheitsorganisationen können nur Transparenz und Offenheit den unzeitgemäßen und zuweilen kontraproduktiven Mythos der „dark art of security" und gleichermaßen das konservative Branding, mit dem Sicherheitsorganisationen belegt sind, umkehren. Sicherheitsorganisationen müssen sich, wo möglich, verstärkt ins Rampenlicht ihres Umfelds begeben, um Inhalte, Prozesse und Servicedienstleistungen im Rahmen einer wertschöpfenden Kundenbeziehung zu adressieren. Der Präsident der International Security Manager Association (ISMA) ermutigte in diesem Zusammenhang global verantwortliche Sicherheitsmanager, auch die Rolle des „Chief Marketing Officers" einzunehmen, um Stärken und Möglichkeiten von Sicherheitsorganisationen nicht nur aktiv zu vermarkten, sondern diese mit dem gesamten Unternehmensumfeld zu verweben (International Security Management Association, persönliche Mitteilung, 2010). Positives Marketing von Sicherheit ist daher auch kein reines Kommunikationsinstrument, sondern gleichermaßen Aufgabe von Entscheidungsträgern.

In diesem Zusammenhang müssen Sicherheitsorganisationen neues Terrain beschreiten und sich aller medialen Kanäle und Modalitäten bedienen, die Stakeholder sowie Zielgruppen ansprechen. Was benötigt wird, ist ein Mehrkanalansatz, der auch soziale Medien inkludiert. Der Schlüssel hier ist Allgegenwärtigkeit, ohne abschreckend oder omnipräsent zu sein. Vielmehr geht es darum, die Reichweite und Botschaft von Sicherheitsorganisationen zu erweitern, indem relevante Stakeholder auf alle Inhalte und Aktivitäten Ihrer Sicherheitsorganisation hingewiesen werden und von diesen profitieren. Diesem Trend folgend haben viele staatliche Sicherheitsbehörden ihre Strategie angepasst und sogenannte Social-Media-Konzepte entwickelt. Aktive und transparente Interaktion, wie zum Beispiel durch themenspezifische und zielgruppenorientierte Sensibilisierungskampagnen Warnmeldungen, Fahndungsaufrufe, Zeugensuche und Karrieremöglichkeiten. Beispielhafte Vorreiter sind in diesem Kontext Interpol, Europol und die Vereinten Nationen, die Sicherheitsinhalte adressatengerecht und vertrauensbildend bewerben.

> **Empfehlungen für Verantwortliche und Entscheider**
>
> - Identifizieren Sie Nutzungspotentiale sowie Nutzungsprioritäten einer gezielten Marketingkampagne und nutzen Sie diese, wenn nötig für ein „Re-Branding" Ihrer Organisation.
> - Etablieren Sie eine Marketingstrategie, die die Distribution von relevantem Sicherheitsinhalten zielgruppenorientiert, themenspezifisch und nutzbringend vermittelt sowie Personalgewinnungsmaßnahmen unterstützt.
> - Verstehen Sie Sich als Informations-Austausch-und Interaktionsplattform.
> - Multiplizieren Sie Ihre Reichweite organisationsübergreifend durch einen Mehrkanalansatz und generieren Sie somit einen „High Touch", den Sie gleichzeitig zur Steuerung von KPI' s nutzen können.
> - Nutzen Sie analoge sowie digitale Instrumente wie Town Hall-events, Toolbox Talks, E-Learnings, Merchandising, Blogbeiträge, Tutorials, Gamification, Infografiken etc.

## 2.9 Personalstrategie & Recruiting

Auch die Arbeitswelt sowie der Arbeitsmarkt sind derzeit einem grundlegenden Wandel unterworfen. Aufbau, Etablierung sowie Erfolg von Sicherheitsorganisationen hängen maßgeblich von der personellen Zusammensetzung und Verfügbarkeit von geeignetem Personal ab. Dieser Umstand wird nicht zuletzt durch digitale Transformation, demographischen Wandel und dem Wettbewerb um geeignete Talente verstärkt. Aus diesem Grund ist die personelle Aufstellung von Organisationen wesentlich komplexer als nur die reine Rekrutierung von Sicherheitsexperten mit unterschiedlicher Expertise. Das gilt insbesondere für Sicherheitsorganisationen, die möglichst große Teile ihres Personalkörpers lieber in traditionellen Strukturen geführt und entwickelt haben. Im Rahmen der Personalrekrutierungsstrategie von Sicherheitsorganisationen müssen Personal- und Fachbereichsverantwortliche deshalb zusehends neues Terrain beschreiten um geeignetes, kompetentes und verantwortungsbewusstes Personal zu finden sowie dieses gleichermaßen zu binden. Hierbei spielen Diversität wie Geschlecht, Alter,

Ethnizität und professioneller Werdegang, aber auch Entlohnung eine elementare Rolle. Das ist nicht nur vor dem Hintergrund herausfordernd, weil tradierte Sicherheitsorganisationen dazu tendiert haben, ihren Personalkörper vornehmlich aus internen Ressourcen zu etablieren (staatliche Sicherheitsorganisationen) oder wie auf privatwirtschaftlicher Ebene, diesen aus staatlichen Sicherheitsapparaten zu rekrutieren. Über Jahre galt die ehemalige Zugehörigkeit zu Polizei, Nachrichtendienst oder Militär als wesentliche Qualifikation für die Besetzung von Sicherheitsfunktionen in der Wirtschaft. Dieser Ansatz hatte zweifellos seine Berechtigung, ist aber in Zeiten der sich ständig global wandelnden Sicherheitsinfrastruktur, zumindest partiell, obsolet geworden. Das Kompetenzportfolio zukunftsträchtiger sowie leistungs- und wettbewerbsfähiger Sicherheitsorganisationen muss zwingend geschärft werden. Wesentlicher Fokus muss auf die Integration von Tätigkeitsanforderungen wie Prozesskompetenz, Technologiekompetenz, Strategiefähigkeit, Business Acumen, Innovationskompetenz sowie Diversitätskompetenz gelegt werden. Zudem gilt es auch, den „Human Capital Trend" (Deloitte, 2020), Modelle flexibler Arbeitswelten sowie Anforderungen der neuen Generationen an eine Work-Life-Balance Rechnung zu tragen. Die neue Arbeitswelt sowie Erwartungshaltungen des Arbeitsmarkts sind anders, nämlich geprägt von Agilität, Flexibilität, Sinnhaftigkeit sowie Wertschätzung und Streben nach einer gelungenen Symbiose von Leben und Arbeiten. Die Verbreitung neuer Arbeits- und Kommunikationstechnologien verstärkt diesen Trend. Diese Kombination dynamischer Faktoren wird mittelfristig dazu führen, dass sich die Profession, welche über Dekaden in Sicherheitsorganisationen aufrechterhalten wurde, wandelt und sogar enthärtet. Marco Cabric erklärte in diesem Zusammenhang, dass Sicherheitsorganisationen von „James Bonding" zu „Bonding" gehen müssen (Cabric, 2017). Zukünftig wird kollektives und diversifiziertes Wissen im Vordergrund stehen. Die Zusammensetzung von erfolgreichen Teams in Sicherheitsorganisationen muss also derart gestaltet werden, dass diese gerüstet sind, komplexe Tätigkeiten entlang vielschichtiger Strukturen, in unübersichtlichen Situationen und über geographische Distanzen hinweg auszuführen. Hierfür braucht es eine zukunftsfähige Personalstrategie, die nicht nur die zuvor beschriebenen Kompetenzen fördert und fordert, sondern gleichermaßen darwinistischen Prinzipien folgt. In diesem Zusammenhang geht es also nicht nur um die adäquate Besetzung vakanter Positionen, sondern um die Implementierung von Personalentwicklungsprogrammen, die insbesondere den Kontext der Digitalisierung spiegeln. Sogenannte upskilling, siteskilling und multiskilling-Initiativen sind hier von elementarer Bedeutung, um den Bedarf an zukünftigen Kompetenzen in allen Organisationsebenen zu decken (Capgemini, 2019).

> **Empfehlungen für Verantwortliche & Entscheider**
>
> - Identifizieren Sie vorzeitig zukünftige Personalbedarfe und damit einhergehende Werte, Fähigkeiten und Kompetenzen.
> - Diversifizieren Sie Ihre Personalstrategie und etablieren Sie daraus einen systematischen und wissenschaftlichen Prozess.
> - Definieren Sie Entwicklungswege stetig und adaptieren Sie diese an gesamtgesellschaftliche, wirtschaftliche und technologische Entwicklungen sowie die eigene Organisationsstrategie.
> - Überprüfen Sie Personalentwicklungsprogramme und legen Sie den Fokus auf Upskilling-, siteskilling- und multiskilling-Initiativen.
> - Fördern Sie die Symbiose zwischen Leben und Arbeiten.
> - Schaffen Sie eine Kultur, die Wertschätzung, Motivation, Agilität und Flexibilität fördert und fordert.

## 2.10 Technologie & Innovation

Technologische Entwicklungen sowie die Steigerung der Innovationsdynamik erfordern veränderte Antworten darauf, wie Sicherheitsorganisationen sich zukünftig strategisch aufstellen. Mehr denn je gilt es für Sicherheitsorganisationen, ihren Platz im Spannungsfeld der Sicherheitskonvergenz zwischen logischer und physischer Sicherheit zu finden, denn beide Disziplinen korrelieren miteinander und fordern integrale Ansätze. Technologien sind zweifelsohne die veränderungsstärksten Trends, denn ihr zunehmender Einsatz in Form von „Intelligentisierung, Robotisierung, Virtualisierung und Automatisierung" (Micic, 2020) sowie des damit einhergehenden Wachstums digitaler Ökosysteme sind unaufhaltsamer Teil des gesellschaftlichen sowie wirtschaftlichen Wandels geworden. Gleichzeitig nimmt auch der Grad der Vernetzung im Rahmen von neuen Geschäftsmodellen zu. Diese Entwicklungen schaffen neue Chancen, erhöhen aber gleichzeitig auch die Verletzbarkeit von Staat, Wirtschaft und Gesellschaft gegenüber korrelierenden Risiken. Darüber hinaus transformiert Technologie nicht nur Wirtschaftssysteme und Gesellschaften, sondern ist wesentliche Treiber globaler Staatsmacht geworden. Folglich hat sich das heutige Risikouniversum, in dem sich Sicherheitsorganisationen bewegen, multipliziert, denn neue Technologien bergen auch inhärente Schwachstellen und somit neuartige Bedrohungsszenarien (Munich, 2019).

Hierzu gehören Cyberkriminalität mit all ihren Facetten, Spionage und Sabotage. Wir leben in einer Welt unsichtbarer Gefahren, deswegen dürfen Sicherheitsstrategien nicht auf der Bedrohungslandschaft von gestern basieren und dem Denken der Maginot-Linie gleichen. Um diesem Anspruch gerecht zu werden, müssen Sicherheitsorganisationen in Staat und Wirtschaft sich Innovationen sowie dem Einsatz neuer Technologien öffnen und strategische, operative und personelle Anpassungen auf allen Organisationsebenen vornehmen. Damit einhergehend müssen Ausbildungssysteme sowie Optimierungspotentiale von Detektions-, Ermittlungs-, Präventions- oder Selektionsmethoden identifiziert, bewertet, implementiert, aber eben auch geschützt werden. Hierbei spielt eine effektive Strategie für das Innovationsmanagement eine elementare Rolle, denn der Verantwortungsrahmen von Sicherheitsorganisationen hat sich in diesem Zusammenhang drastisch erweitert. Strategische Vorausschau, beispielsweise durch „predictive analytics", „policing" oder „maintenance" ist wertvoller Motor transformativer Prozesse, wenn dieser frühzeitig in die DNA der jeweiligen Organisation integriert wird. Disruptive Technologien wie Künstliche Intelligenz, Biometrie, Drohnentechnologie, Big Data und Virtual Reality sind „Game Changer" für Sicherheitsorganisationen geworden. Sie haben jedoch auch eine Kehrseite der Medaille, denn sie sind der Sicherheit, die sie schützen soll, immer einen Schritt voraus. Folglich gilt es, eine holistische Abschirmung gegen alles was ihr digitales Ökosystem vulnerable macht vorzunehmen, einen Security-by-Design-Ansatz zu verfolgen und Informationssicherheit mitzudenken.

Darüber hinaus verändern Technologien das traditionelle Berufsbild in Sicherheitsorganisationen, denn der Kompetenzatlas muss sich um die Fähigkeit, diese Technologien nachvollziehen und effektiv anwenden zu können, erweitern. Das Tempo der Digitalisierung und somit der Einsatz von neuen Technologien wird sich zukünftig weiter beschleunigen. Für Sicherheitsorganisationen ist es somit von entscheidender Bedeutung, die Herkunft neuer Technologien und Talente zu diversifizieren, um einen nachhaltigen Wettbewerbsvorteil zu erlangen, sich in die Lage zu versetzen zu können, neuen Kriminalitätsphänomenen adäquat zu begegnen, Effizienz zu steigern sowie dem Wettbewerb um Talente standzuhalten. Hierbei kann die Kollaboration mit nationalen sowie internationalen Start-up-Ökosystemen sowie das damit verbundene Wissen und Netzwerk entscheidender Treiber für Innovationsenergie sein, der sich kurz-und langfristig profitabel für Sicherheitsorganisationen auswirken kann und diese zu Change-Facilitators macht.

> **Empfehlungen für Verantwortliche & Entscheider**
>
> - Seien Sie innovativen Trends voraus, identifizieren Sie neue Potentiale und agieren Sie als Orchestrator.
> - Beachten Sie die drei Dimensionen von Innovation: Wirtschaftlichkeit, technische Machbarkeit und Wünschbarkeit.
> - Betreiben Sie Innovation nicht um jeden Preis, richten Sie Ihre Innovationsstrategie nach Version, Ziel, Organisationsstruktur, Zielgruppe und gewünschten Output aus.
> - Nutzen Sie interne sowie externe Partner wie Inhouse-Innovationsteams, Beraterfirmen, Trendportale, Trendforschung sowie Start-ups.
> - Harmonisieren Sie Ihre Personalstrategie mit Ihrer Innovationsstrategie.
> - Stellen Sie sicher, dass Ihre Sicherheitsinfrastruktur end-to-end belastbar und verlässlich in Bezug auf den Einsatz neuer Technologien ist, Information und Identität sind die neuen Perimeter des 21. Jahrhunderts.

## Literatur

Cabric, M. (2017). *From corporate security to commercial force*. Butterworth-Heinemann.

Capgemini. (2019). Upskilling-der Schlüssel für eine erfolgreiche digitale Transformation. https://www.capgemini.com/de-de/2019/12/invent-upskilling/. Zugegriffen: 24. Jan. 2021.

Deloitte. (2020). 2021 Human Capital Trends: Die soziale Organisation in Zeiten der weltweiten Krise: Vom Durchhalten zum Durchstarten. https://www2.deloitte.com/de/de/pages/human-capital/articles/human-capital-trends-deutschland.html. Zugegriffen: 26. Jan. 2021.

Hassler, M. (2018). Einführung KPIs: Performance Indicators festlegen und in Dashboards verfolgen. https://upload-magazin.de/17840-einfuehrung-kpis-key-performance-indicators-festlegen-und-in-dashboards-verfolgen/. Zugegriffen: 5. Jan. 2021.

Herde, A. (2000). Organisationskultur am Beispiel der Humboldt-Universität zu Berlin. https://www.grin.com/document/102791. Zugegriffen: 28. Jan. 2021.

Initio Organisationsberatung. (2019). Unternehmenskultur: Die wichtigsten Modelle zur Analyse und Veränderung der Unternehmenskultur im Überblick. https://organisationsberatung.net/unternehmenskultur-kulturwandel-in-unternehmen-organisationen/. Zugegriffen: 4. Jan. 2021.

Lüerßen, H. (2019). Wie Operational Excellence funktioniert. https://www.cio.de/a/wie-operational-excellence-funktioniert,2258524. Zugegriffen: 5. Jan. 2021.

Meierjohann, P., & Wittkowsky, A. (2011). Das Konzept der Vernetzten Sicherheit: Dimensionen, Herausforderung, Grenzen. https://www.zif-berlin.org/sites/zif-berlin.org/files/inline-files/ZIF_Policy_Briefing_AG_VerSic_Apr_2011.pdf. Zugegriffen: 8. Febr. 2021

Micic, P. (2020). Das Trend-System für Ihr Business. https://www.futuremanagementgroup.com/de/trend-system-fur-ihr-business/?utm_campaign=Nutzen-E-Mails&utm_medium=email&_hsmi=107871824&_hsenc=p2ANqtz-88eKS4xojlVFRzHNVRuD3-Uzw94l OgnFxCKFc8CqI0RliMnQoeJtcOxHPS80TWmJKfXeV-E0dDnaCewUJaSldPW7cX5 mqsYO7REN12vjOMLOowDRQ&utm_content=107871824&utm_source=hs_email#. Zugegriffen: 18. Jan. 20201.

Munich, R. E. (2019). Cyber-Risiken. https://www.munichre.com/de/risiken/cyber-risiken.html. Zugegriffen: 4. Jan. 2021.

Perois, J. (2019). *Strategic security: Forward thinking for succesful executives.* CRC Press, Taylor & Francis Group.

Republik Österreich, Bundesinnenministerium Für Inneres. (2015). Teilstrategie Innere Sicherheit. https://www.bmi.gv.at/501/files/Teilstrategie_Innere_Sicherheit_V201 50324_web.pdf. Zugegriffen: 8. Febr. 2021.

Roboff, G. (2016). The Tone at the Top: Assessing the Board's Effectiveness. https://www.isaca.org/resources/isaca-journal/issues/2016/volume-6/the-tone-at-the-top-assessing-the-boards-effectiveness. Zugegriffen: 29. Dez. 2021.

Taleb, N. N. (2013). *Antifragilität: Anleitung für eine Welt, die wir nicht verstehen.* KNAUS.

Will, O. (nn). Integritätsmanagement: Ein strategischer Beitrag zur Modernisierung der öffentlichen Verwaltung. https://docplayer.org/38588456-Integritaetsmanagement.html. Zugegriffen: 11. Jan. 2021.

ZukunftsInstitut. nn. Megatrends. https://www.zukunftsinstitut.de/dossier/megatrends/. Zugegriffen: 1. Jan. 2021.

**Julia Vincke** ist Kriminologin, Head of Security der Volkswagen Group Middle East sowie Regional Security Officer für Asien Pazifik und den Mittleren Osten bei der Volkswagen AG. Zuvor war sie Chief Security Officer der CECONOMY AG. Julia Vincke verfügt über 25 Jahre Berufserfahrung auf Behörden-, Konzern-und EU-Ebene, wobei ihr Fokus auf Themenfeldern wie öffentliche Sicherheit, Konzernsicherheit, Sicherheitsstrategie, Krisenmanagement und internationale Sicherheit liegt. Zudem war sie als Trainingskoordinatorin für das German Police Project Team in Afghanistan sowie als Beraterin für die zivile EU-Grenzsicherungsmission, EUBAM Libya, im Rahmen der gemeinsamen Sicherheits- und Verteidigungspolitik in Libyen tätig. Julia Vincke ist Fachautorin, Dozentin sowie aktives Mitglied in nationalen sowie internationalen Sicherheitsverbänden.

**Kristof Riecke** verfügt über eine mehr als zehnjährige internationale Berufserfahrung in den Bereichen Information Security, Compliance, Datenschutz und Corporate Security, unter anderem als Informationssicherheitsbeauftragter, Datenschutzbeauftragter, Stellvertreter des Head of Group Security eines börsennotierten Handelskonzerns sowie in internationalen Beratungsgesellschaften und IT-Dienstleistungsunternehmen. Zum gegenwärtigen Zeitpunkt verantwortet er, unter anderem, den Aufbau des Standorts Düsseldorf sowie eines neuen Geschäftsbereichs in einem mittelständischen Beratungsunternehmen mit Schwerpunkt auf das Gesundheitswesen. Riecke ist Fachautor, Dozent, Mitglied verschiedener nationaler und internationaler Fachverbände/-gremien.

# Bewertung von Risiken und Investments im strategischen Sicherheitsmanagement

Jan Steinbrenner

> **Zusammenfassung**
>
> Sicherheitsabteilungen in Unternehmen sehen sich zunehmend mit der Aufgabe konfrontiert, ihren Beitrag zum Unternehmenserfolg messbar und für die Entscheider sichtbar und plausibel zu machen. Die Verknüpfung von spieltheoretischem Ansatz mit dem Satz der totalen Wahrscheinlichkeit macht es möglich, Sicherheitsrisiken objektiv und realitätsnah zu bewerten und Prognosen zum Kosten-Nutzen-Verhältnis von Sicherheitsmaßnahmen zu erstellen.

## 1 Einleitung

Sicherheitsmanagement geht heute weit über die klassischen Themen wie Reisesicherheit, Personenschutz oder physische Sicherheit hinaus. Für den Sicherheitsmanager unabdingbar ist neben einer fundierten Sicherheitsexpertise auch ein vertieftes Verständnis der Tätigkeitsfelder des Unternehmens und dessen Geschäfts- und Managementprozesse (bspw. Produktion, Supply Chain, Recht und Finanzen).

Sicherheitsabteilungen in Unternehmen sehen sich außerdem zunehmend mit der Aufgabe konfrontiert, ihren Beitrag zum Unternehmenserfolg messbar und für die Entscheider sichtbar und plausibel zu machen. Diese Aufgabe ist aus mehreren Gründen herausfordernd. Erstens ist Sicherheit schwer quantitativ zu fassen. Zweitens bleibt ein „Return on Security Investment" oftmals eine abstrakte

J. Steinbrenner (✉)
Merck KGaA, Darmstadt, Deutschland
E-Mail: jan.steinbrenner@merckgroup.com

© Der/die Autor(en), exklusiv lizenziert durch Springer Fachmedien
Wiesbaden GmbH, ein Teil von Springer Nature 2022
C. Vogt et al. (Hrsg.), *Wirtschaftsschutz in der Praxis,* Sicherheit – interdisziplinäre Perspektiven, https://doi.org/10.1007/978-3-658-35123-6_15

Größe, die sich nicht direkt in der P&L eines Unternehmens widerspiegelt. Drittens wird es in der Praxis selten gelingen den Nachweis zu führen, dass ein Sicherheitsvorfall eben deshalb nicht aufgetreten ist, weil die installierten Maßnahmen dies verhindert haben. Ein Phänomen, was in diesem Zusammenhang regelmäßig auftritt und auch im COVID-19-Kontext beobachtet werden kann, ist das sogenannte „Präventionsparadox". Eine sinnvolle und effektive Maßnahme wird umgesetzt, wodurch ein negativer Vorfall ausbleibt. Dieses Ausbleiben führt nun dazu, dass die Sinnhaftigkeit der Maßnahme in Frage gestellt wird, da es ja augenscheinlich „keine" Notwendigkeit gab.

Auch die Risikowahrnehmung und Entscheidungspräferenzen spielen bei Investitionsentscheidungen eine große Rolle. Es hängt wesentlich davon ab, ob die entscheidende/handelnde Person eher offensiv/selbstsicher, zurückhaltend/besorgt oder gar ängstlich ist. Um diesem Umstand Rechnung zu tragen, werden im Modell Akteure, wie von Bieta et al. (2004) vorgeschlagen, als strategische „Spieler" betrachtet und deren Verhalten als strategisches Risiko in einer Risikobewertung entsprechend gewichtet.

Somit nähert sich das vorgestellte Modell dem Problem Messbarkeit auf neuartige Weise. Die Verknüpfung von spieltheoretischem Ansatz mit dem Satz der totalen Wahrscheinlichkeit macht es möglich, Sicherheitsrisiken objektiv und realitätsnah zu bewerten und Prognosen zum Kosten-Nutzen-Verhältnis von Sicherheitsmaßnahmen zu erstellen (Stichwort: Return on Security Investment). Das Modell liefert Bewertungen über die Effektivität von Sicherheitsmaßnahmen und setzt diese in Zusammenhang mit deren Kosten. Damit hilft es Verantwortlichen, Fehlinvestitionen zu vermeiden und der Unternehmensführung den tatsächlichen Bedarf an Ressourcen und Investments in einem validen Business Case plausibel darzulegen.

## 2 Subjektivität und Biases bei Entscheidungen im Sicherheitsmanagement

Sicherheit ist ein subjektives und individualisiertes Thema, oft sogar ein wahrnehmungsgesteuertes Phänomen oder sogar Gefühl (Huber & Zaier, 2011, S. 26). Folglich hängt das subjektiv optimale Sicherheitsniveau stark von der Haltung der Entscheidenden ab, und risikoscheue Manager könnten bereit sein, mehr in Sicherheit zu investieren als risikofreudige. Für das optimale Niveau der Sicherheitsinvestition kann dies für risikoscheue Manager im Vergleich zur risikofreudigen 15 % höhere Sicherheitsausgaben bedeuten (Miaoui & Boudriga, 2017, S. 37). Diese individuelle Einstellung gegenüber dem Risiko ändert jedoch nichts an dem objektiv erforderlichen, optimalen Schutzniveau. Daher sollten auf der Ebene des strategischen Managements die subjektiven Einflüsse so weit reduziert werden, dass objektive und rationale Entscheidungsfindung zur dominierenden Form wird.

Nach Kahneman (2011) und Huber und Zaier (2011) gibt es mehrere Aspekte, die die Risikowahrnehmung beeinflussen (s. Tab. 1). Das Ausmaß, in dem diese Aspekte in einem bestimmten Unternehmen auftreten, hängt auch von der Unternehmenskultur ab, die ihrerseits stark von der Unternehmensleitung beeinflusst wird. Daher sollte bei der Ermittlung der Risikobereitschaft eines Unternehmens immer der „Tone from the top" berücksichtigt werden.

Wenn die Abweichung der subjektiven Wahrnehmung von der objektiven Situation zu groß wird, kann das Risiko für das Unternehmen steigen. Andererseits kann eine Überreaktion dazu führen, dass Ressourcen verschwendet werden. Eine auftretende, systematisch verzerrte Risikowahrnehmung kann, wie in Tab. 2 charakterisiert werden.

**Tab. 1** Faktoren, die die Risikowahrnehmung beeinflussen (Steinbrenner, 2020 nach Huber und Zaier 2011, S. 26; Kahneman, 2011, S. 79 ff.)

| Verhaltensaspekte | Verzerrende Effekte |
| --- | --- |
| Optimistischer Bias | Tendenz, die Wahrscheinlichkeit positiver Ereignisse zu überschätzen und die Wahrscheinlichkeit negativer Ereignisse zu unterschätzen |
| Bestätigungs-Bias | Tendenz, nach Bestätigungen für eine Überzeugung zu suchen und diese zu finden, während Gegenbeispiele ignoriert werden |
| Repräsentativität | Der intuitive Drang, Urteile auf Basis von Vergleichbarkeiten mit bereits Bekanntem zu fällen, ohne andere Faktoren wie Wahrscheinlichkeit, Statistik oder Stichprobenumfang zu berücksichtigen |
| Intuitive Vorhersagen | Schlussfolgerungen, die mit starker Intuition gezogen werden, führen zu Selbstüberschätzung. Nur weil sich eine Entscheidung „richtig anfühlt" (intuitiv), muss sie nicht richtig sein |
| Übersehen von Glück | Viele Entscheidungsträger hängen den Schwankungen von Zufallsprozessen gerne kausale Interpretationen an. Sie glauben, dass das Erreichen von Zielen vollständig in ihren eigenen Händen liegt, während sie den Glücksfaktor unterschätzen |
| Kontroll-Illusion | Die Illusion von Kontrolle ist die menschliche Tendenz zu glauben, Ereignisse kontrollieren oder zumindest beeinflussen zu können, bei denen dies nachweislich nicht möglich ist |

**Tab. 2** Faktoren, die zu einer Über- und Unterschätzung des Risikos führen (Steinbrenner, 2020 nach Huber & Zaier, 2011, S. 27)

| Risiken werden überschätzt, wenn: | Risiken werden unterschätzt, wenn: |
|---|---|
| • Ereignisse häufig vorkommen<br>• Ereignisse große Schäden verursachen (unabhängig von ihrer Wahrscheinlichkeit)<br>• Ereignisse kürzlich geschehen sind oder werden in den Medien breit diskutiert werden<br>• man persönlich betroffen ist | • Ereignisse selten passieren<br>• Möglichkeiten der Einflussnahme überschätzt werden<br>• Risiken bekannt sind<br>• Risiken wissenschaftlich untersucht wurden<br>• Schäden reversibel sind |

Diese Erkenntnisse sind für Sicherheitsverantwortliche wichtig, da sie deutlich die Notwendigkeit unterstreichen, Subjektivität und voreingenommene Entscheidungsfindung zu reduzieren, um zu beurteilen, welche Schutzmaßnahmen objektiv erforderlich sind. Ein hilfreicher Ansatz zur Objektivierung kann beispielsweise die Spieltheorie sein (Huber & Zaier, 2011, S. 29).

## 3 Leistungsmessung in der Sicherheit

Beim operativen Management von Sicherheitsrisiken ist ein entscheidendes Ziel, ein bestehendes Risiko zu objektivieren. Dafür, und um ein adäquates Schutzniveau zu definieren, wäre ein harmonisierter und standardisierter Ansatz wünschenswert.

Hierbei gibt es einige Hindernisse zu überwinden. Zum einen ist die Entwicklung des Risikos nicht notwendigerweise linear zur Wirkung von Sicherheitsmaßnahmen. Zum anderen führen zusätzliche Schutzmaßnahmen nicht automatisch dazu, dass das Risiko in gleichem Maße reduziert wird. Wie lässt sich also greifbar machen, wie sich eine Erhöhung des Sicherheitsniveaus auf die Wahrscheinlichkeit eines Schadenseintritts auswirkt? Mit dieser Frage sehen sich Sicherheitsverantwortliche auch noch in anderer Hinsicht regelmäßig konfrontiert. Um im internen Wettbewerb um Ressourcen bestehen zu können, muss den Entscheidern der (wahrscheinliche) Mehrwert von Sicherheitsinvestitionen plausibel gemacht werden.

Der Erfolg von Sicherheitsmaßnahmen im Allgemeinen lässt sich nach Harrer (2017) und Kaack (2012) daran messen, ob sie direkte (Schadens-)Kosten reduzieren oder (zusätzlichen) Umsatz ermöglichen (Harrer, 2017, S. 24). Auch sollen Sicherheitsinvestitionen die Anzahl möglicher Vorfälle reduzieren (Harrer, 2017,

S. 25; Kaack, 2012, S. 126). Wie aber lässt sich die Performance von Sicherheitsinvestitionen messen? Im Finanz- und Produktionsmanagement gibt es hierfür bereits etablierte Methoden. Die Leistung von Investitionen in Sicherheitsmaßnahmen zu messen ist jedoch vergleichsweise neu und bisher fast ausschließlich auf die IT-Sicherheit ausgerichtet (Harrer, 2017, S. 23, Magnusson et al., 2007, S. 3). Für andere Bereiche der Unternehmenssicherheit dagegen besteht bezüglich einer Leistungsmessung noch viel Raum für neue Ideen (Miaoui & Boudriga, 2017, S. 2). Primär geht es darum zu ermitteln, ob bestehende Maßnahmen ausreichen, Unternehmenswerte *(Assets)* vor Risiken zu schützen, oder ob zusätzliche Maßnahmen erforderlich sind. Wünschenswert wären auch Verfahren, mit denen sich die Schutzniveaus unterschiedlicher Assets vergleichen lassen. Damit ließen sich innerhalb von Branchen oder branchenübergreifend Benchmarks und Best-Practice-Beispiele erstellen (Krautsevich et al., 2011, S. 1).

## 4 Modellieren von Sicherheitsinvestitionen und Eintrittswahrscheinlichkeiten

Es liegt auf der Hand, dass das erforderliche Sicherheitsniveau für ein Asset von vielen Faktoren abhängt. Zu nennen wären hier objektive Aspekte wie z. B. der Wert des Assets, die Wahrscheinlichkeit eines Angriffs, oder der Schaden, den das Asset durch einen Angriff erleiden könnte. Hinzu kommen individuelle Aspekte wie das Risikoprofil eines Unternehmens generell bis hin zur Haftung des Managements für den Fall, dass ein Angriff erfolgt, gegen den das Unternehmen nicht angemessen geschützt ist.

Um das jeweils „optimale" Level an Sicherheitsinvestitionen zu identifizieren, soll im Folgenden nun ein Modell erläutert werden, mit dem der Mehrwert einzelner Sicherheitsmaßnahmen dargestellt werden kann. Hierbei wird davon ausgegangen, dass es unternehmensspezifische Risiko-Schwellen gibt, unter- bzw. oberhalb derer ein möglicher Verlust oder Schaden vom Unternehmen akzeptiert wird, da Sicherheitsinvestitionen nicht wirtschaftlich wären.

### 4.1 Modellstruktur

Ein einfaches Beispiel soll dazu dienen, sich mit der Grundidee des Modells sowie dessen einzelnen Komponenten vertraut zu machen, in dem ein Juweliergeschäft vor Kriminalität geschützt werden soll. (Dass das Modell auch für komplexere Anwendungsformen geeignet ist, wurde von Steinbrenner (2020) gezeigt.)

Das Modell ist in sieben Schritten aufgebaut. In Schritt 1 werden die Schutzziele identifiziert.

In Schritt 2 werden potenzielle Bedrohungen für das Juweliergeschäft identifiziert. Auf der Grundlage statistischer Daten werden für jede Bedrohung eine Eintrittswahrscheinlichkeit sowie das jeweilige Schadenspotenzial geschätzt. (Bezüglich des Schadenspotenzials wird hier nicht unterschieden, das jeweilige Risiko wird anhand unterschiedlicher Eintrittswahrscheinlichkeiten bestimmt). Anhand eines kurzen „Szenario-Narrativs" wird die angenommene Eintrittswahrscheinlichkeit der Bedrohung erläutert.

Schritt 3 wendet spieltheoretische Überlegungen bei der Entscheidung an, ob Schutzmaßnahmen gegen die in Schritt 2 identifizierten Bedrohungen angewendet werden sollen. So lässt sich erkennen, ob weitere Anstrengungen und Ressourcen in die Entwicklung eines Sicherheitskonzepts investiert werden sollten, oder ob es sinnvoller ist, das Risiko zu akzeptieren. Im Beispiel wird davon ausgegangen, dass sich der Schaden, den das Juweliergeschäft durch die identifizierten Bedrohungen erleidet, hinreichend genau abschätzen lässt. Angenommen wird zudem, dass es sich um professionelle Angreifer handelt, die sich für das am wenigsten geschützte Geschäft entscheiden.

Weisen die so gewonnenen Erkenntnisse auf eine dominante Verteidigungsstrategie hin, also darauf, in Schutzmaßnahmen zu investieren, wird in Schritt 4 nun eine Auswahl potenzieller Schutzmaßnahmen getroffen. Darüber hinaus wird jede Maßnahme danach gewichtet, wie sie die in Schritt 2 identifizierten Bedrohungen mutmaßlich verringert. Der angenommene Wirkungsmechanismus jeder Schutzmaßnahme wird kurz beschrieben.

In Schritt 5 wird ein mathematisches Berechnungsmodell vorgestellt, mit dem sich anhand der Gesamtwahrscheinlichkeit die Wirksamkeit des gesamten Schutzkonzeptes ermitteln lässt. Dabei werden die Effekte jeder einzelnen Maßnahme gegen alle identifizierten Bedrohungen (einzeln und in Kombination) ermittelt und zur Berechnung der verbleibenden Eintrittswahrscheinlichkeit nach der Implementierung der Maßnahmen verwendet. Ein Vergleich der Ergebnisse mit der anfänglichen Eintrittswahrscheinlichkeit (ohne Gegenmaßnahmen) liefert die Gesamtwirksamkeit aller Schutzmaßnahmen (Steinbrenner, 2020, S. 28 f.).

Diese bilden die Grundlage für Schritt 6, in dem die Kosten für jede der Schutzmaßnahmen geschätzt werden, teilweise unterschieden nach OPEX- oder CAPEX-Investitionen. Gewählt wurde ein Investitionshorizont von fünf Jahren für Budgetplanung und Umsetzung der Schutzmaßnahmen. Unter Verwendung der aus den vorhergehenden Schritten abgeleiteten Daten wird für jede Schutzmaßnahme ein zugehöriger Return on Security Investment (ROSI) berechnet. Dieser gibt einen ersten Hinweis auf die Wirtschaftlichkeit von möglichen Sicherheitsinvestitionen.

In Schritt 7 werden schließlich die Ergebnisse aller vorherigen Schritte zusammengefasst. Die Wirksamkeit, die Kosten und der Return on Investment von Schutzmaßnahmen werden visualisiert, bewertet und diskutiert sowie deren Interdependenzen und Korrelationen dargestellt.

## 4.2 Beispiel: Juweliergeschäft

Anhand dieses einfachen Beispiels werden die grundlegende Argumentation und der Ansatz dieses Modells dargestellt.

### 4.2.1 Schritt 1: Definition der Schutzziele

In diesem Beispiel geht es vorrangig um den Schutz von hochwertigen Produkten, die gegen die identifizierten Modi Operandi geschützt werden sollen. Andere Schutzziele, z. B. Personen/Mitarbeiter oder sensible Informationen sind hier weniger von Belang.

### 4.2.2 Schritt 2: Identifikation von relevanten Bedrohungen und deren Eintrittswahrscheinlichkeiten

Als Teil des Risikoidentifikationsprozesses werden im Anschluss an die Formulierung der Schutzziele deren spezifische Bedrohungen identifiziert. Um die potenziell sehr große Anzahl von Bedrohungen zu reduzieren, werden alle Bedrohungen auf der Grundlage der angenommenen Eintrittswahrscheinlichkeit vorausgewählt. Danach wird klassifiziert, ob es sich um interne oder externe Bedrohungen handelt. (Bedrohungen, für die beide Modi Operandi gleichermaßen relevant sind, werden als separate Bedrohungen behandelt.)

Für das Schutzziel „Produkte" werden drei Bedrohungen als relevant angenommen:

1. Einbruch (externe Täter): Täter versuchen, mit geeigneten Werkzeugen in das geschlossene Geschäft einzubrechen. Sie handeln professionell, haben nicht viel Mühe in Aufklärungsaktivitäten investiert und das Geschäft auf der Grundlage des geringen Schutzniveaus ausgewählt, das sich von außen schnell identifizieren lässt. Die Spieltheorie legt nahe, dass sich Täter denjenigen Juwelier aussuchen, der am schlechtesten geschützt ist.

**Tab. 3** Bewertung ausgewählter Szenarien für Beispiel Juwelier (Steinbrenner, 2020, S. 31)

| Schutzziel | Bedrohung / Risiko | Schaden quantifizierbar | Reduzierbar oder vermeidbar | Schutzmaßnahmen quantifizierbar | Hohe Eintrittswahrscheinlichkeit | Direkte Angreifer-Verteidiger-Interaktion |
|---|---|---|---|---|---|---|
| **Produkte** Schutz gegen Einbruch, unbefugten Zugang und Diebstahl | 1. Einbruch | ✓ | ✓ | ✓ | ✓ | ✓ |
| | 2. Raub | ✓ | ✓ | ✓ | ✓ | ✓ |
| | 3. Diebstahl (Innentäter) | ✓ | ✓ | ✓ | (✗) | ✗ |

2. Raubüberfall (externe Täter): Täter versuchen, das Geschäft während der Geschäftszeiten zu betreten und auszurauben. In diesem Szenario haben die Täter viel Zeit in Aufklärungsaktivitäten investiert, sich mit den täglichen Abläufen im Geschäft vertraut gemacht und das Geschäft wegen seiner speziellen Produkte ausgewählt. Die Täter sind routinierte Profis und die Schutzmaßnahmen müssen einer aggressiven Vorgehensweise standhalten und deren Vorgehen antizipieren.

3. Diebstahl (Innentäter): Angestellte befinden sich in einer finanziell verzweifelten Situation und versuchen, während ihrer Schicht Produkte zu stehlen. Hier handelt es sich um eine spontane Verzweiflungstat, weniger um eine lange geplante kriminelle Handlung.

Tab. 3 bewertet die obigen Szenarien im Hinblick auf die Möglichkeiten, bei ihrer weiteren Untersuchung konkrete Ergebnisse zu erzielen. Die Bewertung der Kategorien bezieht sich auf die Szenarien gemäß den Szenario-Narrativen. Sie gibt damit nicht notwendigerweise die Einschätzung wieder, die für andere Szenarien und andere Schutzziele oder Orte richtig wäre.

Für jede der Bedrohungen soll eine geschätzte Eintrittswahrscheinlichkeit für den Fall angegeben werden, dass keine Schutzmaßnahmen bestehen. Auf Basis einer kurzen Marktforschung wird geschätzt, dass ein Juweliergeschäft mit einer jährlichen Wahrscheinlichkeit von 5 % von Kriminalität betroffen ist, die auf Produkte abzielt (Crimestoppers, 2016). Es wird ferner angenommen, dass sich diese fünfprozentige Wahrscheinlichkeit wie folgt auf die drei relevanten Szenarien verteilt, einschließlich eines geschätzten Schadenspotenzials von 5.030.000 € (Statista, 2019). Der Einfachheit halber wird angenommen, dass eine Straftat 100 % des potenziellen Schadens verursacht, falls das Szenario eintritt (Steinbrenner, 2020, S. 31).

**Beispiel Juweliergeschäft: Wahrscheinlichkeit: 5 %/Möglicher Schaden 5.030.000 €**

**Schutzziel Produkte: Wahrscheinlichkeit: 100 %.**
**Modus Operandi Einbruchdiebstahl (externe Täter): Wahrscheinlichkeit: 60 %.**
Für diesen Modus Operandi wird geschätzt, dass es wahrscheinlich ist, dass jemand versucht, in ein ungeschütztes Juweliergeschäft einzubrechen (International Jeweler Alerting Service, 2019).

Szenario: Die erfahrenen Einbrecher brechen außerhalb der Bürozeiten ein und führen professionelle Werkzeuge und Ausrüstung mit sich. Sie wollen weder beobachtet noch entdeckt werden und wählen den Hintereingang des Juweliergeschäfts. Der maximale Vermögensschaden durch gestohlene Waren wird auf 5.000.000 € geschätzt, hinzu kommen geringfügige Schäden, die die Kriminellen beim Eindringen in das Geschäft verursacht haben (25.000 €).

**Modus Operandi Raub (externer Täter): Wahrscheinlichkeit: 30 %**
Hier ist erheblich mehr Risikobereitschaft erforderlich als bei reinem Einbruch, daher wird die Wahrscheinlichkeit deutlich geringer eingeschätzt. Sie ist aber immer noch auf einem bemerkenswerten Niveau, da es kriminelle Gruppen gibt, die auf Raubüberfälle auf Juweliergeschäfte spezialisiert sind (Crimestoppers, 2016).

Szenario: Die Räuber betreten das Geschäft während der Geschäftszeiten durch den Haupteingang, sind maskiert und bewaffnet. Sie zwingen die Angestellten, ihnen die wertvollen Produkte auszuhändigen, und entkommen mit einem wartenden Fahrzeug. Der Schaden im Inneren des Ladens wird mit 50.000 € veranschlagt.

**Modus Operandi Diebstahl (Innentäter): Wahrscheinlichkeit: 10 %**
In der Regel haben Geschäfte langjährige Mitarbeiter, die sehr loyal sind und niemals Produkte aus dem Laden stehlen würden.

Szenario: Angesichts des hohen Wertes der Produkte im Juweliergeschäft steigt aber die Versuchung, wenn es keine Schutzmaßnahmen gibt. Zumal in diesem Fall die Diebe genau wüssten, wo sich die wertvollsten Produkte befinden und wie sie das jeweilige Lager öffnen könnten. Das Geschäft selbst wird nicht zusätzlich beschädigt. (Es sei denn, um einen externen Diebstahl vorzutäuschen.)

### 4.2.3 Schritt 3: Anwendung von spieltheoretischen Ansätzen

Die unter dem Namen „The Theory of Games and Economic Behavior" 1944 von den Mathematikern John von Neumann und Oskar Morgenstern entwickelte Spieltheorie hat ihre Wurzeln in der Ökonomie (Chatterjee & Samuelson, 2014, S. 1)

## 4.2.4 Allgemein

Entwickelt wurde die Spieltheorie, um die Interaktion zweier strategischer Akteure, genannt „Spieler", zu modellieren. Sie gilt daher als eine Theorie der sozialen Interaktion und berücksichtigt im Gegensatz zu klassischen Entscheidungstheorien auch die Reaktionen der Mitspieler auf die Entscheidungen von Spielern (Rauhut, S. 283). Diese mathematische Methode eignet sich hervorragend zur Analyse von strategischen Interdependenzen, vorausgesetzt:

a) Es sind mindestens zwei Spieler beteiligt, die jeweils mindestens zwei alternative Strategien zur Auswahl und Ressourcen zur Verfügung haben, um ihr Ziel zu erreichen (Rauhut, S. 3).
b) Das Ergebnis jedes Spielers hängt von den Entscheidungen des anderen Spielers ab.
c) Jeder Spieler ist sich dieser Interdependenz bewusst und hat Überzeugungen über die Präferenzen, Ressourcen, Strategien und Überzeugungen des anderen Spielers.
d) Jeder Spieler ist sich bewusst, dass sich der andere Spieler dieser Interdependenz bewusst ist.
e) Jeder Spieler trifft Entscheidungen gemäß den Bestimmungen a-d.

Das wohl bekannteste Beispiel (für ein unkooperatives Spiel) ist das *Gefangenen-Dilemma*.

### 4.2.4.1 Anwendung

Wenn es um menschliches Verhalten und psychologische Aspekte der Kriminalität geht, kann die Spieltheorie genutzt werden, um die richtige Verteidigungsstrategie zu definieren (Rauhut, S. 1).

Wenn sowohl der Kriminelle als auch der Ladenbesitzer in einem „single shot game" zwei mögliche Optionen haben, kann die dominante Strategie für beide „Spieler" in einem Baumdiagramm wie in Abb. 1 dargestellt werden.

Der Kriminelle hat in diesem Beispiel entweder die Möglichkeit, eine Straftat zum Nachteil des Ladenbesitzers zu begehen (dargestellt als S) oder keine zu begehen (dargestellt als KS). Es wird davon ausgegangen, dass die Straftat mit einer Wahrscheinlichkeit von 5 Prozent eintritt, wenn der Ladenbesitzer keine Maßnahme durchführt, aber mit einer Wahrscheinlichkeit von nur 3,5 %, wenn eine Maßnahme ergriffen wird. Der Ladenbesitzer wiederum hat die beiden Optionen, entweder eine Maßnahme zu implementieren (MI) oder keine

Bewertung von Risiken und Investments ... 297

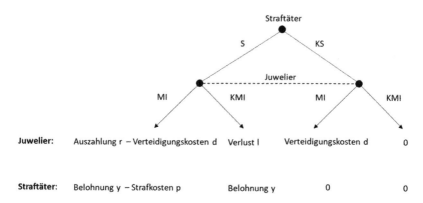

**Abb. 1** Spieltheoretisches Baumdiagramm für Beispiel Juwelier (Steinbrenner, 2020 nach APEC 2007)

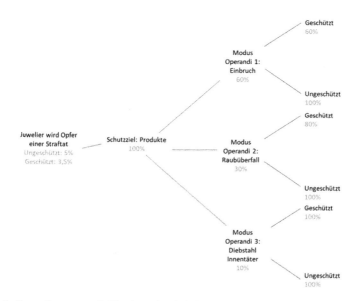

**Abb. 2** Baumdiagramm mit Eintrittswahrscheinlichkeiten in Beispiel Juwelier (Steinbrenner, 2020 nach Glen, 2016)

Maßnahme zu implementieren (KMI). Je nach den von den beiden Akteuren gewählten Optionen ergeben sich folgende Ergebnisse (Steinbrenner, 2020, S. 33):

1. Wenn der Täter eine Straftat begeht und der Ladenbesitzer eine Schutzmaßnahme umgesetzt hat, steigt das Risiko für den Täter, erwischt zu werden, und eine Gefängnisstrafe von fünf Jahren bedeutet, dass der Täter fünf Jahre lang die möglichen Auszahlungen versäumt, während der Ladenbesitzer die Belohnung r − Verteidigungskosten d einbehält.
2. Wenn der Täter eine erfolgreiche Straftat begeht und der Ladenbesitzer keine Schutzmaßnahme durchgeführt hat, erhält der Täter die Belohnung y, und der Ladenbesitzer muss einen Verlust l in gleicher Höhe sowie eventuell einen Schaden im Inneren des Ladens tragen.
3. Wenn der Täter keine Straftat begeht und der Ladenbesitzer eine Maßnahme durchgeführt hat, erhält der Täter keine Auszahlung, aber der Ladenbesitzer muss für die Verteidigungskosten d aufkommen.
4. Wenn der Täter keine Straftat begeht und keine Schutzmaßnahme umgesetzt wird, dann hat der Täter keine Auszahlung, und der Ladenbesitzer hat weder eine Investition noch eine Belohnung.

Mit den angenommenen Werten verfolgen Straftäter und Juwelier, wenig überraschend, gegensätzliche dominante Strategien. Zusammengefasst bedeutet dies, dass für den Kriminellen die dominante Strategie darin besteht, eine Straftat in einem Geschäft zu begehen, in dem keine Schutzmaßnahmen vorhanden sind. Für den Ladenbesitzer besteht die dominante Strategie darin, Schutzmaßnahmen gegen einen kriminellen Angriff zu ergreifen, die zumindest besser sind als die der benachbarten Juweliergeschäfte.

*Aus der Sicht des Straftäters*
Straftat (S): y − p

| **Maßnahme implementiert (MI):** | | **Keine Maßnahme implementiert (KMI):** |
|---|---|---|
| Keine Straftat (KS): 0 | < | Straftat (S): y |
| *Aus der Sicht des Juweliers* | | Keine Straftat (KS): 0 |
| **Maßnahme implementiert (MI):** | | **Keine Maßnahme implementiert (KMI):** |
| Straftat (S): r − d | > | Straftat (S): l |
| Keine Straftat (KS): d | | dKeine Straftat (KS): 0 |

Diese Argumentation ist so lange gültig, wie der potenzielle Verlust für den Juwelier größer ist als die Investition in Schutzmaßnahmen. Daher sind angemessene Schätzungen des Schadenspotenzials und der Wirksamkeit der Maßnahmen erforderlich, um zu entscheiden, ob eine Investition in Schutzmaßnahmen getätigt werden sollte oder nicht.

Was wäre aber, wenn der Juwelier beschließen würde, keine Schutzmaßnahmen zu ergreifen, aber die benachbarten Juweliere eine Maßnahme ergreifen würden, die die Eintrittswahrscheinlichkeit um 1,5 % reduziert? Dann würde sich die Eintrittswahrscheinlichkeit für den Ladenbesitzer in diesem Beispiel um genau diese 1,5 % auf dann 6,5 % erhöhen. Folglich legt die Spieltheorie nahe, dass die eigene Schutzstrategie nicht nur von der Strategie der Kriminellen, sondern auch von den Schutzstrategien der anderen Juweliere abhängt (Steinbrenner, 2020, S. 34).

### 4.2.5 Schritt 4: Identifikation von Schutzmaßnahmen und deren Effekt

In diesem Schritt werden die Schutzmaßnahmen gegen jedes der Angriffsszenarien ermittelt (die Liste der Maßnahmen ist nicht erschöpfend). Um die Komplexität dieses Schrittes zu reduzieren, wird jede Schutzmaßnahme separat bewertet, d. h. mögliche Abhängigkeiten zwischen verschiedenen Schutzmaßnahmen und ihre Auswirkungen aufeinander werden hier noch nicht berücksichtigt. Auch wird nicht zwischen präventiven und reaktiven Maßnahmen unterschieden.

Auch wenn ein Schutzniveau von 100 % (bzw. eine Eintrittswahrscheinlichkeit von 0 %) nicht realistisch ist, kann dennoch eine Reduktion der Wahrscheinlichkeit auf möglichst nahe 0 % sinnvoll sein, was nur durch die Kombination von erfolgreichen Schutzmaßnahmen und einem erfolglosen Angriff erreicht werden kann (Miaoui & Boudriga, 2017, S. 18). Sollte eine geringere Reduktion ausreichend sein (Risikoakzeptanz), sind die Maßnahmen anzupassen.

1. <u>Bewachung durch Security Guard</u> (24/7)
   Es wird geschätzt, dass ein rund um die Uhr anwesender Wachmann zu 80 % gegen Einbruch und zu 60 % gegen Raubüberfall wirkt. Vorausgesetzt wird ein professioneller Wachmann im Schichtdienst, der explizit das Juweliergeschäft bewacht. Es wird hierbei berücksichtigt, dass menschliches Verhalten fehlerbehaftet ist.
2. <u>Perimeterschutz</u> (z. B. gepanzerte Türen/Fenster)
   Ein angemessener Perimeterschutz könnte die Wahrscheinlichkeit ebenfalls um 40 % verringern. Er wird zwar Einbrecher abwehren, die auf der Suche

nach schnellem Geld sind. Professionelle Einbrecher mit schweren Werkzeugen (möglicherweise mit einem Fahrzeug, um in den Perimeter einzubrechen) würden trotzdem einen Weg finden. Noch weniger Wirkung (20 %) hat der Perimeterschutz gegen einen Räuber, der bereit ist, Gewalt anzuwenden. Sie haben weniger Angst davor, entdeckt zu werden, und würden wahrscheinlich versuchen, durch den Haupteingang eindringen.

3. Alarmanlage (inkl. Magnetkontakte an Türen, Fenstern, Bewegungsmelder usw.)

Bei ordnungsgemäßer Installation kann ein Alarmsystem die Wahrscheinlichkeit eines erfolgreichen Einbruchs um 40 % verringern. Obwohl es Einbruchsversuche in das Geschäft erkennt, erfordert es einen zusätzlichen Interventionsprozess. Hochprofessionelle und gut vorbereitete Einbrecher könnten schnell genug sein, bevor das Interventionsteam eintrifft. Für ein Raubüberfall-Szenario müsste ein Alarmsystem einen Panikknopf für die Mitarbeiter enthalten. Wenn die Räuber die Auslösung eines Alarms einkalkuliert haben und auf mögliche Schutzmaßnahmen oder Widerstand vorbereitet sind, wird die reduzierende Wirkung auf weniger als 20 % geschätzt.

4. Personenschleuse mit Gesichtserkennung

Der Zugang zum Geschäft wird erst dann erlaubt, nachdem das Kamerasystem das Gesicht des Kunden gescannt und ein Bild sicher gespeichert hat. Es wird geschätzt, dass diese Maßnahme die Wahrscheinlichkeit eines Raubüberfalls um bis zu 90 % reduziert, da Räuber gewöhnlich versuchen, ihre Identität zu verbergen.

5. Kamera/CCTV-System

Es wird davon ausgegangen, dass ein Kamerasystem allein (d.h. nicht in Kombination mit anderen Maßnahmen) nur eine reduzierende Wirkung von 10 % hat, da die meisten Einbrecher ohnehin maskiert sind. Ein Kamerasystem erfordert sowohl Überwachungskapazitäten als auch einen Interventionsprozess, falls bei der Überwachung verdächtige Aktivitäten festgestellt werden. Bei einem Raubüberfall versuchen die Kriminellen, schneller zu sein als jede mögliche Intervention, weshalb ein Kamerasystem eine noch geringere Wirkung hat (5 %). Es wird jedoch davon ausgegangen, dass ein Kamerasystem eine starke Wirkung auf die interne Diebstahlwahrscheinlichkeit hat (70 %), wenn die richtigen Stellen überwacht werden.

6. Schlüsselschrank mit Vier-Augen-Prinzip

Dieser Schrank enthält Schlüssel für die hochwertige Auswahl im Geschäft und kann nur in Anwesenheit von mindestens zwei Mitarbeitern geöffnet werden, die ihre individuellen PIN-Codes eingeben. Diese Maßnahme würde die Wahrscheinlichkeit eines internen Diebstahls um schätzungsweise 70 % verringern, da immer noch das Risiko eines kollaborativen Diebstahls besteht.

**Tab. 4** Effekt der Maßnahmen auf die Reduktion von individuellen Eintrittswahrscheinlichkeiten von Beispiel Juwelier (Steinbrenner, 2020, S. 35)

| Effekt der Maßnahme (in %) | Schutzziel & Eintrittswahrscheinlichkeit (in %) für einen Juwelier (5% Wahrscheinlichkeit einer Straftat) | | |
|---|---|---|---|
| | Produkte (100) | | |
| | Einbruch (60) | Raubüberfall (30) | Diebstahl Innentäter (10) |
| Wachmann | 80 | 60 | - |
| Perimeterschutz | 40 | 20 | - |
| Alarmsystem | 40 | 20 | - |
| Personenschleuse mit Gesichtserkennung | - | 90 | - |
| Kamera/CCTV System | 10 | 5 | 70 |
| Schlüsselschrank mit 4-Augen Prinzip | - | - | 70 |

Aufgrund der unterschiedlichen Wirkmechanismen und Auswirkungen von Maßnahmen auf die einzelnen Szenarien wird ihre Relevanz für jedes Szenario unterschiedlich sein (vgl. Tab. 4). Dies macht es schwierig, ihre Wirksamkeit zu vergleichen. Auch ist es eher unwahrscheinlich, dass ein Juweliergeschäft nur einer Art von Kriminalität ausgesetzt ist. Um diese Schwierigkeit zu lösen, wird der *Satz der totalen Wahrscheinlichkeit* angewendet (El-Taha, 2017). Mit seiner Hilfe lässt sich die Bewertung aller Maßnahmen harmonisieren und ihre Wirksamkeit vergleichbar machen.

### 4.2.6 Schritt 5: Anwendung des Satzes der totalen Wahrscheinlichkeit

#### 4.2.6.1 Allgemein

Wie in Abschn. „Anwendung" beschrieben, beeinflussen Sicherheitsinvestitionen direkt die Wahrscheinlichkeit des Auftretens von Kriminalität. Offen bleibt jedoch, wie diese mit zunehmender Sicherheitsinvestition abnimmt. Zu berücksichtigen ist auch, dass Kriminalität in verschiedenen Modi Operandi auftreten kann, sodass unterschiedliche Schutzziele eigene, unabhängige Wahrscheinlichkeiten haben können. Um die Gesamtwahrscheinlichkeit des Auftretens von Kriminalität zu verstehen, müssen daher zunächst die einzelnen Wahrscheinlichkeiten der jeweiligen Modi Operandi mit und ohne Schutzmaßnahmen quantifiziert werden. Im nächsten Schritt kann dann die kombinierte Wahrscheinlichkeit berechnet werden.

Im hier verwendeten Beispiel werden die Wahrscheinlichkeiten des Auftretens von Straftaten geschätzt, ebenso die Verteilung der Wahrscheinlichkeit auf die Modi Operandi. Die Wirksamkeit von Schutzmaßnahmen gegenüber den bedingten Wahrscheinlichkeiten verschiedener Modi Operandi wird ebenfalls geschätzt.

Bei den Schätzungen wird, wenn immer möglich, auf Literaturdaten zurückgegriffen, damit die Ergebnisse der Berechnungen ein grundlegendes Verständnis darüber vermitteln, wie wirksam Schutzmaßnahmen sind. Daher lässt sich mit dem vorgestellten Modell nicht nur die Wirkung von Sicherheitsinvestitionen objektiviert bewerten. Es liefert auch eine verlässliche Grundlage für die Berechnung des möglichen finanziellen Returns durch Sicherheitsinvestitionen.

### 4.2.6.2 Anwendung

Der Satz der totalen Wahrscheinlichkeit wird für das Juweliergeschäft und das damit verbundene Schutzziel „Produkte" mit den Bedrohungen „Einbruch", „Raub" und „interner Diebstahl" angewendet. Ziel ist es, die Wirksamkeit jeder einzelnen Schutzmaßnahme gegen alle relevanten Bedrohungen zu verstehen und zu quantifizieren.

Nachfolgend soll dies auf unser Beispiel angewendet werden. Es wird berechnet, welchen Effekt die Installation eines CCTV-Kamerasystem auf die Gesamtwahrscheinlichkeit **B** hat, dass ein bestimmtes Juweliergeschäft von einer Straftat betroffen wird.

Dabei sei:
**T** das Schutzziel – in diesem Fall die Produkte im Geschäft.
**M** das Risiko eines bestimmten Modus Operandi.
**K** das Risiko ohne eine Maßnahme (= B).
**S** das verbleibende Restrisiko nach der Installation einer Maßnahme.
P(S) sei die Wahrscheinlichkeit, mit der das Geschäft von einem kriminellen Vorfall betroffen ist, nachdem eine spezifische Schutzmaßnahme ergriffen wurde (wobei die Wirksamkeit jeder Schutzmaßnahme separat analysiert wird), und P(K) sei die Wahrscheinlichkeit, mit der das Geschäft von einem kriminellen Vorfall betroffen ist, wenn keine Schutzmaßnahme P(B) ergriffen wurde.

Entsprechend sei P(M)*P(S) die Wahrscheinlichkeit, mit der das Geschäft von einem bestimmten Modus Operandi betroffen ist, nachdem eine bestimmte Schutzmaßnahme getroffen wurde, und P(M)*P(K) die Wahrscheinlichkeit, mit der das Geschäft von einem bestimmten Modus Operandi betroffen ist, wenn keine Schutzmaßnahme getroffen wurde. P(K) wäre dann die Summe aller Wahrscheinlichkeiten von P(Kn), und P(S) die Summe aller Wahrscheinlichkeiten P(Sn) (Steinbrenner, 2020, S. 36).

Für das gewählte Beispiel bedeutet dies konkret:
P(K) = P (B∩T∩M1∩K1) + P (B∩T∩M2∩K2) + P (B∩T∩M3∩K3)
= 5 % * 100 % * 60 % * 100 % + 5 % * 100 % * 30 % * 100 % + 5 % * 100 % * 10 % * 100 % = **5 %**
P(S) = P (B∩T∩M1∩S. 1) + P (B∩T∩M2∩S. 2) + P (B∩T∩M3∩S. 3).
= 5 % * 100 % * 60 % * 60 % + 5 % * 100 % * 30 % * 80 % + 5 % * 100 % * 10 % * 100 % = **3,5 %**

Die Wirksamkeit einer bestimmten Schutzmaßnahme ergibt sich aus der Differenz zwischen der Wahrscheinlichkeit, ohne Schutzmaßnahmen betroffen zu sein, und der, mit einer bestehenden Schutzmaßnahme betroffen zu sein:

P(K) − P(S) = Wirksamkeit der Schutzmaßnahme.

Für das CCTV-Kamerasystem in diesem Beispiel ergibt sich: 5 % - 3,5 % = **1,5 %**

Die Reduktion der Wahrscheinlichkeit einer Straftat von 5Prozentauf 3,5 % bedeutet, dass sie nicht mehr einmal in 20 Jahren, sondern nur noch einmal in 29 Jahren eintritt. Dies kann auch in einem Entscheidungsbaumdiagramm skizziert werden (vgl. Abb. 2):

Tab. 5 zeigt nun die Wirksamkeit jeder Maßnahme, einzeln sowie in Kombination und ordnet die Maßnahmen in absteigender Reihenfolge, beginnend mit der wirksamsten Maßnahme.

Ziel ist es, ein möglichst hohes Schutzniveau mit der geringsten Anzahl von Maßnahmen zu erreichen. Ob es auch wirtschaftlich sinnvoll ist, eine Sicherheitsmaßnahme umzusetzen, wird im nächsten Kapitel näher untersucht.

### 4.2.7 Schritt 6: Zurechnung von Kosten und Berechnung des ROSI

#### 4.2.7.1 Allgemein

Ökonomische Aspekte spielen bei Unternehmensentscheidungen eine maßgebliche Rolle. Ob Investitionen sich amortisieren, lässt sich anhand ihres erwarteten Returns on Investment (ROI) ermitteln, der sich nach Sonnenreich (2005) wie folgt ableiten lässt:

$$ROI = \frac{\text{Erwartete Rendite} - \text{Investitionskosten}}{\text{Investitionskosten}}$$

**Tab. 5** Effekt einzelner und kombinierter Maßnahmen auf die totale Wahrscheinlichkeit mit gerundeten Werten für eine fünfprozentige Eintrittswahrscheinlichkeit, mit wirkungsbasierter Reihenfolge (Steinbrenner, 2020, S. 37)

| Maßnahmen | Schutzziel & Eintrittswahrscheinlichkeit (in %) für einen Juwelier (5% Wahrscheinlichkeit einer Straftat) | | | |
|---|---|---|---|---|
| | Produkte (100) | | | |
| | Totale Wahrscheinlichkeit | | | |
| | Einzeleffekt auf Totale Wahrscheinlichkeit | Pro rata | Kombinierter Effekt | Restwahrscheinlichkeit |
| Wachmann | 3,30% | 66% | 66,00% | 34,00% |
| Perimeterschutz | 1,50% | 30% | 10,20% | 23,80% |
| Alarmsystem | 1,50% | 30% | 7,14% | 16,66% |
| Personenschleuse mit Gesichtserkennung | 1,30% | 26% | 4,33% | 12,33% |
| Kamera/CCTV System | 0,70% | 14% | 1,73% | 10,60% |
| Schlüsselschrank mit 4-Augen Prinzip | 0,10% | 2% | 0,64% | 9,97% |

Auch Sicherheitsverantwortliche benötigen Tools, um zu prüfen, ob eine Investition wirtschaftlich sinnvoll ist. Um zu klären, ob die Kosten von Sicherheitsmaßnahmen niedriger sind als der zu erwartende tatsächliche Schaden, wird vorgeschlagen, den ROI folgendermaßen zu erweitern:

$$ROSI = \frac{(Risikopotenzial * ProzentRisikoreduktion) - Sicherheitsinvestitionskosten}{Sicherheitsinvestitionskosten}$$

*Risikopotenzial wird definiert als*
Einzelschadenspotenzial (SLE) * jährliche Ereignisrate (ARO).

Wichtig ist eine gute Datenbasis, damit der ROSI möglichst realitätsnahe Werte ergibt (Sonnenreich, 2005, S. 2 f.).

### 4.2.7.2 Anwendung

Den Schutzmaßnahmen werden die geschätzten Kosten zugeordnet, und durch Berechnung der Maßnahmenwirkung auf das Schadenspotenzial wird der ROSI für jede Maßnahme einzeln und dann für alle Maßnahmen zusammen berechnet.

In diesem Beispiel werden zwei unterschiedliche Eintrittswahrscheinlichkeiten verglichen. Die angenommene jährliche OPEX-Investition (1 Prozent der CAPEX) für die Wartung gilt erst ab dem zweiten Jahr. Es wäre auch denkbar,

**Tab. 6** Effekt, Kosten und ROSI von Maßnahmen bei einer fünfprozentigen und and 6,5-%-igen Eintrittswahrscheinlichkeit mit gerundeten Werten für einen 5-jährigen Investmenthorizont (Steinbrenner, 2020, S. 38)

| Kosten der Maßnahme über einen Investment-Horizont von 5 Jahren (€) | Eintrittswahrscheinlichkeit (5 % / 6,5%) x Schadenspotenzial (5.030.000 €) für einen Juwelier Produkte | | | | |
|---|---|---|---|---|---|
| | Kosten (€) | Kombinierter Effekt Totale Wahrscheinlichkeit | Isolierter ROSI | Kombinierter ROSI mit 5% Eintrittswahrscheinlichkeit | Kombinierter ROSI mit 6,5% Eintrittswahrscheinlichkeit |
| Wachmann 1.000.000 | 200.000 (OPEX; 100.000/guard) | 66,00% | -17% | -17% | 8% |
| Perimeterschutz 312.000 | 300.000 + 3.000 (CAPEX + 1% OPEX) | 10,20% | 21% | -59% | -47% |
| Alarmsystem 208.000 | 200.000 + 2.000 (CAPEX + 1% OPEX) | 7,1400% | 81% | -57% | -44% |
| Personenschleuse mit Gesichtserkennung | 50.000 + 500 (CAPEX + 1% OPEX) | 4,3316% | 529% | 5% | 36% |
| Kamera/CCTV System 52.000 | 50.000 + 500 (CAPEX + 1% OPEX) | 1,7260% | 239% | -58% | -46% |
| Schlüsselschrank mit 4-Augen Prinzip 5.200 | 5.000 + 500 (CAPEX + 1% OPEX) | 0,6361% | 384% | 54% | 100% |

unterschiedliche Investitionshorizonte vergleichend zu untersuchen (Steinbrenner, 2020, S. 55 ff.).

Der Einfachheit halber werden Abschreibungen und andere finanzielle Faktoren, die einmalige Kapitalinvestitionen (CAPEX) zusätzlich von wiederkehrenden Betriebsausgaben (OPEX) unterscheiden, nicht berücksichtigt, sondern lediglich die geschätzten Kosten über den fünfjährigen Investitionshorizont untersucht.

Anschließend kann der ROSI für jede Schutzmaßnahme berechnet werden. Die folgende Berechnung ermittelt den isolierten ROSI für ein CCTV-Kamerasystem unter Verwendung der Werte aus Tab. 6. Bei Kombination mit anderen Maßnahmen unterscheidet sich der ROSI, da sich die kombinierten Maßnahmen gegenseitig beeinflussen.

$$ROSI = \frac{(1.257.500€ * 14\%) - 52.000€}{52.000€} = \sim 239\ \%$$

hier: *Risikopotenzial*: 5.030.000 (SLE) * 5 % (ARO) = 251.500 €

Der Investitionshorizont in diesem Beispiel beträgt fünf Jahre, daher:

251.500 € * 5 Jahre = 1.257.500 €
Mit Blick auf den ROSI von 239 % für das CCTV-Kamerasystem wäre es wirtschaftlich ratsam, diese Investition zu tätigen.

### 4.2.7.3 Zusammenfassung

Wie bereits erwähnt, beruhen die Werte für die Berechnungen in dieser Arbeit überwiegend auf Annahmen und Schätzungen. Die Ermittlung von aussagekräftigen Werten für die maßgeblichen Faktoren ist komplex und schwierig. Gleiches gilt für die Quantifizierung der Wirksamkeit von Schutzmaßnahmen. Trotz allem ist der ROSI-Ansatz als sinnvoll zu betrachten, um sich der wirtschaftlichen Betrachtung von Maßnahmen zu nähern, sofern die Berechnungen wiederholbare und konsistente Ergebnisse liefern (Sonnenreich, 2005, S. 2).

### 4.2.8 Schritt 7: Evaluation von Sicherheitsinvestitionen

Schutzmaßnahmen können unter den Aspekten Wirkung, Kosten und ROSI betrachtet werden. Wie diese Faktoren jeweils gewichtet werden, hängt entscheidend von den vorgegebenen Präferenzen ab. Es kommt z. B. maßgeblich darauf an, welches Restrisiko die Entscheidungsträger akzeptierten. Hat ein hohes Schutzniveau oberste Priorität, spielen die Kosten von Sicherheitsmaßnahmen eine eher untergeordnete Rolle. Drei Möglichkeiten der Anordnung von Maßnahmen werden im Folgenden diskutiert, wobei die erste ausführlich, die beiden weiteren nur oberflächlich behandelt werden.

#### 4.2.8.1 Wirkungsbasierte Reihenfolge für eine fünfprozentige Eintrittswahrscheinlichkeit

Abb. 3 zeigt die im Beispiel „Juweliergeschäft" als wesentlich erachteten Maßnahmen, jeweils mit der angenommenen prozentualen Wirksamkeit. Diese Werte werden in Abb. 4 mit den Kosten in Beziehung gesetzt. Aus Gründen der besseren Visualisierung werden in den folgenden Schritten die anteiligen Werte (d. h. Anwendung einer 100 %-Skala) verwendet.

In diesem Beispiel erfordert die als am effektivsten angenommene Maßnahme „Wachmann" auch die größte Investition. Sie ist relativ schnell und mit wenig Administrationsaufwand umzusetzen. Die weiteren Maßnahmen sind zwar deutlich günstiger, aber auch weniger effektiv. Werden alle hier betrachteten Maßnahmen kombiniert eingesetzt, müssen – über einen Fünf-Jahres-Horizont – Investitionen von ~1,63 Mio. Euro getätigt werden, um die Eintrittswahrscheinlichkeit auf 9,97 % zu senken.

Dieses Restrisiko ließe sich noch weiter senken, indem z. B. Anbieter mit besserer Technologie oder größerem technischen Know-how ausgewählt werden,

Bewertung von Risiken und Investments ...

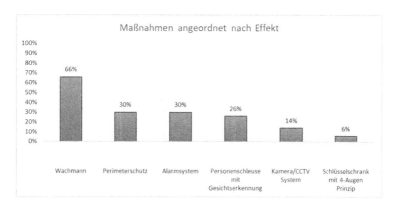

**Abb. 3** Maßnahmen mit wirkungsbasierter Reihenfolge (Steinbrenner, 2020, S. 39)

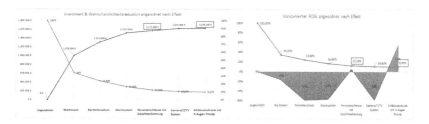

**Abb. 4** (links): Effekt des Investments auf die Eintrittswahrscheinlichkeit, mit wirkungsbasierter Reihenfolge; (rechts): Kombinierter ROSI und Reduktion der Eintrittswahrscheinlichkeit, mit wirkungsbasierter Reihenfolge (beide Grafiken basieren auf einer fünfprozentigen Eintrittswahrscheinlichkeit und basieren auf Steinbrenner (2020))

oder die hier vorgeschlagenen Maßnahmen insgesamt optimiert werden. Alternativ könnten noch zusätzliche Maßnahmen eingesetzt werden. An der vorgestellten Methodik zur Ermittlung der Wirksamkeit würde das jedoch nichts ändern.

Abb. 4 zeigt die Entwicklung des ROSI, wenn die Maßnahmen nach ihrer Wirkung geordnet sind. Unter Verwendung der geschätzten Kosten aus Tab. 6 ist der ROSI deutlich negativ, wenn die ersten drei Maßnahmen kombiniert werden. Erst mit der vierten Maßnahme wird er leicht positiv.

Für eine Eintrittswahrscheinlichkeit von 5 % gibt es zwei positive Punkte, hier durch Rechtecke markiert. Den ersten nach Hinzunahme von Maßnahme 4

(Rendite von 5 %), den zweiten nach Kombination von allen sechs Maßnahmen (Rendite von 54 %). Dies impliziert, dass die Umsetzung der ersten vier Maßnahmen wirtschaftlich sinnvoll ist und eine Investition von 1,57 Mio. Euro erfordert. Wenn die erreichte Restwahrscheinlichkeit von 12,33 % nicht akzeptabel ist, sollten alle sechs statt nur fünf Maßnahmen umgesetzt werden. Die Quadrate zeigen die „Entscheidungspunkte" an, an denen der Ladenbesitzer entscheiden muss, ob er weiter investiert oder bei der positiven Rendite der bis dahin umgesetzten Maßnahmen bleibt.

Sollte nun aus den zuvor erläuterten Gründen die Eintrittswahrscheinlichkeit auf 6,5 % steigen, so ist der Maßnahmeneffekt und die damit verbundene Investition entsprechend darzustellen. Unter der Annahme, dass sie ihre anfängliche isolierte Wirksamkeit beibehalten, ist diese anteilig zu bewerten. Die Kosten bleiben jedoch gleich.

### 4.2.8.2 Kostenbasiertes Ranking für eine fünfprozentige Eintrittswahrscheinlichkeit

Eine weitere Möglichkeit, Maßnahmen anzuordnen, fokussiert auf die Kosten. Folglich steigen die Investitionen langsamer. Der Einfluss auf die Maßnahmenwirkung ist jedoch deutlich zu beobachten. Um einen möglichen Zielwert von 10 % Restrisiko zu erreichen, wären mehr Maßnahmen notwendig als mit wirkungsbasierter Reihenfolge. Wenn man jedoch davon ausgeht, dass die Ressourcen für die Umsetzung der Maßnahmen begrenzt sind, würde das Erreichen des 50-%-Niveaus mit einem Fokus auf die Kosten deutlich länger dauern. Wenn sich ein Unternehmen für diesen Ansatz entscheidet, muss es folglich eine höhere Risikoakzeptanz haben, möglicherweise aufgrund effektiver Versicherungspolicen oder anderer Faktoren. Es kann jedoch Gelegenheiten geben, bei denen die Schutzwirkung eine untergeordnete Rolle spielt, z. B. wenn nur ein subjektives und kein objektives Sicherheitsniveau geschaffen werden soll. Dies könnte bei touristischen Infrastrukturen oder anderen Einrichtungen der Fall sein, bei denen sich die Besucher sicher fühlen sollen, unabhängig von dem tatsächlichen Sicherheitsniveau.

### 4.2.8.3 ROSI-basierte Reihenfolge für eine fünfprozentige Eintrittswahrscheinlichkeit

Eine dritte Möglichkeit, die Maßnahmen anzuordnen, fokussiert auf den zu erzielenden ROSI. Die Ergebnisse in diesem Fall sind vergleichbar mit denen des kostenbasierten Ansatzes. Der ROSI verändert sich mit Hinzunahme weiterer

Maßnahmen. Auch bleibt der ROSI in diesem Modell eine abstrakte Größe und sollte daher in einem realen Umfeld getestet und verifiziert werden. Diese Anordnung kann beispielsweise für Unternehmen sinnvoll sein, die mit der Installation von Sicherheitsmaßnahmen und deren Effekt ihr Geld verdienen.

### 4.2.9 Fazit

Die anfängliche Inspiration durch die Spieltheorie führt zu einer herausfordernden Schlussfolgerung für dieses Beispiel. Angesichts der gegensätzlichen dominanten Strategien des Ladenbesitzers und des Kriminellen würden Verantwortliche, die von einer Eintrittswahrscheinlichkeit von fünf Prozent ausgehen und strikt der ökonomischen Argumentation folgen, in vier Schutzmaßnahmen investieren. Nun würden sie mit einer Situation konfrontiert werden, in der, unter der Annahme, dass benachbarte Läden besser geschützt sind, die Eintrittswahrscheinlichkeit steigt und weitere Investitionen sinnvoll wären. Um dies von vornherein zu verhindern, wären sie gut beraten, alle Maßnahmen umzusetzen und dabei einen anfänglich negativen ROSI in Kauf zu nehmen, wohl wissend, dass er positiv werden wird, da das eigene Geschäft nun besser geschützt ist als die benachbarten.

Im Rahmen dieser Ausarbeitung wurde auch bewertet, dass Schutzmaßnahmen gegen verschiedene Modi Operandi wirken. Durch die Anwendung des Satzes der totalen Wahrscheinlichkeit konnte diese Tatsache weiter untersucht und analysiert werden. Die obige Analyse hat gezeigt, dass ein wesentlicher Faktor bei der Bewertung von Sicherheitsinvestitionen die Art und Weise ist, ob ein Unternehmen den Fokus der Sicherheitsinvestitionen auf die Wirkung und eine untergeordnete Sicht auf die Kosten legt, oder umgekehrt, oder eine Mischung aus beidem. Wenn ein Unternehmen nur über ein festes Budget verfügt, liefert die Methodik eine Schätzung, welche Restwahrscheinlichkeit das Unternehmen akzeptieren oder versichern müsste. Wenn ein vordefiniertes Risikoakzeptanzniveau existiert, kann die Methodik verwendet werden, um die Kosten und den ungefähren Aufwand zum Erreichen dieses Niveaus zu bestimmen.

Wie in dieser Ausarbeitung aufgezeigt, sind Sicherheits- und ökonomische Sichtweisen nicht völlig kongruent, d. h. es bleiben Situationen, in denen Entscheidungsträger akzeptieren müssen, dass der Schutz vor Risiken nicht immer ökonomischen Prinzipien folgt, auch weil die Konsequenzen weit über rein ökonomische Auswirkungen hinausgehen können. Es wurde jedoch deutlich, dass es eine starke Korrelation zwischen ökonomischen Prinzipien und konkreten Modi Operandi gibt, da Sicherheitsinvestitionen eine direkte, wenn auch differenzierte Auswirkung auf jede einzelne Eintrittswahrscheinlichkeit mit sich bringen.

Ein paar Worte zum Investitionshorizont, der nicht ausführlich behandelt wurde: Je nach Investitionshorizont kann eine bestimmte Kombination von Maßnahmen anfangs Einsparungen ermöglichen, die später erforderlichen jedoch die geplanten Investitionen übersteigen. Daher sollten Sicherheitsverantwortliche die Investitionen über den gesamten Zeitraum analysieren. Dies zeigt, dass der Unternehmensfokus klar gesetzt werden muss und eine langfristige Planung einem kurz- oder mittelfristigen Ansatz vorzuziehen ist. Investment in Sicherheit sollte hierbei konstant und zyklisch sein, um auf externe Entwicklungen und eine sich verändernde Bedrohungslandschaft reagieren zu können, immer in Übereinstimmung mit dem Risikoprofil des Unternehmens.

Was bedeutet das nun für Sicherheitsverantwortliche? Unternehmen, die auf positive Renditen und nachhaltige Investitionen fokussiert sind, können das Modell beispielsweise nutzen, um zu hinterfragen, ob ihre bestehende Governance und Richtlinien wirklich das wirtschaftlich effizienteste (d. h. kostenminimierende) Ergebnis von Sicherheitsinvestitionen sicherstellen. Als Indikator für das Ausmaß der Bedrohungen, denen ein Unternehmen ausgesetzt ist, könnten die bei internen Audits ermittelte Schwachstellenquote, Incident-Daten oder Daten aus anderen zuverlässigen Quellen (z. B. Kriminalitätsstatistiken) verwendet werden. Darüber hinaus könnte ein Unternehmen versuchen, die potenziellen Modi Operandi, für die es anfällig ist, zu begrenzen. Durch die Reduzierung der Anzahl möglicher Szenarien könnte ein gezielterer Fokus auf die verbleibenden Szenarien gelegt werden (Steinbrenner, 2020, S. 63 ff.).

## Literatur

Bieta, V., Broll, U., Milde, H., & Siebe, W. (2004). *Szenarienplanung im Risikomanagement.* Wiley.
Chatterjee, K., & Samuelson, W. (2014). *Game theory and business applications.* Springer Science and Business Media.
El-Taha, M. (2017). *Theory of probability, basics and fundamentals.* University of Southern Maine.
Harrer, J. (2017). *Security performance management.* LIT
Huber, C., Zeier, A. (2011). Erkenntnisse der Verhaltensforschung für die Risikowahrnehmung und die Gestaltung des Risikomanagements. In: I.VW Management-Information 2011 (3, S. 25–30). Universität St. Gallen.
Kaack, J. (2012). *Performance-Measurement für die Unternehmenssicherheit.* Springer Gabler.
Kahneman, D. (2011). *Thinking fast and slow.* Clays Ltd.
Krautsevich, L., Martinelli, F., & Yautsiukhin, A. (2011). *mal analysis of security metrics and risk.* Springer.

Magnusson, C., Molvidsson, J., Zetterqvist, S. (2007). Value creation and return on security investments (ROSI). In: IFIP International Federation for Information Processing, Volume 232, New Approaches for Security, Privacy and Trust in Complex Environments. Springer.

Miaoui, Y., & Boudriga, N. (2017). *Enterprise security investment through time when facing different types of vulnerabilities*. Springer Science and Business Media.

Rauhut, H. (2018). Spieltheoretische Modelle und Experimente zur Erklärung von Kriminalität. Journal of Criminology and Penal Reform. Carl Heymanns Verlag.

Sonnenreich, W. (2005). *Return on security investment (ROSI): A practical quantitative model*. Sage Secure.

Steinbrenner, J. (2020). *Valuation of risks and investments in strategic security management*. Darmstadt Business School

# Internet

Crimestoppers. (2016). Litauische Räuberbande mit Residenten und Soldaten. https://www.crimestoppers-eu.com/report/litauische-raeuberbande-mit-residenten-und-soldaten. Zugegriffen: 10. Jan. 2021.

Glen, S. (2016). Total Probability Rule/ Law of Total Probability Theorem. https://www.statisticshowto.datasciencecentral.com/total-probability-rule/. Zugegriffen: 10. Jan. 2021.

Internationaler Juwelier-Warndienst. (2019). Lagebilder für die Schmuck- und Uhren-Branche. http://www.warndienst.com/main.html. Zugegriffen: 10. Jan. 2021.

Statista. (2019). Statistik zu Uhren und Schmuck. https://de.statista.com/statistik/daten/studie/6479/umfrage/anzahl-der-unternehmen-im-schmuckeinzelhandel-seit-2002/. Zugegriffen: 10. Jan. 2021.

# Verzerrte Wahrnehmung von Risiken im Krisenmanagement

Christian Vogt

### Zusammenfassung

Unternehmen müssen bei zunehmender Komplexität aller Geschäftsprozesse mit Risiken professioneller umgehen, insbesondere um Krisenlagen mit höchster Resilienz begegnen zu können. Risikoanalysen basieren noch sehr häufig auf nicht wissenschaftlich oder mathematisch ausreichend belegten Entscheidungskriterien. Vorhersehbarkeit, belastbare Planungen werden gerade im Bereich der Sicherheit und des Wirtschaftsschutzes zunehmend unzuverlässiger. Handeln unter Unsicherheit ist ein entscheidender Faktor für eine gute und erfolgreiche Entscheidungskultur. Ein professionelles Management von Risiken, Vermeidung einer „Zero-Risk-Strategie" im Sinne einer angemessenen und passgenauen „Risikopraxis" ist das Fundament für den Umgang mit ungewissen Lagen und Krisen. Risiko- und Krisenmanager benötigen bestmögliche Kompetenzen, um Verzerrungen in der Wahrnehmung von Risiken zu vermeiden.

## 1 Steigende Anforderungen der Digitalisierung

Unternehmen müssen bei zunehmender Komplexität aller Geschäftsprozesse, insbesondere vor dem Hintergrund der permanent steigenden Anforderungen der Digitalisierung und des damit verbundenen Umbruchs bzw. zunehmender „Disruption" mehr denn je einen zielsicheren Überblick über Chancen und Gefahren,

C. Vogt (✉)
CLAAS KgaA mbH, Essen, Deutschland
E-Mail: christian.vogt@claas.com

also Risiken insgesamt, behalten. Gemäß §91 AktG hat der Vorstand geeignete Maßnahmen zu treffen, insbesondere ein Überwachungssystem einzurichten, damit den Fortbestand der Gesellschaft gefährdende Entwicklungen früh erkannt werden (Absatz 2). Analog ist §43 Abs. 2 zu betrachten; Geschäftsführer, welche ihre Obliegenheiten verletzen, haften der Gesellschaften für ihren Schaden; nach allgemeiner Auffassung wird eine Pflicht zum Risikomanagement entsprechend §91 AktG diesbezüglich einbezogen. Das Gesetz zur Kontrolle und Transparenz im Unternehmensbereich (KonTraG), ein umfangreiches Artikelgesetz, erlassen am 27. April 1998, hat damit u. a. zahlreiche Unternehmen und damit auch den in Deutschland sehr starken Mittelstand dazu verpflichtet, ein unternehmensweites Früherkennungssystem für Risiken zu etablieren.

Ein Risikomanagement soll der Unternehmensführung bei wesentlichen Entscheidung Hilfestellung geben, um die Erfüllung der Geschäftsziele bestmöglich erreichen zu können. Risikomanagement ist somit auch ein wichtiger Bestandteil zur Krisenprävention. Gemäß Definition aus der Norm DIN CEN/TS 17091 sind Krisen die schwerwiegendste Herausforderung, mit denen eine Organisation konfrontiert werden kann. Eine Krise ist eine inhärent anormale, instabile und komplexe Lage, die eine Bedrohung für die strategischen Zielsetzungen, das Ansehen und, letztlich, die Existenz einer Organisation darstellt (DIN CEN/TS 17091:2018). Für die Bewertung und Analyse von Risiken ergibt daraus eine zentrale Bedeutung, wenn dieses Themenfeld von Unternehmen nicht nur als reine Pflichtübung verstanden wird, sondern als unbedingt erforderliche Komponente einer strategischen und operativen, werteorientierten Unternehmensführung.

Betrachtet man die Anforderung an staatliche Strukturen, um Risiken zu erkennen und damit auch Krisen zu vermeiden, gelten analog die gleichen Rückschlüsse. Katastrophenschutzmaßnahmen sind auf Länder und Bundesebene abgestimmt. Das hierin jedoch nicht umfassend alle Risiken betrachtet werden, ist immer wieder augenscheinlich. Die gegenwärtig uns alle in Atem haltende „Corona-Krise" ist ein sehr gutes und komplexes Beispiel für die Bedeutung und Auswirkung von Risikomanagement im Rahmen der Krisenprävention und -bewältigung.

## 2 Hinführung zum Thema

Die wirtschaftswissenschaftliche Literatur beschäftigt sich umfassend mit dem Thema Risikomanagement. In einer Welt der Chancen und Gefahren sind Begriffe wie Risikostrategie, Risikopolitik und Risikokultur in enger Abstimmung mit der jeweiligen Unternehmensstrategie, -politik und -kultur definiert und wahrzunehmen. Es ist jedoch immer wieder festzustellen, dass auch große Unternehmen, die vorgeben ausgeprägte Prozesse zu haben, ihr Risikomanagement nicht ausreichend mit der Unternehmensführung verzahnen, die Risiken nicht professionell analysieren, Einzelrisiken nicht zusammenführen und dann in Situationen geraten, die ein professionelles Risikomanagement gerade hätte vermeiden sollen.

Als Beispiel kann die Abgasmanipulation bei der Volkswagen AG dargestellt werden, die als „Dieselskandal" bekannt massivste Auswirkungen auf die Geschäftszielerfüllung hatte und weiter hat und dies im Kontext von weiteren „disruptiven" Krisenereignissen; der aktuellen Corona-Krise sowie einer Nachfragekrise in Zusammenhang mit dem Umbau der ganzen Automobilbranche durch den Umstieg auf Elektromobilität. Die Knappheit von Ressourcen, hier Investitionskapital, kann dann bereits Krisenpotenzial für ein weiteres Szenario besitzen.

Die Zahl ist das Wesen aller Dinge, behauptete einst der berühmte Philosoph Pythagoras von Samos (570–510 v. Chr.). Gerade im Risikomanagement werden jedoch Zahlen, stochastische Wahrscheinlichkeitsmodelle, Kennzahlen für das Maß von Risiken, die Zusammenführung und Betrachtung von Gesamtrisiken häufig vernachlässigt (Gleißner & Romeike, 2016). Die Analyse von Risiken hinsichtlich quantitativer und qualitativer Wahrscheinlichkeiten zum Eintritt und die jeweiligen Auswirkungen, falls notwendig auch in Korridoren oder Bandbreiten berücksichtigt und dargestellt, sind das Fundament eines ganzheitlichen Risikomanagements. Kein Ingenieur würde eine Brücke auf Basis von nicht wissenschaftlich/naturwissenschaftlich anerkannten Bewertungsprozessen bauen. Ein leistungsfähiges Risikomanagement benötigt Kompetenzen, welche eine belastbare Bewertung von Risiken und damit einhergehend auch Wahrscheinlichkeiten zum Eintritt und der Schadenshöhe zulassen. Die hier existierenden Schwachstellen in der Realität sind zu benennen und Maßnahmen zur Reduzierung der „Schwachstelle Faktor Mensch" zu diskutieren und wissenschaftlich zu untersuchen. Gleichwohl ist zu berücksichtigen, dass intuitive Entscheidungen durch Entscheider und Risiko- bzw. Krisenmanager weiterhin eine hohe Bedeutung haben. Mit zunehmenden Unsicherheitsfaktoren, dem Bedarf auch bei Unsicherheit und Ungewissheit zu Entscheidungen zu kommen, wenn die Zeit begrenzt ist, sind intelligente und gute Heuristiken das Maß der Dinge. Im Krisenmanagement stellt sich häufig nicht die Frage nach „richtig oder falsch", sondern nach „besser oder schlechter". Versteht man Heuristiken vereinfacht als „Bauchentscheidungen" oder „Faustformeln", liegt sehr nahe, dass hierin ein großes Potenzial für stark verzerrte Entscheidungen liegen kann.

## 3 Erläuterung der Problemstellung

Die Kognitive Psychologie untersucht die Art und Weise wie Menschen bestimmtes Wissen erlangen und wie sie es in der Folge anwenden, um erlebte und zukünftige Erfahrungen in der Welt zu verstehen und zu erzeugen. Kognitive Psychologen beschäftigen sich mit den höheren geistigen Funktionen von Menschen wie Wahrnehmung, Intelligenz, Sprache, Problemlösen und anderen Aspekten (Gerrig & Zambardo, 2008).

Risikomanagement beinhaltet insbesondere die Aspekte „Wahrnehmung" und „Problemlösung" als zentrale Kernthemen. Damit beruht Risikomanagement insbesondere im Bereich der Krisenprävention und -bewältigung auf zahlreichen subjektiven Bewertungen. Die zentralen Feststellungen aus der kognitiven Psychologie, wie der Mensch funktioniert, welche Stärken, aber vor allem welche Schwächen er aufgrund vielfältigster Gründe hat bzw. sogar haben muss, werden häufig noch viel zu wenig berücksichtigt. Es kommt daher zu einer stark verzerrten Risikowahrnehmung und damit -analyse, was sich häufig erst zeigt, wenn Ereignisse sich manifestieren und dann im Nachhinein eine Ursachenforschung erfolgt, verbunden mit der Frage, ob oder warum die Risiken möglicherweise falsch bewertet wurden bzw. damit auch Maßnahmenpläne unzureichend – oder falsch ausgerichtet – etabliert worden sind.

Führen verzerrte Risikowahrnehmungen im Bereich des Krisenmanagements, also bei schwerwiegendsten Ereignissen, die eine Organisation oder einen Staat höchster Bedrohung aussetzen, zu falschen Schlussfolgerungen, kann dies zu einer bestandsgefährdenden Situation für eine Organisation führen. Daraus ergibt sich die Notwendigkeit sich stärker mit dieser Problemstellung zu beschäftigen, um Optimierungsstrategien zu entwickeln und die Robustheit bzw. Resilienz von Organisationen, Unternehmen aber auch staatlichen Strukturen zu stärken. Gerade vor dem Hintergrund immer komplexer werdenden Zusammenhänge, Risiken und Gefahren, ist Robustheit/Resilienz ein wichtiger Faktor, um Risiken und Unsicherheiten kompetent annehmen zu können. Eine Fixierung auf Gewissheit und Null-Risiko-Mentalität führt weder Wirtschaft noch Staat zu einem erfolgreichen Handeln.

## 4 Forschungskontext und Begriffsdefinitionen

Der vorliegende Textbeitrag ist eingebettet in den Forschungskontext der „kognitiven Psychologie", welche vereinfacht dargestellt den Faktor Mensch als Schwachstelle für Objektivität und Rationalität beschreibt.

Warum wir Risiken falsch einschätzen (Eller et al., 2012), die Psychologie des Risikos, der Umgang mit Ängsten, die sozialen und kulturellen Hintergründe zu Wahrnehmungsabweichungen und Entscheidungsstrategien, die Schwächen von Intuition, aber auch von gefühlter Rationalität, Beurteilung unter Unsicherheiten, Heuristik, die Herangehensweise an Lösungen, all das sind für diese Probleme, mit der sich die Forschung beschäftigt. Subjektive Repräsentativität, die eigene Wahrnehmung von erlebten Beispielen und Szenarien, bis hin zu Einstellungen und Justierungen betreffend fehlerhafte Schlüsselwahrnehmungen, die als Anker bzw. Wendepunkt für weitere Bewertungen fehlerhaft benutzt werden, all das sind Aspekte, die umfänglich im Forschungskontext der kognitiven Psychologie behandelt werden. Mathematik, Wahrscheinlichkeitsrechnung bzw. -verteilung, Statistik und Stochastik sind eng mit den wissenschaftlichen Hypothesen und Modellen verbunden.

Die Verbindung mit Prozessen des Risikomanagements bzw. des Krisenmanagements, sowohl in Unternehmen als auch in staatlichen Strukturen, ist bislang nicht Gegenstand intensiver Forschung. Hierzu möchte ich einen Denkanstoß geben und Lösungen aufzeigen.

**Risiko**
„A characteristic of a situation or action wherein two or more outcomes are possible, the particular outcome that will occur is unknown, and at least one of the possibilities is undesired." (Convello/Merkhofer 1993). Risiko wird erst mit dem Eingreifen des Menschen in Form von Entscheidungen geschaffen und bezieht sich auf persönliche Erwartungen betreffend zukünftiger Ereignisse (Bonss, 1995). Auch wenn der Begriff Risiko oftmals mit negativen Assoziationen belegt ist, so beinhaltet er auch Chancen im Sinne von Abweichungen, die positive Auswirkungen besitzen. Konkretes Beispiel: das Risiko im Glücksspiel. Auch der Standard ISO 31000 (Risikomanagement) geht davon aus, das Risiko „neutral" zu bewerten, also in „positiver und/oder negativer Hinsicht"( ISO 31000).

Ergänzung: Mit Blick auf diesen Beitrag sind bekannte, also identifizierbare sowie unbekannte Risiken zu unterscheiden. Unbekannte Risiken lassen sich hinsichtlich Wahrscheinlichkeit wenig messen und die Manifestierung solcher Risiken kann direkt in ein notwendiges Krisenmanagement führen. Folgendes sagte Donald Rumsfeld, früherer Verteidigungsminister der USA im Jahr 2012 auf einer Pressekonferenz, als er öffentlich machte, dass es keine Beweise dafür gab, dass der Irak Massenvernichtungswaffen an Terrorgruppen ausgeliefert hat.

"There are known knowns; there are things we know we know. We also know there are known unknowns; that is to say we know there are some things we do not know.

But there are also unknown unknowns – the ones we don't know we don't know."
(Former United States Secretary of Defense Donald Rumsfeld) (News Briefing des
US-Verteidigungsministeriums, 12. Februar 2002)

Um ein Bild von Gigerenzer darzustellen, Risiko steht in der Mitte von Gewissheit und Ungewissheit. Ungewissheit, also „the unknown unknown" ist nicht wirklich messbar oder vorhersehbar. Wer versucht, hier wahrscheinlichkeitsorientierte Risikoanalyse zu betreiben, geht ähnliche Gefahren ein, wie der, der aus Risiken Gewissheiten zu machen versucht, um jegliches Risiko auszuschließen (Gigerenzer, 2013).

**Risikoanalyse**
Die Risikoanalyse beinhaltet gemäß IDW PS 340 eine Beurteilung der Tragweite der zuvor erkannten Risiken in Bezug auf Eintrittswahrscheinlichkeit und quantitative Auswirkungen (IDW PS 340, S. 3).

**Gefahr**
Ein Zustand oder Ereignis, bei dem ein nicht akzeptables Risiko vorliegt und somit die Wahrscheinlichkeit eines Schadenseintritts besteht. Gefahren haben ihren Ursprung in der Umwelt und sind vom Menschen zunächst einmal nicht zu beeinflussen (Vgl. Glaesser, 2005, S. 7).

**Unsicherheit**
Unsicherheit ist gegeben, wenn ein Entscheider das Ergebnis einer Aktion nicht eindeutig vorhersagt, es somit mehrere mögliche Ergebnisse gibt (Vgl. Gillenkirch, 2020).

Ergänzung: In der Literatur wird eine Entscheidung unter Unsicherheit weiter unterschieden in „Entscheidung unter Ungewissheit" sowie „Entscheidung unter Risiko" (Vgl. Bonss, 1995, S. 23 f.). Im Gegensatz zur Entscheidung unter Ungewissheit ist bei einer Risikoentscheidung die Ermittlung einer Wahrscheinlichkeit teilweise oder sogar hinreichend möglich. Daraus kann man schließen, dass Risiko bestimmbare bzw. quantifizierbare Unsicherheit ist (Vgl. Bonss, 1995, S. 23 f.).

**Krise**
Gemäß DIN CEN/TS 17091 handelt es sich bei einer Krise um ein neuartiges oder außergewöhnliches Ereignis bzw. Lage, von dem/der eine Bedrohung für eine Organisation ausgeht und das/die eine strategische, anpassungsfähige und rechtzeitige Reaktion erfordert, um die Funktionsfähigkeit und Unversehrtheit der Organisation zu erhalten. Das Ereignis kann ein hohes Maß an Unsicherheit beinhalten, die

Kapazität oder Fähigkeit der Organisation zur Reaktion überschreiten und aufgrund fehlender Planbarkeit einen flexiblen und dynamischen Ansatz benötigen.
Ergänzung: Krisen sind bisweilen von Notfällen oder anderen Ereignissen wie Störfallen nicht leicht abzugrenzen. Die Entwicklung von „Incidents", also Störfälle über Notfälle bis zu Krisensituationen, kann fließend und schnell verlaufen. Nicht auf alle Krisen kann man sich gezielt vorbereiten. Der Faktor Ungewissheit ist im Bereich der Krise besonders hoch. Für Unternehmen spielt regelmäßig der Aspekt Medienberichterstattung, Reputation und Image für die Kategorisierung einer Krise eine besonders wichtige Rolle.

## 5 Relevante Standards mit Bezug zum Risikomanagement

Im Folgenden werden in kurzer Form vier Standards benannt und im Hinblick auf Bezüge zum Management von Risiken/Krisen skizziert. Im Fokus stehen hierbei die Prozesse zur Risikoanalyse.

### IDW Prüfungsstandard PS 340
Die Maßnahmen nach §91 Abs. 2 AktG, eingeführt mit dem Gesetz zur Kontrolle und Transparenz im Unternehmensbereich zur Verpflichtung des Vorstands und mit Ausstrahlungswirkung auch für Geschäftsführer von Gesellschaften anderer Rechtsformen, je nach Größe und Komplexität der Unternehmensstruktur, sind Prüfungsgegenstand der Abschlussprüfung. Nach einer Festlegung der Risikofelder, welche zu bestandsgefährdenden Entwicklungen führen können, kommt der Risikoerkennung sowie der Risikoanalyse eine zentrale Bedeutung zu. Explizit erwähnt werden die Schaffung und Fortentwicklung eines angemessenen Risikobewusstseins aller Mitarbeiter, insbesondere in risikoanfälligen Bereichen. Die Risikoanalyse beinhaltet neben einer Beurteilung bezüglich Eintrittswahrscheinlichkeit und Schadensauswirkung auch eine belastbare Einschätzung, ob Einzelrisiken in ihrer Aggregation eine signifikante Verstärkung in Richtung Bestandsgefährdung erhalten können.

### DIN ISO 31000 Risikomanagement
Die Norm ISO 31000 benennt die Risikoanalyse nicht gesondert als eigene Begrifflichkeit; sie wird dem Risikomanagementprozess zugeordnet. Die Bewertung der Risiken wird gesondert als Aspekt im Prozess dargestellt. Die Risikobeurteilung ist der Oberbegriff für das gesamte Verfahren der Identifikation, Analyse und Bewertung von Risiken. Ein Grundsatz des Risikomanagements ist die Verwendung der am

besten verfügbaren Informationen. Benannt sind hier Erfahrungen, Rückmeldungen von Stakeholdern, Beobachtungen, Prognosen und Expertenmeinungen (ISO 31000, S. 15). Stochastische Modelle oder andere wissenschaftliche Verfahren zur Berechnung und Nachvollziehbarkeit von Wahrscheinlichkeiten sind explizit nicht genannt. In der Prozessdarstellung wird aber darauf verwiesen, dass die Art und Weise, wie Auswirkungen und Wahrscheinlichkeiten ausgedrückt werden, auf den Risikotyp, die verfügbaren Informationen und den Zweck der jeweiligen Verwendung der Risikobeurteilung abzustimmen sind.

**COSO ERM Framework Enterprise Risk Management**
Zentrales Anliegen eines modernen Enterprise Risk Management (ERM) ist es Schwächen herkömmlicher Risikomanagement-Systeme zu verbessern. Das COSO ERM Framework verdeutlicht die Notwendigkeit eines integrierten und entscheidungsbezogenen Risikomanagements, Die Verzahnung der „Risikoanalyse mit der späteren bzw. danach erst folgenden Entscheidung". Die Risikoanalyse wird eng mit den Entscheidungsprozessen verbunden, was letztendlich zur Erhöhung der Qualität von Entscheidungen und damit zu einer gesonderten Werteorientierung führt. Ein wichtiger Aspekt im ERM ist die Entscheidungsfindung auf Basis rationaler, risiko- und chancengerechter Entscheidungsgrundlagen, auf deren Basis die Unternehmensführung belastbarere Entscheidungen treffen kann. Gerade in Zeiten großer Unsicherheit muss die Schwerpunktsetzung auf Sicherheit und damit der Vermeidung von Risiken im Sinne einer angemessenen, positiven Risikokultur angepasst werden; Risikokompetenz ist gefragt (Vgl. Gleißner & Hunziker, 2019).

**CEN/TS 17091**
Diese Norm befasst sich mit Grundsätzen und bewährten Verfahren zur Sicherstellung einer Krisenmanagementreaktion durch strategische Entscheider mit Geltung für den öffentlichen und privatwirtschaftlichen Sektor. Im Fokus stehen die Gestaltung und laufende Entwicklung einer der Organisation eigenen Fähigkeit zum Krisenmanagement. Die Technische Spezifikation ist eng mit anderen Themenfeldern verknüpft, explizit u. a. mit dem Risikomanagement. Auf die Grundsätze und Leitlinien aus der ISO 31000 wird in der Norm explizit verwiesen. Unter dem Aspekt „Antizipieren und Bewerten" wird das Krisenmanagement, als untrennbar mit dem Management von Risiken verbunden, dargestellt. Ein unprofessioneller Umgang mit Risiken, die – nachträglich analysiert – bewertbar waren und somit in professioneller Weise hätten beherrscht werden können, könnte zu Zweifeln an der grundsätzlichen Kompetenz einer Organisation führen und damit eigenes Potential zum Entstehen einer Krise mit starken Auswirkungen auf Image und Reputation

der Organisation führen. Auf Details zur Risikoanalyse bzw. Risikobewertung wird im Rahmen der CEN/TS 17091 nicht gesondert eingegangen.

## 6 Risikoanalyse als Fundament des Risikomanagements und damit der Krisenprävention

Eine systematische und fundierte Risikoanalyse, auf Basis nachvollziehbarer Schlussfolgerungen, die sich einer naturwissenschaftlichen Überprüfung nicht verschließen und auch das Einbeziehen von Schwachstellen im Bereich „Faktor Mensch", durch Berücksichtigung des Wissens aus dem Bereich der Kognitiven Psychologie, ist das Fundament eines stabilen, verlässlichen Risikomanagements und damit auch einer belastbaren Prävention im Krisenmanagement.

Das Wissen um Risikopotenziale, die Einbeziehung von Wahrscheinlichkeiten auf Basis bestehender Informationen, aber auch die näherungsweise Quantifizierung von zukünftigen Szenarien, die zunächst einmal wenig quantifizierbar erscheinen, sowie die Abschätzung und Quantifizierung von Schadensauswirkungen, sind essenziell für die bedarfsgerechte Umsetzung jeglicher Risikomanagement-Prozesse. Der Faktor der Subjektivität wird mit der Zunahme an Ungewissheit bzw. Unsicherheit steigen. Ein Verlassen auf rein mathematische Wahrscheinlichkeiten im Umfeld großer Unsicherheiten kann zu neuen Gefahren führen. Fehler und Verzerrungen, die in diesem Prozessschritt entstehen, können im weiteren Verlauf des Risikomanagements zu teilweise sich verstärkenden Fehlern, falschen Maßnahmenplänen und grundlegend irrigen Annahmen führen.

Im Themenfeld der Prävention von Krisen, die grundsätzlich über sehr hohes Bestandsgefährdungspotential verfügen, und dadurch gekennzeichnet sind, dass sie sich im Bereich sehr niedriger Wahrscheinlichkeitswerte bewegen, so z. B. unter ein Prozent, können sich Risikoverzerrungen besonders signifikant auswirken. Gerade bei der Einschätzung von Wahrscheinlichkeiten neigen Menschen dazu, ein einmal getroffenes Urteil sogar bei Vorliegen neuer statistischer Daten nur unzureichend zu korrigieren (Gleißner & Romeike, 06/2012). Einzig Ereignisse im direkten Umfeld oder in der eigenen Organisation, die den Eindruck erwecken, dass ein größeres Schadenspotential beispielsweise durch glückliche Umstände gerade noch vermieden werden konnte, führen dazu, das Steuer nochmals in Richtung einer Anpassung herumzureißen. Bisweilen ist aber hier zu beobachten, dass eine „Übersteuerung" stattfindet und solche Korrekturen dann in die andere Richtung „verzerrt" erfolgen können. Ohne solche Ereignisse besteht die Gefahr, dass Fehler in der „Basis" der Risikoanalyse bis zum Geschehen eines großen Schadens oder einer Krise in einer Organisation nicht erkannt werden. Ziel muss es sein, Risiken und damit auch Krisen optimal und professionell zu bewältigen bzw. „zu managen", statt in jedem Fall immer nur die Minimierung oder den Transfer von Risiken als Ziel zu haben. Gefahr hierbei ist die Tendenz einer „Null-Risiko-Mentalität". Leitbild muss das robuste Unternehmen sein, das gerade in Zeiten, die geprägt sind von großen und komplexen Unsicherheiten, eine hohe Resilienzfähigkeit besitzt. Dies darf jedoch nicht so verstanden werden, dass sich eine Organisation nur auf seine Robustheit verlässt und nicht ergänzend im Vorfeld einen angemessenen Schwerpunkt auf die Verminderung und den Transfer von Risiken legt.

## 6.1 Verzerrte Risikowahrnehmung

**Faktor Mensch**
Risikomanagement beruht auf subjektiven Einschätzungen und Bewertungen. Menschen sind jedoch nicht in der Lage Risiken nur rational und objektiv einzuschätzen. Der Mensch ist zahlreichen psychologischen und sozialen, kulturellen und erfahrungsspezifischen Einflüssen ausgesetzt. In der Wahrnehmung von Risiken zeigt sich die Motivation des schwächsten Glieds, des „Faktors Mensch". Risiko ist ein Konstrukt, das subjektive Resultat von Eindrücken, die auf uns wirken. Es können Risiken wahrgenommen werden, die sich später, wenn überhaupt, als reine Illusion erweisen (Gleißner & Romeike, 06/2012). Der Mensch filtert in komplexen Entscheidungssituationen häufig nur solche Informationen heraus, die analytisch gerade noch fassbar sind. Die zuvor bereits dargestellte hohe Komplexität der Unternehmensprozesse, der immer umfassender werdenden gesetzlichen „Regulatorik", verbunden mit der Digitalisierung und damit einhergehenden Neustrukturierung sämtlicher bekannter Prozesse und Verfahren führt auch zu ständig komplexer werdenden Risiken und Krisenpotenzialen.

In diesem Gesamtkontext ist der Mensch das mit Abstand schwächste Glied der Kette. Er bestimmt aber doch maßgeblich den kompletten Ablauf aller Risiko- bzw. Krisenprozesse. Schon das Antizipieren, Begreifen und Annehmen der einzelnen Aspekte, die zu dieser Schwäche führen, kann ein erster Schritt sein, dies im konkreten Einzelfall zu einer Stärke zu machen oder zumindest die Schwäche in ihrer Wirkung zu vermindern.

## Gründe für die verzerrte Wahrnehmung von Risiken

Die Beschäftigung mit der Problemstellung, dass Menschen grundsätzlich Risiken falsch bzw. verzerrt wahrnehmen und bewerten, weil sie Eintrittswahrscheinlichkeiten und Schadenauswirkungen ebenso verzerrt verarbeiten, führt direkt zum Themenfeld der kognitiven Psychologie. (siehe auch 1.2) Immanuel Kant beginnt seinen Aufsatz „Beantwortung der Frage: Was ist Aufklärung?" mit den Worten: *„Aufklärung ist der Ausgang des Menschen aus seiner selbst verschuldeten Unmündigkeit. Unmündigkeit ist das Unvermögen, sich seines Verstands ohne Leitung eines anderen zu bedienen. Selbst verschuldet ist dies Unmündigkeit, wenn die Ursache derselben nicht am Mangel des Verstandes, sondern der Entschließung und des Muthes liegt, sich seiner ohne Leitung eines anderen zu bedienen. Sapere aude! Habe Muth, die deines eigenen Verstandes zu bedienen."* (Kant, Berlinische Monatsschrift 1784, H.12, S. 481 f.)

Der Mensch besitzt grundsätzlich analytische Intelligenz, in vielen Situationen verwendet er diese jedoch nicht und wendet Verkürzungen an, weil dies dann häufig der einfachere und schnellere Weg ist. Rationalität und Irrationalität werden nicht durch den Menschen als solches erkannt und bewertet. Würde man eine Umfrage bei einer wahllosen Anzahl von Personen durchführen, würden mit einer geringen Ausnahme fast alle Teilnehmer von sich behaupten, dass sie rational denken und handeln.

Mit Wahrscheinlichkeiten umzugehen, überfordert Menschen schon auf einem Niveau, welches nur gering über triviale Fragestellungen, wie die nach der Wahrscheinlichkeit einer zu würfelnden „sechs" mittels eines „fairen" Würfels hinausgeht (Antwort: 1/6). Das als mathematische Aufgabenstellung gedachte und häufig diskutierte sogenannte „Ziegenproblem und seine Lösung" verdeutlichen dies. Das Problem muss rein mathematisch betrachtet werden, rein intuitiv ist die Lösung nicht herzuleiten.

In einer Aufgabenstellung sind drei geschlossene Türen aufgebaut. Hinter einer Tür steht ein Auto als Gewinn, hinter beiden anderen jeweils eine Ziege. Der Proband wählt eine Tür aus und dann öffnet ein Moderator eine der beiden anderen Türen, hinter der eine der Ziegen steht. Dies ist eine Vorgabe. Die Person bietet dem Probanden an, dass er sich umentscheiden kann. Die Fragestellung lautet: Sollte der Proband tauschen bzw. erhöht sich seine Gewinnwahrscheinlichkeit bei einem Tausch? Im Ergebnis erhöhen sich mathematisch betrachtet die Gewinnchancen, wenn ein Wechsel der Tür erfolgt (von vormals 33,3 auf 66,6 %). Intuitiv betrachtet ändert sich die Wahrscheinlichkeit für die meisten Menschen nach dem Öffnen einer der Türen nicht. Die Aufgabe wird als Beleg dafür betrachtet, dass die eigene Intuition zu bestehenden Wahrscheinlichkeiten, aber auch darüber hinaus, kritisch zu hinterfragen ist (Vgl. Aufgabe von Selvin, 1975, American Statistician, Leserbrief).

In seinem Grundlagenpapier „Rationalität in der Praxis, Definitionen, Herausforderungen, Optimierungsstrategien", geht Marko Kovic darauf ein, dass Menschen systematisch irrational agieren. Sie sind durchsetzt von kognitiven Verzerrungen („kognitive Biases"), sodass Menschen oft nicht so entscheiden, wie es am besten für sie oder die Organisation – für die sie arbeiten – ist. Irrationale Entscheidungsmuster bestimmen die Realität und kosten Unternehmen, aber auch staatlichen Strukturen viel Geld oder führen zur Nichterfüllung der eigentlichen Ziele (vgl. Kovic, 2020).

Von vielen Wissenschaftlern, die sich mit dem Thema Risikomanagement beschäftigen, gehen nur einige tiefer auf das Themenfeld der psychologischen Aspekte im Risikomanagement ein. Werner Gleißner und Frank Romeike gehören in Deutschland zu den führenden Autoren im Bereich Risikomanagement-Literatur und gehen in zahlreichen Publikationen auf die Problemstellung ein, dass Menschen nicht gemäß des „Idealbilds", eines nach vollkommen rationalen und wirtschaftlichen Erwägungen handelnden Wesens, agieren. Die Risikobewertung hängt stark von unserer Risikoeinstellung und der psychischen Risikowahrnehmung ab. Psychologische, soziale und kulturelle Faktoren bestimmen die Entscheidungskultur eines jeden Menschen. Wenn es dann noch daran mangelt, dass nicht alle verfügbaren bzw. wirtschaftlich angemessen beschaffbare Informationen vor Entscheidungsbildung einbezogen werden, führt dies zu teilweise enormen Verzerrungen, insbesondere für die Wahrnehmung von Wahrscheinlichkeiten, aber auch für die Bewertung von Auswirkungsumfängen (Vgl. Gleißner & Romeike, 2012, S. 43–46). Beide Wissenschaftler beziehen die Erkenntnisse der führenden kognitiven Psychologen in ihre Arbeit ein.

Im Bereich der kognitiven Psychologie führt eine Beschäftigung mit dem Thema „verzerrte Wahrnehmung von Risiken" zu den beiden führenden Wissenschaftlern Daniel Kahneman und Amos Tversky. Beide haben sich sowohl mit kognitiver Psychologie beschäftigt, also auch mit dem Themenfeld der Entscheidungsfindung bzw. der Entscheidungsverfahren, insbesondere „unter Unsicherheit"; unter starker Einbindung von mathematischen und statistischen bzw. stochastischen Verfahren und Modellen. Kahneman wurde für seine Arbeit 2002 mit dem Wirtschaftsnobelpreis ausgezeichnet.

Rolf Dobelli, Gründer und Kurator von WORLD.MINDS und Autor des Werks *Kunst des klaren Denkens,* greift darin das Thema der kognitiven Verzerrungen sehr prägnant auf (vgl. Dobelli, 2020). Menschen schätzen Risiken falsch ein und es sehr wichtig dies zu erkennen, um Maßnahmen zur Gegensteuerung anzuwenden. Daher werden hier die wichtigsten Verzerrungen (Biases) dargestellt. Heuristiken sind grundsätzlich gut und nützlich und haben in der Menschheitsgeschichte oftmals Gesundheit und Leben in Situationen retten können, in denen unter größter Unsicherheit eine schnelle Entscheidung gefällt werden musste; „gefährliche Verzerrungen" sind jedoch ein Risiko in sich, insbesondere in einer komplexer werdenden Welt. Die Qualität einer Risikoanalyse und -bewertung in der Krisenprävention oder in der Bewältigung einer Krisensituation ist gerade mit Blick auf die Außergewöhnlichkeit eines solchen Ereignisses und das hohe Bestandsgefährdungspotential unzweifelhaft von entscheidender Bedeutung. Relevante Fehler und Verzerrungen zu kennen, ist daher von ebenso entscheidender Bedeutung.

Tversky und Kahneman beschreiben in ihrem Aufsatz „Urteile unter Unsicherheit" drei übergeordnete Heuristiken, also Herangehensweisen, um Probleme zu lösen, die zu kognitiven Verzerrungen führen (Vgl. Kahneman, 2011, S. 521 f.).

**Repräsentativität**
Beispiel: Steve ist schüchtern, reserviert, hilfsbereit, wenig an Menschen oder der realen Welt interessiert; sanftmütig und penibel und besitzt ein Bedürfnis nach Ordnung und Struktur sowie eine Passion für Details. Befragt nach seinem Beruf, und unter Vorgabe einer bestimmten Auswahlmöglichkeit (Landwirt, Bibliothekar und andere) entscheiden sich deutlich überrepräsentiert, befragte Personen für die Auswahlmöglichkeit „Bibliothekar". Die benannten Attribute haben keinen definitiven oder maßgeblichen Bezug zum eigentlichen Berufsbild. Die Auswahl erfolgt scheinbar nach subjektiven Ähnlichkeiten, die sich bei den Befragten einstellt, wenn sie die Beschreibung lesen. Auf Wahrscheinlichkeitsbewertungen wirkt sich eine solche Beschreibung jedoch nur sehr eingeschränkt aus. Vielmehr sollte rational und analytisch betrachtet die Grundhäufigkeit oder „A-priori-Wahrscheinlichkeit" die höchste Bedeutung für die Wahrscheinlichkeit einer richtigen Antwort besitzen. Da es sehr viel mehr Landwirte als Bibliothekare gibt, hätte die überwiegende Zahl, wenn nicht sogar alle Befragten, die Antwort derart gestalten müssen.

Ein weiteres Beispiel belegt in dieser Kategorie die Anfälligkeit für eine Missachtung essentiell wichtiger Grundgegebenheiten. Zu betrachten ist eine Stadt mit zwei Kliniken; in der kleinen Klink kommen 15, in der größeren 45 Kinder jeden Tag zur Welt. Es ist bekannt, dass die Verteilung Jungen/Mädchen bei ca. je 50 % liegt. Auf die Frage welche Klinik mehr Tage zu verzeichnen hat, an welchen die Abweichung auftrat, dass mehr als 60 % Jungen zur Welt kamen, antworteten befragte Studenten in überwiegender Anzahl jenseits jeder Wahrscheinlichkeitseinbeziehung: „Beide Kliniken gleich oder die größere Klinik habe mehr Abweichungstage". Was überhaupt nicht berücksichtig wurde: die vorher gegebene Wahrscheinlichkeit. In der Klinik mit nur 15 Geburten muss die Abweichung aufgrund des kleineren „Stichprobenumfanges" an deutlich mehr Tagen in die Richtung der Fragestellung (mehr als 60 % Jungen) abweichen. Dieser für Wahrscheinlichkeiten wichtige Aspekt wird jedoch nicht einbezogen.

Dritter und letzter Beispielfall zum Thema Repräsentativität. Extreme Leistungen wechseln sich mit weniger extremen ab. Das muss so sein, zumindest für die Masse der erbrachten Leistungen mit Blick auf eine große Gruppe, und klingt auch rational und analytisch nachvollziehbar. Bei rein subjektiver Betrachtung ergibt sich jedoch folgende Verzerrungsmöglichkeit, die im Fall einer Befragung erfahrener Fluglehrer empirisch nachgewiesen wurde (Vgl. Kahneman, 2011, S. 521 f.). Auf das verbale Lob für eine sanfte Landung eines Flugschülers erfolgte häufig eine schlechte und umgekehrt erfolgte eine bessere Landung nach erfolgtem verbalem Tadel über eine zuvor schlechte Landung. Die Lehrer gelangten zum Schluss, verbales Lob sei abträglich und Tadel aber zuträglich. Der Effekt „Regression zur Mitte" bzw. Durchschnittsleistung wird nicht betrachtet.

**Verfügbarkeit**
Haben Menschen Aspekte und Themen verfügbar in ihrem Gehirn gespeichert oder besser abrufbar, ergeben sich Verzerrungen, die vollkommen irrational sein können, jedoch häufig rational gar nicht überprüft werden, weil sich die jeweiligen Entscheider z. B. „sicher" sind und sie auf ihr „Bauchgefühl" vertrauen.

Die Frage, ob es mehr deutsche Wörter gibt, die mit R anfangen als mit R aufhören, beantworten viele Befragte eindeutig falsch; Worte, die mit R beginnen fallen Menschen schneller ein, sie sind dann einfach verfügbar. Bei logischer und rationaler Betrachtung, mit Blick auf ganze Wortgruppen (die auf „-er" enden) müsste die Einschätzung vollkommen konträr ausfallen.

Dobelli beschreibt dies bildlich sehr gut, wenn er darstellt, dass Menschen mit der Verfügbarkeitsverzerrung („Availability Bias" nach Kahneman/Tversky) eine falsche Risikokarte im Kopf haben. Interessant für die Betrachtung der Auswirkung auf Entscheidungsfehleroptionen für Risikomanager und Mitglieder in einem Krisenteam (bestehend aus Fachleuten und Experten zu relevanten Themengebieten wie HR, IT, Security, Kommunikation usw.) ist die Tatsache, dass nach Dobelli insbesondere Experten, Berater und beispielhaft Ärzte u. a. dieser Verzerrung zum Opfer fallen. Demnach werden immer wieder gleich geläufige Beratungs- oder Behandlungsprozesse in Gang gesetzt, ob es passt oder nicht. Das ist als würde man in einer Stadt keinen verfügbaren Stadtplan haben und dann lieber einen Plan einer anderen Stadt nutzen, als seinen Weg ohne einen physischen Plan zu nutzen (vgl. Dobelli, 2020, S. 56 f.).

**Anpassung und Verankerung**
Insbesondere wenn es keine repräsentativen Bewertungen gibt und andere Einschätzungen wenig Halt durch Verfügbarkeit geben, werden von Menschen so genannte

„Anker" eingesetzt. Dies haben Kahneman und Tversky sehr eindrücklich dargestellt. Tversky hat in einer Versuchsanordnung von Teilnehmern ein Glücksrad drehen lassen. Danach wurde die Frage gestellt, wie viele afrikanische Staaten Mitglied bei der UNO seien. Die Umfrageergebnisse zu dieser „Frage in Unsicherheit", da augenscheinlich keiner der Teilnehmer das korrekte Ergebnis der Staatenzahl kannte, variierten ganz stark mit Korrelation zur Höhe der gedrehten Zahl am Glücksrad. Personen mit einer höheren Glücksradzahl benannten signifikant eine höhere Zahl an afrikanischen Staaten und umgekehrt.

Anker einzusetzen ist nicht grundsätzlich schlecht; wenn die Frage aufkommt, wann Martin Luther geboren wurde, kann das vermutlich bekanntere Datum des Anschlags der Lutherischen Thesen an das Tor der Schlosskirche in Wittenberg (1517) genutzt werden, um von dort, unter Schätzung des mutmaßlichen Lebensalters Luthers zum „Ankerzeitpunkt", das Geburtsjahr annähernd zu schätzen; z. B. minus etwa 30 Jahre. Die Verzerrungsgefahr durch Nutzung von Ankern wird jedoch dann sehr hoch, wenn sie genutzt werden während gleichzeitig keinerlei Bezug zur jeweiligen Fragestellung aufzuweisen ist. Auch hier urteilen Kahneman/Tversky, dass Experten ähnlich verzerrt handeln wie Laien.

In Zusammenfassung der Darstellung zum Verzerrungspotential von drei übergeordneten Heuristiken, die auch zur Schätzung von Risiken bzw. Wahrscheinlichkeiten genutzt werden können, muss nochmals betont werden, dass sie auch in Expertenkreisen nicht nur genutzt werden, sondern nach Nutzung dann häufig nicht mehr einer Prüfung unterzogen werden. Die Bedeutung für das Risikomanagement und die Risikoeinschätzung im Bereich von Krisenmanagementprozessen sollte gerade dort erkannt und dann vermindert werden.

Weitere relevante Verzerrungen, auf welche auch Dobelli verweist, werden nachfolgend in Kürze skizziert und gerade mit Blick auf Risiko-/Krisenmanagementprozesse betrachtet. Sie können durchgängig in die zuvor genannten drei „Hauptheuristiken" eingeordnet oder ihnen zugeordnet werden.

**„Social Proof" insbesondere in Verbindung mit „Groupthink"**
Am Beispiel der Zusammenarbeit von Krisenteams kann dargestellt werden, dass nicht immer eine Gruppe von Experten im Rahmen eines von schnellen Entscheidungen geprägten Krisenmanagementprozesses, durchgehend besser bzw. rationaler entscheidet, als dies getrennt der Fall wäre.

Die Illusion der Einstimmigkeit, die gruppendynamischen Prozesse, stellen hier eine Verzerrungsgefahr dar. Die Positionierung eines „Advocatus Diaboli" kann hierbei schlimmeres verhindern.

## „Overconfidence-Effekt" und „Confirmation-Bias"

Eng verbunden mit den Auswirkungen der Gruppendynamik ist ein Effekt, der sich aus der Selbstüberschätzung ergibt, die gerade bei Experten ausgeprägt sein kann. Dobelli benennt drei Rückschlüsse zu diesem Thema; einen Unterschätzungseffekt gibt es nicht bzw. ist nicht nachweisbar, Männer überschätzen sich stärker als Frauen, auch Pessimisten überschätzen sich, nicht nur Optimisten. Die Zusammensetzung von Teams mit Männern und Frauen wäre hier schon einmal ein erster Ansatz. In der Praxis sind gerade in Krisenteams häufig noch Männer sehr stark überrepräsentiert. Ein Basisskeptizismus gegenüber Experten ist daraus abgeleitet anzuwenden; mit Bezug auf die aktuelle „Corona-Krise" könnte dies, betrachtet man die aktuellen gegensätzlichen Diskussionen zur Rolle und Widersprüchlichkeit der „eingebetteten" Virologen- und Fachexperten, durchaus ein valider Diskussionspunkt sein.

Dobelli bezeichnet das „Confirmation Bias" gar als „Vater aller Denkfehler". Der Mensch neigt demnach dazu neue Information durchweg im Lichte bestehender (verfügbarer) Theorien und Weltanschauungen zu betrachten. Nicht passende Informationen werden sogar herausgefiltert, was gefährliche Auswirkungen haben kann. Um ein Beispiel zu skizzieren: Ein Professor legt seinen Studenten die Zahlenreihe 2–4–6 vor und fragt nach der zugrunde liegenden Regel der Fortführung der Reihe. Er bietet an, dass die Studenten unendlich viele – der Regel folgende – weiterführende Zahlen nennen können, die der Professor dann mit „passend/nicht passend" in Bezug auf die Regel bezeichnet. Mit einer Ausnahme erfragen die Studenten die weiteren Zahlen 8–10–12–14 und entscheiden sich schnell bzw. vorschnell für die mutmaßliche Regel „addiere 2 zur letzten Zahl". Nur ein einziger Student fragt deutlich unregelmäßiger anmutende Zahlen ab, auch im Minusbereich, sowie ungerade Zahlen. Dann entscheidet er sich für die mutmaßliche Regel „die nächste Zahl ist immer höher". Dies war die zu ermittelnde korrekte und vom Professor zuvor dokumentierte Regel. In schwammigen Themenbereichen oder im Feld von „Communitys von Gleichdenkenden" wirkt (nach Dobelli) diese Verzerrung noch verstärkt. Hier kommt nun der (diesmal eigene) „Advocatus Diaboli" ins Spiel, mit dem Ziel, „Disconfirming Evidence" zu betreiben. Jegliche Beobachtung, die der eigenen Theorie widerspricht, ist bestenfalls sofort zu beachten bzw. zu dokumentieren, um der menschlichen „Falle des Vergessens" solcher Ereignisse zu entgehen. In diesem Zusammenhang verweist Dobelli auf den einem Literaturkritiker zugeschriebenen Satz „Murder your darlings" (vgl. Dobelli, 2020, S. 39 f.). Dem entspricht auch die wissenschaftliche Herangehensweise, dass eine Hypothese viel schwerer zu verifizieren ist, als einen einzigen Beweis zu finden, der die Hypothese als unzutreffend darstellt. Ein einziger Schwan kann die Behauptung alle Schwäne seien weiß widerlegen. Genauso hat Einstein die als „Festung" angesehenen Gesetze Newtons mit seiner Relativitätstheorie zum Einsturz gebracht.

**„Zero-Risk Bias", „The Neglect of Probability" und „The Outcome Bias"**
Zuletzt sind noch drei Verzerrungen zu erwähnen, die auch bei der Bewertung von Risiken eine große Rolle spielen. Bei der Null-Risiko Verzerrung werden Maßnahmen, die ein Risiko auf „null" bringen können, übermäßig bewertet, auch wenn sie mathematisch betrachtet einen geringen Vorteil erbringen, als eine Reduzierung eines anderen Risikos in einem anderen Zahlenbereich. Die Wahrscheinlichkeitszahl wird einfach „vernachlässigt" bzw. nicht beachtet. Dobelli stellt hierzu ein Experiment aus dem Jahre 1972 dar; Probanden hatten mit verschiedenen Wahrscheinlichkeiten einen Stromschlag zu erwarten. Im Ergebnis hatte die im Verlauf des Experiments zunehmend deutlichere Reduzierung der Wahrscheinlichkeit keinen Einfluss auf den Angstfaktor, dieser blieb gleich hoch. Der Mensch scheint demnach auf das zu erwartende Ausmaß eines Ereignisses zu reagieren, jedoch deutlich weniger auf dessen Wahrscheinlichkeit, es fehlt an einem intuitiven Verständnis für Wahrscheinlichkeiten (Vgl. Dobelli, 2020, S. 116 f.). Auch könnte man einen direkten Bezug zur aktuellen Corona-Krise, nach nunmehr sechs Monaten, ziehen. Die Beurteilung einer Entscheidung nach dem Grad des Ergebnisses ist eine weitere relevante Verzerrung. Ein sehr guter Schüler, der für das Erreichen einer sehr guten Note einen sehr großen Aufwand betrieben hat, sollte nicht in Bezug auf Intelligenz oder sonstiger Qualifizierung mit einem anderen Schüler nur aufgrund einer Note verglichen werden. Der Prozess und nicht das Ergebnis sollte bewertet werden. Ein Entscheider oder ein Entscheidungsteam muss sich vor dem Blick auf das reine Ergebnis, so z. B. von vorangegangenen Entscheidungen schützen. Wenn die Informationslage umfassend ist, wenn Vernunft, Nachvollziehbarkeit und Wahrscheinlichkeit abgewogen werden konnten, kann man eine Entscheidung treffen, die zuvor nicht zum Erfolg führte, aber in der aktuellen Situation, die nach bestem Ermessen getroffene Wahl darstellt.

**Relevanz mathematischer und statistischer bzw. stochastischer Faktoren**
Mathematische Aspekte der Risikoanalyse und des Risikomanagements werden häufig im Bereich der unternehmerischen, aber auch staatlichen Risikobetrachtung oder des Krisenmanagements vernachlässigt. Die Wahrscheinlichkeit eines pandemischen Ereignisses wie die aktuelle „Corona-Krise" wurde von Experten auf ca. 0,1 bis ein Prozent pro Jahr geschätzt (Vgl. Deutscher Bundestag, Drucksache 17/12.051, 10.12.2012, Risikoanalyse Bevölkerungsschutz Bund, Pandemie durch „Modi-SARS"). Nimmt man eine mittlere Wahrscheinlichkeit aus dem genannten

Spektrum von 0,5 %, bedeutet dies, dass ein Mensch bei Erreichen eines durchschnittlichen Lebensalters eine etwa 30 %ige Wahrscheinlichkeit hat, eine solche Pandemie zu erleben.

Die Zahl ist das Wesen aller Dinge, dieser Satz wird Pythagoras zugeschrieben. Auch wenn man dies reduziert und ausdrückt, dass die Zahl das Wesen vieler Dinge ist, so ist die Mathematik bzw. deren bestmögliche Anwendung im Themenfeld des Risikomanagements, insbesondere im Prozess der Risikoanalyse obligatorisch. Wir leben in einer von Zahlen beherrschten Welt und in kleinen Wert oder mit nachvollziehbaren Wahrscheinlichkeitswerten (50 %, 100 %) kann noch fast jeder Mensch gut umgehen. Der Umgang mit hohen Zahlenwerten und beispielsweise kleinen oder sehr kleinen Wahrscheinlichkeitswerten (Unternehmen mit guten oder mittleren „Ratings" haben beispielsweise keine bestandsgefährdenden Risiken in Bereichen über zwei Prozent zu akzeptieren; mit solchen Werten kann der Mensch subjektiv schon nicht mehr adäquat umgehen).

Menschen standen schon immer vor der Herausforderung, Entscheidungen mit Blick auf die Zukunft und somit auf eine gewisse Unsicherheit zu treffen. Oft wurden solche Fragestellungen in den Bereich der Religionen verortet. Im christlichen Mittelalter galt der systematische Umgang mit dem „Zufall" sogar als gotteslästerlich. Im Zuge der Etablierung von mathematischen Erkenntnissen im Leben der Menschen nach dem Mittelalter wurde die Geschichte der Risikoanalyse aber zunehmend auch eine Geschichte der Stochastik, dem Teilgebiet der Statistik, das sich mit der Untersuchung vom Zufall abhängiger Ereignisse und Prozesse befasst (Vgl. Cottin & Döhler, 2009, S. 6 f.).

Im Rahmen dieses Textbeitrags kann das Themenfeld Mathematik, Statistik und Stochastik nur skizziert werden. In der Branche der Versicherungen sind hoch entwickelte mathematische Modelle nicht wegzudenken; hoch qualifizierte Mathematiker können in dieser Branche erfahrungsgemäß höchste Einkommen erzielen; und das in einem Bereich, der entwickelt wurde, um Einzelpersonen und Unternehmen vor hohen finanziellen Verlusten als Folge von unkontrollierten und nicht vorhersehbaren, „ungewissen" Ereignissen zu schützen (Vgl. Gatto, 2014, S. 1 f.). Versicherungssysteme können diesen Schutz natürlich nur bieten, wenn Sie bezüglich der Risikoanalyse bestmöglich aufgestellt sind und sich in Bezug auf die Bewertung und Quantifizierung von Eintrittswahrscheinlichkeiten und Schadensauswirkungen optimal vorbereitet haben und dies ständig zu verbessern suchen. Es verwundert daher nicht, dass sich die Wissenschaft und Literatur der Wirtschaftsmathematik mit entsprechenden Algorithmen, Modellierungen, stochastischen Modellen und der Einbeziehung von allen zur Verfügung stehenden statistischen Datenbeständen bis hin zu neueren Big Data Modellen insbesondere im Branchenumfeld der Versicherungen beheimatet fühlt. Im Bereich des Risiko-

und Krisenmanagements von Unternehmen oder auch staatlichen Strukturen gibt es einen deutlichen Aufholbedarf.

Am Beispiel einiger Wissenschaftlicher und ihrer Veröffentlichungen ist zu erkennen, dass hier ein Defizit erkannt ist und die Verbesserung ersucht wird. Exemplarisch kann der Risikoforscher Horst Müller-Peters benannt werden, der skizziert, dass der Umgang mit Wahrscheinlichkeiten den Mensch überfordert, Risiken falsch eingeschätzt werden und daher auch die falschen Sorgen in den Fokus rücken (Vgl. Müller-Peters, 2017, Positionen-Magazin, Interview „Wir machen uns die falschen Sorgen"). Müller-Peters hat in einem gemeinsamen Projekt der TH Köln mit der FAU Erlangen-Nürnberg einen Selbsttest unter www.kenn-dein-risiko.de veröffentlicht, der in verschiedenen Felder den Teilnehmenden aufzeigt, wie weit sie bei schon einfachen Fragestellungen von realistischen und rationalen Einschätzungen abweichen. Im Durchschnitt kommen die Teilnehmenden nicht weit über 30 % angemessene Antworten hinaus. Für eine Selbsteinschätzung zahlreicher Risiko- und Krisenmanager wäre dies für eine realistische Selbstwahrnehmung sehr hilfreich.

Werner Gleißner beschreibt in seinem Aufsatz „Wie wäre es, wenn ein Ingenieur arbeiten würde wie (viele) Risikomanager die unbedingte Anwendung der Mathematik und stochastischer Modelle und Simulationen, insbesondere z. B. für eine angemessene Berechnung der Aggregation von mehreren Einzelrisiken bzw. möglichen Zukunftsszenarien (vgl. Gleißner, 2019).

Abschließend ist zusammenzufassen, dass in Unternehmen, Organisationen und staatlichen Strukturen, die sich nicht im Kerngeschäft mit Versicherungen und statistischen Erhebungen befassen, ein erhebliches Defizit in den verfügbaren formalen und betriebswirtschaftlichen Methoden mit Blick auf die Nutzung von Mathematik, insbesondere Wahrscheinlichkeitsmathematik und Stochastik/Statistik, besteht (vgl. Gleißner, 2017, S. 99 f.). Vor dem Hintergrund zunehmender Komplexität der Geschäftsprozesse, umwälzender und disruptiver Digitalisierungsprozesse, dem Wert von Datenbeständen als „Öl des 21. Jahrhunderts" und deren Nutzung sowie permanent herausfordernder werdenden gesetzliche Regulatorik, ist nicht nachvollziehbar, warum in diesem Bereich Defizite noch akzeptiert werden.

## 7 Risikoverzerrung am Beispiel Corona-Krise

Die Corona-Krise hat dramatische Auswirkungen auf Wirtschaft, Staat und jeden Menschen darin. Die Dauer der Krise mit aktuell bereits zwölf Monaten übersteigt die Erfahrungen, die seit Ende des Zweiten Weltkrieges in einem ähnlich einschneidenden Krisenereignis erlebt werden konnten. Das Pandemie-Szenario ist jedoch kein sogenanntes „Black Swan-Ereignis" aus dem Nichts. (Bezug: Buch des Publizisten Nassim Taleb über die „Macht höchst unwahrscheinlicher Ereignisse"). Pandemien gehören seit Jahrhunderten zur Geschichte der Menschheit. Zuletzt die sogenannte Spanische Grippe, die ab 1918, in einem mit heutigem Bezug sehr unterschiedlichem Umfeld stattfindend, für zwei Jahre grassierte und insgesamt etwa 50 Mio. Tote forderte; am Ende des Ersten Weltkriegs und mit entsprechend existierender Schwächung der ganzen Bevölkerung, des Gesundheitssystems sowie der allgemeinen Versorgungssituation, war die Lage deutlich schwieriger. Die Einschränkungen, die durch viele Staaten, insbesondere in Europa, getroffen wurden, können durchaus als „nie dagewesen" bezeichnet werden.

Zu einer vermeintlichen Unvorhersehbarkeit einer solchen pandemischen Krisenlage in Deutschland muss allerdings dargestellt werden, dass das Bundesamt für Bevölkerungsschutz 2012 eine umfangreiche Stellungnahme zu den Gefahren und notwendigen Vorbereitungen im Hinblick auf ein großes pandemisches Ereignis veröffentlich hat, welche sogar im Bundestag erörtert wurde (vgl. Behördenspiegel 2020). Im Vorfeld, mit Blick auf die letzten 20 Jahre, gab es eine Reihe von epidemischen Ereignissen, die jedoch nie den Status einer Pandemie erreicht hatten (SARS, Vogelgrippe, Schweingrippe, MERS).

Die Wahrscheinlichkeitsberechnungen mit bis zu ein Prozent hätten bei einer adäquaten Bewertung eines solchen Wahrscheinlichkeitswertes, in Verbindung mit den erkennbar hohen Schadenerwartungswerten einer Pandemie, dazu führen müssen, dass sich sowohl staatliche Akteure, aber auch Unternehmen hier angemessen vorbereiten. Im Gedächtnis der Menschen war bis zum Beginn der COVID-19-Pandemie fast einzig der Ankauf einer hohen Menge eines für die Schweingrippe konzipierten Impfwirkstoffs für die deutsche Bevölkerung. Weder hat Deutschland angemessene Vorsorge mit Blick auf die Etablierung eines Krisenplans getroffen, noch haben viele Unternehmen mit Blick auf die Vergangenheit („Rückschaufehler"), insbesondere, weil sich die letzten Epidemien nicht zu Pandemien entwickelten, gehandelt und Krisenpläne etabliert. Es ist in diesem Zusammenhang sehr interessant festzustellen, dass das derzeitige Pandemie-Szenario überhaupt kein „Worst-Case-Szenario" darstellt. Im Szenario des Bundesamts für Bevölkerungsschutz, welches in vielen Beschreibungen der aktuellen Krisenlage nahekommt, werden drei Wellen angenommen, die Dauer bis zur Herstellung und sicheren Anwendung eines Impfstoffes wird mit drei Jahren festgelegt und die Letalität in Bezug auf die Zahl der Infizierten wird mit zehn Prozent angenommen. Um einen Vergleich darzustellen; SARS (zehn Prozent), MERS (45 %) und zum Vergleich Ebola (50 %).

Professor Hendrik Streeck, Virologe an der Universität in Bonn, hat in seiner bekannten „Heinsberg-Studie" eine ungefähre Letalität (bei COVID-19) von 0,4 % ermittelt. Eine interessante Feststellung betraf die Ansteckungsrate von Personen, die innerhalb einer Hausgemeinschaft lebten; sie war nachvollziehbar deutlich geringer, als dies bei sogenannten „Superspreader-Events" im Rahmen von Karnevalsveranstaltungen (siehe das bekannte Beispiel des Kreises Heinsberg im äußersten Westen Deutschlands) in Mehrzweckhallen festzustellen war.[1] Es existierten weder im staatlichen Bereich noch in Unternehmen fundierte quantitative Risikoanalysen. Dabei ist ein zentraler Aspekt von Pandemie-Krisenplänen, so denn Unternehmen einen solchen etabliert hatten (vornehmlich eher im Bereich von Großunternehmen), der krankheitsbedingte Ausfall einer großen Zahl von Mitarbeitern und die dazu passenden notwendigen Maßnahmenoptionen.

Mit Ausnahmen von einigen sogenannten Hotspots, zu erwähnen hier das Beispiel des Hotspots beim Unternehmen Tönnies im Kreis Gütersloh, waren zu keinem Zeitpunkt eine große Anzahl von Personen einer einzigen Organisation bzw. eines Unternehmens erkrankt. Selbst im Fall von Tönnies und mehr als 1700 infizierten Beschäftigten war festzustellen, dass diese Personen größtenteils nicht erkrankten, also Symptome einer Krankheit aufwiesen.

Man könnte in diesem Bezug kritisch feststellen, dass die fehlende Vorbereitung auf eine solche Krise, die fehlende Auseinandersetzung mit mathematischen Prozessen zu exponentiellen Wachstumskurven von Infizierten, Umgang mit Reproduktionsraten im Bereich geringer und hoher Zahl von Infizierten, einem offenen Umgang mit dem Themenfeld Letalität, speziell dem Thema Übersterblichkeit, in Verbindung mit einem vermeintlich professionellen Meinungsbild von sogenannten Experten zu einer Mischung von verschiedenen Verzerrungswahrnehmungen im Bereich der Risikoanalyse geführt hat.

Mit Bezug auf die oben dargestellten Aspekte, könnten hier „Social Proof", „Confirmation Bias", „Authority bzw. Experten Bias", „Groupthink Bias", „Neglect of Probability", „Zero-Risk Bias" und „Anker-Effekt" in Verbindung mit einer „Prognose-Illusion" zusammengekommen sein. Zu letzterem: Philipp Tetlock, Psychologe der University of Pennsylvania, auch Mitglied der American Academy of Arts and Sciences, hat über 20 Jahre ein Forschungsprojekt geführt

---

[1] Infection fatality rate of SARS-CoV-2 infection in a German community with a superspreading event Hendrik Streeck, Bianca Schulte, Beate M. Kümmerer, Enrico Richter, Tobias Höller, Christine Fuhrmann, Eva Bartok, Ramona Dolscheid, Moritz Berger, Lukas Wessendorf, Monika Eschbach-Bludau, Angelika Kellings, Astrid Schwaiger, Martin Coenen, Per Hoffmann, Birgit Stoffel-Wagner, Markus M. Nöthen, Anna-Maria Eis-Hübinger, Martin Exner, Ricarda Maria Schmithausen, Matthias Schmid and Gunther Hartmann, 04.05.2020

und insgesamt über 82.000 Vorhersagen von Experten gesammelt bzw. ausgewertet. Diese Vorhersagen wurden mit der Realität sowie mehreren anderen Vorhersagen von einfachen statistischen Modellen, uninformierten und informierten Laien verglichen. Die Experten schnitten kaum besser ab als informierte Laien und jede Gruppe schnitt schlechter ab als einfache Regeln und Modelle (vgl. Tetlock, 2005).

Bezogen auf die aktuelle Corona-Krise kann man sagen, dass sehr viele subjektive Entscheidungsprozesse stattgefunden haben, jedoch bis heute keine validen Messgrößen oder feste Risikomaße definiert wurden (z. B. die Beatmungskapazität Belegung der Notfallkapazitäten im Bereich Intensivmedizin mit vorhandener). Der Schutz vor einer Überforderung der Gesundheitssysteme war einige Zeit lang eine konkrete Vorgabe; dieses Thema ist zuletzt aus dem Fokus geraten und wird aktuell wieder verstärkt diskutiert. Nun haben sich die Wechselwirkungen zwischen den medizinischen, sozialen, politischen, interkulturellen (Asien versus Rest der Welt), ökonomischen Aspekten verselbständigt und sind außer Kontrolle der Risiko- und Krisenmanager geraten.

Derzeit ist mit weiteren Folgekrisen zu rechnen, die schwere ökonomische Auswirkungen haben könnten und zu einer „multiplen" Krisenlage führen könnten (Vgl. Gleißner, 2020, Corporate Finance Nr. 05–06, S. 121 f.). Lieferketten sind außer Kraft gesetzt worden, Transport- und Logistikunternehmen zentrieren Transportwege neu, weil Kapazitäten wegfallen, Zulieferstrukturen könnten sich „entglobalisieren", der Welthandel wird beeinträchtigt, Protektionismus wird wieder eingeführt, Angebots- und Nachfrageschock manifestieren sich, gleichzeitig stehen die Unternehmen vor großen Herausforderungen mit eigenem Krisenpotential. Die Digitalisierung wird Gewinner und Verlierer definieren, die Klimadiskussion, während der „Corona-Krise" ausgeblendet, wird mit großer Wirkmacht zurückkommen, Cyberattacken und Gefahren im Cyberraum werden weiter zunehmen und haben bereits die Wirren der „Corona-Phase" umfassend nutzen können, Staatsschuldenkrise sowie Finanzmarkt- und Bankenkrise runden das gefährlichste Portfolio der Nachkriegszeit ab.

Mit der Etablierung von „funktionierenden Impfstoffen" gegen COVID-19, die nun bereits deutlich früher zugelassen werden konnten, als dies zu Beginn der Krise eingeschätzt wurde, wird auch hier das Thema Risikoanalyse und damit verbundene Fehleroptionen sehr signifikant wahrnehmbar. Es entstehen Fragen, warum die Zulassung im Bereich der EU so viel Zeit benötigte, zumindest in relativer Betrachtung zu USA oder UK, warum die Vorbestellungen und Verträge zur Beschaffung scheinbar weniger belastbar erfolgten, ob die Verteilung des zunächst „verknappten" Impfstoffes optimal risikoorientiert erfolgt (Stichworte hier: Impfstrategie, Impfkonzepte) und weitere. Innerhalb der COVID-19-Krise

entwickelt sich damit schon fast eine zumindest medial fokussierte eigene Nebenkrise mit Blick auf die EU und Deutschland, eine „Impfkrise".
Die verzerrte Risikowahrnehmung in Bezug auf die aktuelle Pandemielage ist nicht mehr heilbar und im Krisenmodus geht der Blick schon seit Monaten voraus, um die volatile Lage (derzeit in Diskussion die Situation der zweiten Welle, die Wahrscheinlichkeit einer dritten Welle und ihre hoffentlich bessere Risikoanalyse und -Bewertung) zu beherrschen. Alle Ressourcen nun in die Bewältigung und Beherrschung der Folgen der Pandemielage zu investieren, birgt jedoch die Gefahr neuer Verzerrungen, die dann noch viel bestandsgefährdendere Auswirkungen für Staat und Wirtschaft, somit für die Gesellschaft insgesamt haben könnte. Es gilt nun die Risikoanalysen für die neu am Horizont erscheinenden Risiken professionell und möglichst unter Verwendung aller vorhandenen subjektiven und objektiven Einschätzungen und Datenwerten durchzuführen, um vergangene Fehler zu vermeiden.

## 8  Fazit und Ausblick

Risikomanagement und Krisenmanagement sind unerlässliche Faktoren für eine gute Entscheidungskultur. Eine solche Entscheidungskultur, sei es in Unternehmen oder im öffentlichen bzw. staatlichen Umfeld kann es schaffen, dass man mit gemeinsam getragenen Entscheidungen zum Erfolg kommt. Sei es im Umfeld bekannter Risiken, die sich natürlich je nach Kontext zu einem Krisenszenario entwickeln können, oder im Umfeld von unbekannten Risiken oder Situationen der Ungewissheit, die dann dementsprechend ein höheres Maß an Intuition benötigen. Risiken und Entscheidungen unter Unsicherheit bzw. sogar unter Ungewissheit sind damit ein Kernbestandteil, um Organisationen jeder Art robust zu machen. In einer Zeit der stetig zunehmenden Komplexität von Prozessen, des Umbruchs mit Blick auf die Digitalisierung aller bekannten Abläufe im staatlichen, privatwirtschaftlichen und auch privaten Umfeld, ist eine Konzentration auf die Abwehr von einzelnen Gefahren oder die Bewältigung von Einzelrisiken teilweise gefühlt gar nicht mehr möglich. Die Verstärkung der Robustheit, die Fokussierung der Resilienzfähigkeit einer Organisation, um je nach Bedarf, durch bestmögliche, gemeinsam getragene Entscheidungen wieder in den „ursprünglichen Zustand" zurückzukommen, bzw. die jeweiligen Schadensereignisse abprallen zu lassen, muss das erklärte Ziel jeder Organisation werden. Risiken nur zu „managen" und Krisen mit Krisenplänen präventiv zu antizipieren und dies „nur zu dokumentieren" und nicht zu üben, wird eine Organisation nicht erfolgreicher machen. Die enge Verzahnung mit der Entscheiderebene, die

Schaffung des Bewusstseins für die Notwendigkeit solcher Prozesse, um sowohl die „known unknowns" als auch die „unknown unknowns" zu bewerten und bewältigen, kann eine Organisation wirklich stark, resilient und damit nachhaltig erfolgreich machen. Das Management von Risiken ist die Basis für dies alles. Wenn das Fundament nicht gut gebaut ist, kann darauf keine erfolgreiche Organisation aufgebaut werden. Wenn sich die handelnden Personen und Entscheider dessen nicht bewusst sind, können viele Verzerrungen und Fehler entstehen und eine eigene Gefahr darstellen. Die Bandbreite verläuft im Bereich der bekannten Risiken von unzureichender Nutzung bekannter Systematiken, wie der Einbeziehung mathematischer Prozesse, der Wahrscheinlichkeitsrechnung, stochastischer Modelle bis zum Ignorieren existierender statistischer Daten und vergangener Ereignisse. Im Bereich der Unsicherheiten und Ungewissheiten, in dem Heuristiken, Faustformeln, Bauchentscheidung sehr wohl ihre Berechtigung haben, um risikokompetent entscheiden zu können, muss allen Beteiligten das Wissen vermittelt werden, warum Menschen grundsätzlich hier sehr große Fehler begehen können, wenn Ihnen die Verzerrungsmöglichkeit in der Wahrnehmung von Risiken nicht bewusst sind. Aus dem Wissen heraus ergeben sich dann Möglichkeiten Gegenmaßnahmen zu ergreifen. Bezogen auf die Bewältigung von Risiken im Krisenmanagement haben sich einige maßgebliche Aspekte darstellen lassen, um solche Verzerrungen zu minimieren. Risiko- bzw. Krisenmanager müssen sich verstärkt mit dem Wissensbereich der kognitiven Psychologie auseinandersetzen, um auch bezogen auf ihre Person, die richtigen Schlüsse zu ziehen. Die Zusammensetzung von Teams und Gruppen müssen gezielt auf eine Vermeidung von Verzerrungen bestmöglich gewählt werden, damit diese bestmöglich funktionieren können. Der Umgang mit Algorithmen und Wahrscheinlichkeitsberechnungen darf kein „Buch mit sieben Siegeln" bleiben. Gleichzeitig darf jedoch keine Gewissheitsillusion aufgebaut werden, die Wahrscheinlichkeit mit Gewissheit verwechselt und die Intuition komplett als kontrollierenden Faktor überlagert. Noch ist ein gutes Team von Menschen in vielen Risiko- und Krisensituationen durch die Einbringung einer Vielfalt von objektiven und subjektiven Entscheidungsoptionen automatisierten bzw. digitalisierten Entscheidungsfindungsprozessen deutlich überlegen.

Die Forschung zum Themenfeld des Risikomanagements im Bereich der Wirtschaftswissenschaften ist sehr umfangreich. Die Psychologie wurde als eigenständige Fachdisziplin Anfang des 19. Jahrhunderts gegründet, in wissenschaftlichen Zentren in Deutschland. Psychologie ist eine empirische Wissenschaft, die Erleben und Verhalten von Menschen untersucht. Mathematik, Wahrscheinlichkeitsrechnung bzw. -verteilung, Statistik und Stochastik sind eng mit den wissenschaftlichen Hypothesen und Modellen verbunden. Für den Bereich des Risiko-

und Krisenmanagements ist es wünschenswert, wenn die Wissenschaft hier weiter und intensiver Untersuchungen betreibt und Forschungsarbeit durch Projekte oder Zusammenarbeit mit staatlichen oder privatwirtschaftlichen Organisationen vorantreibt.

Vor dem Hintergrund der Komplexität unserer „neuen" Welt, vor dem Hintergrund der Beschleunigung vieler Entscheidungen, auch durch die Corona-Krise und ihre möglichen Nachfolgekrisen, benötigen Risiko- und Krisenmanager bestmögliche Kompetenz bzw. Risikokompetenz. Die Allianz für Sicherheit in der Wirtschaft West e. V. versteht sich als aktiver Treiber mit Blick auf das Entwickeln weiterer belastbarer Forschungsansätze im Bereich Risiko- und Krisenmanagement. Die ASW West initiiert und beteiligt sich an Forschungsprojekten, insbesondere im Bereich der zivilen Sicherheit, gemeinsam mit hochprofessionellen Partnern aus Wissenschaft und Wirtschaft. Spezifische und aussagekräftige Organisations-, Prozess-, Risiko- und Wirkmodelle können unternehmerische Entscheidungen durch die Existenz valider Kennzahlen mit Blick auf erfolgreiche unternehmerische Entscheidungen unterstützen. Der Fokus darf hierbei nicht durch Ängste übersteuert werden, sondern muss auf Effektivität und Effizienz ausgerichtet sein, um proaktiv die Resilienz zu erhöhen. Im Sinne eines gelebten Wirtschaftsschutzes.

## Literatur

Bonss, W. (1995). Vom Risiko, Unsicherheit und Ungewissheit in der Moderne. Habilitationsschrift, Hamburger Edition.
Cottin, C., & Döhler, S. (2009). Risikoanalyse, Modellierung, Beurteilung und Management von Risiken mit Praxisbeispielen (2. Aufl.). Springer Spektrum Fachmedien.
Deutscher Bundestag (10.12.2012), Risikoanalyse Bevölkerungsschutz Bund, Pandemie durch Virus „Modi-SARS", Drucksache 17/12051.
DIN e.V., DIN CEN/TS 17091:2018, Beuth Verlag GmbH.
DIN e.V., DIN ISO 31000:2018, Beuth Verlag GmbH.
Dobelli, R. (2020). Die Kunst des klaren Denkens. Piper.
Eller, E., Streicher, B., & Lermer, E. (2012). Risiko Manager, 23.2012, Warum wir Risiken falsch einschätzen. Bank-Verlag
Gatto, R. (2014). Stochastische Modelle der aktuariellen Risikotheorie (2.Aufl.). Springer Spektrum Fachmedien.
Gerrig, R., & Zimbardo, P. (2008). Psychologie (18. Aufl.). Pearcon Studium Verlag.
Gigerenzer, G. (2013). Risiko, wie man die richtigen Entscheidungen trifft. C. Bertelsmann.
Gillenkirch, R. (2020). www.wirschaftslexikon.gabler.de, (14.09.2020). Springer Gabler, Springer Fachmedien GmbH.
Glaesser, D. (2005). Handbuch Krisenmanagement im Tourismus. Erich Schmidt Verlag.

Gleißner, W., & Romeike, F. (2016). Risikomanagement ohne Mathematik ist Voodoo, www.risknet.de. RiskNet GmbH. Zugegriffen: 14. Sept. 2020.

Gleißner, W. (2017). Grundlagen des Risikomanagements (3. Aufl.). Verlag Franz Vahlen GmbH.

Gleißner, W., & Hunziker, S. (2019). Mit Enterprise Risk Management die Entscheidungsqualität erhöhen, Expert Focus Zürich, H.10/2019.

Gleißner, W. (2020). Die Corona-Krise: Fakten, Prognosen und Risiken, www.cf-fachportal.de, Handelsblatt Fachmedien GmbH. Zugegriffen: 14. Sept. 2020.

Institut der Wirtschaftsprüfer in Deutschland e.V., IDW PS340. (2000).

Kahneman, D. (2011). *Schnelles Denken, Langsames Denken* (16. Aufl.). Penguin Verlag.

Kant, I., (1784). www.deutschestextarchiv.de/kant_aufklaerung_1784/ 17. Zitationshilfe. Zugegriffen: 14. Sept. 2020.

Kovic M. (2020). www.ars.cognitionis.ch, Grundlagenpapier Rationalität in der Praxis.

Müller-Peters, H. (2017). Gesamtverband der Deutschen Versicherungswirtschaft e.V., Wir machen uns die falschen Sorgen. Positionen Magazin 01.09.2017, www.gdv.de. Zugegriffen: 14. Sept. 2020.

Rumsfeld, D. (2002). DoD News Briefing, defense.gov transcript www.youtube.com/watch?v=GiPe1OiKQuk.

Selvin, S. (1975). The American Statistician, August 1975, Vol. 29, No. 3, www.monteyhalproblem.com/as.html. Zugegriffen: 14. Sept. 2020.

Tetlock, P. (2005). *Expert political judgment: How good is it? How can we know?* Princeton University Press.

**Christian Vogt** (LL.M., Dipl. Verwaltungswirt, KHK a. D.) ist Absolvent der Rheinischen Fachhochschule sowie der Fachhochschule des Bundes und seit 30 Jahren in den unterschiedlichsten Bereichen der öffentlichen und privaten Sicherheit präsent. Er ist Absolvent der Mitteleuropäischen Polizeiakademie mit dem Ausbildungsschwerpunkt Vorbeugung und Bekämpfung der internationalen organisierten Kriminalität. Er ist Certified Information Security Manager (ISACA) und ausgebildeter Datenschutzauditor. Aktuell leitet er den Bereich Konzernsicherheit und Konzerndatenschutz des international aufgestellten Landtechnikkonzerns CLAAS. Ehrenamtlich ist Christian Vogt Vorstandsvorsitzender der Allianz für Sicherheit in der Wirtschaft West e. V.

# Recht und Strategie

# Der Informationsaustausch von Staat und Wirtschaft zur Prävention gegen Cyberangriffe: Cyber-Threat-Plattformen unter BSI-Aufsicht als Lösung?

Klaus M. Brisch und Lewin Rexin

### Zusammenfassung

Ein strukturierter Informationsaustausch über Cyberangriffe zwischen staatlichen Stellen und Wirtschaftsunternehmen würde helfen, die Sicherheitslage insgesamt zu verbessern. Zu diesem Zweck könnten Cyber-Threat-Plattformen aufgebaut werden, die daran angeschlossene Unternehmen und staatliche Stellen in Echtzeit über Cyber-Bedrohungslagen informieren. Als Teil der digitalen Sicherheitsarchitektur sollten die Cyber-Threat-Plattformen als Beliehene unter die Aufsicht des BSI Bundesamts für Sicherheit in der Informationstechnik gestellt werden.

## 1 Bedarf an der Verbesserung des Informationsaustausches

Die Bedrohung der deutschen Wirtschaft durch Cyberangriffe wächst weiter. Neun von zehn Unternehmen sind nach eigener Einschätzung von sogenannten Cyber-Threats betroffen, wie eine Studie des *IT-Branchenverbandes BITKOM*

---

K. M. Brisch (✉)
Deloitte Legal Rechtsanwaltsgesellschaft mbH, Köln, Deutschland
E-Mail: kbrisch@deloitte.de

L. Rexin
Wissenschaftlicher Mitarbeiter, Deloitte Legal Köln, Köln, Deutschland
E-Mail: mrexin@deloitte.de

*e. V.* im November 2019 offen legt (BITKOM, 2019, S. 2). Der Hilferuf nach staatlicher Unterstützung wird lauter, Unternehmen erwarten Reaktionen der deutschen Politik. Konkret verlangen sie einen verbesserten Informationsaustausch mit den staatlichen Behörden und Unterstützung bei der Lösung von IT-sicherheitsrechtlichen Fragestellungen (BITKOM, 2019, S. 11).

Der Verband der Technischen Überwachungsvereine (VdTÜV) fordert die Aufgabe des Fokus des IT-Sicherheitsrechtes auf die Betreiber von Kritischen Infrastrukturen (KRITIS) und verlangt den Aufbau einer auf dem Know-how von Cybersicherheitsfachkundigen basierenden digitalen Sicherheitsarchitektur, für welche eine Reform des gesetzlichen IST-Zustandes notwendig sei. Schlüsselstelle hierfür sei eine „enge Verzahnung von Wirtschaft, Wissenschaft und staatlichen Stellen wie dem BSI" (VdTÜV, 2019, S. 49 ff.; Deloitte, 2019).

Das Anliegen ist klar: Der Staat soll seine Handlungsmöglichkeiten ausschöpfen und Instrumentarien zum verbesserten Informationsaustausch zwischen der gesamten Wirtschaft und den Behörden schaffen. Hierbei muss er – so die Auffassung der Autoren – den Aufbau sogenannter Cyber-Threat-Plattformen ermöglichen und dafür die rechtlichen Rahmenbedingungen schaffen.

## 2 Funktionsweise von Cyber-Threat-Plattformen

Eine Cyber-Threat-Plattform ist – untechnisch gesprochen – ein Zusammenschluss von Cybersicherheitsakteuren und Bedarfsträgern, der zum Austausch und zur Aufbereitung von Informationen über aktuell relevante Gefährdungspotenziale dient.

Bedarfsträger im Sinne der Plattform ist im Regelfall eine Einrichtung oder ein Unternehmen, das eigene IT-Systeme unterhält und diese vor möglichen Bedrohungen (Cyberangriffsszenarien) und den mit ihnen einhergehenden Schäden schützen will. Unter einer Bedrohung ist das Potenzial Dritter zu verstehen, auf die geplanten Abläufe eines Informationsnetzwerks zuzugreifen oder diese zu stören. Bedroht werden Unternehmens-IT-Systeme heutzutage insbesondere durch *Advanced Persistent Threats (APT), Phishing, Malware, Botnets, DDOS* oder *Ransomware* (Anomali, 2021).

Cybersicherheitsakteure liefern den Input für eine Cyber-Threat-Plattform. Zu ihnen zählen staatliche Stellen, wobei insbesondere dem *Bundesamt für Sicherheit in der Informationstechnik (BSI)* und den Sicherheitsbehörden eine entscheidende Rolle zukommt, sowie privatwirtschaftliche Akteure der Cybersicherheitsbranche. Letztere sind zum einen Cybersicherheitsunternehmen, deren Geschäftsmodell im Aufspüren und Schließen von Sicherheitslücken in Systemen liegt, aber auch Großkonzerne, die Cyberbedrohungen mit eigenen Cybersicherheitsteams analysieren. Weiterhin verfügen Open-Source-Communities oder Wissenschaftseinrichtungen über entsprechendes Know-how, das zur Prävention von Cybersicherheitsvorfällen genutzt werden kann.

Die hierbei relevanten Informationen sind neben der Identifizierung von Sicherheitslücken auch das Aufspüren von potenziellen Angreifern und die Sammlung von Informationen über deren Vorgehen, Taktiken und Motive (sog. *Tactics, Techniques and Procedures (TTPs)*). Die Analyse der Kommunikation zwischen dem eigenen System und dem System des Angreifers lässt es unter Umständen zu, IP-Adressen der *C&C-Server (Command & Control)* von *Botnetzen*, verwendete Protokolle, Ports und Domainnamen sowie Hashwerte verwendeter Malware und deren Spuren auf der Festplatte beziehungsweise in der *Registry* abzuleiten. Aus diesen Informationen lassen sich sog. *Indicators of Compromise (IoCs)* herleiten. Diese Indikatoren führen dazu, dass ähnliche Angriffe erkannt und bestenfalls zukünftig verhindert werden können. Wurde individuelle Malware verwendet, kann eine Analyse des Verhaltens in einer *Sandbox* oder eine *Reverse-Engineering-Analyse* der Malware weitere Erkenntnisse über die Vorgehensweise und die Ziele des Angriffs liefern (Strobel, 2015). Bildhaft gesprochen liefern alle Akteure einzelne Puzzle-Stücke, die sich zu einem gemeinsamen und aktuellen Lagebild zusammenfügen.

Kleine und mittlere Unternehmen (KMU) dürften im Regelfall nicht über das notwendige Wissen und Können verfügen, um derartige Analysen selbst durchzuführen. Die Bedarfsträger der Plattformen ziehen ihren Nutzen aus der zentralen Informationssammlung, indem sie ihre eigenen Systeme auf das Bestehen der identifizierten Sicherheitslücken überprüfen und potenzielle Angriffsversuche erkennen können, um dem Eintritt eines Schadens für das eigene System zuvorzukommen.

Der Mehrwert der Plattformen besteht – neben dem Zusammentragen des Wissens über die aktuellen Cyberbedrohungen – darin, dass die Informationen durch den Betreiber der Plattform bewertet und priorisiert werden, sodass die angeschlossenen KMU ihre in der Regel begrenzten IT-Sicherheitsressourcen zielgerichtet im Sinne einer IT-Sicherheitsstrategie einsetzen können. Zudem werden die Informationen gepflegt, angereichert und normalisiert, Falschmeldungen entfernt und weiterer Kontext hinzugefügt, was infolge der Automatisierung zu einer erheblichen Verkürzung von Reaktionszeiten führt. Das bedeutet, dass die Informationen über einen IT-Sicherheitsvorfall zunächst vom Einzelfall in eine abstrakte Form transferiert werden und damit auf das eigene System übertragbar gemacht werden. Die Plattformen ermöglichen es, ein stets aktuelles Gefährdungslagebild zu erstellen, welches der Ausgangspunkt aller Bestrebungen der unternehmensinternen Stärkung des eigenen Systems sein sollte (Auer, 2019).

## 3 Derzeitige Initiativen

Staat und Wirtschaft unterstützen bereits zahlreiche Initiativen, die die Stärkung der Cybersicherheit zum Ziel haben. Hierbei muss zwischen Initiativen differenziert werden, die sich eher auf organisatorisch-kooperativer Ebene einordnen lassen, und solchen, die technisch einen Informationsaustausch über Cyber-Threats ermöglichen, worunter insbesondere die Cyber-Threat-Intelligence-Plattformen fallen.

In Deutschland finden sich auf der ersten Ebene vor allem Initiativen, an denen diverse staatliche Akteure, insbesondere die Sicherheitsbehörden und das BSI, beteiligt sind (vgl. Brisch und Rexin, 2019, S. 613; BMI, 2020). Zielrichtung dieser „Vernetzungsplattformen" ist das Bereitstellen von praxisnahen Hilfestellungen und der Austausch von Erfahrungen sowie Wissen über Cyberrisiken. Auch sind solche Vernetzungsplattformen bei der Umsetzung geeigneter Schutzmaßnahmen behilflich, führen Schulungen durch und vermitteln Kontakte, bringen also Bedarfsträger mit Bedarfsbietenden zusammen.

Prominente Beispiele für solche „Vernetzungsplattformen" sind die *Allianz für Cyber-Sicherheit (ACS)*, welche vom BSI in Zusammenarbeit mit dem *Bundesverband Informationstechnik, Telekommunikation und neue Medien e. V. (BITKOM)* im Jahre 2012 ins Leben gerufen wurde, oder die *Allianz für Sicherheit in der Wirtschaft e. V. (ASW)*, die den Mitgliedern den Austausch über aktuelle Themen untereinander und im engen Kontakt mit den staatlichen Behörden ermöglicht. Gerade nicht im Vordergrund steht bei dieser Art von Plattformen der Echtzeit-Informationsaustausch über Cyber-Threat-Intelligence.

Plattformen, die den technischen Austausch von Echtzeitdaten über Cyber-Threats zum Gegenstand haben, finden sich in Deutschland meist in kleinen Clustern zusammen, die aber mitunter namhaft besetzt sind. Ein Beispiel hierfür ist der Verein *Cyber Security Sharing & Analytics e. V. (CSSA)*. Der *CSSA* wurde im Jahre 2014 von sieben deutschen *Global Playern* gegründet und verfolgt das Ziel des gemeinsamen Schutzes vor Cyberangriffen und -bedrohungen. Die Gründungsmitglieder des *CSSA* sind Airbus, Allianz, BASF, Deutsche Bank, Deutsche Telekom, Henkel und Infineon. Mittlerweile sind mit BMW, Bosch, Daimler, Munich RE ERGO, SAP und Siemens hinzugekommen, Airbus hat den Verein verlassen. Der *CSSA* stellt den organisatorischen und technischen Rahmen zum gegenseitigen Austausch von sensiblen Informationen dar und dient der Vernetzung unternehmensinterner Cybersicherheitsexperten. Die Anforderungen an eine Mitgliedschaft im *CSSA* sowie die Governance-Struktur sind in der Vereinssatzung geregelt (CSSA 2015).

In technischer Hinsicht verwendet der *CSSA* als Hauptschnittstelle und Sharing-Tool die *Malware Information Sharing Platform (MISP)*. MISP basiert auf Open Source Technologie und ist als Projekt angelegt, welches durch das *Computer Incident Response Center Luxembourg (CIRCL)* betreut, entwickelt und finanziert sowie durch die EU-Kommission kofinanziert wird. An der Entwicklung sind ferner Experten des belgischen Militärs und der *NATO/NCIRC (Computer Incident Response Capability)* beteiligt. *MISP* ist eine Plattform für den Austausch, die Sammlung und das Zusammenführen von Cyber-Threat-Indikatoren. Ziel der Plattform ist es, die Effizienz von reaktiven Gegenmaßnahmen gegen gezielte Angriffe zu steigern, präventive Verteidigungsmechanismen einzurichten und Sicherheitsrisiken aufzudecken (CIRCL o. J.). Strukturell ist *MISP* in Communities aufgebaut. *MISP* dient als Tool, das von einem Zusammenschluss von Nutzern, einer Community, zu Zwecken des spezifischen Informationsaustausches eingesetzt wird. Die Teilnahmebedingungen bestimmt jede Community nach ihren eigenen Kriterien, *MISP* ist die technische Lösung zur Implementierung einer Cyber-Threat-Plattform (vgl. Brisch und Rexin, 2019, S. 612 f., MISP o. J.).

Nicht nur privatwirtschaftliche Organisationen, auch staatliche Zusammenschlüsse machen sich bereits die Vorteile von *MISP* zu nutze. Das BSI hat über sein Engagement im *VerwaltungsCERT-Verbund* die Einrichtung und Nutzung von *MISP* zum Austausch über Gefährdungsindikatoren in den Bundesländern unterstützt (BSI, 2018, S. 55).

Damit existiert mit *MISP* eine erprobte technische Lösung, über die der Informationsaustausch abgewickelt werden kann.

## 4 Relevanz von Cyber-Threat-Plattformen für KMU und Kategorien von Angriffsszenarien

Die der Öffentlichkeit bekannt gewordenen Cyberangriffe der jüngeren Vergangenheit betrafen naturgemäß größere Unternehmen. Staatliche Stellen begründen diese Konzentration auf größere Unternehmen vor allem mit der Absicht der Hacker, eine möglichst hohe Lösegeldzahlung erwirken zu wollen, bevor sie die infiltrierten Systeme wieder freigeben (Tanriverdi et al., 2020). Konsequenz daraus ist eine eigenständig eintretende Sensibilisierung solcher Unternehmen für die mit Cyberangriffen verbundenen Gefahren.

Weniger Aufmerksamkeit erlangen die Angriffe auf kleine und mittlere Unternehmen (KMU). Die Annahme, KMU wären deshalb weniger oft oder intensiv von Cyberangriffen betroffen und es werde schon nicht das eigene Unternehmen treffen, ist jedoch irrig. Wissenschaftliche Untersuchungen zur Motivation von Hackern haben zutage gefördert, dass Cyberangriffe in vier Gruppen eingeteilt werden können und das Motiv für einen Angriff nur begrenzt mit der Größe des betroffenen Unternehmens korreliert. Die einschlägigen Kategorien lassen sich wie folgt zusammenfassen (Hurwitz, 2019, S. 139; Bellovin, 2015, S. 34; Brisch und Rexin, 2019, S. 607):

In die erste Gruppe fallen sog. *Joy Hacks*. Das Motiv der Täter ist der reine „Spaß am Eindringen in fremde Systeme". Der Schaden ist hierbei häufig gering, die Auswirkung womöglich gar nicht spürbar, da es dem Hacker lediglich um den Erfolg und die Selbstbestätigung geht.

Eine zweite Kategorie von Hacks stellen *Targeted attacks* dar. Dabei wollen Hacker – aus Eigenantrieb oder im Auftrag bestimmter Personen oder Unternehmen – mit ihren Angriffen gezielt bestimmte andere Personen oder Unternehmen treffen. Die Qualität der Angriffe und in der Konsequenz das Ausmaß des Schadens variieren.

Als dritte Art der Bedrohungen gelten die *Advanced Persistent Threats (APTs)*. Dies sind zielgerichtete Cyberangriffe auf ausgewählte Institutionen und Einrichtungen, bei denen sich ein Angreifer dauerhaften Zugriff zu einem Netzwerk verschafft und diesen in der Folge auf weitere Systeme ausweitet. Kennzeichnend sind ein äußerst hoher Ressourceneinsatz und erhebliche technische Fähigkeiten auf Seiten des Hackers. In der Regel sind diese Arten von Attacken schwierig zu detektieren, was passgenaue Gegenmaßnahmen erschwert (BKA, 2019, S. 44). APTs bedingen langfristige Planung und erheblichen Aufwand – und bringen deshalb häufig ein sehr hohes Gefährdungspotenzial mit sich. Typischerweise fallen staatlich gesteuerte Hackerangriffe in diese Kategorie – sie zielen in der Regel nicht auf eine unmittelbare Gewinnerzielung ab, sondern auf die Beschaffung von Informationen über das Ziel oder die Sabotage einer Einrichtung (BSI, 2020, S. 28).

Die vierte und letzte Kategorie sind die opportunistischen Hacks. Sie übertreffen die anderen Angriffsarten in ihrer Gefährlichkeit und Vielseitigkeit, weswegen sie für Unternehmen im Ergebnis die größte Herausforderung darstellen. Ziel dieser Angriffe ist nicht zwangsläufig die Schädigung des Endnutzers. Die Hacker wollen vielmehr insbesondere die Rechenleistung der infiltrierten Systeme für ihren eigenen persönlichen, meist wirtschaftlichen, Vorteil nutzen. Denkbar ist hierbei die Ausnutzung der Kapazitäten fremder Systeme zum Mining von Krypto-Währungen oder zum Aufbau von Botnetzen, mittels derer DDoS-Attacken durchgeführt werden können. Letzteres hat gerade das schon zuvor erwähnte Erpressen eines „Lösegeldes" für das „in Geiselnahme genommene" Netzwerk zum erklärten Ziel. Darüber hinaus können opportunistische Hacks darauf abzielen, massenhaft Kundendaten abzugreifen, die dann auf Online-Marktplätze im Dark Web zum Kauf angeboten werden.

Im Ergebnis lässt die Analyse der Angreifermotive erkennen, dass es häufig gerade nicht darum geht, gezielt bestimmte KMU auszuspähen, nur das System eines einzelnen Unternehmens zu infiltrieren oder zu schädigen. Vielmehr handelt es sich um den Abgriff von Daten oder Rechenkapazität im großen Stil. Folge dessen ist, dass es für die Hacker vollkommen irrelevant sein kann, welches IT-System sie gerade anzugreifen versuchen. Das Argument, das eigene KMU sei kein „interessantes Angriffsziel", ist damit hinfällig. Das Größenkriterium mag für *APTs* zutreffen, wohl aber nicht für die *opportunistischen Hacks*.

IT-Sicherheitsvorfälle können in großem Maße geschäftsschädigend sein – auch für KMU. Sie beeinträchtigen das Vertrauen der Kunden, führen zu finanziellen Schaden durch die Beeinträchtigung des Geschäftsbetriebs, vor allem aber auch wegen des mit ihnen verbundenen Abflusses von Know-how und Betriebsgeheimnissen. Daher müssen KMU aus eigenem Interesse eine entscheidende Stärkung ihrer Cybersicherheit anstreben. Im Hinblick auf die stetig wachsende Professionalisierung der Hacker und den Zugewinn an Rechenkapazität müssen KMU ihre Ressourcen zielgerichtet einsetzen. Der zielführende Weg zur wirksamen Eindämmung der Angriffsrisiken wäre hier die Anbindung an eine Cyber-Threat-Plattform.

## 5 Rechtliche Erwägungen zur Errichtung der Plattformen

Das nationale Cybersicherheitsrecht ist als solches nicht in einer Rechtsquelle geregelt. Es handelt sich vielmehr um eine Querschnittsmaterie aus unterschiedlichen Rechtsgebieten. Zunächst existieren im öffentlichen Recht diverse Gesetze, die die Zuständigkeiten von Bundes- und Landesbehörden sowie deren Zusammenarbeit regeln. Beispielshaft ist hier das *Gesetz über das Bundesamt für Sicherheit in der Informationstechnik* (BSIG) zu nennen. Im Zivilrecht werden Regelungen getroffen, die die Rechtsbeziehungen zwischen Privaten ausgestalten sollen. Exemplarisch steht hierfür die Produkthaftung, welche die Pflichten der Hersteller von IT-Komponenten treffen und dazu beitragen sollen, dass die IT-Sicherheit der Komponenten schon bei der Entwicklung und Markteinführung berücksichtigt werden. Das Strafrecht stellt als *ultima ratio* inkriminiertes Verhalten von Angreifern unter Strafe, ihm kommt in präventiver Hinsicht eine Abschreckungswirkung zu.

Ein gesetzlicher Rahmen für Cyber-Threat-Plattformen besteht ebenfalls nicht. Bei der Bewertung der rechtlichen Zulässigkeit der Errichtung einer Plattform-Infrastruktur sind diverse Rechtsquellen heranzuziehen.

Ausgehend von den Forderungen der Wirtschaft, wonach gerade der Informationsaustausch von Staat und Wirtschaft dringend verbessert werden muss, können zu diesem Zwecke aber Anhaltspunkte für die (Zulässigkeit der) Errichtung einer Plattform unter Mitwirkung des BSI als der wichtigsten Cybersicherheitsbehörde der Bundesrepublik im BSIG ausfindig gemacht werden.

## 5.1 BSIG

Im BSIG sind seit 2009 die Aufgaben und Befugnisse des BSI kodifiziert. Ziel des Gesetzes war es zunächst, die IT-Infrastruktur des Bundes an die neuen Bedrohungen der Cyberkriminalität anzupassen. Zu diesem Zwecke wurden dem BSI erstmals exekutive Befugnisse zugesprochen und staatliche Stellen zur Informationsübermittlung an das BSI gem. § 4 Abs. 3 BSIG verpflichtet. Daneben wurde dem BSI auch die Aufgabe zu gewiesen, nicht allein den staatlichen Stellen zu dienen, sondern auch die Öffentlichkeit über IT-Sicherheitsrisiken zu warnen. Damit wurde die Weiterentwicklung der Behörde zum unmittelbaren Dienstleister der Gesellschaft im Gesetzestext verankert.

Das 2015 in Kraft getretene erste IT-Sicherheitsgesetz des Bundes (IT-SiG) brachte eine umfassenden Reform des BSIG mit sich (Schardt, 2021, Rn. 13). Erstmals wurde ein übergreifender Rechtsrahmen für die Gewährleistung von Cybersicherheit in Deutschland geschaffen (vgl. Gitter et al., 2015). Die Evolution zum Dienstleister der Gesellschaft wurde weiter forciert, indem dem BSI weitere Befugnisse zur Bekämpfung der Defizite im Bereich der IT-Sicherheit außerhalb der Bundesbehörden übertragen wurden.

Für die Kooperation der Wirtschaft mit dem BSI waren hierbei insbesondere folgende Regelungen von zentraler Bedeutung:

1) Das BSI soll Informationen über Sicherheitsrisiken und Sicherheitsvorkehrungen auch für Dritte sammeln, auszuwerten und zur Verfügung zu stellen, soweit dies zur Wahrung ihrer Sicherheitsinteressen erforderlich ist (§ 3 Abs. 1 S. 2 Nr. 2 BSIG).

2) Das BSI soll geeignete Kommunikationsstrukturen zur Koordinierung der Zusammenarbeit zum Schutz der Sicherheit in der Informationstechnik *kritischer Infrastrukturen (KRITIS)* im Verbund mit der Privatwirtschaft aufbauen (§ 3 Abs. 1 S. 2 Nr. 15 BSIG). Kritische Infrastrukturen sind Organisationen mit

wichtiger Bedeutung für das Gemeinwesen. Sie erbringen kritische Dienstleistungen, wie beispielsweise Lebensmittel-, Wasser- oder Stromversorgung, aber auch die medizinische Versorgung, die Verarbeitung und Speicherung von Daten in Rechenzentren oder die Bargeldversorgung (BSI, 2020, S. 52; Winter, 2020, S. 576).

3) Mit § 8a BSIG wurde für KRITIS-Betreiber eine Nachweispflicht gegenüber dem BSI betreffend die Einhaltung von IT-Sicherheitsstandards (Abs. 1 S. 1) nach dem Stand der Technik (Abs. 1 S. 2) (vgl. Raabe et al., 2018, S. 713) eingeführt. Sofern in diesem Rahmen das Bestehen von Sicherheitsmängeln offengelegt wird, kann das BSI im Einvernehmen mit Aufsichtsbehörden deren Beseitigung anordnen (Abs. 3 S. 5). Aufsichtsbehörden sind hierbei die jeweils zuständigen fachbereichsspezifischen Aufsichtsbehörden, beispielsweise ist die Bundesnetzagentur die zuständige Aufsichtsbehörde im Bereich des Stromversorgungssektors.

4) Weiterhin wurde das BSI durch die Bestimmung in § 8b BSIG zur zentralen Meldestelle für die IT-Sicherheit *kritischer Infrastrukturen* (vgl. Klett und Ammann, 2014, S. 97). KRITIS-Betreibern wurde eine Verpflichtung zur Meldung erheblicher IT-Störungen, die Auswirkungen auf die Verfügbarkeit kritischer Dienstleistungen haben könnten, an das BSI auferlegt (Abs. 3 und 4) (vgl. Winter, 2020).

5) Gemäß § 8a Abs. 2 BSIG ist das BSI dazu verpflichtet, sämtliche für die Abwehr von Angriffen auf die IT-Sicherheit der KRITIS-Betreiber relevante Informationen zu sammeln, zu bewerten und an die Betreiber sowie zuständigen (Aufsichts-)Behörden weiterzuleiten.

6) § 8b Abs. 2 Nr. 4 lit. a BSIG legt eine besondere Warnverpflichtung des BSI gegenüber den Betreibern kritischer Infrastruktur fest. Warnungen über Sicherheitslücken oder Angriffe müssen „unverzüglich" erfolgen. Hinsichtlich der inhaltlichen Ausgestaltung des Begriffes der Informationen im § 8b Abs. 2 ist davon auszugehen, dass das BSI an die KRITIS-Betreiber mindestens jene Informationen weitergeben muss, die es von einem anderen betroffenen Betreiber kritischer Infrastruktur erlangt hat (vgl. Schallbruch, 2018, S. 218).

Die vorgenannten Regelungen stellen einen erheblichen Zugewinn im Hinblick auf den Informationsaustausch zwischen KRITIS-Betreibern und dem BSI dar. Hiervon erfasst werden aber gerade nicht solche Unternehmen, die nicht als KRITIS-Betreiber eingestuft werden sowie die sonstige Öffentlichkeit. Die Pflicht des BSI zur Information dieser Akteure wird in § 7 BSIG äußerst zurückhaltend geregelt. So steht es im Ermessen des BSI, ob es gegenüber solchen Akteuren entsprechende Warnungen ausspricht. Damit wird das Anliegen des Gesetzgebers, durch die neuen Regelungen des IT-SiG auch den Schutz der Bürger zu verbessern, allenfalls mittelbar durch die Regelungen zur Zentralen Meldestelle für die kritische Infrastruktur erreicht (Hornung, 2015, S. 3338).

## 5.2 Reform des BSIG durch die NIS-Richtlinie

Neben den nationalen Bestrebungen erfuhr das BSIG durch die 2016 in Kraft getretene *Richtlinie über Maßnahmen zur Gewährleistung eines hohen gemeinsamen Sicherheitsniveaus von Netz- und Informationssystemen in der Union (NIS-RL)*, deren Umsetzungsfrist am 09. Mai 2018 endete, eine weitere Reform. Die Richtlinie will den Aufbau nationaler Kapazitäten sowie die technische und strategische Zusammenarbeit auf EU-Ebene fördern und führt weitere Sicherheitsanforderungen und Meldepflichten ein (ZD-Aktuell, 2018). Adressaten der Regelungen der NIS-RL sind nunmehr neben den KRITIS-Betreibern auch sogenannte *Anbieter digitaler Dienste,* worunter Online-Marktplätze, Online-Suchmaschinen und Cloud Computing-Dienste zu verstehen sind (§ 2 Abs. 11 BSIG) (BT-Drucks. 18/11.242, S. 30).

Ein wesentliches Ergebnis der nationalen Umsetzung der NIS-RL war die Aufnahme der Bestimmung des § 8c in das BSIG. *Anbieter digitaler Dienste* müssen nunmehr Sicherheitsvorkehrungen treffen, um IT-Sicherheitsrisiken vorzubeugen (§ 8c Abs. 1 BSIG). Mit der Einführung der Regelung in § 8c Abs. 3 BSIG wurden für die Anbieter digitaler Dienste darüber hinaus Meldepflichten in Schadensfällen und eine behördliche Aufsicht eingeführt (Schallbruch, 2017, S. 800). Die bereits bestehende, aber auf bestimmte Akteure beschränkte, Pflicht zum Informationsaustausch wurde somit auf weitere Unternehmen ausgedehnt. Von einer umfassenden und „flächendeckenden" Verpflichtung beider Seiten, also des BSI und der Wirtschaftsakteure aller Sektoren, kann aber nach wie vor keine Rede sein.

## 5.3 Neue Ansätze im Referentenentwurf zum IT-SiG 2.0

Der Referentenentwurf eines IT-Sicherheitsgesetzes 2.0 (IT-SiG 2.0-RefE) aus dem Hause des Bundesministeriums des Innern (BMI) aus dem Jahr 2019 (BMI RefE, 2019), dem ein zweiter modifizierter Entwurf im Mai 2020 folgte (vgl. Kipker, 2020a), liegt zwischenzeitlich in einer erneut überarbeiteten dritten Fassung aus November 2020 vor (vgl. Kipker, 2020b). Grundsätzlich sieht der Referentenentwurf in seiner aktuellen Fassung eine flächendeckende Stärkung der Cybersicherheit vor, wofür unter anderem die Aufgaben und Befugnisse des BSI ausgeweitet werden soll (BMI RefE, 2019, S. 35). Zugleich finden sich im Referentenentwurf diverse Anknüpfungspunkte, die einen Aufbau des Informationsaustausches des BSI mit weiten Teilen der Wirtschaft ermöglichen könnten.

Zunächst soll das BSI zu einer Informationsbehörde ausgebaut werden und dadurch zur Stärkung des Verbraucherschutzes beitragen: Neben staatlichen Stellen sollen sowohl Hersteller, Vertreiber und Anwender von IT-Systemen (§ 3 Abs. 1 S. 2 Nr. 14 BSIG-E) als auch die Öffentlichkeit (§ 3 Abs. 1 S. 2 Nr. 14a BSIG-E) über Cybersicherheit und die möglichen Folgen fehlender oder unzureichender Sicherheitsvorkehrungen informiert und für diese sensibilisiert werden (BMI RefE, 2019, S. 45). Zu diesem Zwecke soll eine Kommunikationsschnittstelle zum Verbraucher aufgebaut werden. Über eine Verbraucherschutz-Online-Plattform sollen Bürger auf Empfehlungen, Warnungen und Informationen des BSI zugreifen und sich zum Thema Cybersicherheit informieren können (BMI RefE, 2019, S. 46). Diese Plattform ist jedoch lediglich ein Bürger-Angebot und soll nach derzeitigem Stand nicht als eine Möglichkeit für den Austausch von Informationen mit der (privaten) Wirtschaft genutzt werden.

Dennoch soll dem BSI ausweislich des Referentenentwurfes zukünftig eine Vermittlerrolle zukommen, aufgrund derer es die Interessen der verschiedenen Stakeholder aus Staat, Wirtschaft und Zivilgesellschaft in Einklang zu bringen hat (BMI RefE, 2019, S. 45).

Ferner sollen nach dem IT-SiG 2.0 bestehende Meldepflichten ausgeweitet werden. Die bisherigen Meldepflichten für KRITIS-Betreiber sollen auf weitere Teile der Wirtschaft ausgedehnt bzw. übertragen werden (BMI RefE, 2019, S. 35): Zukünftig sollen auch „Infrastrukturen im besonderen öffentlichen Interesse" den Meldepflichten sowie den weiteren, bisher KRITIS-spezifischen Regelungen unterliegen. Weitere Wirtschaftssektoren, die hiernach zukünftig durch das BSI beaufsichtigt werden, sind die Rüstungsindustrie, Kultur und Medien sowie Unternehmen von erheblicher volkswirtschaftlicher Bedeutung (§ 2 Abs. 14 BSIG-E) (BMI RefE, 2019, S. 43). Diese Sektoren sind anhand einer Rechtsverordnung zu konkretisieren (§ 2 Abs. 14 S. 2 BSIG-E). Unabhängig von der konkretisierenden Rechtsverordnung kann bereits jetzt festgestellt werden, dass zukünftig deutlich mehr Institutionen verschiedenster Sektoren Verpflichtete im Sinne des BSIG sein werden.

Von herausragender Bedeutung für den Informationsaustausch zwischen Staat und Wirtschaft ist die in dem Referentenentwurf vorgesehene Bestimmung des § 4b BSIG-E. Die Rolle des BSI als Meldestelle soll neu definiert und erweitert werden, § 4b Abs. 1 BSIG-E (BMI RefE, 2019, S. 39). So soll das BSI zukünftig für die Sammlung von Informationen über Sicherheitslücken, Schadprogramme und IT-Sicherheitsvorfälle verantwortlich zeichnen. Die gewonnenen Informationen sollen in einer zentralen Sammlung systematisch ausgewertet werden. Wesentlichen Informationsquellen sind hierbei privatwirtschaftliche CERTs, private Wirtschaftsunternehmen sowie Einzelpersonen wie Forscher, Hacker und IT-Sicherheitsanalysten. Diese Stakeholder sind im Sinne der Begrifflichkeiten des BSIG-E sog. *Dritte* (vgl. Brisch und Rexin, 2019, S. 611).

In Abgrenzung zu den Bundesbehörden (§ 4 Abs. 3 BSIG) und den KRITIS-Betreibern (§ 8b Abs. 4 BSIG), deren bisherige Meldepflichten gegenüber dem BSI unverändert bestehen bleiben, erfolgt die Informationsübermittlung durch *Dritte* jedoch ausschließlich auf freiwilliger Basis, *Dritte* unterliegen gerade keiner Verpflichtung zur Informationsübermittlung. Einzelpersonen soll zudem die Möglichkeit zur Abgabe anonymer Meldungen eingeräumt werden (§ 4b Abs. 1 S. 3 BSIG-E) (BMI RefE, 2019, S. 48).

Zur technischen Umsetzung dieser neuen Aufgabenstellung soll das BSI die notwendigen Meldemöglichkeiten aufbauen (§ 4b Abs. 2 S. 2 BSIG-E). Die Gesetzesbegründung des Referentenentwurfes nennt als Beispiel eines technischen Systems für die erforderlichen Melde- und Austauschmöglichkeiten die *Malware Information Sharing Plattform* (MISP) (vgl. Kap. 3 dieses Beitrages). *MISP* sei wegen seiner datenschutzgerechten Rollen- und Rechtekonzepte vorteilhaft. Bei der Zusammenarbeit mit Einzelpersonen als Dritten (Hacker, Forscher und IT-Sicherheitsanalysten) soll die beim *Bundeskartellamt* eingerichtete anonyme Meldemöglichkeit als Vorbild dienen (BMI RefE, 2019, S. 48).

## 5.4 Bewertung der Neuregelungen des Referentenentwurfes

In den vorstehenden Neuregelungen ist der Versuch des BMI zu erkennen, einen Informationsaustausch im Cybersicherheitsbereich auch mit solchen Unternehmen zu intensivieren und gesetzlich zu normieren, die nach dem bisherigen Gesetzesstand nicht zu den Verpflichteten zählten.

### 5.4.1 Abzuleitende Plattform-Konzepte

Dieser Vorstoß schließt drei verschiedenene Plattform-Konzepte mit ein, die sich nach Zweck und Übermittlungsrichtung unterscheiden lassen:

- Erstens informiert das BSI die Öffentlichkeit, respektive die Verbraucher, über Sicherheitsrisiken und generelle Schutzmöglichkeiten (§ 3 Abs. 1 S. 2 Nr. 14 und Nr. 14a BSIG-E).

- Zweitens baut das BSI Meldemöglichkeiten für Dritte aus der Wirtschaft auf, wobei die Informationsübermittlung durch die private Wirtschaft an das BSI erfolgt, das BSI diese Informationen also sammelt und auswertet (§ 4b Abs. 1 BSIG-E).
- Drittens – und in selber Übermittlungsrichtung wie der zweite konzeptionelle Ansatz – werden Meldemöglichkeiten für Einzelpersonen (private Dritte) in anonymer Art und Weise eingerichtet (§ 4b Abs. 1 S. 3 BSIG-E).

### 5.4.2 Potenzial der Reformvorschläge

Das BSI könnte sich zu einer echten Cybersicherheitsbehörde für die Gesamtgesellschaft, sowohl für die gesamte Wirtschaft als auch Verbraucher, entwickeln. Positiv fällt auf, dass für Zwecke der Meldestellentätigkeit auf technisch etablierte Lösungen wie *MISP* zurückgegriffen werden soll, was dem automatisierten und datenschutzgerechten Informationsfluss zuträglich sein dürfte. Eigentümlich mutet dagegen an, dass die vermeintlichen Möglichkeiten, welche eine solche *MISP*-Infrastruktur mit sich bringt, nicht vollumfänglich ausgeschöpft werden sollen.

### 5.4.3 Nachbesserungsbedarf

Die Vorhaben des BMI gehen jedoch nicht weit genug. Generell fehlt es an einer konkreten gesetzlichen Ausgestaltung der Meldeplattformen – es wird nicht dargelegt, wie die Auswertung von gemeldeten Informationen durch das BSI vorgenommen wird, was wiederum zu einem Transparenzdefizit und folglich zu einem mangelnden Vertrauen in den gesamten Prozess führen kann. Ferner enthält das Gesetzgebungsvorhaben keine Regelungen zu Fristen, durch die eine Verarbeitung von Informationen in Echtzeit sichergestellt werden könnte.

Aus der Perspektive des Wirtschaftsschutzes ist weiter problematisch, dass der durch den Referentenentwurf vorgesehene Informationsfluss gesetzlich als Einbahnstraße angelegt ist. Zwar sind auch rechtliche Grundlagen für die Übermittlung von Informationen und Warnungen durch das BSI an die angeschlossenen Unternehmen vorgesehen, jedoch sind diese als Ermessensvorschriften ausgestaltet, sodass keine umfassende und flächendeckende Verpflichtung des BSI zur Informationsweitergabe an Unternehmen geschaffen wird. Es bleibt bei einer Informationsweitergabe an bestimmte Unternehmen wie KRITIS-Betreiber und Infrastrukturbetreiber „im besonderen öffentlichen Interesse", die hierdurch eine Privilegierung erfahren. Angesichts der derzeitigen Ungewissheit, welche Einheiten konkret zu diesen Gruppen zählen sollen, erscheint diese Regelung eher unzureichend.

Eine Hortung von Informationen beim BSI, die nicht von einer gesetzlichen Verpflichtung des BSI flankiert wird, beispielsweise in der Form von rechtzeitigen detaillierten Warnungen für einen ausreichenden Rückfluss der Cyber-Threat-Intelligence Sorge zu tragen, dürfte für die Unternehmen im Ergebnis einen Mehraufwand darstellen, mit dem kein sicherheitsfördernder Nutzen verbunden ist. Dies verstärkt das Risiko, dass der Referentenentwurf nicht den tatsächlichen Bedarf der Wirtschaft deckt.

## 6 Vorschlag für die Schaffung einer Cyber-Threat-Plattform-Infrastruktur

Flächendeckend und unabhängig von der Größe des jeweiligen Unternehmens besteht bei der Wirtschaft ein erheblicher Bedarf an einem verbesserten Informationsaustausch unter Einbindung der Sicherheitsbehörden. Diese Lücke könnte eine Cyber-Threat-Plattform-Infrastruktur schließen. An technischen Lösungen für die Schaffung von Möglichkeiten für einen solchen Informationsaustausch mangelt es nicht. Zur Umsetzung müsste der Staat jedoch seine Vorhaben ausweiten und dürfte sich einem umfassenden Wirtschaftsschutz jenseits nur ausgewählter Sektoren nicht weiter verschließen. An dieser Stelle ist gerade ein tatsächlicher Informationsaustausch – und nicht nur eine einseitige Informationssammlung des Staates – von zentraler Bedeutung. Andererseits muss auch beachtet werden, dass Meldepflichten für Unternehmen Eingriffe in Grundrechte (wohl insbesondere Art. 2 Abs. 1 GG und Art. 12 Abs. 1 GG) darstellen können (Poscher und Lassahn, 2021, Rn. 46.). Zudem ist es nicht immer im Interesse eines Kunden des Unternehmens, wenn dieses eine enge Zusammenarbeit mit dem Staat pflegt. Letztlich kann auch die Befürchtung eines Reputationsverlustes gegen die Weitergabe von Informationen über einen Cybersecurity-Incident an das BSI sprechen. Der Ansatz einer Cyber-Threat-Plattform-Infrastruktur unter Einbindung staatlicher Stellen verlangt daher eine ausdifferenzierte Struktur und Rollenzuteilung.

### 6.1 Teilnehmende Akteure

An die Plattformen sollten drei Gruppen von Akteuren angeschlossen sein:

## 6.1.1 Cybersicherheitsunternehmen

Die Cybersicherheitsunternehmen sollten den Betrieb der Plattform übernehmen. Hierzu zählen in erster Linie die technische Einrichtung sowie die eigentliche Arbeit der Sammlung, Auswertung und Austausch von Cyber-Threat-Intelligence. Darüber hinaus ist es anzudenken, den Cybersicherheitsunternehmen die Zulassung von Nutzern zu einer Plattform nach staatlich definierten Kriterien zu übertragen, was an späterer Stelle konkretisiert wird.

## 6.1.2 Nutzer

Nutzer der Plattform wären Unternehmen, die ihre IT-Systeme vor Cyber-Threats schützen wollen – gleich welcher Größe oder Sektorzugehörigkeit. Teilnahmewillige Unternehmen sollten gewisse näher auszugestaltene Mindestbedingungen erfüllen, um die Reputation und Integrität des Systems zu gewährleisten. Denkbar ist hier die Einhaltung eines eigenen, unternehmensinternen IT-Sicherheitsniveaus, um überhaupt Informationen der Plattform verwerten zu können und einen Abgriff der durch die Plattform übermittelten Informationen durch unbefugte Dritte zu verhindern.

Ferner bedarf es Verhaltensmechanismen, die u. a. Regeln über einen Ausschluss von angeschlossenen Unternehmen bei Nichteinhaltung der geltenden Plattformbestimmungen festlegen. Die vorgenannten Bedingungen sollten in einer Kooperationsvereinbarung festgehalten werden.

## 6.1.3 Sicherheitsbehörden

Auch die Sicherheitsbehörden von Bund und Ländern (Bundeskriminalamt, Landeskriminalämter, Nachrichtendienste des Bundes und der Länder) sollen an die Plattform angeschlossen werden, um ihrerseits erhaltene Informationen einzuspeisen und die vorhandene Threat-Intelligence mit ihrem Wissen anzureichern. Des Weiteren kommt insbesondere dem BSI eine zentrale Rolle zu.

## 6.2 Beleihung der Betreiber durch das BSI

Wesentlich für das Gelingen des Informationsaustausches mittels einer Cyber-Threat-Plattform-Infrastruktur wird das Vertrauen der Nutzer in das System sein. Vertrauen lässt sich durch transparente Regelungen und Möglichkeiten, gegen Verstöße gegen die Regelungen vorzugehen, herstellen. In Anbetracht dieser Umstände wird vorgeschlagen, dass Cybersicherheitsunternehmen als Beliehene des Staates Cyber-Threat-Plattformen betreiben, wobei das BSI als Aufsichtsbehörde fungieren soll (Brisch und Rexin, 2020, S. 693).

### 6.2.1 Das Rechtsinstrument der Beleihung

Die Beleihung ist ein seit jeher etabliertes Rechtsinstrument im deutschen Verwaltungsrecht. Dabei wird natürlichen Personen oder privaten Organisation durch Hoheitsakt und basierend auf einer gesetzlichen Grundlage die Zuständigkeit eingeräumt, bestimmte öffentlich-rechtliche Aufgaben selbstständig und in Handlungsformen des öffentlichen Rechts auszuüben (Schönenbroicher, 2019, Rn. 63). Der *Beliehene* hält weiterhin den Status des Privatrechtssubjekt inne, wird aber zugleich Teil der mittelbaren Staatsverwaltung (Schmitz, 2018, Rn. 246). Aus diesem Grunde sind die *Beliehenen* gemäß Art. 20 Abs. 3 GG an Recht und Gesetz und nach Art. 1 Abs. 3 GG an die Grundrechte gebunden. Zudem erhalten Betroffene, im vorliegenden Falle teilnehmende Unternehmen (Nutzer), Rechtschutz gegen die Entscheidungen des *Beliehenen* ausschließlich vor den Verwaltungsgerichten (Ibler, 2020, Rn. 75).

Im technischen Sicherheitsrecht greift der Staat u. a. bei der Hauptuntersuchung von Kraftfahrzeugen oder bei der Durchführung von luftverkehrsrechtlichen Sicherheitsmaßnahmen auf Beliehene zurück. Auch im Bereich der IT-Sicherheit ist dem Gesetz die Zusammenarbeit mit Privaten nicht fremd. So kann das BSI gemäß § 9 Abs. 3 BSIG Privaten Aufgaben in dem Bereich der Prüfung für und Ausstellung von Sicherheitszertifikaten für IT-Systeme und IT-Komponenten übertragen. Zwar werden die Privaten hierbei nicht als Beliehene, sondern als Verwaltungshelfer aktiv, dennoch zeugt diese Regelung von der erprobten Zusammenarbeit des BSI mit Privaten.

### 6.2.2 Voraussetzungen für die Beleihung von Cyber-Threat-Plattform-Betreibern

Die Beleihung würde zunächst voraussetzen, dass der Gesetzgeber im BSIG eine entsprechende Rechtsgrundlage schafft (Brisch und Rexin, 2020, S. 698). Diese müsste im Sinne einer Aufgabenzuweisung das BSI ermächtigen, Private mit Aufgaben in Zusammenhang mit einer Cyber-Threat-Plattform zu beleihen. Es müssten dann die Anforderungen an die zu Beleihenden, die Betreiber einer Cyber-Threat-Plattform werden wollen, festgelegt werden, wobei Zuverlässigkeit und fachliche Eignung von zentraler Bedeutung sein müssen. Weiterhin müssen die Voraussetzungen geregelt werden, unter denen dritte Unternehmen (Nutzer) zur Teilnahme an der Plattform durch den Beliehenen (Plattformbetreiber) zugelassen werden können. Im Interesse der Bewahrung der erforderlichen Flexibilität sollte diese Regelung als Rechtsverordnung ausgestaltet werden.

### 6.2.3 Verhältnis zwischen dem beliehenen Betreiber und dem BSI

Folge der Beleihung wäre ein Über-Unterordnungsverhältnis zwischen BSI und Beliehenem. Das beliehene Cybersicherheitsunternehmen müsste als funktionale Behörde, für welche die Privatautonomie ausgeschlossen ist, teilnahmewilligen Unternehmen (zukünftige Nutzer) den Zugang zu der Cyber-Threat-Plattform gewähren, sofern diese vom Staat festgelegte Zulassungskriterien erfüllen. Die Prüfung dieser Zulassungskriterien würde dann aber in den Zuständigkeitsbereich des beliehenen Betreibers fallen. Bei Erfüllung der Zulassungskriterien würde der beliehene Betreiber dem teilnahmewilligen Unternehmen Zugang mittels Hoheitsakt gewähren.

Dem Staat kämen in der angedachten Infrastruktur Kontroll- und Steuerungsrechte zu, womit er seiner Gewährleistungsverantwortung gerecht werden würde. Das BSI würde als Aufsichtsbehörde über die Cyber-Threat-Plattformbetreiber fungieren und ein Fachweisungsrecht ausüben (vgl. Schönenbroicher, 2019, Rn. 66.). Hierdurch überwacht es die gesetzeskonforme Erfüllung der Aufgaben und Pflichten des Plattformbetreibers, ihm kommt eine Art „Garantenstellung" zu (vgl. Kastner, 2021, Rn. 33.). Um Einbußen in der Flexibilität bei dem Betrieb der Cyber-Threat-Plattform zu verhindern, sollte das des Fachweisungsrechtes des BSI restriktiv ausgelegt werden.

### 6.2.4 Vorteile der „Beleihungslösung"

Für eine solche Beleihungslösung sprechen Gründe der Effektivitäts- und Effizienzsteigerung bei gleichzeitiger Reduzierung der Kosten. Der personalintensive Betrieb der Plattform, worunter neben der Sammlung und Analyse der Cyber-Threat-Intelligence insbesondere auch die Zulassung zu fassen ist, würde zum Beliehenen hin ausgelagert werden. Als privatwirtschaftliches Unternehmen kann der Beliehene Fachkräfte auch ohne zugewiesene Planstellen oder ohne rechtlich vorgeschriebene Qualifikationsmerkmale einstellen kann.

Für die Betreiber der Plattform würde die Einbindung in die staatlich beaufsichtigte Cyber-Threat-Plattform-Infrastruktur die Suche nach potentielle Kunden wesentlich erleichtern. Der Beleihung durch das BSI würde in diesem Falle die Wirkung eines „Gütesiegels" zukommen. Zudem würden sie nach dem Kostendeckungsprinzip unmittelbar durch die Nutzer bezahlt werden, sodass keine finanziellen Nachteile entstehen würden.

In besonderem Maße überzeugt der Vorschlag hinsichtlich der Nutzung der Fach- und Methodenkompetenz der privaten Cybersicherheitsunternehmen. Die dem Beleihungsakt vorausgehende gesetzlich vorgeschriebene Zuverlässigkeits-

und Geeignetheitsprüfung schafft gerade auch vor dem Hintergrund des Zusammenspiels mit den Sicherheitsbehörden ein gestärktes Vertrauensverhältnis. Für die an die Plattform angeschlossenen Unternehmen stünde ferner ein solventer Schuldner im Haftungsfalle bereit: Gemäß § 839 Abs. 2 BGB i.V.m. Art. 34 S. 1 GG haftet im Außenverhältnis vorbehaltlich besonderer Ausschlussgründe der Staat für Beliehene, sofern bei fahrlässiger Handlung des Beliehenen dem Geschädigten keine anderweitigen Ersatzmöglichkeiten zustehen.

### 6.2.5 Rechtliche Möglichkeit einer „Beleihungslösung"

Aus verfassungsrechtlicher Sicht bestehen unter Berücksichtigung der Rechtsprechung des Bundesverfassungsgerichtes und des Bundesverwaltungsgerichtes zur Beleihung keine Bedenken gegen das Vorhaben (BVerfGE 9, 268 (284); BVerwGE 57, 55 (59)). Zwar besteht ein Funktionsvorbehalt des Staates, wonach die Ausübung hoheitlicher Befugnisse durch den Staat vorzunehmen ist, jedoch können hiervon Ausnahmen gemacht werden, wenn dafür sachliche Gründe vorliegen und das Handeln des Beliehenen klar geregelt ist (Brisch und Rexin, 2020, S. 697). Dies unterstreicht die Wichtigkeit einer wohlüberlegten Rechtsgrundlage, die das BSI zur Beleihung ermächtigt und gleichzeitig dem Handeln der Beliehenen klare Leitplanken setzt.

Die technische Infrastruktur der angedachten Plattform-Infrastruktur wirft neben den verfassungsrechtlichen Fragen noch diverse andere rechtliche Herausforderungen auf. Die kartellrechtlichen Zulässigkeitsvoraussetzungen müssen ebenso wie vergaberechtliche Anforderungen beim Aufbau des angedachten Modells eingehend analysiert und berücksichtigt werden. Der Betrieb solcher Plattformen könnte, sofern personenbezogene Daten übermittelt werden, insbesondere durch das Datenschutzrecht reguliert sein. Hinsichtlich dieser Fragestellungen wird es auf eine rechtssichere Ausgestaltung der Rechtsverhältnisse im Einzelfall ankommen.

## 6.3 Regionale Aufhängung der Plattform-Infrastruktur

Das hier skizzierte Modell stellt nicht auf den Aufbau einer einzelnen zentralen Cyber-Threat-Plattform in Deutschland ab, sondern präferiert den Aufbau diverser, regional verankerter Plattformen, die sich aber in ihrer Struktur und ihren Zulassungskriterien nicht unterscheiden. Für die dezentrale Struktur sprechen zunächst praktische Erwägungen:

Der nachbarschaftliche Austausch mit lokal ansässigen Unternehmen ist schon heute ein bewährtes Mittel, insbesondere für KMU. Die Barriere des „großen

Ungewissen" wird bei einer räumlichen Nähe abgebaut und stärkt das Vertrauen in Betreiber und andere angeschlossene Nutzer. Hemmungen des Zugangs zur Plattform ließen sich durch das „bottom-up-Prinzip" erheblich reduzieren, wenn bestehende Unternehmenscluster nur um einen technischen Austauschmechanismus in Form der Cyber-Threat-Plattform erweitert werden würden.

Darüber hinaus dürften auch kartellrechtliche Überlegungen für eine Verankerung auf regionaler Ebene sprechen. Der Betreiber einer zentralen Plattform würde eine bundesweite marktbeherrschende Position einnehmen, sodass eine Koexistenz von diversen Plattformen schon rechtlich geboten sein könnte.

Schließlich hat der „Bottom-Up" Ansatz, also die Verortung von Cyberplattformen auf regionaler Ebene, größere Realisierungschancen als der Versuch einer „Top-Down" Lösung, etwa der Suche nach einer Lösung auf internationaler Ebene. Denn die nationalstaatlichen Zwänge und Interessen, unterschiedliche rechtliche und technische Rahmenbedingungen, konträre Sichtweisen zur Rolle staatlicher Sicherheitseinrichtungen und deren Kompetenzen lassen eine zielorientierte Lösung als derzeit nicht realisierbar erscheinen, jedenfalls nicht in der hier zur Diskussion gestellten Vernetzung und Durchlässigkeit – ganz unabhängig von der Frage nach einer Beliehenenschaft.

## 6.4 „Black Box"-Konzept

Auch der Furcht vor Reputationsverlust durch Meldung eines IT-Sicherheitsvorfalles für betroffene Unternehmen muss strukturell Genüge getan werden. Eine Schadensmeldung darf nicht dazu führen, dass andere Wettbewerber oder die Öffentlichkeit von dem IT-Sicherheitsvorfall Kenntnis erlangen. Eine Schadensmeldung muss auch in anonymisierter oder zumindest pseudonymisierter Form möglich sein. Die Plattform würde in diesem Falle nach dem „Blackbox-Konzept" funktionieren, eine Bereitstellung der Informationen würde also nur an die angeschlossenen Unternehmen und ohne Nennung der Herkunft dieser Informationen geschehen. Der Transparenzgrundsatz gebietet es aber, die an die jeweilige Plattform angeschlossenen Unternehmen publik zu machen. Details über den Cyber Incident selbst sollten aber nicht mit einem bestimmten Unternehmen in Bezug gesetzt werden können.

# 7 Fazit

Die Einführung einer Cyber-Threat-Plattform-Infrastruktur bietet das Potential, den Informationsaustausch zwischen der gesamten Wirtschaft – und gerade nicht nur ausgewählten Sektoren – und den staatlichen Behörden erheblich zu verbessern. Insbesondere der Austausch von Echtzeitdaten in dem hier angedachten Umfang wäre ein echtes Novum. Um allen Interessen gerecht zu werden, bietet das deutsche Recht mit dem Instrument der Beleihung ein Regelungsregime, dass die technische Lösung angemessen und rechtssicher flankieren kann. Der Gesetzgeber ist aufgerufen, die rechtlichen Voraussetzungen zum gegenseitigen Informationsaustausch sowie die Auswahl der Adressaten des BSIG anzupassen, um die deutsche Wirtschaft vor den Bedrohungen des digitalen Zeitalters zu schützen.

## Literatur

Anomali. (2021). What is a threat intelligence platform (TIP)? https://www.anomali.com/de/what-is-a-tip. Zugegriffen: 21. Juni 2021.

Auer, M. (2019). Cyber Threat Intelligence Plattform – Neue Grundlagen für Cybersicherheit. *funkschau*. https://www.funkschau.de/office-kommunikation/neue-grundlagen-fuer-cybersicherheit.164965.html. Zugegriffen: 21. Juni 2021.

Bellovin, S. (2015). Thinking security: Stopping next year's hackers 34. Addison-Wesley Professional Computing Series.

BITKOM e.V. (2019). Wirtschaftsschutz in der digitalen Welt. https://www.bitkom.org/sites/default/files/2019-11/bitkom_wirtschaftsschutz_2019_0.pdf. Zugegriffen: 21. Juni 2021.

Brisch, K., & Rexin, L. (2019). Sicherheit durch Technik: Cyber-Threat-Plattformen in Deutschland. *Computer und Recht* 2019: 606617.

Brisch, K., & Rexin, L. (2020). Cyber-Threat-Plattformen unter BSI-Aufsicht: Die Betreiber als Beliehene des Staates. *Computer und Recht* 2020: 693700.

Bundesamt für Sicherheit in der Informationstechnik (BSI). (2018). Die Lage der IT-Sicherheit in Deutschland 2018. https://www.bsi.bund.de/SharedDocs/Downloads/DE/BSI/Publikationen/Lageberichte/Lagebericht2018.pdf?__blob=publicationFile&v=5. Zugegriffen: 21. Juni 2021.

Bundesamt für Sicherheit in der Informationstechnik (BSI). (2020). Die Lage der IT-Sicherheit in Deutschland 2020. https://www.bsi.bund.de/SharedDocs/Downloads/DE/BSI/Publikationen/Lageberichte/Lagebericht2020.pdf;jsessionid=58D15C288DA91729CE19FA3C4BE55024.2_cid501?__blob=publicationFile&v=2. Zugegriffen: 21. Juni 2021.

Bundeskriminalamt (BKA). (2019). Cybercrime Bundeslagebild 2019. https://www.bka.de/SharedDocs/Downloads/DE/Publikationen/JahresberichteUndLagebilder/Cybercrime/cybercrimeBundeslagebild2019.pdf;jsessionid=044117A23EFF903E3F8E3A46050EDC23.live0602?__blob=publicationFile&v=8. Zugegriffen: 21. Juni 2021.

Bundesministerium des Innern, für Bau und Heimat (BMI). (2019). Referentenentwurf eines Zweiten Gesetzes zur Erhöhung der Sicherheit informationstechnischer Systeme (IT-Sicherheitsgesetz 2.0 – IT-SiG 2.0) mit Stand vom 27.3.2019. https://netzpolitik.org/2019/it-sicherheitsgesetz-2-0-wir-veroeffentlichenden-entwurf-der-das-bsi-zur-hacker behoerde-machen-soll/#2019-03-27_BMI_Referentenentwurf_IT-Sicherheitsgesetz-2/. Zugegriffen: 21. Juni 2021.

Bundesministerium des Innern, für Bau und Heimat (BMI). (2020). Online Kompendium Cybersicherheit in Deutschland. https://www.bmi.bund.de/SharedDocs/downloads/DE/veroeffentlichungen/themen/it-digitalpolitik/online-kompendium-nationaler-pakt-cybersicherheit.pdf?__blob=publicationFile&v=4. Zugegriffen: 21. Juni 2021.

Computer Incident Response Center Luxembourg (circl.lu). o.J. MISP – Open Source Threat Intelligence Platform. https://www.circl.lu/services/misp-malware-information-sharing-platform/. Zugegriffen: 21. Juni 2021.

CSSA. (2021). Cyber Security Sharing and Analytics e.V. (CSSA) – Satzung. https://www.cssa.de/static/CSSA_Satzung_11-2015.pdf. Zugegriffen: 21. Juni 2021.

Deloitte. (2019). Cyber Security Report 2019. https://www2.deloitte.com/de/de/pages/risk/articles/cyber-security-report.html. Zugegriffen: 21. Juni 2021.

Gitter, R., Meißner, A., & Spauschus, P. (2015). Das neue IT-Sicherheitsgesetz. IT-Sicherheit zwischen Digitalisierung und digitaler Abhängigkeit. *Zeitschrift für Datenschutz* 2015: 512517.

Hornung, G. (2015). Neue Pflichten für Betreiber kritischer Infrastrukturen: Das IT-Sicherheitsgesetz des Bundes. *Neue Juristische Wochenschrift, 2015*, 33343340.

Hurwitz, J. (2019). Response to McGeveran's the duty of data security: Not the objective duty he wants, maybe the subjective duty we need. *Minnesota Law Review, 2019*, 139–155.

Ibler, M. (2020). Art. 86 Bundeseigene Verwaltung: Formen der Bundesverwaltung: Beleihung. In: R. Herzog, M. Herdegen, R. Scholz, H. Klein (Hrsg.), *Grundgesetz Kommentar Maunz/Dürig* (93. EL., GG Art. 86 Rn. 75). Beck.

Kastner, B. (2021). § 1 Anwendungsbereich: Allgemeines. In: M. Fehling, B. Kastner, & R. Störmer (Hrsg.), *Handkommentar Verwaltungsrecht (HK-VerwR)* (5. Aufl, VwVfG § 1 Rn. 33). Nomos.

Kipker, D. (2020a). Synopse zum aktuellen Stand des Gesetzgebungsverfahrens für das IT-SiG 2.0. https://www.vde.com/resource/blob/1971246/6f4eaae55c5f608ea0eeda791c8c4513/synopse-it-sig-2-0---zentrale-aenderungen-data.pdf/. Zugegriffen: 21. Juni 2021.

Kipker, D. (2020b). IT-SiG 2.0: Dritter Referentenentwurf mit Stand vom 19.11.2020 veröffentlicht. https://intrapol.org/2020/11/21/it-sig-2-0-dritter-referentenentwurf-mit-stand-vom-19-11-2020-veroeffentlicht/. Zugegriffen: 21. Juni 2021.

Klett, D., & Ammann, T. (2014). Gesetzliche Initiativen zur Cybersicherheit. *Computer und Recht, 2014*, 9399.

MISP Threat Sharing. o.J. MISP – Open Source Threat Intelligence Platform & Open Standards For Threat Information Sharing. https://www.misp-project.org/communities/. Zugegriffen: 21. Juni 2021.

Poscher, R., & Lassahn, P. (2021). Verfassungsrechtliche Dimensionen der IT-Sicherheit. In: G. Hornung & M. Schallbruch (Hrsg.), *IT-Sicherheitsrecht* (1. Aufl., Teil 2 § 7). Nomos.

Raabe, O., Schallbruch, M., & Steinbrück, A. (2018). Systematisierung des IT-Sicherheitsrechts. *Computer und Recht* 2018: 706715.

Schallbruch, M. (2017). IT-Sicherheitsrecht – Schutz digitaler Dienste, Datenschutz und Datensicherheit. *Computer und Recht* 2017: 798804.

Schallbruch, M. (2018). IT-Sicherheitsrecht – Abwehr von IT-Angriffen, Haftung und Ausblick. *Computer und Recht* 2018: 215224.

Schardt, M. (2021). Öffentliche Verwaltung. In: G. Hornung & M. Schallbruch (Hrsg.), *IT-Sicherheitsrecht* (1. Aufl., Teil 3 § 25). Nomos.

Schmitz, H. (2018). § 1 Anwendungsbereich: Beliehene. In: M. Sachs & H. Schmitz (Hrsg.), *Verwaltungsverfahrensgesetz Kommentar* (9. Aufl., VwVfG § 1 Rn. 246). Beck.

Schönenbroicher, K. (2019). Anwendungsbereich: Einbeziehung Privater in den Anwendungsbereich des § 1. In: T. Mann, C. Sennekamp, & M. Uechtritz (Hrsg.), *NomosKommentar Verwaltungsverfahrengesetz*, (2. Aufl., VwVfG § 1 Rn. 63). Nomos.

Strobel, S. (2015). Threat Intelligence – neuer Hype oder wirksam gegen Cyberrisiken? *heise online iX*. https://www.heise.de/ix/heft/Schlaue-Hilfe-2764974.html. Zugegriffen: 21. Juni 2021.

Tanriverdi, H., Weber, R., & Sachsinger, C. (2020). Bedrohung durch Ransomware – Wie Cyberkriminelle Konzerne erpressen. *tagesschau.de*. https://www.tagesschau.de/wirtschaft/ransomware-101.html. Zugegriffen: 21. Juni 2021.

VdTÜV. (2019). Cybersecurity Studie. https://www.tuev-verband.de/index.php?eID=dumpFile&t=f&f=1408&token=66affe36a088d8416a46a9571c3469db20f449d7. Zugegriffen: 21. Juni 2021.

Winter, N. (2020). Meldepflichten bei Cyberangriffen. *Computer und Recht* 2020: 576584.

ZD-Aktuell. (2018). EU: Ausschreibung für Pilotprojekt zur Cybersicherheit gestartet. *Newsdient ZD-Aktuell, 2018*, 05971.

**Klaus M. Brisch, LL.M. (USA)** ist Fachanwalt für Informationstechnologierecht und Partner bei Deloitte Legal. Er berät Unternehmen der verschiedenen Industriesektoren bei deren digitalen Transformationsprozessen, dem strategischen „Intangible Asset Rights Management" sowie IT- und technologierechtlichen Fragestellungen. Klaus Brisch verfügt über langjährige Erfahrung in IT-Compliance, Datenschutz und Cybersicherheit, Additive Fertigung (3-D-Druck), Einsatzfelder „Künstlicher Intelligenz" und Blockchain. Ferner ist er auf die Begleitung von technologiebasierten Unternehmens- und Beteiligungstransaktionen im nationalen und internationalen Umfeld, einschließlich des IT-Outsourcing, spezialisiert.

**Lewin Rexin (Mag. Iur., B.A.)** ist seit Juli 2020 wissenschaftlicher Mitarbeiter bei Deloitte Legal in Köln. Als zertifizierter Datenschutzbeauftragter unterstützt er insbesondere in den Beratungsfeldern Datenschutz und Cyber-Sicherheit. Vor der Erlangungen seines ersten juristischen Staatsexamens schloss er das duale Studium beim Bundeskriminalamt als Kriminalkommissaranwärter mit der Verleihung des Bachelor of Arts-Grades ab und sammelte Erfahrungen in den Datenschutzbüros der EU-Agenturen Europol und Eurojust.

# Sicherheit als Standortvorteil – Resilienzstrategien einer Stadt

Uwe Gerstenberg

### Zusammenfassung

Städte sind hochkomplexe Systeme, die zahlreiche wirtschaftliche, soziale und ökologische Faktoren miteinander verknüpfen, wodurch sie extrem anfällig für Bedrohungen durch beispielsweise Naturkatastrophen sind. Die Merkmale einer Stadt wie ihre Architektur, Bevölkerungsstrukturen sowie Infrastruktursysteme erhöhen gleichzeitig die Anfälligkeit für Erdbeben, Hochwasser oder Terroranschläge. Eine Vielzahl von Herausforderungen muss unsere kommunale Politik und Verwaltung in der Zukunft meistern. Das kann sie nicht allein, sondern ist auf die Hilfe vieler angewiesen. Es gilt, städtische Resilienz zu denken und zu schaffen. Wie sieht eine städtische Resilienzstrategie in der Zukunft aus?

## 1 Prolog

Wir leben in einer Zeit der permanenten Veränderungen. Digitalisierung und Globalisierung verändern uns Menschen gesellschaftlich, ökonomisch, politisch, technologisch sowie kulturell. Es gab schon immer transformationelle Entwicklungen unserer Gesellschaft, die uns aber jeweils über einen längeren Zeitraum begleitet haben, doch nun im Zeitalter der exponentiellen Entwicklungszyklen passiert alles in Echtzeit. Wir unterliegen einem tief greifenden Wandel in allen Lebensbereichen – Transformation ist längst zu einem Zustand geworden.

U. Gerstenberg (✉)
consulting plus GmbH, Essen, Deutschland
E-Mail: uwe.gerstenberg@consulting-plus.de

Dadurch empfinden wir alles flüchtig und nicht greifbar. Je mehr Gewohnheiten sich auflösen, desto unsicherer fühlen wir uns.

Glaubt man den Medienberichten und dem Grundrauschen in den sozialen Medien, sind die guten Zeiten vorbei. Die Corona-Pandemie hat uns fest im Griff, Kriminelle lauern uns überall auf, sei es im Netz oder im Park. Sicherheit – oder besser Unsicherheit – ist eine starke Emotion, die uns unmittelbar in unserem persönlichen Lebensraum, ob Stadt oder Land, beeinflusst. Genau vor diesem Hintergrund erfordert die Suche nach neuen Lösungen Kreativität auf allen Ebenen. Gerade die Bereitschaft, auch ungewöhnliche Perspektiven zu berücksichtigen und neue Wege zu beschreiten, ist von erheblicher, wenn nicht sogar von essenzieller Bedeutung. Städte fungieren als Drehscheibe für wirtschaftlichen Aufschwung, Zentren des Wohlstands, der Innovation, Produktion und kulturelle Interaktion – gleichzeitig symbolisieren sie die Schere zwischen Armut und Reichtum, systematischer Ungleichheit und den anthropogenen Eingriffen in die Natur.

Städte sind hochkomplexe Systeme, die zahlreiche wirtschaftliche, soziale und ökologische Faktoren miteinander verknüpfen, wodurch sie extrem anfällig für Bedrohungen durch beispielsweise Naturkatastrophen sind. Die Merkmale einer Stadt wie ihre Architektur, Bevölkerungsstrukturen sowie Infrastruktursysteme erhöhen gleichzeitig die Anfälligkeit für Erdbeben, Hochwasser oder Terroranschläge. Die großen Themen unserer Zeit zwingen uns stets, neue Wege zu beschreiten. Wie diese neuen Wege aussehen können, möchte ich gerne in meinem Beitrag erläutern und Lösungswege aufzeigen, wie wir unsere Städte resilienter für die Herausforderungen von morgen machen können. Eine Vielzahl von Herausforderungen muss unsere kommunale Politik und Verwaltung in der Zukunft meistern. Das kann sie nicht allein, sondern ist auf die Hilfe vieler angewiesen. Es gilt, städtische Resilienz zu denken und zu schaffen. Wie sieht eine städtische Resilienzstrategie in der Zukunft aus? Auf diese Frage möchte ich ihnen auf den folgenden Seiten Antworten geben.

## 2 Wie wollen wir in Zukunft leben?

Diese Frage stellen wir uns meist dann, wenn wichtige Entscheidungen anstehen. Nach der Schule, nach der Ausbildung, dem Studium, am Beginn einer Beziehung, bei der Gründung einer Familie, im Alter oder in der Krise. Wir versuchen dann Antworten auf die großen Fragen zu finden, die wiederum oft mit vielen kleinen Fragen zusammenhängen, z. B. wo wollen wir wohnen, auf dem Land oder in der Stadt?

Das Leben in einer Stadt bietet vielerlei Vorzüge. Das dichte Nebeneinander von Wohnen, Freizeit- und Kulturangeboten, Einkaufsmöglichkeiten, Orten des Lernens und der Bildung, unterschiedlichsten Formen der Arbeit, aber auch innerstädtischen Freiraum- und Naturangeboten sind Ausdruck urbanen Lebens in einem produktiven Wettbewerb der Städte um steigende Lebensqualität. Der Wandel der Gesellschaft manifestiert sich im Lebensraum Stadt. Das Leben in der Stadt bedeutet Leben auf engstem Raum, mit allen damit verbundenen Vor- und Nachteilen. Gutes Leben für alle hat nicht nur eine kulturelle Dimension sich verändernder Lebensstile, sondern ist auch eine politische Aufgabe, denn der Umbauprozess muss politisch gestaltet werden.

Sozial-ökologische Transformation und die Forderung nach einem guten Leben für alle bedeuten eine andere Art und Weise der Produktion und des Lebens: Weniger Autos, bis künftig vielleicht hin zu autofreien Städten, und die übrigen Autos gemeinsam nutzend und mit deutlich reduziertem Energieverbrauch. Die Mobilität wird sich signifikant verändern und der Prozess ist bereits durch das Förderprogramm für Elektromobilität der Bundesregierung eingeleitet. Zwar wird noch nicht die ganze Pkw-Flotte autonom fahren, aber der individuelle Pkw-Verkehr wird zahlenmäßig abnehmen.

Der Anteil der Arbeits- und Freizeitaktivitäten, die von zuhause aus digital erledigt werden können, wird in den kommenden 20 Jahren weiter zunehmen. Über Breitband-Internet wird man künftig auch große Teile der Arbeit abwickeln können. Allerdings gibt es eine natürliche Grenze: Fachleute schätzen, dass Arbeitnehmer in Dienstleistungsberufen mindestens 50 % der Zeit im Büro präsent sein müssen. Niedriger dürfte der Anteil der Büro-Präsenz nicht werden, da der persönliche Austausch nicht vollständig ersetzt werden kann. Dieses Limit der Digitalisierung gilt auch für das Einkaufen oder kulturelle Ereignisse. Natürlich kann beispielsweise ein Sinfoniekonzert auch über Internet-Streaming gehört und gesehen werden. Dies wird jedoch nicht das Live-Erlebnis vor Ort ersetzen können.

Die Veränderung von Wohnen, Arbeiten und Mobilität wird in den nächsten Jahrzehnten umfassend sein. Während im Wohnsegment eher die Schaffung von bezahlbarem Wohnraum im Vordergrund steht, wird der Wandel der Mobilität von der technischen Weiterentwicklung des Autos abhängen. Im Bürosegment schließlich sind vor allem die Änderungen der Arbeitsgewohnheiten ausschlaggebend. Ein wichtiger Trend wird der hin zu Co-Working-Spaces sein. Eine weitere Entwicklung ist die zunehmende Durchmischung der Stadtquartiere. Die engere Verbindung von Wohnen und Arbeiten führt zu mehr Mischnutzung auf Immobilien- und Quartiersebene. Sowohl bei Neuentwicklungen von Quartieren als auch bei Modernisierungsprojekten wird dieser Trend zunehmen.

## 3 Leitbild der resilienten Stadt

Der Blick in die Forschungsliteratur zeigt, dass Begriffskonzeptionen der Resilienz stark vom Kontext der (Human-)Ökologie und der Naturrisikoforschung geprägt worden sind (Christmann et al., 2016). Resilienz ist eine Persönlichkeitseigenschaft. Resiliente Menschen haben gelernt, dass sie selbst über ihr Schicksal und ihren Lebensweg bestimmen, sie haben ihr inneres Gleichgewicht gefunden. Menschen die als resilient bezeichnet werden, sind in der Lage, aus Krisensituationen gestärkt hervorzugehen. Dabei geht es im Wesentlichen um Selbstvertrauen und Selbstbewusstsein und die Erkenntnis, dass Lebenskrisen keine unüberwindbaren Hindernisse darstellen oder vielleicht sogar das Ende bedeuten.

Doch nicht jeder Mensch kann seine Lebenskrisen allein meistern. Diesen Menschen hilft ein Resilienz-Modell, welches die Widerstandskraft gegen Stress stärken und ausbauen kann. Ab 2005, mit dem Erscheinen von Werken wie „The Resilient City – How Modern Cities Recover from Disaster" (Vale und Campanella, 2005) und „Resilient Cities – Responding to Peak Oil and Climate" (Newman et al., 2009), ist das Konzept der Resilienz in der internationalen sozialwissenschaftlichen Raumforschung vor allem auf Städte bzw. Stadtregionen übertragen worden (Christmann et al., 2016). Für mich bedeutet *Resilienz, die Widerstandsfähigkeit eines Systems, hier einer Stadt, gegen Störungen.*

Dabei vereint das resiliente System die Merkmale (vgl. Abb. 1)

- *Robustheit,* Störungen zu widerstehen,
- *Redundanz* in Systemen durch Reserven und Ersatz,
- *Vielfalt* des Nebeneinanders verschiedener Elemente
- *Anpassungsfähigkeit,* sich verändernde Rahmenbedingungen berücksichtigen und Lehren zu ziehen
- *Innovationsfähigkeit,* Wissen, Lernen, Experimentieren.

Genau das funktioniert nur, wenn Menschen und Systeme über Reserven an Energie, Ideen und Know-how verfügen. Insofern steht der Resilienzbegriff einem oberflächlichen Effizienzstreben entgegen (Jakubowski, 2014) und ist auf Nachhaltigkeit ausgerichtet. Resilienz löst somit nicht bestehende Konzepte wie Risikomanagement, Präventionsmaßnahmen und Sicherheits- und Krisenmanagement ab, sondern öffnet vielmehr den Blick für eine integrierte Betrachtung (stiftung neue verantwortung e. V. 2013).

Die zentralen Resilienzbezüge (Fekkak et al., 2016) einer Stadt ergeben sich über die Verletzbarkeit (Vulnerabilität) ihrer Grundfunktionen durch externe

# Sicherheit als Standortvorteil – Resilienzstrategien einer Stadt

**Abb. 1** Merkmale einer resilienten Stadt

Störereignisse, welche die Versorgung der Einwohner mit Güter- und Dienstleistungen beeinträchtigen oder gar unterbrechen könnten. Diese Grundfunktionen berühren insgesamt die technischen und sozialen Infrastrukturen, die Versorgung mit Wohnraum sowie die Umweltqualität. Resilienz als Teil der Stadtentwicklung zielt damit auf ein erweitertes Verständnis von Daseinsvorsorge als kommunale Aufgabe und Fähigkeit, die damit verbundenen Dienstleistungen auch unter widrigen Umständen aufrechtzuerhalten. In der Infrastrukturplanung ist diese Fähigkeit eng mit dem Begriff der Versorgungssicherheit verknüpft.

In diesem Zusammenhang erscheint mir das folgende Resilienzverständnis aus dem *Forschungsbericht „Resiliente Stadt – Zukunftsstadt" des Wuppertal Institut für Klima, Umwelt, Energie & plan + risk consult – Begriffserklärung* wichtig für meine weiteren Ausführungen, und es schafft die Voraussetzung für ein einheitliches Verständnis für den Begriff Resilienz einer Stadt.

> „Eine resiliente Stadt oder eine resiliente Gesellschaft verfügt über eine hohe Anpassungskapazität und ist in der Lage, sich sowohl reaktiv als auch proaktiv an sich wandelnde Umweltbedingungen anzupassen und sich von den negativen Folgen schnell

zu erholen. Somit kann Resilienz als ein umfassender, holistischer Problemlösungsansatz verstanden werden, dessen Ziel es ist, die generelle Widerstandsfähigkeit und Regenerations- und Entwicklungsfähigkeit von natürlichen und gesellschaftlichen Systemen zu erhalten."

## 4 Warum müssen Städte resilienter werden?

Im Jahre 2007 lebten noch über die Hälfte der Weltbevölkerung in Städten. Im Jahre 2050 sollen es bereits 70Prozentder Bevölkerung sein. In Europa und in den USA erfolgt das Wachstum in den Städten und Metropolen eher moderat, teilweise sogar rückläufig. Es scheint, als ob angesichts der enormen Komplexität und Abhängigkeiten multipler Risiken sowie der zeitlichen Entwicklung schleichender oder disruptiver Gefährdungen der Risikobegriff neu zu definieren ist. Allein die Risikoberechnung über Eintrittswahrscheinlichkeit und Schadensausmaß wird zukünftig nicht mehr ausreichen, da die Grundidee der Vorbeugung oder Verhinderung nicht mehr greift. Die Folgen des Klimawandels durch das Eintreten gefährdeter Ereignisse unterschiedlichster Art, z. B. durch Extremwetterereignisse, sind gar nicht mehr zu vermeiden. Hier muss man sich besser darauf einstellen, dass sie früher oder später passieren und sich ggf. in kurzen oder langen Abschnitten wiederholen (Christmann et al., 2016).

Städte benötigen eine Resilienzstrategie, die nicht nur auf Verhinderung und Vermeidung von Gefährdungen ausgerichtet ist, sondern auch für eine möglichst schadlose Umgangsweise und Anpassung der eingetretenen gefährdenden Ereignisse geeignet ist. Dabei geht es immer auch um die Verletzbarkeit (Vulnerabilität), und daher erscheint es sinnvoll, die Begriffe Vulnerabilität und Resilienz aufeinander zu beziehen und als ein System zu begreifen. Es gibt keine deutsche Stadt, die im Laufe der Zeit noch nicht mittelbare oder unmittelbare Erfahrungen mit einem tatsächlich eingetretenen Schadensereignis gemacht hätte, sei es aufgrund von Extremwetterereignissen, gravierenden technischen Störungen der kritischen Infrastruktur (Verkehr, Wasser, Energie), wirtschaftlichen Krisen, Wegfall elementarer Leistungen oder Aufgrund von Terroranschlägen. Prognosen von Experten weisen darauf hin, dass Extremwetterereignisse elementare Störungen der technischen Infrastruktur mit sich bringen. Diese extremen Ereignisse werden zukünftig in deutlich dichterer Folge auftreten, dabei an Intensität zunehmen und mit höherer Wahrscheinlichkeit Folgeereignisse auslösen. Deutsche Städte müssen besser gegen Risiken geschützt werden. In Städten leben immer mehr Menschen auf engstem Raum zusammen und bei Eintritt einer Katastrophe oder eines Großschadensereignisses sind gleichzeitig viele Menschen von diesen Ereignissen betroffen.

Turbulenzen werden die neue Normalität – Gegenwärtig befinden sich alle Städte der Welt vor vielfältigen sozialen, ökologischen und ökonomischen Herausforderungen. Gerade in Deutschland sind die sozialen Ungleichheiten, die Extremwetterereignisse und der demografische Wandel Beispiele aktueller Probleme der Stadtentwicklung und der infrastrukturellen Versorgung. Hier sind zukunftsweisende Lösungen zu entwickeln, die eine Stadt widerstandsfähig gegen die Risiken von heute und morgen machen. Einige Forschungen befassen sich bereits in diesem Zusammenhang mit dem Begriff der Resilienz, doch fehlt zum jetzigen Zeitpunkt noch die klare Strategie, wie die gewonnenen Erkenntnisse in zielgerichtete Lösungen umgesetzt werden können.

## 5 Alte neue Risiken

Wenn es darum geht, eine Stadt durch konkrete Maßnahmen resilient zu machen, muss zunächst geklärt werden, welche Risiken für diese Stadt bestehen. Also muss ich zunächst eine Bestandsaufnahme aller Risiken durchführen. Die verschiedensten Experten definieren die Risiken einer Stadt beispielsweise wie folgt:

**Terrorismus**
Viele Menschen bezeichnen den Terrorismus als Geisel der Menschheit im 21. Jahrhundert. Der Terrorismus hat in den letzten Jahren stark zugenommen. Während Terroranschläge 1995 noch kaum eine weltweite Rolle gespielt haben und nicht übermäßig in den Medien thematisiert wurden, hat sich die Bedeutung des Terrorismus ab 1998 weltweit geändert. Durch den Prozess der Globalisierung hat sich der Kampf um Macht gegen anders Denkende verstärkt. Terrorismus stellt ohne Zweifel eine ernste Bedrohung für die Sicherheit offener Gesellschaften dar. Nach gängiger Meinung besitzen Terroristen daher auch die Macht, moderne Wirtschaftssysteme empfindlich zu schädigen.

Zusätzlich zu den menschlichen Verlusten und den materiellen Zerstörungen, die durch ihre Angriffe verursacht werden, versuchen Terroristen den Gesellschaften, die sie angreifen, auch einen breiteren psychologischen, sozialen, politischen und wirtschaftlichen Schaden zuzufügen. Terroristen könnten Gesellschaftssysteme auf zahlreiche Art und Weise indirekt treffen. Darunter verstehen die Experten:

- Verschlechterung der Zukunftserwartungen bei Verbrauchern und Firmen.
- Zwang für Regierung und Privatwirtschaft, in Sicherheitsmaßnahmen zu investieren, wodurch die Effizienz verwundbarer Industriezweige (wie Transportwesen und Handel) sinkt und Investitionen gebunden werden, die produktiverem wirtschaftlichen Nutzen zugeführt werden könnten.
- Veränderung des Verhaltens wirtschaftlicher Akteure (Verbraucher, Investoren, Unternehmen), indem vermeintliche Risikobereiche (Sektoren wie Luftfahrt und Tourismus oder durch Terrorismus beeinträchtige Regionen) gemieden werden.
- Anstoß für einen breiteren geopolitischen Konflikt, der weitere negative wirtschaftliche Konsequenzen nach sich ziehen könnte.

Die Anschläge, die in Innenstädten europäischer Metropolen auf Frauen, Männer, Kinder verübt wurden, die nichts anderes getan haben, als über Weihnachtsmärkte zu gehen oder über Boulevards zu flanieren, führten die latente Gefahr des Terrors vor Augen.

**Energiewende in Deutschland – Blackout**
90 % der Deutschen unterstützen den Ausbau der erneuerbaren Energien wie Windkraft, Photovoltaik oder Biogas. Doch die Energiewende beinhaltet auch erhebliche Risiken für Wirtschaft und Gesellschaft. Deutschland zählt zu den wenigen Ländern, die sich einer doppelten Wende in der Stromerzeugung verschrieben haben. Einerseits reduzieren wir die fossilen Energieträger zugunsten erneuerbarer Energien. Andererseits steigen wir aus der Kernkraft aus, obwohl wir die Treibhausgas-Emissionen drastisch senken wollen. Die Risiken der Energiewende, die für die Gesellschaft und die Wirtschaft entstehen, sind nicht zu unterschätzen.

Wirtschaft und Unternehmen benötigen eine planbare, kontinuierliche und bezahlbare Stromversorgung. Ohne diese Sicherheit können sie den hochkomplexen industriellen Produktionsprozess in Deutschland nicht aufrechterhalten (Lichter, 2019). Es steht deshalb die Frage im Raum, was der Ausstiegsbeschluss der Kern- und Braunkohleenergie im Hinblick auf Wirtschaftlichkeit, Versorgungssicherheit, Systemsicherheit und Netzstabilität bedeutet. Im Rahmen meiner Betrachtung möchte ich lediglich die Systemsicherheit anführen. Wie soll bei steigendem Anteil der regenerativen Energien und damit wachsender Volatilität sowie gleichzeitig sinkender Zahl konventioneller Kraftwerke die Systemsicherheit künftig gewährleistet werden? Neben kurzfristigen Unterbrechungen der Stromversorgung besteht auch die Gefahr eines langanhaltenden und allgemeinen Stromausfalls – eines Blackouts. Dieses Risiko einer Netzüberlastung steigt mit der Volatilität der Stromerzeugung, wie sie typisch ist für erneuerbare Energie.

## Gesellschaftlicher Wandel

Die Veränderungen gesellschaftlicher Strukturen vollziehen sich mal langsam, mal schneller. Viele dieser Veränderungen berühren lediglich begrenzte Teilbereiche der Gesellschaft, etwa das Familienleben; andere betreffen tendenziell die gesamte Gesellschaft, wie z. B. die Transformation der staatssozialistischen Gesellschaften Mittel- und Osteuropas nach 1990.

Wer nach dem Ende des Zweiten Weltkriegs in Westdeutschland aufwuchs, erlebte eine Phase vielfältigen sozialen Wandels (Schimank, 2012):

- den rasanten Wiederaufbau der westdeutschen Gesellschaft und das „Wirtschaftswunder" der 1950er-Jahre
- die in den 1960er-Jahren einsetzende Bildungsexpansion
- die Studentenbewegung und das Aufkommen der Bürgerinitiativen und der „Grünen"
- die „Ölkrise" und das Ende der Vollbeschäftigung seit Mitte der 1970er-Jahre
- den Zusammenbruch der DDR 1989 und die deutsche Wiedervereinigung
- die rapide Verdichtung der weltweiten kommunikativen Vernetzung in allen Lebensbereichen durch das Internet
- die Einführung des Euro als gemeinsame Währung von immer mehr europäischen Ländern im Jahr 2002 nach einem jahrzehntelangen Prozess des europäischen Zusammenwachsens seit Gründung der Montanunion von Frankreich, Italien, den Beneluxstaaten und Westdeutschland im Jahr 1951
- die von Menschen gemachte drohende „Klimakatastrophe"
- „9/11" und den islamistischen Terrorismus
- die demografische Entwicklung hin zu einer stetig alternden Gesellschaft
- die im Herbst 2008 explosiv ausbrechende Weltfinanzkrise, die die Weltwirtschaft und die Staatsfinanzen noch auf Jahre tief greifend prägen wird
- die Flüchtlingsbewegungen, wo Menschen aus Krisengebieten als Kriegs- oder Wirtschaftsflüchtlinge den Weg nach Europa suchten und weitersuchen
- und 2020 die Corona-Pandemie mit bisher kaum abschätzbaren Folgen für die gesamte Gesellschaft weltweit.

Alle diese Veränderungen haben uns Menschen nachhaltig beeinflusst und verändert. Diese sehr unvollständige Auflistung von Problemen und Chancen macht deutlich, in welchem Maße zahlreiche, sich gleichzeitig vollziehende und in oftmals komplexen Wechselwirkungen miteinander verknüpfte Veränderungsdynamiken den sozialen Wandel kennzeichnen.

**Demografische Entwicklung**
Die Gesellschaft steht vor einem deutlichen demografischen Wandel. Die Kernbevölkerung wird kleiner werden, wobei der Anteil der über 65-jährigen auf ein Drittel anwachsen wird. Gleichzeitig ist mit einem wachsenden Trend der Zuwanderung zu rechnen. Die demografischen Prozesse verlaufen von Stadt zu Stadt und von Region zu Region sehr unterschiedlich ab, manche Städte und Regionen wachsen, während andere sinkende Einwohnerzahlen vermelden. Konflikte zwischen Generationen und unterschiedlichen Bevölkerungsgruppen sind nicht auszuschließen. Globale Migrations- und Fluchtbewegungen aufgrund von Krieg, Armut oder Umweltkatastrophen nehmen zusätzlichen Einfluss auf die Entwicklung in den Städten und Kommunen. In diesem Kontext stehen Politik, Verwaltung und Gesellschaft vor großen Aufgaben (Gesprächskreis Innere Sicherheit 2015–2017).

**Pandemien/Epidemien – Seuchengeschehen**
Große Seuchengeschehen gibt es in der Geschichte der Menschheit viele. Angesichts der aktuellen Corona-Pandemie und ihrer einschneidenden Folgen fragen sich viele Menschen, ob es früher andere Seuchen gab, wie mit ihnen umgegangen wurde und, ob der Umgang damals ein anderer war als heute. In der Retrospektive gibt es Seuchengeschehen schon seit 3500 v.Chr. Die Pest wütete in ganz Europa bis zur iberischen Halbinsel (2017 nachgewiesen durch Zahn- und Knochenfunde) (Wikipedia, 2021). Seit der Erfassung dieser Geschehen sind bis heute ca. 80 Seuchengeschehen geschichtlich belegt, welche von wenigen Monaten über viele Jahrzehnte angehalten haben. Selbst als ausgerottet bezeichnete Krankheitsbilder sind über die vielen Jahre immer wieder verändert aufgetreten.

**Ausfall kritische Infrastruktur**
Infrastrukturen sind bedeutsame Versorgungssysteme unserer Gesellschaft. Sie sind nicht nur alltäglichen Störungen und Gefahren ausgesetzt, sondern auch Extremereignissen zum Beispiel durch Naturgefahren, technisches oder menschliches Versagen oder vorsätzliche Handlungen. Infrastrukturen sind komplexe Systeme, von denen eine Vielzahl von Versorgungsfunktionen abhängen. Häufig sind Infrastrukturen voneinander abhängig; z. B. ist bei einem Ausfall der Stromversorgung auch die Informations- und Telekommunikationstechnologie betroffen und umgekehrt (bbk.bund.de 2021). Kritische Infrastrukturen (KRITIS) sind Organisationen oder Einrichtungen mit wichtiger Bedeutung für das staatliche Gemeinwesen, bei deren Ausfall oder Beeinträchtigung nachhaltig wirkende Versorgungsengpässe, erhebliche Störungen der öffentlichen Sicherheit oder andere dramatische Folgen

eintreten würden. Auf diese Definition haben sich 2003 die Ressorts auf Bundesebene geeinigt und gleichzeitig eine Einteilung dieser zentralen Versorgungssysteme in neun Sektoren und 30 Branchen vorgenommen.

**Hochwasser, Niedrigwasser, Starkniederschlag, Sturmflut**
Eine wesentliche Folge des Klimawandels wird die langfristige Veränderung von Niederschlagsmustern sein, Extremwetterereignisse werden zunehmen. Überschwemmungen gehören daher zu denjenigen Naturkatastrophen, die Städte bedrohen. Dabei haben in Deutschland vor allem das Elbehochwasser im Jahre 2002 und das Oderhochwasser von 2005 die öffentliche Wahrnehmung geprägt und deutlich gemacht, dass Städte nicht ausreichend auf diese Ereignisse vorbereitet sind. Hinzu kommt, dass zahlreiche Städte historisch wegen der verkehrlichen und strategischen Lage an Flüssen entstanden sind und sich ihre Siedlungsbereiche heute zu Überschwemmungsbereichen entwickelt haben. Hochwasserschutz umfasst eine Vielzahl von abgestimmten Maßnahmen, insbesondere die Zuständigkeiten und Verantwortungen sind im Vorfeld klar zu regeln.

**Sturm/Hagel**
Im Jahr 2020 haben Naturgefahren, wie Stürme, Hagel und Starkregen, in Deutschland versicherte Schäden an Häusern, Hausrat, Gewerbe, Industrie und Kraftfahrzeugen in Höhe von rund 2,5 Mrd. Euro verursacht. Die Bilanz liege damit unter dem Wert von 2019 (3,2 Mrd. Euro) und unter dem langjährigen Mittel von etwa 3,7 Mrd. Euro. Das geht aus vorläufigen Zahlen hervor, die der Gesamtverband der Deutschen Versicherungswirtschaft (GDV) im Dezember 2020 veröffentlicht hat. Geprägt werde die Bilanz 2020 vor allem von Sturm „Sabine" im Februar. Mit einem Schaden von 675 Mio. Euro reihe er sich auf Platz sechs der schwersten Winterstürme in Deutschland seit 2002 ein, allein für die Sachversicherer seien durch „Sabine" rund 600 Mio. Euro angefallen. Zum Vergleich: Der folgenschwerste Sturm ist „Kyrill" (2007) mit mehr als drei Milliarden Euro versicherten Schäden, gefolgt von „Jeanette" (2002) mit 1,4 Mrd. Euro sowie „Friederike" (2018) mit 1,15 Mrd. Euro (Secupedia, 2021).

**Wildfeuer**
Wildfeuer sind in Mitteleuropa nur selten Naturereignisse. Nur bei etwa drei bis zehn Prozentliegt die Wahrscheinlichkeit, dass ein Feuer durch Blitzschläge verursacht wird. Über 90 % der Wildfeuer sind auf menschliches Handeln oder Fehlverhalten zurückzuführen. Die Ursachen reichen von der sorglos weggeworfenen Zigarettenkippe über die Selbstentzündung (z. B. Glasflaschen oder alter Munition aus den Weltkriegen), Abstellen von Fahrzeugen mit heißen Katalysatoren über brennbaren

Untergrund bis zur Fahrlässigkeit im Umgang mit offenem Feuer und zur Brandstiftung. Letzteres ist die häufigste bekannte Wildfeuerursache. 2019 lag die Anzahl der Waldbrände bei 1523. Dabei wurde eine Fläche von 2711 Hektar vernichtet (Bundesanstalt für Landwirtschaft und Ernährung, Waldbrandstatistik, 2019). Die Monate, in den es am meisten brennt, sind von April bis August, da hier der Waldboden aufgrund der Wärmeentwicklung am trockensten ist.

**Dürre/Hitzeperiode**
Ab Tagestemperaturen von 30 Grad spricht man von einem heißen Tag. Jedoch ist die Wärmebelastung nicht allein per Thermometer erkennbar. Sie wird mittels gefühlter Temperaturen bewertet, eine Größe, die alle den Wärmehaushalt des Menschen bestimmenden Faktoren berücksichtigt. Man schätzt, dass während der Hitzeperiode im Sommer 2003 in Deutschland mehrere tausend Menschen in Folge der hohen Temperaturen gestorben sind. Insbesondere Ältere und Kranke aber auch Säuglinge und Kleinkinder sind bei solchen Hitzeperioden gefährdet. Der Sommer 2018 hat gezeigt, welche drastischen Folgen eine langanhaltende Trocken- und Hitzeperiode haben kann: In vielen Teilen der Welt, auch in Deutschland, sorgten sich über Wochen kaum verändernde Wetterbedingungen für Rekordtemperaturen, vermehrte Waldbrände, ausgetrocknete Gewässer und Ernteausfälle. Ursache war eine stabile Hochdruck-Wetterlage, durch die sich die Landflächen immer weiter aufheizten.

**Natürliche seismische Ereignisse**
Schon immer haben Erdbeben in dicht besiedelten Gebieten gewaltigen Schaden angerichtet. Inzwischen sind Gebäude und Populationen größer geworden und damit auch ihre Anfälligkeit gegenüber Erdbeben. Mit dem Wissen, welchen Risiken wir in Zukunft durch Erdbeben ausgesetzt sind, können effiziente Strategien zur Schadensminderung geplant werden. Jedes Jahr gibt es weltweit ungefähr 500.000 messbare Erdbeben, 20 davon schwer. Nur die wenigsten treten in dicht besiedelten Gebieten auf. Aber warum haben verschiedene Erdbeben gleicher Stärke so unterschiedliche Auswirkungen? So wurden 2010 beispielsweise Städte in Neuseeland, Chile und Haiti von ähnlich starken Erdbeben getroffen. Christchurch und Santiago wurden in Mitleidenschaft gezogen, Port-au-Prince jedoch wurde praktisch ausgelöscht. Die meisten erdbebenbedingten Verletzungen entstehen durch einstürzende Gebäude.

**Induzierte seismische Ereignisse**
Aber auch die Tagebrüche der Bergbauregionen in Deutschland können erhebliche Schäden nach sich ziehen. Tagesbrüche ähneln in ihren Auswirkungen sehr stark den durch natürliche Vorgänge hervorgerufenen Erdfällen. Dieses liegt daran, dass beide Ereignisse auf den gleichen geomechanischen Gesetzmäßigkeiten beruhen.

Allerdings entstehen Tagesbrüche nicht durch natürlich entstandene, sondern durch vom Menschen geschaffene Hohlräume, wie z. B. beim Bergbau. Das Ruhrgebiet ist ein Schweizer Käse.[1] Jedenfalls, wenn man die Zahl der Löcher zum Maßstab nimmt. Der jahrhundertelange Bergbau hat tiefe Spuren hinterlassen. Auf über 60.000 Tagesöffnungen – Schächte, Lichtlöcher, Stollen – schätzt die Bezirksregierung Arnsberg die Überbleibsel der Rohstoffgewinnung in NRW. Lediglich die Hälfte davon ist bisher erfasst.

## 6 Resiliente Stadtentwicklung

Bei den negativen Ereignissen, die auf eine Stadt einwirken, muss man zunächst zwischen einer langsam schleichenden Entwicklung einer Krise und einer Akutkrise unterscheiden. Die sich langsam entwickelnden Krisen schwächen das soziale Gefüge einer Stadt durch beispielsweise Arbeitslosigkeit, endemische Gewalt oder chronischen Nahrungs- und Wassermangel sowie ein ineffizientes oder überlastetes Verkehrssystem. Akutkrisen hingegen sind plötzliche, tief eingreifende Ereignisse, wie beispielsweise Erdbeben, Überschwemmungen oder Terroranschläge. Die meisten Städte erfahren jedoch eine Kombination dieser Ereignisse.

Was passiert, wenn ein Großschadensereignis eintritt?
Im Jahre 2005 wurde New Orleans vom Hurrikan Katrina heimgesucht. Die Auswirkungen des Sturms wurden durch Gewalt, Armut, Umweltzerstörung und andere Stressfaktoren verstärkt, wodurch letztlich ein Großteil der Widerstandsfähigkeit New Orleans eingebüßt wurde. Durch ein solch verheerendes Ereignis werden die Schwächen einer Stadt nicht nur sichtbar gemacht, sondern auch erhöht, was den Aufbau von resilienten Strukturen erheblich erschwert.

Die Abb. 2 verdeutlicht: Jede Stadt vollzieht eine Entwicklung, die grundsätzlich leicht bergauf verläuft und gelegentlich von Ereignissen auf einem Niveau gehalten werden oder sich geringfügig rückläufig entwickeln kann. Dann kommt das gravierende Großschadensereignis, und die Entwicklung der Stadt fällt explosionsartig auf dem Nullpunkt. Von dieser Nulllinie entwickelt sich eine Stadt nur ganz langsam wieder bergauf.

---

[1] Wels, Thomas. 2013. 60.000 Stollen und Schächte in NRW. Westdeutsche Allgemeine Zeitung (21.11.2013).

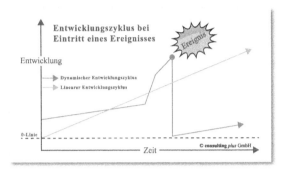

**Abb. 2** Entwicklungszyklus bei Eintritt eines Ereignisses

## 7   Der Weg zu einer resilienten Stadt

Krisen und Katastrophen gehören zur Geschichte europäischer Städte. Derartige, meistens schockierende Ereignisse haben jedoch nicht nur zerstörerisch gewirkt und teilweise zu temporären Niedergängen geführt, sondern waren Katalysatoren für vielfältige Innovationen und Transformationsprozesse städtebaulicher Entwicklung. Zahlreiche historische Beispiele vom Niedergang einer Stadt nach Erdbeben, Vulkanausbrüchen, Epidemien, Bränden, Überschwemmungen und Kriegen haben gezeigt, dass es nicht zu einem Wiederaufbau in ursprünglicher Form gekommen ist.

Besonders signifikant waren die Herausforderungen und Krisen im Zuge der Industrialisierung und der Urbanisierung im 19. Jahrhundert. Die rasanten technischen Entwicklungen haben zu einem erheblichen, bisher nicht bekannten Wachstum der Städte sowie tief greifenden gesellschaftlichen, sozialen und ökomischen Veränderungen und Umbrüchen geführt. Die damit einhergehenden Herausforderungen haben die Städte vor allem durch Innovation, Strategien und Instrumente der Stadtentwicklung bewältigen können, die bereits an die neuen Anforderungen von Wirtschaft und Gesellschaft angepasst waren. Eine wesentliche Ursache liegt wohl darin, dass das Risikobewusstsein gestiegen ist und sich daher die Einsicht durchgesetzt hat, dass eine systematische Gefahrenabwehr im Zuge der Urbanisierungsprozesse in den Städten unverzichtbar ist.

Laut der UN liegen die Verluste von Städten aufgrund von Naturkatastrophen im Jahr durchschnittlich bei schätzungsweise 250 Mrd. US-Dollar. Und dabei wird nur der wirtschaftliche Schaden berücksichtigt. Der Verlust von Menschenleben wiegt weitaus schwerer. Städte können jedoch mehr für den Schutz ihrer Bewohner tun, indem sie eine robuste physische und soziale Infrastruktur unterstützen – mit anderen Worten: urbane Resilienz schaffen.

Urbane Resilienz ist die Fähigkeit städtischer Systeme, während eines Ereignisses oder einer Stresssituation die Stabilität aufrechtzuerhalten und so Leben und Eigentum zu schützen. Das umfasst neben der Gefahrenplanung auch die Flexibilität, sich an neue Bedingungen anzupassen. Ein guter Plan für urbane Resilienz basiert auf einem multidisziplinären Ansatz. Städte sind gekennzeichnet von menschlichen Gemeinschaften sowie physischen Systemen. Darunter sollen alle konstruierten und natürlichen Komponenten verstanden werden: Straßen, Gebäude, Infrastruktur, Energieeinrichtungen, Kommunikationsnetzwerke, Wasser- und Abfallversorgung, Geologie und Topografie. Diese physischen Systeme halten die Stadt in ihrem Ganzen zusammen und bilden das Grundgerüst für das menschliche Leben innerhalb der Stadt. Diese Systeme müssen während einer Belastung standhalten und funktionieren – ein fragiles Stadtgerüst kann nicht resilient sein und erhöht die Anfälligkeit für Katastrophen.

Während sich der Begriff der öffentlichen Sicherheit heute noch stark auf die Unversehrtheit der Bürger sowie der öffentlichen Infrastruktur begrenzt und eng mit Begriffen wie Polizei, Feuerwehr und Gesundheitswesen verknüpft ist, weitet sich der Sicherheitsbegriff in Zukunft auch auf den Schutz der neu geschaffenen und alles verbindenden Kommunikationsinfrastruktur aus. In intelligenten Städten lässt er sich daher in zwei Kategorien einordnen: zum einen in die unmittelbare Sicherheit von Bürgern und Versorgungseinrichtungen und zum anderen in die Sicherheit, beziehungsweise Funktionsfähigkeit, der alles durchdringenden Informations- und Kommunikationsinfrastrukturen. Die Vorteile einer vernetzten, stadtübergreifenden Kommunikationsinfrastruktur bergen das Risiko der Verletzbarkeit mit unmittelbaren Auswirkungen auf essenzielle Bereiche der städtischen Infrastrukturen. Diese Infrastrukturen gilt es zu schützen.

Wie resilient sind unsere Städte?
Die zukünftigen Herausforderungen sind globale, vernetzte Risiken, die extern auf uns einwirken. Der Ort des Geschehens muss nicht in der Stadt liegen – Entstehung und Wirkung sind nicht örtlich gebunden, und die damit verbundene Komplexität ist nicht vorhersehbar. Der Dominoeffekt bringt ein stabiles System zu Einsturz, denn Krisen entstehen, wenn zwei Risikoereignisse gleichzeitig eintreten. Als Herausforderung gelten nicht nur die einzelnen Ereignisse, sondern auch die dynamische Entwicklung und kumulativen Effekte, wenn Ereignisse

gleichzeitig oder kaskadierend auftreten. Dies vergrößert die Unsicherheit hinsichtlich der zukünftigen Entwicklung und stellt besondere Anforderungen an die Steuerung und Governance in den Städten.

Krisenfeste Städte zeichnen sich nicht nur durch Robustheit gegenüber Stress und Krisen, sondern vor allem durch ihre Anpassungsfähigkeit an nicht beeinflussbare Trends und Rahmenbedingungen aus. Die Erarbeitung einer Resilienzstrategie beginnt mit der Entscheidung aus der Politik, sich diesem wichtigen Thema nachhaltig anzunehmen. Wenn es dann darum geht, eine Stadt mit konkreten Maßnahmen resilient auszugestalten ist zunächst zu klären, welche Risiken latent vorherrschen. Diese Gefahren zu erkennen und zu bewerten, ist ein wesentlicher Erfolgsfaktor für die Entwicklung der Strategie. Erst wenn ich weiß, was ich wovor schützen möchte, kann ich entsprechende Maßnahmen planen und umsetzen.

Grundsätzlich können sich gefährdende Ereignisse gegenseitig bedingen und verstärken. So können Pandemien die kommunale Finanzlage verschärfen, den Verfall von Gebäuden nach sich ziehen, das Image des Stadtteils verschlechtern, soziale Konflikte initiieren usw. Derartige Interdependenzen machen Gefährdungen von Städten komplex. Hier gilt es, dem Dominoeffekt vorzubeugen. Hinzu kommt, dass potenziell in der Zukunft liegenden Gefährdungen bereits in der Gegenwart begegnet werden muss, dass also Maßnahmen eingeleitet werden müssen, bevor das Ereignis eintritt, insbesondere wenn die Maßnahmen erst längerfristig wirksam werden. Eine standardisierte Vulnerabilitätsanalyse schafft Transparenz und Vergleichbarkeit zur Erfassung, Messung, Bewertung und Darstellung der Verletzlichkeit. Ein Beteiligungsverfahren regelt den einzubeziehenden Personenkreis mit entsprechenden Aufgaben und Entscheidungen.

Um Städte im Hinblick auf potenzielle Gefahren resilienter zu machen, muss ich Systemeigenschaften definieren, die bei der Risikosteuerung unterstützen. Als grundlegendste und wichtigste Faktoren benennen Experten die Eigenschaften der *Robustheit,* der *Redundanz,* der *Vielfalt,* der *Anpassungsfähigkeit* und der *Innovationsfähigkeit.* Welche Resilienzstrategien auch immer entwickelt werden, sie sind getragen von zwei Grundvoraussetzungen: dass es einerseits gegen Katastrophen keinen hundertprozentigen Schutz geben kann, und, dass Resilienzstrategien nur greifen, wenn eine Gesellschaft und ihre Stadtbewohner auf derartige Ereignisse vorbereitet sind, somit über das entsprechende Wissen und die entsprechenden Verhaltensweisen verfügen, um in Katastrophensituationen schnell und angemessen handeln zu können.

Boin und McConnell (2007) sehen als notwendig an, dass die Gesellschaft ein allgemeines Bewusstsein dafür hat, dass jederzeit Katastrohen eintreten können.

# Sicherheit als Standortvorteil – Resilienzstrategien einer Stadt 379

Die Kultivierung eines gesellschaftlichen Klimas, in dem den Menschen eine realistische Einschätzung über potenzielle Gefährdungen vermittelt wird, ohne dabei übertriebenen Stress und übertriebene Angst zu schaffen, wird von ihnen als eine Herausforderung verstanden. Sie betonen, dass die Verfolgung einer Resilienzstrategie nicht dazu führen darf, dass dabei grundlegende Funktionen der Katastrophenabwehr und -hilfe außer Kraft gesetzt werden.

Im Einzelnen nennen sie folgende sieben Resilienzstrategien im Falle von gleichzeitig erfolgenden und mehrfachen infrastrukturellen Ausfällen.

- *Vorbereitung der Katastrophenkräfte, die in vorderster Front stehen.* Diese müssen identifiziert und so trainiert sein, dass sie unabhängig voneinander und effektiv handeln können, auch unter entsetzlichen Umständen.
- *Entwicklung von Plänen zur Aufrechterhaltung des Wirtschaftslebens.* Ein sogenanntes Business Continuity Planning soll den Unternehmen helfen, kurzfristig Notfallzentren, etwa für Informationstechnik und Telekommunikation, einzurichten und sich am Katastropheneinsatz zu beteiligen.
- *Zusammenarbeit mit örtlichen Communities.* Um eine organische Reaktion der Gesellschaft auf Katastrophen zu ermöglichen, sollen Partnerschaften zwischen Verwaltung, Wirtschaft, Zivilgesellschaft und Repräsentanten der Medienbranche gebildet werden.
- *Zusammenarbeit mit Privateigentümern von Einrichtungen, die zu Kritischen Infrastrukturen gehören.* Für diese Interessengruppe sind Anreizsysteme dafür zu schaffen, dass sie ihre Managementstrukturen, -praktiken und -kulturen so gestalten, dass sie in der Lage sind, den Kollaps ihrer Infrastruktursysteme und deren gesellschaftliche Folgen vorherzusehen und durch entsprechende Planungen aufzufangen.
- *Gemeinsame Vorbereitung,* und zwar aller potenziellen öffentlichen und privaten Akteure in einer Stadt, jenseits funktionaler und hierarchischer Grenzen.
- *Gemeinsames Training* von öffentlichen und privaten Akteuren im Rahmen von Simulationen und Übungen. Betont wird, dass dadurch gegenseitiges Vertrauen und Verständnis gebildet werden kann, und dass persönliche Beziehungen eine lebenswichtige Ressource für Improvisation und Kollaboration sind.
- *Training der Führungskräfte aus Politik sowie aus öffentlichen und privaten Organisationen.* Hierfür werden wiederum sieben Maßnahmen vorgeschlagen, von der Bildung von Expertennetzwerken über die Zusammenarbeit mit den Medien bis hin zur kurzfristigen Initiierung eines längerfristigen Wiederaufbaus.

Proaktives Handeln und langfristig angelegtes Resilienzverhalten, um als Gesellschaft auf Schockereignisse schnell und effektiv reagieren zu können – unter dieser Formel kann die von Boin und McConnell (2007) entwickelte Resilienzstrategie für kritische Infrastruktur gefasst werden.

Welches sind Akteure städtischer Resilienzbildungsprozesse?
Da die Entwicklung resilienter Städte Gegenstand der Stadtentwicklung ist, sind die Akteure grundsätzlich dieselben Personen, die auch im Stadtentwicklungsprozess mitwirken. Dazu gehören Akteure der Stadtpolitik (Oberbürgermeister, Stadtrat, Stadtverwaltung), der Planung (Stadtplaner, Architekten, Verkehrsingenieure), der Wirtschaft (Immobilienwirtschaft, Logistik- und Verkehrsbetriebe, Energie und Entsorgung usw.) und der zivilgesellschaftlichen Akteure (Initiativen).

Mit der Entwicklung von Governance-Ansätzen werden die Spielregeln für das Beteiligungsverfahren zur Einbindung aller relevanten Akteure bestimmt. Dabei müssen unterschiedliche administrative Verantwortlichkeiten berücksichtigt werden, um alles notwendige Wissen ressortübergreifend und interdisziplinär zusammenzuführen und um ein gemeinsames Verständnis von notwendigen Maßnahmen zur Erhöhung der Resilienz zu erzielen (vergl. Abb. 3).

## 8 Fazit

Eine Stadt kann entsprechend als resilient bezeichnet werden, wenn sie fähig ist, externe oder interne Störungen vorherzusehen, diesen vorzubeugen, sich von ihnen zu erholen und aufgrund dieser Erfahrung im besten Fall ihre Strukturen und Funktionen zu verbessern. Um urbane Resilienz generieren zu können, muss eine Stadt ganzheitlich betrachtet werden. Das heißt, die inneren Strukturen sowie die interdependenten Systeme gilt es gleichermaßen zu erkennen und zu verstehen, wie auch die daraus resultierenden Abhängigkeiten und verbunden Risiken. Eine resiliente Stadt ist eine zukunftsfähige Stadt (vergl. Abb. 4).

Städte sind unterschiedlich und können nur bedingt miteinander verglichen werden, da sie über unterschiedliche Voraussetzungen und Dynamiken verfügen. Jede Stadt braucht eine eigene Resilienzstrategie, die ihre individuellen Rahmenbedingungen berücksichtigt. Unterschiedliche Ausgangssituationen, Fähigkeiten und Fertigkeiten beeinflussen die Entwicklung der Resilienzstrategie einer Stadt und somit auch die Möglichkeit, die Einflussnahme durch Stress und Störungen zu verarbeiten. Die grundlegenden Systemmerkmale *Ressourcen* und *Konnektivität* müssen ganz konkret mit Leben gefüllt werden.

# Sicherheit als Standortvorteil – Resilienzstrategien einer Stadt

**Abb. 3** Beispiele für Resilienzakteure einer Stadt

Veränderungen entstehen nur dann, wenn sie auch Priorität auf der Agenda der Entscheidungsträger, in diesem Fall der politischen Akteure, genießen. Dies ist im Falle der Resilienz nicht ganz einfach, da es bedeutet, Geld dafür auszugeben, damit gerade „nichts" passiert. Maßnahmen im Rahmen einer Resilienzstrategie sind langfristige Investitionen, die mit aktuellen Problemen und den sowieso geringen Mitteln konkurrieren. Der gegenwärtige Umgang mit dem Thema Krisenresilienz findet im Wesentlichen analog und klassisch strukturiert statt. Neue wissenschaftliche Erkenntnisse werden aufgrund fehlender Bindeglieder nur unzureichend eingebunden. Dies führt zu vielerorts redundanten Strukturen, repetitiven Verwaltungsschritten und unzureichender Reaktionsgeschwindigkeit von Staat und Wirtschaft. Ein Lösungsansatz ist die Verbindung optimierter Überwachung der Kritischen Infrastrukturen und Prozesse mittels datenbasierter Entscheidungssysteme und KI-gestützter Prädikation, mit einer einfachen und verständlichen Aufbereitung relevanter Informationen dieser Überwachungsfunktionen.

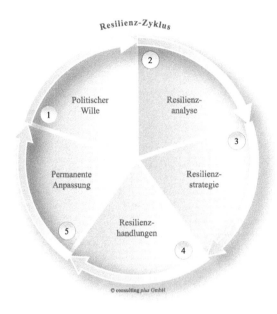

**Abb. 4** Resilienzzyklus einer Stadt

Ergebnis sind Resilienzmodelle im Gefahrenspektrum Health Security, Klimakatastrophen, geopolitischer Gefährdung und der Interdependenz von Sicherheit und Gesundheit in Form von direkten und konkreten Handlungsanleitungen für mittelständische Unternehmen und Kommunen sowie Aus- und Weiterbildungsprogramme zur Qualifizierung verantwortlicher Entscheider und Spezialisten. Diese Instrumente und Maßnahmen sollen in einem physischen **Resilienz-Lagezentrum** abgebildet und für behördliche wie privatwirtschaftliche Akteure (speziell KMU) nutzbar gemacht werden. Durch die Aufstellung dieses Resilienz-Lagezentrums wird das Ziel der Unterstützung von Unternehmen und öffentlichen Einrichtungen ohne eigene Sicherheitsverantwortliche in der Etablierung und Aufrechterhaltung krisenfester Strukturen in der Praxis angewandt und die deutsche Wirtschaft nachhaltig gestärkt.

Unterstützt wird das Resilienz-Lagezentrum durch die Schaffung der Position des **Chief Resilience Officers** der Stadt. Um eine wirkungsvolle Resilienzstrategie erfolgreich entwickeln und umsetzen zu können, muss ein Chief Resilience

Officer unbedingt fachübergreifend mit sämtlichen Dienststellen der Stadtverwaltung zusammenarbeiten und das in allen Bereichen: Verkehr, Energie, Gesundheit, Bildung, Sicherheit usw. Neben seinen erforderlichen Kompetenzen sollte er auch Unternehmergeist, die Fähigkeit zur Innovation und zur Einbindung der unterschiedlichen Stakeholder aufweisen, und dabei handelt es sich um die politischen Verantwortlichen, aber auch, und das ist entscheidend, um Privatwirtschaft, Nichtstaatliche Organisationen (NGOs), Vereine und Zivilgesellschaft.

Das Denken und die Förderung von Resilienz setzen eine bestimmte Grundhaltung voraus, begründet auf Erfahrungen und realistische Vorstellungskraft. Die gegenwärtigen gesellschaftlichen Trends weisen nicht in Richtung Resilienz. Es fehlt ebenso an lebendigem Zeitgeschichtsbewusstsein wie an lebendigen Zukunftsvorstellungen. Um überhaupt Gehör zu finden und Aussicht auf Erfolg zu haben, müsste eine resilienzfördernde Haltung heute vorsorgende Weitsicht mit einem Nutzen für die Gegenwart verbinden.

Im Verhältnis zu den Begriffen wie „Verwundbarkeit" oder „Risiko" ist „Resilienz" positiv besetzt. Es stellt ein erstrebenswertes Ziel in Aussicht. Diese Wirkung muss genutzt werden, um Resilienz als Merkmal einer attraktiven Stadt herauszustellen und den damit verbundenen Standortvorteil zu betonen. Unternehmen treffen Investitionsentscheidungen unter anderem auf der Grundlage der Sicherheit eines Standortes. Dieses Sicherheitsbewusstsein von Investoren bietet eine weitere Chance für resiliente Städte. Resilienzfördernde Investitionen steigern die Attraktivität und Wettbewerbsfähigkeit einer Stadt.

Welche Stadt wird als erstes seine Resilienzstrategie entwickeln? Gerade die gegenwärtige Pandemie zeigt deutlich, dass die eintretenden Folgen für die Gesellschaft und Wirtschaft dramatisch sind, und die weitere Entwicklung zum jetzigen Zeitpunkt überhaupt nicht vorhersehbar ist. Es reicht daher nicht nur aus, über ein vorgeschriebenes Krisenmanagement zu verfügen, sondern es bedarf der Entwicklung von Ideen, wie mit den Folgen der Krise umgegangen werden soll und welche Lehren wir aus der Krise ziehen. Es wird deutlich, dass jede Stadt und jede Kommune über eine Resilienzstrategie verfügen muss, um die Auswirkungen für die Zukunft zu mildern.

Welcher Entscheider in Politik und Verwaltung ist nach seiner Wahl bereit, strategische Entscheidungen zu treffen, bei denen möglicherweise erst nach seiner Amtszeit die Weitsicht seiner Entscheidung erkennbar wird? Wir leben in einer exponentiellen Welt, und heute ist morgen bereits gestern.

## Literatur

BBK. (2012). Bundesamt für Bevölkerungsschutz und Katastrophenhilfe (Hrsg.), Schutzkonzepte Kritischer Infrastrukturen im Bevölkerungsschutz. Ziele, Zielgruppen, Bestandteile und Umsetzung im BBK. Wissenschaftsforum Band 11, Bonn.

BBK. (2019). Kritische Infrastrukturen. https://www.kritis.bund.de/DE/AufgabenundAusstattung/KritischeInfrastrukturen/Kritische-Infrastrukturen_einstieg.html. Zugegriffen: 2. Febr. 2021.

Boin, A., & McConnell, A. (2007). Preparing for critical infrastructure breakdowns. *Journal of Contingencies and Crisis Management*. https://doi.org/10.1111/j.1468-5973.2007.00504.x(S.54)

Bundesanstalt für Landwirtschaft und Ernährung. Waldbrandstatistik. (2019).

Christmann, G., Kilper, H., & Ibert, O. (2016). Die resiliente Stadt in den Bereichen Infrastruktur und Bürgergesellschaft. Schriftenreihe Forschungsforum Öffentliche Sicherheit. Freie Universität Berlin.

Fekkak, M., Fleischhauer, M., Greiving, S., Lucas, R., Schinkel, J., & von Winterfeld, U. (2016). Resiliente Stadt – Zukunftsstadt. Forschungsgutachten im Auftrag des Ministeriums für Bauen, Wohnen, Stadtentwicklung und Verkehr des Landes Nordrhein-Westfalen. Düsseldorf (Begriffsbestimmung).

Jakubowski, P. BBSR. (2014). Resilienzorientierte Transformation. http://www.uni-kassel.de/fb06/fileadmin/datas/fb06/forschung/InstitutFuerUrbaneEntwicklung/Tagung_2014/07_Resiliente_Transformation/7_Jakubowski_Resilienz_10-7-14.pdf. Zugegriffen: 2. Febr. 2021.

Lichter, J. (2019). Unternehmen unterschätzen Risiken der Energiewende. https://handelsblattintelligence.com/2019/07/23/unternehmen-unterschaetzen-risiken-der-energiewende/. Zugegriffen: 2. Febr. 2021.

Newman, P. Beatley, T. & Boyer, H. (2009). Resilient Cities – Responding to Peak Oil and Climate. Island Press, ISBN-13: 9781597264990

Schimank, U. (2012). Die Vielfalt sozialen Wandels. https://www.bpb.de/politik/grundfragen/deutsche-verhaeltnisse-eine-sozialkunde/137991/die-vielfalt-sozialen-wandels. Zugegriffen: 2. Febr. 2021.

Secupedia. https://www.secupedia.info/wiki/Spezial:NewsPortal#ixzz6i083CmdN.

stiftung neue verantwortung e.V. (2013). – Policy Brief 08/13. https://www.stiftung-nv.de/sites/default/files/13_08_policy_brief_urban_infrastructure_management.pdf. Zugegriffen: 2. Febr. 2021.

Vale, L. J. & Campanella, T. J. (2005). The Resilient City – How Modern Cities Recover from Disaster. http://www.tecnologia.ufpr.br/portal/lahurb/wp-content/uploads/sites/31/2017/09/VALE-Lawrence-The-Resilient-City-How-Modern-Cities-Recover-From-Disaster.pdf. Zugegriffen: 2. Febr. 2021.

Wels, T. (2013). 60000 Stollen und Schächte in NRW. Westdeutsche Allgemeine Zeitung (21.11.2013)

Wikipedia, Die freie Enzyklopädie. Seite „Liste von Epidemien und Pandemien". Bearbeitungsstand: 28. Januar 2021, 22:01 UTC. https://de.wikipedia.org/w/index.php?title=Liste_von_Epidemien_und_Pandemien&oldid=208186600. Zugegriffen: 2. Febr. 2021.

**Uwe Gerstenberg** leitet seit 1997 als Mitgründer und Geschäftsführender Gesellschafter die consulting plus Unternehmensgruppe und sitzt ferner im Aufsichtsrat verschiedener Unternehmen. Darüber hinaus ist er Mitglied im Anwenderrat für Compliance und Integrity und Gründer des Future Safe House in Essen. Er vertritt in diversen weiteren Fachverbänden die Interessen der Sicherheitswirtschaft. Seine Schwerpunktthemen im Rahmen der privaten Sicherheit in Deutschland sind Wirtschaftsschutz, Öffentliche Sicherheit, Personenschutz, Corporate Security Management, Sicherheitsanalysen/Sicherheitskonzeptionen sowie Effektivitäts- und Effizienzsteigerung im Sicherheitsbereich.

# Agile Führung – Situationsangepasste Reaktion in Krisen

Andreas Karsten

### Zusammenfassung

Krisen zeichnen sich immer durch große Komplexität aus. Ihre Dynamik kann allerdings sehr unterschiedlich sein. Abweichend von dem offiziell vor einer Krise eingeführten „theoretischen" Führungssystem wird sich evolutionär ein reales entwickeln, das von verschiedenen Parametern – Art der Krise, beteiligte Personen und deren Beziehungen, Informations- und Kommunikationswegen – beeinflusst wird.

Durch die pragmatische Anwendung verschiedener Ideen aus den Bereichen Wirtschaft und Militär kann ein agiles Krisenmanagement gerade in kleinen und mittleren Unternehmen implementiert werden.

## 1 Grundprinzip der Führung in Krisen

Es gibt eine einfache Faustformel, um heutzutage ein Unternehmen erfolgreich durch Krisen zu führen: „Delegieren". Oder im militärischen Sprachgebrauch „Führen mit Auftrag". Dieses Führungsprinzip ist theoretische Grundlage der Führungsausbildung vieler Armeen beginnend von der preußischen Armee nach deren Napoleonischen Niederlagen im 19. Jahrhundert bis hin zu den heutigen Spezialkräften der USA. Praktisch hingegen ist dieses Prinzip allerdings selten anzufinden. So stellte Helmut Schmidt (1966) fest, dass das Führen mit Auftrag

---

A. Karsten (✉)
Hamburg, Deutschland
E-Mail: info@beratung-karsten.de

zwar an den Offiziersschulen und Führungsakademien gelehrt wird, aber die Offiziere immer stärker zum Verwaltungsdenken und Absicherungsbefehlen neigen. Und Ende der siebziger Jahre stellte die „Kommission zur Stärkung der Führungsfähigkeit und Entscheidungsverantwortung in der Bundeswehr" (BMVg) in ihrem Bericht fest: „Die Bekenntnisse der militärischen Führung zur Auftragstaktik sind ebenso eindeutig wie die Aussagen in Führungsvorschriften. In der Praxis des täglichen Dienstes in den Streitkräften ist jedoch ein schleichender Verfall dieses Führungsgrundsatzes zu beobachten." Gründe liegen in der „Unausgewogenheit von Auftrag und Mittel", dem „Missverhältnis von Verantwortung und Befugnissen", die „zunehmende Zentralisierung", „das Bestreben, alles zu perfektionieren" und „der Versuch, Fehler und Risiken möglichst auszuschalten". Dies führte zu einem „System an bürokratischen Reglementierungen" mit einer drastischen Einschränkung des Handlungsspielraums. Auch für Unternehmen fehlt es nicht an Empfehlungen, dezentral zu führen. Dies ist in der heutigen Zeit aufgrund der immer schneller werdenden Informations- und Kommunikationstechnologie noch wichtiger als in der Vergangenheit. Aufgrund der Notwendigkeit schnell Entscheidungen treffen zu müssen, ist das Eisenhower-Prinzip in Krisensituationen nur noch bedingt anwendbar. Entsprechend diesem Prinzip sollten die wichtigen und dringenden Aufgaben sofort selber von der Führungskraft erledigt werden. Die Zeit zwischen einer Entscheidung und deren Umsetzung ist aber umso länger, desto höher sie in einer Hierarchie getroffen wird. Diese Zeit ist heute häufig zu lang; umso dringender eine Aufgabe ist, desto eher ist sie zu delegieren. Generell folgt aus dem Ansatz „Führen mit Auftrag", dass ein Krisenstab die zu erreichenden Ziele vorgibt, aber nicht den Weg, wie diese erreicht werden sollen. Dazu hat er die Gesamtaufgabe in Teilaufgaben aufzuteilen und letztere an unterstellte Entitäten zu übertragen. Damit diese ihre Teilaufgaben erledigen können, muss der Krisenstab ihnen die benötigten Kompetenzen übertragen, die notwendigen Ressourcen bereitstellen und das Umfeld so gestalten, dass die Entitäten optimal arbeiten können.

## 2 Grundlage der Entscheidungsfindung und Natürliche Entscheidungsfindung

Um entscheiden zu können, bedarf es als allererstes mindestens zwei Handlungsoptionen. Nur wenige Entscheidungen sind wirklich alternativlos. Deshalb ist es in den meisten Situationen möglich, unterschiedliche umsetzbare Handlungsoptionen zu entwickeln. Grundlage dafür sollte der Output der betrachteten

Handlungsoptionen sein. Dazu bedarf es zwei Prognosen. Erstens die Situation vor Ort beim Start der Umsetzung der Handlungsoption und zweitens die Veränderungen dieser Situation, die durch eine erfolgreiche Umsetzung der verschiedenen Handlungsoptionen jeweils entstehen würde.

Die Aufgabe beim Entscheiden ist es also, aus örtlich und zeitlich begrenzten Informationen, die aus der Vergangenheit stammen, sich Bilder über die Zukunft zu machen. Die zeitliche Differenz zwischen den Lageinformationen und der Entscheidungsgrundlage ist bei kleinen und mittleren Unternehmen naturgemäß geringer als in Konzernen. Allerdings gibt es auch Verzögerungen, die unabhängig von der Organisationsform, aus der Natur der Krise folgen.[1]

Daniel Kahneman (2012) beschreibt zwei Systeme, die unser Gehirn bei der Entscheidungsfindung nutzt: Das System 1 arbeitet schnell, automatisch, häufig, emotional, stereotyp und unbewusst. Dagegen arbeitet das System 2 langsam, anstrengend, selten, logisch, berechnend und bewusst. Nach Kahneman wechselt unser Gehirn, ohne dass wir es bemerken, von System 2 zu 1, wenn es überlastet oder „ermüdet" ist. Letzteres geschieht wohl recht schnell, besonders in Krisensituationen. Gary Klein (2003) weist einen Weg aus dem Dilemma. Er empfiehlt Bauchentscheidungen bewusst zuzulassen und sich mehr auf die Kontrolle der Auswirkungen zu konzentrieren. Verändert sich die Krisensituation nach dem Wirksamwerden der Bauchentscheidung wie erwartet, ist es gut. Andernfalls muss die Entscheidung korrigiert werden. Sich schnell verändernden Situationen bedürfen einen entsprechenden kurzen Reflexionszeitraum.

## 3 Führung in verschiedenen Phasen einer Krise

Jede Krisensituation kann verschiedene Phasen durchlaufen. Snowden und Boone (2007) klassifizieren vier Phasen: einfach, kompliziert, komplex, chaotisch. Eine Führungskraft muss ihren Führungsstil der jeweiligen Krisensituation anpassen. Da die Phasen ineinander übergehen, muss sich auch der Führungsstil nahtlos verändern. Es muss agil geführt werden, um möglichst erfolgreich eine Krise zu bewältigen.

*Einfache Situationen* zeichnen sich durch bekannte Strukturen und widerspruchsfreie Ereignisse aus. Es besteht eine klare Ursache-Wirkung-Beziehung und es existieren, für jeden deutlich, richtige Antworten. Einfache Situationen treten während einer Krise an deren Ende auf, wenn die Krisenorganisation in die

---

[1] vgl. Raumsonden-Missionen (aufgrund der Endlichkeit der Lichtgeschwindigkeit) oder auch die Bekämpfung der Corona-Pandemie (aufgrund der Inkubationszeit)

Alltagsorganisation überführt werden und die Evaluation der Krisenbewältigung eingeleitet werden muss.

In einfachen Situation muss die verantwortliche Führungskraft die ausführenden Personen überwachen und steuern. Weitestgehende Delegation ist hier der Schlüssel zum Erfolg. Eine umfangreiche interaktive Kommunikation ist nicht nötig. Lediglich wenn Fehler erkannt werden, ist darauf zu reagieren. Führen mit Auftrag bedeutet letztendlich, dass die Führungskraft nur das Ziel aber nicht den Weg zum Erreichen desselben vorgibt. Die wesentliche Aufgabe der Führungskraft besteht darin, zu hinterfragen, ob die Situation wirklich weiterhin eine einfache ist. Gerade in einfachen Situationen drohen Selbstgefälligkeit und „mitgerissenes Wissen" den Erfolg zu gefährden. Blindes Vertrauen auf Best Practices kann verheerende Auswirkungen haben. Und dies ist besonders dann der Fall, wenn das Situationsbewusstsein fehlerhaft ist. Das bedeutet, wenn die Situation anders ist als das eigene Bild, das man sich von ihr gemacht hat. Als Führungskraft sollte man sich nie auf seine Lorbeeren ausruhen und in den Glauben verfallen, dass Dinge einfach sind. Ein Berater, der Orthodoxien infrage stellt – ein Advocatus Diaboli – wie auch das Internet helfen davor. Der Kontakt zu den Krisenbewältigern vor Ort ist wichtig, darf aber nicht dazu verleiten, ins Mikromanagement zu verfallen.

Ist die Ursache-Wirkung-Beziehung ermittelbar aber nicht für jeden sofort einsichtig und sind mehrere Antworten als richtige Antwort möglich, sprechen Snowdon and Boone von einer *komplizierten Situation*. Für die Analyse der Ursache-Wirkung-Beziehung sind Experten erforderlich. Solange alle notwendigen Experten zur Verfügung stehen, stellt eine komplizierte Situation für ein gut trainiertes Krisenteam keine Herausforderung dar. Allerdings ist bei Expertengruppen immer zu beachten, dass sie häufig zu selbstsicher und zu selbstverliebt in die eigenen Lösungen bzw. in die Wirksamkeit ehemaliger Lösungen sind. Dieses Problem kann vermindert werden, wenn mehrere, voneinander unabhängige Experten(gruppen) zum selben Problem befragt werden. Häufig sind auch Ratschläge von „Nicht-Experten" hilfreich. Die Führungskraft hat die unterschiedlichen Handlungsempfehlungen zu bewerten. Dazu bedarf es kein detailliertes Fachwissen über das spezifische Problem, sondern sie muss das große Ganze – „The Big Picture" – im Auge behalten. Der gesunde Menschenverstand ist eine gute Messlatte für diese Analyse, wobei man sich auch immer wieder in die Situation der Betroffenen versetzen sollte.

In komplizierten Situationen fungiert die Führungskraft als Supervisor, die mehr animiert als strikt anweist. Die Gefahr, Teil des Expertenteams zu werden und die Rolle des Supervisors zu verlassen, entgegnet man am besten, indem man sich zurücknimmt. Die Führungskraft hat die Akteure zu ermutigen, Expertenmeinungen anzuzweifeln, um das „mitgerissene Wissen" zu bekämpfen. Zusätzlich sollte sie die Akteure animieren, außerhalb der Box zu denken. Gruppenarbeit und Kreativtechniken haben sich in solchen Phasen bewährt.

*Komplexe Situationen* sind dynamisch und ihr Verlauf ist nicht vorhersagbar. Richtige Antworten sind nicht bekannt. Viele Antworten konkurrieren miteinander. Kreative und innovative Herangehensweisen sind notwendig, um solche Situationen zu verstehen. Die Führungskraft muss ihren Fokus auf Strukturen legen. Fakten sind für ihr Handeln in dieser Phase zweitrangig. Die wesentliche Aufgabe in komplexen Situationen ist zu untersuchen, was eigentlich vorgeht. Die Führungskraft hat ein Umfeld zu schaffen, in dem sich Experten mit bestimmten Teilfragestellungen intensiv beschäftigen können. Zeit und spezielle Strukturen werden dafür benötigt. Die Führungskraft hat das Gesamtproblem aufzuteilen und Experten mit der Erarbeitung von Lösungsoptionen für diese Teilproblem zu beauftragen. Thomas W. Malone (2004) beschreibt wie eine dezentralisierte Führung mittels des Internets vielfältige Handlungsoptionen generieren kann.

*Chaotischen Situationen* zeichnen sich durch große Turbulenzen aus, klare Ursache-Wirkung-Beziehung sind nicht erkennbar, ein Ansatzpunkt für das Finden der richtigen Antwort ist nicht vorhanden und viele Entscheidungen sind unter Zeitnot und hohem psychologischen Druck zu treffen. Zwei wesentliche Aufgaben hat die Führungskraft in dieser Situation zu erfüllen: als erstes den Betroffenen und den Krisenbewältigern vor Ort Hoffnung auf Besserung zu vermitteln und zweitens, sich selbst an den eigenen Haaren aus dem Sumpf des Mikromanagements herauszuziehen – das bedeutet, ein effektives und effizientes Führungssystem zu etablieren.

Ziel der Chaos-Phase ist es, dass die Führungskraft die Situation unter „Kontrolle" bekommt. Dazu ist es erforderlich, dass sie „sichtbar" wird. Das eigene Agieren – d. h. Anordnungen aussprechen – hat oberste Priorität. Der „Feldherrenhügel" ist dazu der geeignete Platz. Die Führungskraft hat klar und direkt zu kommunizieren. Schnelle, unreflektierte Entscheidungen, die die Situation für die Betroffenen verbessert oder zumindest nicht verschlechtert, sind angezeigt. Um derart schnell entscheiden zu können, muss die Führungskraft auf Erfahrungen zurückgreifen – sie hat aus dem Bauch zu entscheiden (siehe Abschn. 3). Die Erfahrungen müssen aber nicht in jedem Fall zu dem aktuellen Problem passen. Die Gefahr von Fehlentscheidungen ist hoch. Deshalb ist die Chaos-Phase möglichst schnell zu verlassen. Dazu sind während der laufenden Krisenbewältigung, Strukturen zu etablieren, um strukturiertes Führen zu ermöglichen und die Voraussetzungen für eine chaotische Situation sind zu vermindern, besser noch zu eliminieren. Dies kann erreicht werden durch Komplexitätsreduzierung, Modellbildung, Ausführen von Maßnahmen, die – nahezu – immer durchzuführen sind, und Abstraktion.

Aber die entscheidende Maßnahme zur Verkürzung der Chaos-Phase ist die Reduzierung der Anzahl zutreffender Entscheidungen. Dies ist gerade der große Vorteil, der durch Führen mit Auftrag erreicht wird. Im Weiteren sollte die Führungskraft Mechanismen installieren, die die Möglichkeiten, die das Chaos durchaus auch bietet, positiv nutzen. Ein Mechanismus ist zum Beispiel das Auswerten der Diskussionen in den Social Media. Wie muss nun ein Führungssystem aussehen, mit dem es möglich ist, entsprechend diesen Führungsgrundsätzen führen zu können? Dazu soll im nächsten Abschnitt zunächst die unterschiedlichen Arten von Führungsmodelle beschrieben werden.

## 4    Klassifizierung von Führungssystemen

Alberts und Hayes (2003) teilen Führungssysteme mittels drei Kriterien in Cluster ein:

- Zusammenarbeit der involvierten Stakeholder von gar nicht bis voll umfänglich
- Informationsverteilung zwischen den verschiedenen Stakeholdern von gar nicht bis zu vollständig und transparent
- Entscheidungsfindung von Entscheidung durch eine einzelne Person bis zu im Kollektiv getroffene Entscheidungen

Je nach Ausprägung dieser Parameter sortieren Alberts und Hayes Führungssysteme bestehend aus verschiedenen Entitäten in insgesamt vier Cluster ein:

| Klassifizierung | Zusammenarbeit | Informationsverteilung | Entscheidungsfindung |
|---|---|---|---|
| Voneinander unabhängig | Keine | Keine | Alleine |
| Kooperierend | Wenig | Gering | Geringe Einbindung anderer Entitäten |
| Kollaborierend | Viel | Umfassend | Ausgeprägte Einbindung anderer Entitäten |
| Edge | Voll umfänglich | Ohne Einschränkungen | Volle Einbindung aller Entitäten |

Besonders in Krisen ist eine vertrauensvolle *Kooperation* aller Stakeholder in der Wertschöpfungskette vom Rohstoffproduzierer bis zum Endabnehmer sowie allen staatlichen Aufsichtsbehörden entscheidend. Das notwendige Vertrauen erst während der Krisenbewältigung aufzubauen, ist schwierig und häufig sogar unmöglich. Jede Krise wird heute öffentlich und ein Blame Game wird schnell von einem der Stakeholder gestartet. Die Verantwortlichen eines Unternehmens sollten deshalb schon in der Vorkrisenzeit jede Möglichkeit nutzen, entsprechendes Vertrauen aufzubauen. Dies gelingt am besten, wenn sie transparent die Grundlagen ihres Handels – ihren moralischen Kompass – darlegen und wenn sie stets entsprechend diesen Prämissen handeln und somit berechenbar bleiben.

„Wissen ist Macht". Um jeden Stakeholder optimal zu der Krisenbewältigung einzusetzen, muss jeder alle *Informationen* besitzen, die notwendig sind, um die notwendigen Aufgaben erfüllen zu können. Aber darüber hinaus ist *Transparenz* entscheidend. Wird einem Stakeholder bewusst, dass ihm Informationen von einem anderen absichtlich vorenthalten werden, wird das Vertrauen (siehe Abschn. 7) leiden, was wiederum die Kooperation untereinander erschwert.

Je nach Problem sind die Erfolgsaussichten, eine gute *Entscheidung* im Alleingang oder im Kollektiv zu treffen, unterschiedlich (Wolley et al., 2015). Entscheidungen bei konjuktiven Problemen, bei denen das schwächste Gruppenmitglied das Ergebnis bestimmt bzw. disjunktiven, bei denen das stärkste Mitglied entscheidend ist, sollten eher im Alleingang getroffen werden. Kompensatorische Probleme, bei denen Gruppenmitglieder Fehler der anderen ausgleichen können, bzw. additive, bei denen sich die Einzelleistungen der Mitglieder gegenseitig verstärken, sollten eher im Kollektiv entschieden werden.

Wichtig bei aller Entscheidungsfindung ist immer, dass die Verantwortung nicht aufgeteilt werden kann. Gerade bei KMU wird häufig die Inhaberin/der Inhaber die alleinige Verantwortung tragen müssen.

## 5 Krisenbewältigung mit dem „Whole-Stakeholder-Approach"

Um die heutigen Krisen meistern zu können, müssen Unternehmen mit unterschiedlichsten Stakeholdern zu deren Bewältigung zusammenarbeiten. Die Palette möglicher Partner in der Krisenbewältigung reicht von den Unternehmen der gesamten Supply Chain bis zum Endkunden und schließt auch staatliche und zivilgesellschaftliche Organisationen nicht aus.

Während der unterschiedlichen Phasen der Krise haben die unterschiedlichen Führungssystems nach Alberts und Hayes Vor- und Nachteile. In der Chaos-Phase sollte „voneinander unabhängig agierend" geführt werden, in komplexen Lagen eher „Edge"-mäßig. Die Grundlage einer guten Führung ist deshalb die flexible Anpassung des eigenen Führungssystems an die herrschende Situation (siehe 12.).

Das genutzte Führungssystem bewegt sich quasi durch die drei Dimension der Klassifizierung nach Alberts und Hayes. Wie dabei verschiedene Entitäten zur Krisenbewältigung zusammenarbeiten können, soll mittels des US-amerikanischen Entscheidungsfindungsmodell „OODA-Loop"[2] beschrieben werden.[3] Grundlage der folgenden Überlegungen ist die Erkenntnis, dass in hochdynamischen, komplexen Situationen nur ein „Netzwerk aus Netzwerken" (Mc Chrystal et al., 2015), das eine „Coalition of the Willing" bildet, erfolgreich die Krise bewältigen wird. In solch einem Führungsmodell können auch voneinander unabhängige Stakeholder eingebunden werden. Während der Phase „Observe" (Beobachten der Situation/Lagefeststellung) beobachten die verschiedenen Stakeholder weitgehend unabhängig voneinander die Situation. Dies ist ihr ständiges Vor-Krisen-Geschäft. Sobald sie Informationen über eine eingetretene oder sich andeutende Krise gewinnen, müssen sie diese bewerten. Sie wechseln in die Phase „Orient". In dieser Phase sollten die verschiedenen Stakeholder ihre Informationen untereinander austauschen und deren Interpretation diskutieren. In diesen Austausch sind möglichst viele Stakeholder einzubinden. Alle einzubinden, ist dabei genauso unmöglich wie alle eigenen Informationen zu teilen. Aber es sollte der Grundsatz beherzigt werden: „So viel wie möglich, ohne dabei eigene Geschäftsinteresse zu gefährden." Wichtig in dieser Phase ist es – wie bei allen Entscheidungen in Gruppen – möglichst ein identisches Situationsbewusstsein zu erzeugen. Nur wenn man die Situation gleich einschätzt, kann man auch konstruktiv miteinander Lösungen erarbeiten. Neben der Bildung eines gemeinsamen Situationsbewusstseins werden auch die Möglichkeiten der Krisenbewältigung (Handlungsoptionen) gemeinsam erarbeitet. Vertrauen, Transparenz und Mut sind dabei wesentliche Faktoren. Die Phase „Decide" wird meistens wieder getrennt durchlaufen. Jeder Stakeholder entscheidet für sich: Handelt es sich um eine Krise von der ich betroffen bin? Wenn ja, muss und will ich handeln? Wenn ja, will ich alleine handeln oder mit anderen konzertiert? In der Phase „Act" handeln die einzelnen Stakeholder, einem gemeinsamen Ziel verpflichtet, für sich allein oder abgestimmt mit anderen als Teil einer „Coalition of the Willing". Neben der eignen Aufgabenerfüllung sollte jeder Stakeholder sich auch um den Zusammenhalt der Koalition bemühen. Dies wird am ehesten erreicht, wenn jeder Stakeholder sich zum einen an der Koordination

---

[2] Observe-Orient-Decide-Act (entspricht weitgehend dem PDCA-Zirkle ).

[3] Die folgenden Überlegungen gehen auf eine Diskussion zurück, die der Autor 2017 während des Workshops „Shock, Stress & Innovation – Reinventing Global Resilience for the Information andKnowledge Age" an der U.S. National Defense University, Washington DC führte.

der verschiedenen Stakeholder beteiligt und zum anderen die Situation so beeinflusst, dass jeder Stakeholder optimal agieren kann. Aus dem amerikanischen „C2 = Command and Control" wird ein „C2 = Coordination and Cultivation" (Mc Chrystal et al., 2015). Grundvoraussetzung um miteinander erfolgreich zu kooperieren – besonders in Krisensituationen – ist Vertrauen.

## 6 Vertrauen erzeugen

Vertrauen herrscht nur zwischen Personen, nicht zwischen Unternehmen und Organisationen. Deshalb sind die handelnden Personen, die Inhaber, die Vorstände und die Krisenstabsleiterinnen und Krisenstabsleiter entscheidend. Entsprechend dem Modell von Hurley (2017) basiert Vertrauen auf zehn Eigenschaften der handelnden Personen:

**Risikotoleranz**
Personen mit einer niedrigen Risikotoleranz verhindern die Bildung von Vertrauen. Ständiges gegenseitiges Kontrollieren bestimmt deren Kooperationsversuche. In hochdynamischen Krisen führt dies zwangsläufig zum Scheitern, da dafür viel Zeit und Energie verbraucht wird, die besser zur Krisenbewältigung genutzt werden sollte.

**Grad der Ausgeglichenheit**
Unausgeglichene Personen sehen überall Bedrohungen. Sie sind nicht in der Lage zu delegieren und verlieren sich im Mikromanagement. Sie sind misstrauisch und haben Angst, dass bei jedem kleinen Fehler ihre Reputation gefährdet ist. Ihre Angst kann ansteckend sein und somit die Arbeitsleistung aller Stakeholder vermindern.

**Relative Macht**
Unabhängige Unternehmen verfügen selten über Hard-Power gegenüber ihren Kooperationspartner. Selbst die Hard-Power von Behörden ist in unserer heutigen globalen Wirtschaft beschränkt. Deshalb ist Soft-Power (Nye, 2008) heute entscheidend für die eigene relative Macht.

**Sicherheitsgefühl**
Fühlen sich Menschen unsicher, so fällt es Ihnen schwerer, anderen zu vertrauen. Deshalb sollten Unternehmenslenkerinnen und Unternehmenslenker in ihren Unternehmen wie auch bei Partnerunternehmen, Zulieferern oder Kunden die in einer

Krise herrschende Unsicherheit nicht noch vergrößern sondern so weit wie möglich reduzieren. Bei großer Unsicherheit sollten die Führungskräfte Präsenz zeigen und sich nicht wegducken. Aber auch ein plötzliches Auftauchen einer Führungskraft kann als ein Zeichen interpretiert werden, dass das Unternehmen mit allen Mitteln ums Überleben kämpft. Situationsangepasstes und agiles Handeln ist von wesentlicher Bedeutung.

**Persönliche Parallelen**
Menschen vertrauen in der Regel den Personen, die sie (vermeintlich) gut kennen. Dies sind Personen, die über eine Vielzahl von persönlichen Parallelen aufweisen. Führungskräfte müssen solche Parallelen erzeugen – sie müssen ein Wir-Gefühl erzeugen.

**Übereinstimmung der Interessen**
Menschen, die das gleiche Ziel verfolgen, vertraut man eher als anderen. Eine hundertprozentige Übereinstimmung wird man allerdings nie erzielen können. Bei den sehr unterschiedlichen Stakeholdern werden eine Vielzahl von sich teilweise ausschließende Eigeninteressen zusammentreffen. Das Offenlegen der eigenen Subziele neben dem großen gemeinsamen Ziel der Krisenbewältigung reduzieren etwaiges Misstrauen.

**Wohlwollende Fürsorge**
Vertrauen baut sich nur schwer auf, wenn einige Stakeholder zu selbstzentriert agieren.

**Fähigkeitsevaluation**
Man sollte sich regelmäßig von den Fähigkeiten aller Stakeholder überzeugen. Das Wissen über deren Stärken aber auch Schwächen erleichtert die Vertrauensbildung.

**Integrität**
Menschen traut man leichter, wenn man deren Verhalten voraussagen kann. Selbst wenn dies nicht mit den eigenen Wünschen übereinstimmt. Deshalb sollte kein Stakeholder etwas versprechen, was er hinterher nicht einhält.

**Kommunikation**
Bei allen vorherigen Punkten ist es wichtig, dass offen und ehrlich kommuniziert wird. Es bedarf zwar geraume Zeit, um Vertrauen aufzubauen aber nur einen Bruchteil einer Sekunde, um es zu zerstören.

## 7 Besetzung des Unternehmenskrisenstabes

Ein Unternehmenskrisenstab ist ein der Unternehmensleitung dienendes Gremium. Er erarbeitet Handlungsoptionen, schlägt diese der Unternehmensleitung zur Entscheidung vor und leitet die Handlungen ein und überwacht deren Ausführung. In Eilsituationen kann er auch im Auftrag der Unternehmensleitung Entscheidungen selber treffen. Damit diese im Sinne der Unternehmensleitung erfolgen, sollte letztere – am besten schon vor der Krise – eine Krisenstrategie der Unternehmensleitung vorgeben (siehe Abschn. 9).

Selbst bei KMU ist es heute nicht unüblich den eigenen Krisenstab zweistufig aufzubauen: Krisenkernstab und Erweiterter Krisenstab

Der Krisenkernstab setzt sich aus all den Funktionen zusammen, die bei jeder Krise benötigt werden. Dies sind in der Regel:

- Leiterin des Krisenstabs (selbst bei KMU muss dies nicht die der Inhaber oder CEO sein)
- Unternehmenskommunikation
- Recht
- Produktion/Dienstleistung

Andere Unternehmensbereiche, wie HR, HSE aber auch der Betriebsrat entsenden situativ kompetente Vertreterinnen und Vertreter in den Erweiterten Krisenstab.

Gerade bei einem agilen Führungssystem muss der Grundsatz eingehalten werden: „Im Krisenstab müssen alle benötigten Kompetenzen jederzeit zur Verfügung stehen, wobei er personell so klein wie möglich zu halten ist."

Wolley et al. (2015) konnten zeigen, dass die „optimale" Zusammensetzung von Problemlösungsgruppen abhängig von den zu bewältigenden Aufgaben ist. Je nach der herrschende Phase der Krise sollte mit den besten Ergebnissen zu rechnen sein, wenn

- in der Chaos-Phase homogene Stäbe die Unternehmensleitung unterstützen
- in komplexen Situation heterogene Stäbe
- in komplizierten Situationen Einzelexperten und
- in einfachen Situationen homogene Stäbe.

Unternehmen haben die Auswahl zwischen zwei Methoden, Personen in einem Krisenstab für den Erweiterten Krisenstab zu rekrutieren:

**"Methode des Shanghaien"**
Bei dieser Methode beruft ein Verantwortlicher oder der Krisenkernstab alle Personen in den erweiterten Krisenstab, die zur Lösung des Problems aus ihrer bzw. seiner Sicht notwendig sind. Dazu müssen diejenigen Personen, die die Berufung aussprechen zum einen wissen, welche Kompetenzen zur Lösung der Krise notwendig sind – was wiederum bedeutet, dass sie alle derzeitig und zukünftig auftretenden Probleme beurteilen können – und zum anderen dass sie die Kompetenzen aller Mitarbeiterinnen und Mitarbeiter des Unternehmens kennen. Je komplexer und unbekannter die Krise ist und je größer ein Unternehmen ist, desto eher werden bei diesem Verfahren die falschen Personen bzw. nicht alle notwendigen in den Krisenstab berufen.

**"Methode des Offerierens"**
Diese Methode ist besonders bei komplexen bzw. vollkommen neuen Krisen sowie größeren Unternehmen vom Vorteil. Der Krisenkernstab teilt die vorhandenen Informationen zur Krise unternehmensweit bis zu einer vorab festgelegten Hierarchieebene. Die Mitarbeiter, die diese erhalten, beurteilen aus ihrer Sicht die Lage, teilen diese dem Krisenkernstab mit und schlagen ggf. vor, im Erweiterten Krisenstab mitzuarbeiten. Dieses Verfahren kann als ein unternehmensweites, virtuelles Brainstorming angesehen werden. Neben der Implementierung der notwendigen Informations- und Kommunikationstechnik bedarf es bei diesem Verfahren gut ausgebildete und selbstbewusste Mitarbeiter. Andernfalls wird das Brainstorming schnell zu einem „Jahrmarkt der Eitelkeiten".

## 8 Krisenstrategie

Die Krisenstrategie sind Leitlinien der Unternehmensführung, an der sich die Krisenbewältigung auszurichten hat. Grundlage jeder Krisenstrategie sind sowohl moralische wie wirtschaftliche Gesichtspunkte. Selbstverständlich sollte es sein, dass jedes Unternehmen den Schutz der Menschen und den nachhaltigen Erhalt unserer Lebensgrundlagen als oberste Prioritäten festlegt. Danach kommt sicherlich schnell das wirtschaftliche Überleben des Unternehmens. Weitere Prioritäten können dann aber sein:

- Erhalt der Reputation
- die Krise möglichst schnell zu bewältigen
- möglichst viele Arbeitsplätze zu erhalten

- die Krise mit möglichst wenig finanziellen Verlust zu bewältigen
- etc.

Die Krisenstrategie leitet das gesamte Handeln des Krisenstabes. Und sie hilft, den Informationsraum zu ordnen und somit einen Informations-Overflow zu verhindern.

## 9 Verhinderung des Informations-Overflows durch Komplexitätsreduzierung

Die Datenflut kann deutlich verringert werden, wenn man sich auf den Bereich des Informationsraumes konzentriert, der für die eigene Planung wichtig ist. Dies wird durch die Reduktion die Komplexität der Krisensituation erreicht. Dies kann in zwei Schritten erfolgen:

- Reduktion der Komplexität der Ausgangslage
- Reduktion der Komplexität des Lösungsraumes

In der Regel steht in Krisensituationen nicht die Zeit zur Verfügung, eine Situation in Gänze zu analysieren. Es müssen vereinfachende Modelle genutzt werden. Ziel ist es, aus einer chaotischen oder komplexen Situation eine komplizierte im besten Fall einfache zu generieren. Durch die Reduzierungen der Komplexität wird Zeit zum Denken erkauft. Bezahlt wird dies mit Ungewissheit, ob das Modell tatsächlich die Wirklichkeit abbildet. Diese Ungewissheit wird erst im Laufe der Krisenbewältigung abgebaut werden können. Stimmt das Modell nicht, werden häufig falsche Optionen entwickelt und somit falsche Entscheidungen getroffen. Wird dies festgestellt, müssen die vorherigen Entscheidungen angepasst oder sogar widerrufen werden. Zur Reduktion des Lösungsraumes kann die Krisenstrategie genutzt werden. Sie schließt im besten Fall schon eine Vielzahl von Handlungsoptionen aus.

Im Laufe der Krisenbewältigung ist der Informationsraum sukzessive zu erweitern und somit die Ungewissheit zu reduzieren. Dabei ist der Raum nicht nur in Richtung von weniger gewünschten Handlungsoptionen zu erweitern, sondern auch in Richtung von unwahrscheinlicheren Wirkungsentwicklungen. Um unerwartete Ereignisse zu finden (Black Swans) sollte die Suche auch zufallsgesteuert erweitert werden. D. h. es sollte nach bisher unbekannten oder bisher als nicht relevant erkannten Informationen gesucht werden. So wird zum einen der

"Informations-Korridor" erweitert und zum anderen tastet man sich durch den Informationsraum.

## 10 Agiles Stabsarbeiten

Die Stabsarbeit ist an den jeweiligen Entscheidungsbedarf anzupassen. Dabei empfiehlt sich folgendes Vorgehen:

**Stadium 1 – Emotionale Vorbereitung**
Bevor der Krisenstab die Arbeit aufnimmt, sollten die Mitglieder durch den Leiter des Stabes auf die Situation vorbereitet werden. Im Mittelpunkt dieses Stadiums stehen die Beschreibung des Big Picture der Situation und die Vermittlung von Zuversicht.

**Stadium 2 – Grobplanung**
Die Lage wird detailliert durch die dafür benannten Stabsmitglieder vorgestellt. Besonders wird auf die weitere Entwicklung (Prognose) ohne getroffene Gegenmaßnahmen eingegangen. Falls erforderlich stellen die Stabsmitglieder Verständnisfragen. Ziel dieses Stadiums ist es, ein gemeinsames Situationsbewusstsein zu erreichen. Beurteilen die Stabsmitglieder die Situation unterschiedlich, ist die weitere Stabsarbeit zumindest stark behindert. Die Stabsmitglieder erarbeiten in einem Brainstorming gemeinsam grob mehrere Handlungsoptionen. Dabei haben sie die Krisenstrategie zu beachten. Meilensteine und kritische Prozesse können in Gantt-Diagramme dargestellt werden, in denen auch noch die Vor- und Nachteile der verschiedenen Handlungsoptionen aufgeführt werden können.

**Stadium 3 – Entscheidung über die grobe Richtung der Krisenbewältigung**
Eine Person des Krisenstabes stellt dem Entscheidungsträger die verschiedenen erarbeiteten Handlungsoptionen mit Vor- und Nachteilen vor. Sie gibt eine Empfehlung ab, stellt aber auch etwaige Minderheitsmeinungen dar. Der Entscheidungsträger entscheidet, welche Handlungsoption detailliert ausgearbeitet wird und welche Ad hoc-Anweisungen eventuell notwendig sind, um diese Handlungsoption im Weiteren umsetzen zu können.

**Stadium 4 – Detailplanung**
In diesem Stadium erarbeiten die einzelnen Bereiche des Krisenstabs den detaillierten Krisenbewältigungsplan eigenständig. Notwendige Absprachen mit anderen Stabsbereichen erfolgen bi- bzw. multilateral.

# Agile Führung – Situationsangepasste Reaktion in Krisen

**Stadium 5 – Freigabe der Detailplanung**
Die Mitglieder des Krisenstabes stellen ihre Detailplanung dem Leiter vor, der diese kritisch hinterfragt und entweder Nachbesserungen fordert oder zur Umsetzung freigibt.

**Stadium 6 – Auftragserteilung**
Die einzelnen Stabsbereiche erteilen Aufträge an die unterstellten Entitäten. Dabei haben sie das Prinzip „Führen mit Auftrag" zu beachten: Sie haben grundsätzlich nur die Ziele vorzugeben, nicht wie die Ziele erreicht werden sollen.

**Stadium 7 – Kontrolle**
Im Weiteren kontrollieren sie, ob die vorgesehenen Meilensteine erreicht werden. Werden sie im Wesentlichen erreicht und müssen lediglich kleinere Anpassungen erfolgen, folgen nun die Stadien 4, 6 und 7. Führt die gewählte Handlungsoption nicht zum gewünschten Ergebnis oder hat sich die Situation grundlegend verändert, muss mit Stadium 2 fortgefahren werden.

| Situation | Agierende Entität | Aufgaben | Weitere Schritte |
|---|---|---|---|
| Chaos-Phase | Für Krisenbewältigung verantwortliche Person beratend durch homogenen Krisenkernstab | • Verstehen, was eigentlich vorgeht<br>• Präsenz zeigen<br>• Hoffnung vermitteln<br>• Strukturen des Krisenmanagements schaffen<br>• Komplexitätsreduzierung<br>• Verlassen der Chaos Phase | siehe Tabelle A |
| Komplexe Situation | Für Krisenbewältigung verantwortliche Person beratend durch heterogenen Erweiterten Krisenstab | • Ursache-Wirkungs-Beziehung ermitteln<br>• Handlungsoptionen entwickeln<br>• Komplexitätsreduzierung | siehe Tabelle B |
| Komplizierte Situaion | Krisenkernstab mit den notwendigen Expertengruppen erweitert | • Analyse der Handlungsoptionen<br>• Das große Ganze im Auge behalten<br>• Think out of the Box | siehe Tabelle C |

| Situation | Agierende Entität | Aufgaben | Weitere Schritte |
|---|---|---|---|
| Einfache Situaion | Krisenkernstab | • Handlungsoptionen entwicklen<br>• SOPs anwenden<br>• Überwachen, steuern, hinterfragen<br>• Orthodoxien infrage stellen | siehe Tabelle D |

## 11 Zusammenfassende Übersicht

In jeder Situation gilt die Grundegel: Führen mit Auftrag.

| | Tabelle A – Chaotische Situation | | | |
|---|---|---|---|---|
| Dynamik | Führungsart | Problemart | Beratungsart | Entscheidungsart |
| Hoch | voneinander unabhängig | bei allen Problemarten | nahezu keine Beratung | intuitiv |

| | Tabelle B – Komplexe Situation | | | |
|---|---|---|---|---|
| Dynamik | Führungsart | Problemart | Beratungsart | Entscheidungsart |
| gering oder hoch | Edge | konjunktiv disjunktiv | Beratung durch Einzelpersonen | intuitiv |
| | | kompensatorisch additiv | Beratung durch Gruppe | |

| | Tabelle C – KomplIzierte Situation | | | |
|---|---|---|---|---|
| Dynamik | Führungsart | Problemart | Beratungsart | Entscheidungsart |
| Hoch | Edge | konjunktiv disjunktiv | Beratung durch Einzelpersonen | intuitiv |
| | | kompensatorisch additiv | Beratung durch Gruppe | |
| Gering | Kollaborierend | konjunktiv disjunktiv | Beratung durch Einzelpersonen | rational |
| | | kompensatorisch additiv | Beratung durch Gruppe | |

|  | Tabelle D – Einfache Situation | | | |
|---|---|---|---|---|
| Dynamik | Führungsart | Problemart | Beratungsart | Entscheidungsart |
| gering oder hoch | kooperierend | konjunktiv disjunktiv | Beratung durch Einzelpersonen | rational |
|  |  | kompensatorisch additiv | Beratung durch Gruppe |  |

## Literatur

Alberts, D. S., & Richard E. H. (2003). *Power to the edge – command and control in the information edge*. Command and Control Research Program, U.S. Department of Defence. CCRP Publication Series.

BMVg (Bundesministerium der Verteidigung). (1979). *Führungsfähigkeit und Entscheidungsverantwortung in den Streitkräften, Bericht der Kommission des Bundesministers der Verteidigung zur Stärkung der Führungsfähigkeit und Entscheidungsverantwortung in der Bundeswehr vom 31.Oktober 1979*. Bonn.

Hurley, R. F. (2017). The Decision to Trust. *Harvard Business Review OnPoint*, Spring: 66–74.

Kahneman, D. (2012). *Thinking Fast and Slow*. Penguin.

Klein, G. (2003). *Natürliche Entscheidungsprozesse*. Junfermann.

Malone, T. W. (2004). *The future of work*. Harvard Business Review Press.

McChrystal, S., Collins, T., Silverman, D., & Fussel, C. (2015). *Team of teams*. Penguin.

Nye, Jr, & Joseph, S. (2008). *The powers to lead*. Oxford University Press.

Schmidt, H. (1966). Was fehlt der Bundeswehr. In *Armee gegen den Krieg. Wert und Wirkung der Bundeswehr*, Hrsg. Wolfram von Raven, 106. Seewald Verlag.

Snowden, D. J., & Boone, M. E. (2007). A leader's framework for decision making, *Harvard Business Review* 11, 68–76.

Wolley, A. W., Aggerwal, I., & Malone, T. W. (2015). Collegitive intelligence in teams and organisations. In: T. W. Malone & M. S. Bernstein (Hrsg.), *Handbook of collective Intelligence*. MIT Press.


**BrD a.D. Andreas H. Karsten** ist freiberuflicher Berater und Publizist für Krisenmanagement und Schutz kritischer Infrastrukturen. Sein Fokus liegt auf die Führungsausbildung im privaten und öffentlichen Bereich. Er berät unter anderem die NATO und die Global Challenges Forum Foundation. Er ist Dozent an diversen Hochschulen und Akademien und veröffentlicht regelmäßig in Fachzeitschriften und Büchern.

# Sicherheit für Unternehmerfamilien als Erfolgsfaktor

Pascal Michel und Thorsten Klinkner

### Zusammenfassung

Die persönliche Sicherheit von Unternehmerfamilien ist Teil des Wirtschafts- und Vermögensschutzes. Auch wenn es Überschneidungen zur Unternehmenssicherheit gibt, sind die Rahmenbedingungen andere. Ein erfolgreiches Risiko-, Sicherheits- und Krisenmanagement für Unternehmerfamilien muss dies berücksichtigen, sonst scheitert die Implementierung oder ist nur lückenhaft. Auch die subjektive Sicherheitseinschätzung von Vermögensinhabern kann ein Problem beim Schutz darstellen.

## 1 Abgrenzung von Sicherheit für Unternehmerfamilien zu Unternehmenssicherheit

Der deutsche Mittelstand und inhabergeführte Unternehmen sind ein wesentlicher Pfeiler der deutschen Wirtschaft. Hierbei ist zwischen familienkontrollierten und eigentümergeführten Unternehmen zu unterscheiden. Letztere machen laut der Stiftung Familienunternehmen 86 % des gesamten Unternehmensbestandes in Deutschland aus und diese erzielen 47 % des deutschen Gesamtumsatzes.

P. Michel (✉)
SmartRiskSolutions GmbH, Grünwald, Deutschland
E-Mail: info@smartrisksolutions.de

T. Klinkner
UnternehmerKompositionen Rechtsberatungsgesellschaft und Steuerberatungsgesellschaft mbH, Meerbusch, Deutschland
E-Mail: thorsten.klinkner@unternehmerkompositionen.de

Der Erfolg familiengeführter Unternehmen ist eng verbunden mit den Inhabern. Deren Wohlergehen hat Wechselwirkungen auf das Wohlergehen des Unternehmens und der Familienangehörigen. Ein Beispiel liefert das Verschwinden des Tengelmann-Chefs Karl-Erivan Haub während einer Skitour – seitdem gilt er als vermisst, auch wenn sein Tod angenommen wird. Kurze Zeit später bracht ein Familienstreit aus, der den Fortbestand des Unternehmens in der bisherigen Form in Frage stellt und die potenziellen Erben im Hinblick auf Erbschaftssteuern vor große finanzielle Herausforderungen stellte. Durch den Familienkonflikt drangen auch Informationen nach außen, die sich negativ auf die Reputation der Beteiligten auswirkte.

In dem nachfolgenden Buchbeitrag geht es ausschließlich um die Sicherheit von Unternehmerfamilien, nicht um die Sicherheit des Unternehmens, auch wenn es viele Berührungspunkte und Überschneidungen beider Bereiche gibt. Beiden gemeinsam ist das Konzept des Risiko-, Sicherheits- und Krisenmanagements. Aber die Sicherheit für vermögende Familien muss deutlich flexibler sein als die Unternehmenssicherheit, denn kurzfristige Änderungen im Tagesablauf kommen häufig vor – und auch der Stellenwert des Servicecharakters, ist höher. Daran müssen sich die Sicherheitsmaßnahmen für die Familie schnell anpassen, nicht umgekehrt. Vieles ist auf die Sicherheit von vermögenden Personen übertragbar, die nicht Unternehmerfamilien im eigentlichen Sinne sind.

## 2 Akteure im Umfeld von Unternehmerfamilien, die im Positiven wie im Negativen Einfluss auf die Sicherheit von Unternehmerfamilien haben

Eine Unternehmerfamilie lebt und arbeitet in Beziehungsgeflechten. Es gibt Personen und Organisationen mit direktem und indirektem Einblick und somit Einfluss auf die Sicherheit der Familie – im Positiven wie im Negativen. Wesentliche Akteure im Lebensumfeld von vermögenden Personen sind beispielsweise:

- Verwandte außerhalb der Kernfamilie
- Hauspersonal (unter anderem Haushälterin, Gärtner, Fahrer)
- Lehrer und Trainer (unter anderem Schule, Musikunterricht, Freizeitsport)
- Freunde, Bekannte und Vereinsmitglieder
- Dienstleister (unter anderem Facility Manager, Getränkelieferant, Handwerker, Bewachungsunternehmen, IT-Dienstleister)
- Vermögensverwalter und Family Office
- Firmenmitarbeiter

- Kunden und Geschäftspartner
- (Regionale) Politiker
- Medienvertreter
- Versicherer

Je nach Nähe zur Unternehmerfamilie variiert das Ausmaß der Einblicke in den persönlichen Lebensbereich. Zwar mag der Handwerker nur einen kurzen Einblick in die Wohnsituation haben, dabei aber wesentliche Informationen erhalten, wie das Vorhandensein eines bestimmten Alarmanlagensystems, wo sich die Autoschlüssel befinden oder wie sicherheitsbewusst die Familie ist. Ein besonderes Risiko stellen Innentäter aufgrund des Vertrauens, denen die Unternehmerfamilie diesen entgegenbringt und des Zugangs zu vielen sicherheits- sowie reputationskritischen Informationen, dar.

Beispiel (2018):

*Der Haushälter der getrenntlebenden Ehefrau eines Hamburger Multimillionärs fand im Kinderzimmer ein Erpresserschreiben, zusammen mit Bildern der schlafenden Kinder. Der oder die Täter forderten 300.000 € innerhalb von 48 h, andernfalls würden die Kinder ermordet werden. Auf den Fotos war zu sehen, wie eine Pistole im Zimmer auf die im Bett schlafenden Kinder gerichtet war. Die polizeilichen Ermittlungen bestätigten, dass die Bilder keine Fotomontage waren, sondern tatsächlich im Kinderzimmer angefertigt worden waren. Da es keine Einbruchsspuren gab, muss es sich beim Täter um eine Person mit Zugang zu dem Wohnhaus handeln. Der Lebensgefährte der Mutter und dessen Bekannter gerieten in den Verdacht. Aufgrund unzureichender Beweise konnte aber keine Anklage erhoben werden.* (Zand-Vakili, 2018).

Dieses Beispiel zeigt, das gerade bei Delikten gegen Vermögensinhaber Personen involviert sind, die direkten Kontakt zur Familie und Einblicke in deren Lebensweise haben. In einem Erpressungsfall, in dem der Autor als Krisenberater tätig war, war der ehemalige Schwiegersohn einer Unternehmerfamilie der Hauptverdächtige. Innentäter sind hier nicht die Ausnahme.

Weitere reale Fallbeispiele zu Innentätern:

- Entführung und Ermordung des Frankfurter Bankierssohns Jakob von Metzler durch einen Jurastudenten, der laut Medienberichten das Opfer aus einer Jugendgruppe und als Nachhilfelehrer kannte
- Entführung des Hamburger Unternehmersohnes Bodo Janssen durch einen „Freund", der sich zwei Jahre vor der Tat an ihn gezielt heranspielte, um sein Vertrauen zu gewinnen

- Ermordung des Technologieunternehmers Fahim Saleh in seiner Wohnung in New York durch seinen früheren persönlichen Assistenten, der dem Unternehmer eine hohe Geldsumme schuldete
- Drohung der Veröffentlichung rufschädigender Aufnahmen durch den vermeintlichen Liebhaber der Milliardärin Susanne Klatten

Aber auch ohne kriminelle Energie, eher fahrlässig, können Personen aus dem Umfeld der Familie und Familienmitglieder selbst zu einer Gefährdung beitragen. Da ist die Haushälterin, die im Freundeskreis vom bevorstehenden Urlaub und damit verbundener Abwesenheit der Unternehmerfamilie erzählt. Oder der Sohn des Unternehmers, der die Haustür nur zuzieht, aber nicht verriegelt oder es wird vergessen, abends die Alarmanlage scharf zu schalten. Kritisch ist sicherlich auch, wenn der private Laptop bei einer Reise verloren geht und die Festplatte auch noch unverschlüsselt ist und dort viele Daten zu finden sind.

Zur Vermeidung fahrlässigen Handelns kommt insbesondere der Sensibilisierung der unterschiedlichen Akteure eine besondere Bedeutung zu. Diese müssen verstehen, wie sich das eigene Handeln und Sorglosigkeit auf das Sicherheitsniveau auswirken. Sie müssen darauf hingewiesen werden, wie Täter solche Fahrlässigkeiten ausnutzen oder diese zu Unglücksfällen führen können. Aber auch technische Lösungen können hier unterstützen. Beispiel: Da es keine Seltenheit ist, dass Familienmitglieder beim Verlassen des Hauses die Tür nur zuziehen, hilft es, Schlösser einzubauen, die die Tür nach dem Schließen automatisch verriegeln. Auch wenn nicht immer die Fahrlässigkeit des Handelns verhindert werden kann, so können durch bestimmte Prozesse und technische Mittel die Folgen minimiert werden. In anderen Fällen wird erst einmal überhaupt nicht bemerkt, dass ein Sicherheitsproblem entstand – beispielsweise durch den Diebstahl von Nutzerdaten auf einer Social-Media-Plattform oder von einem Online-Shop, den man genutzt hat.

## 3 In welchen Feldern Sicherheit wichtig ist und was es zu schützen gilt

Unternehmerfamilien unterliegen den Risiken, denen jeder Bürger ausgesetzt ist. Aber aufgrund ihrer gesellschaftlichen Stellung, beruflichen Tätigkeit und Vermögenslage kommen Risiken hinzu, denen der Durchschnittsbürger nicht oder nur geringfügig ausgesetzt ist. Dies hat zur Folge, dass Unternehmerfamilien in Teilbereichen ein anderes Sicherheitsbedürfnis haben. Schaut man sich die Maslowsche Bedürfnispyramide an, so ist das physische und psychische

Sicherheitsbedürfnis (nach den physiologischen Bedürfnissen) ein grundlegendes Element. Bei Unternehmerfamilien geht es um den Schutz mehrerer Rechtsgüter. Diese sind insbesondere:

- Eigentum (Privat- und Firmeneigentum)
- Freiheit
- Privatsphäre
- Reputation (Ruf)
- Leben und Gesundheit

Das Ziel und die Aufgabe eines Risiko-, Sicherheits- und Krisenmanagements für Unternehmerfamilien ist, diese Rechtsgüter zu schützen. Schutzmaßnahmen sollen nicht nur vor kriminellen Angriffen und zielgerichteten Straftaten gegen die Familie schützen, sondern auch vor Unglücksfällen. Viele der üblichen Schutzmaßnahmen und Notfallplanungen decken beides ab.

Beispiel (2018/2019):

*Gerald Cotten war der Gründer und CEO von QuadrigaCX, der wichtigsten kanadischen Kryptowährungs-Börse. Als er in Folge einer Erkrankung in Indien starb, war er der Einzige, der die Passwörter zu den digitalen Konten hatte. Die Folge: Das Unternehmen musste Insolvenz anmelden, fast 200 Mio. US-Dollar von über 100.000 Kunden waren verloren. (Gogo, 2019).*

Es gab kein Risikomanagement, das sich mit dem Tod eines Inhabers als mögliches Szenario befasste und Vorsorge zum Aufrechterhalten des Geschäftsbetriebes traf. Ähnlich ist auch der Fall des Investors Matthew Mellon, dessen Vermögen von umgerechnet 500 Mio. US-Dollar in Kryptowährung nach seinem Tod dauerhaft nicht mehr zugänglich war. Aus Sicht von Vermögensinhabern steht der Schutz der Familienreputation an erster Stelle, noch vor der Sorge, dass Geldwerte durch Finanz- und Kapitalmarktkrisen abnehmen könnten. Die Definition des Begriffes „Vermögensschutz" hat sich in den letzten Jahren verändert und bezieht sich nicht mehr nur auf das finanzielle Vermögen. Ganzheitlicher Schutz von Familienvermögen umfasst demnach drei Kategorien (Thüler, 2014):

- Finanzvermögen, mit allen Vermögensgegenständen („bankable" und „non-bankable")
- Humanvermögen, wie Leben und Gesundheit einer Person
- Sozialvermögen, darunter beispielsweise Reputation, Familie, Netzwerke, Geschäftspartner

Cyberrisiken bilden inzwischen eine wesentliche Verwundbarkeit von Unternehmerfamilien, auch weil über solche Schwachstellen schnell die Reputation beschädigt werden kann. Ein Beispiel sind mit künstlicher Intelligenz kreierte „Deep Fake-Videos" (zur Definition vgl. Bendel o. J.). In sozialen Netzwerken verbreitete sich eine gefälschte Videobotschaft des Facebook-Gründers Mark Zuckerberg, in dem er über die Weltherrschaft sinnierte (Beuth, 2019) Ist ein solches Video erst einmal in sozialen Netzwerken, ist die Verbreitung kaum zu stoppen. Andere „Deep Fake-Systeme" ermöglichen es, das Gesicht einer beliebigen Person in pornografische Videos einzufügen (Klein, 2020). Weitere Cyber-Angriffsformen sind der Diebstahl von kompromittierenden, privaten und vertraulichen Daten und Bilddateien oder das Kapern von Social Media-Accounts. Eine Untersuchung des Versicherers Chubb aus dem Jahr 2020 kommt zu dem Schluss, dass einer von zehn Vermögensinhabern beim mobilen Arbeiten Opfer einer Cyberattacke wurde (Isullivan, 2020).

Auch wenn Täter gestohlene Daten selber nicht für Betrugsdelikte (zum Beispiel Identitätsdiebstahl) oder zur Vorbereitung von Wohnungseinbrüchen, Erpressungen oder Entführungen nutzen, können andere Täter diese im Darknet zur Durchführung solcher Delikte erwerben und verwenden. Für investigative Journalisten und Pressure-Groups bietet die Datenfülle zu Einzelpersonen und Unternehmen ein breites Betätigungsfeld und Ansätze für weitere Recherchen.

## 4 Das Problem der subjektiven Risikoeinschätzung

Unternehmerfamilien haben ihren wirtschaftlichen Erfolg durch eine gewisse Risikobereitschaft erreicht. Sie sind keine Persönlichkeiten, die zögerlich oder ängstlich sind. Der berufliche Erfolg führt auch dazu, sich ein Stückweit unverwundbar zu fühlen und beim Thema der persönlichen Sicherheit zu meinen, das Risiko selbst gut einschätzen zu können. Wer sich sicher fühlt, wird sich erst nach der bösen Überraschung eines Vorfalls Gedanken zu vorhandenen Risiken und seiner Sicherheit machen. Gerade bei älteren Vermögensinhabern besteht die Gefahr, die veränderte Risikolandschaft zu übersehen. Waren bis in die 80er Jahre extrem reiche Familien im Visier von Entführern, konzentrieren sich Entführer zunehmend auf allenfalls lokal bekannte Unternehmerfamilien, die über keine aufwendigen Maßnahmen des Personen- und Objektschutzes verfügen. Erpressungen sind heute für Täter viel einfacher und risikoloser durchzuführen: Vertrauliche oder rufschädigende Informationen sind nur einen Mausklick entfernt und durch Bitcoin-Zahlungen entfällt die für Täter risikoreiche physische Entgegennahme eines möglichen Lösegeldes. Auch ohne IT- und Cyberwissen kann ein Erpresser sich diese Expertise sehr günstig mieten, „Ransomware as a Service" und „Hacking as a Service" sind hier zwei Stichworte.

Wie bei jedem beeinflussen nicht nur Fakten, sondern insbesondere Gefühle die Bewertung der persönlichen Sicherheit. Es gibt einen Unterschied zwischen gefühlter und tatsächlicher Sicherheit. So kann eine Alarmanlage ein falsches Sicherheitsgefühl vermitteln, ohne dass man sich der verbleibenden Sicherheitslücken bewusst ist. Oder man hat Angst vor Gefahren, deren Eintrittswahrscheinlichkeit statistisch sehr gering ist. Viele fürchten sich vor Terroranschlägen, steigen aber relativ sorgenfrei ins eigene Fahrzeug. Während es weltweit jährlich etwa 20.000 bis 30.000 Todesopfer durch Terroranschläge gibt, sterben laut WHO über 1,2 Mio. Menschen bei Verkehrsunfällen und schätzungsweise über 50 Mio. werden verletzt, mit steigender Tendenz.

Nicht selten sind wir weniger sicher, als es unsere Gefühle und Selbsteinschätzung uns glauben lassen. Die Folge ist, dass wir Risiken übersehen und Ressourcen zum Schutz vor Gefahren einsetzen, die objektiv betrachtet eher zu vernachlässigen sind – und nüchtern betrachtet wichtige Risiken ignorieren. Auch Personenschutz kann ein falsches Gefühl der Sicherheit vermitteln. In Folge des Mangels an Fachkenntnissen wird manch ein Vermögensinhaber glauben, dass bei einem Personenschützer Körpergröße, gute Schießergebnisse und Nahkampffähigkeiten das Wichtigste sind. Die Analyse von Vorfällen bei Vermögensinhabern zeigt aber, dass neben Diskretion und Loyalität eine gute Fachexpertise im Erkennen von tatvorbereitenden Handlungen (Ausspähungen) und fundierte Kenntnisse der medizinischen Erstversorgung bedeutender sind. Die Wahrscheinlichkeit, an einem Herzinfarkt zu sterben, ist deutlich höher, als Opfer eines Mordanschlages zu werden.

Auch Fehlannahmen können das Risiko erheblich verstärken. Eine Unternehmerfamilie, die der Autor zur physischen Absicherung des Wohnhauses beriet, war der Ansicht, dass das offene Zufahrtstor potenziellen Tätern suggerieren würde, dass nichts zu holen sei. Das Haus befand sich aber in einem noblen Villenviertel, jeder, der in diesem Stadtteil lebte, war wohlhabend und Täter bevorzugen leichte Ziele – also Opfer, die wenige Sicherheitsmaßnahmen implementiert hatte. Alle anderen Nachbarn in der der Umgebung hatten aufwendige bauliche und technische Schutzmaßnahmen implementiert. Interessant ist, dass die Entführer 1996 Jan Phillip Reemtsma unter anderem deshalb als Opfer auswählten, weil während deren Ausspähungsphase das Zufahrtstor offenstand und sie daher davon ausgingen, dass das Opfer keinen besonderen Wert auf Sicherheitsmaßnahmen legte. Bei Themen der Vermögensverwaltung ist es für Unternehmerfamilien selbstverständlich, auf externe Expertise zurückzugreifen.

Beim Thema Sicherheit ist man hier aber viel zögerlicher – schwerwiegende Folgen falscher Risikoeinschätzungen sind das Ergebnis.

## 5 Strategien des Risikomanagements für Unternehmerfamilien

Gefahren sind unabhängig von Verwundbarkeiten potenzielle Schadenereignisse, die in dem Land, der Stadt, der Straße und dem Gebäude, wo sich eine Person aufhält, vorhanden sind. Zu einem Risiko wird eine solche Gefahr erst, wenn eine Verwundbarkeit bezüglich dieser Gefahr vorliegt. Im Risikomanagement unterscheidet man vier Hauptformen des Umgangs mit identifizierten Risiken (Reemtsma, 1998).

- Risikoakzeptanz: Man nimmt die Risiken bewusst in Kauf, weil beispielsweise der Schutz zu teuer ist oder die Privatsphäre zu stark einschränkt.
- Risikotransfer: Dies könnte zum Beispiel mittels Versicherungslösungen erfolgen (wobei hier häufig nur das Schadensausmaß, nicht aber die Schadeneintrittswahrscheinlichkeit reduziert werden).
- Risikovermeidung: Man verzichtet bewusst darauf, bestimmte risikosteigernde Aktivitäten zu unternehmen, beispielsweise Geschäftsreisen in Regionen mit sehr hoher Straßenkriminalität oder bestimmte Risikosportarten, durchzuführen.
- Risikominimierung: Eine Vielzahl von Schutzmaßnahmen können beispielsweise das Risiko eines Wohnungseinbruches oder das Entführungsrisiko reduzieren, auch wenn Risiken nicht gänzlich ausgeschlossen werden können. Im Abschnitt „Sicherheitsmanagement" wird auf einige Sicherheitsmaßnahmen eingegangen.

In der Regel werden bei unterschiedlichen Risiken unterschiedliche Formen des Risikomanagements zum Einsatz kommen. Problematisch wird ein Risikomanagement, wenn es verpasst wurde, überhaupt Risiken für Unternehmerfamilien zu identifizieren oder dies nur sehr punktuell erfolgte. Auch verändern sich die Lebensumstände, Rahmenbedingungen und Verwundbarkeiten der Familie, weshalb eine kontinuierliche Risikobetrachtung erforderlich ist. Die Geburt des eigenen Kindes stellt oft eine veränderte Gefahrenlage und Risikoexposition dar. Das gilt auch für Ereignisse wie eine Scheidung mit dem Risiko einer Schlammschlacht oder der Trennung von einem langjährigen Geschäftspartner oder Mitarbeiter, der dies nicht hinnimmt. Auch die Vorgehensweise von Tätern bei Cyberattacken ändert sich.

Da natürlich nicht alle Risiken gleichzeitig reduziert werden können, müssen Risiken dahin gehend priorisiert werden, welche die höchste Eintrittswahrscheinlichkeit und das höchste Schadensausmaß für die Unternehmerfamilie aufweisen – was von Familie zu Familie unterschiedlich ist. Hierauf sollte man sich dann beim Managen der Risiken konzentrieren. Was auch immer wieder vergessen wird ist, Verantwortlichkeiten für das Management der Risiken festzulegen (Risk Owner).

## 6 Sicherheitsmanagement für Unternehmerfamilie

Basierend auf den Ergebnissen der Risikoanalyse und den festgestellten Verwundbarkeiten wird das Sicherheitsmanagement aufgesetzt. Es ist wichtig, hierbei die Unternehmerfamilie an die Hand zu nehmen und jeden Schritt zu erläutern. Selbst wenn andere Personen mit der Sicherheit der Familie betraut werden, wird jeder Familienangehörige seinen eigenen Beitrag zur Sicherheit leisten müssen.

Wenn keine Schutzziele definiert werden, also wovor und in welcher Tiefe man sich schützen möchte und was durch Schutzmaßnahmen erreicht werden soll, dann ist es schwierig, zielgerichtet Schutzmaßnahmen umzusetzen. Schutzziele, die man wählt, sollten realistisch sein und sich am Risiko orientieren. Dabei können aber Zielkonflikte auftreten. Legt ein Vermögensinhaber als Schutzziel fest, eine Entführung zu verhindern (statt zu erschweren) und ist aber nicht bereit technische Schutzmaßnahmen und verdeckten Personenschutz zu implementieren und möchte nie begleitet werden, dann liegt nicht nur ein unrealistisches Schutzziel vor, sondern auch ein Interessen- beziehungsweise Zielkonflikt. Beim Sicherheitsmanagement für Unternehmerfamilien sollten insbesondere für folgende Bereiche Konzepten und Sicherheitsmaßnahmen vorhanden sein:

- Wohn- und Arbeitsobjekte einschließlich Schule und Universität
- Regelmäßige Wegstrecken
- Fahrzeuge
- Freizeitorte und Reisen
- Informations- und Kommunikationstechnologie
- Reputation
- Bezugspersonen (auch hinsichtlich Backgroundchecks, Sensibilisierung)
- Vermögenswerte und Investitionen

Hierbei hat sich ein Mix aus organisatorisch-prozeduralen, personellen, baulichen und technisch-elektronischen sowie rechtlichen Maßnahmen bewährt. Ein möglicher Schadenseintritt ist frühzeitig zu detektieren, idealerweise, bevor es zu einem Vorfall kommt. Neben der kontinuierlich durchzuführenden Risikoanalyse als Ausgangsbasis bieten sich unter anderem folgende Schutzmaßnahmen an:

- Informationsschutz und unauffälliges Verhalten
- Hilfe zur Selbsthilfe, Gefahrenwahrnehmung und eigenverantwortliche Sicherheitsmaßnahmen, häufig durch Trainings vermittelt
- Objektschutz und Sicherheit außerhalb der eigenen „vier Wände"
- Frühwarnsystem in Form eines Monitorings von Veröffentlichungen in klassischen Medien, sozialen Netzwerken und Blogs zu Familienangehörigen und Unternehmen, die die Reputation gefährden oder Tatvorbereitungshandlungen ermöglichen könnten
- Due Diligence und Background Checks, unter anderem zu möglichen Mitarbeitern in Schlüsselstellungen, Hauspersonal und potentiellen Geschäftspartnern sowie vertragliche Regelungen zum Schutz vertraulicher Informationen
- Reisesicherheit im beruflichen und privaten Kontext
- Personenschutz (Aufklärungsmaßnahmen und Begleitschutz, auch Auditierung bereits bestehender Maßnahmen)
- Krisen- und Notfallmanagement im Familienumfeld, einschließlich des Reputationsmanagements

Auch ist zu klären, welche Schutzmaßnahmen für welche Familienangehörigen zu implementieren sind. Wie weit geht hinsichtlich der Schutzmaßnahmen der Begriff der Familie im konkreten Fall? Beim Objektschutz hat sich der sogenannte „4D-Ansatz" bewährt:

- Deter – Abschrecken, zum Beispiel durch einen Wachhund oder eine Alarmanlage
- Detect – Eindringlinge erkennen, durch technische Mittel wie Bewegungsmelder
- Delay – Verzögern, also den Zeitbedarf, den ein Täter zum Eindringen benötigt, erhöhen, sodass mehr Zeit bleibt, damit die Polizei oder ein Sicherheitsdienst intervenieren. Das kann beispielsweise durch einen Panic-Room oder durchwurfhemmende Scheiben erreicht werden.
- Defend – Verteidigen, was in Form eines Wachdienstes oder Personenschutz erfolgen kann, oder im Rahmen der Selbstverteidigung bei einer Notwehrlage.

Oft können kleine Maßnahmen einen hohen Mehrwert an Sicherheit verschaffen. Es braucht hierzu selten ausgeklügelte Technik oder Wachpersonal.
Beispiel (2016):
*Zwei Männer klingelten an der Haustür des Unternehmers Ernst Burmeister. Seine Frau öffnete die Tür, da sie den Besuch des 27-jährigen Enkelkindes erwartete. Die Täter schlugen auf Frau und Herrn Burmeister ein und erbeuteten mehrere Tausend Euro. Herr Burmeister starb an den Folgen seiner Kopfverletzungen. Der Enkel ist der Tatbeteiligung beschuldigt. Er hatte Kontakte ins Drogenmilieu und kannte den Hauptverdächtigen gut. Die Polizei geht davon aus, dass der Enkel zumindest als Tippgeber fungierte.* (Stephan, 2016).

Betrachtet man diesen Fall, gibt es mehrere Ansätze, wie dieser tragische Vorfall hätte verhindert werden können. Zeitungsfotos zum Eingangsbereich des Hauses zeigen eine Eingangstür mit Fensterglas. Das Haus verfügte über eine Alarmanlage. Wie so oft sind aber die Prozesse das Problem. Ein Blick durch die Glasscheibe vor dem Öffnen der Tür statt in falscher Annahme die Tür zu öffnen, hätte den Überfall verhindert. Da der Überfall sich in den späteren Abendstunden ereignete, wäre in dem Fallbeispiel eine gute Ausleuchtung des Eingangsbereiches sowie die Nutzung einer vorhandenen Gegensprechanlage als Schutzmaßnahmen ausreichend gewesen. Wir sehen immer wieder, dass sich Unternehmerfamilien auch keine Gedanken machen, wie beispielsweise Pakete von Lieferanten entgegengenommen werden, ohne sich zu sehr zu exponieren.

# 7 Die Bedeutung des Informationsschutzes

Theoretisch würde im Hinblick auf zielgerichtete Angriffe der Informationsschutz als Maßnahme genügen. Wenn eine Unternehmerfamilie dem Täter den Zugang zu jeglichen Informationen verwehren kann, bedarf es kaum weiterer Maßnahmen. Das Problem ist nur, dass die Familienangehörigen niemals die Informationen vollständig schützen können. Denn auch durch Personen aus dem Umfeld können Informationen nach außen dringen, manche Informationen sind durch Beobachtung erhältlich. Andere Informationen werden fahrlässig verbreitet, beispielsweise durch ein verlorenes Laptop oder eine E-Mail an den falschen Empfänger. Beim Informationsschutz geht es darum, den Zugriff durch Außenstehende auf Informationen zu verhindern oder zumindest zu erschweren, die eine Gefahr für die zuvor beschriebenen schützenswerten Rechtsgüter darstellen.

Zunächst muss man sich auch für den Informationsschutz einen Überblick verschaffen, welche tatplanungsrelevanten oder reputationsgefährdenden Informationen verfügbar sind und welche Informationen – auch wenn noch nicht für andere verfügbar – zu schützen sind. Hier ist es wichtig, Prioritäten festzulegen, denn nicht alles kann geschützt werden. Trotz aller aufwendigen Schutzmaßnahmen zur Cyber- und IT-Sicherheit ist es oft der Mensch, der die Schwachstelle ist und die Täter gezielt ausnutzt. Maßnahmen des Informationsschutzes umfassen:

- personelle Maßnahmen wie Background Checks zu Personen und Awareness-Schulungen
- organisatorische Maßnahmen wie Zugangsregelungen und Anweisungen, wie vertrauliche Dokumente zu kennzeichnen und zu lagern sind
- bauliche und technische Maßnahmen wie Zutrittskontrollsysteme und Alarmanlagen
- rechtliche Maßnahmen wie Verschwiegenheitserklärungen und juristisches Vorgehen gegen Personen, die Informationen unerlaubt offenlegen

Rechtliche Maßnahmen können helfen, bereits publizierte Informationen entfernen zu lassen, auch aus Suchmaschinen. Ein weiterer wichtiger rechtlicher Ansatz zum Informationenschutz kann die Wahl einer geeigneten Rechtsform der Unternehmens- und Vermögenskonstruktion sein. Im nachfolgenden Beitrag betrachtet der Jurist Thorsten Klinkner in diesem Kontext das Instrument der Familienstiftung.

## 8 Die Familienstiftung als Instrument im Informations- und Persönlichkeitsschutz

Mit dem im Oktober 2017 eingeführten Transparenzregister will der Gesetzgeber im Gesetz über das Aufspüren von Gewinnen aus schweren Straftaten (Geldwäschegesetz – GwG) für eine neue Transparenz im Rechtsverkehr sorgen. Bei dem Transparenzregister handelt es sich um ein Register zur Erfassung und Zugänglichmachung von Angaben über die wirtschaftlich Berechtigten von im GwG näher bezeichneten Gesellschaften und Vereinigungen. Hierzu gehören unter anderem juristische Personen des Privatrechts und eingetragene Personengesellschaften (vgl. § 20 Abs. 1 GwG) sowie nichtrechtsfähige Stiftungen, wenn der Stiftungszweck aus Sicht des Stifters eigennützig ist, und Rechtsgestaltungen, die solchen Stiftungen in ihrer Struktur und Funktion entsprechen (vgl. § 21 Abs. 1 und 2 GwG). Zu den eintragungspflichtigen Details gehört neben den bereits bisher nötigen Angaben wie vollständigem Namen, Geburtsdatum, Wohnort sowie Art und Umfang des wirtschaftlichen Interesses auch die Staatsangehörigkeit.

Sowohl Änderungen der Angaben zum wirtschaftlich Berechtigten als auch Hinweise darauf, dass der wirtschaftlich Berechtigte sich zwischenzeitlich (wieder) aus anderen Registern ergibt, sind mitteilungspflichtig. In das Transparenzregister kann nur Einsicht nehmen, wer ein elektronisches Einsichtnahmegesuch gestellt und sich online registriert hat.

Damit müssen auch Familienstiftungen und deren Begünstigte sowie Stifter, die eine Entscheidungsposition in der Stiftung einnehmen, in das Transparenzregister eingetragen werden. Eine Eintragung von Stiftungen in ein dem Handelsregister vergleichbares Register findet derzeit nicht statt, sondern allein die Erfassung in einem Online für jede Behörde einzeln geführten Stiftungsverzeichnis. Für die Zukunft ist derzeit die Einrichtung eines „echten" Stiftungsregisters geplant. Völlig intransparent bleibt damit auch die Stiftung nicht. Das ist aber dennoch eine weitgehende Erleichterung im Vergleich zu typischen Gesellschaftsformen wie GmbH und AG. Denn es werden keine Vermögensinformationen zugänglich gemacht. Den Jahresabschluss einer GmbH kann jeder einsehen. Bei krimineller Energie bekommt man damit also immer auch eine Übersicht über das Vermögen. Daraus wiederum können Ansatzpunkte für Erpressung und andere vermögensschädigende Straftaten entstehen. Stiftungsvermögen ist nicht öffentlich einsehbar und auch nicht recherchierbar, und auch das Transparenzregister und künftige Stiftungsregister werden – anders als ein veröffentlichter Jahresabschluss – keine Übersicht über das Vermögen geben.

Die Familienstiftung dient als rechtsfähige Stiftung bürgerlichen Rechts ausschließlich oder überwiegend dem Wohl der Mitglieder einer oder mehrerer bestimmter Familien, sei es durch Gewährung von Zuwendungen oder durch den Erhalt einer Vermögensgesamtheit wie einem Unternehmen. Die Familienstiftung übernimmt als selbstständiges Rechtsinstitut die Eigentümerrolle über ein Vermögen. Im Fokus steht der Vermögensschutz (Asset Protection) als Teil des umfassenden Wirtschaftsschutzes. Die Stiftung unterscheidet sich von Personen- oder Kapitalgesellschaften dahin gehend, dass sie keine Anteile und keine Gesellschafter hat. Es handelt sich um eine sogenannte verselbstständigte Vermögensmasse. Sie ist folglich eine juristische Person, die ausschließlich „sich selbst gehört", denn nach der Übertragung an die Familienstiftung ist das Vermögen Eigentum dieser und damit vollständig dem Privatvermögen und somit auch den persönlichen Lebensrisiken des Stifters entzogen. Der Stifter kann keine Anteile an der Stiftung selbst beziehungsweise dem Stiftungsvermögen innehaben. Die Kontrolle über das Vermögen kann mangels Eigentums aber dann über die Funktion als Stiftungsvorstand und/oder über eine Geschäftsführung in den operativen Gesellschaften erfolgen. Der Stifter kann mithin über das Stiftungsvermögen mit bestimmendem Stimmrecht als Stiftungsrecht entscheiden wie bisher.

Er trifft diese Entscheidung jedoch nicht mehr für das Privateigentum, sondern als Verwalter des Stiftungsvermögens. Auf Stiftungsebene entscheidet der Stifter als Stiftungsvorstand typischerweise zu Lebzeiten allein, welche individuell bedarfsgerechten Zuwendungen er von der Stiftung erhält. Da das Stiftungsvermögen jeglichem Privatvermögen einer natürlichen Person entzogen ist, kann ein Vermögen, das von einer Stiftung kontrolliert wird, nicht zersplittert werden. Gerade in der Vermögensnachfolge spielt das eine besondere Rolle. Erbstreitigkeiten sind effektiv ausgeschlossen, weil im Todesfall des Stifters die Stiftung unverändert Eigentümerin der Vermögenswerte bleibt. Die nachfolgende(n) Generation(en) profitiert/profitieren im Rahmen der von dem Stifter ausgearbeiteten Satzung in der Regel an den Erträgen der Stiftung.

Oder anders formuliert: „Diese Absicherung wird zivilrechtlich vor allem durch die Ausübung der Kontrolle durch die Stiftungsorgane und die Bewahrung des Vermögens vor Zersplitterung im Erbwege erreicht. […] Da die Stiftung keine Anteilseigner im Rechtssinne hat, können die Familienmitglieder, anders als z. B. bei der Familiengesellschaft, die Stiftung nicht kündigen, keine Anteile auf Dritte übertragen und keine Stimm-, Kontroll- oder auch nur Informationsrechte nach Gesellschaftsrecht ausüben." (v. Campenhausen/Richter 2014, S. 515).

Der weitreichende Informationsschutz, der natürlich auch dem genuinen Interesse des Wirtschaftsschutzes vor allem hinsichtlich der Abwehr von kriminellen Vermögensschädigungen dient, wird beispielsweise strukturell folgendermaßen hergestellt: „Um die Anteile an der Unternehmensgruppe wirksam von operativen Risiken zu trennen, fungiert die Familienstiftung im Regelfall als reine Finanzholding. Sie erbringt also selbst keine mit entsprechenden Haftungsrisiken verbundenen Leistungen an die Unternehmen oder Dritte. Vertragspartner für Kunden, Lieferanten oder Mitarbeiter sind jeweils die operativen Unternehmen. Auf diese Weise bildet die Stiftung auch für die übrigen Anlageklassen des Stiftungsvermögens einen schützenden Mantel." (Klinkner und dos Santos Firnhaber, 2020, S. 21).

Es besteht also kein sichtbarer Zusammenhang zwischen dem operativen Unternehmen und dem sonstigen Stiftungsvermögen, sodass ein Angriff auf gesamtvermögensrechtliche Informationen der Stiftung zwangsläufig ins Leere laufen muss. Straftaten, die auf Basis von solchen vermögens- beziehungsweise gesellschaftsrechtlichen Erkenntnissen begangen werden, werden durch die Einbringung des Betriebsvermögens in die Familienstiftung präventiv verhindert. Die Familienstiftung stellt damit die Schutzziele Vertraulichkeit, Verfügbarkeit und Integrität sicher und unterstützt die Informationssicherheit als Schutz vor Gefahren beziehungsweise Bedrohungen, der Vermeidung von wirtschaftlichen

Schäden und der Minimierung von Risiken. Für international organisierte Vermögen kann in dem Zusammenhang auch die Errichtung einer Auslandsstiftung mit Fremdvorstand Sinn ergeben. Das schafft neue Steuerungsinstrumente für die Familie und nimmt sie je nach Gestaltung vollständig aus der öffentlichen Wahrnehmung heraus. Damit werden Vermögens-, Informations- und Persönlichkeitsschutz nochmals optimiert.

Ein weiterer Nutzen zeigt sich bei Immobiliengeschäften, die ganz typisch sind im Asset Management komplexer Vermögen. Bei Immobilieninvestoren sind die handelnden Personen in den typischen Strukturen immer bekannt. GmbH-Geschäftsführer und -Gesellschafter sind genauso leicht zu ermitteln wie AG-Vorstände oder die Manager von Fonds, denen eine Immobilie gehört. In diesen Konstellationen sind Personen als Eigentümer jederzeit zu recherchieren und damit auf verschiedenen Ebenen angreifbar. In einer Stiftungsstruktur tritt die Familienstiftung als Vermieterin auf und übernimmt damit die Rolle der zusätzlichen Vertragspartnerin für Rechtsgeschäfte mit dem Stifter-Vermieter. Der Stifter als der eigentliche Investor bleibt immer im Hintergrund und wahrt damit seinen Persönlichkeitsschutz. Die Brandmauer der Familienstiftung bezieht sich damit nicht nur auf die Vermögenswerte, sondern auch auf die Person des Stifters. Das bedeutet Absicherung auf zwei Ebenen.

Die Familienstiftung erbringt im integrierten Wirtschaftsschutz damit einen erheblichen Mehrwert und einen protektiven Mechanismus, der rechtlich umfassend abgesichert und damit absolut zukunftsfähig und zukunftsorientiert ist. Sie eignet sich für Vermögens-, Persönlichkeits- und Informationsschutz, indem sie eine Ebene der rechtlich zulässigen Intransparenz zwischen dem operativen Unternehmen und der dahinterliegenden Struktur rund um Stifter und Vermögen einzieht. Die Familienstiftung kann somit strategisch zur Rechtsform für den Wirtschaftsschutz werden.

## 9 Sonderfall Personenschutz

Personenschutz ist nur eine von vielen möglichen Maßnahmen für die Sicherheit von Unternehmerfamilien. Sie kann in einer konkreten, als gefährlich bewerteten Drohung temporär zum Einsatz kommen, oder aufgrund der strukturellen Gefährdung und Exponierung als permanente Maßnahmen eingesetzt werden – für einzelne oder alle Familienmitglieder. Aber auch der Personenschutz setzt eine detaillierte Risikoanalyse voraus und muss Schnittstellen zu anderen Maßnahmen, wie dem Objektschutz und der Reisesicherheit, bilden.

Im modernen Personenschutz für Unternehmerfamilien kommen sogenannte Aufklärungsmaßnahmen zum Einsatz. Davon ausgehend, dass ein Täter vor der Tatausführung vor Ort Informationen zum Tagesablauf der Familie und Schwachstellen bei der Sicherheit sammelt, sollen Aufklärer das berufliche und private Umfeld der Familie verdeckt beobachten. Ziel ist es, den Täter bei der Tatvorbereitungshandlung frühzeitig zu erkennen. Neben der erwiesenen hohen Wirksamkeit dieser Maßnahme hat diese den Vorteil, dass sie deutlich weniger in die Privatsphäre einer Familie eingreift als direkter Personenschutz (Begleitschutz). Professionell ausgeführt, können Kinder ein möglichst unbekümmertes und normales Leben führen.

Entscheidet sich eine Familie für Personenschutz, so stellt sich die Frage, ob die Personenschützer im Unternehmen von der Familie angestellt werden oder ob ein externer Dienstleister hierfür genutzt wird. Das Problem ist hier, dass Unternehmerfamilien selten die Expertise besitzen, um die Vor- und Nachteile und mögliche Fallstricke zu bewerten. Gleiches gilt für die Einschätzung der Qualität eines Dienstleisters.

## 10    Auf den Eintritt eines Vorfalls vorbereitet sein

Trotz eines professionellen Sicherheitsmanagements wird man einen Vorfall nicht gänzlich verhindern können – man kann lediglich die Eintrittswahrscheinlichkeit und das Schadensausmaß reduzieren. Deshalb ist die dringende Empfehlung, dass Unternehmerfamilie Überlegungen treffen, welche Schadenereignisse kritisch für sie sind und wie man sich auf einen Vorfall vorbereiten kann. Kritische Ereignisse, wie der Diebstahl vertraulicher Daten, die Erpressung, das Verschwinden eines Familienangehörigen oder eine Entführung stellen eine besondere emotionale Stresssituation dar. Familienangehörige sind in einer solchen Situation häufig erst einmal in einer Schockstarre und es fällt schwer, selbst einfache Entscheidungen zu treffen. Krisensituationen sind unter anderem geprägt von:

- unklarer Informationslage
- Komplexität und Vernetzung
- hohem Zeit- und Handlungsdruck
- Notwendigkeit, mehrere Aufgaben zeitgleich zu erledigen

Um diesen Stressfaktoren erfolgreich entgegenzutreten, ist eine zielgerichtete Vorbereitung vor einem Ereignis wichtig. Zum einen müssen klare Verantwortlichkeiten innerhalb der Krise festgelegt werden. Wer entscheidet innerhalb der

Familie, wie in einer Krise agiert wird? Wer ist der Vertreter, falls diese Person nicht zur Verfügung steht? Wird für Krisen, die die Familie betreffen, der Krisenstab des Familienunternehmens genutzt? Werden Informationen zu jedem Familienmitglied bereitgehalten, die beispielsweise in einem Vermisstenfall hilfreich sind? Wie kann bei einer Entführung oder Erpressung schnell Bargeld in größeren Summen, auch am Wochenende, beschafft werden? Wer sich mit diesen und anderen Fragen erst in der Krise befasst, verliert wertvolle Zeit.

Ein Krisen- und Notfallmanagement für Unternehmerfamilien besteht unter anderem aus:

- einem Krisenhandbuch, in dem unter anderem festgelegt ist, wer im Krisenstab sitzt, wie Entscheidungen getroffen werden, wo der Krisenstab tagt und was überhaupt für die Familie eine Krise darstellt
- Erreichbarkeiten und Kontaktlisten zu wichtigen Personen und Organisationen
- Notfallpläne zu verschiedenen Szenarien, die sich aus der Risikoanalyse ergeben haben
- Checklisten und Vorlagen, beispielsweise für eine Stakeholder-Analyse sowie Fragen und vorgefertigte Antworten für die interne und externe Krisenkommunikation
- Rund-um-die-Uhr-Zugriff auf ein erfahrenes Krisenberatungsunternehmens

Wichtig ist, dass das designierte Krisenmanagementteam geschult wurde und im Rahmen einer Krisenstabsübung schon einmal einen fiktiven Fall durchgespielt hat. Die reale Krise sollte nicht das erste Mal sein, wo der Krisenstab zusammenkommt. Der Vorteil des professionellen Krisenberaters für Familien ist, dass dieser nicht zum ersten Mal bei einem solchen Vorfall berät und auf eine langjährige Fallerfahrung zurückgreifen kann. Krisenberater sollten auch über ein nationales und internationales Netzwerk an Spezialisten verfügen, die zeitnah aktiviert werden können. Hierbei kann es sich um Fachanwälte, Ärzte, Kommunikationsspezialisten, IT- und Cyber-Experten, diskret agierende Personenschützer, Profiler und Psychologen handeln. Natürlich gilt es kritisch zu prüfen, ob der ausgewählte Krisenberater über die erforderliche Fallerfahrung und Netzwerke verfügt, denn jeder kann dies zunächst einfach von sich behaupten. Ein Fehler, der oft bei einem kritischen Ereignis passiert, ist, sofort die Behörden zu informieren, bevor eine Lageanalyse erfolgte. Erst nach einer solchen Lagebewertung sollte, sofern dies noch infrage kommt, die Polizei informiert werden. Und nicht immer ist die nächste Polizeiwache der richtige Ansprechpartner innerhalb des Polizeiapparates.

## 11 Woran die persönliche Sicherheit von Unternehmerfamilien häufig scheitert

Die erfolgreiche Implementierung der persönlichen Sicherheit für Unternehmerfamilien ist kein Selbstläufer. Häufig wiederholen sich die Gründe für das Scheitern eines familienbezogenen Risiko-, Sicherheits- und Krisenmanagements:

- fehlende Struktur bei der Etablierung von Sicherheitsmaßnahmen: Es werden ohne eine gründliche Analyse und Priorisierung der Risiken Schutzmaßnahmen getroffen.
- Es erfolgt keine kontinuierliche Risikoanalyse und Anpassung von Sicherheitsmaßnahmen mit der Folge, dass es ein Zuviel oder Zuwenig an Sicherheit gibt.
- Die ausgewählten Schutzvorkehrungen sind nicht an die individuelle Situation und Lebensweise der Familie angepasst oder die Maßnahmen sind zu schwierig umzusetzen. Nach anfänglicher Begeisterung überwiegt die Frustration.
- falsches Verständnis der Unternehmerfamilie zur persönlichen Sicherheit, bei dem die gefühlte (subjektive) Sicherheit im Vordergrund steht und dadurch kein professionelles Sicherheitsniveau erreicht wird
- Es werden keine Schutzziele und damit verbundene Schutzmaßnahmen zur Zielerreichung definiert.
- Zu schnell werden zu viele Sicherheitsmaßnahmen implementiert, statt schrittweise vorzugehen und die Familie langsam an das neue Thema der persönlichen Sicherheit heranzuführen und zu gewöhnen, ohne diese zu überfordern.
- Familienmitglieder verschweigen gegenüber ihrem Sicherheitspersonal gewisse Aktivitäten, die sich zu großen Risiken für die eigene Sicherheit entwickeln können.

Eine Auswirkung auf die Privatsphäre und persönliche Freiheit durch Sicherheitsmaßnahmen wird ehrlicherweise nie zu vermeiden sein. Aber mittels durchdachter Konzepte kann dies auf ein notwendiges Mindestmaß reduziert werden.

## Literatur

Bendel, O. O.J. Artikel „Deepfake". https://wirtschaftslexikon.gabler.de/definition/deepfake-120960. Zugegriffen: 5. Jan. 2021.

Beuth, S. (2019). Deepfake-Zuckerberg erklärt sich zum Weltherrscher. https://www.spiegel.de/netzwelt/web/manipuliertes-instagram-video-deepfake-mit-mark-zuckerberg-a-1271990.html. Zugegriffen: 16. Dez. 2020.

Gogo, J. (2019). Canadian Exchange insolvent after CEO allegedly dies with keys. https://news.bitcoin.com/canadian-exchange-insolvent-after-ceo-dies-with-keys-to-145m-of-cryptocurrency/. Zugegriffen: 10. Jan. 2021.

Isullivan. (2020). Cyber criminals targeting high net worth individuals amidst COVID-19. https://privateclientgroupinsurance.net/2020/07/21/cyber-criminals-targeting-high-net-worth-individuals-amidst-COVID-19/. Zugegriffen: 30. Dez. 2020.

Klein, O. (2020). Deepfakes – darum sollten wir besorgt sein. https://www.zdf.de/nachrichten/digitales/deepfake-video-sorge-faelschungen-100.html. Zugegriffen: 5. Jan. 2021.

Klinkner, Th., & dos Santos Firnhaber, C. (2020). Die steuerliche Perspektive der Familienstiftung als Beteiligungsholding. *Zeitschrift für Interdisziplinäre Ökonomische Forschung, 2020*, 19–29.

Reemtsma, J. A. (1998). *Im Keller*. Rowohlt Taschenbuch Verlag.

Richter, A., & Campenhausen, A. v. (2014). *Stiftungsrechts-Handbuch* (4., akt. u. erg. Aufl.). Beck.

Stephan, W. (2016). Raubmord: Mutmaßlicher Haupttäter von Bützfleth ist bekannt und flüchtig. http://www.tageblatt.de/lokales/blaulicht_artikel,-Raubmord-Mutmasslicher-Haupttaeter-von-Buetzfleth-ist-bekannt-und-fluechtig-_arid,1253354.html. Zugegriffen: 5. Jan. 2021.

Thüler, T. (2014). Ganzheitlicher Vermögensschutz für das Family Office. *Das Geld-Magazin, 6*, 42–43.

Zand-Vakili, A. (2018). Hamburger Millionärsfamilie mit Schockfotos erpresst. https://www.morgenpost.de/vermischtes/article214827885/Hamburger-Millionaersfamilie-mit-Schock-Fotos-erpresst.html. Zugegriffen: 20. Nov. 2020.

**Pascal Michel** ist Geschäftsführer und Mitinhaber der auf Risiko-, Sicherheits- und Krisenmanagement spezialisierten Beratungsfirma SmartRiskSolutions GmbH. Er ist ehemaliger Angehöriger einer bundesdeutschen Sicherheitsbehörde und Absolvent der Fachhochschule des Bundes, Fachbereich Öffentliche Sicherheit. Seit 2008 ist er als Sicherheits- und Krisenberater tätig. Dabei ist er nicht nur für Unternehmen, NGOs und internationale Organisationen tätig, sondern auch für vermögende Familien im In- und Ausland. Da SmartRiskSolutions als Krisenberatung für verschiedene Versicherer im Bereich der Spezialrisiken tätig ist, umfasst die Erfahrung des Autors auch die Krisenreaktion bei Entführungen, Erpressungen, Vermisstenfällen und Drohungen gegen Unternehmerfamilien.

**Thorsten Klinkner** (Rechtsanwalt und Steuerberater) führt die Rechtsanwalts- und Steuerberatungsgesellschaft UnternehmerKompositionen GmbH aus Meerbusch bei Düsseldorf. Sie ist etablierter Spezialdienstleister für die rechtlich, steuerlich und strategisch tragfähige Errichtung von Familienstiftungen als Instrument einer zukunftsorientierten Eigentümerstruktur und zu 100 Prozent auf die Entwicklung von langfristigen Stiftungs-Strategien für Familienunternehmen und professionelle Immobilieninvestoren im deutschsprachigen Raum spezialisiert.

# Kommunikation als Beitrag zum Wirtschaftsschutz im Rahmen der Unternehmensnachfolge

Patrick Peters

### Zusammenfassung

Die professionelle und zielgerichtete Kommunikation ist ein wesentlicher Aspekt für Senior-Unternehmer und deren Nachfolger, um eine Unternehmensübergabe zukunftsorientiert und für alle Beteiligten sicher zu gestalten. Misslungene Kommunikation kann die Übergabe erheblich erschweren und sogar die Substanz des Unternehmens gefährden. Wirtschafts- und Vermögensschutz ist ohne strukturierte Kommunikation kaum möglich.

## 1 Unternehmensnachfolge in Deutschland: eine Einführung

Der Unternehmensnachfolge in Deutschland kommt seit einigen Jahren eine kontinuierlich steigende Bedeutung zu. Dass auf Deutschland eine Nachfolgewelle zurollt, ist mittlerweile Common Sense. Experten und Forschungsinstitute wie das Institut für Mittelstandsforschung Bonn (IfM Bonn) sprechen von mehreren 10.000 Unternehmen jährlich, in denen sich aus Altersgründen an der Spitze ein Wechsel anbahnt. Das sind zu fast 100 % familiengeführte Unternehmen aus dem Mittelstand, von Kleinst- und Kleinunternehmen mit unter 50 Mitarbeitern bis hin zu internationalen Gesellschaften, deren Arbeitnehmerzahl leicht im vierstelligen Bereich liegen kann, die aber dennoch von einer Eigentümerfamilie kontrolliert und in der Regel auch operativ geführt werden.

P. Peters (✉)
Klare Botschaften/Allensbach Hochschule, Mönchengladbach, Deutschland
E-Mail: info@pp-text.de

Ganz spezifisch heißt es zu diesem Sachverhalt: „Der Mittelstand ist durch die Einheit von Eigentum und Leitung gekennzeichnet. Daher stellt die Unternehmensnachfolge die wesentliche strategische Herausforderung aller mittelständischen Unternehmen dar. Nicht nur eine neue Geschäftsführerin oder ein neuer Geschäftsführer müssen gefunden werden, sondern eine neue Unternehmerin oder ein neuer Unternehmer. Durch den mit über 99 % weit überwiegenden Anteil der Unternehmen kleinster, kleiner und mittlerer Größe hängt in Deutschland die Mehrzahl der Arbeitsplätze vom Erfolg der Übergabe des Betriebs an die nächste Generation ab." (Wassermann et al., 2019, S. 8) Weiterhin konstatiert der *Nachfolgemonitor:* „Der Bedarf an Lösungen für Unternehmensnachfolgen wird in naher Zukunft voraussichtlich deutlich ansteigen, da eine überproportional große Anzahl der aktuell tätigen Unternehmerinnen und Unternehmer bereits 60 Jahre und älter ist. In mehr als der Hälfte der Bundesländer haben sogar bereits mindestens 15 % der Unternehmer/innen das 65. Lebensjahr überschritten." (Wassermann et al., 2019, S. 10) Das Problem sei, dass in Deutschland immer weniger Menschen in dem für Übernehmende typischen Alter bei einer zugleich ansteigenden Anzahl von Übergebenden lebten. Der grundsätzliche attraktive Arbeitsmarkt und die Digitalisierung stehen laut der Studienautoren in Verdacht, ihr weiteres dafür zu tun, dass die Unternehmensnachfolge als immer weniger interessant erscheine. Womöglich könnten aus diesem Nachfolgetief grundlegende strukturelle Probleme für den Mittelstand in Deutschland entstehen, warnen die Autoren (Wassermann et al., 2019, S. 10). Insofern wird aus diesen Erkenntnissen bereits leicht ersichtlich, welche Rolle die Unternehmensnachfolge für den Wirtschafts- und Vermögensschutz vor allem in Deutschland erfährt. Der Erhalt und die Weiterentwicklung unternehmerischer Vermögen ist eine Herausforderung, der sich Unternehmer, potenzielle Nachfolger und die gesamte Wirtschaft stellen müssen.

Neben diesen grundsätzlichen, strukturellen Herausforderungen in der Unternehmensübergabe stellen sich natürlich auch zahlreiche Fragen zur Gestaltung des Prozesses an sich. Unternehmensnachfolgen sind für Übergeber und Übernehmer sehr langfristige, oftmals sehr anstrengende Projekte sind. In der Regel ist die Unternehmensnachfolge das Ergebnis eines sich über einen längeren Zeitraum hinziehenden Prozesses, der weitreichende strategische, rechtliche und steuerliche Implikationen besitzt und in diesem Sinne konsequent erarbeitet und geführt werden muss. Im Kern geht es darum, die Entscheidungen der Beteiligten vorzubereiten und in ein schlüssiges Konzept zu gießen: „Auf der Grundlage der Entscheidungen ist schließlich das rechtliche bzw. steuerrechtliche Nachfolgekonzept zu erarbeiten, mit den Beteiligten zu diskutieren und (von diesen) zu verabschieden, bevor die eigentliche Vertragsgestaltung beginnen kann. Mitunter sind vor der vertraglichen Fixierung der eigentlichen Nachfolge noch vorbereitende Maßnahmen erforderlich, etwa zur Umgestaltung/Umstrukturierung des Unternehmens oder von Teilen des Privatvermögens. Den letzten Akt bildet der Abschluss der die Nachfolge regelnden Verträge." (Riedel, 2018, § 3, Rn. 3).

## 2 Kommunikation im Nachfolgeprozess

Dass der Unternehmer die Hauptperson bei der Firmenübergabe ist, versteht sich von selbst. Es spielt dabei auch keine Rolle, ob er die Firma innerhalb der Familie weitergibt oder an einen Investor veräußert. Natürlich, diese Perspektiven in der Strukturierung der Nachfolge unterscheiden sich vor allem in rechtlicher und finanzieller Hinsicht, ob der Unternehmer mit seinem Kind den Wechsel an der Spitze bespricht oder mit einem internationalen Finanzinvestor verhandelt. Es gilt indes bei beiden Vorgehensweisen, die Erwartungen und Befürchtungen interner und externer Anspruchsgruppen zu berücksichtigen.

Das ist in der Forschung deutlich herausgestellt worden. Als allgemeine Erfolgsfaktoren für Unternehmensnachfolgen werden dementsprechend die Vision des Übernehmers über die Fortführung der Organisation, die entsprechende fachliche Fähigkeiten des Nachfolgers und eine „gute Chemie" sowie eine gelungene Kommunikation zwischen Übergeber und Übernehmer genannt. Ebenso werden die Kommunikation zwischen diesen beiden Hauptakteuren zu Stakeholdern, gutes Konfliktmanagement, vorausschauende Planung und die Trennung der Systeme „Familie" und „Unternehmen" als allgemeine Erfolgsfaktoren herausgestellt (vgl. Stumpf & Mestrom, 2017, S. 5). Das folgt der seit Jahren geltenden Ansicht, dass die Kommunikation ein Erfolgsfaktor für Unternehmensnachfolgen von Familienunternehmen ist (vgl. Baumhauer, 2011, S. 12).

Das klingt zunächst nicht nach mehr als einem Allgemeinplatz, wie wir spätestens seit Paul Watzlawick wissen: Er hat bekanntermaßen das berühmte Axiom „Man kann nicht nicht kommunizieren" formuliert. Vollständig heißt dieser erste der fünf fundamentalen Leitsätze: „Man kann nicht nicht kommunizieren, denn jede Kommunikation (nicht nur mit Worten) ist Verhalten und genauso wie man sich nicht nicht verhalten kann, kann man nicht nicht kommunizieren." (Watzlawick et al., 2007, S. 53) Kurz gesagt bedeutet das, dass man sich nicht durch Inaktivität der Kommunikation entziehen kann. Und einseitige Abbrüche der Kommunikation führen zu Konflikten. Man kann sich der Kommunikation nicht entziehen, indem man kein Wort sagt und andere ignoriert, weil auch das negative Auswirkungen auf das Verhältnis zwischen zwei oder mehr Interaktionspartnern haben wird. Jedes Schweigen und jedes Reden birgt Konfliktpotenzial mit dem Empfänger.

Insofern ist eine entscheidende Frage bei der Strukturierung der Kommunikation im Rahmen der Unternehmensnachfolge: Wer kommuniziert wann und zu welchem Zweck mit wem? Diese Frage ist die Basis, um eine sinnvolle Kommunikationskaskade zu errichten, in der alle Stakeholder des Unternehmens beachtet und ausgehend von ihren Bedürfnissen abgeholt und adressiert werden. Orientierung dafür bieten die sechs Phasen des St. Galler Nachfolgemodells, die vorgeben können, wer wann über die Nachfolge zu informieren ist. Das ist ein Rahmenkonzept für eine ganzheitliche Unternehmensnachfolge im Kontext familiengeführter Kleinst-, Klein- und Mittelunternehmen (KMU) und wurde von Frank Halter und Ralf Schröder begründet. Aus diesem Modell lassen sich bestimmte Phasen in der Nachfolgekommunikation ableiten und mit Blick auf die Praxis ergänzen beziehungsweise anpassen. Die Phasen gelten in ihrer Gesamtheit für den Übergeber, aber auch der Übernehmer hat eigenständigen Kommunikationsbedarf im Rahmen dieses Phasenmodells:

- Phase eins: Ehe- beziehungsweise Lebenspartners und Kinder
- Phase zwei: Führungskräfte
- Phase drei: Rechtsanwälte, Steuerberater, Notare und Unternehmensberater
- Phase vier: Banken
- Phase fünf: Mitarbeiter
- Phase sechs: Information der Kunden und Lieferanten

Zusätzlich lassen sich mit dem jeweiligen Marktumfeld und weiteren Stakeholdern (wie Kirchen, Einrichtungen der Gesundheits- und Altenpflege, Vereine, weitere soziale Interessensgruppen etc.) zwei weitere Phasen definieren. Diese Gruppen müssen zwingend in den Kommunikationsprozess eingebunden werden, da sie jeweils spezifische Interessen an dem und im Unternehmen haben und Informationen über die geplante Nachfolge erhalten wollen und müssen. Im Fokus steht, Vertrauen für die geplante Übergabe zu schaffen, um die Beteiligten in den Prozess einzubinden und sich deren Loyalität und positive Aktivität im Prozess zu sichern. Die Praxis zeigt immer wieder, dass mangelndes Vertrauen wirtschaftliche Aktivitäten erheblich beschädigen kann. Ohne transparente Kommunikation, die alle Stakeholder einbezieht und deren persönliche Interessenlagen berücksichtigt, wird es sehr schwierig, die notwendige Unterstützung für den Prozess zu erhalten und sich deren Partnerschaft und Zusammenarbeit zu versichern. In jeder Phase kann mangelhafte Kommunikation zu einer weitreichenden Schädigung des Nachfolgeprozesses führen.

Damit wird die Kommunikationskaskade deutlich: Die Kommunikation erfolgt in diesen Phasen und adressiert jede Interessensgruppe zu einem spezifischen Zeitpunkt im Rahmen der individuellen Bedürfnisse. Dass sich diese Phasen zeitlich und inhaltlich unterscheiden, versteht sich von selbst. Diese Stakeholder müssen in den Kommunikationsprozess eingebunden werden, da sie jeweils spezifische Interessen an dem Unternehmen haben und Informationen über die geplante Nachfolge erhalten wollen und müssen. Im Fokus steht, Vertrauen für die geplante Übergabe zu schaffen, um die Beteiligten in den Prozess einzubinden und sich deren Loyalität und positive Aktivität im Prozess zu sichern.

Der beinahe zwingende Einsatz von Kommunikationsinstrumenten folgt ganz allgemein dem Ansatz, dass das Vertrauen in ein Unternehmen/eine Organisation beziehungsweise bestimmte Entscheidungen eine maßgebliche Rolle für den Erfolg von weitreichenden Maßnahmen spielt. „A corporate reputation is a collective representation of a firm's past actions and results that describes the firm's ability to deliver valued outcomes to multiple stakeholders." (Fombrun & Van Riel, 1997, S. 10) Bei Peters/Sieber heißt es dazu: „Die wirtschaftliche Verwundbarkeit durch einen Vertrauensverlust kann immens sein. Von dem amerikanische Investor Warren Buffet stammt die inzwischen zur Legende gewordene Aussage: ‚Es dauert zehn Jahre, einem Unternehmen ein positives Image zu verleihen, aber nur zehn Sekunden, um dieses zu verlieren.' Sie ist heute aktueller denn je. In dem Maß, in dem sich das Vertrauensklima allgemein verschlechtert, verringert sich auch der Handlungsspielraum für Unternehmen. Wenn ein Unternehmen Kunden, Politiker, Investoren, Banken, Mitarbeiter gleichermaßen überzeugen muss, wird das konkret erlebbar." (Sieber & Peters, 2019, S. 244).

## 3 Welche Fehler in der Kommunikation passieren können

Das Fehlerpotenzial in der nachfolgegetriebenen Kommunikation ist groß, vielleicht wesentlich größer als man denkt. Über alle Phasen des St. Galler Nachfolgemodells sowie den notwendigen Anschlussphasen hinweg können maßgebliche Fehler in der Kommunikation beziehungsweise durch Nichtkommunikation passieren. Diese Fehler wiederum können den erfolgreichen Prozess gefährden. Ein kleiner Fehler kann die Planung der Unternehmensnachfolge zunichte machen. Es geht also darum, „Kommunikationsaktivitäten in der Unternehmensnachfolge für ihren individuellen Fall" (Stumpf & Mestrom, 2017, S. 3) abzuleiten.

- Fallbeispiel Phase eins „Familie": Der Patriarch versäumt, die Kinder frühzeitig über den geplanten Verkauf zu informieren. Diese erfahren es über andere Kanäle, sodass der Familienfrieden nachhaltig gestört ist und der Nachfolgeprozess möglicherweise torpediert wird.
- Fallbeispiel Phase vier „Bank": Der typische Übergabeprozess dauert drei bis fünf Jahre, in denen der Senior-Unternehmer weiteren Kapitalbedarf haben kann, etwa für das „Dress the Bride"[1] zur Kaufpreiserhöhung. Mangelnde Kommunikation kann das Vertrauensverhältnis zwischen Bank und Unternehmer beschädigen.
- Fallbeispiel Phase fünf „Mitarbeiter": Der Senior-Unternehmer versäumt, die Mitarbeiter zum richtigen Zeitpunkt über die geplante Übertragung zu informieren. Diese hören es über andere Kanäle, sodass eine große Unsicherheit herrscht und es vielleicht zu Kündigungen oder einem hohen Motivationsabfall kommt.
- Fallbeispiel zusätzliche Phase „Markt": Vor allem der Übernehmer hat die Notwendigkeit, über die klassische Presse- und Öffentlichkeitsarbeit den Markt zu informieren. Gelingt dies nicht, kann die Marktposition des Unternehmens geschädigt werden.

Es soll das Fallbeispiel Phase fünf „Mitarbeiter" näher ausgeführt werden. Das *manager magazin* schrieb schon 2006: „Verschwörungstheorien verbreiten sich unter Kollegen in Windeseile. Gerüchte können erstaunliche Kräfte entfalten und eine Menge Schaden anrichten. Verhindern lässt sich das durch die richtige Informationspolitik und gezieltes Eingreifen im zwischenmenschlichen Bereich." (*manager magazin*, 2006) In Zeiten beruflicher Verunsicherung finden Gerüchte den besten Nährboden: Wenn viel in Bewegung ist und Mitarbeiter nicht genau wissen, wie es mit ihrem Betrieb weitergeht. Dann würden eben auch ungesicherte Informationen weitergegeben. Gerüchte hätten etwas Positives, etwas Verbindendes: Wer Gerüchte austausche, komme miteinander ins Gespräch. Es habe auch etwas Konspiratives, das einen zusammenrücken lasse (vgl. *manager magazin*, 2006).

Das lässt sich natürlich sehr gut auf die Ebene der Unternehmensnachfolge übertragen. Werden die Mitarbeiter nicht zu einem günstigen Zeitpunkt informiert und dann immer als wesentlicher Stakeholder im Kommunikationsprozess gehalten, entstehen eben diese Gerüchte, die verschiedene Ausprägungen im Rahmen

---

[1] wertsteigernde Restrukturierungen oder strategische Erweiterungen vor einem Firmenverkauf.

der Unternehmensnachfolge erfahren können. Von recht harmlosen Spekulationen über bestimmte Veränderungen bis hin zu einem enormen, wirtschaftlich hochgradig schädlichen Leistungsabfall in Folge von Sorgen und Ängsten vor der beruflichen Zukunft in eine große Bandbreite möglich. In der Forschung heißt es dazu: „Dadurch entsteht eine große Unsicherheit aufgrund einer ungeklärten Zukunftsperspektive, sodass es in der Folge vielleicht zu Kündigungen oder einem hohen Motivationsabfall kommt. Das ist über alle Phasen hinweg extrem schädlich, da sich Leistungsabfälle der Arbeitnehmer unmittelbar in der betriebswirtschaftlichen Performance niederschlagen. Gegebenenfalls kann dies zu Bewertungsabschlägen führen oder auch zu einer langfristigen Reduzierung der Substanz und der Reputation im Markt." (Peters, 2020, S. 41).

Das bedeutet: Wenn der Übergeber es versäumt, die Mitarbeiter zum richtigen Zeitpunkt über die geplante Übertragung zu informieren, können diese es wiederum über andere Kanäle hören (Gerüchte!). Dadurch entsteht eine große Unsicherheit aufgrund einer ungeklärten Zukunftsperspektive, sodass es in der Folge vielleicht zu Kündigungen oder einem hohen Motivationsabfall kommt. Das ist über alle Phasen hinweg extrem schädlich, da sich Leistungsabfälle der Arbeitnehmer unmittelbar in der betriebswirtschaftlichen Performance niederschlagen. Gegebenenfalls kann dies sogar zu Bewertungsabschlägen bei der Kaufpreisermittlung führen oder auch zu einer langfristigen Reduzierung der Substanz und der Reputation im Markt. Das ist sowohl für Übergeber als auch Übernehmer suboptimal. Solche Risiken gelten parallel auch für alle anderen Anspruchsgruppen.

Um zu verdeutlichen, welcher Schaden allein aus mentalen Belastungen erfolgen kann, die Gerüchte und unklare Perspektiven natürlich hervorrufen können, sei folgendes dargelegt: Unmotivierte Mitarbeiter erbringen unterdurchschnittliche Arbeitsleistung und stecken oftmals ihre Kollegen mit ihrer Unlust an. Allein die Fehltage, die auf Unlust zurückzuführen seien, kosteten Unternehmen bereits vor einigen Jahren 18 Mrd. Euro. Die Folge: weniger Kunden, weniger Umsatz, weniger Ertrag. Und: Die Krankenkassen verzeichnen seit 15 Jahren eine Zunahme stressbedingter Krankschreibungen. Von den gut 15 Fehltagen pro Kopf und Jahr entfallen 2,5 Tage auf psychische Beschwerden wie Depressionen, Angst- und Belastungsstörungen, stellt die „Stressstudie 2016" der Techniker Krankenkasse heraus. Sechs von zehn Menschen in Deutschland fühlen sich gestresst, ein knappes Viertel der Bevölkerung, 23 %, gibt sogar an, häufig gestresst zu sein. Schon im Jahr 2012 wurden bundesweit 60 Mio. Arbeitsunfähigkeitstage aufgrund psychischer Erkrankungen registriert. Während psychische Erkrankungen vor 20 Jahren noch nahezu bedeutungslos waren, sind sie heute zweithäufigste Diagnosegruppe bei Krankschreibung beziehungsweise Arbeitsunfähigkeit. Dies können Resultate von völlig unnötig entstandenen Gerüchten sein, weil die Arbeitnehmer und Führungskräfte sich unsicher fühlen. Apropos Führungskräfte: Eine Gallup-Studie hat gezeigt: Schlechte Führungskräfte senken die Wettbewerbsfähigkeit und kosten die deutsche Wirtschaft bis zu 105 Mrd. Euro im Jahr.

Das wiederum führt zu folgender Erkenntnis: Strukturierte Kommunikation auf allen Ebenen verhindert Gerüchte, die einen Prozess erschweren können und mit denen später mühselig aufgeräumt werden muss. Das Timing ist also das A und O bei der Kommunikation einer Unternehmensübergabe. Nach dem Modell der Kommunikationskaskade sollte ein detaillierter Zeitplan geschaffen werden, damit sich keine Stakeholder-Gruppe abgehängt/übergangen fühlt. Dabei kommt es auch auf persönliche Gespräche an. So oft wie möglich sollte die Möglichkeit der direkten Kommunikation wahrgenommen werden. Das schafft Vertrauen und kann Unklarheiten vermeiden. Auf der anderen Seite gilt es auch, die richtigen Kommunikationsinstrumente festzulegen, von internen Bekanntmachungen und persönlichen Schreiben über Informationsveranstaltungen bis hin zur Pressearbeit und dem Einsatz von Anzeigen und Social Media: Verschiedene Botschaften für die diversen Interessensgruppen müssen jeweils passend abgebildet werden.

## 4 Fazit: Kommunikation als Beitrag zum Wirtschaftsschutz

Dass Wirtschaftsschutz und das aus Vermögensmanagement und Financial Planning bekannte Asset Protection zusammengehören, liegt nahe, ist aber im direkten Zusammenhang noch weitgehend unerforscht. „Unter dem Begriff ‚Asset Protection' werden alle präventiven, rechtlich zulässigen Maßnahmen zusammengefasst, die den Schutz des Privatvermögens vor einer Haftung und dem daraus resultierenden Zugriff Dritter bezwecken. Im Vordergrund steht dabei das Ziel, das Privatvermögen so zu strukturieren, dass es vor Ansprüchen, insbesondere aus der haftungsbedrohten betrieblichen Sphäre, geschützt ist." (Kühne & Warlich, 2019, S. 378).

Bei Asset Protection handelt es sich damit um ein Bündel von Maßnahmen, um das Privatvermögen von Unternehmern und Geschäftsführern auf legale Weise vor dem Zugriff von Gläubigern und vor anderen schädigenden Ereignissen zu schützen. Es handelt sich um präventive Maßnahmen, die vor allem angesichts konjunktureller Eintrübungen, allgemeiner wirtschaftlicher Veränderungen

(Schlagwort Disruption!) und zunehmenden Haftungsrisiken von Unternehmern und Geschäftsführern mehr und mehr an Bedeutung zunehmen.

Damit ähnelt Wirtschaftsschutz in seiner Ausprägung als Sicherheitsnetz des Unternehmens dem Asset Protection in Form und Funktion: „Wirtschaftsschutz umfasst das Unternehmen in allen seinen Facetten, dezidiert auch die Mitarbeiter und stellt eine tragfähige Lösung zur Verfügung, sämtliche Ressourcen bestmöglich vor internen und externen Risiken zu schützen. Auf diese Weise entsteht ein stabiles Gebilde, das auch Krisenszenarien standhält und dem Management in jeder Situation (auch einer unbekannten) alle Entscheidungswege offenhält. Wirtschaftsschutz versichert einer Organisation das Funktionieren im Rahmen eines sicherheitsrelevanten Vorfalls, da Kompetenzen und Verantwortlichkeiten definiert sind und ein Maßnahmenpaket zur Verfügung steht, das dazu geeignet ist, auf Vorfälle schnell, präzise, mit der gebotenen Professionalität zu reagieren. Wirtschaftsschutz entwickelt durch protektive Maßnahmen optimale reaktive Möglichkeiten." (Vogt et al., 2019, S. VIIf.)

Wenn der Wirtschaftsschutz „einer Organisation das Funktionieren im Rahmen eines sicherheitsrelevanten Vorfalls" versichert, steht das Asset Protection für den Erhalt der Vermögenssubstanz bei sämtlichen Vorgängen. Das bezieht sich eben dezidiert auch auf die Unternehmensnachfolge: Der gelungene Übergabeprozess sichert wirtschaftliche Stabilität und Wertschöpfung, erhält Arbeitsplätze und Wissen. Das ist von wesentlicher Bedeutung für die Zukunft des Wirtschaftsstandorts Deutschland. Kommunikation kann freilich bestimmte strukturellen Schwächen, Beratungsfehler oder schwerwiegende menschliche Zerwürfnisse nicht ausgleichen oder Lösungen schaffen, wenn keine Lösungen möglich sind. Aber Kommunikation hat einen großen Mehrwert: Sie kann Vertrauen aufbauen, und Vertrauen ist unabdingbar für eine erfolgreiche Unternehmensübergabe – und zwar sowohl von oben nach unten als auch von unten nach oben! Hat der Senior-Unternehmer kein Vertrauen in sein Kind, wird er die Firma, wenn überhaupt, nur sehr widerwillig übergeben. Haben die Mitarbeiter kein Vertrauen in die Führung, werden sie den neuen Eigentümer ablehnen, die Arbeitsleistung herunterschrauben oder sich nach neuen Stellen umschauen. Den daraus resultierenden kurz-, mittel- und langfristigen Schaden darf man nicht geringschätzen.

Es gilt also, durch Kommunikation eine Kultur des Vertrauens aufzubauen. Das bedeutet, „alle Elemente, die Vertrauen intern oder extern beschädigen können, auszuschließen. Zu diesen Elementen gehören beispielsweise Unaufrichtigkeit, intransparente und nicht nachvollziehbare Entscheidungsprozesse, Schuldzuweisungen, Lagerdenken und andere Aspekte, die bei allen Beteiligten zu einem Vertrauensverlust in eine Organisation führen können. […] Es erklärt sich freilich von selbst, dass Offenheit, Aufrichtigkeit, Teamgefühl, flache Strukturen etc. nicht per Direktive verordnet werden können. Das gelingt nur durch Aktivitäten und echtes Wollen und ist deshalb immer eine Führungsaufgabe. Dieses Tun – also die Gesamtheit aller vertrauensbildenden Maßnahmen auf den verschiedenen Beziehungs- und Kommunikationsebenen – ist das wirksame Zeichen für die Etablierung einer Vertrauenskultur, die auch einer Krise standhält, ganz gleich, um welche Art von Krise es sich handelt." (Sieber & Peters, 2019, S. 249).

Das bedeute schlussendlich, dass Vertrauensmanagement eine Kulturfrage sei. Vertrauen müsse zu einem integralen Bestandteil der Unternehmenskultur – und zur Leitlinie des unternehmerischen Handelns werden. Mit Sonntagsreden lasse sich keine Vertrauenskultur bei Mitarbeitern, Stakeholdern, Lieferanten, Kunden und anderen peer groups aufbauen und etablieren. Unternehmenskommunikation und unternehmerisches Handeln müssten auf der Grundlage einer gemeinsamen Wertebasis stehen, von der aus sie betrachtet würden (vgl. (Sieber & Peters, 2019, S. 249). Damit wird nochmals deutlich, dass die Kommunikations- und Vertrauenskultur als Teil des Wirtschaftsschutzes von innen unabdingbar ist. Das gilt umso mehr bei der Unternehmensübergabe: Kommunikation ist Teil der Basis einer intelligenten, professionellen Struktur im Nachfolgeprozess und trägt damit deutlich zum Wirtschaftsschutz bei. Denn Wirtschaftsschutz ist immer Asset Protection, und die gelungene Unternehmensnachfolge ist Asset Protection par excellence.

## Literatur

Baumhauer, J. (2011). Geleitwort. In A. v. Schlippe, A. Nischak, & M. El Hachimi (Hrsg.), *Familienunternehmen verstehen. Gründer, Gesellschafter und Generationen* (11—13). Vandenhoeck Ruprecht

Fombrun, C., & van Riel, C. (1997). The reputational landscape. *Corporate Reputation Review, 1*(1/2), 5–13.

Heimann, A. (2006). Gerüchte: Folgenschwerer Flurfunk. *manager magazin online*. https://www.manager-magazin.de/unternehmen/karriere/a-445353.html. Zugegriffen: 10. Dez. 2020.

Kühne, A. O., & Warlich, A. (2019). Mechanismen zum Schutz des Familienvermögens (Asset Protection). In M. A. Werkmüller (Hrsg.), *Family office management* (4. Aufl., S. 378–380). FCH.

Peters, P. (2020). Kommunikation und Unternehmensnachfolge: Veränderungsprozesse strategisch begleiten. *Zeitschrift für Interdisziplinäre Ökonomische Forschung, 2020*, 38–45.

Sieber, A., & Peters, P. (2019). Kontrolle ist gut. Vertrauen ist besser. Wie man durch Vertrauensmanagement Krisen vorbeugen kann. In C. Vogt, C. Endreß, & P. Peters (Hrsg.), *Wirtschaftsschutz in der Praxis* (S. 239—256). Springer Gabler.

Stumpf, M., & C. Mestrom. (2017). *Kommunikation im Prozess der Unternehmensnachfolge.* https://www.ifub.at/sites/default/files/downloads/Kommunikation_Unternehmensnachfolge_Mestrom_Stumpf.pdf. Zugegriffen: 10. Dez. 2020.

Riedel, C. (Hrsg.). (2018). *Praxishandbuch Unternehmensnachfolge* (2. Aufl.). Zerb Verlag.

Vogt, C., Endreß, C., & Peters, P. (2019). Wirtschaftsschutz in der Praxis. Eine Einführung. In C. Vogt, C. Endreß, & P. Peters (Hrsg.), *Wirtschaftsschutz in der Praxis* (V—VIII). Springer Gabler.

Wassermann, H., Frohwerk, S., Kruppe, C., & Mohr, B. (Hrsg.). (2019). *Nachfolgemonitor 2019.* MA Akademie Verlags- und Druck-Gesellschaft.

Watzlawick, P., Beavin, J. H., & Jackson, D. D. (2007). *Menschliche Kommunikation. Formen, Störungen, Paradoxien.* (11., unver. Aufl.). Huber.

**Dr. Patrick Peters** ist Professor für PR, Kommunikation und digitale Medien an der Allensbach Hochschule, Berater für Unternehmenskommunikation, Wirtschaftsjournalist und Publizist. Sein Fokus liegt auf der strategischen Kommunikation für Professional Service Firms und Unternehmen der Sicherheits-, Bau- und Gesundheitswirtschaft. Patrick Peters veröffentlicht regelmäßig Aufsätze und Bücher zu Themen aus Strategie, Kommunikation und Literaturwissenschaft und engagiert sich als Aufsichts- und Beirat. Er ist zugleich Leiter Forschung und Kommunikation der Akademie für Sicherheit in der Wirtschaft AG.